Teoria Geral do Direito Administrativo

Teoria Geral do Direito Administrativo

2020 • 6ª Edição revista e ampliada

Mário Aroso de Almeida
Professor Catedrático da Faculdade de Direito
da Universidade Católica Portuguesa

ALMEDINA

TEORIA GERAL DO DIREITO ADMINISTRATIVO
1ª Edição, Fevereiro, 2012
AUTOR
Mário Aroso de Almeida
EDITOR
EDIÇÕES ALMEDINA, S.A.
Rua Fernandes Tomás, nºs 76, 78 e 80
3000-167 Coimbra
Tel.: 239 851 904 · Fax: 239 851 901
www.almedina.net · editora@almedina.net
DESIGN DE CAPA
FBA.
CAPA: EDIÇÕES ALMEDINA, S.A.
PRÉ-IMPRESSÃO
EDIÇÕES ALMEDINA, S.A.
IMPRESSÃO E ACABAMENTO

janeiro, 2020
DEPÓSITO LEGAL
....

ALMEDINA | GRUPOALMEDINA

BIBLIOTECA NACIONAL DE PORTUGAL – CATALOGAÇÃO NA PUBLICAÇÃO
ALMEIDA, Mário Aroso de
Teoria geral do direito administrativo. – 6ª ed. rev.
e ampl. – (Manuais universitários)
ISBN 978-972-40-8335-3
CDU 342

NOTA PRÉVIA À SEXTA EDIÇÃO

Como foi referido na edição anterior, esta é uma obra em permanente evolução, na qual, de edição para edição, se persiste no propósito de ir ampliando a exposição a novos temas e de ir aperfeiçoando o modo pelo qual os temas são abordados.

E, nesse sentido, procede-se de novo, na presente edição, ao aditamento de novos textos, desta vez no que diz respeito ao princípio da legalidade e à configuração dos espaços de valoração próprios do exercício da função administrativa, assim como da classificação e tipologia de efeitos dos atos administrativos.

Por outro lado, também se procede a uma nova remodelação do capítulo respeitante à matéria dos contratos de Direito Administrativo. A remodelação anterior tinha sido determinada pelo propósito de proceder a uma primeira atualização do texto, em função, ainda a quente, da revisão de 2017 do Código dos Contratos Públicos. Do que agora se trata, é de aperfeiçoar a exposição, tornando-a mais leve, com remissão para aprofundamentos constantes de anteriores edições do livro, e melhorando a sua organização sistemática.

Em futuras edições, prosseguiremos no esforço prometido desde a primeira edição, de ir ampliando o objeto do livro a novos temas e de ir aprofundando os termos em que eles são abordados.

Janeiro de 2020

MÁRIO AROSO DE ALMEIDA

NOTA PRÉVIA À QUINTA EDIÇÃO

Na nota prévia à primeira edição deste livro, assumimos o propósito de, com o tempo, vir a eliminar ou, pelo menos, minorar os desequilíbrios, preencher as omissões e suprir as deficiências de que ele enfermava. Vicissitudes várias impediram que esse propósito tivesse concretização visível nas edições imediatamente subsequentes, mas, na presente edição, é dado um passo muito significativo nesse sentido.

Com efeito, a presente edição oferece ao leitor uma versão refundida do texto, na qual se procede a uma profunda reestruturação da primeira parte, com aditamento de novos textos em matéria de organização administrativa e de princípios gerais da atividade administrativa, assim como do capítulo da segunda parte respeitante à matéria dos contratos de Direito Administrativo, que, para além de ser substancialmente remodelado, é atualizado em conformidade com a revisão do Código dos Contratos Públicos.

Esta é uma obra em permanente evolução. Em futuras edições, persistiremos no propósito de a ir ampliando a novos temas e de ir aperfeiçoando o modo pelo qual os temas são abordados.

Sempre partindo, em todo o caso, de um pressuposto: o de que, em tempos difíceis, em que muitos esgotam as suas energias a descrever a complexidade e é muito forte a *vis atractiva* dos ramos, cada vez mais numerosos, do Direito Administrativo especial, que hoje vão da regulação aos contratos públicos ou da proteção de dados à administração electrónica, nos parece claro que o estudo da teoria geral do Direito Administrativo é, mais do que nunca, indispensável. Porque, num mundo em mudança acelerada, é essencial procurar perceber o que permanece e identificar, no universo caótico das novidades que os novos ramos especiais trazem consigo, aquelas que efetivamente correspondem a mudanças estruturais que devem ser recebidas pela teoria geral, sem cair na tentação fácil de proceder a generalizações tantas vezes perigosas, a partir de epifenómenos sectoriais (v.g., nos domínios do urbanismo ou do ambiente) aos quais não deva ser atribuída relevância de alcance geral.

E sempre tendo em vista o postulado fundamental do Direito Administrativo, de criar as condições normativas para que a prossecução do interesse público no exercício da função administrativa se processe no respeito pelos direitos e interesses legalmente protegidos dos particulares – e, portanto, sem descurar a dimensão garantística dos direitos dos particulares, que, independentemente dos ventos e, portanto, das modas que passem, constitui um traço identitário do Direito Administrativo que sempre haverá de prevalecer sobre quaisquer discursos tecnocráticos e despersonalizados de eficiência.

Setembro de 2018

MÁRIO AROSO DE ALMEIDA

NOTA PRÉVIA À PRIMEIRA EDIÇÃO

A generalidade do público leitor conhece-me dos textos que, na sequência do meu envolvimento na reforma do contencioso administrativo, tenho publicado em matéria de processo administrativo. A verdade, porém, é que o essencial da actividade universitária que, ao longo dos últimos vinte anos, tenho desenvolvido tem sido dedicado ao direito substantivo, e não ao direito processual.

Na verdade, foi à disciplina de Direito Administrativo que, em termos letivos, mantive mais estreita ligação ao longo de todo esse tempo, na Escola do Porto da Faculdade de Direito da Universidade Católica Portuguesa. E, desde que, em 1994, assumi a respectiva regência, cheguei mesmo a elaborar para essa disciplina uns sumários desenvolvidos, destinados a orientar os estudantes na preparação da matéria – sumários que nunca passaram disso mesmo e, por isso, optei por não publicar, por entender que, no essencial, careciam de originalidade.

Ao longo do tempo, fui, entretanto, publicando, de modo avulso, diversos textos sobre temas nucleares da teoria geral do Direito Administrativo, respeitantes aos instrumentos jurídicos de atuação administrativa: regulamentos, atos administrativos e contratos – sendo que a escolha da maioria dos temas abordados nesses textos foi orientada pelo propósito de ir enriquecendo o conteúdo dos referidos sumários, em resultado do aprofundamento do estudo dos temas versados em cada um deles.

No essencial, este livro é o resultado desse trabalho. Na sua base, estão, pois, os referidos textos, revistos, atualizados e, em alguns aspetos, enriquecidos por aditamentos que se afiguraram úteis: como alguns desses textos não tiveram grande divulgação, atenta a natureza da publicação a que se dirigiram, pareceu-me ser esta a forma mais adequada de os fazer chegar a um público mais vasto, numa versão revista e atualizada. A estrutura do livro reflete, entretanto, o critério que presidiu à escolha dos aspetos sobre que versam os diferentes textos, que foi o de percorrer, de modo sistemático, alguns dos temas nucleares da teoria geral do Direito Administrativo, atinentes aos instrumentos jurídicos de atuação administrativa. Em alguns pontos, o texto é, entretanto, completado por trechos provenientes dos próprios sumários a que se fez referência, e, pontualmente, por passagens extraídas da minha dissertação de doutoramento, no que respeita à teoria do ato administrativo.

Não posso deixar de notar que este não é um livro de introdução à teoria geral do Direito Administrativo. Há, na verdade, pontos que, numa obra dessa natureza, não poderiam deixar de ser abordados e que, no presente livro, não o são. No que diz respeito aos temas abordados, a presente publicação é, em todo o caso, inspirada pelo propósito de fornecer ao leitor, de modo acessível, a informação essencial e, ao mesmo tempo, a posição do Autor em relação aos aspetos mais importantes.

Pode, assim, dizer-se que este livro contém uma introdução a um conjunto de temas nucleares da teoria geral do Direito Administrativo, respeitantes aos instrumentos jurídicos de atuação administrativa.

Por outro lado, não posso deixar de notar que, tendo sido elaborados em momentos e conjunturas diferentes, e para finalidades entre si diversificadas, os textos que estiveram na base deste livro não possuem uma configuração homogénea. Apesar do esforço de harmonização empreendido, é, por isso, natural que o leitor detecte desequilíbrios entre diferentes trechos do livro, notando que, em alguns pontos, o discurso é mais denso do que noutros, ou que alguns aspectos são objeto de atenção superior àquela que é dedicada a outros.

Estes são traços genéticos deste livro, para os quais solicito a benevolência do leitor, na convicção, no entanto, de que, no seu conjunto, ele se apresenta como um todo coerente, apto a fornecer uma perspectiva transversal dos temas abordados e uma leitura pessoal de algumas das questões fundamentais que a seu respeito se colocam, numa abordagem sobretudo orientada para o estudo do vigente ordenamento jurídico nacional.

Em futuras edições, haverá oportunidade de, preenchendo as omissões e suprindo as deficiências mais evidentes, eliminar ou, pelo menos, minorar os desequilíbrios de que o presente texto enferma – designadamente quanto a um aspeto, apenas aflorado no ponto introdutório: o da influência que, ao longo das últimas décadas, o Direito anglo-saxónico tem exercido sobre o Direito Administrativo da tradição europeia continental, transformando-o em alguns dos seus traços identitários, e dos desafios que daí advêm, designadamente no que toca à necessidade de aprofundar as técnicas de controlo dos cada vez mais amplos poderes de apreciação da Administração Pública.

Fevereiro de 2012

MÁRIO AROSO DE ALMEIDA

ABREVIATURAS

CCP	Código dos Contratos Públicos
CPA	Código do Procedimento Administrativo
CPTA	Código de Processo nos Tribunais Administrativos
CRP	Constituição da República Portuguesa
ETAF	Estatuto dos Tribunais Administrativos e Fiscais
RREEP	Regime da Responsabilidade do Estado e demais entidades públicas

PRIMEIRA PARTE
Direito Administrativo, Legalidade Administrativa e Procedimento Administrativo

– I –
Direito Administrativo, Administração Pública e Função Administrativa

1. Direito Administrativo, Administração Pública e Função Administrativa

1. O Direito Administrativo pode ser definido como o ramo de Direito que disciplina, por um lado, a organização da Administração Pública e, por outro lado, o quadro das relações jurídicas que se estabelecem no âmbito do exercício da função administrativa, as chamadas relações jurídicas administrativas[1].

A adequada compreensão desta definição depende da correta compreensão de cada um dos seus dois componentes.

Como facilmente se percebe, elementos nucleares da definição enunciada são, por um lado, o conceito de Administração Pública e, pelo outro, o de função administrativa. É, na verdade, por referência a cada um destes dois conceitos que são definidos os dois componentes em que a definição se desdobra.

[1] A definição enunciada no texto parte daquela que é proposta por Diogo Freitas do Amaral, *Curso de Direito Administrativo*, vol. I, 4ª ed., Coimbra, 2015, p. 122, mas retirando-lhe a carga estatutária, reportada à Administração Pública, que aquela contém. A definição que propomos parece, aliás, ajustar-se melhor à posição que, a pp. 136-137 da mesma obra, o mesmo Autor assume sobre a natureza do Direito Administrativo e com a qual concordamos, na medida em que, como adiante se verá, também para nós o Direito Administrativo não é, no seu conjunto, um ramo de Direito estatutário.

O esclarecimento da definição proposta de Direito Administrativo passa, assim, por uma primeira referência aos conceitos fundamentais de Administração Pública e de função administrativa[2].

2. Etimologicamente, administração consiste no manejo, na utilização de certos meios, com vista a alcançar um determinado fim. A palavra é, no entanto, utilizada tanto para designar a atividade de administrar, como, também, para designar o organismo ou entidade que desenvolve essa atividade.

Cada um de nós administra o seu património, ou administra bens alheios por encargo ou procuração, e o mesmo sucede com a administração de uma sociedade. A partir do momento em que os homens e as mulheres vivem em comunidade, eles passam, porém, a sentir necessidades que, vivendo isolados, não sentiriam – como sucede, desde logo, com a necessidade de garantir a segurança de cada um contra os membros da comunidade que infringem as regras estabelecidas – ou que, em todo o caso, perdem a sua individualidade inicial, para passarem a ser consciencializadas e, portanto, assumidas como necessidades coletivas, necessidades públicas de segurança e bem-estar, moral e material – como sucede com a garantia da prestação de cuidados essenciais em domínios como o da educação, da saúde, da limpeza das ruas, etc.

Ora, a assunção destas necessidades como necessidades públicas faz com que a comunidade decida chamar a si a respetiva satisfação, em vez de optar por deixar essa satisfação entregue ao cuidado (ou às possibilidades...) de cada um. A tarefa de prosseguir a satisfação destas necessidades é assumida como algo que deve ser assegurado pela comunidade no seu conjunto e, portanto, como uma atividade de administração pública. Por isso, a comunidade vai organizar-se para assegurar que ela seja desenvolvida de modo regular, contínuo e adequado, afetando a isso grande parte dos recursos humanos e materiais de que dispõe.

A actividade de administração pública vai ser, assim, desenvolvida por um conjunto de entidades, pessoas coletivas de direito público, integradas por um vasto conjunto de serviços públicos, especificamente instituídos para o efeito: ao conjunto destes serviços dá-se o nome de Administração Pública.

[2] No trecho imediatamente subsequente, acompanharemos a exposição de Rogério Ehrhardt Soares, *Direito Administrativo*, lições policopiadas ministradas no Curso de Direito no Porto da Universidade Católica Portuguesa, s/d, nºs 1 a 5.

3. Do que acaba de ser dito resulta que ao conceito de administração pública podem ser atribuídos dois sentidos diferentes:

a) Por um lado, um sentido material ou funcional, mediante o qual se faz apelo à ideia de administração para referir a atividade que, numa comunidade politicamente organizada, é desenvolvida para assegurar a concreta satisfação, regular e contínua, das necessidades públicas de segurança e bem-estar, moral e material. Pode dar-se o nome de *função administrativa* ao exercício desta actividade.

b) Por outro lado, um sentido orgânico ou organizatório, no qual as palavras administração e pública são correntemente empregues com a utilização de maiúsculas (Administração Pública) e pelo qual se pretende fazer referência ao sistema complexo de pessoas coletivas que, numa comunidade politicamente organizada, são instituídas para desempenhar tarefas de administração pública, necessárias à satisfação das necessidades públicas, ou seja, para exercer a função administrativa.

Este ponto reveste-se de importância fundamental, pois é ele que explica os termos dicotómicos em que, como vimos, pode ser definido o Direito Administrativo.

Vimos, com efeito, que o Direito Administrativo pode ser definido como o ramo de Direito que disciplina, por um lado, a organização da Administração Pública e, por outro lado, o quadro das relações jurídicas que se estabelecem no âmbito do exercício da função administrativa, as chamadas relações jurídicas administrativas. É, assim, possível desdobrar o Direito Administrativo em dois grandes sectores de normas, de natureza muito distinta um do outro[3].

a) O primeiro desses sectores é o do chamado Direito Administrativo orgânico ou organizatório, que compreende o conjunto das normas que disciplinam a organização da Administração Pública, instituindo as entidades públicas que a integram, determinando a estrutura orgânica dessas

[3] Tal como atrás sucedeu com a definição de Direito Administrativo, também para o desdobramento em dois grandes setores de normas partimos da tipologia de normas administrativas proposta por Freitas do Amaral, *op. cit.*, pp. 124 segs. Na tripartição proposta pelo Autor, omitimos, no entanto, a categoria das normas funcionais, que não nos parece justificado autonomizar para o efeito a que nos reportamos no texto.

entidades e regulando o modo próprio de funcionamento dos respetivos órgãos.

Com efeito, subjacente à existência, em cada momento histórico e em cada comunidade concreta, de uma Administração Pública organizada está necessariamente uma ideia sobre o que, nessa comunidade e nesse momento, se considera serem (ou não) necessidades públicas e sobre o modo pelo qual elas devem ser satisfeitas. Como facilmente se compreende, é ao poder político, incumbido do exercício da função legislativa, que compete formular estas opções. Com efeito, é ele o responsável, em cada comunidade e em cada momento, pela definição das condições de que depende a realização do bem comum. Desde logo ao nível constitucional e, depois, no plano da produção legislativa ordinária, é ao legislador que compete identificar as necessidades públicas que a comunidade pretende ver satisfeitas pelos serviços da Administração Pública, no exercício da função administrativa, e, para o efeito, instituir as figuras organizatórias públicas a quem vai ser confiada a satisfação dessas necessidades, em nome e no interesse da coletividade.

As entidades que integram a Administração Pública são, por conseguinte, instituídas e reguladas pelo legislador, quanto à sua estrutura orgânica e modo de funcionamento dos órgãos e serviços que as integram. Este é o objeto do vasto conjunto de normas que integram o Direito Administrativo orgânico ou organizatório.

b) O Direito Administrativo não se esgota, entretanto, na dimensão do Direito Administrativo orgânico ou organizatório, mas também compreende, como já atrás foi referido, um grande sector de normas que disciplinam as relações jurídicas que se estabelecem no âmbito do exercício da função administrativa, as chamadas relações jurídicas administrativas. E, tal como sucede nos demais ramos de Direito, pode mesmo dizer-se que são deste tipo a maior parte das normas de Direito Administrativo[4].

[4] Freitas do Amaral, *op. cit.*, p. 128, propõe a designação de relacionais para as normas que integram este segundo setor do Direito Administrativo. A expressão não é, no entanto, correntemente utilizada e não se vê necessidade em atribuir uma designação específica a normas cuja natureza corresponde à daquelas que integram a generalidade dos ramos do Direito, que não compreendem um setor de normas estatutárias, de natureza orgânica ou

É, com efeito, o caso, desde logo, e apenas para referir alguns dos domínios de maior relevância jurídica, das normas que regulam os termos do exercício dos poderes de autoridade da Administração, instituindo os instrumentos de atuação jurídica de que ela pode lançar mão e estabelecendo os fins a prosseguir e porventura o conteúdo das medidas a adotar, ou das normas que impõem deveres, sujeições ou limitações específicas à Administração ou aos particulares para com a Administração Pública, assim como das normas que formalmente reconhecem ou conferem direitos ou interesses aos particulares perante a Administração[5]. Mas muito mais do que isso, na medida em que, ao contrário do que se passa com as normas do Direito Administrativo orgânico ou organizatório, as demais normas de Direito Administrativo não tomam necessariamente a Administração por referência, nem a têm necessariamente como destinatária.

Pode, assim, dizer-se que o Direito Administrativo é, em parte, o ramo de Direito estatutário da Administração Pública, no sentido em que compreende no seu seio um vasto conjunto de normas que se reportam à Administração e têm por objeto definir o seu estatuto, instituindo as entidades públicas que a integram, determinando a estrutura orgânica dessas entidades e regulando o modo próprio de funcionamento dos respetivos órgãos[6].

organizatória, ou em que a dimensão e relevância de um setor de normas dessa natureza é desprezível.

[5] Reconheça-se, *a latere*, que, pelo modo como se encontram tradicionalmente estruturadas, muitas das normas que acabam de ser referidas, por regularem o exercício de poderes de autoridade da Administração, não parecem regular verdadeiras relações jurídicas, mas ter apenas a Administração como destinatária. A realidade, porém, é que também as normas que conferem poderes de autoridade à Administração, ao definirem os condicionalismos de natureza substantiva de que depende o exercício desses poderes, conferem poderes de exigir – e, se for caso disso, de, *a posteriori*, reagir – aos eventuais interessados na observância desses condicionalismos, pelo que podem e devem ser objeto de uma leitura relacional.

[6] Utilizamos, assim, o conceito de Direito estatutário no sentido específico em que, v.g., também no âmbito do Direito Comercial são qualificadas como estatutárias as normas que definem o estatuto dos comerciantes ou organizam e estruturam as sociedades comerciais: no sentido de que se trata de normas privativas de determinadas pessoas ou entidades, em razão da sua configuração estatutária própria.

A verdade, porém, é que o Direito Administrativo, no seu conjunto, não se define por ser o ramo do Direito que tem por objeto regular a Administração Pública, não só quanto à sua estrutura e organização, mas também quanto ao quadro das relações jurídicas em que ela toma parte: neste segundo plano, o critério aplicável é o do *exercício da função administrativa*, podendo, pois, dizer-se que, nesta segunda dimensão, não organizatória, que tem por objeto regular as relações jurídico-administrativas, o Direito Administrativo não é o Direito da Administração Pública, mas o *Direito da função administrativa*[7].

2. Âmbito de aplicação do Direito Administrativo

2.1. Âmbito de aplicação do Direito Administrativo orgânico ou organizatório: Direito Administrativo e formas da Administração Pública

5. Vimos que o Direito Administrativo pode ser, em parte, definido como o ramo de Direito que disciplina a organização da Administração Pública, na medida em que compreende no seu seio o chamado Direito Administrativo orgânico ou organizatório, constituído por um vasto conjunto de normas que têm por objeto disciplinar a organização da Administração Pública, instituindo as entidades públicas que a integram, determinando a estrutura orgânica dessas entidades e regulando o modo próprio de funcionamento dos respetivos órgãos.

Cumpre, porém, notar que estas afirmações só cobrem uma parte da realidade, na medida em que dizem apenas respeito às pessoas colectivas de direito público, que são as únicas entidades que o Direito Administrativo orgânico ou organizatório institui e regula quanto à respectiva estrutura orgânica e quanto ao modo próprio de funcionamento dos seus órgãos.

Coloca-se, entretanto, a questão do enquadramento a dar às situações em que o Estado ou outras entidades públicas optam por criar entidades privadas, incumbindo-as diretamente de gerir recursos públicos para

[7] No sentido de que o Direito Administrativo é "o direito comum da função administrativa", pois assume "um âmbito regulatório que ultrapassa em muito o da mera definição do estatuto da administração pública", cfr. Marcelo Rebelo de Sousa/André Salgado de Matos, *Direito Administrativo Geral*, tomo I, 2ª ed., Lisboa, 2006, p. 53.

prosseguir a satisfação de necessidades públicas, em vez de instituir pessoas colectivas de direito público para o efeito.

Na verdade, tem vindo a assistir-se, nas sociedades ocidentais, ao longo das últimas décadas, a um fenómeno de multiplicação dos casos em que entidades públicas optam por confiar a gestão de recursos públicos para o exercício da função administrativa a entidades privadas, criadas para o efeito ou resultantes da privatização formal de entidades públicas.

Pode assim, dizer-se que a prossecução da satisfação das necessidades públicas no exercício da função administrativa passou, desse modo, a obedecer a um modelo misto, em que, ao lado das tradicionais pessoas coletivas de direito público, passaram a figurar entidades que, do ponto de vista material, também são públicas, mas que assumem formas de Direito privado, são estruturadas segundo um modelo orgânico de Direito privado e, no essencial, regem-se pelo seu direito estatutário, que é o Direito privado.

Na verdade, a cada comunidade compete, através dos órgãos politicamente legitimados para o efeito, identificar, em cada momento histórico, as necessidades públicas que pretende ver satisfeitas e realizar as opções organizatórias que considera mais adequadas para promover a respetiva satisfação. Por conseguinte, o fenómeno a que, nas sociedades ocidentais, se assistiu da instituição de uma vasta Administração Pública, estruturada num amplo conjunto de pessoas coletivas de direito público, foi o resultado de uma concepção geográfica e historicamente determinada sobre o que a comunidade entendeu serem necessidades públicas e sobre o modo pelo qual entendeu que elas deviam ser satisfeitas. As opções que, nessa matéria sejam efetuadas, em cada comunidade e em cada momento histórico, dependem do entendimento que, nesse contexto, prevaleça sobre a questão de saber se, em que medida e por que meios, a comunidade deve tomar nas suas mãos a satisfação de necessidades coletivas, através da instituição de entidades criadas para a satisfação dessas necessidades.

A prossecução da satisfação das necessidades públicas pode, assim, obedecer a modelos diferenciados e, designadamente, a modelos mistos como aquele que tende, presentemente, a ser adotado nas modernas sociedades ocidentais, em que o papel das pessoas coletivas de direito público, instituídas e estruturadas em Administração Pública por normas de Direito Administrativo orgânico ou organizatório, tende a ser relativizado pela emergência de soluções que envolvem a atribuição da gestão de recursos públicos para o exercício da função administrativa a entidades estruturadas segundo formas de direito privado.

A doutrina fala, a respeito destas entidades, de uma *Administração Pública em forma privada ou sob formas privadas*, constituída por *entidades administrativas privadas*[8], de acordo com um entendimento amplo de Administração Pública, que, no seu seio, deste modo identifica duas dimensões: a dimensão tradicional, integrada pelas pessoas coletivas de direito público, que são instituídas e reguladas quanto à respectiva estrutura orgânica e quanto ao modo próprio de funcionamento dos seus órgãos pelo Direito Administrativo orgânico ou organizatório e, no essencial, se regem pelo Direito Administrativo, e a dimensão que é integrada pelas ditas entidades administrativas sob forma privada, estruturadas segundo modelos organizatórios de Direito privado e que, no essencial, se regem pelo Direito privado.

A nossa perspectiva a este respeito é a seguinte.

a) Mesmo no contexto que acaba de ser descrito, não pode deixar, ainda hoje, de se reconhecer que o Direito Administrativo, enquanto corpo normativo, integra um acervo de normas, que, como foi dito, dão corpo ao chamado Direito Administrativo orgânico ou organizatório, que instituem as pessoas coletivas de direito público, determinam a estrutura orgânica dessas entidades e disciplinam o modo próprio de funcionamento dos respetivos órgãos, definindo, assim, o estatuto dessas entidades e os termos específicos em que se processa o relacionamento que elas estabelecem entre si.

Este acervo de normas tem natureza estatutária, dando corpo a uma realidade que, a nosso ver, pode ser qualificada como *Administração Pública em sentido estrito* e que é constituída pelo conjunto das pessoas colectivas de direito público que existem no nosso ordenamento jurídico.

Este conceito de Administração Pública em sentido estrito não é meramente doutrinal, mas é um conceito operativo, dotado de relevância prá-

[8] Cfr., por exemplo, PEDRO GONÇALVES, *Entidades privadas com poderes públicos*, Coimbra, 2005, pp. 396 segs.; JOÃO CAUPERS/VERA EIRÓ, *Introdução ao Direito Administrativo, 12ª ed., Lisboa, 2016*, pp. 124; PAULO OTERO, *Legalidade e Administração Pública*, Coimbra, 2003, pp. 304 segs., e *Vinculação e liberdade de conformação jurídica do setor empresarial do Estado*, Coimbra, 1998, pp. 228-230, para quem "a existência de uma tal Administração indireta privada acarreta uma inevitável reformação do conceito orgânico-subjetivo de Administração Pública, hoje suscetível, por consequência, de comportar pessoas coletivas privadas sujeitas a um controlo ou influência dominantes dos poderes públicos".

tica, desde logo porque é o conceito de Administração Pública que é adotado no nº 4 do artigo 2º do CPA como ponto de referência para, no nº 2 do mesmo artigo, circunscrever ao conjunto das pessoas coletivas de direito público, instituídas e estruturadas segundo um modelo orgânico e funcional definido por normas de Direito Administrativo, o âmbito de aplicação do regime respeitante aos órgãos da Administração Pública que aquele Código consagra na sua Parte II.

b) Esta circunstância não impede, entretanto, que, na perspetiva da Ciência do Direito Administrativo, se assuma que a organização administrativa deve ser estudada e ensinada, descrita e analisada, não apenas por referência a esse conceito estrito, mas numa perspetiva mais abrangente, que também se estenda a formas de Administração Pública (entendido já o conceito num sentido amplo) instituídas segundo formas de Direito privado: numa perspetiva, afinal, transversal ao Direito público e ao Direito privado, que abstraia da fronteira entre um e outro, em razão da interpenetração entre os dois hemisférios do Direito que caracteriza a Administração Pública dos nossos dias.

Cumpre, em todo o caso, notar que as ditas entidades administrativas privadas são estruturadas segundo modelos de Direito privado, sem que, nesse plano, intervenham normas de Direito Administrativo orgânico ou organizatório. No plano estritamente orgânico, atinente à definição normativa da respetiva estrutura orgânica e do modo próprio de funcionamento dos seus órgãos, elas são, pois, puras pessoas colectivas de direito privado, cujo estudo, do ponto de vista da Ciência do Direito Administrativo, não se justifica, porque em nada se afasta daquele de que são objeto as pessoas colectivas do mesmo tipo no âmbito do Direito privado.

É no plano funcional, da caracterização dos termos em que se processa o relacionamento que se estabelece entre estas entidades privadas e o Estado ou as outras entidades públicas que sobre elas exercem poderes de controlo que, do ponto de vista do estudo da organização administrativa, o fenómeno em referência interessa à Ciência do Direito Administrativo. Trata-se de matéria que se situa na fronteira entre o Direito público e o Direito privado, na medida em que o regime por que se regem as ditas entidades administrativas privadas é definido pelo Direito privado, sendo nesse quadro que, por regra, se processa o seu relacionamento com o Estado. Com efeito, é, por exemplo, na qualidade de acionista, exercendo os poderes que o Direito privado reconhece aos acionistas, que, por regra, o Estado intervém na vida das sociedades comerciais em cujo capital participa. Mas existem normas dotadas de uma intencionalidade de natureza pública que têm por objeto disciplinar segundo critérios publicísticos o modo pelo qual o Estado deve exercer os poderes de intervenção que o Direito privado lhe confere sobre a atuação destas entidades.

Na Alemanha, este tipo de enquadramento jurídico é qualificado como de *Direito privado administrativo* – expressão na qual não é por acaso que é dada precedência à palavra "privado" sobre a palavra "administrativo", no sentido de que se entende que nos encontramos num domínio de aplicação de um Direito privado permeado de elementos publicísticos. Mas faz sentido que a Ciência do Direito Administrativo reserve um capítulo do estudo e ensino, descrição e análise a que procede da organização administrativa aos regimes que, disciplinando, no plano funcional, o respetivo relacionamento com o Estado ou outras entidades públicas, *administrativizam* o regime de Direito privado pelo qual se regem as ditas entidades administrativas privadas.

Assim, ao estudo e ensino do modelo hierárquico em que assenta o relacionamento interorgânico que se estabelece no âmbito interno das entidades públicas e dos modelos de tutela e de superintendência com base nos quais as entidades públicas exercem poderes de controlo sobre outras entidades públicas no âmbito da descentralização e da devolução de poderes, acrescenta-se, nesse contexto, a referência ao regime que, na Lei do Sector Empresarial do Estado, estabelece um enquadramento específico ao modo pelo qual ao Estado cabe, enquanto acionista, proceder à orientação estratégica das suas empresas e intervir na sua gestão através do exercício da chamada função acionista.

2.2. Âmbito de aplicação do Direito Administrativo como Direito das relações jurídicas administrativas

6. Do exposto até aqui resulta que o Direito Administrativo, no seu conjunto, não pode ser qualificado como um ramo de Direito estatutário da Administração Pública, que tenha por objeto regular a Administração

Pública, tanto quanto à sua estrutura e organização, como quanto ao quadro das relações jurídicas em que ela toma parte.

Com efeito, tivemos oportunidade de verificar que é só em parte que o Direito Administrativo disciplina a organização da Administração Pública. Como vimos, isso, na verdade, só sucede no que diz respeito à Administração Pública em sentido estrito, que é constituída pelas pessoas coletivas de direito público, cuja estrutura orgânica e modo próprio de funcionamento dos seus órgãos é definida pelo Direito Administrativo orgânico ou organizatório. Já não no que diz respeito às chamadas entidades administrativas privadas, que, por serem pessoas colectivas de direito privado, encontram no Direito privado a definição normativa da respetiva estrutura orgânica e do modo próprio de funcionamento dos seus órgãos.

E, por outro lado, vimos que, mesmo no que diz respeito à Administração Pública em sentido estrito, que é constituída pelas pessoas coletivas de direito público, não se pode dizer que, na sua dimensão não organizatória, que tem por objeto regular as relações jurídico-administrativas, o Direito Administrativo tem por objeto disciplinar as relações jurídicas em que essas entidades tomam parte. Como vimos, pode, por isso, dizer-se que, nesse plano, o Direito Administrativo não é o Direito da Administração Pública, mas o *Direito da função administrativa*.

Como é evidente, os conceitos de Administração Pública e de função administrativa estão intimamente relacionados entre si. Com efeito, é porque se entende que existe certo tipo de tarefas que correspondem a uma atividade de administração pública (o exercício da função administrativa) que se institui um conjunto de pessoas coletivas destinadas a desempenhar essas tarefas, a que é dado o nome de Administração Pública. A Administração Pública só existe, na verdade, porque existem essas tarefas que devem ser desempenhadas.

Daí não resulta, porém, que Administração Pública e função administrativa sejam indissociáveis. E isto porque (i) nem toda a atividade que é desenvolvida pelas entidades que integram a Administração Pública corresponde ao exercício da função administrativa, e, por outro lado, (ii) a função administrativa não é exclusivamente exercida pelas entidades que integram a Administração Pública. O que implica que (i) nem todas as relações jurídicas que envolvem a Administração Pública são reguladas pelo Direito Administrativo; e que (ii) nem todas as relações jurídicas reguladas pelo Direito Administrativo envolvem a Administração Pública[9].

a) Em primeiro lugar, nem todas as relações jurídicas que envolvem a Administração Pública são reguladas pelo Direito Administrativo. O Direito Administrativo não é, com efeito, o ramo de Direito que, por definição, disciplina as relações jurídicas que envolvam a Administração Pública. O Direito Administrativo só disciplina a atividade que a Administração desenvolve no exercício da função administrativa.

No que diz respeito à Administração Pública em sentido estrito, que é constituída pelas pessoas coletivas de direito público, pode, assim, dizer-se que o Direito Administrativo só é o ramo de Direito comum da Administração Pública *enquanto tal*, nessa sua qualidade, e, portanto, que ele apenas regula a atividade das pessoas colectivas de direito público na medida em que estas atuam especificamente como Administração Pública que são, desenvolvendo uma atividade materialmente administrativa (ou seja, fazendo administração pública em sentido material), e já não quando elas atuam como se de sujeitos privados se tratassem. Quando for este o caso, as relações jurídicas que estas entidades estabelecem regem-se pelo ramo de Direito (privado) adequado à natureza dessas relações, e não por normas de Direito Administrativo.

Esta advertência justifica-se porque se reconhece que as pessoas colectivas de direito público têm capacidade de gozo de Direito privado, dentro dos limites que decorrem do princípio da especialidade. Daqui resulta que essas entidades podem ter património privado e dispor dele, e, de uma maneira geral, que podem utilizar os instrumentos jurídicos que o Direito privado coloca à sua disposição, desde que isso não seja incompatível com a sua natureza, nem com a prossecução das necessidades públicas que constituem o quadro das suas atribuições. Elas podem, portanto, tomar parte em relações jurídicas de Direito privado. Estamos, nesse caso, no

[9] No mesmo sentido, cfr. FREITAS DO AMARAL, *op. cit.*, pp. 136-137, onde se salienta que, por um lado, o Direito Administrativo não é o único ramo do direito aplicável à Administração Pública e, por outro lado, que a presença da Administração Pública não é um requisito necessário para que exista uma relação jurídica administrativa, na medida em que pode haver relações jurídicas administrativas entre dois ou mais particulares sem qualquer presença da Administração Pública.

domínio do que, na nossa ordem jurídica, tem sido designado como atuações de *gestão privada* das pessoas colectivas de direito público[10].

Não pode deixar, em todo o caso, de se ter presente que, de acordo com o artigo 2º, nº 3, do CPA, "os princípios gerais da atividade administrativa e as disposições deste Código que concretizam preceitos constitucionais são aplicáveis a toda e qualquer atuação da Administração, ainda que meramente técnica ou de gestão privada".

Daqui resulta que, mesmo à atividade de gestão privada da Administração Pública em sentido estrito (tal como ela é definida pelo nº 4 do artigo 2º do CPA, integrando o conjunto das pessoas colectivas de direito público), são aplicáveis princípios de Direito Administrativo, e, portanto, que o âmbito de aplicação destes princípios vai para além do âmbito da sua atuação de gestão pública, aplicando-se também à sua atividade de gestão privada[11].

A nosso ver, daí não resulta, no entanto, que a atividade de gestão privada das pessoas colectivas de direito público se rege pelo Direito Administrativo, em termos de o Direito Administrativo ser o ramo de Direito afinal de contas aplicável a todas as modalidades da atuação destas entidades[12]. Na verdade, a atividade de gestão privada das pessoas colectivas de direito público rege-se, em primeira linha, pelo Direito privado, sendo que os referidos princípios só são chamados a intervir para temperar as soluções que resultariam da estrita aplicação do Direito privado, impondo limites à liberdade de decisão que um privado teria, mas que não se mostre compatível com as exigências que, num Estado de Direito, devem ser impostas à Administração[13].

[10] Cfr., por todos, Freitas do Amaral, *op. cit.*, pp. 130 segs..

[11] Nesta estrita medida, tem, pois, razão Paulo Otero, *Legalidade e Administração Pública*, pp. 311-312, quando nota que, em bom rigor, o âmbito de aplicação do Direito Administrativo também se estende à atividade de gestão privada da Administração Pública. Como de seguida se explica, a nosso ver, no entanto, este facto, embora amplie a dimensão estatutária do Direito Administrativo, não tem relevo suficiente para repercutir-se na definição proposta de Direito Administrativo.

[12] No mesmo sentido, cfr. Freitas do Amaral, *op. cit.*, pp. 136-137.

[13] Por este motivo, não nos parece justificado refletir o aspeto em referência na definição proposta de Direito Administrativo, que, para efeitos pedagógicos, procura acentuar os traços identitários deste ramo do Direito, sem empolar de modo enganador a sua dimensão de Direito estatutário da Administração Pública.

A doutrina alemã faz apelo, neste contexto, ao já referido conceito de *Direito privado administrativo*[14], para significar que, nesse domínio, a aplicação do direito privado será permeada pela aplicação de princípios gerais de Direito Administrativo e pela afirmação da vinculação das entidades em causa aos direitos fundamentais.

b) Por outro lado, nem todas as relações jurídicas reguladas pelo Direito Administrativo envolvem a Administração Pública. Isto resulta da circunstância, cada vez mais comum, aliás, tanto entre nós, como no direito comparado, de que o exercício da função administrativa não está reservado, em exclusivo, às entidades que integram a Administração Pública, mesmo entendendo este conceito no sentido amplo que foi atrás enunciado, estendido às chamadas entidades administrativas privadas. É, por isso, possível – e, aliás, cada vez mais frequente – depararmos com relações jurídicas administrativas estabelecidas entre entidades não integradas na Administração Pública.

É o que sucede sempre que uma entidade pública, designadamente o Estado, confia a prossecução de atribuições públicas a particulares. Com efeito, a partir do momento em que um particular é investido no exercício de funções públicas, designadamente através da concessão de poderes de administração de bens ou serviços públicos, ele passa a exercer a função administrativa, passando a ser destinatário das normas de Direito Administrativo que lhe são aplicáveis. É, na verdade, ao abrigo e na observância dessas normas que o particular vai exercer a função administrativa, tomando parte nas relações jurídicas administrativas correspondentes. É o que sucede nos casos de delegação de poderes públicos em entidades privadas, que podem resultar diretamente da lei – como, v.g., sucede no caso das Federações com o estatuto de utilidade pública desportiva, em quem o Estado delega poderes públicos de regulação e disciplina – ou de contrato de concessão[15].

[14] Na doutrina portuguesa, cfr., por todos, com indicação de referências, MARIA JOÃO ESTORNINHO, *A Fuga para o Direito Privado*, Coimbra, 1996, pp. 121 segs.; PAULO OTERO, *Legalidade e Administração Pública*, pp. 51-52.

[15] Para a circunstanciada inventariação da variadíssima plêiade de situações que podem dar origem ao fenómeno de delegação de poderes administrativos em privados em referência no texto, cfr. PEDRO GONÇALVES, *Entidades privadas com poderes públicos*, pp. 787 segs.

2.2.1. Âmbito de aplicação às pessoas colectivas de direito público

7. Pode dizer-se que o âmbito de aplicação do Direito Administrativo às pessoas colectivas de direito público é delimitado pelo artigo 2º do CPA.

Como foi assinalado na doutrina[16], o artigo 2º do CPA, na sua redação originária, não era um modelo de clareza. Na verdade, continha vários preceitos supérfluos e fazia, direta ou indiretamente, apelo a três conceitos diferentes (função administrativa, gestão pública, por contraposição a gestão privada, e poderes de autoridade) para enunciar o critério material de delimitação do âmbito de aplicação do Código. A revisão de 2015 procurou, por isso, introduzir maior clareza nesse domínio. Nesse sentido, eliminou vários preceitos do artigo 2º, de modo a limitar o respetivo regime ao essencial, e procurou tornar mais claro o modo como se articulam os regimes dos respetivos nºs 1, 2 e 3, precisando que só a Administração Pública em sentido estrito, tal como identificada no nº 4, está sujeita ao regime em matéria orgânica da Parte II do CPA (cfr. nº 2) e também só ela está globalmente vinculada ao respeito pelos princípios gerais da atividade administrativa, mesmo no âmbito das suas atuações de gestão privada (cfr. nº 3); e que, pelo contrário, entidades de direito privado, que não integram a Administração Pública em sentido estrito, tal como identificada no nº 4, não estão sujeitas ao regime em matéria orgânica da Parte II do CPA (cfr. nº 2) e só estão globalmente submetidas ao regime das restantes partes do CPA (respeitantes aos princípios gerais, ao procedimento e à atividade administrativa) na medida em que atuem *no exercício de poderes públicos ou ao abrigo de normas de Direito Administrativo* (cfr. nº 1)[17].

Na economia do artigo 2º, esta última fórmula substitui, pois, de modo unitário, os três conceitos (função administrativa, gestão pública, por contraposição a gestão privada, e poderes de autoridade) a que, como foi dito,

[16] Cfr. Luis Fábrica, "Âmbito de aplicação do Código do Procedimento Administrativo", *Cadernos de Justiça Administrativa* nº 82, pp. 6 segs.

[17] Nas palavras de Pedro Gonçalves, "Âmbito de aplicação do Código do Procedimento Administrativo (na versão do anteprojeto de revisão)", in *Cadernos de Justiça Administrativa* nº 100, p. 11, a previsão do nº 1 do artigo 2º do CPA tem exclusivamente em vista "a 'atividade de direito administrativo', ou seja, a atividade regulada por normas jurídico-administrativas e que se manifesta por formas jurídicas de direito administrativo": ou seja, para nós, a atividade de gestão pública.

anteriormente se fazia apelo ao longo dos diferentes números do artigo, pretendendo referir-se às condutas que as pessoas colectivas de direito público adotem no exercício de funções administrativas de gestão pública, com exclusão das suas atuações de gestão privada: com efeito, por regra, as funções administrativas de gestão pública tanto se concretizam no *exercício de poderes públicos*, como na adoção de condutas de outra natureza *ao abrigo de normas de Direito Administrativo*.

Por conseguinte, resulta hoje dos nºs 1 e 2 do artigo 2º do CPA que, no que ao aspeto orgânico ou organizatório diz respeito, as entidades privadas que desempenham a função administrativa não estão sujeitas ao regime orgânico ou organizatório da Parte II do CPA, que apenas disciplina o regime específico de funcionamento dos órgãos da Administração Pública em sentido estrito, tal como definida no nº 4 do mesmo artigo, que apenas abrange as pessoas colectivas de direito público.

Já no que, no plano funcional, diz respeito ao Direito aplicável às relações em que tomam parte as pessoas colectivas de direito público, quando os órgãos e serviços destas entidades exercem a função administrativa, eles atuam ao abrigo das normas de Direito Administrativo disciplinadoras dos termos do exercício dessa função, tomando parte em relações jurídicas administrativas. Mas mesmo no âmbito da sua atividade de gestão privada, eles não deixam de estar submetidos, como já atrás foi assinalado, à aplicação de princípios de Direito Administrativo e de estar vinculados aos direitos fundamentais.

Segundo o disposto no artigo 2º, nº 3, do CPA, os princípios gerais da atividade administrativa e o dever de respeito pelos direitos fundamentais, no nosso ordenamento jurídico, vinculam, pois, as pessoas colectivas de direito público em todos os domínios em que elas atuem, ainda que sob a égide do Direito privado, e não apenas naqueles em que elas utilizem instrumentos de Direito privado no exercício da função administrativa, para a prossecução imediata de interesses públicos. Como é confirmado pelo nº 2 do artigo 202º do CPA, no que diz respeito aos contratos de direito privado que são celebrados por entidades públicas, não há, portanto, que distinguir consoante esses contratos sejam celebrados no exercício direto da função administrativa, ou sejam de qualificar como "meramente auxiliares ou de pura capacidade privada": eles estão, em qualquer caso, submetidos ao regime do nº 3 do artigo 2º do CPA.

De referir, entretanto, que órgãos públicos, do Estado ou das Regiões Autónomas, que não integram a Administração Pública, por não exercerem a função administrativa a título principal, também praticam, esporadicamente, atos administrativos. É o que, desde logo, sucede com o Presidente da República, a Assembleia da República e o seu Presidente, e os Tribunais Superiores e os seus Presidentes (cfr. artigos 4º, nº 1, alínea c), e 24º, nº 1, alínea a), do ETAF). Para além do regime normativo especificamente aplicável aos atos em causa, estes órgãos devem observar, na prática de tais atos, os princípios gerais da atividade administrativa e as normas do CPA que estabelecem o regime do procedimento administrativo e do ato administrativo. É o que resulta do nº 1 do artigo 2º do CPA.

2.2.2. Âmbito de aplicação às pessoas coletivas de direito privado

8. O que, em termos gerais, se pode dizer em relação à aplicabilidade do Direito Administrativo às pessoas colectivas de direito privado é que, como já foi dito, resulta do artigo 2º do CPA que não é aplicável a entidades desta natureza o regime orgânico ou organizatório da Parte II do CPA, que apenas disciplina o regime específico de funcionamento dos órgãos da Administração Pública em sentido estrito, tal como identificada no nº 4 do artigo 2º do CPA, que apenas abrange as pessoas colectivas de direito público. Como as pessoas colectivas de direito privado não correspondem, no plano orgânico ou organizatório, a um tipo organizatório de Direito Administrativo, elas não estão submetidas ao regime orgânico ou organizatório da Parte II do CPA, que, por conseguinte, só é aplicável às pessoas colectivas de direito público.

Já no que, no plano funcional, diz respeito à aplicabilidade do Direito Administrativo às relações em que tomam parte pessoas colectivas de direito privado, cumpre recordar que a função administrativa pode ser exercida por pessoas colectivas de direito privado que sejam incumbidas de tal tarefa. É o que, como vimos, sucede com as chamadas entidades administrativas privadas, que, embora sejam estruturadas segundo modelos organizatórios de direito privado, são criadas pelo Estado ou por outras entidades públicas para prosseguirem a satisfação de necessidades públicas, e também sucede sempre que entidades públicas confiam a particulares o exercício da função administrativa, através de *delegações* ou *concessões* de funções administrativas.

Como estão incumbidas do exercício da função administrativa, estas categorias de pessoas colectivas de direito privado estão submetidas, no plano funcional, à aplicação de normas de Direito Administrativo.

Estão, desde logo, submetidas às normas de Direito Administrativo que disciplinam os termos do exercício da função administrativa de cujo exercício elas estão incumbidas e as relações jurídicas em que, no âmbito desse exercício, tomam parte. Pode, assim, neste plano, dizer-se que elas atuam ao abrigo de normas de Direito Administrativo, na medida em que é em normas de Direito Administrativo que encontram o fundamento para o exercício da sua atividade materialmente administrativa: é o que, em primeira linha, sucede no que respeite ao exercício de poderes públicos de autoridade, pois só mediante habilitação legal expressa estas entidades podem ser admitidas a exercer tais poderes (cfr., a propósito, artigo 22º, nº 2, do Decreto-Lei nº 133/2013, no que diz respeito às empresas públicas)[18].

Mas, por outro lado, as entidades em causa também têm de atuar em conformidade com normas de Direito Administrativo que lhes são genericamente aplicáveis, independentemente do tipo concreto de atuação que possa estar em causa, desde que esta se enquadre no exercício da função administrativa.

Cumpre, na verdade, notar que o Direito Administrativo tem procurado responder ao fenómeno do recurso a pessoas colectivas de direito privado para o exercício da função administrativa, que já foi qualificado como de *fuga para o direito privado*, através de uma política de *permeabilização do Direito privado pelo Direito Administrativo*[19] que se traduz na aplicabilidade de normas de Direito Administrativo às entidades privadas que

[18] Como, na verdade, recorda PAULO OTERO, *Legalidade e Administração Pública*, p. 87, as entidades dotadas de personalidade privada, "estando dependentes da atribuição específica de poderes públicos para a definição unilateral e autoritária de situações jurídicas concretas, praticarão um mero ato jurídico de Direito Privado se emitirem (pretensos) atos administrativos fora das competências que são conferidas aos seus órgãos". Em sentido limitativo quanto à possibilidade da atribuição de poderes de autoridade às entidades que qualifica como entidades administrativas privadas, cfr., entretanto, PEDRO GONÇALVES, *Entidades privadas com poderes públicos*, pp. 406-407, com outras referências.

[19] Sobre o tema, cfr. MARIA JOÃO ESTORNINHO, *op. cit.*, pp. 159 segs.

exercem a função administrativa. Essa política pode traduzir-se na imposição de exigências específicas de Direito Administrativo, quando tal se justifica, em domínios específicos de intervenção das entidades em causa, e passa, em termos gerais, pela extensão a essas entidades da aplicabilidade de institutos de Direito Administrativo de âmbito geral.

Neste último sentido, resulta desde logo do artigo 2º do CPA que as entidades privadas que exercem a função administrativa só não estão submetidas, como já vimos, ao regime orgânico que o CPA especificamente estabelece na sua Parte II, mas já estão submetidas, nos termos do nº 1 do mesmo artigo, a todo o restante regime do CPA, respeitante aos princípios gerais, ao procedimento e à atividade administrativa. Os princípios gerais de Direito Administrativo são, pois, genericamente aplicáveis à atividade materialmente administrativa das pessoas colectivas de direito privado, assim como, nesse domínio, se lhes impõe uma específica vinculação aos direitos fundamentais, que lhes limita a liberdade de decisão: esta é a consequência que decorre da aplicabilidade do Direito Administrativo, enquanto Direito comum da função administrativa, a quem quer que a exerça, independentemente do seu estatuto orgânico.

Por outro lado, as decisões concretas emitidas por entidades privadas ao abrigo de normas de Direito Administrativo são hoje qualificadas como atos administrativos[20], para o efeito da aplicação do correspondente regime substantivo e contencioso. E o artigo 1º, nº 5, do RREEP estende a aplicabilidade do regime específico da responsabilidade civil extracontratual do Estado e das demais entidades públicas às condutas de pessoas coletivas de direito privado "que sejam reguladas por disposições ou princípios de direito administrativo"[21] (sobre este último ponto, cfr. *infra*, nº 248).

[20] Com efeito, o artigo 148º do CPA abandonou o elemento orgânico na definição de ato administrativo, deixando de exigir que ele seja praticado por um órgão da Administração: a propósito, cfr. *infra*, nº 103.

[21] Note-se, a propósito, que, a nosso ver, a fórmula utilizada no preceito referido no texto deve ser objeto de uma interpretação que, excluindo as situações em que qualquer particular esteja sob a alçada da aplicação de normas ou princípios de Direito Administrativo (basta pensar no exemplo do particular que construa a sua casa em violação de condições impostas pela licença de construção), circunscreva a aplicação do preceito às hipóteses em que condutas lesivas adotadas por entidades privadas tenham sido adotadas ao abrigo de disposições ou princípios de Direito Administrativo impositivos de deveres ou restrições especiais, de natu-

9. No que diz respeito à atuação de gestão privada das pessoas colectivas de direito privado que exercem a função administrativa, o normal é que, por serem pessoas colectivas de direito privado, embora incumbidas do exercício da função administrativa, elas tenham um âmbito de gestão privada muito mais alargado do que as pessoas colectivas de direito público e que, nesse âmbito, atuem em conformidade com o seu direito estatutário, que é o Direito privado.

A regra, no que diz respeito às pessoas coletivas de direito privado em geral, é, portanto, a de que, no âmbito da sua gestão privada, elas não devem obediência aos princípios gerais da atividade administrativa, nem às disposições do CPA que concretizem preceitos constitucionais – o que se compreende, na medida em que, à partida, só se justifica submeter entidades privadas a regras e princípios de Direito Administrativo no âmbito da atividade que desenvolvam no exercício da função administrativa, e não fora dele[22].

Importa, no entanto, notar que a função administrativa não se concretiza apenas no exercício de poderes de autoridade, pelo que se afigura de entender que atividades como as que se concretizem na realização de prestações aos cidadãos para a satisfação imediata de necessidades públi-

reza especificamente administrativa, que não se aplicam à atuação das entidades privadas: na verdade, só nesse caso faz sentido submeter entidades privadas a um regime de responsabilidade civil extracontratual de Direito Administrativo. A necessidade da precisão resulta da circunstância de que, ao contrário do que inicialmente propusemos no texto que serviu de base à primeira proposta de lei sobre a matéria, o artigo 1º, nº 2, do RREEPP acabou por não definir o exercício da função administrativa especificamente por referência às ações e omissões reguladas por normas e princípios de Direito Administrativo "impositivos de deveres ou restrições especiais, de natureza especificamente administrativa, que não se aplicam à atuação das entidades privadas". Assinalando o facto, em sentido crítico, cfr. Vieira de Andrade, "A responsabilidade por danos decorrentes do exercício da função administrativa na nova lei sobre responsabilidade civil extracontratual do Estado e demais entidades públicas", in *Revista de Legislação e de Jurisprudência* nº 3951, p. 360, nota 5.

[22] A nosso ver, o ponto indicado no texto é coerente com o reconhecimento, que partilhamos, de que a distinção entre pessoas coletivas de direito público e pessoas coletivas de direito privado, nos nossos dias, "perdeu alguma da sua força, mas *em situações pontuais e apenas para certos efeitos*", na medida em que "a criação de uma entidade com personalidade de direito público implica a sua entrada automática na 'esfera pública'", com a consequente "publicização das tarefas de que a entidade fica incumbida" (cfr. Pedro Gonçalves, *Entidades públicas com poderes privados*, pp. 252-253).

cas, no exercício da função administrativa, estão submetidas aos princípios gerais da atividade administrativa, mesmo quando, por determinação de normas de Direito Administrativo que para ele remetam, essas atividades sejam realizadas por entidades privadas ao abrigo da celebração de contratos de direito privado.

A nosso ver, deve, pois, entender-se que as pessoas colectivas de direito privado também estão vinculadas aos princípios gerais da atividade administrativa e ao dever de respeito pelos direitos fundamentais nos domínios em que, por determinação de normas de Direito Administrativo que para ele remetam, utilizem instrumentos de Direito privado para a satisfação imediata de necessidades públicas, no exercício da função administrativa. E, portanto, que se deve aplicar um regime de *direito privado administrativizado* aos contratos que entidades privadas celebrem para a satisfação imediata de necessidades públicas, no exercício da função administrativa, quando, por determinação de normas de Direito Administrativo que para ele remetam, esses contratos sejam celebrados segundo formas de direito privado, o que implica o reconhecimento de que, nesse contexto, não está em causa a celebração de puros contratos privados, mas de *contratos privados administrativizados*.

10. No que especificamente diz respeito às chamadas entidades administrativas privadas, vimos que, embora sejam criadas pelo Estado ou por outras entidades públicas para prosseguirem a satisfação de necessidades públicas, elas não deixam, por esse facto, de ser entidades privadas, na medida em que obedecem a um modelo de estruturação orgânico regulado por normas de direito privado e, no essencial, se regem pelo seu direito estatutário, que é o direito privado.

É o que, paradigmaticamente, sucede com as sociedades comerciais de capitais públicos, que, mesmo quando são criadas pelo Estado ou outras entidades públicas, não deixam de ser sociedades comerciais, estruturadas segundo um dos tipos organizatórios que o Código das Sociedades Comerciais faz corresponder às entidades dessa natureza, e que, por isso, se relacionam com o Estado acionista, como já foi referido, segundo um modelo de direito privado[23].

[23] Como, na verdade, nota PEDRO GONÇALVES, *Entidades privadas com poderes públicos*, p. 413, "salvo se outra coisa resultar expressamente da lei, a criação, por iniciativa pública, de uma

Trata-se, em todo o caso, de entidades que, embora não correspondendo, no plano orgânico ou organizatório, a um tipo organizatório específico de Direito Administrativo, não deixam de estar submetidas, no plano funcional, à aplicação de normas de Direito Administrativo.

Com efeito, as empresas públicas estão, desde logo, sujeitas a um regime normativo específico, resultante do Decreto-Lei nº 133/2013, que, entre outras coisas, regula o relacionamento das sociedades de capital total ou maioritariamente público com o acionista público, definindo os termos em que se processa o exercício da função acionista por parte deste. Como é evidente, não está aqui em causa disciplinar a estrutura orgânica das sociedades em causa – matéria que o diploma em causa dá por resolvida, como foi dito, através da remissão para o Direito das Sociedades Comerciais. É, aliás, precisamente por estar em causa a definição do rumo de entidades com o estatuto e estrutura jusprivatísticos das sociedades comerciais, que o legislador assume ser na qualidade de acionista que o acionista público deve intervir na determinação desse rumo. Trata-se, em todo o caso, de disciplinar segundo critérios próprios de Direito Administrativo as relações jurídicas que se estabelecem entre o Estado e as sociedades em causa (para maiores desenvolvimentos, cfr. *infra*, nº 23).

Coloca-se, entretanto, a questão da vinculação das chamadas entidades administrativas privadas aos princípios gerais da atividade administrativa e, em particular, ao respeito pelos direitos fundamentais, também no plano da sua atividade de gestão privada.

Como vimos atrás (cfr. *supra*, nº 9), essa vinculação não resulta expressamente do nº 3 do artigo 2º do CPA, que só a estende às atuações de gestão privada das pessoas colectivas de direito público (que correspondem à Administração Pública em sentido estrito, tal como definida no nº 4 do mesmo artigo), e não das pessoas coletivas de direito privado. A verdade, porém, é que, por razões que se afiguram atendíveis, a doutrina tende a

entidade num formato de direito privado (sociedade comercial, associação ou fundação) irá naturalmente remeter para a esfera do direito privado a missão de regular o processo de relacionamento jurídico que se desenvolve entre essa entidade privada e a entidade pública detentora do controlo ou de influência dominante sobre ela: no silêncio da lei, o controlo e a influência assumem-se e efetivam-se nos termos (de direito privado) previstos no Código das Sociedades Comerciais ou no Código Civil".

defender solução contrária[24]. Parece, assim, de admitir a vinculação das pessoas coletivas de direito privado de capital total ou maioritariamente público aos princípios gerais da atividade administrativa e, em particular, ao respeito pelos direitos fundamentais, também no plano da sua atividade de gestão privada, com base numa interpretação extensiva do nº 3 do artigo 2º do CPA, que estenda o conceito de Administração Pública que no preceito é utilizado a essa categoria de entidades.

11. Por último, assiste-se à aplicabilidade de regras e princípios de Direito Administrativo a certas categorias de entidades privadas colocadas em posição diferente daquelas que foram consideradas nos números anteriores, que, a nosso ver, não exercem a função administrativa, mas parece dever entender-se que, em certas circunstâncias, adotam condutas "reguladas por normas de direito administrativo", para o efeito de ficarem submetidas à previsão do nº 1 do artigo 2º do CPA.

Estamos, desde logo, a pensar nas escolas privadas integradas no sistema educativo, *escolas oficializadas,* que conferem títulos e habilitações com valor oficial. Com efeito, como o Estado não detém o monopólio do ensino, não pode sustentar-se que, quando efetuam avaliações e conferem títulos com validade oficial, estas escolas exercem poderes que lhes tenham sido delegados pelo Estado. Mas não pode deixar, a nosso ver, de reconhecer-se que, quando praticam tais atos, as referidas escolas atuam ao abrigo de normas de Direito Administrativo, das quais resulta a qualificação desses atos como atos administrativos, em tudo idênticos aos que, paralelamente, são praticados pelos órgãos das escolas públicas. Tudo se passa, por isso, como se exercessem poderes públicos no exercício da função administrativa, embora tal não suceda[25].

[24] Cfr., por todos, PAULO OTERO, *Legalidade e Administração,* p. 798; PEDRO GONÇALVES, *Entidades privadas com poderes públicos,* p. 1041; MIGUEL ASSIS RAIMUNDO, *As empresas públicas nos tribunais administrativos,* Coimbra, 2007, pp. 245 segs..

[25] O tema reveste-se de alguma complexidade, e, na presente sede, não pode ser aprofundado. Para a sua circunstanciada análise, na doutrina portuguesa, cfr. PEDRO GONÇALVES, *Entidades privadas com poderes públicos,* pp. 489 segs., com outras referências. Pela nossa parte, sem deixarmos de concordar com as premissas de que parte o Autor, não subscrevemos, contudo, a conclusão a que chega, pois, a nosso ver, quando as escolas privadas oficializadas atuam em conformidade com as normas de Direito Administrativo que lhes impõem os requisitos formais de cuja observância depende o reconhecimento pelo Estado dos atos que prati-

Com âmbito mais geral, deve ser, entretanto, referido o que, por impulso do Direito da União Europeia, sucede no domínio da contratação pública, em que, para certos efeitos, o legislador equipara a entidades públicas certas categorias de entidades privadas, que, a nosso ver, não pode dizer-se que exerçam a função administrativa, submetendo-as, em todo o caso, a regras de Direito Administrativo, como se elas exercessem a função administrativa.

É, a nosso ver, o que sucede desde logo no caso previsto no artigo 275º do CCP, em que, em função do preenchimento de certos requisitos, contratos subsidiados celebrados por entidades não adjudicantes são submetidos a regras da contratação pública. Com efeito, é, para nós, evidente que as entidades visadas por este regime não exercem funções administrativas. Por conseguinte, elas *não utilizam a contratação pública no exercício da função administrativa*. Por força, no entanto, da imposição, a que são submetidas, de, em determinadas circunstâncias, aplicarem as regras da contratação pública, elas vêem-se obrigadas a atuar ao abrigo de normas de Direito Administrativo, das quais resulta a equiparação dos seus atos aos atos administrativos que são praticados pelas entidades adjudicantes no âmbito do mesmo tipo de procedimentos. Tudo se passa, pois, como se estas entidades exercessem poderes públicos no exercício da função administrativa, embora tal não suceda.

E, a nosso ver, o mesmo sucede com as próprias entidades adjudicantes não abrangidas pelo artigo 2º do CCP, que atuam no âmbito dos setores especiais, nos termos dos artigos 7º e segs. do mesmo Código. Com efeito, na medida em que essas entidades sejam puramente privadas – no sentido de que, ao contrário do que sucede com as entidades adjudicantes do nº 2 do artigo 2º do CCP, não foram instituídas por entidades públicas para servirem como instrumentos de prossecução indireta de fins públicos –, também elas *não utilizam a contratação pública no exercício da função administrativa*, mas apenas porque, instrumentalmente, o legislador entendeu, por determinadas razões, equipará-las às entidades que exercem a função

cam, elas estão a praticar, ao abrigo de normas de Direito Administrativo, atos que devem ser qualificados como atos administrativos, como se fossem praticados no exercício de poderes públicos delegados pelo Estado. Sensivelmente neste sentido, cfr., por exemplo, Acórdão do Tribunal Central Administrativo de 6 de junho de 2002, proc. nº 11 391, com anotação concordante de Carla Amado Gomes in *Cadernos de Justiça Administrativa*, nº 36, pp. 48 segs.

administrativa, para o efeito de as submeter, embora apenas dentro de certos limites, às regras da contratação pública.

Também aqui estamos, pois, perante entidades privadas que, por serem obrigadas a atuar ao abrigo de normas de Direito Administrativo, das quais resulta a equiparação dos seus atos aos atos administrativos que são praticados pelas outras entidades adjudicantes no âmbito do mesmo tipo de procedimentos, atuam como se exercessem poderes públicos no exercício da função administrativa, embora tal não suceda.

Em hipóteses como as enunciadas, parece dever entender-se que as entidades em causa estão abrangidas pelo âmbito de aplicação do nº 1 do artigo 2º do CPA, de onde resulta que, no âmbito das atuações em causa, estão vinculadas, não apenas à observância das regras procedimentais devidas, como das demais regras e princípios gerais aplicáveis à atividade administrativa. Para dar apenas alguns exemplos, os atos que praticam devem, por isso, respeitar princípios como a igualdade ou a imparcialidade, e, sendo equiparados a atos administrativos, estão sujeitos ao respetivo regime substantivo, em domínios como o da invalidade, da revogação e da impugnação, tanto administrativa, como perante os tribunais administrativos.

- II -
Organização da Administração Pública

12. Vimos atrás (cfr. *supra*, nº 5) que a doutrina tende a adotar um entendimento amplo de Administração Pública, que, no seu seio, compreende duas dimensões: a dimensão tradicional, integrada pelas pessoas coletivas de direito público, que são instituídas e reguladas quanto à respectiva estrutura orgânica e quanto ao modo próprio de funcionamento dos seus órgãos pelo Direito Administrativo orgânico ou organizatório, e a dimensão que é integrada pelas chamada *Administração Pública em forma privada ou sob formas privadas*, constituída por *entidades administrativas privadas*, estruturadas segundo modelos organizatórios de direito privado. Num sentido estrito, que é adotado pelo nº 4 do artigo 2º do CPA, o conceito de Administração Pública corresponde ao conjunto das pessoas colectivas de direito público; no sentido amplo que foi enunciado, ele também compreende as ditas entidades administrativas privadas. É em conformidade com este sentido amplo do conceito de Administração Pública, que é geralmente adotado, que procederemos no presente capítulo a uma breve descrição da organização da Administração Pública portuguesa[26].

[26] Em geral, para a exposição circunstanciada do tema da organização administrativa portuguesa, cfr., por todos, com amplas referências, DIOGO FREITAS DO AMARAL, *Curso de Direito Administrativo*, vol. I, 4ª edição, Coimbra, 2015, pp. 191 segs.. Para a síntese dos traços essenciais, cfr. FILIPA URBANO CALVÃO/MANUEL FONTAINE CAMPOS/CATARINA SANTOS BOTELHO, *Introdução ao Direito Público*, 4ª ed., Coimbra, 2017, pp. 177 segs.. A obra de referência na doutrina portuguesa para o estudo exaustivo e atualizado de toda a temática da organização administrativa é, entretanto, hoje o livro em dois volumes *Organização Administrativa: Novos Atores, Novos Modelos* (coord. CARLA AMADO GOMES/ANA FERNANDA NEVES/TIAGO SERRÃO), Lisboa, 2018.

1. Enquadramento

13. A função administrativa é primacialmente exercida por pessoas colectivas de direito público[27]. Às diferentes *pessoas colectivas públicas*, criadas por acto jurídico-público, a lei atribui a tarefa de prosseguir um ou mais interesses públicos: neste sentido fala-se nas *atribuições* das entidades públicas. E tais atribuições são realizadas através dos *órgãos* que compõem a estrutura de cada uma das pessoas colectivas públicas e dos *serviços*, que, sob a direcção de órgãos, correspondem aos múltiplos departamentos no âmbito dos quais os funcionários e agentes administrativos desempenham as suas funções.

À excepção das entidades públicas empresariais, as pessoas colectivas públicas estão internamente estruturadas segundo o modelo da *hierarquia administrativa*, que assenta no estabelecimento de relações de supra e infra ordenação entre órgãos ou entre órgãos e serviços. Os serviços administrativos estão, assim, estruturados em forma de pirâmide, cabendo a cada superior hierárquico o exercício de poderes de supervisão (anular, revogar, suspender, modificar os actos do subalterno), de direcção (emanar ordens de serviço, instruções, circulares), de inspecção e disciplinar sobre os seus subordinados.

A relação hierárquica vigora a todo o tempo e sobre toda a actividade do subordinado, com a única ressalva que resulta do fenómeno da *desconcentração administrativa*. Este fenómeno corresponde a um processo de distribuição de competências pelos diferentes graus da hierarquia, por forma a que o superior hierárquico mais elevado não tenha de tomar sempre as decisões, e existe sempre relativamente aos órgãos estaduais periféricos, que são serviços locais do Estado, que exercem competências administrativas em circunscrições administrativas dispersas pelo território. Exemplos: Repartições de Finanças, Tesourarias da Fazenda Pública, Direcções Escolares, Comandos Distritais da PSP, Delegações de Saúde, etc.

[27] Para a síntese dos aspectos da teoria geral da organização administrativa sumariados no presente parágrafo de enquadramento, cfr., por todos, com outras referências, FREITAS DO AMARAL, *op. cit.*, pp. 613 segs.; FILIPA URBANO CALVÃO/MANUEL FONTAINE CAMPOS/CATARINA SANTOS BOTELHO, *op. cit.*, pp. 177 segs. e 191 segs..

Por outro lado, as relações que se estabelecem entre diferentes pessoas colectivas de direito público podem ser de superintendência ou de tutela[28].

Na *relação de superintendência*, uma entidade tem o poder de fixar directivas, ou seja, linhas de rumo sobre o modo de realização das atribuições de outra. Este poder de orientação só existe em relação a entidades instrumentais, que tenham por função prosseguir atribuições originárias de outras entidades.

A *relação de tutela* envolve o exercício de poderes de controlo, que permite a uma entidade verificar se a actividade de outra se processa em conformidade com a lei (*tutela de legalidade*). Quando coexiste com uma relação de superintendência, a relação de tutela permite ainda verificar se as directivas traçadas pelo ente que exerce a tutela, no exercício do seu poder de supervisão, estão a ser devidamente cumpridas e se o interesse público atribuído por lei àqueles sujeitos está a ser prosseguido da melhor forma (*tutela de mérito*).

2. Administração Estadual e Administração Autónoma

A organização da Administração Pública portuguesa está estruturada em dois grandes ramos: a *Administração Estadual* e a *Administração Autónoma* (em relação ao Estado).

2.1. Administração Estadual

14. O exercício da função administrativa compete, em primeira linha, ao Estado. Cumpre, no entanto, notar que a expressão "*Estado*" é polissémica. De entre as diferentes acepções que lhe correspondem na linguagem jurídica, o vocábulo é aqui utilizado na chamada acepção organizatória, para designar um aparelho orgânico que, no intuito de assegurar a coesão de uma comunidade humana fixada num determinado espaço territorial e de dar corpo a um projecto de vida em comum, desenvolve

[28] Para a contraposição dos dois conceitos, cfr., em particular, VITAL MOREIRA, *Administração Autónoma e Associações Públicas*, Coimbra, 1997, pp. 206 segs.

actos de direcção dos comportamentos dos membros dessa comunidade e presta serviços de interesse público. Nesta acepção, o Estado é, assim, a principal pessoa colectiva pública existente na ordem jurídica portuguesa e desempenha a função administrativa através de um amplo conjunto de serviços, constituídos por funcionários e agentes dependentes do Governo.

A *Administração Estadual* é, pois, em primeira linha, constituída pelos órgãos e serviços administrativos que integram a própria estrutura da pessoa colectiva de direito público "Estado" e que, em princípio, se encontram estruturados na dependência hierárquica do Governo. Com efeito, o Governo é o órgão que, dentro da pessoa coletiva Estado é o principal responsável, nos termos dos artigos 182º e 199º da Constituição (CRP), pelo exercício da função administrativa (garantir a execução das leis, o funcionamento da Administração Pública e a satisfação das necessidades colectivas). Para o efeito, o Governo exerce um poder de direcção sobre a Administração directa do Estado e um poder de superintendência sobre a Administração indirecta do Estado (cfr. artigo 199º, alínea d), da CRP).

A *Administração directa do Estado* consiste no conjunto dos órgãos e serviços pertencentes ao Estado, que se estruturam em Ministérios. Cada Ministério é constituído por um conjunto de serviços centrais, que integra o Gabinete do Ministro (Chefe de Gabinete e Secretários, e Adjuntos com funções técnicas), os Serviços de Estudo e Concepção (Conselhos Superiores e Gabinetes de Estudos e Planeamento), a Secretaria Geral (organização do Ministério e gestão do pessoal) e a Auditoria Jurídica. E por Direcções-Gerais, constituídas por serviços executivos com funções específicas de natureza burocrática ou técnica (obras, trabalhos, investigações, laboratórios) e desdobradas em Direcções de Serviços e em divisões ou repartições e secções. Os Ministérios estão hierarquicamente subordinados ao Governo, que é o órgão máximo da Administração Pública Estadual.

Como adiante se verá (cfr. *infra*, nº 20), a Administração do Estado também integra um vasto conjunto de pessoas colectivas que, não integrando a estrutura do Estado, por serem dotadas de personalidade jurídica, ainda assim exercem a função administrativa na dependência do Estado, para satisfação de interesses públicos que, em primeira linha, pertencem ao Estado, e, por isso, são qualificadas como formas de *Administração indireta do Estado*.

2.2. Administração Autónoma

15. O ordenamento jurídico não confia, no entanto, o exercício da função administrativa apenas ao Estado e às entidades que dele dependem – ou seja, à Administração Estadual –, mas também a outras pessoas colectivas de substrato populacional, cuja existência supõe o reconhecimento a certas comunidades do direito de prosseguirem os seus próprios interesses através de pessoas colectivas dotadas de órgãos eleitos e, por isso, representativos das respectivas populações. Estas pessoas colectivas correspondem a formas de Administração Autónoma em relação ao Estado, que não exerce poderes de superintendência em relação a elas, mas apenas poderes de tutela extrínseca e de estrita legalidade, nos casos em que a lei expressamente o prevê e que se circunscrevem, nos termos constitucionais, aos planos inspectivo e integrativo (que não revogatório nem substitutivo)[29].

A *Administração Autónoma* é, antes de mais, constituída pela *Administração regional e local*, que tem consagração constitucional e é expressão do princípio da descentralização administrativa; mas também integra as chamadas *associações públicas* e as *instituições de ensino superior públicas*, designadamente as Universidades, às quais a Constituição e a lei também reconhecem um estatuto específico de autonomia em relação ao Estado. E, como oportunamente se verá (cfr. *infra*, nº 20), também em relação à Administração Autónoma cumpre distinguir entre formas de Administração direta e formas de Administração indireta, a cargo de entes instrumentais, de base institucional ou de estrutura empresarial.

2.2.1. Administração regional e local

16. O artigo 6º da CRP consagra o princípio da descentralização da Administração Pública. Resulta deste princípio que o ordenamento jurídico confia o exercício da função administrativa a pessoas colectivas de base territorial e substrato populacional, cuja existência, constitucional-

[29] Em geral sobre o tema da administração autónoma na organização administrativa portuguesa, cfr., por todos, com outras referências, FREITAS DO AMARAL, *op. cit.*, pp. 359 segs.

mente consagrada, supõe o reconhecimento a comunidades de âmbito infra-estadual de um poder de auto-administração que se concretiza no direito de prosseguirem os seus próprios interesses através de pessoas colectivas dotadas de órgãos eleitos e, por isso, representativos das respectivas populações[30].

A Administração Pública portuguesa é, portanto, uma *administração descentralizada*, e isto, não apenas num sentido técnico, mas no sentido político que decorre da organização democrática do Estado e que resulta do reconhecimento, ao nível da própria Constituição, de que, para além das necessidades sentidas pela comunidade estadual, também existem necessidades específicas de comunidades, regionais e locais, de âmbito mais restrito do que o da comunidade estadual, cuja satisfação é posta a cargo de pessoas colectivas distintas do Estado e investidas de um estatuto de autonomia em relação a ele. É o que sucede, por um lado, com as Regiões Autónomas dos Açores e da Madeira e, pelo outro, com as autarquias locais[31].

a) As *Regiões Autónomas* são pessoas colectivas de direito público, sediadas no território dos arquipélagos dos Açores e da Madeira e dotadas de Estatutos Político-Administrativos próprios (cfr. artigo 226º da CRP). São o resultado de uma opção constitucional de descentralização político-administrativa parcial do território, na medida em que são dotadas de órgãos representativos de governo próprio, dotados de poderes legislativos e políticos próprios (auto-governo), ao lado dos quais surgem os poderes administrativos. Portugal é, assim, um Estado unitário parcialmente regional. Cada Região Autónoma dispõe, com efeito, de uma Assembleia Legislativa Regional, que emana actos legislativos de âmbito regional, e um Governo que emana da Assembleia Legislativa e dirige os serviços da Administração Pública regional. Em cada Região Autónoma, o Governo regional é o órgão executivo regional, órgão superior da Admi-

[30] Em geral sobre o tema da descentralização administrativa, e sua concretização designadamente no plano da administração local, cfr., por todos, com outras referências, FREITAS DO AMARAL, *op. cit.*, pp. 413 segs..

[31] Para mais desenvolvimentos sobre o sentido político da descentralização administrativa, enquanto expressão do princípio democrático, cfr., por todos, VITAL MOREIRA, *op. cit.*, pp. 142 segs. e 222 segs.

nistração Pública da Região. Como a função administrativa é, portanto, exercida por um Governo próprio, o Estado não exerce quaisquer poderes de tutela sobre a actividade administrativa presidida pelo Governo Regional[32].

b) Por todo o território, tanto do continente, como dos arquipélagos dos Açores e da Madeira, também existem, entretanto, *autarquias locais*, que são pessoas colectivas públicas de base territorial, sediadas em parcelas do território nacional e dotadas de órgãos representativos das populações radicadas na respetiva localidade, que, em conformidade com a lei, prosseguem a satisfação dos interesses próprios das populações respetivas[33].

Existem duas categorias de autarquias locais.

Em primeiro lugar, os *Municípios*, que visam a prossecução de interesses das comunidades radicadas nas áreas dos *concelhos*. Os principais órgãos dos Municípios são a Assembleia Municipal, que aprova o programa de actividades e o orçamento anuais do Município, fiscaliza a actividade da Cámara Municipal, emite regulamentos (as posturas), estabelece tributos (as derramas) e decide sobre as questões mais importantes; a Câmara Municipal, que executa as deliberações da Assembleia Municipal, gere o pessoal e o património municipais e dirige os serviços municipais; e o Presidente da Câmara Municipal, que, para além de presidir às reuniões de Câmara, exerce, nos termos da lei, um amplo conjunto de competências próprias.

Em segundo lugar, as *Freguesias*, que visam a prossecução de interesses das comunidades radicadas na área da freguesia, de menor dimensão do

[32] Para mais desenvolvimentos sobre o tema, na mais recente doutrina nacional, cfr. Rui Tavares Lanceiro, "As regiões autónomas no contexto da organização administrativa da República Portuguesa", in *Organização Administrativa: Novos Atores, Novos Modelos* (coord. Carla Amado Gomes/Ana Fernanda Neves/Tiago Serrão), vol. II, pp. 295 segs.. Para uma síntese, cfr., por todos, com outras referências, Freitas do Amaral, *op. cit.*, pp. 551 segs..

[33] Cfr., por todos, com outras referências, Freitas do Amaral, *op. cit.*, pp. 407 segs.; António Cândido de Oliveira, *Direito das Autarquias Locais*, 2ª ed., Coimbra, 2014, pp. 125 segs.; e, por último, a circunstanciada análise de Ana Raquel Moniz, "As autarquias locais", in *Organização Administrativa: Novos Atores, Novos Modelos* (coord. Carla Amado Gomes/Ana Fernanda Neves/Tiago Serrão), vol. I, pp. 557 segs..

que a do concelho. Os principais órgãos das freguesias são a Assembleia de Freguesia e a Junta de freguesia.

A Constituição admite ainda a existência de *Regiões Administrativas*, que são autarquias de âmbito supramunicipal, existindo apenas uma Lei-Quadro tendente à sua instituição em concreto, que, nos termos constitucionais, depende de aprovação em referendo (cfr. artigos 255º a 262º da CRP).

A autonomia do poder local é consagrada com especial intensidade na Constituição, que a erige em limite material de revisão constitucional (cfr. artigo 288º, alínea n)) e a assume como um dos elementos estruturantes da organização política democrática do Estado[34]. A democracia local concretiza-se na eleição directa, por sufrágio directo e universal, dos órgãos autárquicos representativos das populações locais. A Constituição também admite, entretanto, no seu artigo 240º, a realização de referendos, dirigidos a consultar directamente as populações sobre questões de interesse local da "competência exclusiva dos órgãos das autarquias locais"[35].

c) No contexto da Administração local, justificam, entretanto, referência específica as chamadas *entidades intermunicipais*. Com efeito, a Lei das Autarquias Locais (Lei nº 75/2013, de 12 de setembro) admite a possibilidade da instituição de associações públicas de autarquias locais para a prossecução conjunta das respetivas atribuições, designadamente de *entidades intermunicipais*, que podem assumir a forma de áreas metropolitanas ou de comunidades intermunicipais[36].

A Lei das Autarquias Locais prevê as entidades intermunicipais segundo um modelo que, pretendendo funcionar, até certo ponto, como um sucedâneo das autarquias locais de âmbito supramunicipal cuja ins-

[34] Cfr., por todos, JORGE MIRANDA/RUI MEDEIROS, *Constituição Portuguesa Anotada*, tomo III, Coimbra, 2007, pp. 444-445.

[35] Em geral, cfr., por todos, ANTÓNIO CÂNDIDO DE OLIVEIRA, *Direito das Autarquias Locais*, pp. 167 segs.

[36] Sobre as entidades intermunicipais em geral, cfr., por todos, FREITAS DO AMARAL, *op. cit.*, pp. 530 segs.; CLÁUDIA MELO FIGUEIRAS, "As entidades intermunicipais: breve referência ao seu regime jurídico", in *Organização Administrativa: Novos Atores, Novos Modelos* (coord. CARLA AMADO GOMES/ANA FERNANDA NEVES/TIAGO SERRÃO), vol. I, pp. 495 segs..

tituição em concreto a Constituição faz depender de aprovação em referendo, suscita legítimas dúvidas de constitucionalidade. É verdade que as entidades intermunicipais não são configuradas como autarquias locais de âmbito supramunicipal, dotadas de órgãos directamente eleitos pela respectiva população e investidas de uma parcela dos poderes dos municípios correspondentes, mas como associações públicas de municípios. Mas a lei habilita-as à prossecução direta da satisfação de interesses públicos, através do exercício de poderes públicos que, nos termos da Constituição, só podem corresponder a autarquias locais[37].

Em Portugal, só existem duas áreas com dimensão metropolitana: a área de Lisboa e a área do Porto. Por este motivo, a *área metropolitana de Lisboa* e a *área metropolitana do Porto* já tinham sido instituídas pela Lei nº 46/2008, de 27 de Agosto, como associações obrigatórias, de existência legalmente imposta, do conjunto dos municípios que na referida Lei eram identificados. Esse modelo foi mantido pela vigente Lei das Autarquias Locais, que identifica as áreas metropolitanas de Lisboa e do Porto como pessoas colectivas de direito público de âmbito local instituídas pela lei para dar resposta aos problemas específicos que se colocam na grande Lisboa e no grande Porto, do ponto de vista da necessidade de articulação de políticas de planeamento urbanístico, de habitação, de transportes colectivos, etc., para melhor servir as populações dos municípios abrangidos.

As áreas metropolitanas são dotadas de um órgão deliberativo, o conselho metropolitano, de um órgão executivo, a comissão executiva metropolitana, e ainda de um conselho estratégico para o desenvolvimento metropolitano. O conselho metropolitano é o órgão representativo das câmaras municipais (que são o órgão executivo) dos municípios que integram a área metropolitana, sendo constituído por todos os presidentes das câmaras municipais dos municípios da área metropolitana, que elegem, de entre si, um presidente e dois vice-presidentes. A comissão executiva metropolitana é constituída por um primeiro-secretário e por quatro secretários metropolitanos, eleitos numa lista ordenada, submetida a votação em todas as assembleias municipais dos municípios que integram a área metropolitana, de acordo com o procedimento estabelecido pelo artigo 74º da Lei das Autarquias Locais.

[37] Cfr., a propósito, Freitas do Amaral, *op. cit.*, pp. 536 segs..

A Lei das Autarquias Locais procede, entretanto, à divisão do território em circunscrições, constituídas por conjuntos de municípios, prevendo que os municípios integrados em cada uma dessas circunscrições podem livremente optar por se associar através da instituição de uma *comunidade intermunicipal*. Ao contrário do que sucede com as áreas metropolitanas de Lisboa e do Porto, as comunidades intermunicipais não são, portanto, associações obrigatórias, de existência legalmente imposta, mas associações de constituição voluntária – embora a lei, em todo o caso, condicione a liberdade de associação dos municípios neste domínio, ao pré-determinar as áreas geográficas dentro das quais as comunidades intermunicipais podem ser constituídas, fixando previamente quais os municípios habilitados a integrar cada uma delas e a própria designação que, no caso de serem constituídas, elas devem assumir.

São órgãos das comunidades intermunicipais a assembleia metropolitano, constituídas por membros eleitos das assembleias municipais dos municípios integrantes, o conselho intermunicipal, constituído pelos presidentes das câmaras municipais dos municípios integrantes, o secretariado executivo intermunicipal, que é integrado por um primeiro-secretário e ainda pode integrar até dois secretários intermunicipais, e o conselho estratégico para o desenvolvimento metropolitano.

17. Como as Regiões Autónomas gozam de autonomia política, sendo, por isso, dotadas de órgãos legislativos, elas não estão sujeitas a qualquer tipo de tutela administrativa, pelo que o Governo, enquanto órgão do Estado, não dispõe de qualquer poder administrativo de intervenção quanto ao modo como estas entidades desenvolvem o exercício da sua actividade administrativa[38].

Já em relação às autarquias locais, a Constituição e a lei atribuem ao Estado poderes de tutela de legalidade, que, no entanto, se concretizam apenas no plano inspectivo. Com efeito, é essencial à autonomia do poder local a extensão muito limitada com que é admitido o exercício de poderes de tutela do Estado sobre as autarquias locais. Por isso, estabelece o artigo 242º da CRP que a tutela administrativa sobre as autar-

[38] Cfr. Freitas do Amaral, *op. cit.*, p. 579.

quias locais consiste apenas na verificação do cumprimento da lei por parte dos órgãos autárquicos e é exercida nos casos e segundo as formas previstas na lei. Ora, só em casos pontuais a lei faz depender certas decisões dos órgãos locais de autorização ou aprovação do Governo e em caso algum os seus poderes podem compreender o poder de revogar decisões de órgãos autárquicos ou adoptar decisões em substituição desses órgãos[39].

Por outro lado, a Lei nº 27/96, de 1 de Agosto, que regula a matéria em termos gerais, não impõe às autarquias locais qualquer dever de informação em relação ao Estado, mesmo no que respeite às decisões mais importantes, nem consagra a possibilidade do exercício, por parte deste, de poderes de fiscalização das decisões concretas dos órgãos autárquicos, mas apenas prevê a realização de inspecções, inquéritos, sindicâncias ou outras diligências de averiguação, de incidência genérica, dirigidas a verificar da conformidade à lei da globalidade da actuação autárquica.

Significa isto que o Estado apenas exerce um poder de fiscalização genérico sobre a actividade das autarquias locais e quando, em resultado das inspecções realizadas, sejam detectadas ilegalidades graves no funcionamento de determinada autarquia local, o Governo participa a existência de tais ilegalidades ao Ministério Público, ao qual compete a propositura, junto dos tribunais administrativos, de acções dirigidas a obter o decretamento judicial das sanções previstas na lei: a dissolução dos órgãos colegiais ou a perda de mandato dos titulares de órgãos autárquicos (cfr. artigo 242º, nº 1, da CRP e artigos 2º, 3º 6º e 11º da Lei nº 27/96, de 1 de Agosto). Embora o artigo 242º da CRP não parecesse exigi-lo, a lei optou, assim, pela integral jurisdicionalização das medidas tutelares sancionatórias sobre as autarquias locais, com o que, em termos efectivos, circunscreve o controlo tutelar por parte do Estado à tutela inspectiva[40].

[39] Sobre o tema, cfr. André Folque, *A tutela administrativa nas relações entre o Governo e os municípios*, Coimbra, 2004, pp. 355 segs., e António Cândido de Oliveira, "A EDP, os municípios e o Governo. Tutela Administrativa – reserva de jurisdição", *Cadernos de Justiça Administrativa* nº 9, pp. 11 segs..

[40] Para mais desenvolvimentos, com outras referências, cfr. Jorge Miranda/Rui Medeiros, *op. cit.*, pp. 501 segs.; Freitas do Amaral, *op. cit.*, pp. 731 segs.

2.2.2. Associações públicas e instituições de ensino superior públicas

18. As *associações públicas* são pessoas colectivas de direito público de base associativa, que podem resultar da associação de pessoas colectivas públicas ou ser criadas para assegurar a prossecução de interesses públicos que coincidem com os interesses de determinadas categorias de pessoas. É o que sucede com as Ordens e as Câmaras profissionais, que são pessoas colectivas de direito público instituídas para garantir a idoneidade dos membros de classes profissionais cuja actividade é considerada de interesse público, como é o caso dos médicos, dos advogados, dos farmacêuticos, etc..

As Ordens e as Câmaras profissionais caracterizam-se pelos traços da *unicidade* – é da natureza da função que lhes cumpre desempenhar que só possa existir uma Ordem ou uma Câmara para cada profissão – e da *obrigatoriedade de inscrição* – na medida em que só os profissionais inscritos na Ordem ou Câmara podem exercer a profissão correspondente, estando esse exercício vedado a quem nelas não seja admitido ou delas seja expulso. Estas entidades gozam de autonomia em relação ao Estado, que apenas pode exercer sobre elas, através do Governo, estritos poderes de tutela de legalidade, que, entretanto, se concretizam apenas no plano inspectivo[41].

19. Também as *instituições de ensino superior públicas, designadamente as Universidades,* integram a Administração Autónoma. Este é um ponto que merece ser sublinhado com o devido cuidado, na medida em que, a nosso ver, o tema do enquadramento destas instituições na organização administrativa portuguesa não tem merecido a atenção que devia[42].

[41] Para mais desenvolvimentos sobre o tema das associações públicas, com outras referências, cfr. Freitas do Amaral, *op. cit.*, pp. 363 segs.

[42] Para mais desenvolvimentos sobre o tema, cfr. Mário Aroso de Almeida, "Sobre o lugar das instituições públicas de ensino superior no quadro da organização administrativa portuguesa", in *Estudos em Homenagem ao Prof. Doutor José Joaquim Gomes Canotilho*, vol. IV, Coimbra, 2012, pp. 9 segs. Para além das referências que de seguida serão indicadas no texto, para a mais recente análise na doutrina nacional, cfr. Tiago Fidalgo de Freitas, "As universidades públicas", in *Organização Administrativa: Novos Atores, Novos Mode-*

Cumpre, antes de mais, referir que algumas Universidades públicas têm hoje o estatuto de fundações públicas de direito privado (sobre esta categoria de entidades, cfr. *infra*, nº 24). As demais são enquadradas pela lei na categoria dos institutos públicos. Com efeito, as instituições de ensino superior públicas, designadamente as Universidades, são tradicionalmente qualificadas como institutos públicos, sendo esse o enquadramento que ainda hoje lhes confere o artigo 48º da lei-quadro dos institutos públicos, aprovada pela Lei nº 3/2004, de 15 de Janeiro. Ora, por causa disso, elas são frequentemente tratadas pelo legislador como se integrassem a Administração indireta do Estado. A verdade, porém, é que o próprio artigo 48º da referida lei-quadro dos institutos públicos tem o cuidado de qualificar esta categoria de entidades como "institutos de regime especial", estabelecendo que "gozam de regime especial, com derrogação do regime comum na estrita medida necessária à sua especificidade". E se bem se reparar no conteúdo do regime que a referida lei-quadro estabelece, em termos gerais, para os institutos públicos, facilmente se verifica que muito pouco desse regime é aplicável às instituições de ensino superior públicas.

Sucede, na verdade, que, as instituições de ensino superior públicas correspondem a uma categoria muito particular de institutos públicos, que em quase tudo se diferencia dos demais institutos públicos. Para já não falar das Universidades que têm o estatuto de fundações públicas de direito privado. Em qualquer dos casos, as instituições de ensino superior públicas são entidades autónomas em relação ao Estado. É o que resulta do nº 2 do artigo 76º da CRP, que formalmente lhes reconhece um estatuto de autonomia estatutária, científica, pedagógica, administrativa e financeira, cuja concretização remete para a lei[43] – sendo que, presente-

los (coord. Carla Amado Gomes/Ana Fernanda Neves/Tiago Serrão), vol. II, pp. 399 segs..

[43] Como, em todo o caso, recorda Luis Pereira Coutinho, *As faculdades normativas universitárias no quadro do direito fundamental à autonomia univeritária: o caso das universidades públicas*, Coimbra, 2004, p. 127, "se a autonomia universitária depende de concretização legislativa, tal não significa que se encontre na inteira disponibilidade do legislador, isto é, que se verifique uma delegação constitucional no legislador da competência para definir o conteúdo do direito. Pelo contrário, como qualquer outro direito fundamental dependente de intervenção legislativa concretizadora, a autonomia universitária impõe-se ao legislador que a conforma, o qual estará assim vinculado a respeitar o seu conteúdo constitucionalmente protegido, não o

mente, o diploma legal que, em conformidade com a Constituição, concretiza o estatuto constitucional de autonomia destas instituições é a Lei nº 62/2007, de 10 de Setembro, que estabelece o regime jurídico das instituições de ensino superior.

Isto vale para todas as instituições de ensino superior públicas, tenham elas o estatuto de fundações públicas de direito privado ou de institutos públicos: é a Lei nº 62/2007 que, concretizando o disposto no nº 2 do artigo 76º da CRP, determina a extensão, nos seus diversos planos, do estatuto constitucional de autonomia de que gozam as instituições de ensino superior públicas no ordenamento jurídico português, estabelecendo no artigo 11º que "as instituições de ensino superior públicas gozam de autonomia estatutária, pedagógica, científica, cultural, administrativa, financeira, patrimonial e disciplinar face ao Estado, com a diferenciação adequada à sua natureza" e no artigo 111º que "as instituições de ensino superior públicas gozam de autonomia financeira, nos termos da lei e dos seus estatutos, gerindo livremente os seus recursos financeiros conforme critérios por si estabelecidos, incluindo as verbas anuais que lhes são atribuídas no Orçamento do Estado". A lei "concretiza os meios necessários ao exercício da autonomia administrativa das universidades, designadamente ao nível da gestão de recursos humanos, atribuindo-lhes, por exemplo, liberdade no recrutamento e promoção de docentes, investigadores e restante pessoal"[44]. Com efeito, o artigo 125º da Lei nº 62/2007 confere às instituições públicas de ensino superior a possibilidade de gerirem livremente os seus recursos humanos, tendo em consideração as suas necessidades e os princípios de boa gestão e no estrito respeito das suas disponibilidades orçamentais, apenas sendo devida a prestação de informação

eliminando, desvirtuando ou comprimindo desproporcionalmente". A afirmação pressupõe a qualificação da autonomia como um direito fundamental das instituições de ensino superior, mas, como notam JORGE MIRANDA/MARIA DA GLÓRIA GARCIA, "Lei do financiamento do ensino superior", *Revista da Faculdade de Direito de Lisboa*, vol. XXXIX (1998), p. 304, "quer se conclua que as universidades públicas não são detentoras de direitos fundamentais, quer se conclua o inverso, o resultado a que se chega quanto à aplicação do regime dos direitos, liberdades e garantias às universidades públicas é o mesmo".

[44] Cfr. ANA LUISA PINTO, "Breves reflexões sobre o estatuto das universidades públicas: Administração estadual indirecta ou autónoma?", *O Direito*, Ano 139º (2007), III, p. 664.

trimestral ao ministro responsável pela área das finanças e ao ministro da tutela.

Nas palavras de *Vital Moreira*, mesmo quando são institutos públicos, as instituições de ensino superior públicas são, na verdade, *"institutos autónomos"*[45], submetidos a um regime substancialmente distinto daquele que vale para os demais institutos públicos: esta é a consequência inexorável da circunstância de "as Universidades (e, por extensão legislativa, as escolas de ensino superior politécnico) serem objecto de uma garantia institucional de especial autonomia, incluindo a autonomia estatutária, científica, pedagógica, administrativa e financeira (CRP, art. 76º-2), a que a lei acrescentou um extenso autogoverno"[46].

Abstraindo das Universidades que hoje têm o estatuto de fundações públicas de direito privado, afigura-se que o mais consistente, de entre os vários entendimentos que têm vindo a ser sustentados na doutrina a respeito da natureza jurídica das instituições de ensino superior públicas que a lei qualifica como instituto públicos, é o que nelas identifica duas dimensões diferentes[47]: "uma de natureza institucional ou patrimonial e outra de natureza corporativa. A individualização dos dois elementos (institucional ou patrimonial e corporativo) passa pela individualização de *dois momentos lógicos*. Um primeiro momento identifica-se com a criação pelo Estado de um estabelecimento público de ensino (*rectius*, de um serviço administrativo, criado e financiado pelo Estado). Um segundo momento corresponde à formação, pelos ocupantes deste estabelecimento que titu-

[45] Cfr. VITAL MOREIRA, *Administração Autónoma e Associações Públicas*, Coimbra, 1997, p. 340.

[46] Cfr. VITAL MOREIRA, "Projecto de lei-quadro dos institutos públicos", in *Relatório e proposta de lei-quadro sobre os institutos públicos*, Lisboa, 2001, p. 440. Também MARIA DA GLÓRIA GARCIA, *Autonomia universitária e avaliação da qualidade do ensino superior*, Lisboa, 2008, p. 36, reconhece que "o auto-governo ou autonomia de governo é entendido como parte integrante da autonomia universitária, sendo exercido por órgãos representativos próprios". Por isso falamos no texto na titularidade, por parte das instituições públicas de ensino superior, de *órgãos de governo próprio*. Para a caracterização do autogoverno, como "a dimensão mais caracteristica da administração autónoma, quando confrontada com a administração indirecta", cfr., por todos, VITAL MOREIRA, *Administração Autónoma e Associações Públicas*, pp. 172 segs.

[47] Cfr. PEREIRA COUTINHO, *op. cit.*, p. 60. Como explica este Autor, a pp. 47 segs., a matriz reside no modelo liberal germânico, que foi importado pelos países latinos, como Portugal.

lam liberdades académicas (docentes, investigadores e estudantes) de uma corporação de Direito Público (a Universidade em sentido estrito) dotada de capacidade jurídica para gerir esse estabelecimento público, prosseguindo interesses de natureza científica e pedagógica ou não científica e pedagogicamente indiferentes"[48].

Ora, é esta *hibridez* ou *duplicidade*[49] que dificulta o enquadramento desta categoria de entidades, conduzindo a que, enquanto a maioria da doutrina enquadra hoje as instituições públicas de ensino superior na chamada *Administração Autónoma*, ao lado das Regiões Autónomas e das autarquias locais – com o que coloca o acento tónico na segunda das dimensões enunciadas, de carácter associativo ou corporativo[50] –, a lei,

[48] A doutrina maioritária tende, na verdade, a reconhecer às instituições de ensino superior uma natureza mista, que conduz à sua qualificação, ao mesmo tempo, como institutos públicos e como Administração Autónoma: cfr. JORGE MIRANDA, "As associações públicas no direito português", *Revista da Faculdade de Direito de Lisboa*, 1986, p. 77; PAULO OTERO, "Instituto Público", in *Dicionário Jurídico da Administração Pública*, vol. V, p. 256; CARLA AMADO GOMES, "Apontamentos sobre o direito ao recurso das decisões de avaliação de conhecimentos no ensino superior", in *Três estudos de Direito da Educação*, Lisboa, 2002, pp. 44-45. A posição de VITAL MOREIRA, *Administração Autónoma e Associações Públicas*, parece mais ambígua, o que talvez possa explicar a falta de afirmatividade da autonomia das instituições públicas de ensino superior que, de modo infeliz, caracteriza o regime da Lei nº 3/2004. Em todo o caso, a p. 172, reconhece que "a dimensão mais caracteristica da administração autónoma, quando confrontada com a administração indirecta, é o autogoverno" e, a pp. 348 e 367, qualifica estas instituições como institutos representativos e corporacionais, que "são hoje consideradas como expressão de administração autónoma" – com o que parece reconhecer que também são caracterizadas pelo decisivo elemento material da *autodeterminação*, a que se refere a pp. 175-176. Distingue-se, entretanto, a posição de MARCELO REBELO DE SOUSA, *A natureza jurídica da Universidade no direito português*, Lisboa, 1992, pp. 38-39, que qualifica as Universidades públicas como pessoas colectivas de natureza institucional ou fundacional, recusando-lhes natureza institucional ou fundacional.

[49] Na síntese feliz de JORGE MIRANDA/M. G. GARCIA, *op. cit.*, p. 304, "tudo conduz ao *reconhecimento de uma duplicidade nas universidades, obrigando-as a viver numa ambiguidade ou numa permanente tensão entre uma tarefa que é constitucionalmente exigida ao Estado* e que, por essa via, *lhes cria dependências, mas que «naturalmente» lhes pertence* e, logo, por esta outra via, *lhes impõe autonomia*".

[50] No sentido de que as instituições de ensino superior integram a Administração Autónoma, e não a Administração Indirecta do Estado, cfr., por todos, GOMES CANOTILHO/VITAL MOREIRA, *Constituição da República Portuguesa Anotada*, vol. I, 4ª ed., Coimbra, 2007, p. 916; JORGE MIRANDA/RUI MEDEIROS, *Constituição Portuguesa Anotada*, tomo I, 2ª ed., Coimbra,

colocando, pelo contrário, o acento tónico na primeira daquelas dimensões, a dimensão institucional ou patrimonial, qualifica estas entidades como institutos públicos, ainda que "de regime especial", e, por via disso, parece insistir em enquadrá-las, pelo menos para certos efeitos, mas, em todo o caso, de modo de todo inadequado, na Administração indirecta do Estado.

Como facilmente se compreende, as duas dimensões são perfeitamente conciliáveis[51]: nos casos em que não assumem o estatuto de fundações públicas de direito privado, as instituições de ensino superior públicas são institutos públicos, porque são instituídas pelo Estado e dotadas da estrutura orgânica por ele estabelecida e, em grande medida, dos recursos financeiros por ele disponibilizados – por isso a lei as enquadra na categoria dos institutos públicos; mas, do ponto de vista dinâmico, que é o que interessa para a determinação do seu regime de funcionamento e é aquele em que, por isso, se coloca o artigo 76º da CRP, elas são *institutos autónomos*, dotados de órgãos de governo próprio, que não podem ser submetidos, sem mais, isto é, sem as necessárias adaptações, aos regimes normativos previstos para a Administração indirecta do Estado, porque não possuem, no quadro jurídico-constitucional vigente, os traços identitários característicos deste ramo da Administração Pública[52].

2010, pp. 1430-1431; Marcelo Rebelo de Sousa, *Lições de Direito Administrativo*, vol. I, Lisboa, 1999, pp. 307 segs., e *A natureza jurídica da universidade*, p. 34; Jorge Miranda/M. G. Garcia, *op. cit.*, p. 303.

[51] Assim, seguindo a doutrina alemã, cfr. José Casalta Nabais, "Considerações sobre a autonomia financeira das universidades portuguesas", in *Estudos em Homenagem ao Prof. Doutor A. Ferrer Correia*, Coimbra, 1991, pp. 365-367.

[52] Basta na verdade, atentar na inventariação dos traços caracterizadores da contraposição entre Administração Indirecta do Estado e Administração Autónoma a que Vital Moreira procede em *Administração Autónoma e Associações Públicas*, pp. 117-122, e da inventariação a que, em seguida, procede, a pp. 170 segs., das dimensões da administração autónoma, para se verificar que as instituições de ensino superior não possuem nenhum dos traços que justificam o enquadramento dos institutos públicos na Administração indirecta do Estado e possuem todos aqueles que justificam o seu enquadramento na Administração Autónoma. Por este motivo, apesar das ambiguidades em que a lei parece insistir em incorrer, a doutrina praticamente unânime reconduz estas entidades, como vimos, à Administração Autónoma, recusando o seu enquadramento na Administração indirecta do Estado.

Coloca-se, entretanto, a questão da determinação da medida ou extensão da autonomia de que gozam as instituições de ensino superior públicas em relação ao Estado. Ora, no que diz respeito a essa questão, cumpre notar que o nº 2 do artigo 76º da CRP estabelece que as Universidades gozam de autonomia estatutária, científica, pedagógica, administrativa e financeira *nos termos da lei*[53].

Se, no entanto, a autonomia universitária depende de concretização legislativa, daí não resulta que a determinação da extensão e intensidade dessa autonomia se encontre na inteira disponibilidade do legislador, em termos de se poder dizer que, nesse domínio, se verifica uma delegação constitucional no legislador da competência para definir o conteúdo dessa autonomia[54]. Pelo contrário, é entendimento pacífico na doutrina e na jurisprudência que "a autonomia universitária impõe-se ao legislador que a conforma, o qual estará assim vinculado a respeitar o seu conteúdo constitucionalmente protegido, não o eliminando, desvirtuando ou comprimindo desproporcionalmente"[55].

Por outro lado, embora tenda a reconhecer-se que a autonomia científica e pedagógica são "as autonomias caracterizadoras da essência universitária", nem por isso se deixa, do mesmo passo, de sublinhar a importância prática da autonomia administrativa e da autonomia financeira, que também se encontram constitucionalmente consagradas como a dimensão funcional, acessória ou instrumental da autonomia universitária, cuja garantia constitucional "deve ser de grau tal que não permita pôr em causa as autonomias científica e pedagógica das Universidades": com efeito, é "porque a autonomia científica e pedagógica exige um certo grau de autonomia de organização, autonomia financeira e autonomia administrativa, sem o que não se pode realizar, [que] essas são também constitucionalmente consagradas[56].

[53] Cfr., por exemplo, JORGE MIRANDA/RUI MEDEIROS, *op. cit.*, p. 1427.

[54] Cfr., por todos, GOMES CANOTILHO/VITAL MOREIRA, *op. cit.*, p. 916; JORGE MIRANDA/RUI MEDEIROS, *op. cit.*, p. 1427.

[55] Cfr. PEREIRA COUTINHO, *op. cit.*, p. 127.

[56] Neste sentido, cfr., por todos, JORGE MIRANDA/MARIA DA GLÓRIA GARCIA, *op. cit.*, pp. 303-307; REBELO DE SOUSA, *A natureza jurídica da Universidade no direito português*, p. 34; CASALTA NABAIS, *op. cit.*, p. 363, para quem "de nada valeria às universidades disporem de um espaço de autonormação própria a título organizatório, de funcionamento e de fins a atingir se não lhes fossem facultados os instrumentos jurídico-administrativos e financeiros

Por conseguinte, ainda que o legislador disponha de alguma liberdade de conformação no que respeita à concreta configuração da autonomia financeira das instituições públicas de ensino superior, uma coisa parece certa: a partir do momento em que a própria Constituição reconhece a esta categoria de instituições um estatuto de autonomia financeira, serão necessariamente inconstitucionais as soluções normativas que submetam esta categoria de entidades a um regime de dependência em relação ao Governo que as equipare às entidades às quais a Constituição não reconhece qualquer estatuto de autonomia: na verdade, a submissão, sem mais, das instituições de ensino superior públicas ao mesmo regime de dependência de decisões do Governo que vincula os serviços e entidades da Administração directa e indirecta do Estado é incompatível com o respectivo estatuto de autonomia. E, por outro lado, serão também inconstitucionais as soluções normativas que, impondo constrangimentos arbitrários ou desproporcionados às condições concretas do exercício da autonomia científica desta categoria de instituições, se mostrem lesivas do conteúdo essencial do estatuto de autonomia que lhes é reconhecido pela Constituição.

Em nossa opinião, as espécies de tutela susceptíveis de serem exercidas sobre as instituições de ensino superior públicas não devem ser mais amplas do que aquelas que são admitidas no que diz respeito às autarquias locais: de um modo geral, a tutela de mérito parece-nos, na verdade, incompatível com a autonomia das instituições de ensino superior, porque tem por efeito "condicionar a prossecução de interesses próprios pelo ente autónomo a critérios de política administrativa exteriormente fixados"[57].

indispensáveis à concretização desse mesmo espaço autonómico. Não admira, assim, que a autonomia das universidades exija, por um lado, a autonomia administrativa [...] em por outro lado, a autonomia financeira [...]. Tanto a autonomia administrativa como a autonomia financeira são, assim, imprescindíveis à efectivação da autonomia universitária" (p. 358).

[57] Neste sentido, com outros desenvolvimentos, cfr. PEREIRA COUTINHO, *op. cit.*, pp. 200-201 e 204 segs. A nosso ver, este é um ponto que não resulta claro das abordagens de âmbito geral a que, correntemente, a doutrina procede da questão, na medida em que a maioria dos Autores admite, em abstracto, a possibilidade da existência de tutela de mérito, e não apenas de legalidade, sobre as instituições de ensino superior públicas (cfr., por todos, GOMES CANOTILHO/VITAL MOREIRA, *op. cit.*, p. 916; REBELO DE SOUSA, *Lições de Direito Adminis-*

Mas ainda que assim não se entenda, o que, a nosso ver, nos parece indiscutível é que, como a tutela não se presume, carecendo, para cada caso, de ser objecto de expressa previsão legal, não pode deixar de ser, pelo menos, perante cada tipo normativo concreto que deve ser avaliada a admissibilidade de cada modalidade de tutela, por referência às concretas implicações que a sua consagração pode ter sobre a autonomia das instituições de ensino superior. Sendo certo que, atenta a sua autonomia, parece claro que a tutela de mérito sobre as instituições de ensino superior deve ter uma extensão limitada, que só excepcionalmente poderá ir ao ponto de permitir a formulação de juízos de mérito, conveniência ou oportunidade sobre decisões administrativas concretas destas entidades, não podendo deixar de se considerar incompatível com a respectiva autonomia a submissão a condicionamentos que, na prática, se concretizem na imposição, em aspectos essenciais, de obstáculos ao exercício da respetiva autonomia científica e pedagógica.

3. Formas de Administração indirecta

20. Como já foi referido, a chamada *Administração Estadual* não integra apenas a principal pessoa colectiva pública, o Estado, mas também outras pessoas colectivas dependentes do Estado, cuja actividade se destina à prossecução de interesses públicos de âmbito estadual; e, por sua vez, a Administração Autónoma também não integra apenas as Regiões

trativo, vol. I, pp. 307 segs., e *A natureza jurídica da Universidade no direito português*, p. 48), mas a verdade é que, uma vez analisada a questão em concreto, a generalidade das manifestações de tal tutela não parecem ser compatíveis com a autonomia daquelas entidades. Para o comprovar, basta ver o elenco dos poderes de tutela sobre os institutos públicos que, no seu artigo 41º, a Lei nº 3/2004 confere ao Estado, para se verificar que o Estado não é titular de praticamente nenhum desses poderes sobre as instituições públicas de ensino superior, porque tal seria incompatível com o estatuto de autonomia destas entidades, concretizado pela Lei nº 62/2007. Basta ver que, como exemplos da tutela de mérito sobre o ensino superior, a doutrina tende sobretudo a falar da avaliação da qualidade das universidades, de grandes opções como a determinação do número de quadros a formar pelo ensino superior ou da duração dos cursos de formação graduada, e das previsões, em matéria financeira, que constavam dos artigos 11º e 13º da Lei nº 108/88, de 14 de Setembro (que precedeu a Lei nº 62/2007): cfr. Marcelo Rebelo de Sousa, *A natureza jurídica da Universidade no direito português*, p. 47; Maria da Glória Garcia, *op. cit.*, p. 38.

Autónomas e as autarquias locais, mas também outras pessoas colectivas dependentes destas entidades, cuja actividade se destina à prossecução de interesses públicos de âmbito regional ou local.

Como já foi dito, fala-se, por isso, de uma Administração Estadual directa e de uma Administração Estadual indirecta: a Administração Estadual directa é constituída, como já vimos, pela estrutura hierarquizada dos órgãos e serviços que, dentro do Estado, exercem a função administrativa, sob a direcção do Governo, que, nos termos do artigo 199º da Constituição da República Portuguesa (CRP), é o órgão superior da Administração directa do Estado; e a Administração Estadual indirecta é, por sua vez, constituída por centenas de pessoas colectivas instrumentais, instituídas pelo Estado para prosseguirem a satisfação dos interesses públicos a seu cargo[58].

E, do mesmo modo, fala-se de Administrações regionais e locais directas e de Administrações regionais e locais indirectas: as primeiras são constituídas pelas próprias Regiões Autónomas e autarquias locais, enquanto as segundas são integradas pelas pessoas colectivas instrumentais instituídas pelas Regiões Autónomas e pelos Municípios para prosseguirem a satisfação dos interesses regionais e locais. A Administração Pública portuguesa é, deste modo, integrada por um número muito elevado de entes instrumentais, de base institucional ou de estrutura empresarial: os institutos públicos, as empresas públicas e as fundações públicas, que tanto podem ser instituídas pelo Estado, como pelas Regiões Autónomas e pelas autarquias locais. Já as formas de Administração indireta não podem instituir, por sua vez, entidades da mesma natureza.

3.1. Institutos públicos

21. Os *institutos públicos* são pessoas colectivas de direito público de tipo institucional, dotadas de personalidade jurídica própria e de uma estrutura interna hierarquizada, que são criados pelo Estado, por uma Região Autónoma ou por uma autarquia local para prosseguirem interesses que em princípio caberia prosseguir directamente à entidade que

[58] Sobre a Administração indirecta do Estado, cfr. Freitas do Amaral, *op. cit.*, pp. 297 segs.; Vital Moreira, *op. cit.*, pp. 104 segs.

os criou, mas que se entendeu colocar a cargo de entidades de menor dimensão[59].

De um modo geral, os institutos públicos são *serviços personalizados*, isto é, departamentos que integravam a estrutura hierarquizada da entidade que os criou, mas que foram dotados de personalidade jurídica e, desse modo, transformados em pessoas colectivas separadas por razões de eficiência de gestão.

A existência dos institutos públicos resulta de um fenómeno de *devolução de poderes*[60], na medida em que eles são criados para prosseguirem interesses públicos (*atribuições*) que caberia à entidade que os criou prosseguir directamente através dos seus próprios órgãos e serviços, mas que se optou por atribuir a entidades de menor dimensão por se entender que a eficaz e eficiente prossecução de certos tipos de interesses públicos não se compadece com o peso burocrático da organização interna das entidades públicas mais pesadas, como o Estado[61].

Não obstante a sua heterogeneidade, o regime comum dos institutos públicos do Estado consta de uma lei-quadro, a Lei nº 3/2004, de 15 de Janeiro, que lhes faz corresponder um estatuto de forte dependência do Estado. Com efeito, resulta desta lei que o Governo, através do chamado *Ministro da tutela*, isto é, do Ministro responsável pela área em que o instituto desenvolve a sua actividade, tem o poder de nomear e demitir os gestores ou membros do órgão directivo, definir a orientação geral da sua actividade, aprovar o plano de actividades e o orçamento para o ano seguinte e superintender na respectiva actividade, podendo traçar os objectivos a prosseguir através da emanação de instruções genéricas e de directivas (que fixam metas mas não impõem os meios a utilizar), exercer os poderes de tutela que a lei lhe conferir (integrativa: poder de autorizar ou aprovar os actos da entidade tutelada; inspectiva; sancionatória; revo-

[59] Para uma panorâmica geral sobre a categoria dos institutos públicos, cfr., por todos, FREITAS DO AMARAL, *op. cit.*, pp. 309 segs.; VITAL MOREIRA, *op. cit.*, pp. 327 segs.. Para um estudo mais circunstanciado, MIGUEL ASSIS RAIMUNDO, "Os institutos públicos", in *Organização Administrativa: Novos Atores, Novos Modelos* (coord. CARLA AMADO GOMES/ANA FERNANDA NEVES/TIAGO SERRÃO), vol. II, pp. 99 segs..

[60] Cfr., por todos, FREITAS DO AMARAL, *op. cit.*, pp. 741 segs..

[61] Sobre as razões de ser da existência da Administração indirecta do Estado, cfr., por exemplo, FREITAS DO AMARAL, *op. cit.*, pp. 299 segs..

gatória e substitutiva) e fiscalizar a legalidade e o mérito do exercício da respectiva actividade.

Uma última nota, no entanto, para reiterar que, embora as instituições de ensino superior públicas que não assumem o estatuto de fundações públicas de direito privado sejam qualificadas pela Lei nº 3/2004 como institutos públicos, embora de regime especial, e, por causa disso, elas sejam frequentemente tratadas pelo legislador como se integrassem a Administração indireta do Estado, a verdade é que todas as instituições de ensino superior públicas beneficiam de um estatuto de autonomia em relação ao Estado que, como vimos (cfr. *supra*, nº 19), justifica e impõe o seu enquadramento na Administração Autónoma.

3.2. Empresas públicas

22. A utilização pelo Estado de formas de organização empresarial para a satisfação de necessidades colectivas tem alguma tradição na ordem jurídica portuguesa, mas só ganhou especial significado nos anos 70 do século passado, em consequência do processo de nacionalização dos meios de produção desencadeado pelo movimento revolucionário de 1974 e inspirado pelo entendimento de que a produção e distribuição de certos bens ou a prestação de certos serviços é do interesse de toda a comunidade e, como tal, deve ser assumido como uma responsabilidade do Estado. Foi nesse contexto que, em Portugal, foi publicada a primeira lei (o Decreto-Lei nº 260/76, de 8 de Abril) que estabeleceu um estatuto geral das empresas públicas, configuradas como pessoas colectivas de direito público de estrutura empresarial, vocacionadas para desenvolver actividades económicas sob o controlo do Estado[62].

Após a adesão de Portugal à União Europeia, na década de 80 do século passado, desencadeou-se, entretanto, um fenómeno de sentido inverso, orientado no sentido da privatização (ou reprivatização) das empresas públicas e da liberalização dos mercados. A exemplo do que, pela mesma ocasião, sucedeu em muitos outros países, também em Portugal se assistiu, assim, a partir daí, a um recuo da intervenção directa do Estado na

[62] Para uma panorâmica da evolução registada em Portugal neste domínio, cfr., por todos, DIOGO FREITAS DO AMARAL, *op. cit.*, pp. 332 segs.

economia, mediante o qual grande parte dos serviços públicos passaram a ser prestados por entidades privadas, submetidas a regimes normativos de garantia das obrigações de serviço público e à intervenção de entidades administrativas reguladoras[63].

Em Portugal, continuam, no entanto, a existir empresas públicas. De um modo geral, não se trata, no entanto, de pessoas colectivas de direito público, submetidas a poderes administrativos de tutela do Estado, mas de pessoas colectivas de direito privado, estruturadas segundo o modelo das sociedades comerciais e, portanto, dotadas de personalidade jurídica de direito privado.

Foi, na verdade, este o modelo que, numa primeira fase do movimento das (re)privatizações dos anos 80 do século passado, foi adoptado para as empresas públicas que o Estado entendeu manter sob o seu controlo. De um modo geral, as empresas públicas então existentes e cujo controlo o Estado optou por conservar foram, com efeito, transformadas em sociedades comerciais, de capital total ou maioritariamente público[64].

Pela mesma ocasião, assistiu-se, entretanto, em Portugal, a exemplo do que sucedeu um pouco por toda a Europa, a um fenómeno de criação pelo Estado de novas sociedades comerciais de capital público, destinadas a prosseguir de modo mais eficaz e eficiente a satisfação de certas necessidades públicas específicas. Em alguns sectores, a criação destas entidades conduziu a uma duplicação de serviços existentes dentro da própria estrutura do Estado; noutros, resultou da transformação em empresas – a chamada *empresarialização*[65] – de institutos públicos anteriormente exis-

[63] Sobre o tema, cfr., por exemplo, Paulo Otero, *Legalidade e Administração Pública*, Coimbra, 2003, pp. 298 segs. e 304 segs.; João Nuno Calvão da Silva, *O Estado regulador, as autoridades reguladoras independentes e os serviços de interesse económico geral*, Coimbra, 2005, pp. 40 segs.

[64] Sobre este fenómeno de "privatização", entendida apenas no sentido da transformação de entidades dotadas de personalidade jurídica de direito público em pessoas colectivas de direito privado mas de capital total ou maioritariamente público, que, no entanto, não implica a transferência do bem de produção do sector público para o sector privado e, portanto, não o retira do âmbito do sector empresarial do Estado, cfr., por exemplo, Paulo Otero, "Coordenadas jurídicas da privatização da Administração Pública", in *Os caminhos da privatização da Administração Pública – VI Colóquio Luso-Espanhol de Direito Administrativo*, Coimbra, 2001, p. 40.

[65] Sobre o fenómeno da *empresarialização da Administração Pública*, enquanto fenómeno de âmbito global, dirigido a transformar o modo de organização interna da Administração

tentes. Assistiu-se, assim, à criação de toda uma nova geração de empresas públicas segundo formas de organização de direito privado, determinada pelo propósito de obter uma mais eficaz e eficiente satisfação das necessidades públicas.

23. Por influência do Direito da União Europeia[66], o Decreto-Lei nº 133/2013, de 3 de outubro, que estabelece o regime geral do sector público empresarial, adota um conceito amplo de empresa pública (cfr. artigos 5º e 13º, nº 1) que não faz depender esse qualificativo do estatuto de pessoa colectiva de direito público da empresa, mas integra no conceito de empresa pública sociedades comerciais, dotadas de personalidade jurídica de direito privado.

Esse conceito compreende, assim, duas categorias de entidades.

a) A primeira dessas categorias corresponde a entidades de capitais públicos e de interesse colectivo que, embora criadas pelo Estado, por uma Região Autónoma ou por uma autarquia local, são sociedades comerciais, cuja constituição, transformação, fusão ou cisão se processa nos termos e condições aplicáveis às sociedades comerciais, cuja estrutura organizativa corresponde à dos "tipos de sociedade de responsabilidade limitada previstos no Código das Sociedades Comerciais" e com as quais, em relação às sociedades de capital total ou maioritariamente público, o Estado ou outra entidade pública que as detém se relaciona na qualidade de acionista (cfr. artigos 10º, 31º, 34º e 37º e segs. do Decreto-Lei nº 133/2013).

A maioria destas entidades, que corresponde à parcela mais relevante das empresas públicas, são sociedades comerciais de capital total ou maioritariamente público, mas o conceito legalmente adotado de empresa pública também se estende a empresas controladas por entidades públicas, por dependerem maioritariamente de financiamentos públicos ou por

Pública no sentido de aí introduzir uma racionalidade e uma cultura de gestão por objectivos e avaliação de desempenho, cfr., por exemplo, João Nuno Calvão da Silva, *op. cit.*, pp. 47 segs. Note-se, no entanto, que, em tempos mais recentes, tem vindo a ser seguida uma lógica de tentativa de introdução deste tipo de racionalidade e cultura nos próprios serviços administrativos tradicionais.

66 A propósito, cfr. Freitas do Amaral, *op. cit.*, p. 344.

a maioria dos titulares dos seus órgãos de gestão ou fiscalização serem designados por entidades públicas[67].

Embora, no essencial da sua actividade, estas entidades actuem ao abrigo de normas de direito privado, elas são submetidas, quanto a diversos aspectos, a um regime específico de Direito Administrativo, que, entre outros aspetos, regula os termos em que, nas sociedades de capital total ou maioritariamente público, a entidade pública deve exercer a função accionista, cuja titularidade lhe cabe pelo facto de ser o accionista único ou maioritário da empresa[68].

No que, na verdade, diz respeito às sociedades de capital público, foi debatida na doutrina a necessidade de se assegurar o respectivo controlo democrático, através dos órgãos do poder político democraticamente legitimados[69]. Ora, a solução que o legislador consagrou faz corresponder às formas de organização empresarial de direito privado meios de controlo de direito privado, incumbindo, no caso do Estado, o Governo de exercer "sobre as sociedades de capitais integralmente públicos ou de capitais mistos, enquanto principal órgão do Estado-sócio ou Estado-accionista, os poderes normais de um sócio ou accionista, tal como qualquer outra entidade titular de participações sociais, segundo os termos do Código das Sociedades Comerciais e demais legislação"[70].

Neste sentido, o Decreto-Lei nº 133/2013 disciplina a função accionista do Estado, disciplinando, em moldes jurídico-administrativos, os termos em que o Estado deve actuar como accionista, de modo a assegurar que, no desenvolvimento da sua actividade, as empresas públicas prossigam a realização de objectivos de interesse público previamente traçados – e

[67] Por influência, como foi dito, do Direito da União Europeia, é o que resulta da definição de empresa pública que hoje consta do Decreto-Lei nº 133/2013, de 3 de outubro. Para uma panorâmica geral, cfr., por exemplo, FREITAS DO AMARAL, *op. cit.*, pp. 327 segs., com outras referências. Para maiores desenvolvimentos, embora ainda à luz do quadro normativo anterior ao do Decreto-Lei nº 133/2013, mas que já seguia a mesma orientação, cfr. PAULO OTERO, *Vinculação...cit.*, pp. 187 segs.; JOÃO PACHECO DE AMORIM, *As empresas públicas no direito português*, Coimbra, 2000. Para a mais recente e atualizada análise das empresas públicas na doutrina nacional, cfr., entretanto, FRANCISCO PAES MARQUES, "As empresas públicas", in *Organização Administrativa: Novos Atores, Novos Modelos* (coord. CARLA AMADO GOMES/ANA FERNANDA NEVES/TIAGO SERRÃO), vol. I, pp. 837 segs..

[68] A propósito, cfr., por exemplo, FREITAS DO AMARAL, *op. cit.*, pp. 351 segs..

[69] Em geral sobre o tema, cfr., por exemplo, PAULO OTERO, *Vinculação...*, pp. 303 segs..

[70] Neste sentido, cfr. PAULO OTERO, *Vinculação...cit.*, pp. 313 e 317-318.

o mesmo faz a Lei nº 50/2012, de 31 de agosto, que regula a atividade empresarial local.

Por outro lado, a lei impõe ao Estado (e aos municípios, no caso das empresas municipais) o dever de estabelecer orientações estratégicas, definidoras dos objectivos a prosseguir pela empresa, que devem obrigatoriamente conter metas quantificadas. Estas orientações estratégicas devem reflectir-se nas orientações anuais da empresa, que ao sócio público único ou maioritário cumpre fazer aprovar na assembleia geral da sociedade. Estas orientações devem, entretanto, prever a celebração de contratos entre o Estado (ou o município) e a empresa, nos quais se devem concretizar os objectivos, definir parâmetros e padrões de eficácia e eficiência, e identificar indicadores e referenciais que permitam medir a realização dos objectivos. Por outro lado, a avaliação do desempenho dos gestores da empresa também deve depender da celebração de contratos de gestão, funcionalizados à realização dos objectivos fixados.

Ao instrumentalizar a função accionista – ou seja, o desempenho do papel de sócio, em termos jurídico-privados – para assegurar que a supremacia do Estado (ou do município) na empresa se concretiza na prossecução de objectivos determinados em função da realização do interesse público, pode dizer-se que o legislador instituiu, neste domínio, um regime jurídico misto através do qual, de harmonia com a orientação seguida no direito alemão, se promove a permeabilização do direito privado pelo direito público, através da consagração de soluções normativas orientadas para a construção de um direito privado (societário) administrativo para as sociedades anónimas que, por serem empresas públicas, não são objecto de um enquadramento jurídico estritamente privado[71].

b) O conceito legal de empresa pública também compreende as entidades públicas empresariais, que têm o estatuto de pessoas colectivas de direito público, o que implica que são objeto de normas de Direito Administrativo orgânico ou organizatório, correspondentes a um tipo organizatório autónomo de Direito Administrativo, como é próprio das entidades que integram a Administração Pública em sentido estrito. Estas entidades estão sujeitas a um regime específico quanto à respetiva criação, transfor-

[71] Cfr., a respeito, Pedro Gonçalves, *Entidades privadas com poderes públicos*, pp. 417-418, que vê neste regime o embrião, na ordem jurídica portuguesa, de um direito societário administrativo.

mação, fusão ou cisão, que se processa por decreto-lei (cfr. artigos 56º, 57º e 34º do Decreto-Lei nº 133/2013).

Presentemente, são, no entanto, pouco numerosas as entidades públicas empresariais existentes em Portugal. É o caso dos hospitais, que foram objecto do fenómeno de empresarialização atrás referido. E cumpre notar que, com o Decreto-Lei nº 133/2013, o regime aplicável às relações que se estabelecem entre as entidades públicas empresariais e a entidade pública da qual dependem foi fortemente aproximado do regime que anteriormente correspondia apenas às empresas públicas sob forma societária, na medida em que deixou de ser prevista a existência de relações de tutela e superintendência e o nº 1 do artigo 60º, ao determinar que "a administração e fiscalização das entidades públicas empresariais devem estruturar-se segundo as modalidades e com as designações previstas para as sociedades anónimas", parece pretender que também nesse âmbito a relação do Estado com a empresa seja exercida segundo o modelo da função acionista (isto com a exceção das entidades públicas empresariais do sector da saúde, que são objeto de diploma próprio, como ressalvado no artigo 70º do Decreto-Lei nº 133/2013).

A ser correta esta interpretação, fica, porém, a dúvida quanto à pertinência de se continuar a autonomizar esta categoria organizatória, que, nessa perspetiva, pareceria dever desaparecer, passando todas as empresas públicas a ser sociedades comerciais, dotadas de personalidade de direito privado, segundo o modelo que foi descrito.

3.3. Fundações públicas

24. A Lei-Quadro das Fundações (Lei nº 24/2012, de 9 de julho) estabelece uma distinção entre *fundações públicas de direito público*, que tanto podem ser fundações criadas exclusivamente por uma ou mais pessoas coletivas públicas como fundos personalizados criados exclusivamente por pessoas coletivas públicas[72], e *fundações públicas de direito privado*, que tanto podem ser criadas exclusivamente por uma ou mais pessoas cole-

[72] Recorde-se que quando, a propósito das entidades que podem criar fundações públicas, falamos de pessoas coletivas de direito público, nos estamos a referir ao Estado, às Regiões Autómomas e às autarquias locais, pois estas entidades, de base territorial, são as únicas

tivas públicas, como criadas por uma ou mais pessoas coletivas públicas em conjunto com pessoas de direito privado – hipótese na qual as entidades públicas, isolada ou conjuntamente, têm de deter uma influência dominante sobre a fundação, por terem procedido à afetação exclusiva ou maioritária dos bens que integram o património financeiro inicial da fundação, ou terem, nos termos estatutários, o direito de designar ou destituir a maioria dos titulares do órgão de administração da fundação.

Não se percebe, no entanto, a racionalidade da distinção, na medida em que a Lei-Quadro tanto qualifica as fundações públicas de direito público como as fundações públicas de direito privado como pessoas coletivas de direito público e submete-as a todas ao regime de Direito Administrativo instituído para as fundações públicas de direito público. Esse regime remete, no essencial, para a Lei-Quadro dos Institutos Públicos, redundando, desse modo, numa equiparação substancial das fundações públicas no seu conjunto aos institutos públicos, para efeitos de regime, o que desqualifica, nesse plano, a natureza dita de direito privado das fundações públicas de direito privado[73].

A nosso ver, a distinção entre fundações públicas de direito público e fundações públicas de direito privado só faria sentido se a lei qualificasse as primeiras como pessoas coletivas de direito público, submetidas ao Direito Administrativo, e as segundas como pessoas coletivas de direito privado, essencialmente submetidas ao direito privado, mas também a certos regimes de Direito Administrativo. Nesse sentido, a qualificação das fundações públicas de direito privado como "públicas" teria um sentido similar àquele em que a lei também fala hoje de empresas públicas a propósito de empresas que também podem ser qualificadas como "empresas públicas de direito privado": as empresas públicas que, por não serem entidades públicas empresariais, mas sociedades detidas ou controladas por entidades públicas, são pessoas coletivas de direito privado essencialmente submetidas ao direito privado, mas também a certos regimes de Direito Administrativo.

pessoas coletivas de direito público que podem criar fundações: cfr. artigo 50º, nº 1, da Lei-Quadro.

[73] Sobre o regime das fundações públicas, com uma apreciação muito crítica da Lei-Quadro, cfr. Domingos Soares Farinho, "As fundações públicas em Portugal", in *Organização Administrativa: Novos Atores, Novos Modelos* (coord. Carla Amado Gomes/Ana Fernanda Neves/Tiago Serrão), vol. II, pp. 5 segs..

A partir do momento em que a Lei-Quadro confere personalidade jurídica de direito público a todas as fundações públicas, o que distingue as fundações públicas de direito privado criadas exclusivamente por entidades públicas (categoria cuja existência a Lei-Quadro admite na alínea c) do nº 1 do artigo 4º, ao referir-se a fundações públicas de direito privado criadas por entidades públicas sem ser em conjunto com pessoas de direito privado) das fundações públicas de direito público, que são, por definição, criadas exclusivamente por entidades públicas, parece ser o facto de terem sido criadas anteriormente à entrada em vigor da Lei-Quadro segundo formas de direito privado e serem, portanto, fundações privadas que a Lei-Quadro *publicizou*, convertendo em pessoas coletivas de direito público. Ora, a circunstância de terem sido fundações privadas não justifica, a nosso ver, a qualificação meramente nominal como de direito privado de fundações que passaram a ser pessoas coletivas de direito público, submetidas a um regime essencialmente de Direito Administrativo: a essa luz, deviam ser, pois, todas qualificadas como fundações públicas, sem mais adjetivações.

Por outro lado, suscita-nos reservas a opção da Lei-Quadro de fazer depender o traçar da fronteira entre as fundações que são pessoas coletivas de direito público e aquelas que são pessoas coletivas de direito privado, apesar de serem criadas por entidades públicas em conjunto com sujeitos privados, do apuramento que se faça sobre se as entidades públicas, isolada ou conjuntamente, detêm uma influência dominante sobre a fundação, por terem procedido à afetação exclusiva ou maioritária dos bens que integram o património financeiro inicial da fundação, ou terem, nos termos estatutários, o direito de designar ou destituir a maioria dos titulares do órgão de administração da fundação. Tal como sucede com as empresas públicas, esse critério devia ser, a nosso ver, determinante para a submissão das fundações criadas por entidades públicas em conjunto com sujeitos privados, não só ao direito privado, mas também a regimes de Direito Administrativo, mas essa circunstância não devia impedir a qualificação dessas fundações como pessoas coletivas de direito privado.

Seja como for, o certo é que resulta da Lei-Quadro das Fundações que, no nosso ordenamento jurídico, existem três categorias de fundações submetidas ao Direito Administrativo: as *fundações públicas de direito público*; *fundações públicas de direito privado* criadas exclusivamente por uma ou mais pessoas coletivas públicas; e *fundações públicas de direito privado* que, a nosso ver, podem ser qualificadas como *fundações público-privadas*, criadas por uma ou mais pessoas coletivas públicas em conjunto com pessoas privadas, mas em que as entidades públicas detêm uma influência dominante sobre a fundação (sem o que seriam fundações privadas). Se uma fundação for criada por uma ou mais pessoas coletivas públicas, em conjunto com pessoas de direito privado, mas sem que as entidades públicas, isolada ou conjuntamente, detenham sobre a fundação uma influência dominante, a função não é uma fundação pública, mas uma fundação privada.

A Lei-Quadro das Fundações assume, contudo, a sua preferência pelo modelo da fundação pública de direito público, proibindo, no artigo 57º, a criação de novas fundações públicas de direito privado e submetendo, no essencial, as fundações públicas de direito privado já existentes, como já foi referido, a um regime que, no essencial, remete para a Lei-Quadro dos Institutos Públicos. Com efeito, resulta dos artigos 53º, 54º e 55º da Lei-Quadro das Fundações que as fundações públicas se organizam e dispõem de serviços nos termos e condições previstos na Lei-quadro dos Institutos Públicos e estão submetidas ao regime de gestão económico-financeira e patrimonial previsto na Lei-Quadro dos Institutos Públicos, e que as fundações públicas estaduais estão sujeitas aos poderes de superintendência e de tutela da entidade instituidora, nos termos e condições previstos na Lei-Quadro dos Institutos Públicos.

Quanto ao resto, estabelece o artigo 52º da Lei-Quadro das Fundações que as fundações públicas se regem pelas normas constantes da Lei-Quadro, da demais legislação aplicável às pessoas coletivas públicas e dos respetivos estatutos e regulamentos internos, e que lhes são, designadamente, aplicáveis, quaisquer que sejam as particularidades dos seus estatutos e do seu regime de gestão, o CPA, no que respeita à atividade de gestão pública, envolvendo o exercício de poderes de autoridade, a gestão da função pública ou do domínio público, ou a aplicação de outros regimes jurídico-administrativos, o regime jurídico aplicável aos trabalhadores que exercem funções públicas, o regime da administração financeira e patrimonial do Estado, o regime da realização de despesas públicas e da contratação pública, o regime das incompatibilidades de cargos públicos, o regime da responsabilidade civil do Estado, as leis do contencioso administrativo, quando estejam em causa atos e contratos de natureza administrativa, e o regime de jurisdição e controlo financeiro do Tribunal de Contas e da Inspeção-Geral de Finanças.

Uma última referência para as Universidades que assumem o estatuto de fundações, nos termos específicos do Regime Jurídico das Instituições de Ensino Superior (RJIES), aprovado pela Lei nº 62/2007, de 10 de setembro: fundações que, estando subtraídas ao âmbito de aplicação da Lei-Quadro e, por essa via, submetidas a um regime próprio, que em primeira linha resulta do RJIES, pode dizer-se que correspondem a uma categoria à parte de fundações públicas, que podem ser qualificadas como *fundações de ensino superior*[74].

4. Administração independente

25. No âmbito da Administração Estadual, assume hoje um papel muito relevante a chamada *Administração independente*[75]. O conceito tem sido objeto de crítica[76] e é, na verdade, discutível, na medida em que é utilizado para designar um conjunto heterogéneo de organismos que, integrando a Administração estadual, apenas gozam, na realidade, e, ainda assim, em graus variáveis, consoante os casos, de um estatuto de autonomia orgânica, concretizada na inamovibilidade dos membros dos seus órgãos ou em regimes de incompatibilidades dirigidos a assegurar a sua neutralidade política, e de autonomia funcional, traduzida na circunstância de exercerem as suas funções, nos casos em que estão integrados na estrutura do Estado, sem subordinação a poderes hierárquicos do Governo, e na maioria dos casos, em que são dotados de personalidade jurídica própria, sem submissão a diretivas ou instruções do Governo, no exercício dos poderes

[74] Em particular sobre o regime específico das fundações de ensino superior, cfr. DOMINGOS FARINHO, *op. cit.*, pp. 47 segs.. Recorde-se, entretanto, que todas as instituições de ensino superior públicas beneficiam de um estatuto de autonomia que para elas resulta da Constituição: cfr. *supra*, nº 19.

[75] Para uma análise circunstanciada, na mais recente doutrina nacional, das entidades administrativas independentes, por referência primacialmente às entidades reguladoras da economia, cfr. MARCO CALDEIRA, "As entidades administrativas independentes", in *Organização Administrativa: Novos Atores, Novos Modelos* (coord. CARLA AMADO GOMES/ANA FERNANDA NEVES/TIAGO SERRÃO), vol. I, pp. 459 segs..

[76] Veja-se, por exemplo, a pertinente crítica de EDUARDO PAZ FERREIRA/LUIS SILVA MORAIS, "A regulação sectorial da economia: introdução e perspectiva geral", in EDUARDO PAZ FERREIRA/LUIS SILVA MORAIS/GONÇALO ANASTÁCIO (COORDS.), *Regulação em Portugal: novos tempos, novo modelo?*, Coimbra, 2009, pp. 29-30.

de superintendência que este exerce sobre a Administração indireta do Estado[77].

Mas repare-se que até as entidades reguladoras, que constituem a categoria mais relevante das entidades que integram a dita Administração Independente, não deixam de estar sujeitas a poderes de tutela do Governo (cfr. artigo 45º da Lei nº 67/2013, de 28 de agosto) e a constrangimentos no plano da gestão, que resultam da sua submissão à fiscalização do Tribunal de Contas e das inspeções-gerais do Estado.

Integram a Administração Independente órgãos como o Provedor de Justiça, a Comissão Nacional de Eleições (CNE) e a Comissão de Acesso aos Documentos Administrativos (CADA), que, embora destituídos de personalidade jurídica própria e, por isso, não passando de órgãos da pessoa colectiva pública Estado, não estão integrados na organização da Administração direta do Estado, sob o poder hierárquico do Governo.

Mas a maioria das entidades que integram a Administração Independente são dotadas de personalidade jurídica própria, constituindo, assim, pessoas coletivas distintas do Estado. É o que sucede com a Comissão Nacional de Proteção de Dados (CNPD), que a Lei nº 43/2004, de 18 de agosto, instituiu como uma entidade administrativa independente, com personalidade jurídica de direito público e poderes de autoridade, com a função de defender os direitos, liberdades e garantias das pessoas singulares no âmbito dos tratamentos de dados pessoais, e, de um modo geral, com as chamadas entidades reguladoras.

A nosso ver, pode dizer-se que o que, de um modo geral, justifica a instituição de autoridades administrativas independentes é a assunção, pelo legislador, do entendimento de que a resolução de questões respeitantes a matérias consideradas sensíveis deve ser subtraída às instâncias administrativas diretamente dependentes do poder executivo, para ser confiada a instâncias caracterizadas por um maior ou menor grau de neutralidade política que lhes advém da sua relativa independência funcional em relação ao Governo[78]. E pode mesmo admitir-se que, tendencialmente, as

[77] Cfr. Paz Ferreira/Silva Morais, op. cit., p. 30.

[78] Cfr. Michel Gentot, *Les autorités administratives indépendantes*, 2ª ed., Paris, 1994, pp. 38 segs.; Luciano Parejo Alfonso, "La potestad normativa de las llamadas administraciones independientes: apuntes para un estudio del fenomeno" in *Administracion Instrumental – Libro Homenaje a Manuel Francisco Clavero Arevalo*, vol. I, Madrid, 1994, p. 636.

autoridades administrativas independentes são, todas elas, "instituições da liberdade", no sentido de que, tanto as que intervêm no âmbito da regulação da economia, como as demais, tendem a intervir em domínios que contendem com direitos fundamentais e outros bens ou interesses constitucionalmente protegidos, seja no plano da regulação da economia, em que se trata de conciliar a garantia da liberdade de iniciativa económica com a satisfação de direitos sociais a prestações essenciais, como nos demais domínios, em que tende a sobrelevar a dimensão de proteção negativa de direitos fundamentais contra agressões, que tanto podem vir de poderes públicos, como de poderes privados[79].

Mas deste traço comum de carácter genérico não resulta que sejam da mesma natureza as funções que às diferentes espécies de autoridades administrativas independentes cumpre exercer nos diferentes, e heterogéneos, domínios em que são chamadas a intervir. E, nesse sentido, a doutrina tende a dividir as entidades administrativas independentes em duas categorias: as entidades reguladoras e outras entidades, instituídas para proteção de direitos fundamentais dos cidadãos[80], de entre as quais, entre nós, avulta a CNPD.

Na verdade, nada impede o legislador de, por razões de política legislativa relacionadas com a sensibilidade social das matérias em causa, incumbir entidades administrativas independentes de exercerem funções no domínio da proteção de direitos fundamentais[81]. Mas coloca-se, a nosso

[79] Nesta linha, cfr. Silvia Nicodemo, *Gli atti normativi delle autorità independenti*, Pádua, 2002, pp. 57 segs. e 65 segs..

[80] Cfr., por todos, João Calvão da Silva, *Mercado e Estado – Serviços de interesse económico geral*, Coimbra, 2008, p. 145; Vital Moreira/Fernanda Maçãs, *Autoridades reguladoras independentes – Estudo e Projecto de Lei-Quadro*, Coimbra, 2003, pp. 22-24; José Manuel Sala Arquer, "El Estado neutral. Contribución al estudio de las autoridades independientes" in *Revista española de Derecho Administrativo* nº 42, pp. 410 segs.; Enrique García Llovet, "Autoridades administrativas independientes y Estado de Derecho", *Revista de Administración Pública* nº 131, pp. 107 segs.. A segunda categoria identificada no texto pode ser, entretanto, subdividida, consoante os direitos em causa têm por objeto a proteção dos cidadãos perante a própria Administração Pública ou têm um âmbito de proteção mais alargado: cfr., por todos, Marie José Guedon, *Les autorités administratives indépendantes*, Paris, 1991, p. 16.

[81] A nosso ver, é o que sucede quando o que apenas se pretende é assegurar que, em domínios sensíveis, os conflitos que possam surgir entre direitos e bens ou interesses com outros de igual dignidade jurídico-constitucional, de acordo com um modelo clássico de proteção de

ver, noutro plano o exercício da função de *regulação* pelas chamadas entidades reguladoras independentes.

Com efeito, se a Entidade Reguladora para a Comunicação Social (ERC), por exemplo, é uma entidade reguladora, isso não se deve, a nosso ver, à competência que lhe cabe no domínio da proteção dos direitos, liberdades e garantias de natureza pessoal, como os direitos ao livre desenvolvimento da personalidade, ao bom nome e à reputação, à imagem, à palavra e à reserva da intimidade da vida privada e familiar, na dimensão negativa em que estes direitos se impõem como limites à liberdade de expressão e informação, mas à circunstância de, ao lado dessa competência, ela exercer outras que lhe permitem participar na regulação do mercado dos *media*, com consequências na estrutura e dinâmica do sector, designadamente nos planos em que lhe cumpre promover o acesso dos cidadãos aos media, no sentido de garantir a efetiva expressão e o confronto das diversas correntes de opinião, em respeito pelo princípio do pluralismo, e zelar pela independência das entidades que prosseguem atividades de comunicação social em relação ao poder político e económico, designadamente através do poder de proceder à identificação dos poderes de influência sobre a opinião pública, na perspectiva da defesa do pluralismo e da diversidade, e adotar as medidas necessárias à sua salvaguarda[82].

Em nossa opinião, para que determinada forma de atuação administrativa possa ser qualificada como de *regulação*, é, na verdade, necessário que ela incida sobre um subsistema social, dotado de uma racionalidade e uma normatividade próprias, que, de um modo ou de outro, se auto-regula, de modo formal ou informal, e concretizar-se, nesse contexto,

bens e direitos constitucionalmente protegidos, são dirimidos com neutralidade em relação ao poder executivo, na perspectiva a que se referem VITAL MOREIRA/FERNANDA MAÇÃS, *op. cit.*, p. 51. Fazendo notar que a doutrina tende a utilizar a expressão "sectores sensíveis" para procurar outorgar um traço de unidade aos diferentes âmbitos submetidos à intervenção de Administrações independentes, cfr. MARIA MERCÈ DARNACULLETA I GARDELLA, *Autorregulación y derecho público: la autorregulación regulada*, Madrid, 2005, p. 381, nota 36. E, na verdade, vejam-se, por exemplo, MARIE JOSÉ GUEDON, *op. cit.*, p. 16; PAREJO ALFONSO, *op. cit.*, p. 636.

[82] Sobre o tema, cfr. RAQUEL ALEXANDRA BRÍZIDA CASTRO, *Constituição, Lei e Regulação dos Media*, Coimbra, 2016, pp. 316-317; AUGUSTO SANTOS SILVA, "A hetero-regulação dos meios de comunicação social", *Comunicação e Sociedade* nº 11 (2007), pp. 16 segs..

numa conduta que, no respeito pela racionalidade e pela normatividade próprias do subsistema social sobre o qual incide, promova a prossecução dos fins próprios deste em articulação com a salvaguarda de outros valores, de modo a orientar o funcionamento do subsistema em questão no sentido considerado mais adequado à prossecução do interesse público: a regulação intervém, assim, a partir da racionalidade que está subjacente às regras de auto-regulação em que assenta o funcionamento dos subsistemas sociais com os quais interage, com vista a orientar esse funcionamento no sentido que melhor se adeque à prossecução do interesse público[83].

É o que sucede nos domínios em que, entre nós, foram instituídas *entidades reguladoras da economia*. Na verdade, ao longo das últimas décadas, acompanhando o fenómeno da privatização dos meios de produção e da liberalização dos mercados, foram instituídas diversas entidades dotadas de personalidade jurídica de direito público, incumbidas de exercer a função administrativa de regulação de actividades económicas, que são investidas na titularidade dos poderes de autoridade necessários à criação e implementação de regras, à supervisão das actividades reguladas e ao sancionamento de infracções[84].

As principais manifestações do fenómeno, no ordenamento jurídico português, correspondem à regulação da concorrência pela Autoridade da

[83] Para a circunstanciada exposição de cada um dos aspetos subjacentes à síntese enunciada no texto, cfr. MÁRIO AROSO DE ALMEIDA, "A regulação como função administrativa do Estado: a ambiguidade de um conceito", in CARLA AMADO GOMES/RICARDO PEDRO/RUTE SARAIVA/FERNANDA MAÇÃS (coords.), *Garantia de Direitos e Regulação*, Lisboa, 2020, pp. 21 segs..

[84] Como é sabido, o conceito de *regulação* não é entendido de modo unívoco na doutrina comparada. Ainda que, no entanto, nele se entenda incluir uma dimensão legislativa, consubstanciada nas normas legais instituidoras dos sistemas regulatórios públicos e disciplinadoras da actuação das entidades administrativas reguladoras e dos agentes por elas regulados, a *regulação administrativa* há-de reportar-se à actividade que as entidades reguladoras desenvolvem no exercício das suas funções. Sobre o tema, na doutrina portuguesa, para além da obra citada na nota anterior, cfr., por todos, VITAL MOREIRA, *Auto-regulação profissional e Administração Pública*, Coimbra, 1997, pp. 34 segs., e "Regulação económica, concorrência e serviços de interesse geral", in *Estudos de Regulação Pública*, vol. I, ed. Coimbra Editora, Coimbra, 2004, pp. 547 segs.; PEDRO GONÇALVES, "Direito Administrativo da Regulação", in *Regulação, Electricidade e Telecomunicações – Estudos de Direito Administrativo da Regulação*, Coimbra, 2008, pp. 7 segs.

Concorrência, do sector bancário pelo Banco de Portugal, das seguradoras pelo Instituto de Seguros de Portugal (ISP), do sector dos valores mobiliários pela Comissão do Mercado de Valores Mobiliários (CMVM), do sector da energia pela Entidade Reguladora dos Serviços Energéticos (ERSE), do sector das comunicações e serviços postais pela Autoridade Nacional das Comunicações (ANACOM), do sector da água e dos resíduos pela Entidade Reguladora dos Serviços das Águas e Resíduos (ERSAR), do sector dos transportes ferroviários pela Autoridade da Mobilidade e dos Transportes (AMT), do sector da aviação civil pela Autoridade Nacional da Aviação Civil (ANAC), do sector das obras públicas pelo Instituto de Mercados Públicos do Imobiliário e da Construção (IMPIC), do sector da saúde pela Entidade Reguladora da Saúde (ERS) e do sector da comunicação social pela Entidade Reguladora para a Comunicação Social (ERC).

No âmbito do complexo processo de reconfiguração das missões e do papel do Estado por que têm passado as sociedades contemporâneas, o fenómeno da regulação administrativa resulta da transição de um modelo em que o Estado assumia, ele próprio, a responsabilidade operacional, de execução, intervindo na economia através da prestação directa dos bens e serviços considerados essenciais, para um modelo que, em todo o caso, não se confunde com o do Estado liberal, porque o Estado não "bate em retirada" da economia, mas, pelo contrário, assume uma *responsabilidade pública de garantia* da realização dos fins de interesse público associados à prestação desses bens e serviços. "O *recuo* do serviço público e da intervenção económica directa é, assim, compensado pelo *avanço* do *Estado Regulador e de Garantia*", com vista a procurar conciliar os valores do mercado com a protecção dos direitos dos cidadãos e da manutenção de um certo nível de solidariedade social[85].

Tal como sucede em outros países europeus, também em Portugal a regulação administrativa é um fenómeno recente, mas que, ao longo dos últimos anos, tem sido objecto de uma franca expansão. São, na verdade, hoje vários os sectores em que, por impulso da União Europeia, foram instituídas entidades administrativas independentes, dotadas de poderes de regulação. Só recentemente começou, no entanto, a desenhar-se,

[85] Cfr., por todos, PAULO OTERO, *Legalidade e Administração Pública*, pp. 298 e 301; PEDRO GONÇALVES, "Direito Administrativo da Regulação", pp. 7-12.

no panorama doutrinal português, a tentativa de se estruturar um pensamento sistemático sobre o Direito Administrativo da Regulação, designadamente do ponto de vista da análise das especificidades com que, nesse domínio, se concretiza a aplicação dos conceitos e princípios enformadores da teoria geral do Direito Administrativo[86].

[86] Para o enquadramento do tema, cfr. MÁRIO AROSO DE ALMEIDA, "A regulação como função administrativa do Estado: a ambiguidade de um conceito", pp. 21 segs., e EDUARDO PAZ FERREIRA/LUIS SILVA MORAIS/GONÇALO ANASTÁCIO, *Regulação em Portugal: novos tempos, novo modelo?*, Coimbra, 2009, passim. Merecem, entretanto, referência o trabalho que, no âmbito da Faculdade de Direito da Universidade de Coimbra, tem sido desenvolvido pelo Centro de Estudos de Direito Público e Regulação (CEDIPRE) e, por último, a importante obra coordenada por CARLA AMADO GOMES/RICARDO PEDRO/RUTE SARAIVA/FERNANDA MAÇÃS, *Garantia de Direitos e Regulação*, Lisboa, 2020.

– III –
Legalidade administrativa: a subordinação da Administração à lei e ao Direito

1. Princípio da legalidade e suas insuficiências

1.1. A Administração Pública como Poder

26. O primeiro e o mais determinante dos traços caracterizadores do sistema de administração europeu continental, que esteve na origem do surgimento do Direito Administrativo como um ramo específico de Direito na generalidade dos países europeus e é, portanto, também um traço caracterizador fundamental do Direito Administrativo português, é a assunção da Administração Pública como um Poder. A moderna Administração Pública europeia é a herdeira da Administração absolutista do século XVIII e, portanto, o produto de uma cultura que não concebe que a satisfação das necessidades públicas possa ser prosseguida sem a instituição de um aparelho administrativo hierarquicamente estruturado e instituído como "uma central de poderes".

Apesar da importante evolução que, entretanto, resultou da democratização das relações da Administração Pública com os particulares, concretizada no reconhecimento de direitos fundamentais aos cidadãos e na procedimentalização da sua participação no exercício do poder administrativo, o nosso sistema de administração ainda hoje assenta, na verdade, no entendimento de que a eficácia do exercício das funções de satisfação, regular e contínua, das necessidades de interesse geral de segurança e bem-estar, moral e material, que estão confiadas à Administração exige que esta não esteja juridicamente colocada na mesma posição que um qualquer particular e que, pelo contrário, seja dotada de prerrogativas de poder público, designadamente do poder de definir unilateralmente a situação jurídica dos cidadãos através da tomada de decisões dotadas de um estatuto de autoridade que lhe permita fazer prevalecer as suas posições.

É a circunstância de a Administração Pública ser assumida como um Poder, dotado de prerrogativas de poder público, que faz, pois, com que se fale da *função administrativa* como uma das funções que envolvem o exercício de poderes públicos: para simplificar, recorrendo a uma expressão correntemente utilizada, como uma das *funções do Estado*. E é, pois, neste contexto que se inscreve a atribuição aos órgãos da Administração do poder de emanarem normas, gerais e abstractas, aptas a estabelecer, por forma unilateral, regras de conduta a observar pelo comum dos cidadãos *(poder normativo)*, do poder de tomarem decisões concretas, aptas a introduzir a definição jurídica unilateral da situação jurídica de pessoas, coisas ou situações *(poder de decisão concreta)*, e do poder de utilizarem a força pública para realizar operações materiais aptas a transformar a realidade de facto, à revelia e mesmo contra a vontade de quem a isso se oponha *(poder de execução)*[87].

1.2. A Administração Pública como um poder subordinado: o princípio da legalidade da Administração

27. Num Estado de Direito, a função administrativa está, entretanto, subordinada às demais funções do Estado, a função legislativa e a função jurisdicional. O poder da Administração Pública é, assim, um *poder subordinado.*

Subordinado, desde logo, ao poder legislativo, o que explica a própria existência do Direito Administrativo. Com efeito, foi a circunstância de, nos países da Europa continental, a Administração Pública ter sido assumida como um Poder que, historicamente, esteve na origem do surgimento do Direito Administrativo e é essa circunstância que, ainda hoje, explica a existência deste ramo do Direito, com as especificidades que o

[87] Em geral sobre o poder administrativo, no quadro das funções do Estado, cfr., por todos, Diogo Freitas do Amaral, *Curso de Direito Administrativo*, vol. II, 3ª ed., Coimbra, 2016, pp. 9 segs..

caracterizam. Na verdade, o Direito Administrativo nasce para adequar a Administração herdada do Estado absolutista como uma entidade dotada de amplos poderes de autoridade aos novos quadros do Estado de Direito, através da sua subordinação às normas ditadas pelo poder legislativo.

Subordinado, por outro lado, ao poder jurisdicional, ao controlo exercido por órgãos jurisdicionais de fiscalização. Ao poder jurisdicional cabe, na verdade, a função de controlar o respeito da Administração Pública pela lei e pelo Direito, sancionando os atropelos em que ela possa incorrer. A vinculação da Administração à lei e ao Direito é, assim, também subordinação ao poder jurisdicional, dotado de instrumentos de controlo e sancionamento das condutas ilegais da Administração.

A natureza subordinada do poder administrativo reveste-se da maior importância num Estado de Direito. Na medida em que a função administrativa envolve o exercício de poderes de autoridade, é, na verdade, fundamental que não seja confiada aos próprios órgãos da Administração Pública a tarefa de definir, em abstracto, as necessidades públicas que lhes cumpre satisfazer e por que meios elas devem ser satisfeitas. Num Estado de Direito, a Administração Pública realiza um quadro de fins heterodeterminados. É a própria comunidade que decide sobre a instituição das entidades que integram a Administração Pública e que determina os fins que estas devem prosseguir e os instrumentos de que elas devem dispor para os prosseguir. No quadro resultante da implantação da separação de poderes do Estado, de acordo com o qual a expressão da vontade geral resulta da lei ditada pelos órgãos de representação política da comunidade, é, naturalmente, ao legislador, no exercício da função legislativa, que é reservada essa incumbência.

Se os órgãos da Administração são titulares de poderes, é, pois, na estrita medida em que normas de Direito Administrativo lhos conferem. Por conseguinte, a função administrativa assume-se como um instrumento condicionado e subordinado de prossecução do interesse geral superiormente definido pelo legislador. Como estabelece o artigo 266º, nº 2, da CRP, "os órgãos e agentes administrativos estão subordinados à Constituição e à lei". Vigora, assim, na ordem jurídica portuguesa, o *princípio da legalidade da Administração* (ou *princípio da legalidade administrativa*), que, nos modernos Estados de Direito democráticos, se concretiza na chamada *precedência da lei*, por força da qual *a lei não é apenas o limite, mas o pressuposto e o fundamento de toda a atividade administrativa*, pelo que *não há poder administrativo sem lei*, *sem norma legal que o fundamente*, sem que se possa ou deva distinguir, para o efeito, consoante as matérias ou domínios de atuação da Administração: o exercício de poderes por parte dos órgãos da Administração e demais entidades que exercem a função administrativa pressupõe, pois, sempre uma base normativa, isto é, uma fonte de Direito, na qual, em última análise, radicarão os efeitos jurídicos a introduzir[88].

No que se refere ao poder normativo da Administração, da consagração deste princípio parece resultar que, mesmo quando não se trate de dar execução ou de completar um ato legislativo anterior, mas de introduzir disciplina nova, regulando de início as relações sociais, as normas ditadas pela Administração, os regulamentos, devem ser precedidos de um ato legislativo, de uma norma legal de *habilitação*, que pelo menos fundamente "a competência objetiva e subjetiva" para a sua emissão (a seu tempo regressaremos ao tema: cfr. *infra*, nºs 89 e 90).

Já no que diz respeito às decisões concretas da Administração, os atos administrativos, do mesmo princípio decorre uma reserva absoluta de norma jurídica e, portanto, um *princípio de precedência direta ou indireta de ato legislativo*. Isto significa que só podem ser tomadas decisões de autoridade correspondentes a tipos previstos em normas de Direito Administrativo: seja directamente em atos legislativos, seja em regulamentos, emanados pela própria Administração, ao abrigo da Constituição e das leis[89].

1.3. A Administração Pública como um poder dotado de autonomia: insuficiências do princípio da legalidade

28. A dimensão do poder administrativo como um poder subordinado ao poder legislativo e ao poder jurisdicional é, contudo, apenas uma das dimensões nas quais se concretiza o papel e a função que à Administração Pública corresponde nos países do nosso sistema de administração. A outra dimensão diz respeito à Administração *como um poder autónomo* em relação à lei, que as leis habilitam, no exercício da sua atividade, a proceder a escolhas, no exercício de poderes de valoração próprios.

[88] Cfr., por todos, Sérvulo Correia, *Legalidade e autonomia contratual nos contratos administrativos*, Coimbra, 1987, pp. 284 segs.

[89] Cfr. Sérvulo Correia, *Legalidade e autonomia contratual...cit.*, pp. 297-298.

Cumpre, pois, avançar um pouco mais no esclarecimento do papel que, no nosso sistema de administração, é reservado à função administrativa e, assim, precisar melhor a posição em que, nesse regime, se encontra colocada a Administração Pública, no confronto com o legislador e com o juiz.

Na verdade, a função administrativa dirige-se à prossecução de múltiplos fins de interesse público. Daqui decorre a heterogeneidade do seu objecto e, por conseguinte, a heterogeneidade dos instrumentos que o ordenamento jurídico coloca à disposição dos órgãos da Administração para o desenvolvimento da sua atividade. Ao colocar a cargo dos órgãos administrativos a prossecução de interesses materiais, o legislador investe-os, entretanto, na titularidade desses interesses através de normas de conteúdo material. Os órgãos administrativos figuram, assim, como parte em relações jurídicas administrativas, na prossecução de certos interesses, muitas vezes contrapostos a outros interesses. Dispõem de poderes de iniciativa, em ordem à tomada das decisões necessárias à prossecução dos interesses que lhes estão confiados e a sua atuação é objecto de normas de conteúdo material que, pré-determinando os fins que lhes cabe prosseguir e os meios que podem utilizar para o efeito, funcionam, para eles, como "um padrão de conduta".

Ora, estas características permitem, a nosso ver, identificar os traços identitários da função administrativa que explicam e fundamentam a autonomia que, no nosso sistema de administração, lhe corresponde no quadro das funções do Estado. Com efeito, a circunstância de os órgãos da Administração serem investidos na titularidade de um conjunto heterogéneo de interesses públicos, cuja satisfação é assumida pela comunidade como uma necessidade colectiva que lhes cumpre promover, permite compreender que a atividade administrativa não possa ser uma atividade integralmente subordinada à lei, no sentido de ter de encontrar sempre necessariamente na lei a definição precisa dos termos em que se deve concretizar. Neste ponto radicam as *insuficiências do princípio da legalidade administrativa*.

As normas podem e devem ter, naturalmente, num ou noutro domínio, o cuidado de determinar exaustivamente todas e cada uma das condições de exercício do poder por parte da Administração, mas, por regra, as coisas não se passam assim. A necessidade da prossecução efetiva dos fins de interesse público constitucional e legalmente postos a cargo da Administração passa, na verdade, em muitos domínios, pela adopção de medidas de conteúdo mais ou menos diversificado, cuja necessidade e adequação não pode ser previamente determinada e, portanto, que só a própria Administração, no contacto direto com a situação, está em condições de avaliar. Isto implica que as normas disciplinadoras do exercício dos poderes administrativos conferem, com frequência, à Administração espaços mais ou menos amplos de autonomia, no exercício de poderes de valoração próprios.

A concessão desses espaços de autonomia tem lugar quando a lei confere à Administração poderes de escolha quanto ao conteúdo da sua atuação, assim como quando, na descrição, seja dos pressupostos, seja do conteúdo, dessa atuação, a lei utiliza conceitos abertos, cujo preenchimento em concreto carece de uma interpretação valorativa.

Tendem, entretanto, a multiplicar-se, neste contexto[90], os domínios em que, em situações de facto complexas, as normas disciplinadoras do exercício dos poderes administrativos vão ao ponto de nem determinarem os pressupostos, nem o conteúdo das medidas a adotar, mas apenas estabelecerem "programas finais", mediante os quais se limitam a impor, de modo genérico, a prossecução de certos fins, investindo, desse modo, a Administração em amplos poderes de conformação, que a habilitam a complementar o quadro normativo, procedendo às ponderações necessárias à identificação das soluções que assegurem a mais adequada harmonização de múltiplos interesses, públicos e privados, em presença[91].

Na ausência, neste último tipo de situação, de normas que, procedendo a uma ordenação abstrata dos bens envolvidos, estabeleçam uma ordem pré-estabelecida ou hierarquizada desses bens, pode dizer-se que a Admi-

[90] Com MARIANO BACIGALUPO, *La discrecionalidad administrativa (Estructura normativa, control judicial y limites constitucionales de su atribución)*, Madrid, 1997, pp. 203 segs., também nos parece que, entre as normas que utilizam conceitos carecidos de preenchimento valorativo na descrição dos pressupostos da atuação administrativa e as normas ditas de "programação final", que vão ao ponto de se limitarem a fixar os fins a prosseguir, não existe uma diferença qualitativa, mas apenas quanto ao grau ou à intensidade com que concedem poderes valorativos próprios à Administração.

[91] Em geral sobre as *normas de programação final*, que surgem em domínios como o do planeamento territorial, da regulação económica e de decisões de infraestruturas, como as que dizem respeito à construção, ampliação e localização de estradas, vias férreas, aeroportos, escolas, etc., cfr. VIEIRA DE ANDRADE, *O dever da fundamentação expressa de atos administrativos*, Coimbra, 1991, pp. 366 segs..

nistração dispõe de uma "liberdade criadora", mediante a qual lhe cabe proceder à ponderação dos bens em causa para resolver, ela própria, os conflitos de direitos ou de valores que, nesse contexto, concretamente se colocam, dispondo, para o efeito, de amplos poderes de conformação que a habilitam a complementar o quadro normativo, procedendo às ponderações necessárias à identificação das soluções que assegurem a mais adequada harmonização dos interesses em presença. E, por este motivo, que, nesse contexto, os procedimentos administrativos tendem a ser cada vez menos um instrumento de verificação da existência de pressupostos previamente definidos pela lei e da consequente dedução da "única decisão correta" a adoptar em função deles, para serem um instrumento de realização de escolhas, valorações e ponderações, em busca do compromisso entre ideias e interesses contrapostos[92].

28-A. Importa notar que os juízos que a Administração formula no exercício dos poderes de valoração próprios que a lei lhe confere não deixam de ser juízos de natureza administrativa e, portanto, naturalmente subordinados às opções legislativas, no sentido em que são secundários, instrumentais, em relação às opções essenciais tomadas pelo legislador. Mas, por isso mesmo, exprimem a autonomia da Administração em relação ao poder legislativo e, por via disso, ao poder jurisdicional.

Autonomia, em primeiro lugar, em relação ao poder legislativo, uma vez que a concessão de poderes de valoração próprios à Administração resulta do reconhecimento, pelo próprio legislador, das insuficiências que são inerentes à função legislativa e, portanto, da necessidade e/ou conveniência de atribuir à Administração um papel complementar em relação ao seu na realização do Estado de Direito material.

Autonomia, depois, em relação ao poder jurisdicional, porque, se é verdade que a Administração está subordinada aos tribunais, no sentido em que está sujeita às decisões que eles possam proferir quando forem chamados a fiscalizar a legalidade da sua atuação, sempre que o legislador encarregue a Administração de proceder a certo tipo de valorações com autonomia em relação à lei, fica vedado aos tribunais o poder de procederem a um controlo de estrita legalidade dessas valorações: falece-lhes a

[92] Cfr. Mário Aroso de Almeida, *Anulação de actos administrativos e relações jurídicas emergentes*, Coimbra, 2002, pp. 129 segs.

legitimidade (o título jurídico e, portanto, a competência) para se substituírem à Administração, pois se pretendessem rever a valoração realizada pela Administração, eles procederiam à chamada *"dupla administração"*, fazendo suceder um segundo a um primeiro juízo subjetivo, sem nada acrescentarem em termos de garantia da legalidade[93].

Repare-se que a atribuição de poderes de valoração próprios e, portanto, o reconhecimento de autonomia à Administração é o produto de uma opção do legislador. Só existe autonomia da Administração em relação à lei e aos tribunais quando o legislador assume, expressa ou implicitamente, que um determinado espaço de conformação não deve ser inteiramente coberto pelas normas que disciplinam o exercício do poder administrativo, mas, pelo contrário, que ele deve ser confiado à responsabilidade da própria Administração.

Ao fazer essa opção, o legislador está, naturalmente, a reconhecer à Administração um espaço de autonomia em relação à lei. Mas está também, e do mesmo passo, a decidir uma questão de *repartição horizontal de competências* entre a Administração e o poder judicial, com a inerente limitação do controlo judicial sobre a Administração[94], na medida em que a tendencial redução da densidade do conteúdo da regulação normativa dos poderes de autoridade que a lei formalmente confere à Administração tem como consequência a concomitante atenuação da intensidade do controlo jurisdicional que pode ser exercido sobre os atos jurídicos em que se concretiza o exercício desses poderes, na medida em que a maior ou menor intensidade do controlo jurisdicional depende da maior ou menor densidade da regulação normativa.

Advirta-se, todavia, que, no caso da utilização pelo legislador de indeterminações normativas, estas não podem ir ao ponto de tornar impossível extrair das normas que regulam os poderes de decisão da Administração o núcleo essencial dos tipos de situações sobre as quais pode incidir o exercício desses poderes. O princípio da legalidade, hoje entendido, como vimos, como princípio de *precedência da lei*, exige a identificação normativa mínima dos interesses públicos a prosseguir, sem o que a intervenção

[93] Cfr. Sérvulo Correia, *Legalidade e autonomia contratual...cit.*, pp. 474-475 e 488-489.

[94] Cfr. Vieira de Andrade, "O ordenamento jurídico administrativo português", in *O contencioso administrativo*, Braga, 1986, pp. 41 segs..

administrativa exorbitaria do plano complementar, secundário, instrumental em relação à lei que lhe deve corresponder[95].

Por outro lado, deve entender-se que, perante o fenómeno de progressiva erosão do princípio da legalidade a que, de forma crescente, se tem vindo a assistir ao longo das últimas décadas, sobre os cultores do Direito Administrativo impende o imperativo ético de exigirem do legislador um esforço no sentido da maior densificação das normas disciplinadoras do exercício dos poderes da Administração, pelo menos nos domínios em que esses poderes são mais intensos e contendem com valores fundamentais e, em particular, com o conteúdo essencial de direitos, liberdades e garantias, domínio em que se deve mesmo entender que a abertura das normas deve ser reduzida a um "*mínimo incomprimível*", com o concomitante reforço da efetividade do controlo jurisdicional[96].

1.4. Fisiologia da autonomia da Administração Pública: enquadramento jurídico dos poderes de valoração próprios da Administração

29. Tradicionalmente, são identificadas duas vias através das quais a lei outorga espaços de autonomia à Administração[97].

Uma delas tem lugar quando a lei confere explicitamente à Administração poderes de escolha quanto ao conteúdo da sua atuação (as chamadas *faculdades de ação*), permitindo-lhe expressamente escolher entre agir ou não agir (a chamada *liberdade de decisão*) ou entre adotar uma ou outra medida, de entre duas ou mais que lhe sejam colocadas em alternativa (a chamada *liberdade de escolha*).

A outra ocorre quando, na descrição, seja dos pressupostos, seja do conteúdo, da atuação administrativa, a lei utiliza conceitos indeterminados, cujo preenchimento em concreto não se compadece com uma interpretação meramente lógico-dedutiva, mas exige a realização de valorações, que a Administração só pode fazer através de uma ponderação dos interesses do caso concreto (no exercício das chamadas *prerrogativas de avaliação*).

[95] Cfr. Sérvulo Correia, *Legalidade e autonomia contratual...cit.*, pp. 326-333.

[96] Cfr. Sérvulo Correia, *Legalidade e autonomia contratual...cit.*, pp. 335-340. Cfr. também Vieira de Andrade, "O ordenamento jurídico administrativo português", pp. 38-40.

[97] Cfr. Sérvulo Correia, *Legalidade e autonomia contratual...cit.*, pp. 479-480.

Ora, tradicionalmente, estabelecia-se uma radical contraposição entre as situações em que a lei confere explicitamente faculdades de ação à Administração e aquelas em que ela lhe confere prerrogativas de avaliação, incumbindo-a de formular juízos valorativos, no preenchimento de conceitos indeterminados.

No primeiro caso, entendia-se que a atribuição de faculdades de ação teria o sentido de conferir à Administração uma inteira liberdade à margem do Direito: se a lei conferia à Administração o poder de escolher, era porque lhe era indiferente o resultado dessa escolha e, portanto, que a Administração ficava livre para escolher entre soluções que seriam, todas elas, iguais para a norma – e, portanto, para o Direito – e, por essa razão, insindicáveis pelos tribunais quanto ao mérito da escolha. E é neste quadro de ideias que nasce o conceito do *poder discricionário da Administração*, circunscrito a este tipo de situações, em que se entendia que as normas confeririam à Administração um poder livre e insindicável de escolha.

Pelo contrário, nos domínios em que a lei incumbe a Administração de proceder ao preenchimento de conceitos indeterminados utilizados pelas normas, ela não lhe conferiria uma liberdade de escolha, mas, pelo contrário, um poder vinculado ao correto preenchimento desses conceitos: não estaríamos, pois, no domínio do poder discricionário da Administração, mas em domínio de vinculação à lei – ainda que, depois, se reconhecesse a dificuldade de submeter o exercício deste poder pretensamente vinculado ao controlo dos tribunais, atendendo à natureza valorativa dos juízos nele envolvidos.

A evolução do pensamento jurídico tem conduzido, porém, ao progressivo reconhecimento da artificialidade desta contraposição.

Em primeiro lugar, porque é hoje pacificamente reconhecido que, quando as normas conferem explicitamente faculdades de ação à Administração, essa opção não denota qualquer indiferença em relação ao resultado da escolha que à Administração cumpre efetuar e, portanto, não se confunde com a atribuição de uma liberdade de escolha entre soluções todas iguais para o Direito e, por isso, insindicáveis pelos tribunais.

Pelo contrário: quando a lei confere faculdades de ação à Administração, o que ela, na realidade, faz é incumbi-la de formular juízos de valor dirigidos a determinar qual é, em cada caso, a melhor solução para o interesse público e, portanto, a proceder a valorações que estão submetidas a parâmetros jurídicos, cujo respeito é passível de ser sindicado pelos tribunais, a começar, desde logo, pelo dever que à Administração se impõe de prosseguir o interesse público segundo critérios de racionalidade[98].

E, por outro lado, porque não pode deixar de se reconhecer que é pura ficção pretender-se que as normas que, na descrição, seja dos pressupostos, seja do conteúdo, da atuação administrativa utilizam conceitos indeterminados, que carecem de um preenchimento valorativo, vinculam a Administração, determinando, elas próprias, as situações em que ela deve atuar ou o conteúdo das medidas que ela deve adotar.

Na verdade, a Administração só pode proceder ao preenchimento de conceitos carecidos de preenchimento valorativo através, como já atrás foi dito, de uma ponderação dos interesses do caso concreto. Ora, isto significa que o preenchimento de tais conceitos não pode deixar de envolver a realização de escolhas e, portanto, que as normas que utilizam conceitos dessa natureza se traduzem, na realidade, em normas de atribuição não explícita de poderes de escolha à Administração[99].

É verdade, como nota *Sérvulo Correia*, que não há aí uma escolha, baseada numa ponderação de interesses, dirigida a determinar o conteúdo da atuação – circunstância que, a nosso ver, justifica que o princípio da proporcionalidade, nos três testes em que se desdobra, não deva ser aplicado a esta operação. Mas, como reconhece o ilustre Autor, ainda assim não

[98] Na realidade, a doutrina fala, a este respeito, de uma *juridicização* (Verrechtlichung) da discricionariedade administrativa: cfr., por todos, HARTMUT MAURER, *Allgemeines Verwaltungsrecht*, 18ª ed., Munique, 2011, p. 165. Essa juridicização implica, no entanto, que o dito poder discricionário da Administração não é, na realidade, verdadeiramente discricionário, em sentido próprio.

[99] Na linha do texto, com indicação de outras referências, cfr. JOSÉ CARLOS LAGUNA DE PAZ, "El control judicial de la discrecionalidad administrativa", *Revista española de Derecho Administrativo* nº 186 (2017), p. 86. Como faz notar VIEIRA DE ANDRADE, *O dever da fundamentação expressa de atos administrativos*, pp. 342-343, uma vez "posto em causa o postulado positivista da 'única decisão legítima', deduzida silogisticamente da lei para o caso, as novas metodologias de aplicação do Direito não excluem a possibilidade da existência de momentos de escolha do intérprete-aplicador, mesmo onde o conteúdo do ato é determinado por lei, designadamente se a norma utiliza conceitos imprecisos na definição das condições de atuação administrativa".

existe aí propriamente vinculação, porque existe a escolha de um critério adequado à recondução do caso concreto à previsão normativa[100].

Como, na verdade, explica, em tese geral, *João Baptista Machado*[101], "os conceitos jurídicos indeterminados 'carecidos de preenchimento valorativo' e as cláusulas gerais têm uma função própria que é essencialmente a de permitir a consideração das 'circunstâncias particulares' de cada caso e, consequentemente, possibilitar uma solução de equidade, assim como a de permitir o ingresso no mundo do direito de valorações extrajurídicas (sociais ou morais). Por isso mesmo se fala a propósito das normas deste tipo de 'uma espécie de poder legislativo delegado', de 'lacunas *intra legem*', de 'lacunas de delegação' ou ainda de 'lacunas materiais'. A sua aplicação não se realiza segundo as coordenadas do esquema subsuntivo, mas por '*concretização*' (concretização do critério geral em vista das particulares circunstâncias do caso), que não dispensa uma valoração até certo ponto autónoma (ou pelo menos muito frouxamente vinculada a critérios legais objetivos) do julgador".

Por conseguinte, quando as normas disciplinadoras da atuação da Administração utilizam conceitos cujo preenchimento não se basta com uma operação estritamente cognitiva (lógico-dedutiva) do conteúdo semântico da norma, mas carece de um preenchimento valorativo, deve reconhecer-se que elas renunciam à pretensão de determinar uma única solução correta, já contida na norma, que ao agente administrativo apenas caiba extrair através de uma operação de subsunção, para, pelo contrário, incumbirem a Administração de determinar o modo adequado de proceder, em cada caso, à recondução das situações concretas à previsão normativa[102],

[100] Cfr. SÉRVULO CORREIA, *Direito do Contencioso Administrativo*, vol. I, p. 627 e nota 314.

[101] Cfr. JOÃO BAPTISTA MACHADO, *Sobre a aplicação no tempo do novo Código Civil*, Coimbra, 1968, p. 289 e nota 232.

[102] Como faz notar VIEIRA DE ANDRADE, *O dever da fundamentação expressa de atos administrativos*, pp. 342-343, 367 e 370, sempre que a Administração é chamada a proceder a um preenchimento verdadeiramente valorativo de previsões normativas, ela não realiza uma operação verificativa de mera subsunção lógica, mas uma operação de concretização da norma no caso concreto, que depende de avaliações próprias, com conteúdo reconstrutivo e criativo, de criação concretizadora ou densificadora da norma, pelo que envolve momentos de escolha do intérprete-aplicador.

recorrendo, para o efeito, a critérios que não podem ser deduzidos da própria norma[103].

A operação de subsunção de toda e qualquer situação concreta a uma previsão normativa tem de se basear num juízo fundado em razões. O imperativo de racionalidade que se impõe a toda a atuação administrativa exige que todos os seus juízos se fundem em razões. Ora, quando as normas disciplinadoras da atuação administrativa optam pela utilização de conceitos carecidos de preenchimento valorativo, o seu propósito é o de, em vez de fixarem elas próprias o critério de cuja aplicação depende a subsunção, conferirem à Administração o poder de fundar as premissas em que assenta a justificação dos juízos que presidem à subsunção em critérios de valoração exteriores às próprias normas e, portanto, o de autorizar a Administração a basear esses juízos em razões que não resultam das normas, mas em que intervêm argumentos consequencialistas, não fornecidos por elas, que são essencialmente valorativos e encerram, por isso, uma inevitável dimensão subjetiva[104].

Ora, não pode ser negada a natureza constitutiva, criadora, de que se reveste esta tarefa de concretização do sentido e alcance dos conceitos carecidos de preenchimento valorativo, em função das circunstâncias particulares de cada caso. E afigura-se, por isso, pura ficção pretender-se que não nos encontramos, neste domínio, num terreno de escolha do agente administrativo, pela simples razão de que, sempre que as normas incumbem o intérprete de formular juízos valorativos, não pode deixar de se reconhecer que elas o habilitam a identificar diferentes soluções, abrindo-lhe, assim, uma maior ou menor possibilidade de escolha.

Na verdade, nos domínios em que há lugar à formulação de juízos valorativos, o discurso jurídico não permite alcançar uma única solução correta para cada caso concreto por meio de um procedimento discursivo racional, podendo haver divergências acerca da questão de saber qual deve ser considerada a solução correta. Os juízos valorativos são justificados com base em razões, mas essas razões não são concluden-

[103] Cfr. MARIANO BACIGALUPO, *La discrecionalidad administrativa*, pp. 199-201.

[104] Cfr. EVA DESDENTADO DAROCA, *Discrecionalidad administrativa y planeamiento urbanístico*, 2ª ed., Pamplona, 1999, pp. 45 segs., com referência ao pensamento de Neil MacCormick.

tes, no sentido de que não convencerão necessariamente toda a gente, podendo diferentes pessoas divergir quanto a elas. O que implica que as normas que utilizam conceitos carecidos de preenchimento valorativo abrem espaços de indeterminação[105] compatíveis com a assunção de diferentes juízos, todos eles aceitáveis à face das normas, de entre as quais a Administração pode escolher sem agir em desconformidade com o Direito. É isto que significa existirem normas que conferem poderes de valoração próprios à Administração: que essas normas conferem à Administração o poder de configurar as premissas em que fará assentar a justificação dos seus juízos em critérios de valoração exteriores às próprias normas.

E isto tanto vale quando as normas conferem explicitamente à Administração faculdades de ação, como quando lhe conferem prerrogativas de avaliação, utilizando conceitos carecidos de preenchimento valorativo na descrição, seja dos pressupostos, seja do conteúdo, da atuação administrativa. Em qualquer caso, estamos sempre perante normas atributivas, de forma explícita ou implícita, de poderes de escolha à Administração: escolha do conteúdo das decisões que toma ou, em todo o caso, dos critérios em que faz assentar a justificação dos juízos a que procede de recondução das situações concretas às previsões normativas. E, todas elas, como já foi dito, atributivas de poderes de escolha juridicamente conformados, quanto mais não seja porque, desde logo e pelo menos, submetidos a um parâmetro jurídico, cujo respeito é passível de ser sindicado pelos tribunais: o dever que à Administração se impõe de prosseguir o interesse público segundo critérios de racionalidade.

1.5. Fronteiras da autonomia da Administração Pública: verdadeira natureza dos poderes de valoração próprios da Administração

30. Resulta do que foi dito que as normas disciplinadoras do exercício dos poderes administrativos tanto podem conferir poderes de valoração próprios à Administração no plano do preenchimento valorativo

[105] Em geral sobre esta matéria, cfr. VIEIRA DE ANDRADE, *O dever da fundamentação expressa de atos administrativos*, p. 373.

dos pressupostos da atuação administrativa, como no da determinação do conteúdo dessa atuação, sem que, a nosso ver, se justifique distinguir entre estes dois tipos de "abertura normativa de espaços de conformação administrativa", que formam um *continuum*, apenas se podendo diferenciar entre si em função do maior ou menor grau de latitude que conferem à Administração[106].

Em nossa opinião, em qualquer destes planos estamos, na verdade, perante um fenómeno de atribuição à Administração de *poderes de valoração próprios* – designação que, num sentido amplo, tanto deve ser, pois, a nosso ver, utilizada, como vimos, para designar as prerrogativas de escolha que as normas confiram à Administração quanto ao conteúdo das medidas que ela deve tomar, como as margens de livre apreciação que para ela resultem da utilização pelas normas de conceitos indeterminados na enunciação dos pressupostos de que depende a sua atuação. Com efeito, tanto num caso, como no outro, a Administração dispõe de um espaço de autonomia conferido pelas normas para a formulação de juízos próprios de conteúdo valorativo que, em sede de controlo, os tribunais não podem substituir pelos seus próprios juízos[107].

Para designar este espaço de autonomia, preferimos, tanto quanto possível, evitar o conceito de poder discricionário da Administração. Não podemos deixar de notar que a utilização deste conceito se encontra profundamente enraizada na doutrina e na jurisprudência administrativas, que o utilizam com muita frequência. Mas a verdade é que não existe consenso quanto ao sentido que lhe deve ser atribuído, na medida em que, enquanto uns o utilizam, na linha atrás exposta (cfr. *supra*, nº 29), apenas para designar as situações em que as normas conferem faculdades de ação à Administração, outros utilizam-no num sentido mais amplo, que compreende, não só essas situações, como também aquelas em que as normas conferem prerrogativas de avaliação à Administração.

[106] Cfr. Vieira de Andrade, *O dever da fundamentação expressa de atos administrativos*, p. 372.

[107] Para mais desenvolvimentos sobre a posição assumida no texto, com amplas referências doutrinais alemãs, cfr. Mariano Bacigalupo, *La discrecionalidad administrativa*, pp. 107 segs..

Pela nossa parte, vimos atrás que não há verdadeira razão para diferenciar as situações de faculdades de ação das situações de prerrogativas de avaliação da Administração, pelo que, a nosso ver, ambas as situações devem ser, de um modo geral, abordadas em conjunto, como situações que são em que a Administração é, de um modo ou de outro, incumbida do exercício de poderes de valoração próprio. E, por outro lado, vimos também que, em sentido próprio, a Administração nunca é investida de poderes verdadeiramente discricionários, na medida em que, nem num tipo de situação, nem no outro, ela é livre para escolher entre soluções todas iguais para o Direito e, por isso, insindicáveis pelos tribunais. É por isso que preferimos, tanto quanto possível, evitar utilizar o conceito de poder discricionário da Administração, embora sem deixar de reconhecer que ele é correntemente utilizado, em sentidos entre si conflituantes e, em todo o caso, sempre impróprios, pela generalidade da doutrina e da jurisprudência administrativas.

No que, entretanto, diz respeito às situações em que, na previsão dos pressupostos da atuação administrativa, as normas utilizam conceitos indeterminados, a questão específica que se coloca prende-se com a necessidade de se delimitarem os casos em que a utilização, nesse contexto, desse tipo de conceitos tem o alcance de conferir verdadeiros poderes de valoração próprios à Administração.

Com efeito, só deve entender-se que isso sucede quando o preenchimento de tais conceitos exija do agente administrativo a formulação de juízos de valor que exprimam o exercício infungível da função administrativa, em termos de se poder identificar sem margem para dúvidas um propósito efetivo do legislador de definir um espaço próprio reservado à responsabilidade da Administração, que envolva a formulação de juízos que não possam ser repetidos pelos tribunais em sede de controlo.

Nesse sentido, a melhor doutrina demonstrou que a utilização de conceitos indeterminados na previsão normativa dos pressupostos da atuação administrativa não tem o alcance de conferir verdadeiros poderes de valoração próprios à Administração quando os conceitos utilizados não carecerem de preenchimento valorativo, por poderem ser preenchidos segundo critérios jurídicos ou recorrendo a conhecimentos da experiência comum, ou quando a norma se limite a remeter para critérios de natureza técnica de aplicação objetiva, que, embora envolva o recurso a conhecimentos não jurídicos, possa ser sindicada pelos tribunais, designadamente através do recurso a prova pericial: conceitos, todos eles, que se pode dizer que são passíveis de serem preenchidos através de uma *verificação interpretativa*[108]. No dizer de *Sérvulo Correia*, não atribuem autonomia ao aplicador as normas que utilizem "conceitos cuja imprecisão é apenas condicionada pela linguagem e, portanto, solucionável através de raciocínios teorético-discursivos"[109].

Conferem, entretanto, verdadeiros poderes de valoração próprios à Administração as normas que remetem o agente administrativo para a formulação de avaliações dotadas de elevada dose de subjetividade, como sucede nos domínios de funcionamento de júris de exame e comissões especializadas incumbidos de avaliar e/ou classificar pessoas ou coisas (como obras de arte, monumentos, paisagens) aplicando critérios técnico-científicos, artísticos, paisagísticos, etc[110]; assim como as normas que exigem do agente a formulação de juízos de *prognose*, que frequentemente se revestem de elevada complexidade e envolvem a avaliação do desenvolvimento futuro de riscos ou da evolução futura de necessidades económico-sociais (assim, v.g., no domínio do licenciamento de indústrias perigosas ou da avaliação da capacidade de tráfego de estradas ou aeroportos)[111].

[108] Cfr. ROGÉRIO EHRHARDT SOARES, *Direito Administrativo*, lições policopiadas ministradas no Curso de Direito no Porto da Universidade Católica Portuguesa, s/d, nº s 28 segs., que, nesta pespectiva, identifica como conceitos passíveis de serem preenchidos através de uma *verificação interpretativa* os *conceitos classificatórios*, que podem ser *conceitos descritivo-empíricos*, cujo conteúdo e alcance é determinável por recurso a conhecimentos da experiência.

[109] Cfr. SÉRVULO CORREIA, *Legalidade e autonomia contratual...cit.*, p. 474.

[110] Cfr. ROGÉRIO EHRHARDT SOARES, *Direito Administrativo*, lições policopiadas ministradas no Curso de Direito no Porto da Universidade Católica Portuguesa, nº 40; MARCELO REBELO DE SOUSA/ANDRÉ SALGAO DE MATOS, *Direito Administrativo Geral*, tomo I, 2ª ed., Lisboa, 2006, pp. 191-192, que falam, a este respeito, numa *liberdade avaliativa*.

[111] No dizer de SÉRVULO CORREIA, *Legalidade e autonomia contratual...cit.*, p. 474, nas situações de "*avaliação* ou *valoração* da situação concreta baseada numa *prognose*, isto é, num juízo de estimativa sobre a futura atuação de uma pessoa (baseado na valoração das suas qualidades presentes), sobre a futura utilidade de uma coisa ou sobre o futuro desenrolar de um processo social", "a estimativa já não assenta em métodos teorético-discursivos, mas antes causal-teoréticos, através dos quais o aplicador da norma tem de ultrapassar com uma avaliação feita por sua conta as incertezas da evolução da situação concreta".

30-A. É reconhecido que o imparável e crescente desenvolvimento tecnológico do mundo contemporâneo impede as normas de regularem com estabilidade os domínios cada vez mais numerosos das relações jurídicas administrativas em que ele se reflete e obriga-as a remeter para a ciência e para a técnica, incorporando no seu conteúdo conceitos cujo preenchimento exige a aplicação de conhecimentos técnicos e científicos.

Reveste-se, por isso, de particular importância chamar a atenção, no contexto da presente análise, para a necessidade de se limitar o âmbito da chamada *discricionariedade técnica*, em nome da qual os nossos tribunais administrativos tendem, tradicionalmente, a furtar-se ao dever de, recorrendo, se necessário, a prova pericial, sindicarem juízos técnicos e científicos que se deve entender que não exprimem o exercício de verdadeiros poderes infungíveis de valoração próprios da Administração[112].

O conceito de *discricionariedade técnica*, de construção italiana, é um conceito que é utilizado para identificar domínios da atuação administrativa que os tribunais administrativos entendem que deve ser subtraído ao controlo jurisdicional ou, pelo menos, submetido a um controlo limitado em razão do facto de as normas disciplinadoras dessa atuação utilizarem conceitos cujo preenchimento exige a utilização de conhecimentos provenientes da ciência ou da técnica.

Trata-se de um conceito controvertido e que, de harmonia com o que foi dito até aqui, deve ser, em nossa opinião, rejeitado por duas ordens de razões[113].

Em primeiro lugar, e desde logo, porque, como vimos atrás, mesmo quando as normas conferem à Administração poderes de valoração próprios, daí não resulta a atribuição de um poder de exercício livre e insindicável, que deva ser qualificado como discricionário em sentido próprio.

E, por outro lado, porque da mera circunstância de as normas disciplinadoras da atuação administrativa utilizarem conceitos cujo preenchimento exige a utilização de conhecimentos técnicos ou científicos não resulta que o preenchimento desses conceitos exija da Administração a

[112] Para a correta colocação da questão nestes termos, cfr. SÉRVULO CORREIA, "Conceitos jurídicos indeterminados e âmbito do controlo jurisdicional", *Cadernos de Justiça Administrativa*, nº 70, p. 38.

[113] Para a crítica do conceito, entre tantos outros, cfr., por exemplo, MASSIMO SEVERO GIANNINI, Diritto Amministrativo, 3ª ed., Milão, 1993, pp. 55-56.

formulação de juízos valorativos no exercício de poderes de valoração próprios. Ora, é só se e quando isto suceda que se deve admitir que qualquer forma de atuação administrativa, quer envolva ou não a aplicação de conhecimentos provenientes da ciência ou da técnica, deve ser objeto de um controlo jurisdicional limitado. O que equivale a dizer que, em nossa opinião, os domínios de atuação em que a Administração é chamada a aplicar conhecimentos técnicos e científicos não apresentam especificidades que justifiquem um tratamento diferenciado em relação aos demais domínios de atuação administrativa, nos termos que foram expostos no ponto precedente da exposição.

A nosso ver, há, pois, uma distinção que se reveste da maior importância estabelecer neste plano[114].

a) Uma coisa é as normas incumbirem a Administração de proceder à mera verificação de factos passíveis de serem identificados de modo seguro com base em conhecimentos e instrumentos técnicos de aplicação exata[115]. E o mesmo deve ser dito a respeito das situações em que as normas imponham à Administração o dever de observarem, na sua atuação, critérios técnicos ou científicos de conteúdo objetivo, cuja aplicação não é objeto de controvérsia no ramo da ciência ou da técnica de onde provêm.

Pode dizer-se que, em qualquer destes casos, a operação a que a Administração é chamada é uma operação meramente verificativa, na medida em que se traduz na formulação de juízos que não exprimem o exercício de poderes de valoração próprios. A atuação administrativa baseia-se, nesses domínios, em raciocínios puramente lógico-discursivos, que podem ser, por isso, repetidos pelos tribunais, sem restrições, no propósito de detectarem eventuais erros ou desconformidades[116].

Por outro lado, mesmo quando a Administração seja chamada a proceder ao preenchimento de conceitos indeterminados através da aplicação de critérios de natureza técnica ou científica cuja aplicação seja objeto de controvérsia no ramo da ciência ou da técnica de onde provêm, os tribu-

[114] Para uma conseguida síntese, com outras referências, cfr. Laguna de Paz, "El control judicial de la discrecionalidad administrativa", pp. 95 segs..

[115] Cfr. Sérvulo Correia, *Legalidade e autonomia contratual...cit.*, pp. 171 e 478, que fala, a este propósito, na formulação pela Administração de *juízos técnicos verificativos*.

[116] Para retomarmos ainda expressões de Sérvulo Correia, *Legalidade e autonomia contratual...cit.*, p. 171.

nais podem rejeitar, com eventual recurso a prova pericial, os juízos que ela formule que, ultrapassando os limites dentro dos quais é admitida a possibilidade de juízos técnicos ou científicos diferenciados, se inscrevam na zona de certeza negativa na qual se enquadram os juízos que não são, de todo, aceites pela comunidade científica de referência. Com efeito, também podem ser qualificados como de natureza verificativa os juízos a que, nesse caso, os tribunais procedam com base na identificação das situações em que seja claro e, por isso, objetivo que a Administração não procedeu a uma aplicação correta dos critérios técnicos ou científicos pelos quais se devia pautar no preenchimento dos conceitos em causa.

E, neste plano, importa sublinhar que o simples facto de os juízes só dominarem a técnica jurídica, e não disporem dos conhecimentos próprios de outros ramos da ciência e da técnica, não constitui, só por si, obstáculo ao controlo jurisdicional, que, para o efeito, se pode apoiar, se necessário, no recurso à produção de prova pericial, sob pena de violação da garantia constitucional dos interessados de acesso à justiça e aos tribunais[117].

b) Pelo contrário, a questão já se coloca de modo diferente quando as normas incumbam a Administração de aplicar critérios técnicos ou científicos cujos termos de aplicação ou os resultados sejam objeto de controvérsia no próprio âmbito do ramo da ciência ou da técnica de onde provêm, sem que, por outro lado, se possa, no caso concreto, afirmar que o juízo formulado pela Administração se inscreve entre as situações de certeza negativa em que se enquadram os juízos que não são aceites pela comunidade científica de referência.

É, na verdade, reconhecido que a remissão das normas para a ciência e para a técnica não elimina de modo absoluto a possibilidade da existência de controvérsia, na medida em que há muitos domínios em que os termos de aplicação ou os resultados de critérios técnicos ou científicos são objeto de controvérsia no próprio âmbito do ramo da ciência ou da técnica de onde provêm, pelo que não asseguram a obtenção de resulta-

[117] Neste sentido, cfr. SÉRVULO CORREIA, *Legalidade e autonomia contratual...cit.*, pp. 476-477, que recorda que já o artigo 14º da Lei de Processo nos Tribunais Administrativos de 1985 preceituava: "Quando num processo se devam resolver questões que pressuponham conhecimentos especializados, pode o tribunal determinar a intervenção de técnico, que tem vista do processo e, em tribunal colegial ou coletivo, é ouvido na respetiva discussão".

dos de certeza técnico-científica plena[118]. E, como assinala *Sérvulo Correia*, o grau de probabilidade de ocorrerem situações deste tipo é tanto maior quanto menos exata for a natureza das disciplinas para as quais as normas remetem, acrescentando, a esse respeito, o Autor que o juízo artístico é sempre valorativo e o económico sê-lo-á quase sempre[119].

O problema coloca-se, em particular, nos domínios em que está em causa a formulação de valorações técnicas complexas, em que a formulação de juízos técnicos e de ponderações envolvendo elementos de prognose se fundem num processo lógico unitário[120]. É o que, designadamente, sucede nos domínios de gestão de riscos em contexto de incerteza – pense-se no exemplo da segurança alimentar –, em que a Administração é chamada a tomar decisões sobre a adoção de medidas de prevenção e controlo de riscos que, partindo de uma avaliação técnico-científica, envolvem a formulação de juízos de verosimilhança e probabilidade sobre as perspetivas de evolução futura das situações sobre as quais lhe cumpre atuar.

Ora, nos tipos de situações em que faltem conhecimentos e instrumentos técnicos de aplicação exata e critérios técnicos ou científicos de conteúdo objetivo, não é possível um controlo meramente verificativo por parte dos tribunais, sustentado na ciência ou na técnica. Por conseguinte, deve reconhecer-se que, nesses casos, nos encontramos em domínios em que a Administração está investida de poderes de valoração próprios e, portanto, em que será só de acordo com os parâmetros próprios de controlo desses poderes que os tribunais poderão intervir.

Do exposto se conclui que, em todos os tipos de situações em que as normas remetam a Administração para a aplicação de conhecimentos não jurídicos elaborados pela ciência e pela técnica, cumpre distinguir os tipos de situações em que pode ser afirmado com segurança que a aplicação ao caso concreto dos conhecimentos não jurídicos para os quais as normas remetem permite a formulação de juízos técnicos e científicos de con-

[118] Cfr., por todos, TIAGO ANTUNES, *O ambiente entre o direito e a técnica*, Lisboa, 2003, p. 29.

[119] Cfr. ainda SÉRVULO CORREIA, *Legalidade e autonomia contratual...cit.*, p. 171.

[120] Cfr. SÉRVULO CORREIA, *Legalidade e autonomia contratual...cit.*, pp. 171 e 478, que fala, a este propósito, na formulação pela Administração de juízos técnicos valorativos ou de probabilidade.

teúdo objetivo, que se deve entender que não exprimem o exercício de verdadeiros poderes de valoração próprios da Administração, dos tipos de situações em que, pelo contrário, seja de entender que as normas, seja ao descrever os pressupostos da atuação administrativa, seja ao fornecer critérios, parâmetros ou diretivas de decisão na escolha do conteúdo da atuação a adotar, remetem o agente administrativo para a formulação de juízos de conteúdo valorativo, que, não envolvendo ou indo para além do âmbito de aplicação de critérios de conteúdo objetivo, não pode deixar de entender-se que têm o sentido de confiar à Administração a responsabilidade infungível de proceder à identificação e qualificação das situações de facto a considerar.

De onde se conclui que uma das vias através das quais as normas podem conferir poderes de valoração próprios à Administração é a da utilização de conceitos cujo preenchimento, para além de envolver a utilização de conhecimentos técnicos ou científicos, se deva entender que exige da Administração a formulação de juízos infungíveis de valoração, à luz dos critérios que foram enunciados no ponto precedente da exposição. E, portanto, se confirma que os domínios de atuação em que a Administração é chamada a aplicar conhecimentos técnicos e científicos não apresentam especificidades que justifiquem um tratamento diferenciado em relação aos demais domínios de atuação administrativa, nos termos que foram atrás expostos.

A nosso ver, deve ser, no entanto, adotada, neste domínio, uma orientação restritiva, que circunscreva criteriosamente os tipos de situações em que é reconhecida a existência de espaços próprios reservados à responsabilidade da Administração. E, por outro lado, deve ser reconhecido que, mesmo em domínios em que não possa deixar de entender-se que a remissão das normas para padrões técnicos a aplicar por organismos especializados envolve a atribuição a esses organismos de um espaço de responsabilidade própria, nem por isso deixa de ser possível proceder-se ao controlo jurisdicional dos juízos realizados, desde logo porque, quando seja caso disso, é possível rejeitar, por exemplo, juízos não aceites pela comunidade científica de referência, e porque o controlo da logicidade e congruência de juízos técnicos não requer a formulação de juízos de igual natureza técnica, porque "uma coisa são os conhecimentos (de carácter científico ou técnico) sobre a realidade analisada, e outra muito diferente os critérios (de ordem epistemológica) para valorar aqueles conhecimentos"[121], quanto à aplicação concreta que, em cada caso, dele seja feita, do ponto de vista da congruência e consistência lógica da argumentação em que se sustente[122].

1.6. Parâmetros normativos conformadores da autonomia administrativa

31. O reconhecimento da existência de um espaço próprio de autonomia do poder administrativo em relação ao poder legislativo e, por conseguinte, ao poder jurisdicional coloca, entretanto, a questão da extensão e dos limites dessa autonomia, que, num Estado de Direito, não pode deixar de ser uma *autonomia juridicamente conformada*. Na verdade, todas as decisões da Administração estão submetidas a vinculações jurídicas e ao controlo dos tribunais[123]. E, por isso, também o estão as decisões que envolvem o exercício de poderes de valoração próprios por parte da Administração.

Desde logo, no que diz respeito às vinculações de âmbito geral que, para toda a atuação administrativa, decorrem das regras que definem as atribuições das pessoas coletivas e as competências dos respectivos órgãos, e, quando seja caso disso, disciplinam o procedimento e a forma a observar na tomada das decisões (a propósito, cfr. *infra*, nº 157).

Mas do facto de as normas conferirem um espaço próprio de autonomia à Administração não resulta, como já atrás foi antecipado, que os próprios juízos específicos que ela formule nesse âmbito não estejam também submetidos a vinculações jurídicas e, por conseguinte, ao controlo dos tribunais. Na verdade, o sentido das normas que conferem poderes de valoração próprios à Administração não é o de lhes atribuir uma liberdade que os órgãos administrativos possam exercer como entendam: nem

[121] Neste sentido, cfr. a pertinente observação de JUAN IGUARTUA SALAVERRÍA, "Control judicial de la discrecionalidad técnica: error manifiesto, inmediación, sana crítica", *Revista de Administración Pública* nº 204 (2017), p. 35.

[122] Assinalando, precisamente, que, nas decisões de gestão de risco ambiental, a demonstração da lógica interna das decisões, decorrente de uma fundamentação coerente, compensa as limitações que se impõem ao controlo substantivo da respetiva adequação, cfr. CARLA AMADO GOMES, "Subsídios para um quadro principiológico dos procedimentos de avaliação e gestão do risco ambiental", *Revista Jurídica do Urbanismo e do Ambiente* nº 17, p. 52.

[123] Cfr., a propósito, FREITAS DO AMARAL, *Curso de Direito Administrativo*, vol. II, pp. 90 segs.

sequer, como vimos atrás, quando as normas conferem explicitamente à Administração o poder de escolher entre agir ou não agir ou entre adoptar medidas com um ou outro conteúdo.

Superados os quadros do Estado de Direito formal, o contemporâneo reconhecimento à Administração de um papel fundamental na realização de um Estado de direito material implica, pois, um novo posicionamento da Administração perante o Direito. Nas palavras de *Rogério Ehrhardt Soares*, o ideal do Estado de Direito postula "a criação de garantias de que ele seja um instrumento da realização do bem comum, entendido na perspetiva fundamental da dignidade da pessoa humana". E, por conseguinte, "a ideia duma Administração como um instrumento dum Estado de Direito impõe que ela seja objeto e sujeito da ideia de direito. O que desde logo quer dizer a sua subordinação a princípios jurídicos fundamentais: donde resulta uma ligação ao direito mais profunda do que poderia conseguir-se com a intensificação da legalidade formal"[124].

Assume, pois, especial relevo, no contexto do exercício dos poderes de valoração próprios que as normas lhe conferem, a submissão da Administração a um conjunto de princípios jurídicos: os princípios gerais da atividade administrativa.

Como, na verdade, sempre defendeu *Diogo Freitas do Amaral*, "a única forma ampla e eficaz de criar condições para um controlo efetivo do exercício do poder discricionário da Administração está no aumento do número de vinculações legais, isto é, de aspetos vinculados, no exercício de poderes administrativos". Ora, o caminho passa, nesse plano, por "sujeitar progressivamente novos aspetos da atividade da Administração a princípios e critérios jurídicos que a vinculem, de tal modo que os tribunais os possam abranger – sem qualquer entorse ao princípio da separação de poderes – no âmbito de um normal controlo jurisdicional de legalidade"[125].

É, na verdade, fundamental para a adequada compreensão do Direito Administrativo moderno ter presente que o Direito, enquanto parâmetro pelo qual se deve orientar o exercício dos poderes de valoração próprios da Administração, não se esgota, ao contrário do que se entendia suce-

[124] Cfr. Rogério Ehrhardt Soares, "A propósito dum projeto legislativo: o chamado Código do Processo Administrativo Gracioso", *Revista de Legislação e de Jurisprudência*, Ano 116, p. 41.

[125] Cfr. Freitas do Amaral, *Curso de Direito Administrativo*, vol. II, p. 92.

der nos primórdios do Estado de Direito liberal, nas regras ditadas pelo legislador, mas estende-se a um conjunto de princípios jurídicos, diretrizes decorrentes da ideia de Direito, que são formalmente consagrados na Constituição e nas leis e que consubstanciam limites internos ou intrínsecos ao exercício desses poderes.

A garantia do interesse público e das liberdades individuais não se compadece, pois, com a mera subordinação da Administração à estrita legalidade positiva. Ainda que se continue, pois, a falar de *legalidade administrativa* a propósito da subordinação da Administração à lei, a verdade é que, hoje, esse conceito se refere a uma mais vasta sujeição da Administração ao Direito e, portanto, a uma ideia de *juridicidade*[126], para significar que, sempre que a lei lhe confere poderes de valoração próprios, a Administração, embora não esteja vinculada pela lei, deve pautar-se por critérios de natureza jurídica, decorrentes de princípios fundamentais que conformam o exercício desses poderes. É neste plano que intervêm os princípios gerais da atividade administrativa, a cujo estudo procederemos no capítulo seguinte.

Desde logo, um princípio geral de proibição do arbítrio, do qual resulta que o agente administrativo tem de fornecer uma justificação material dos motivos em que se baseou para proceder ao preenchimento valorativo dos pressupostos da sua atuação ou para proceder à determinação valorativa do conteúdo da sua atuação. E a questão não é meramente formal, mas material, pois não se trata apenas de lhe exigir que fundamente as suas decisões, fornecendo uma explicação para as valorações efetuadas, mas de exigir que a explicação forneça uma justificação material, isto é, razões que, permitindo compreender tais valorações, se mostrem lógicas, congruentes e, por outro lado, suficientemente convincentes para que possam ser aceites, à luz do fim visado pela norma que lhe conferiu esses poderes de valoração e dos princípios gerais da atividade administrativa (para mais desenvolvimentos quanto aos parâmetros do controlo jurisdicional dos vícios do exercício dos poderes de valoração próprios da Administração, cfr. *infra*, nº 158).

Mas, ao longo das últimas décadas, o ordenamento jurídico português deu importantes passos no sentido de aprofundar a ideia de juridicidade

[126] Cfr. VIEIRA DE ANDRADE, "O ordenamento jurídico administrativo português", pp. 37 segs.

da Administração, assumindo, através da consagração de um elenco cada vez mais ambicioso de princípios gerais, que a justiça e, por último, a própria eficiência não são critérios de mérito, mas padrões de juridicidade da atuação administrativa[127]. Cumpre, pois, explorar esse caminho, investindo um esforço crescente na concretização das exigências que dele decorrem.

A título preliminar, não podemos deixar, entretanto, de fazer notar, ainda a propósito da questão que no presente passo da exposição nos ocupa, que é frequente na doutrina e na jurisprudência comparadas a afirmação de que os tribunais só devem proceder à aplicação dos princípios gerais da atividade administrativa em situações de evidência da respetiva violação. Não nos parece, no entanto, que esse entendimento seja sustentável, pelo menos à face do ordenamento jurídico português.

É verdade que, de um modo geral, o controlo do respeito pelos princípios gerais da atividade administrativa é um controlo de sentido negativo, que, por exemplo, não exige a igualdade ou a proporcionalidade, mas apenas impõe a rejeição de soluções de desigualdade ou desproporcionalidade[128]. E, portanto, que, no plano do controlo, a verificação do respeito pelos princípios se basta, nas zonas de indefinição, com soluções defensáveis, ainda que não sejam a única possível, a solução ótima, sem que o juiz possa substituir o seu próprio critério ao utilizado pela Administração. Mas isto não significa que os tribunais possam prescindir, nesse domínio, de controlar as ponderações efetuadas pela Administração ou tenham, por definição, de remeter-se a um controlo minimalista, de mera evidência, do respeito pelos princípios. Pelo contrário: a aplicação de princípios como os da igualdade e da proporcionalidade exige da Administração a formulação de juízos comparativos e de medida que devem ser objeto de controlo pelos tribunais em toda a extensão com que o possam ser.

Isto é o que, a nosso ver, resulta dos dados normativos aplicáveis no nosso ordenamento jurídico. Com efeito, nenhum dado resulta dos artigos 6º e 7º do CPA que permita afirmar que os princípios da igualdade e

[127] Sobre este ponto, cfr. DIOGO FREITAS DO AMARAL, "A evolução do Direito Administrativo em Portugal nos últimos 10 anos", in *Contencioso Administrativo*, Braga, 1986, pp. 10 segs., e *Curso...*, vol. II, pp. 87-89.

[128] Cfr. MARIANO BACIGALUPO, *La Discrecionalid Administrativa*, pp. 207-208; VITALINO CANAS, *O princípio da proibição do execesso na conformação e no controlo de atos legislativos*, Coimbra, 2017, p. 804, a propósito do princípio da proibição do excesso.

da proporcionalidade se limitam a proibir a Administração de incorrer em situações de manifesta desigualdade ou desproporcionalidade. E, pelo contrário, o confronto dos referidos artigos com o artigo 8º evidencia que o princípio da razoabilidade é o único ao qual o CPA confere um conteúdo minimalista, que apenas impõe a rejeição de "soluções manifestamente desrazoáveis". O que, naturalmente, não significa que os diferentes princípios tenham de ser aplicados, em todos os tipos de situações, com o mesmo grau de intensidade, nem impede que, em certos casos, o grau de controlo do respeito pelos princípios gerais da atividade administrativa possa ser excecionalmente limitado, quando a concreta configuração do caso concreto o possa justificar.

2. Princípios gerais da atividade administrativa

32. Estabelece o artigo 3º do CPA que "os órgãos da Administração Pública devem atuar em obediência à lei e ao Direito". A Administração não se rege, pois, apenas pelas regras ditadas pela lei (e pelas normas regulamentares), mas deve atuar em conformidade com o Direito, isto é, com um conjunto de princípios jurídicos que, para além do que dispõem as regras, se reconduzem à ideia de Direito. Diz-se, neste sentido, que a Administração não está apenas subordinada a parâmetros de legalidade estrita, mas a parâmetros de *juridicidade*.

O elenco dos princípios pelos quais se rege a Administração consta, em primeira linha, do nº 2 do artigo 266º da CRP. Este preceito é, entretanto, complementado, e o seu conteúdo é, em parte, explicitado, pelos artigos que integram o Capítulo II da Parte I do CPA, que se intitula "Princípios gerais da atividade administrativa".

A nosso ver, o Capítulo II da Parte I do CPA deve ser lido numa perspetiva que separa os artigos 3º, 4º e 5º dos artigos subsequentes, para o efeito de se reconhecer que estes três primeiros artigos são o *pórtico* que fornece o enquadramento aos artigos subsequentes, que os vêm complementar.

Com efeito, o princípio da juridicidade está, como vimos, consagrado no artigo 3º do CPA, que estabelece que "os órgãos da Administração Pública devem atuar em obediência à lei e ao Direito". Ora, é a essa luz que, depois, os artigos 6º e segs. vão consagrar os princípios jurídicos que vêm concretizar a ideia de Direito a que se refere o artigo 3º.

Por sua vez, o artigo 5º do CPA, ao impor que a Administração se paute por critérios de eficiência, economicidade e celeridade, visa, em complemento ao artigo 3º, dar relevância específica à dimensão económica da atividade administrativa. A Administração existe para prosseguir o interesse público, satisfazendo necessidades de interesse geral. E deve fazê-lo, por um lado, em conformidade com a lei e o Direito e, pelo outro, segundo critérios de eficiência, economicidade e celeridade. Ambas as dimensões são essenciais à adequada prossecução do interesse público que à Administração incumbe[129].

Quanto ao pretenso "princípio da prossecução do interesse público e da proteção dos direitos e interesses dos cidadãos", que o CPA consagra no artigo 4º, ele não passa, a nosso ver, da apresentação sob a forma de um princípio da definição que, sem a intenção de consagrar qualquer princípio, a CRP consagra no nº 1 do artigo 266º – definição, aliás, redutora, na medida em que a Administração não existe apenas para prosseguir o interesse público, mas também para acautelar o interesse público, em domínios de atuação privada, em que os particulares prosseguem a satisfação de interesses privados (cfr. *infra*, nº 114).

Em todo o caso, afigura-se que o pretenso "princípio da prossecução do interesse público e da proteção dos direitos e interesses dos cidadãos" do artigo 4º do CPA não possui um conteúdo jurídico verdadeiramente distintivo em relação àquele que resulta, do artigo 3º do mesmo Código, pelo que não assume relevo autónomo no contexto da presente análise.

Na verdade, para prosseguir o interesse público no respeito pelos direitos e interesses legalmente protegidos dos cidadãos, basta que a Administração obedeça à Constituição e à lei e respeite os princípios jurídicos conformadores da sua atividade: é cumprindo a lei, à qual compete fixar os fins de interesse público a prosseguir, e respeitando os princípios jurídicos aplicáveis, que a Administração prosseguirá o interesse público no respeito pelos direitos e interesses legalmente protegidos dos cidadãos. O imperativo de

[129] Cfr. Paulo Otero, *O poder de substituição em Direito Administrativo*, vol. II, Lisboa, 1995, pp. 638 segs., que concretiza o imperativo da eficiência administrativa na observância das regras técnicas, de experiência e de racionalidade aptas a assegurar a adequação, a economicidade, a rentabilidade, a simplicidade e a prontidão da actividade administrativa.

prossecução do interesse público no respeito pelos direitos e interesses legalmente protegidos dos cidadãos, que é imposto pelo artigo 4º do CPA, dissolve-se, pois, no imperativo de juridicidade que decorre do artigo 3º.

No propósito de imputar um conteúdo autónomo ao «princípio da prossecução do interesse público e da proteção dos direitos e interesses dos cidadãos», alguma doutrina associa-lhe a exigência da prossecução eficiente do interesse público[130]. Mas, a nosso ver, uma coisa é exigir-se à Administração que prossiga o interesse público, vedando-se-lhe a prossecução de outros interesses com ele incompatíveis, e outra é exigir-se-lhe que o prossiga com eficiência. E a evidenciá-lo está a diferença que separa os artigos 4º e 5º do CPA, sendo, na verdade, no artigo 5º que, em contraponto com o princípio de juridicidade do artigo 3º, a preocupação com a eficiência encontra expressão, de modo autónomo.

Mas, em todo o caso, seja na perspetiva de que o conteúdo jurídico do pretenso "princípio da prossecução do interesse público e da proteção dos direitos e interesses dos cidadãos", que o CPA consagra no artigo 4º, se esgota no plano da juridicidade, dissolvendo-se na exigência, imposta pelo artigo 3º, de que a Administração obedeça à Constituição e à lei e respeite os princípios jurídicos conformadores da sua atividade, seja na perspetiva que a esse imperativo imputa a exigência de uma prossecução eficiente do interesse público, em qualquer dos casos se confirma, a nosso ver, que o dito princípio não possui um conteúdo jurídico verdadeiramente autónomo em relação àquele que resulta, por um lado, do artigo 3º (plano da juridicidade) e, pelo outro, do artigo 5º (plano da eficiência), pelo que não assume relevo autónomo no contexto da nossa análise.

Na verdade, é em conformidade com a lei e o Direito, que fixam os fins de interesse público a prosseguir pela Administração e garantem, nesse contexto, os direitos e interesses legalmente protegidos dos cidadãos, e segundo critérios de eficiência, economicidade e celeridade, que à Administração

[130] Cfr. Diogo Freitas do Amaral, *Curso de Direito Administrativo*, vol. II, 3ª ed., Coimbra, 2016, p. 35. Também no sentido de que, como a Constituição fixa imperativos teleológicos de acção para a Administração, não lhe é indiferente o modo de concretização desses imperativos, pelo que exige que a Administração procure as medidas mais adequadas e escolha as melhores soluções para realizar o modelo de bem-estar em condições de efectividade do resultado e, portanto, de optimização na concretização do interesse público, cfr. Paulo Otero, *op. cit.*, pp. 638 segs.

cabe prosseguir com eficiência o interesse público no respeito pelos direitos e interesses legalmente protegidos dos cidadãos.

2.1. Princípio da igualdade

34. O *princípio da igualdade*, consagrado no artigo 6º do CPA, exige que, no exercício dos seus poderes, a Administração compare o caso que vai decidir com outros casos, reais ou virtuais, pertencentes ao mesmo universo de relevância e o decida como uma espécie de um género, proibindo-lhe que o considere como um caso isolado, único e irrepetível. Não existindo na ordem jurídica uma norma precisa para uma dada situação concreta, há que inventar um critério, uma máxima dessubjectivada e destemporalizada, que, nascendo em função das concretas particularidades da situação em apreço, tem de ser concebida em moldes que, à partida e em abstracto, a tornem susceptível de aplicação em casos juridicamente análogos[131].

Dois pontos devem ser, assim, sublinhados. O princípio da igualdade não exige uma igualdade formal ou *igualitária*: ele não manda só tratar por forma igual o que é igual (*máxima generalizante ou igualitária*); ele manda também, e do mesmo passo, tratar por forma desigual o que é desigual (*máxima individualizante ou diferenciante*). Por outro lado, os elementos a atender para o efeito de determinar se estamos ou não perante situações iguais são aqueles com que a Administração entrou em linha de conta na situação do beneficiário da sua desigualdade e que, cumulativamente, estão conexionados com o interesse público que através do acto se pretende servir[132].

A relevância efectiva do princípio tem de passar pela afirmação de que cada máxima formulada para um caso concreto fica a fazer parte da ordem

[131] Cfr. Barbosa de Melo, *Introdução às formas de concertação social*, Coimbra, 1984 (Separata do *Boletim da Faculdade de Direito da Universidade de Coimbra*, vol. LXIX), p. 51. Em geral sobre o tema, cfr., entre tantos, Jorge Miranda, "Igualdade", in *Dicionário Jurídico da Administração Pública*, vol. VI, pp. 100 segs.; Maria da Glória Garcia, *Estudos sobre o princípio da igualdade*, Coimbra, 2005.

[132] Cfr. Barbosa de Melo, *op. loc. últ. cits.*; Maria da Glória Ferreira Pinto, "Princípio da igualdade: fórmula vazia ou fórmula carregada de sentido?", *Boletim do Ministério da Justiça* nº 358, p. 41.

jurídica positiva, traduzindo um fenómeno de *auto-vinculação* administrativa. Neste sentido, «a doutrina e a jurisprudência alemãs valorizam as directivas e a própria praxe administrativa como critérios cujo uso torna mais facilmente detectáveis as violações do princípio da igualdade no exercício do poder discricionário, criando-se assim como que uma presunção de ilegalidade dos actos que delas se afastem»[133].

O princípio da igualdade não pode ter, porém, como efeito a transformação dos espaços de valoração próprios da Administração numa competência vinculada ao primeiro de uma série de actos. Assim, não há, por exemplo, *direito à igualdade na ilegalidade*: não há, portanto, ofensa do princípio da igualdade quando for aplicado o regime legal próprio a certa relação jurídico-administrativa, embora anteriormente não tenha sido, ilegalmente, dado o mesmo tratamento a outra relação jurídica idêntica. O princípio apenas veda as mudanças de orientação sem motivo válido, exigindo a fundamentação material das decisões, a explicitação, pelo autor do acto, das diversidades que justificam o diferente tratamento de situações aparentemente iguais. Por conseginte, se se produzir uma diferenciação objectiva, a decisão, ainda assim, não será anulada se existir uma explicação racional para a solução escolhida. A presunção atrás referida é, portanto, elidível. Veja-se, a propósito, o disposto no art. 152º, nº 1, alínea d), do CPA, que exige que sejam fundamentados os actos administrativos que «decidam de modo diferente da prática habitualmente seguida na resolução de casos semelhantes, ou na interpretação e aplicação dos mesmos princípios ou preceitos legais».

A nosso ver, a ideia de razoabilidade é essencial à aplicação do princípio da igualdade, como o evidencia o apelo sistemático que ao conceito de razoabilidade é geralmente feito no âmbito da aplicação deste princípio. Isso deve-se ao facto de a razoabilidade poder ser, a nosso ver, qualificada como um *mediador da ideia de justiça*. A nosso ver, a razoabilidade é, na verdade, um conceito valorativo que necessita de critérios para ser aplicado, mas que é objeto de uma materialização indireta através do apelo que faz à consciência jurídica da comunidade para determinar o que, em cada caso, deve ser considerado aceitável, por corresponder aos padrões da razão justa que são assumidos pela comunidade. Neste sentido, o razo-

[133] Cfr. Sérvulo Correia, *Legalidade e autonomia contratual nos contratos administrativos*, Coimbra, 1987, p. 111, nota 200.

ável é expressão do racional e do justo. E, por isso, assume o maior relevo no quadro da aplicação do princípio da igualdade, enquanto corolário da ideia de justiça, na medida em que lhe fornece o critério material em função do qual ele deve ser aplicado, para o efeito de aferir da razoabilidade no estabelecimento de diferenciações por parte da Administração.

Nesta perspetiva, a razoabilidade fornece: (i) na sua dimensão de estrita racionalidade, o critério material para a aplicação do princípio da igualdade na sua vertente mínima da proibição do arbítrio, que permite rejeitar diferenciações destituídas de qualquer justificação racional; e (ii) na sua dimensão axiológica, o critério material para a aplicação do princípio da igualdade na sua vertente da proibição da desigualdade desproporcional (= desrazoável), que permite rejeitar diferenciações destituídas de uma justificação que possa ser considerada aceitável, à luz dos padrões da razão justa que são assumidos pela consciência jurídica da comunidade.

2.2. Princípio da proporcionalidade

35. O *princípio da proporcionalidade* está consagrado no artigo 7º do CPA. O direito comparado evidencia que a ideia de proporcionalidade está na moda à escala global, proliferando, por isso, um pouco por toda a parte, as jurisprudências que a invocam ou que a ela são associadas. Mas é reconhecido que os termos em que, nos diferentes ordenamentos jurídicos, se concretiza a aplicação pelos tribunais do princípio da proporcionalidade são muito heterogéneos.

A questão coloca-se, desde logo, quanto a saber em que tipos de situações deve o princípio ser chamado a intervir, sendo, quanto a esse ponto, de referir que têm tido expressão crescente no direito comparado concepções doutrinais que defendem uma *concepção objetivista* do princípio da proporcionalidade, afirmando-o como o parâmetro ou critério estruturalmente adequado para conformar todos os tipos de situações em que a Administração é chamada a proceder a ponderações de bens, valores ou interesses de qualquer tipo. Nesta perspetiva, recusa-se, pois, que o âmbito de aplicação do princípio se deva circunscrever aos domínios originários da limitação ou intervenção estatal em âmbitos de autodeterminação individual, de tensão entre o poder público e a liberdade dos cidadãos, para se defender que o princípio se aplique em todos os casos de decisões em que os poderes públicos sejam chamados a reduzir conflitos entre bens, valores ou interesses, públicos ou privados, como desenvolvimento de uma ponderação em sentido técnico, e, portanto, tanto às medidas restritivas da liberdade individual que pretendam garantir ou proteger bens ou interesses coletivos, como a medidas que estabeleçam limites ao exercício de direitos fundamentais para proteger outros direitos fundamentais ou que onerem exclusivamente bens estritamente públicos[134].

A verdade, porém, é que não é este, na doutrina e na jurisprudência comparadas, tanto no plano do Direito Administrativo como do Direito Constitucional, o entendimento dominante do princípio da proporcionalidade. E, no que diz respeito ao ordenamento jurídico-administrativo português, não parece de todo que o princípio da proporcionalidade se encontre consagrado no CPA com um alcance maximalista.

Na verdade, o nº 2 do artigo 7º do CPA imprime uma configuração garantística de índole marcadamente subjetiva aos princípios da necessidade e da proporcionalidade em sentido estrito, circunscrevendo o âmbito de aplicação destes princípios às "decisões da Administração que colidam com direitos subjetivos ou interesses legalmente protegidos dos particulares". Numa interpretação literal, o preceito parece imputar, assim, a estes princípios um alcance muito limitado. Mas não parece que ele deva ser objeto de uma interpretação literal, antes sendo de entender que o seu âmbito de proteção é mais alargado, não se circunscrevendo apenas às situações de interferência com bens, interesses ou valores subjetivados, mas estendendo-se também a bens, interesses ou valores de natureza coletiva, como a saúde pública[135], a qualidade de vida, a preservação do

[134] Para a exposição desta linha de orientação, por referência ao pensamento de *Bleckman*, cfr. Vitalino Canas, "O princípio da proibição do excesso na Constituição: arqueologia e aplicações", in *Perspectivas Constitucionais* (coord. Jorge Miranda), Coimbra, 1997, pp. 334 segs..

[135] A propósito do caso da saúde pública, tome-se o exemplo do controlo jurisdicional das decisões de encerramento de blocos de partos a que faz alusão Suzana Tavares da Silva, "O princípio (fundamental) da eficiência", in *Revista da Faculdade de Direito da Universidade do Porto,* Ano VII, p. 533, por referência ao Acórdão do STA de 6 de março de 2007, Proc. nº 1143/06. Na verdade, concordamos com a Autora no entendimento de que o tribunal podia e devia ter utilizado, no caso em referência, os meios de que dispunha para responder à questão colocada, de saber se "é ou não adequado o encerramento de blocos de partos (...) para atingir o fim em vista de redução da mortalidade infantil, designadamente se é ou não conveniente assegurar um ritmo de trabalho não inferior a 1500 partos anuais para adequada atualização

ambiente ou o ordenamento do território, em relação aos quais existem situações de interesse subjetivamente radicadas[136].

Apesar disso, parecem, em todo o caso de considerar, desde logo, excluídas, à face do nº 2 do artigo 7º do CPA, do âmbito material de aplicação dos princípios da necessidade e da proporcionalidade em sentido estrito as situações que não envolvam a imposição de quaisquer restrições ou limitações em sentido próprio a bens, interesses ou valores juridicamente protegidos, limitando ou reduzindo as possibilidades que lhes são inerentes – afigurando-se de integrar nesta categoria as decisões que se limitem a definir ou delimitar um âmbito ainda não inteiramente definido de situações jurídicas ou a clarificar limites previamente existentes de proteção de situações jurídicas, designadamente no âmbito da conformação de liberdades de iniciativa económica privada[137].

E também parecem de considerar excluídas, sempre à face do nº 2 do artigo 7º do CPA, do âmbito material de aplicação dos princípios da necessidade e da proporcionalidade em sentido estrito as situações em que a Administração, sendo chamada a proceder à ponderação de interesses públicos entre si, sem que o legislador tenha, à partida, estabelecido qualquer relação de preferência entre eles, imponha limitações a interesses públicos em sentido próprio, cujo grau de abstração não os permita relacionar em concreto com situações específicas de interesse subjetivamente radicadas. Isto, naturalmente, na medida em que, no caso concreto, não sejam afetados bens protegidos pelo princípio da proporcionalidade, cuja legitimidade da afetação tenha de ser avaliada em conformidade com os testes da necessidade e da proporcionalidade em sentido estrito.

e adestramento do pessoal". E isto porque, dizendo a questão respeito a matéria de saúde pública que contendia diretamente com situações subjetivamente radicadas, se justificava a aplicação pelo tribunal do princípio da proporcionalidade, para o efeito de aferir da adequação da medida, em função do fim prosseguido, recorrendo, se necessário, a peritos habilitados com conhecimentos especializados que o pudessem esclarecer quanto a esse ponto.

[136] Reconhecendo a existência, neste domínio, de um sensível esboroamento das fronteiras entre bens, interesses ou valores subjetivados e não subjetivados, cfr. Vitalino Canas, *O princípio da proibição do execesso na conformação e no controlo de atos legislativos*, Coimbra, 2017, pp. 548-549.

[137] Cfr. Vitalino Canas, "Proporcionalidade (Princípio da)", in *Dicionário Jurídico da Administração Pública*, vol. VI, p. 614.

E, pela nossa parte, cumpre dizer que, à luz da perspetiva garantística das esferas jurídicas dos cidadãos que preside ao CPA e, de um modo geral, ao nosso ordenamento jurídico-administrativo, nos parece aceitável que, no que diz respeito à ponderação da relação que se estabelece entre os meios que são utilizados pela Administração e os fins que por ela são visados, do CPA se retire a opção de apenas submeter às exigências mais densificadas de atuação e de controlo que decorrem dos princípios consagrados no seu artigo 7º, nº 2, decisões assentes numa racionalidade ligada à proteção de situações jurídicas subjetivamente radicadas, no sentido que foi enunciado.

Em todo o caso, é no âmbito da actividade de polícia administrativa (cfr., aliás, o artigo 272º, nº 2, da CRP, que prescreve que as medidas de polícia não devem ser utilizadas "para além do estritamente necessário"), manifestação típica de actuação autoritária nas áreas da liberdade e da propriedade, e designadamente das medidas de polícia quanto a liberdades públicas, como o direito de reunião, assim como no dos actos de expropriação, das licenças de construção e do poder disciplinar sobre os funcionários públicos (no que se refere à relação entre os ilícitos cometidos e as sanções disciplinares aplicadas) que, na prática, o princípio da proporcionalidade é objeto de maior aplicação.

36. No que diz respeito ao conteúdo do princípio, ele intervém nas situações em que à Administração cumpre escolher um meio em função de um fim, decidindo como atuar em função de determinadas circunstâncias[138]. E, nesse contexto, a aplicação do *princípio da proporcionalidade* concretiza-se, de acordo com a formulação, de inspiração alemã, correntemente divulgada na doutrina nacional, na aplicação de três testes sucessivos. O primeiro desses teste é o *teste da adequação*, mediante o qual cumpre identificar as alternativas de acção disponíveis, tecnicamente adequadas à realização do fim visado na situação concreta. A decisão final depende, entretanto, de uma ponderação jurídica mediante a qual se impõe avaliar os custos jurídicos envolvidos em cada uma das soluções tecnicamente adequadas à realização do fim, de modo a que se opte pela solução que

[138] O princípio intervém, portanto, no contexto da utilização de um esquema meio-fim e, portanto, como parâmetro jurídico da relação meio-fim: cfr. SÉRVULO CORREIA, *Legalidade e autonomia*... cit., p. 670.

imponha menores sacrifícios a valores juridicamente protegidos (*teste da necessidade*) e só na medida em que essa solução não se revele, ainda assim, excessiva em função do fim pretendido (*teste da proporcionalidade em sentido estrito*)[139].

Nesta perspetiva, o princípio da proporcionalidade desdobra-se, assim, nos seguintes subprincípios:

a) *Adequação* da solução escolhida ao fim legalmente fixado – Uma vez identificado com suficiente precisão, por interpretação da norma, o fim a prosseguir *in concreto*, há que identificar, de entre os meios disponíveis, aqueles que, atendendo às circunstâncias concretas da acção, se apresentam tecnicamente adequados à realização do fim;

b) *Exigibilidade ou necessidade* da solução escolhida – Há que proceder à avaliação dos custos jurídicos ligados à concreta utilização de cada um dos meios tecnicamente utilizáveis, por forma a assegurar que a opção recaia, de entre as soluções disponíveis que se apresentam adequadas à realização do fim, sobre aquela que se revele menos gravosa, por impor menores sacrifícios aos valores e bens envolvidos;

c) *Proporcionalidade em sentido estrito* ou *proibição do excesso* – Sempre que o quadro normativo o consinta, há que proceder à ponderação entre o desvalor da solução escolhida e o valor do fim a atingir, para o efeito de determinar se existe desproporção entre o valor do fim e o desvalor do meio porque o menos custoso dos meios adequados à realização do fim proposto se revela, ainda assim, excessivo, em termos de poder justificar que se prescinda de prosseguir o fim.

Breves observações a respeito destes subprincípios:

a) No que diz respeito ao subprincípio da adequação, embora o CPA o consagre no artigo 7º, que se refere ao princípio da proporcionalidade, a verdade é que o configura de modo autónomo, no nº 1 do artigo 7º, com um âmbito de aplicação mais amplo do que aquele que, no nº 2, faz corresponder aos subprincípios da necessidade e da proporcionalidade em sentido estrito: com efeito, o nº 1 do artigo 7º do CPA impõe a exigência da adequação em relação a todos os tipos de atuação administrativa que

[139] Em geral, cfr., por todos, VITALINO CANAS, "Proporcionalidade (Princípio da)", pp. 591 segs..

envolvam a escolha de meios em função de fins e não apenas às decisões que sacrifiquem certos tipos de bens, valores ou interesses em benefício de outros.

Refira-se que a autonomia da adequação em relação à necessidade e à proporcionalidade em sentido estrito tem sido defendida, em diversos quadrantes da doutrina comparada, com o argumento de que se trata de uma exigência de estrita racionalidade, que não comporta uma dimensão valorativa[140]. E, na verdade, a adequação assenta numa avaliação meramente empírica, de causa e efeito, entre o meio e o fim, correspondendo, assim, à *racionalidade finalística (Zweckrationalität)* de *Max Weber*, no que se diferencia, tanto da proporcionalidade em sentido estrito, como da própria necessidade, no quadro dos quais é "à luz de parâmetros materiais ou axiológicos [que se avalia] se o sacrifício é aceitável, tolerável"[141]. A nosso ver, esta diferença explica o tratamento autónomo que o CPA dá à adequação no nº 1 do artigo 7º.

b) No que diz respeito ao subprincípio da necessidade, pode dizer-se que a sua aplicação só não suscita dificuldades de maior nas situações excecionais em que exista comparabilidade objetiva entre os meios em alternativa, porque impõem encargos diferentes mas permitem atingir o fim com o mesmo grau de satisfação, ou, pelo contrário, impõem os mesmos encargos mas permitem atingir graus diferenciados de satisfação do fim. As dificuldades já se colocam, no entanto, na generalidade das situações, em que diferentes alternativas impliquem custos diferentes e tenham vantagens diferentes, por atingirem em grau diferenciado o fim visado ou implicarem custos de natureza ou intensidade diferente. Nesses tipos de situações, a aplicação do subprincípio da necessidade depende, na verdade, da formulação de ponderações, para o efeito de fixar critérios de preferência para a escolha entre as diferentes alternativas[142] – afinal, o mesmo que sucede no âmbito da aplicação do subprincípio da proporcio-

[140] Cfr. Vitalino Canas, *O princípio da proibição do excesso... cit.*, pp. 602-603, com indicação de referências.

[141] Cfr. Vitalino Canas, "Proporcionalidade (Princípio da)", pp. 621 e 628.

[142] Já no sentido de que, de um modo geral, não só a aplicação do subprincípio da proporcionalidade em sentido estrito, mas também a aplicação do subprincípio da necessidade envolve a presença de ponderações, cfr. Vitalino Canas, "Proporcionalidade (Princípio da)", pp. 624 segs..

nalidade em sentido estrito, que tem carácter relativo, no sentido de que compara duas magnitudes, os meios à luz do fim, procedendo ao contrapeso dos efeitos negativos e dos efeitos positivos das medidas, para verificar se existe uma relação proporcional entre uns e outros.

c) Tal como vimos suceder com o princípio da igualdade, a ideia de razoabilidade também é, a nosso ver, essencial à aplicação, tanto do subprincípio da proporcionalidade em sentido estrito, como do subprincípio da necessidade, sempre que também esta envolve uma apreciação valorativa, pela qual, como foi dito, se afere, à luz de parâmetros materiais ou axiológicos, se o sacrifício que decorre da adoção da medida é aceitável, tolerável. Enquanto *mediador da ideia de justiça* e, portanto, expressão do justo, também neste domínio parece, com efeito, de entender que o razoável fornece o critério material em função do qual aqueles subprincípios devem ser aplicados, para o efeito de se aferir da razoabilidade da escolha pela Administração dos meios em função dos fins, rejeitando a escolha de meios inaceitáveis, por serem considerados excessivos ou desproporcionados à luz dos padrões da razão justa assumidos pela consciência jurídica da comunidade (= desrazoáveis).

2.3. Princípios da justiça e da razoabilidade

37. Os princípios da justiça e da razoabilidade encontram-se consagrados no artigo 8º do CPA, que estabelece: *"A Administração Pública deve tratar de forma justa todos aqueles que com ela entrem em relação, e rejeitar as soluções manifestamente desrazoáveis ou incompatíveis com a ideia de Direito, nomeadamente em matéria de interpretação das normas jurídicas e das valorações próprias do exercício da função administrativa"*.

Se não existissem os demais artigos do capítulo II da Parte I do CPA, que consagram outros princípios gerais da atividade administrativa, como os princípios da igualdade e da proporcionalidade, a que anteriormente nos referimos, este preceito poderia, só por si, dar corpo à vinculação da Administração ao Direito no nosso ordenamento jurídico.

Com efeito, a redação do preceito remete-nos para as tradições de ordenamentos jurídicos como o britânico e o italiano, que reportam o controlo do exercício dos poderes da Administração aos conceitos de justiça e razoabilidade. E, a essa luz, a conexão que, no artigo 8º do CPA, é estabelecida entre justiça e razoabilidade não nos parece ser acidental, desde que se reconheça que o sentido que, em cada momento, cada comunidade tem do que é razoável compreende em si o sentido do que é justo e, portanto, uma ideia de justiça.

No seu conjunto, o preceito parece, assim, dirigido a rejeitar os juízos e decisões da Administração que repugnem à razão e ao Direito, de acordo com o entendimento contemporâneo de que o Direito, entendido como justiça, não é constituído por um conjunto de axiomas universais transcendentes ao Homem, de inspiração divina, alto grau de abstração e caráter intemporal, mas é, pelo contrário, imanente à razão humana, numa perspetiva influenciada pelos padrões culturais da sociedade, variáveis no espaço e no tempo. E, nessa perspetiva, não se afigura, pois, contraditório o apelo que no artigo 8º do CPA é feito à "ideia de Direito", desde que, naturalmente, entendida a ideia de Direito, não como uma realidade abstrata e superior, mas como uma realidade histórica e socialmente conformada, correspondente ao entendimento que, em cada momento, a consciência jurídica da comunidade assume do que seja justo, que não remete para uma lei natural, transcendente, mas para o sentido imanente de justiça que é objeto de aceitação intersubjetiva. Nesta perspetiva, o apelo que o artigo 8º do CPA faz, em conjunto, à justiça e à razoabilidade parece, assim, orientado no sentido de proibir a Administração de violar *padrões mínimos de conformidade com a razão justa.*

No confronto com os demais princípios gerais da atividade administrativa consagrados no artigo 266º, nº 2, da CRP e nos artigos 6º e segs. do CPA, cumpre, porém, reconhecer que é limitado o âmbito de aplicação dos princípios da justiça e razoabilidade, consagrados no artigo 8º do CPA.

Vem a propósito recordar que, na sua redação originária, a CRP de 1976 começou por consagrar apenas os princípios da justiça e da imparcialidade como parâmetros de atuação jurídica da Administração. Ao lado da imparcialidade, a CRP fazia, assim, nesse contexto, um apelo genérico à justiça, sem explicitar as consequências que dela decorriam, consagrando um princípio da justiça com um âmbito potencial de aplicabilidade muito alargado. À medida, porém, que a jurisprudência e a doutrina foram extraindo da ideia de justiça consagrada nesse princípio os seus corolários, estes vieram a ser explicitados na CRP e na lei. Foi assim que a Revisão Constitucional de 1989 veio explicitar, no texto do art. 266º, nº 2, da CRP, o alcance da ideia de Justiça, dela extraindo, como corolários, os princípios da igualdade e da proporcionalidade, e que, na sequência disso, o CPA de 1991 veio a consagrar como princípios gerais da atividade administrativa, a par do princípio da justiça, os princípios da igualdade e da proporcionalidade.

Já atrás tivemos oportunidade de assinalar a relevância de que, a nosso ver, a ideia de razoabilidade se reveste na aplicação dos princípios da igualdade e da proporcionalidade. Ora, essa circunstância deve-se ao facto de que estes princípios mais não são do que corolários ou derivações da ideia de justiça e, portanto, dos princípios de justiça e razoabilidade hoje consagrados no artigo 8º do CPA – princípios que, por isso, poderiam ocupar o espaço ao qual se sobrepõem os princípios da igualdade e da proporcionalidade, se estes princípios não tivessem sido objeto de consagração autónoma.

A manutenção, no CPA de 1991, de um princípio da justiça, ao lado dos princípios da igualdade e da proporcionalidade, parece ter ido ao encontro da sugestão, entre nós avançada por *Diogo Freitas do Amaral*, de se continuar a extrair da ideia de justiça um *princípio da justiça stricto sensu*, que proibisse a imposição de sacrifícios infundados, bem como a adopção de condutas dolosas ou de má-fé por parte da Administração[143]. E as concretizações que, a partir daí, a jurisprudência e a doutrina foram dando a esta ideia orientaram-se, na verdade, no sentido da afirmação de que a Administração devia pautar a sua conduta pelo respeito pelo princípio da boa-fé. Compreende-se, por isso, que este princípio tenha vindo, mais tarde, a ser, também ele, objeto de consagração formal: primeiro, no CPA, na revisão de 1996, e, na sequência disso, com a Revisão Constitucional de 1997, no artigo 266º, nº 2, da CRP.

A evolução deste modo registada desde a consagração inicial do princípio da justiça na CRP de 1976 conduziu a que o princípio da justiça se fosse tornando, ao longo do tempo, de aplicação tanto mais limitada, à medida que o seu espaço de aplicação ia sendo consumido pelos novos princípios entretanto consagrados. Com efeito, pode dizer-se que os princípios da igualdade, da proporcionalidade e da boa-fé são derivações densificadas do princípio da justiça, que, por possuírem um conteúdo mais

[143] Cfr. Diogo Freitas do Amaral, "Direitos Fundamentais dos Administrados", in *Nos dez anos da Constituição*, Lisboa, 1986, pp. 20-21.

específico e incisivo do que o daquele, estabelecem com ele uma relação de especialidade: são, pois, *princípios especiais* em relação ao princípio da justiça, que, por conseguinte, prevalecem sobre ele no âmbito do respetivo espaço próprio de aplicação.

É, pois, limitado o âmbito de aplicação que os princípios da justiça e da razoabilidade, enquanto tais, estão destinados a ter no nosso ordenamento jurídico, enquanto parâmetros da atuação administrativa, sendo residual o espaço em que pode haver lugar à formulação de juízos autónomos de injustiça e desrazoabilidade, que não envolvam aplicação de outros princípios gerais da atividade administrativa.

Refira-se, a propósito, que também em países como o Reino Unido e a Itália, que tradicionalmente reportavam o controlo do exercício dos poderes da Administração aos conceitos de justiça e razoabilidade, foi-se assistindo a uma evolução no sentido da autonomização de modalidades de controlo fundadas na aplicação de critérios mais densificados, que, no nosso ordenamento jurídico, correspondem a princípios objeto de consagração autónoma, de igualdade e proporcionalidade, ao lado dos quais o controlo genérico da observância dos padrões da justiça e da razoabilidade foi sendo remetido para um espaço de aplicação residual.

No mesmo sentido, pode, pois, dizer-se que, também no âmbito do ordenamento jurídico português, os princípios da justiça e da razoabilidade são princípios de aplicação residual em relação aos outros princípios gerais da atividade administrativa, dirigidos a proibir juízos e decisões manifestamente inadmissíveis ou inaceitáveis, nos domínios não cobertos pelas exigências mais densificadas que decorrem dos demais princípios, cujo âmbito de aplicação se lhes sobrepõe por força da maior densidade de vinculação da Administração e dos correspondentes poderes de controlo dos tribunais que deles decorrem.

2.4. Princípio da boa-fé

38. O Direito Administrativo português importou, por influência italiana e espanhola, o instituto da boa fé do direito privado, consagrando o *princípio da boa-fé* como um princípio geral da atividade administrativa no artigo 266º, nº 2, da CRP e, presentemente, no artigo 10º do CPA.

O princípio da boa fé tem sido objeto, no Direito Administrativo português, de uma delimitação, decorrente da necessidade de o compaginar com outros princípios gerais da atividade administrativa que já se encontravam consagrados no nosso ordenamento jurídico-administrativo quando ele próprio surgiu, que lhe circunscreve o âmbito de aplicação à proteção da confiança dos particulares no seu relacionamento com a Administração. Neste sentido, faz-se apelo à necessidade de um clima de confiança e previsibilidade e ao dever da Administração de adotar comportamentos consequentes e não contraditórios, definidos em função dos objetivos a alcançar em cada atuação[144].

O princípio da boa fé está, assim, intimamente relacionado com os valores da segurança jurídica e da protecção da confiança. A boa fé assenta na confiança depositada na lealdade da conduta do interlocutor. Trata-se, por isso, de proteger o que cada um pode esperar da conduta ou das consequências da conduta do outro, sobretudo no que diz respeito ao cumprimento da palavra dada e ao respeito por expectativas criadas.

Para além do domínio mais óbvio das relações contratuais, em que o princípio é chamado a intervir em moldes semelhantes àqueles em que intervém no âmbito das relações entre privados, pense-se na responsabilidade por informações prestadas, por expectativas criadas pela divulgação de subsídios que não venham a ser concedidos nas condições anunciadas ou por prazos ou moratórias prometidos, mas depois não efectivados. No âmbito de intervenção deste princípio cabem, por exemplo, situações similares às do abuso do direito, previsto no art. 334º do Código Civil, designadamente na sua modalidade de *venire contra factum proprium*.

A violação do princípio da boa fé pode ser fonte de responsabilidade por danos, pode gerar a invalidade de decisões da Administração e pode implicar a preclusão do exercício de poderes por parte da Administração, quando já não fosse, legitimamente, de esperar tal exercício em virtude do tempo entretanto decorrido – designadamente do poder de aplicar sanções aos particulares.

A intervenção do princípio da boa fé pressupõe, porém, a existência de uma confiança digna de protecção. Como ensina a Teoria Geral do Direito,

[144] Cfr. Diogo Freitas do Amaral/João Caupers/João Martins Claro/João Raposo/Maria da Glória Dias Garcia/Pedro Siza Vieira/Vasco Pereira da Silva, *Código do Procedimento Administrativo Anotado*, 5ª ed., Coimbra, 2005, p. 47.

para além da existência de uma conduta administrativa susceptível de gerar confiança e de uma atitude de efectiva boa fé da outra parte, é necessário que tenha havido um *investimento de confiança*, isto é, que tenha havido uma actuação baseada na confiança e, portanto, que a confiança se tenha concretizado, se tenha materializado numa conduta que cumpra proteger[145].

2.5. Princípio da imparcialidade

39. O *princípio da imparcialidade* inspira múltiplas regras de natureza estrutural ou organizatória, tendentes a assegurar a imparcialidade (ou prevenir a parcialidade) no exercício da função administrativa. Essas regras, constituindo embora afloramentos do princípio, exprimem, contudo, o seu relevo autónomo num momento lógico anterior ao da actuação administrativa e, portanto, não funcionam como parâmetros para o exercício dos poderes da Administração. É o que claramente sucede com o conjunto de disposições que asseguram a posição institucional de *independência da Administração perante o poder político*, que, não se identificando, propriamente, com a imparcialidade da sua actividade, constituem fundamento essencial dessa imparcialidade e se consubstanciam, por exemplo, no regime estatutário específico dos funcionários públicos, na definição de critérios estritamente objectivos para a sua selecção, baseados na igualdade, mérito e capacidade dos candidatos e no estabelecimento de regimes de incompatibilidades (cfr. arts. 47º, 120º e 269º da Constituição).

O artigo 266º, nº 2, da CRP e o artigo 9º do CPA consagram, entretanto, o princípio da imparcialidade como um parâmetro conformador da actuação administrativa, colocando-se, por isso, a questão de saber qual o papel que, nessa sua dimensão, cumpre a este princípio desepenhar.

Importa começar por ter presente que a jurisprudência de vários países foi extraindo, ao longo do tempo, da exigência de imparcialidade da Administração diversas regras conformadoras que vieram progressivamente a alcançar consagração legal e mesmo constitucional. Ora, de um modo geral, esse fenómeno resultou da paulatina identificação de situações passíveis de serem reconhecidas como *sintoma* de que não houve uma correcta e equilibrada ponderação dos interesses envolvidos na decisão.

[145] Para mais desenvolvimentos, cfr. FREITAS DO AMARAL, *Curso de Direito Administrativo*, vol. II, p. 117 segs..

Foi o que, desde logo, e muito paradigmaticamente sucedeu com a afirmação da regra segundo a qual os titulares dos órgãos administrativos não devem decidir situações em que esteja envolvido o seu interesse pessoal ou de pessoas que lhes sejam próximas. Veja-se, a este propósito, o regime das "*garantias de imparcialidade*", que se encontram consagradas nos artigos 69º e segs. do CPA e visam prevenir a parcialidade das decisões administrativas através do estabelecimento de presunções que fundamentam a suspeição ou o próprio impedimento do agente, assim como da previsão dos mecanismos adequados a fazer valer tais presunções.

Mas pense-se também, por exemplo, no dever da fundamentação expressa que a lei impõe à generalidade das decisões concretas da Administração (cfr. artigo 152º do CPA). Este dever constitui uma importante regra conformadora do modo de exercício do poder administrativo, que, se hoje encontrou consagração legal e mesmo constitucional, a verdade é que começou por ser afirmada como uma garantia da imparcialidade das decisões administrativas, na perspectiva de que as decisões não fundamentadas não ofereciam garantias da existência de uma correcta e equilibrada ponderação dos interesses nelas envolvidos.

Estes exemplos permitem perceber que o princípio da imparcialidade, enquanto parâmetro conformador do exercício dos poderes de valoração próprios da Administração, exige que as decisões administrativas que envolvam a formulação de juízos valorativos assentem numa correcta e equilibrada ponderação dos interesses em presença.

Mas desde o momento em que diversos corolários da exigência de imparcialidade da Administração, uma vez consolidado o seu reconhecimento jurisprudencial, foram objecto de consagração formal pela lei positiva, a sua eventual inobservância passou a concretizar-se na violação de disposição legal expressa. Assim, se, por exemplo, o titular de um órgão exercer uma competência para a qual estava impedido, existe uma violação objectiva do regime dos impedimentos e a decisão é inválida porque o sujeito não estava legitimado a exercer a competência; e também se não tiver sido fundamentada a decisão que, nos termos da lei, o devia ser, há vício de forma por violação de um requisito formal, como tal expressamente imposto por lei.

Em qualquer destas hipóteses, não há, pois, por que alegar ou tentar provar a violação do princípio da imparcialidade, fundada na ausência de uma correcta e equilibrada ponderação dos interesses envolvidos: apenas há que alegar e provar o facto objectivo de que o titular estava impedido (vício quanto ao sujeito) ou de que a decisão não foi fundamentada (vício de forma).

Por outro lado, são frequentes as situações em que a parcialidade conduz à criação de situações de desigualdade, na medida em que a parcialidade na adopção dos critérios que presidem à formulação das decisões pode ter o efeito de produzir situações de desigualdade. Nesses casos, a anulação da decisão fundada em disparidade de tratamento constitui o meio de restaurar a imparcialidade, nas hipóteses em que a situação de desigualdade tenha sido determinada por pressões exteriores ou pelo propósito de favorecer ou prejudicar determinados interessados. Também nesses casos sucede, no entanto, que a parcialidade não constitui objecto da apreciação do juiz e portanto não assume relevo jurídico, porque o que importa são os seus efeitos (a desigualdade). A invalidade da decisão é provada pela simples demonstração de que a situações idênticas foram dadas soluções diferentes, sem motivo válido que o justificasse[146].

É evidente que o princípio não actua (não tem de actuar) quando o interessado consiga demonstrar que a decisão foi principalmente determinada por interesses que sobre ela não deveriam ter influído. Como, de resto, sempre que se demonstre que se gerou um resultado objectivamente contrário à lei ou à justiça (desproporcionado ou discriminatório).

40. Por influência doutrinal italiana, entende-se, no ordenamento jurídico português, que o princípio da imparcialidade impõe à Administração o dever de, no exercício dos mandatos de ponderação que a lei lhe confere, proceder a uma identificação suficiente da totalidade dos interesses envolvidos nas decisões que adota e à criteriosa ponderação da totalidade desses interesses, tendo em devida conta as concretas circunstâncias do caso e as alegações e elementos fornecidos pelos interessados, de modo a atribuir a cada um dos interesses em presença o peso ou a importância que lhes deve corresponder.

[146] Como, em todo o caso, assinala VIEIRA DE ANDRADE, "A imparcialidade da Administração como princípio constitucional", *Boletim da Faculdade de Direito da Universidade de Coimbra*, vol. L (1974), pp. 228-229, "a igualdade de tratamento não esgota (...) o conteúdo do sentido do princípio da imparcialidade, nem dá a imagem perfeita da sua dimensão real" porque não vale "onde não há comparação, não pode ser invocada quando as situações, ainda que referidas ao mesmo interesse público, não são análogas, mas diversas".

O princípio da imparcialidade exige, assim, "que a totalidade – e não apenas uma parte – dos interesses jurídicamente protegidos presentes no caso (e só desses) tenha sido considerada, segundo o seu peso certo, no processo de decisão, de tal maneira que a escolha entre as várias soluções admissíveis tenha sido orientada, sem discriminação, pelos fins estabelecidos nas normas jurídicas da actividade administrativa em questão, devidamente interpretadas no quadro do sistema jurídico global"[147].

Esta é matéria à qual é tradicionalmente dedicada especial atenção no âmbito do Direito anglo-saxónico, de acordo com o entendimento de que não é aceitável ou razoável a decisão que resulte de um procedimento inaceitável ou desrazoável, sendo, assim, qualificadas como aceitáveis ou razoáveis as decisões que, por referência ao conceito de *due process*, resultem de procedimentos instruídos de modo transparente e participado, em que seja reunida toda a informação necessária e, sobretudo, em que a Administração forneça justificação adequada das suas decisões ("*reason giving*"), dando conta de que procedeu a uma criteriosa ponderação da totalidade dos interesses envolvidos, dando a cada um o peso devido.

Trata-se de doutrina sedimentada no Direito anglo-saxónico. Desde logo, no Direito norte-americano, reconhecido pela centralidade que reserva às regras procedimentais, segundo uma tradição que culminou no famoso *Administrative Procedure Act*, e, em particular, ao dever de fundamentação das decisões administrativas ("*reason giving*"). Mas também na Inglaterra, onde a doutrina das "*relevant and irrelevant considerations*" permite aos tribunais controlarem o exercício dos poderes de valoração próprios da Administração verificando se, no procedimento de tomada da decisão, as autoridades tomaram em consideração todos os factores relevantes e não se deixaram influenciar por factores irrelevantes. Há aqui um controlo mais incisivo do que o da mera arbitrariedade, mas no respeito pelo núcleo da escolha que cabe às autoridades administrativas, na medida em que o tribunal não verifica se a ponderação dos factores foi a correta: a análise centra-se no procedimento seguido para decidir a favor de uma determinada alternativa, sem se questionar se a decisão adotada é a mais adequada ou correta para satisfazer o interesse público. O que importa é, portanto, que todas as questões, interesses e factores relevantes tenham sido tomados em devida conta, independentemente

[147] Cfr. VIEIRA DE ANDRADE, op. últ. cit., pp. 235-236.

de qual seja a decisão adotada. Esta técnica inglesa de controlo aproxima-se da técnica norte-americana do "*hard look*", que controla se a Administração valorou todos os factores significativos, examinou criticamente as diferentes vias alternativas, explicou a decisão de modo racional e refletiu sobre os diferentes pontos de vista trazidos ao procedimento[148].

Subjacente a esta construção está um pressuposto de sindicabilidade material restrita das soluções encontradas pela Administração e, portanto, uma perspetiva que circunscreve o controlo da atuação administrativa a um controlo sintomático de disfunções que indiciem a ausência da ponderação devida. Neste contexto, o juízo de desrazoabilidade a formular não incide, pois, sobre o conteúdo em si das decisões que a Administração toma no exercício de poderes de valoração próprios, mas sobre o modo como essas decisões foram tomadas, enquanto sintoma, quando seja caso disso, da sua inconsistência. Portanto, se as decisões não são consideradas aceitáveis, é por razões instrumentais, que decorrem dos termos e condições em que foram adoptadas. Consideram-se, assim, desrazoáveis as decisões que apresentem sintomas de desrazoabilidade substantiva[149].

Ora, também no nosso ordenamento jurídico é reconhecida a importância da correção do procedimento de formação da vontade da Administração, sendo de entender que a exigência de que o agente realize uma ponderação dos interesses em jogo, fazendo uma escolha livre, consciente e esclarecida, não é compatível com "a ausência de exame particular das circunstâncias do caso, por falta de consideração de factos ou de ponderação de interesses relevantes"[150].

É neste plano que intervém o princípio da imparcialidade, enquanto parâmetro conformador do exercício dos poderes da Administração. E,

[148] Cfr., a respeito, EVA DESDENTADO DAROCA, *Discrecionalidad administrativa y planeamiento urbanístico*, 2ª ed., Pamplona, 1999, pp. 222-223.

[149] Cfr. JAN WOUTERS/SANDERIJN DUQUET, "Reasonableness as a standard of judicial review", *Rivista trimmestrale di diritto pubblico* 2014, pp. 72 segs..

[150] Cfr. VIEIRA DE ANDRADE, *O dever da fundamentação expressa de atos administrativos*, pp. 352, 355 e 381. Estão em causa vícios funcionais ou de atividade, referidos ao *iter* lógico de formação das decisões (cfr. *op. cit.*, p. 382), que não se confundem com as situações de "ponderação inadequada dos elementos considerados", que, não dizendo já respeito ao procedimento de ponderação, mas à substância da decisão de ponderação, já contendem com princípios de conteúdo substantivo, como a proporcionalidade (cfr. *op. cit.*, p. 384).

nesta perspectiva, a relevância do princípio da imparcialidade no plano da validade das decisões administrativas parece dever emergir quando a verificação de certas circunstâncias, não proibidas por norma legal expressa, funcionar como elemento probatório suficiente para se concluir que não existe a garantia de ter havido uma correcta ponderação dos diversos interesses envolvidos na decisão[151].

Pense-se, desde logo, na hipótese de a Administração, no exercício dos seus poderes de condução do procedimento, ter desprezado sem fundamentação convincente requerimentos dirigidos à recolha de elementos ou à produção de provas, que, embora a lei não impusesse taxativamente que deviam ter sido deferidos, se deva reconhecer que teriam sido necessários à formação de um juízo completo sobre as questões a decidir, em termos de se dever entender que, sem eles, não houve uma adequada percepção ou apreciação de todos os interesses envolvidos.

2.6. Princípio da boa administração

41. O conceito de *boa administração* tem tradição no nosso panorama doutrinal[152]. Em tempos recentes, a elaboração, entre nós, do conceito tem sido, sobretudo, tributária da doutrina italiana[153]. O que não surpreende. Com efeito, a doutrina italiana foi aquela que, no conjunto dos países europeus, maior atenção dedicou ao tema ao longo do século passado, por referência ao conceito do *bom andamento do procedimento*[154].

[151] Como, na verdade, fazem notar Maria da Glória Garcia/António Cortês *in* Jorge Miranda/Rui Medeiros, *op. cit.*, tomo III, p. 567, é no processo de apreensão da realidade, no quadro da tomada da decisão individual e concreta, em busca da justiça e da melhor prossecução do interesse público, "que a ponderação dos interesses em jogo é feita, com transparência e imparcialidade, sendo o cumprimento do princípio da imparcialidade aferido através da específica fundamentação a que a decisão dá lugar".

[152] Para a sua circunstanciada caraterização, cfr., por todos, Rogério Ehrhardt Soares, *Interesse público, legalidade e mérito*, Coimbra, 1955, designadamente a pp. 179 segs.

[153] Veja-se a marcada influência da doutrina italiana, não só na obra citada na nota anterior, mas também nas obras gerais que, mais recentemente, se têm debruçado sobre o tema, como, por exemplo, a de Paulo Otero, *O poder de substituição em Direito Administrativo*, vol. II, Lisboa, 1995, designadamente a pp. 638 segs.

[154] Cfr., por todos, Guido Corso, "Le norme costituzionali sull' organizzazione" e Waldemaro Morgese, "Buon andamento e imparzialità della pubblica amministrazione: con-

Nesse sentido, a elaboração do conceito tem, entre nós, assentado na clássica contraposição entre legalidade e mérito e, nessa perspetiva, na configuração da boa administração como um dever que se concretiza na observância de parâmetros de natureza extrajurídica – as chamadas regras ou princípios de boa administração[155].

O conteúdo do conceito é, assim, associado à ideia de que a Administração tem o dever de prosseguir da melhor maneira possível o interesse público, a satisfação das necessidades coletivas postas a seu cargo[156], adotando, para o efeito, as melhores soluções possíveis, do ponto de vista administrativo (= técnico e financeiro)[157].

A ideia de boa administração tem sido, por isso, associada à ideia de eficiência da Administração[158]. Neste sentido, define-se o dever de boa administração como o "dever de a Administração prosseguir o bem comum da forma mais eficiente possível"[159] – e até se fala, indiferenciadamente, num princípio da boa administração, do mérito ou da eficiência[160].

É nesta tradição que se inscreve a consagração, no artigo 5º do CPA, do *princípio da boa administração*, identificado como o dever de a Administração se pautar por critérios de eficiência, de economicidade e de celeridade.

42. Cumpre notar que o princípio consagrado no artigo 5º do CPA comporta duas dimensões: uma dimensão organizatória, que impõe que a Administração seja organizada de modo a aproximar os serviços das popu-

siderazioni in ordine al controllo dell'azione amministrativa", ambos in *La pubblica amministrazione nella Costituzione – Riflessioni e indicazioni di riforma*, Milão, 1995. O conceito de boa administração já é desde há muito objeto de atenta elaboração doutrinal: cfr., por exemplo, o clássico escrito de RAFFAELE RESTA, "L'onere di buona amministrazione", in *Scritti in onore di Santi Romano*, Pádua, 1940, pp. 103 segs.

155 Cfr., por todos, EHRHARDT SOARES, *op. cit.*, designadamente a pp. 201 segs.

156 Cfr. FALZONE, *Il dovere di buona amministrazione*, Milão, 1953, p. 128; entre nós, MARCELO REBELO DE SOUSA/ANDRÉ SALGADO DE MATOS, *Direito Administrativo Geral*, tomo I, 2ª ed., Lisboa, 2006, p. 205.

157 DIOGO FREITAS DO AMARAL, *Curso de Direito Administrativo*, vol. II, 3ª ed., Coimbra, 2016, p. 35.

158 Cfr., entre tantos, BARONE, *L'intervento del privato nel procedimento amministrativo*, Milão, 1969, pp. 79 segs.; TRIMARCHI, *Funzione consultiva e amministrazione democratica*, Milão, 1974, pp. 119 segs.

159 FREITAS DO AMARAL, *Curso de Direito Administrativo*, vol. II, p. 35.

160 MARCELO REBELO DE SOUSA, *Lições de Direito Administrativo*, vol. I, Lisboa, 1999, p. 114.

lações e de forma não burocratizada; e uma dimensão funcional, que exige que, na sua atuação, a Administração se paute por critérios de eficiência, economicidade e celeridade.

A dimensão organizatória é eminentemente programática, na medida em que a sua concretização depende, primacialmente, do legislador, que não está vinculado pelo CPA, que não é uma lei de valor reforçado, mas identifica uma orientação que, em todo o caso, tem vindo a ser seguida, de racionalização e modernização da Administração Pública[161].

Já no que diz respeito à dimensão funcional, a referência à economicidade faz apelo à ideia de uma gestão racional e prudente dos recursos públicos e de um desempenho diligente e cuidadoso, nesse plano, dos agentes administrativos[162], e encontra concretização nas normas que, como a Lei de Enquadramento Orçamental ou o CCP, com cada vez maior frequência impõem exigências dirigidas a assegurar racionalidade na gestão e afetação dos recursos públicos, designadamente através da previsão da realização de avaliações custo-benefício[163].

Quanto à referência à celeridade, ela introduz no princípio da boa administração uma dimensão procedimental que tem vindo a ser reconhecida como sendo aquela que, de entre as várias dimensões em que, como se vê, o princípio da boa administração se concretiza, é passível de operacionalização mais efetiva, na medida em que, para além de corresponder a uma orientação de âmbito geral que encontra afloramentos em diversos preceitos do CPA, dela pode ser extraído o reconhecimento de um direito dos interessados à tomada de decisões em prazo razoável[164].

161 Sublinhando a relevância da dimensão organizatória do princípio da boa administração, cfr. Rute Saraiva, "O princípio da eficiência económica e financeira", in *Organização Administrativa: Novos Atores, Novos Modelos* (coord. Carla Amado Gomes/Ana Fernanda Neves/Tiago Serrão), vol. I, Lisboa, 2018, pp. 235 segs..

162 Cfr. Luis Cabral de Moncada, "O princípio geral da boa administração no Direito Administrativo", in *Estudos em Homenagem a Mário Esteves de Oliveira*, Coimbra, 2017, pp. 764-765.

163 Sobre este ponto, com uma apreciação crítica, cfr. Rute Saraiva, "O princípio da eficiência económica e financeira", pp. 235 segs. e, em especial, 242 segs.. Cfr. também Luis Cabral de Moncada, "O princípio geral da boa administração no Direito Administrativo", pp. 758 segs..

164 Separando claramente o dever de celeridade dos demais deveres impostos pelo princípio do artigo 5º do CPA, como "o aspeto do dever de boa administração que mais longe foi na respetiva jurisdicionalização", na medida em que é um dever ao qual "corresponde um direito

A nosso ver, o domínio preferencial de aplicação do princípio da boa administração diz, na verdade, respeito a situações de responsabilidade da Administração por morosidade excessiva na condução dos procedimentos e na tomada de decisões, na medida em que se deve reconhecer que a inobservância para além do razoável dos prazos procedimentais constitui violação de um verdadeiro direito a procedimentos céleres e eficazes e, em particular, à tomada de decisões em prazo razoável, que, para os interessados, decorre da imposição legal dos imperativos de eficiência e celeridade da atuação administrativa[165].

Não excluímos que, dependendo das concretas circunstâncias do caso e do respetivo enquadramento normativo, o imperativo jurídico da eficiência possa ser invocado para exigir a adoção em tempo útil de atuações administrativas concretas, designadamente prestações individualizadas, cuja adoção não seja legalmente vinculada quanto à oportunidade, designadamente quando esteja em causa a efetividade de direitos fundamentais dos particulares.

Mas afigura-se inquestionável a possibilidade da constituição das entidades administrativas em responsabilidade civil extracontratual, quando a sua conduta viole referenciais de eficiência, que, na ausência de outros parâmetros, possam ser identificados por referência a cânones de experiência e às praxes administrativas.

Neste sentido parece, na verdade, apontar a previsão dos nºs 3 e 4 do artigo 7º do RREEP, que admite a constituição das entidades públicas em responsabilidade civil pelas suas condutas de que resulte a ofensa de direitos ou interesses legalmente protegidos quando a produção dos danos deva ser imputada a um funcionamento anormal do serviço, entendendo-se que "existe funcionamento anormal do serviço quando, atendendo às circunstâncias e a padrões médios de resultado, fosse razoavelmente exigível ao serviço uma atuação suscetível de evitar os danos produzidos".

dos interessados a uma decisão em prazo razoável", cfr. LUIS CABRAL DE MONCADA, "O princípio geral da boa administração no Direito Administrativo", pp. 757 e 764.

165 É reconhecido na doutrina que é "em sede de procedimentos administrativos que hoje o princípio da eficiência se torna mais notório para os administrados", desde logo no plano do direito a procedimentos céleres e eficazes: cfr., por todos, SUZANA TAVARES DA SILVA, "O princípio (fundamental) da eficiência", *Revista da Faculdade de Direito da Universidade do Porto*, Ano VII, p. 527.

Como claramente resulta da contraposição que, no artigo 9º do mesmo regime jurídico, é estabelecida entre o nº 1 e o nº 2, o juízo de ilicitude em que assenta o reconhecimento da existência de um "funcionamento anormal do serviço" é distinto, e, por isso, complementar daquele que resulta da pura "violação de disposições ou princípios constitucionais, legais ou regulamentares" ou da infração de "regras de ordem técnica ou deveres objectivos de cuidado". Nas situações de "funcionamento anormal do serviço", a existência de ilicitude é extraída do reconhecimento de que, nas circunstâncias do caso, era exigível a um serviço que funcionasse bem, ou seja, que funcionasse segundo adequados referenciais de eficiência, que tivesse atuado de outro modo – o que, dependendo das circunstâncias, pode significar, v.g., que ele deveria ter atuado com maior rapidez, que deveria ter atuado quando não atuou ou que deveria ter adotado medidas diferentes daquelas que adotou, em ordem a evitar o resultado danoso[166] (para mais desenvolvimentos, cfr. *infra*, nºs 251, 252 e 256).

42. Em nossa opinião, a consagração do princípio da boa administração, nos termos que o artigo 5º lhe confere, tem, entretanto, um sentido e um alcance de grande importância: o de assumir que a eficiência da Administração possui relevância jurídica e é uma exigência que não se impõe apenas, nem principalmente, ao legislador, como pressupunha o anterior artigo 10º do CPA de 1991, mas que, muito mais do que isso, se impõe diretamente à própria Administração, desse modo consagrando "um comando geral de sujeição da atividade administrativa aos *critérios* da eficiência, economia (ou 'economicidade') e celeridade"[167] – e em termos que, dependendo das circunstâncias, podem, a nosso ver, concretizar-se numa dimensão de tutela subjetiva, no sentido de que se podem constituir situações jurídicas subjetivas, passíveis de serem acionadas nos tribunais administrativos, dirigidas a exigir atuações concretas da Administração em conformidade com critérios de eficiência, designadamente quando

[166] Para o enquadramento da questão, cfr. Mário Aroso de Almeida, Comentário ao artigo 9º, in *Comentário ao Regime da Responsabilidade Civil Extracontratual do Estado e demais Entidades Públicas*, Universidade Católica Portuguesa, Lisboa, 2013, pp. 249 segs.

[167] Cfr., a propósito, Miguel Assis Raimundo, "Os princípios no novo CPA e o princípio da boa administração, em particular", in *Comentários ao Novo Código do Procedimento Administrativo* (coord. Carla Amado Gomes, Fernanda Neves e Tiago Serrão), Lisboa, 2015, p. 164.

esteja em causa a efetividade de direitos fundamentais, ou a contestar atuações concretas por desconformidade com esses critérios.

A nosso ver, o grande mérito da construção da *boa administração*, no sentido que foi enunciado, como um conceito jurídico e da sua afirmação como um *valor jurídico* reside no facto de permitir atribuir relevância jurídica, não só às dimensões da atividade administrativa que se pautam pelas regras e pelos princípios jurídicos tradicionais, mas também àquelas que se pautam por padrões extrajurídicos de conduta, como a eficiência. E, neste sentido, pode dizer-se que a afirmação da *boa administração* como um *valor jurídico* se inscreve no movimento de *juridicização* da realidade administrativa que, ao longo das últimas décadas, tem vindo, de modo progressivo, a fazer transitar do plano do mérito para o plano da juridicidade dimensões cada vez mais alargadas das decisões que envolvem o exercício de poderes de valoração próprios da Administração, permitindo, desse modo, submetê-las ao Direito e à sua aplicação pelos tribunais.

Enquanto norma de ação, é indiscutível que o princípio da boa administração vincula juridicamente a Administração. Coloca-se, entretanto, a questão da determinação dos termos em que – e, portanto, dos limites dentro dos quais –, na perspectiva do esforço de aprofundamento da extensão e intensidade do controlo principialista que parece ser, hoje, exigível dos tribunais administrativos, em resposta à crescente abertura dos quadros normativos aplicáveis à atividade da Administração, deve ser perspetivado o controlo jurisdicional da eficiência das decisões administrativas.

Ora, colocada a questão neste plano, cumpre notar que o princípio da boa administração se coloca num plano distinto dos demais princípios gerais da atividade administrativa, consagrados no capítulo II da Parte I do CPA. Com efeito, esses princípios foram construídos como parâmetros de controlo da atuação administrativa dirigidos a fixar um enquadramento justiciável dessa atuação, numa perspetiva de proteção das situações jurídicas individuais, sem se preocuparem com a exigência de níveis de eficiência[168]. São, por isso, normas de ação construídas a partir de técnicas metódico-formais de controlo, o que explica que apenas possuem um

[168] Cfr. MATTHIAS RUFFERT, "The transformation of Administrative Law as a transnational methodological project", in *The transformation of Administrative Law in Europe*, Munique, 2007, p. 21; JULI PONCE SOLÉ, "Quality of decision-making in public law: right to good adminis-

sentido negativo, de proibição de certos tipos de soluções, em função de considerações de natureza jurídica. Pelo contrário, está por construir uma metódica própria de aplicação e de controlo da observância da eficiência, como parâmetro jurídico da atuação administrativa[169].

Na verdade, o princípio da boa administração, ao impor genericamente à Administração o dever de se pautar por critérios de eficiência, utiliza um conceito cuja aplicação faz apelo a conhecimentos não jurídicos, que obedecem a parâmetros próprios, elaborados pela ciência económica, que, desse modo, incorpora no Direito, transformando-os em parâmetros também jurídicos. Neste sentido, o princípio da boa administração faz transitar, como foi dito, a eficiência do domínio do mérito para o domínio da juridicidade da atuação administrativa. Mas nem por isso a eficiência deixa de ser um conceito de natureza económica, com as implicações que daí decorrem.

Por conseguinte, a questão é a de determinar em que casos pode ser afirmado com segurança que a aplicação ao caso concreto dos parâmetros de eficiência elaborados pela ciência económica permite a formulação por parte da Administração de juízos técnicos e científicos de conteúdo objetivo, que, não envolvendo prerrogativas infungíveis de avaliação de conteúdo valorativo ou de prognose, se deve entender que não exprimem o exercício de verdadeiros poderes de valoração próprios da Administração, pelo que são passíveis de controlo pelos tribunais.

A nosso ver, não é de excluir que, dentro de certos limites, a eficiência possa ser aferida segundo critérios de conteúdo objetivo[170]. Ora, quando seja esse o caso, afigura-se que, embora envolva o recurso a conhecimentos não jurídicos, a eficiência da atuação administrativa pode e deve ser sindicada pelos tribunais, se necessário com recurso a prova pericial.

tration and duty of due care in european law and US law", *European Revue of Public Law*, vol. 21, nº 3, p. 1169.

[169] No sentido de que ainda não foi possível "recortar o *princípio da eficiência* como um princípio fundamental de direito público com um conteúdo pré-definido e uma metódica própria de aplicação e de controlo", cfr. SUZANA TAVARES DA SILVA, "O princípio (fundamental) da eficiência", pp. 519 e 521.

[170] Cfr. ANTÓNIO SOUSA FRANCO, *O presente e o futuro das instituições de controlo financeiro com natureza jurisdicional – Nota sobre a jurisdição financeira num mundo em mudança*, Lisboa, 1993, pp. 42 segs..

Na verdade, a eficiência exige a otimização da utilização dos recursos no atingimento dos fins. Esta otimização obtém-se, em primeiro lugar, quando, entre várias alternativas que conduzem ao mesmo resultado, se seleciona a que implica menores custos na perspetiva económica: é o princípio de economia, que supõe a otimização dos recursos financeiros, procurando atingir os fins na maior medida possível através da escolha dos meios menos onerosos do ponto de vista financeiro. E também se obtém quando, entre várias alternativas que implicam o mesmo custo financeiro, se seleciona a que conduz ao melhor atingimento do fim visado; e quando os custos globais (económicos, sociais e externalidades) são os mínimos possíveis ou quando se obtém a máxima satisfação do fim com custos determinados: minimização dos custos para a consecução dos fins[171].

Por conseguinte, quando exista comparabilidade objetiva entre as alternativas, porque têm custos diferentes, mas permitem atingir o fim com o mesmo grau de satisfação, ou, pelo contrário, têm os mesmos custos, mas permitem atingir graus diferenciados de satisfação do fim, pode ser aplicado o princípio da eficiência e controlada a sua aplicação.

As dificuldades colocam-se, no entanto, na generalidade das situações, em que diferentes alternativas de resolução em concreto de conflitos entre interesses públicos atingem em grau diferenciado o fim visado ou implicam custos de natureza ou intensidade diferente[172]. E, de um modo geral, nos tipos de situações em que esteja em causa a aplicação de critérios de avaliação da realidade passíveis de controvérsia, que não asseguram a obtenção de resultados de certeza técnico-científica plena, o que tende, precisamente, a suceder em domínios de aplicação da ciência económica, designadamente quando a formulação de juízos técnicos e de ponderações envolvendo elementos de prognose se fundem num processo lógico unitário. Com efeito, a formulação de juízos de natureza económica envolve, com frequência, avaliações e prognoses de conteúdo valorativo, que, retirando objetividade a esse juízos, fazem com que eles sejam opináveis e, portanto, passíveis de controvérsia, no pró-

[171] Cfr. Eva Desdentado Daroca, *Discrecionalidad administrativa y planeamiento urbanístico*, pp. 172-173.

[172] Cfr. ainda Desdentado Daroca, *op. cit.*, p. 173.

prio âmbito do ramo da ciência económica cuja aplicação está em causa. Ora, na medida em que assim suceda, parece dever, na verdade, reconhecer-se que é infungível a tarefa que cabe à Administração de proceder à necessária ponderação, para o efeito de fixar critérios de preferência para a escolha entre as diferentes alternativas. Na realização dessa operação, a Administração está juridicamente vinculada pelo imperativo de eficiência que decorre do princípio da boa administração. Mas, no plano do controlo jurisdicional, não parece que os tribunais possam proceder ao controlo da eficiência das decisões que sejam tomadas, por não lhes ser possível refazer as ponderações efetuadas, para o efeito de confirmar se a solução encontrada pela Administração foi ou não a solução ótima.

Como foi atrás assinalado, a consagração no CPA do princípio da boa administração veio dar relevância à dimensão económica da atividade administrativa. Sucede, porém, que a eficiência exige, em termos gerais, a otimização na utilização dos recursos e, portanto, a adoção da melhor solução, a solução ótima para a prossecução de cada fim visado. Ora, da consagração, no artigo 5º do CPA, da eficiência como uma exigência que se impõe à Administração, não pode, a nosso ver, resultar, na generalidade das situações, a atribuição aos juízes administrativos do poder de determinarem qual é a melhor solução, a solução ótima, que melhor realiza o interesse público em cada caso[173]: nesse plano, não pode deixar de reconhecer-se a necessidade de preservar o núcleo irredutível do mérito, no âmbito do qual se deve admitir que as escolhas da Administração se devem pautar por critérios não juridicizados e, como tal, insindicáveis pelos tribunais.

43. Cumpre, porém, reconhecer que a racionalidade e a eficiência na afetação dos recursos públicos constituem, hoje, valores da maior relevância para comunidades de cidadãos cada vez menos tolerantes com a realização de gastos públicos ineficientes. Ora, a nosso ver, essa circunstância explica a consagração do princípio da boa administração como um princípio jurídico conformador da atuação administrativa; explica que, no plano da juridicidade, a Administração esteja vinculada na sua atuação

[173] No mesmo sentido, cfr. Freitas do Amaral, *Curso de Direito Administrativo*, vol. II, pp. 36-37.

pelo imperativo da eficiência; e, no plano da justiciabilidade, justifica, a nosso ver, que a eficiência da atividade administrativa seja, pelo menos, submetida a um controlo jurisdicional mínimo de razoabilidade, que permita censurar decisões arbitrárias sem exigir que se encontre a melhor solução possível.

A nosso ver, deve, na verdade, distinguir-se o juízo sobre a *defensabilidade jurídica* das medidas adotadas, que aos tribunais deve caber, do juízo de determinação da medida mais eficiente, que melhor realiza o interesse público no caso concreto, que lhes deve estar vedado. Mesmo nos domínios em que a eficiência, em si, da atuação administrativa é insindicável, deve, pois, entender-se, à luz dos valores aceites pela consciência social da comunidade histórica, que a Administração está sujeita a padrões mínimos de aceitabilidade, no plano da eficiência com que gere os recursos públicos, que habilitam os tribunais a proceder a um controlo mínimo de razoabilidade das decisões que tome nesse domínio, para o efeito de censurar os casos de ineficiência manifestamente desrazoáveis[174].

Note-se que o juízo de razoabilidade não será utilizado, neste contexto, como um teste categórico de tolerabilidade, fundado numa avaliação em termos absolutos da solução encontrada, independentemente de qualquer ponderação dos interesses contrapostos. No quadro de decisões complexas, a solução não pode ser avaliada sem tomar em consideração as condicionantes que a envolvem e que não podem deixar de ser objeto de ponderação. E, portanto, o juízo de razoabilidade que a seu respeito seja formulado pelos tribunais não pode deixar de se basear num juízo de ponderação. Implicará, no entanto, a análise

174 Em comentário ao artigo 5º do CPA, Miguel Assis Raimundo, *op. cit.*, pp. 180 segs., desenvolve, com a qualidade que lhe é reconhecida, uma sugestiva argumentação no sentido de que o princípio da boa administração como eficiência, enquanto parâmetro de controlo da atividade administrativa, "deverá funcionar com o grau de efetividade e de vinculatividade que é reconhecido aos demais princípios que funcionam como limites à margem de livre decisão administrativa", pelo que o "problema geral de aplicação de princípios" que consiste em saber quando é que, "em concreto, é possível demonstrar de forma suficientemente clara a violação do princípio" se colocará em relação a ele nos mesmos moldes em que se coloca em relação aos demais princípios gerais da atividade administrativa, havendo, por isso, que, na sua aplicação, "salvaguardar uma margem de *defensabilidade* das decisões e um sentido das proporções" (cfr. pp. 185, 186, nota 109, e 187).

mínima indispensável para que, sem a pretensão de substituir a Administração na ponderação dos interesses envolvidos, nem sequer considerar soluções alternativas em termos comparativos, os tribunais possam estar em posição de formular o juízo de aceitabilidade mínima que lhes permita censurar os casos de ineficiência manifestamente desrazoáveis[175].

Vejam-se os casos dos projetos da construção de uma autoestrada, que o Conselho de Estado francês censurou por considerar que, à luz do tráfego estimado, o custo financeiro envolvido excedia manifestamente o interesse do projeto, e da construção de um aérodromo, considerado injustificado em função das necessidades económicas da região e excessivo em relação aos recursos financeiros da comuna[176]. Mas também se pode pensar noutros exemplos, como o controlo de decisões de construção ou localização de infraestruturas ou serviços, ou, no domínio de aplicação do Regime Jurídico do Património Imobiliário Público, o controlo de decisões de alienação, aquisição ou arrendamento de imóveis, seja do ponto de vista da sua necessidade, seja das condições em que a alienação, aquisição ou arrendamento se concretiza, designadamente no que diz respeito ao preço da alienação ou da aquisição dos imóveis e à renda a pagar em contratos de arrendamento[177].

Deste modo se assegurará um mínimo de controlo da manifesta inaceitabilidade das soluções adotadas pela Administração do ponto de vista da eficiência na afetação de recursos públicos, procedendo ao que parece poder ser qualificado como uma judicialização mínima da eficiência admi-

[175] Preconiza-se, deste modo, no texto uma análise de custos-benefícios, do tipo daquela a que, na maioria dos casos, o Conselho de Estado francês procede no quadro da jurisprudência do *bilan coût-avantages* (nos casos que não configuram aplicação em sentido próprio do princípio da proporcionalidade, no domínio do direito das expropriações). Assinalando que, na jurisprudência do *bilan*, o juiz administrativo francês não aprecia a escolha de soluções alternativas, por exemplo de localizações alternativas para os projetos, pelo que não procura determinar a utilidade pública ótima, cfr. Rui Chancerelle de Machete, "O controlo do poder discricionário em França", in *Estudos em Homenagem ao Prof. Doutor Paulo de Pitta e Cunha*, vol. III, Coimbra, 2010, p. 706; Tiago Macieirinha, "Erro manifesto de apreciação – uma aplicação do princípio da proporcionalidade?", in *Estudos de Homenagem a Rui Machete*, Coimbra, 2015, pp. 854-855.

[176] Cfr. Tiago Macieirinha, *op. cit.*, pp. 848 e 849.

[177] Cfr. Miguel Assis Raimundo in AA.VV., *Comentário ao Regime Jurídico do Património Imobiliário Público*, Coimbra, 2017, pp. 33-40 e 267.

nistrativa, circunscrita às situações de manifesta desrazoabilidade – assumindo, desse modo, que, nos domínios de ponderação em referência, se deve entender que, no plano do controlo jurisdicional, a eficiência dos juízos e decisões concretos da Administração está sujeita ao limite da manifesta desrazoabilidade.

44. Uma última nota, para referir que o conceito de boa administração tem sido objeto em tempos recentes, designadamente no âmbito do Direito da União Europeia, de uma nova abordagem, que se afasta significativamente daquela que corresponde à tradição doutrinal portuguesa, que encontra expressão no artigo 5º do CPA. Na síntese feliz de *Sabino Cassese*, "a boa administração teve uma importante evolução funcional. De princípio em função da eficácia da administração pública ("*ex parte principis*"), tornou-se princípio em função dos direitos dos cidadãos ("*ex parte civis*"). Antes era considerada meio para assegurar que o poder público fosse eficaz, para que os interesses coletivos e públicos a ela confiados fossem plenamente tutelados. Depois tornou-se instrumento para assegurar uma defesa do poder público, para que as situações subjetivas dos particulares pudessem ser tuteladas mais eficazmente". Desse modo, "a boa administração evoluiu de princípio a direito", com "um conteúdo variável", cujos "*core principles*" são "o direito de acesso, o de ser ouvido, o de obter uma decisão motivada, o de defesa através de um juiz", o que o Autor reconhece que "se sobrepõe em larga medida à *rule of law* e ao princípio da legalidade entendido em sentido amplo, no campo administrativo (*due process of law*)"[178].

Não é por acaso que o referido Autor faz notar que "o núcleo essencial do princípio de boa administração constitui o núcleo principal do direito administrativo global"[179]. Na verdade, a boa administração, na nova versão enunciada, corresponde a um condensado de direitos básicos dos cidadãos perante a Administração, com enfoque em direitos de natureza procedimental e formal ("*due process of law*"), de participação, informação, audiência e fundamentação das decisões ("*duty to giving reasons*"), que estiveram na base, desde a aprovação da lei de procedimento

[178] Cfr. SABINO CASSESE, "Il diritto alla buona amministrazione", *European Revue of Public Law*, vol. 21, nº 3, p. 1041.

[179] Cfr. SABINO CASSESE, *op. cit.*, p. 1039.

administrativo (*Administrative Procedure Act*) de 1946, da construção do que pode ser qualificado como a parte geral do Direito Administrativo norte-americano e que, com o fenómeno da globalização, tem, por influência norte-americana, conquistado o mundo, encontrando expressão em tratados, convenções e declarações de âmbito supranacional, como a Carta dos direitos fundamentais dos cidadãos da União Europeia (cfr. artigo 41º)[180].

Ora, precisamente por isto, cumpre reconhecer que este novo entendimento da boa administração não tem qualquer préstimo, para o efeito de poder dar corpo a um conceito dotado de operatividade no âmbito de Direitos Administrativos nacionais como o português. Na verdade, os referidos direitos dos cidadãos perante a Administração estão consagrados, na nossa ordem jurídica, no artigo 268º da CRP, como direitos fundamentais, de natureza análoga aos direitos, liberdades e garantias, com as consequências que daí decorrem e que a lei lhes reconhece, nos diferentes domínios do Direito Administrativo em que eles operam. Mas não se vê que utilidade possa ter associar esses direitos ao conceito de boa administração, para o efeito de os reconduzir a um pretenso direito dos cidadãos à boa administração[181].

Não podemos deixar, em todo o caso, de exprimir a nossa posição pessoal de que, de harmonia com a evolução de que, no direito comparado, o conceito tem sido objeto, não nos parece feliz a utilização hoje, no ordenamento jurídico nacional, do conceito de *boa administração* num sentido estrito que, como consagrado no artigo 5º do CPA, o faça apenas coincidir com os valores da eficiência, economicidade e celeridade da atuação administrativa.

A nosso ver, o princípio consagrado no artigo 5º deveria ser, pois, configurado como um princípio de eficiência e celeridade. E o conceito de boa administração deveria ser reservado, no plano doutrinal, para designar a atividade da Administração que assegura a eficiente satisfação das necessidades colectivas que a Constituição e a lei põem a seu cargo, sem, para

[180] Para uma clara ilustração, cfr. Ponce Solé, "Quality of decision-making in public law: right to good administration and duty of due care in european law and US law", pp. 1141 segs..

[181] Este tema foi abordado com maior desenvolvimento, por referência à evolução registada no âmbito do Direito da União Europeia, em anteriores edições deste livro, para as quais se remete: cfr., por último, na 4ª ed., pp. 65 segs..

o efeito, atropelar as exigências que, no plano jurídico, lhe são impostas, para protecção dos direitos e interesses dos particulares: porque é nesta síntese que se encontra "retratada a essência do Direito Administrativo, que se caracteriza pela necessidade permanente de conciliar as exigências do interesse público com as garantias dos particulares"[182].

Nesta perspectiva, a dimensão da eficiência da Administração é um componente essencial, pois não se deve entender que é boa a administração que, embora no respeito pelas exigências de conteúdo jurídico que o ordenamento lhe impõe, não assegure a eficiente satisfação das necessidades postas a seu cargo. Mas, a nosso ver, a dimensão do respeito pelos direitos e interesses dos particulares também deveria ser incluída num entendimento moderno do conceito de boa administração, pelo que também se deveria entender que não é boa a administração que, embora sendo eficiente na prossecução dos seus fins, o faça sem observância das exigências que o ordenamento jurídico lhe impõe, de respeito pelos direitos e interesses dos particulares.

Para nós, o conceito de boa administração deveria, pois, compreender ambas as dimensões: perspetiva que, a nosso ver, se harmoniza com a juridicização de que, como vimos, foi, entre nós, objeto a boa administração, afastando a tradicional perspectiva, atrás recordada, de matriz italiana, que, a partir da contraposição entre legalidade e mérito, configurava a boa administração como um dever que, por se concretizar na observância de padrões de natureza extrajurídica, como a eficiência, se situava no campo do mérito e não da legalidade.

Não custa, entretanto, admitir que, muitas vezes, se estabelece uma *tensão dialética* entre os valores da eficiência da actuação administrativa e da garantia dos direitos e interesses dos particulares – em particular, quando este último valor envolve a observância de normas, designadamente de forma e de procedimento, que impõem vinculações à Administração em função da respectiva protecção –, sempre que a necessidade de cumprir imperativos garantísticos colida com a necessidade de acorrer em tempo útil a necessidades que o interesse público coloque. O que nos custa a aceitar é que a ideia de boa administração deva estar envolvida na contenda, numa perspetiva que, identificando-a com a eficiente prossecução do interesse público, a coloque apenas do lado do valor da eficiên-

[182] Freitas do Amaral, *Curso de Direito Administrativo*, vol. II, p. 56.

cia[183], quando, a nosso ver, a boa administração deve resultar do equilíbrio entre os valores em conflito[184], de modo que a Administração prossiga o interesse público com eficiência, economicidade e celeridade, e no respeito pela lei e pelo Direito, designadamente pelos direitos e interesses legalmente protegidos dos particulares.

[183] A perspectiva ainda pode ser, no entanto, surpreendida, por exemplo, na Resolução 77 (31) do Conselho da Europa, sobre a protecção do indivíduo em relação aos actos das autoridades administrativas, adoptada pelo Conselho de Ministros em 26 de Setembro de 1977, em que os direitos a ser ouvido, de acesso à informação, de assistência e representação, de participação e à indicação das vias de impugnação nas decisões administrativas eram preconizados sem prejuízo da devida consideração pelas "exigências da boa e eficiente administração".

[184] No mesmo sentido, escreve MARCOS GÓMEZ PUENTE, *La inactividad de la Administración*, Madrid, 2000, p. 48, que, como, "na lógica do Estado social de Direito não vale um resultado a qualquer preço", "numa boa administração pública, em sentido material ou objectivo, a eficácia na consecução do interesse público definido pela lei (ou pela Administração, de acordo com ela) deve articular-se com o respeito dos interesses particulares eventualmente afectados e objecto de protecção (por vezes insuficientemente e não por falta de vontade), ou sacrifício, nos termos legalmente previstos, mas presente por meio de um sistema de garantias que permite avaliar se a Administração resolve correctamente o conflito de interesses".

- IV -
Procedimento administrativo

1. Enquadramento: aspetos funcionais e estruturais

45. Sem prejuízo da possível existência de situações de estado de necessidade, em que a urgência na tomada da decisão não permita a regular instrução de um procedimento, a generalidade das decisões da Administração, e, em particular, dos seus atos administrativos e regulamentos, é o produto de um procedimento administrativo, isto é, de uma "sucessão ordenada de atos e formalidades" (cfr. artigo 1º, nº 1, do CPA) que são realizados em ordem à produção e operatividade da decisão.

É hoje pacificamente reconhecido o papel central que, na moderna dogmática do Direito Administrativo, corresponde à figura do procedimento administrativo.

Tradicionalmente, não lhe era atribuído um especial relevo no sistema administrativo continental – ao contrário do que sucedia no modelo anglo-saxónico –, classicamente baseado num modelo de regulação pretensamente exaustiva do conteúdo material das intervenções administrativas e, portanto, de controlo da actuação administrativa centrado no resultado – a identificar no respeito pelos preceitos reguladores da substância dessa actuação e, portanto, das relações jurídicas substantivas dela emergentes.

A verdade, porém, é que a crescente tendência, a que também já fizemos referência, para a redução do conteúdo regulador das normas que disciplinam a substância da actuação administrativa, com a consequente ampliação dos espaços de conformação que o legislador deixa a cargo da Administração para a escolha da melhor solução, levou a que viesse a ser crescentemente reconhecida a importância do procedimento, não só como instrumento de racionalização da actividade decisória da Administração, mas também como instrumento de legitimação da Administração, enquanto aparelho que, sendo eminentemente burocrático, vai sendo cada vez mais chamado, na ausência da pré-definição legislativa dos resultados, a determinar o conteúdo da regulação dos interesses em conflito e, assim, a tomar decisões crescentemente politicizadas[185].

"Prosseguir o interesse público no respeito pelos direitos e interesses legalmente protegidos" dos particulares, como exige a CRP, num contexto em que o conteúdo das decisões a tomar, por norma, não se encontra pré-determinado, mas deve resultar do exercício de poderes de valoração próprios do exercício da função administrativa, exige a cuidadosa identificação e ponderação imparcial de todos os interesses em presença (cfr. princípio da imparcialidade, consagrado no artigo 9º do CPA)[186]. Supõe participação multipolar, análise técnica e razoabilidade na apreciação, ponderada e aberta, das alternativas e dos sacrifícios que cada uma delas pode envolver[187].

[185] Nesta perspectiva, é imputada ao procedimento uma função de compensação pelos défices de regulamentação: cfr. RAINER WAHL, "Verwaltungsverfahren zwischen Verwaltungseffizienz und Rechtsschutzauftrag", *Veröffentlichungen der Vereinigung der Deutschen Staatsrechtslehrer (VVDStRL)* 41 (1983), p. 158; WALTER KREBS, "Kompensation von Verwaltungsverfahrensfehlern durch gerichtlichen Rechtsschutz?", *Deutsches Verwaltungsblatt* 1984, p. 113 e nota 53; FRIEDHELM HUFEN, *Fehler im Verwaltungsverfahren*, 3ª edição, Baden-Baden, 1998, pp. 354-355, Rn 588-589; HERMANN HILL, *Das felerhafte Verfahren und seine Folgen im Verwaltungsrecht*, Heidelberg, 1986, pp. 206 e 192; EBERHARDT SCHMIDT-ASSMANN, "Verwaltungslegitimation als Rechtsbegriff", *Archiv des Öffentlichen Rechts* 116 (1991), pp. 329 segs.; ALLEGRETTI, "Pubblica amministrazione e ordinamento democratico", *Il Foro Italiano* 1984, V, pp. 205 segs.; STEFANO COGNETTI, "Normative sul procedimento, regole di garanzia ed efficienza", *Rivista trimestrale di diritto pubblico* 1990, sobretudo a pp. 119 segs. Na doutrina portuguesa, cfr. GOMES CANOTILHO, "Procedimento administrativo e defesa do ambiente", *Revista de Legislação e Jurisprudência*, Ano 123, p. 135, e "Tópicos de um curso de mestrado sobre direitos fundamentais, procedimento, processo e organização", *Boletim da Faculdade de Direito de Coimbra*, vol. LXVI (1990), pp. 156-157; PEDRO MACHETE, *A audiência dos interessados no procedimento administrativo*, Lisboa, 1995, pp. 345 segs.

[186] Cfr. GOMES CANOTILHO, "Relações jurídicas poligonais, ponderação ecológica de bens e controlo judicial preventivo", *Revista Jurídica de Urbanismo e do Ambiente* nº 1, pp. 59 e 61; H. HILL, *op. cit.*, p. 191.

[187] Cfr., entre tantos, PIERRE MOOR, *Droit administratif*, vol. II, Berna, 1990, pp. 122 segs.; WALTER SCHMITT GLAESER, "Die Position der Bürger als Beteiligte im Entscheidungsverfahren gestaltender Verwaltung", in LERCHE/SCHMITT GLAESER/SCHMIDT-ASSMANN,

O procedimento é a sede na qual cumpre à Administração formular todos estes juízos e ponderações, em ordem à tomada das decisões que lhe incumbem[188]. E a complexidade da vida moderna reflete-se na estrutura dos modernos procedimentos administrativos – basta pensar em fenómenos como o da multiplicação de procedimentos complexos, que se desdobram em subfases ou mesmo em diferentes procedimentos autónomos mas interligados, no âmbito dos quais se produzem decisões intermédias[189]; ou o da crescente participação de indivíduos e grupos portadores de interesses difusos, designadamente no âmbito dos chamados *procedimentos de massa*, que, não sendo embora os mais frequentes, são aqueles que mais chamam a atenção da opinião pública[190].

46. O procedimento administrativo desempenha várias funções: visa permitir o esclarecimento e ponderação dos dados de facto e dos interesses que devem ser tidos em conta na tomada das decisões; visa assegurar a coordenação da actuação e intervenção dos vários órgãos (e entidades) administrativas envolvidas; visa proporcionar aos interessados a possibilidade de fazerem valer as suas razões.

O procedimento desempenha, desde logo, um relevante papel, no plano objetivo, como instrumento indispensável à adequada prossecução dos interesses públicos. Quer enquanto elemento de recolha e tratamento

Verfahren als Staats- und Verwaltungsrechtliche Kategorie, Heidelberg, 1984, pp. 48 segs.; S. COGNETTI, *op. cit.*, pp. 121 segs.; PALICI DI SUNI PRAT, *I diritti al procedimento*, Turim, 1994, pp. 90 segs.; P. MACHETE, *op. cit.*, pp. 441 e 250 segs.; RUI CHANCERELLE DE MACHETE, "Os princípios gerais do Código do Procedimento Administrativo", in *O Código do Procedimento Administrativo* (Seminário, Fundação Calouste Gulbenkian, 18 e 19 de Março de 1992), Lisboa, 1992, pp. 46-47.

188 Cfr. F. HUFEN, *op. cit.*, p. 356, Rn 589.

189 Cfr. THOMAS REICHELT, *Der Vorbescheid im Verwaltungsverfahren*, Frankfurt/Berna/New York/Paris, 1989, pp. 38 segs.; P. MOOR, *op. cit.*, pp. 128 segs.; TEDESCHINI, "Procedimento amministrativo", in *Enciclopedia del Diritto*, p. 876. Na doutrina portuguesa, VASCO PEREIRA DA SILVA, *Em Busca do ato administrativo perdido*, Coimbra, 1996, pp. 461 segs.; LUIS FILIPE COLAÇO ANTUNES, *O procedimento administrativo de avaliação de impacto ambiental*, Coimbra, 1998, pp. 164 segs.

190 Cfr. PERICU, "I procedimenti di massa", in *Il procedimento amministrativo fra riforme legislative e trasformazioni dell' amministrazione*, Milão, 1990, pp. 95 segs.; FERDINAND KOPP, "Gesetzliche Regelungen zur Bewältigung von Massenverfahren", *Deutsches Verwaltungsblatt* 1980, pp. 320 segs.; WAHL, *op. cit.*, pp. 178 segs.

da informação e, assim, de redução da complexidade, quer enquanto factor de aproximação da Administração à realidade dos interesses que se debatem na comunidade concreta e, assim, de redução da conflitualidade subsequente à tomada das decisões administrativas, o procedimento administrativo funciona como um instrumento de identificação das soluções que melhor prosseguem o interesse público e, nesta perspectiva, deve abrir-se à participação do mais amplo leque de agentes exteriores à própria Administração, no propósito de contribuir para a racionalidade da actividade administrativa e dos seus resultados.

Mas também é inerente ao procedimento administrativo uma importante dimensão de tutela subjectiva, enquanto instrumento de defesa dos titulares dos direitos e interesses que podem ser afectados pelas decisões que nele se preparam e venham a adoptar – dimensão de tutela subjetiva cuja importância é acrescida quando esteja em jogo a defesa, no âmbito do procedimento, de direitos fundamentais, dada a dimensão de "garantia do procedimento" que a moderna doutrina lhes associa e que se concretiza num direito à existência do justo procedimento e a que nele seja assegurada a participação e a defesa efetiva das posições subjetivas com relevância jusfundamental[191]. Com efeito, o procedimento administrativo é a sede privilegiada de intervenção dos titulares de direitos e interesses individuais, em defesa das posições substantivas de fundo de que são titu-

[191] Cfr. Gomes Canotilho, "Tópicos de um curso...", pp. 172-173 e 194; V. Pereira da Silva, *Em Busca...*, pp. 408, 418 e 437-438; Peter Häberle, "Grundrechte im Leistungsstaat", *Veröffentlichungen der Vereinigung der Deutschen Staatsrechtslehrer (VVDStRL)* 30 (1972), pp. 43 segs.; Hans-Werner Laubinger, "Grundrechtsschutz durch Gestaltung des Verwaltungsverfahrens", *Verwaltungs Archiv* 73 (1982), pp. 60 segs.; H. Hill, pp. 233 segs. (e 207-208); W. Krebs, *op. cit.*, p. 115 e referências na nota 73; Sciullo, "Il principio del "giusto procedimento" fra giudice costituzionale e giudice amministrativo", *Jus*, Ano XXIII (1986), pp. 291 segs.; Guglielmo Roherssen, "Il giusto procedimento nel quadro dei principi costituzionali", in *La disciplina generale del procedimento amministrativo*, Milão, 1989, pp. 51 segs.; E. Palici di Suni Prat, *op. cit.*, pp. 94 segs.; Stefano Cognetti, *La tutela delle situazioni soggettive tra procedimento e processo – Le esperienze di pianificazione urbanistica in Italia e in Germania*, Nápoles, 1987, p. 17; Erhard Denninger, "Effetti della giurisprudenza costituzionale sull' amministrazione e sul procedimento amministrativo", *Rivista trimestrale di diritto pubblico* 1986, pp. 344-351.

lares perante a Administração e que podem ser afetadas pelas decisões que no procedimento se preparam[192].

Na verdade, a partir do momento em que os particulares são reconhecidos como titulares de situações jurídicas substantivas perante a Administração, não pode admitir-se que eles sejam colocados numa posição passiva, de *sujeição,* relativamente aos efeitos jurídicos que as decisões administrativas possam vir a determinar e, portanto, que sejam tratados como um mero objeto do procedimento.

Pelo contrário, os titulares de situações jurídicas substantivas passíveis de serem afetadas pelas decisões que no âmbito do procedimento se preparam são reconhecidos como *sujeitos do procedimento,* no sentido em que são titulares de um conjunto de situações jurídicas ativas – que podem ser qualificadas como *situações subjetivas procedimentais*[193] – que lhes permitem intervir no procedimento, em defesa das respectivas posições jurídicas substantivas, no âmbito de relações jurídicas específicas, que se estabelecem e desenvolvem em sede procedimental e, por isso, podem ser qualificadas, também elas, como *relações jurídicas procedimentais*[194].

Do ponto de vista da análise estrutural do procedimento administrativo, este é um aspeto que se reveste da maior importância – e que, aliás, ganhou nova visibilidade com a revisão de 2015 do CPA[195], que nele introduziu um

[192] Falando de uma dimensão do procedimento "intrínsecamente complementadora, integradora e garantidora do direito material", cfr. GOMES CANOTILHO, "Tópicos de um curso...", p. 158 (e também 163).

[193] Cfr. KLAUS OBERMAYER, "Dogmatische Probleme des Verwaltungsverfahrens", in *Verwaltungsverfahren – Festschrift zum 50-Jährigen bestehen des Richerd Boorberg Verlags,* Stuttgart/Munique/Hannover, 1977, pp. 129-130; ALDO MARIA SANDULLI, *Il procedimento amministrativo,* Milão, 1940, p. 36; H. HILL, *op. cit.,* pp. 269, 278 e 280; P. MACHETE, *op. cit.,* pp. 79-80. Na doutrina portuguesa, falando em "interesses legítimos de ordem processual", cfr. SÉRVULO CORREIA, *Noções de Direito Administrativo,* vol. I, Lisboa, 1982, p. 419; e, na mesma linha, falando em relações e posições subjetivas processuais, V. PEREIRA DA SILVA, *op. cit.,* pp. 425-426, 435-436, e também 261 e 569.

[194] Cfr. H. HILL, *op. cit.,* pp. 192-193, e, a propósito, HELMUT GOERLICH, *Grundrechte als Verfahrensgarantien,* Baden-Baden, 1981, pp. 360-361.

[195] No dizer de MARTA PORTOCARRERO, "Procedimento administrativo – aspetos estruturais", *Cadernos de Justiça Administrativa* nº 100, p. 80, o regime do CPA introduziu "uma sistematização que parece querer tornar mais evidente a compreensão do procedimento como uma estrutura relacional, construída entre um ou vários órgãos/serviços administrativos e os particulares, e não como um mero encadeamento de atos que visam a prática de um ato final".

novo artigo 65º, no qual são reconhecidos como *sujeitos da relação jurídica procedimental*, a par dos sujeitos públicos competentes para a prática de atos administrativos ou atos preparatórios no âmbito do procedimento, os particulares interessados e as pessoas singulares e coletivas de direito privado em defesa de interesses difusos, de acordo com os critérios de legitimidade do artigo 68º, nºs 1 a 3[196].

Acrescente-se que os artigos 65º e 68º, nº 4, do CPA não descuram, entretanto, também o fenómeno das *relações jurídicas interadministrativas*, reconhecendo que, para além do sujeito público que conduz o procedimento, também nele podem intervir como sujeitos da relação jurídica procedimental outros sujeitos públicos, titulares de poderes, direitos subjetivos, interesses legalmente protegidos, deveres ou sujeições passíveis de serem conformados pela decisão que pode ser tomada no âmbito do procedimento ou que atuem em defesa de interesses difusos que lhes caiba defender e que possam ser beneficiados ou afetados por tal decisão.

47. É hoje pacífico o entendimento de que o procedimento administrativo não corresponde a uma das formas que pode assumir o processo, entendido como um conceito moldado a partir do modelo que fornece o processo judicial, mas antes consubstancia o modo específico pelo qual é levado a cabo o exercício da função administrativa[197].

Com efeito, pode dizer-se que o exercício das diferentes funções do Estado obedece a um *procedimento*, em sentido amplo, enquanto sistema de regras e/ou princípios dirigidos à obtenção de um resultado[198]. O exercício de cada uma das funções do Estado obedece, porém, a uma lógica e

[196] Sobre este tema, cfr. Pedro Machete, "A correlação entre a relação jurídica procedimental e a relação substantiva – Uma primeira leitura das normas do novo Código do Procedimento Administrativo sobre a participação dos interessados no procedimento do ato administrativo", in *Comentários ao Novo Código do Procedimento Administrativo* (coord. Carla Amado Gomes, Fernanda Neves e Tiago Serrão), Lisboa, 2015, pp. 441 segs.

[197] Cfr. Rogério Ehrhardt Soares, "A propósito dum projecto legislativo: o chamado Código de Processo Administrativo Gracioso", *Revista de Legislação e Jurisprudência* nº 3702, p. 295; H. Hill, *op. cit.*, p. 215; F. Tedeschini, "Procedimento amministrativo", p. 875; E. Fazzalari, "Procedimento e processo (teoria generale)", in *Enciclopedia Giuridica Treccani*, p. 1; mas já Feliciano Benvenuti, "Funzione amministrativa, procedimento, processo", *Rivista trimestrale di diritto pubblico* 1952, p. 130.

[198] Para o conceito, cfr. Robert Alexy, *Teoria de los derechos fundamentales* (tradução), Madrid, 1993, pp. 457-458.

a um conjunto de regras próprias, que resultam da natureza de cada uma dessas funções[199]. É isso que explica que o exercício da função jurisdicional se processe nos termos específicos que são próprios do processo judicial. E também que o procedimento a que obedece o exercício das demais funções do Estado, e em especial a função administrativa, se configure em termos diferentes daquele[200].

Com efeito, quase tudo, no plano funcional, separa o procedimento administrativo do processo judicial. O processo é uma realidade exterior ao quadro das relações materiais, que nele se debatem perante um terceiro, o tribunal, que delas não é parte e que as normas de direito material não têm por destinatário. O tribunal é um órgão passivo, que é chamado a intervir no exclusivo interesse da paz jurídica e apenas julga questões de direito, que aprecia e decide enquanto autoridade exterior e neutra perante o litígio que opõe as partes, com base, "em último termo, em factos já verificados - isto é, em factos que engendraram aquele efeito de direito que a sentença se limita a *declarar*"[201].

[199] Sobre a vasta e muito debatida questão da delimitação entre a função administrativa e a função jurisdicional, que aqui não cumpre, obviamente, analisar, cfr., na doutrina portuguesa, as notáveis sínteses de AFONSO RODRIGUES QUEIRÓ, "A função administrativa", *Revista de Direito e Estudos Sociais,* Ano XIV, *passim,* e *Lições de Direito Administrativo,* vol. I, policop., Coimbra, 1976, pp. 51-52; ROGÉRIO EHRHARDT SOARES, *Lições de Direito Administrativo ministradas ao curso de Direito no Porto da Universidade Católica Portuguesa,* policop., s/ data, nº 14 e 15; GOMES CANOTILHO, "Procedimento administrativo e defesa do ambiente", *Revista de Legislação e Jurisprudência,* Ano 123, pp. 168-169; A. XAVIER, "O processo administrativo gracioso", in *O Direito,* Ano 99 (1967), pp. 127 segs.; MARCELLO CAETANO, *Manual de Direito Administrativo,* vol. I, Coimbra, 1986 (reimpressão), p. 440. E, entre tantos, ALBERT VON MUTIUS, "Gerichtsverfahren und Verwaltungsverfahren", in *System des verwaltungsgerichtlichen Rechtsschutzes - Festschrift für Christian-Friedrich Menger zum 70. Geburtstag,* Colónia/ Berlim/Bona/Munique, 1985, pp. 575 segs.; P. MOOR, *op. cit.,* p. 215. Para a jurisprudência do Tribunal Constitucional sobre a matéria, cfr., por todos, com amplas referências, o Acórdão nº 568/98, Proc. nº 86/96, *Diário da República* - II Série, de 25.11.1999, p. 17 818.

[200] Para uma síntese, que se afigura muito eficaz, dos termos da distinção, tanto no plano funcional, como no plano estrutural, entre o *processo* e o *procedimento administrativo,* enquanto diferentes *species* do *procedimento,* entendido como *genus,* cfr. VINCENZO CAIANIELLO, "Rapporti tra procedimento amministrativo e processo", *Diritto processuale amministrativo* 1993, pp. 244-246.

[201] No dizer de JOÃO BAPTISTA MACHADO, *Introdução ao direito e ao discurso legitimador,* Coimbra, 1982, pp. 146 e 149, essencial à Jurisdição em sentido material, é o facto de as suas decisões serem proferidas "de um ponto de vista estrita e exclusivamente jurídico", declarando "o

Pelo contrário, os órgãos administrativos dispõem normalmente de amplos poderes de iniciativa oficiosa em ordem à tomada de decisões inovadoras para o futuro nos mais diversos domínios e relativamente a múltiplos interesses, cuja adequada satisfação a lei põe diretamente a seu cargo. O procedimento administrativo é, por isso, a sede na qual se concretiza a relação jurídica administrativa material, que aí se estabelece e desenvolve entre as partes, sendo que uma delas é a própria Administração[202], titular de uma posição substantiva, regulada por normas de direito material. É por este motivo que a doutrina alemã reconhece não ser possível nem legítimo estabelecer entre *direito administrativo procedimental* e *direito administrativo relacional*[203] uma fronteira estanque, do tipo daquela que separa o *direito material* do *direito processual*[204].

Por conseguinte, enquanto o juiz, no processo, indaga para perceber uma relação à qual é alheio, em função de um quadro material pré-existente que apenas lhe cumpre verificar e declarar, a Administração, no procedimento, indaga para identificar os interesses em presença, em função dos quais lhe cumpre adotar as medidas devidas ou adequadas, na directa prossecução dos interesses materiais na responsabilidade dos quais se encontra investida, enquanto parte na relação material que dá corpo ao procedimento[205].

que é *de direito* em cada caso"; por seu turno, "o processo judicial apresenta um carácter formal e comporta numerosas garantias processuais, a fim de assegurar a pronúncia de uma decisão justa sobre o fundo". Cfr. ainda R. EHRHARDT SOARES, *Lições...*, nº 14 e 15.

202 Sublinhando que a própria Administração é uma das partes da relação jurídica sobre a qual o acto administrativo deve operar os seus efeitos, cfr. SÉRVULO CORREIA, *Noções...*, pp. 270 e 302-303.

203 Para utilizar a classificação das normas relacionais que é proposta por FREITAS DO AMARAL, *Curso de Direito Administrativo,* vol. I, 4ª ed., Coimbra, 2015, pp. 128-130.

204 Impede-o a circunstância de o direito procedimental ser parte integrante da conformação das relações materiais e, portanto, ser direito administrativo, direito material: cfr. H. HILL, *op. cit.*, pp. 220-222 (e 201-203); MAX-JURGEN SEIBERT, *Die Bindungswirkung von Verwaltungsakten,* Baden-Baden, 1989, p. 126; SCHMIDT-ASSMANN, "Funktionen der Verwaltungsgerichtsbarkeit", in *Festschrift für Menger cit.*, p. 115; UTE MAGER, *Der maßgebliche Zeitpunkt für die Beurteilung der Rechtswidrigkeit von Verwaltungsakten,* Berlim, 1994, pp. 44-45. Na doutrina portuguesa, cfr. P. MACHETE, *A audiência dos interessados...cit.*, p. 81.

205 Cfr. H. HILL, *op. cit.*, pp. 276-277 (e também 216-217 e 256-257). Sustentando, nesta mesma perspectiva, que o critério de distinção das funções estaduais assenta no "critério da posição do órgão: posição substancial, isto é, relação entre ele (e os actos por ele praticados) e os interesses relativamente aos quais se desenvolve a actividade do órgão; posição formal, isto é, enquadramento do órgão na estrutura estadual", cfr. MARIO NIGRO, "Il giudicato

E a diferença acentua-se tanto mais quanto a já várias vezes referida falta de densidade que modernamente caracteriza as normas reguladoras da atuação administrativa faz com que ao procedimento caiba cada vez menos verificar a existência de pressupostos previamente definidos e deduzir a "única decisão correta" a adotar em função deles, para ser, como já foi dito, um instrumento de realização de escolhas, valorações e ponderações, em busca do compromisso entre ideias e interesses contrapostos[206].

48. De todas as diferenças entre procedimento e processo que, no plano funcional, se acabam de enunciar, decorrem inevitáveis consequências no plano estrutural[207].

Do ponto de vista estrutural, o traço mais característico do procedimento administrativo é o da heterogeneidade. Os procedimentos administrativos distinguem-se pela variedade das tipologias que podem assumir e pela multiplicidade dos sujeitos, dos interesses, dos fins e dos meios envolvidos.

Esta característica decorre da circunstância de que, enquanto o processo judicial se dirige a um único fim, que é o da justa pacificação dos conflitos, a realizar, como foi dito, por um terceiro não envolvido nos interesses materiais em jogo, o procedimento administrativo é o modo normal do envolvimento da Administração com os demais interessados nas questões materiais sobre as quais lhe cumpre intervir. Não se coaduna, por isso, com um modelo único, incapaz de "dominar a proteiforme realidade da Administração"[208], mas, pelo contrário, obedece a uma multiplicidade de modelos, flexíveis e díspares entre si, consoante o tipo de ato adminis-

amministrativo ed il processo di ottemperanza", in *Il Giudizio di Ottemperanza*, Milão, 1983, p. 95. Acentuando, na mesma linha, o carácter formal-organizatório da distinção entre processo e procedimento, assente na independência do tribunal, em contraponto com o facto de a Administração prosseguir tarefas muito heterogéneas na prossecução de interesses de que é titular, cfr. também VON MUTIUS, *op. cit.*, pp. 578-580.

[206] Cfr. F. HUFEN, *op. cit.*, pp. 352-353, Rn 586-587; H. HILL, *op. cit.*, p. 202, que nesta perspectiva reconhece que o relevo autónomo do procedimento se acentua precisamente no exercício de poderes de valoração próprios da Administração (ditos discricionários) que no próprio procedimento se concretizam.

[207] Cfr. VON MUTIUS, *op. cit.*, pp. 581 e segs. Poderá, talvez, dizer-se que procedimento e processo se ressentem do facto de cada um corresponder à "forma de uma função", na expressão de Benvenuti, na medida em que as diferenças que separam as funções impõem exigências próprias que se reflectem na estrutura do procedimento e do processo.

[208] R. EHRHARDT SOARES, "A propósito...", p. 325.

trativo que se visa produzir e, portanto, a natureza das indagações e ponderações que a sua preparação envolve[209], sempre deixando, em alguma medida, ao agente administrativo "a escolha dos mecanismos de pesquisa para a reconstrução da situação de facto nos seus momentos verdadeiramente significativos"[210].

Em consequência do que acaba de ser dito, os procedimentos administrativos, por regra, não obedecem a um modelo de tramitação rigidamente pré-determinado pela lei.

Existem *procedimentos especiais*, que a lei expressamente prevê e cuja tramitação ela estabelece – em alguns casos (excecionais) com grande detalhe: é o que, entre tantos outros, sucede, v.g., com os procedimentos de licenciamento de obras particulares, de expropriação, de formação dos contratos públicos, ou com o procedimento de que depende a aplicação de sanções disciplinares aos trabalhadores da Administração, o correntemente chamado *processo disciplinar*.

Mas a generalidade dos procedimentos administrativos não obedece a um modelo de tramitação rigidamente fixado, caracterizando-se antes por uma grande *flexibilidade*. Existem momentos que a lei geral impõe como obrigatórios em todos os procedimentos (como, paradigmaticamente, sucede com a *audiência dos interessados*); muitas vezes, a lei exige que, em certos tipos de procedimentos, a preparação da decisão passe pela realização de certo tipo de diligências; mas, na generalidade dos casos, não há lei especial que imponha qualquer exigência quanto ao modelo de tramitação a seguir para a tomada da decisão.

O procedimento administrativo é, aliás, um instrumento de identificação dos interesses que estão envolvidos na decisão a tomar pela Administração. Com efeito, é hoje crescentemente reconhecida, em múltiplos domínios de significativo relevo no quadro da moderna atividade administrativa, como o do ambiente, a impossibilidade de delimitar à partida o âmbito dos interesses sobre os quais se pode projetar a decisão administrativa, pelo que é no próprio âmbito do procedimento que – muitas vezes, por intervenção espontânea dos seus titulares – se precisa e delimita o núcleo desses interesses, cuja identificação tende, nesses casos, a

[209] Cfr. OBERMAYER, *op. cit.*, pp. 115-116.

[210] Cfr., por todos, as sínteses felizes de R. EHRHARDT SOARES, "A propósito...", pp. 295-297, e P. MACHETE, *A audiência dos interessados...cit.*, pp. 71-72.

processar-se de forma progressiva[211]. O procedimento, desse modo, não pode ser definido por referência a um conjunto de sujeitos previamente determinados à partida, antes funcionando como a sede na qual – sem prejuízo, como se disse, da eventual participação *uti cives* de outros – todos os que possam ser de algum modo afetados nos seus direitos e interesses pela decisão encontram o seu primeiro e preferencial local de expressão.

49. Salvo nos procedimentos em que, excecionalmente, a lei estabelece, por razões específicas, um modelo de tramitação rígido, que aproxima o procedimento do modelo do processo judicial, o órgão responsável pela direção do procedimento dispõe de poderes mais ou menos amplos (muitas vezes, extremamente amplos) de conformação do procedimento administrativo, que deve exercer no respeito pelo dever de assegurar a mais adequada prossecução do interesse público, no respeito pelos direitos e interesses legalmente protegidos dos particulares (artigo 266º, nº 1, da CRP) e, em especial, por princípios fundamentais como a imparcialidade, a igualdade e a proporcionalidade (artigos 266º, nº 2, da CRP e 6º a 9º do CPA).

Com a revisão de 2015, o CPA passou a contemplar explicitamente esta realidade nos artigos 56º e 57º.

Desde logo, no artigo 56º, reconhecendo que, na ausência de normas jurídicas injuntivas, o órgão responsável pela direção do procedimento goza de ampla autonomia na respetiva estruturação.

Na sua epígrafe, o artigo fala, a este propósito, num "princípio da adequação procedimental". A nosso ver, pode, no entanto, haver situações em que o procedimento seja objeto de regulação legal, mas esta deixe

[211] Cfr. Rui Machete, "Os princípios gerais do Código do Procedimento Administrativo", pp. 45-46; Pedro Machete, *A audiência dos interessados... cit.*, pp. 92 e 425-426; Sérvulo Correia, "O direito à informação e os direitos de participação dos particulares no procedimento e, em especial, na formação da decisão administrativa", *Legislação* nº 9/10 (1994), p. 146; Mario Nigro, "Procedimento amministrativo e tutela giurisdizionale contra la pubblica amministrazione (il problema di una legge generale del procedimento amministrativo)", *Rivista di Diritto Processuale* 1980, pp. 265-267; Paolo Dell'Anno, "La ponderazione degli interessi ambientali nel procedimento amministrativo ed i riflessi nella tutela processuale", *Rivista trimestrale di diritto pubblico* 1989, p. 97; S. Cognetti, *La tutela... cit.*, pp. 89-90 e 97-98; Franco Ledda, "Problema amministrativo e partecipazione nel procedimento", *Diritto amministrativo* 1993, p. 142.

espaços de conformação que permitirão ao órgão apenas adequar a estrutura do procedimento às necessidades, e situações em que a lei seja completamente omissa sobre a matéria, pelo que, mais do que um poder de *adequação*, existe mesmo um poder de *conformação* do procedimento administrativo – realidade que, como vimos, não é concebível no âmbito do processo judicial, onde, por isso, apenas são reconhecidos ao juiz poderes de mera adequação processual. Apesar da epígrafe, entendemos que o artigo 56º do CPA contempla, pois, os dois tipos de situações.

Complementarmente, o artigo 57º introduz, entretanto, a previsão da possibilidade de o órgão competente para a decisão final contratualizar certos trâmites procedimentais com os interessados, assim como de contratualizar o próprio conteúdo da decisão final a tomar no âmbito do procedimento – dentro, naturalmente, dos condicionalismos a que está submetida a celebração deste tipo de contratos.

Já se situa num plano distinto daquele em que se colocam os artigos 56º e 57º, a que nos acabamos de referir, o princípio do inquisitório, que o CPA consagra no artigo 58º.

Com efeito, o princípio do inquisitório diz apenas respeito à condução da instrução, dele resultando que, em geral – e, portanto, sem prejuízo das limitações decorrentes de lei especial –, o órgão responsável pela direção do procedimento conduz a instrução, dispondo de amplos poderes de iniciativa, renovação, integração e avaliação da prova, que lhe permitem ordenar as diligências instrutórias que considere necessárias para chegar à decisão final, sem necessidade de ser impulsionado para o efeito pelos interessados e sem que o CPA especifique os termos em que a instrução deve ser conduzida.

Neste plano, compete, pois, ao órgão responsável pela direção do procedimento decidir que elementos dá como certos e quais considera deverem ser objeto de indagação, podendo determinar voluntariamente a abertura de um período de prova ou recusar pretensões dos interessados nesse sentido, se considerar a prova desnecessária. E a decisão de não abrir um período de prova que tinha sido requerido só determinará a invalidade da decisão final se se demonstrar que o trâmite omitido era objetivamente necessário.

50. De todo o exposto resulta que, na vida administrativa, não existem apenas os procedimentos necessários e, dentro destes, os momentos

legalmente necessários do procedimento, mas também os procedimentos facultativos, que são a regra, e, em geral, todos os actos legalmente não exigidos que a Administração entenda dever praticar ao longo de cada procedimento.

Este dado reveste-se da maior importância para a compreensão do conteúdo do regime do procedimento administrativo que se encontra consagrado na Parte III do CPA. Na verdade, o CPA não estabelece um modelo de tramitação para o procedimento administrativo. Esta é a consequência lógica de tudo o que acaba de ser dito.

Com efeito, vimos que, em matéria de procedimento administrativo, há procedimentos especiais que são objeto de regulação própria e que os procedimentos que não são objeto de regulação especial não obedecem a um modelo rígido de tramitação, mas a um modelo flexível, que apenas num ponto ou noutro compreende momentos necessários, impostos por lei. Ora, em tal contexto, é perfeitamente compreensível que o CPA se limite, como não podia deixar de ser, a estabelecer um conjunto de regras que apenas regulam alguns aspetos de âmbito geral ou se limitam a estabelecer coordenadas, aplicáveis a qualquer procedimento e de aplicação subsidiária aos procedimentos especiais (cfr. artigo 2º, nº 5, do CPA).

É assim que, para dar apenas alguns exemplos, no que se refere à iniciativa do procedimento do ato administrativo, o Código estabelece o regime geral aplicável à apresentação de requerimentos (cfr. artigos 102º e segs.) e, em matéria de instrução, não impõe, naturalmente, a realização desta ou daquela diligência, o que apenas pode ser aferido em função do tipo de procedimento que estiver em causa, mas apenas estabelece um conjunto de parâmetros quanto à produção de prova (cfr. artigos 115º e segs.). Note-se, aliás, que a extensão do regime da instrução do procedimento do ato administrativo foi significativamente reduzida com a revisão de 2015, que o expurgou de um conjunto de normas provenientes do processo civil, de conteúdo discutível, respeitantes à produção de prova pericial.

Mas, como nota *Pedro Machete*, "daqui não se deve inferir que os interessados não possam ou não devam ser chamados a participar na preparação de diligências probatórias e na própria produção de elementos de prova, designadamente nos exames, vistorias e avaliações. Tal participação deve ocorrer, desde logo, e ao abrigo do princípio da cooperação e boa-fé procedimental consagrado no artigo 60º, nº 1, nas diligências de prova que se realizem a requerimento dos interessados – designadamente, por terem sido estes os primeiros a identificar a utilidade da diligência para o esclarecimento dos factos com interesse para a decisão – oportunamente deferidas pelo responsável pela direção do procedimento, uma vez que tal participação se afigura ser, nessas circunstâncias, uma condição necessária do rigor da averiguação dos factos em causa"[212].

2. Regime geral do procedimento administrativo

2.1. O responsável pela direção do procedimento

51. Embora não se trate de uma figura nova, o CPA, com a revisão de 2015, veio conferir uma nova visibilidade ao órgão responsável pela direção do procedimento, ao qual veio conferir um estatuto diferenciado e poderes reforçados.

Não se trata, na verdade, de uma figura nova, na medida em que já na redação anterior à revisão de 2015 o CPA lhe fazia referência, ao estabelecer, no artigo 86º, que a direção da instrução cabia ao órgão competente para a decisão, que, entretanto, podia delegar essa competência em subordinado seu, salvo nos casos em que a lei impusesse a sua direção pessoal. E, na sequência disso, o CPA falava, em diversos preceitos, no "órgão instrutor", como o órgão responsável pela direção da instrução.

A verdade, porém, é que, na redação do artigo 55º, o CPA deixou de falar apenas na "direção da instrução" para falar, de modo mais abrangente, na "direção do procedimento".

Por outro lado, o nº 2 do artigo 55º estabelece, com caráter inovatório, que a delegação do poder de direção do procedimento deve ser a regra, que apenas poderá ser excecionada quando exista disposição legal, regulamentar ou estatutária que impeça a delegação ou quando a isso obviem as condições de serviço ou outras razões ponderosas devidamente fundamentadas, que podem ser invocadas caso a caso, para um procedimento em concreto, ou ser assumidas, em diretiva interna, para categorias genéricas de procedimentos.

[212] Cfr. Pedro Machete, "A correlação entre a relação jurídica procedimental e a relação substantiva", pp. 456-457.

Introduzindo, por influência do Direito norte-americano, a regra da separação entre o poder de decidir e o poder de conduzir o procedimento, o CPA procura assegurar o distanciamento do órgão competente para decidir, que, naturalmente, resulta do facto de ele não conduzir os procedimentos que lhe cumpre decidir.

Na prática, o CPA erige, deste modo, o órgão responsável pela direção do procedimento a um estatuto distinto daquele que anteriormente lhe cabia, transformando-o no rosto da Administração na condução do procedimento. E por isso impõe, no nº 5 do artigo 55º, o dever de notificação aos interessados da identidade do órgão responsável pela direção do procedimento.

2.2. A conferência procedimental

52. A grande novidade introduzida pela revisão de 2015 na Parte III do CPA, respeitante ao procedimento administrativo, consistiu na introdução da previsão, com âmbito geral, nos artigos 77º e segs., da possibilidade da realização de *conferências procedimentais*.

A figura não é uma absoluta novidade no ordenamento jurídico-administrativo português, na medida em que encontra algum paralelo na legislação sectorial, com uma ou outra designação e uma ou outra configuração específica, em domínios como os *da urbanização e da edificação* (cfr. Decreto-Lei nº 555/99, de 16 de dezembro), do *exercício da atividade industrial* (cfr. Decreto-Lei nº 209/2008, de 29 de Outubro) e das *autorizações a que estão sujeitas a instalação e a modificação de estabelecimentos de comércio a retalho e de comércio por grosso em livre serviço e a instalação de conjuntos comerciais* (cfr. Lei nº 12/2004, de 30 de Março).

O regime do CPA sobre esta matéria possui, no entanto, um importante conteúdo inovatório, que resulta do modo específico como as *conferências procedimentais*[213] são configuradas e reguladas, no propósito de possibilitar a sua utilização com âmbito geral e a consequente obtenção de ganhos efetivos de eficiência.

[213] Sobre a opção terminológica, cfr. Marta Portocarrero, *Modelos de simplificação administrativa – a conferência procedimental e a concentração de competências e procedimentos em Direito Administrativo*, Porto, 2002, pp. 64 segs.

Com efeito, o referido regime não tem por objeto a consagração das chamadas *conferências instrutórias*, que correspondem ao modelo mais comum das conferências de serviços previstas na legislação sectorial, mas que se limitam a possibilitar "um exame contextual e presencial dos vários interesses envolvidos num ou em vários procedimentos conexos", sem que, no entanto, delas resulte qualquer efeito vinculativo para os órgãos decisores envolvidos[214].

Cumpre reconhecer que, apesar da sua função meramente preparatória, a realização de conferências instrutórias pode, em muitos domínios, revestir-se de grande utilidade. Mas a verdade é que a sua admissibilidade de âmbito geral não parece carecer de previsão legal específica, podendo o órgão responsável pelo procedimento (cfr. artigo 55º do CPA) promover a sua realização, no livre exercício dos poderes que o artigo 56º do CPA lhe confere para a estruturação do procedimento[215]. Não é, por isso, esta figura que o CPA tem em vista nos seus artigos 77º e segs.

Do que se trata é de admitir que quando, no âmbito de um procedimento simples (dirigido à tomada de uma única decisão final) ou complexo (em que haja lugar à tomada de mais do que uma decisão), ou em procedimentos conexos entre si (por terem por objeto a tomada de decisões autónomas, mas respeitantes a diferentes aspetos de um mesmo projeto, atividade ou iniciativa), devam intervir diferentes órgãos administrativos, a respetiva intervenção em separado, sem articulação com os outros órgãos intervenientes, seja substituída pela realização de uma ou mais reuniões, a chamada *conferência*, no âmbito da qual os referidos órgãos que intervêm no(s) procedimento(s) em causa interagem entre si, em ordem à resolução do(s) mesmo(s).

A definição enunciada é extensa e complexa, na medida em que a conferência procedimental, tal como configurada no CPA, se desdobra em diferentes modalidades. Vejamos, pois, separadamente, no que respeita a

[214] Sobre as conferências instrutórias, cfr. MARTA PORTOCARRERO, *Modelos de simplificação administrativa*, pp. 51-52 e 74 segs.

[215] No mesmo sentido, cfr. MARTA PORTOCARRERO, "Procedimento administrativo – aspetos estruturais", in *Cadernos de Justiça Administrativa* nº 100, p. 82, e *Modelos de simplificação administrativa*, p. 175.

cada uma delas, em conformidade com o disposto nos artigos 77º e segs. do CPA[216].

53. A primeira modalidade ocorre no âmbito de procedimentos simples, dirigidos à tomada de uma única decisão final, em que a conferência é integrada pelo órgão competente para a tomada da decisão final e pelos órgãos competentes para a prática de atos pré-decisórios necessários à tomada daquela decisão. Como refere o nº 5 do artigo 77º do CPA, é o que paradigmaticamente sucede com os órgãos consultivos, competentes para a emissão de pareceres vinculativos[217]. Nesse caso, estabelece o nº 7 do artigo 79º que os órgãos consultivos exprimem na conferência o sentido da sua decisão de forma oral, juntando o parecer escrito no prazo de oito dias, para ser anexado à ata da conferência.

54. A segunda modalidade é integrada por diferentes órgãos administrativos com competência decisória e ocorre no âmbito de procedimentos complexos, em que haja lugar à tomada de mais do que uma decisão, designadamente em subprocedimentos dirigidos à adoção de pré-decisões ou de decisões parcelares (cfr. *infra*, nº 110-B), ou no âmbito de procedimentos conexos entre si, por cada um deles ter por objeto a tomada de uma decisão autónoma, mas as diferentes decisões se reportarem a diferentes aspetos de um mesmo projeto, atividade ou iniciativa, cuja concretização condicionam[218].

55. Neste segundo caso, a conferência procedimental ainda pode assumir, entretanto, duas configurações distintas:

[216] Pode, entretanto, confrontar-se a tipologia em MARTA PORTOCARRERO, *Modelos de simplificação administrativa*, p. 69.

[217] Cfr., a propósito, MARTA PORTOCARRERO, "Procedimento administrativo – aspetos estruturais", p. 83.

[218] Como pertinentemente sugere MARTA PORTOCARRERO, "Procedimento administrativo – aspetos estruturais", p. 82, e *Modelos de simplificação administrativa*, pp. 69 e 125, uma conferência respeitante a procedimentos conexos é uma *conferência interprocedimental*. Sobre os procedimentos complexos e as situações de conexão entre procedimentos, que podem correr em paralelo ou em sequência, e se caracterizam pelo facto de cada um deles ter por objeto a decisão de diferentes aspetos ou dimensões de um mesmo projeto, atividade ou outra realidade material, cfr. também, por todos, MARTA PORTOCARRERO, *Modelos de simplificação administrativa*, pp. 43 segs., com outras referências.

a) Na *conferência deliberativa* (cfr. artigo 77º, nº 3, al. a)), os órgãos intervenientes procedem ao *exercício em comum* das suas competências (cfr. artigo 77º, nº 1), através da tomada de *uma única decisão* (cfr. artigo 77º, nº 2). Com efeito, a conferência deliberativa dirige-se à prática em conjunto de um único *ato complexo*, destinado a substituir os diferentes atos autónomos que competiria praticar a cada um dos órgãos participantes na conferência.

Isto é assim, quer quando a posição de todos os órgãos intervenientes na conferência se oriente unanimemente no sentido do deferimento ou do indeferimento da pretensão do interessado, quer quando as posições dos diferentes órgãos intervenientes se orientem em sentidos divergentes – hipótese na qual, como estabelece o nº 5 do artigo 81º, será praticado um ato complexo de indeferimento, salvo se os órgãos em causa acordarem nas alterações necessárias ao deferimento e na possibilidade de repetição da conferência, caso essas alterações sejam concretizadas pelo interessado[219].

A solução compreende-se na medida em que, quando, nos termos da lei, o deferimento da pretensão do interessado dependa de decisão de deferimento de todos e de cada um dos órgãos intervenientes na conferência, basta que um deles assuma a posição de indeferir, no que respeita à matéria da sua competência específica e, portanto, em conformidade com os pressupostos legais de que dependeria a prática individualizada

[219] Na sequência da deliberação negativa tomada na conferência, os órgãos intervenientes que nesse âmbito não tenham apresentado objeções quanto à matéria da sua competência podem praticar individualmente, em sentido positivo, o ato administrativo que lhes compete, no prazo de oito dias, contado do termo da conferência. É o que resulta do nº 6 do artigo 81º do CPA, à luz como de seguida melhor se compreenderá no texto, da distinção entre conferência deliberativa e de coordenação, na medida em que, na conferência de coordenação, não há razão para cada órgão praticar individualmente o ato administrativo que lhe compete na sequência da conferência, precisamente porque ele já praticou individualmente esse ato no contexto da própria conferência procedimental, ao contrário do que sucede na conferência deliberativa.

do ato que lhe competiria praticar[220], para que o ato complexo tenha de ser de indeferimento[221].

É, aliás, esta circunstância que determina que a conferência deliberativa não funcione como um órgão colegial, que pode deliberar por maioria, desde que reúna o *quorum* necessário, mas como a reunião de *diversas vontades orgânicas*, que se exprimem na prática, pela manifestação necessariamente unânime da vontade de todos os participantes na conferência, de um ato complexo[222], "um ato concentrador, que reúne todos os atos que deveriam ser praticados isoladamente e os substitui", e que, por isso, tem de ser emitido, em coautoria, por todas as autoridades competentes para a prática de cada um dos atos substituídos[223].

220 Como nota MARTA PORTOCARRERO, "Procedimento administrativo – aspetos estruturais", pp. 84 e 85, cada órgão (só) tem o poder de decidir e, portanto, de "vetar" relativamente a questões relativas à matéria da sua competência específica, em relação as quais a sua posição há de, naturalmente, ser assumida em conformidade com o quadro normativo especificamente aplicável.

221 Como, na verdade, assinala MARTA PORTOCARRERO, *Modelos de simplificação administrativa*, p. 153, "a exigência de unanimidade na adoção da deliberação final afigura-se como ontologicamente necessária. Se cada um dos atos procedimentais é indispensável para a perfeição do ato administrativo, não pode existir uma deliberação que aceda no conteúdo do ato prescindindo do contributo de algum dos seus componentes essenciais. Faltará nesse caso um pressuposto necessário". Com efeito, o que, neste domínio, sucede, mesmo nos procedimentos conexos, é que, apesar de as competências decisórias dos diferentes órgãos envolvidos serem autónomas, elas são tomadas no âmbito de procedimentos unidos por um resultado comum em termos materiais, na medida em que o conteúdo negativo de qualquer delas determina a impossibilidade de se alcançar o resultado pretendido e ao qual, globalmente, se refere, precisamente, o ato complexo a emitir no âmbito da conferência deliberativa (cfr. ainda MARTA PORTOCARRERO, *Sistemas de simplificação administrativa*, p. 48).

222 O ato a cuja prática se dirige a conferência deliberativa não é, portanto, um *ato colegial*, manifestação de uma vontade *colegial*, incindivelmente imputada a um órgão unitário, que seria o *colégio* formado pelos participantes na conferência, mas é um ato *pluriestruturado*, no sentido em que resulta da *coligação interorgânica* de diferentes manifestações de vontade, que se fundem numa só vontade declarada, dirigida a determinar a produção de um efeito jurídico uno, que não poderia produzir-se na falta desse concurso de vontades. Não é, assim, aplicável, neste domínio, o regime do *quorum*, nem o da maioria de deliberação. Sobre a questão abordada no texto, cfr., por todos, MARTA PORTOCARRERO, *Modelos de simplificação administrativa*, pp. 158-163 e, em geral, 112 segs. e 139 segs., com outras referências.

223 Neste sentido, MARTA PORTOCARRERO, "Procedimento administrativo – aspetos estruturais", p. 84, faz notar que, como a conferência conduz à prática de um ato complexo, a con-

Na conferência deliberativa, os órgãos que nela participam não praticam, pois, atos individualizados, cada um dos quais com a sua identidade e autonomia. O ato complexo é o resultado unitário da conferência, que é objeto de imputação jurídico-formal, de modo incindível, a todos e a cada um dos órgãos que o emitiu, sem que tenha o valor de ato administrativo autónomo o voto favorável dos órgãos que, nesse contexto, porventura estivessem dispostos a consentir no projeto submetido a apreciação. Isto implica que só todos os órgãos em conjunto podem anular ou revogar o ato em causa, que ele só pode ser impugnado como um todo e que a eventual invalidade da manifestação de vontade de um dos órgãos intervenientes contamina o ato no seu conjunto, implicando a invalidade do todo[224].

b) Na *conferência de coordenação* (cfr. artigo 77º, nº 3, al. b)), os órgãos intervenientes procedem ao *exercício individualizado, mas simultâneo,* das suas competências, através da tomada de *decisões conjugadas* (cfr. artigo 77º, nº 2). Com efeito, ainda que a conferência, nesta modalidade, termine com a concordância dos diferentes órgãos intervenientes quanto à pretensão do interessado, essa concordância traduz-se numa "conclusão comum mas não unitária", no sentido de que vai consubstanciar-se na prática por cada um deles, no contexto da reunião, do ato jurídico que a cada qual compete.

ferência envolve o exercício em conjunto das competências dos vários órgãos intervenientes, com o que se ganha em coordenação, sem perder em especialidade. Neste sentido deve, pois, ser lida a alínea a) do nº 3 do artigo 77º do CPA, quando fala do "exercício conjunto das competências decisórias através de um único ato de conteúdo complexo".

[224] A este propósito, cfr. MARTA PORTOCARRERO, *Modelos de simplificação administrativa*, pp. 140 segs. A exposição da Autora deve ser lida com a advertência de que o CPA, ao contrapor a conferência deliberativa à de coordenação, acolheu, como duas modalidades da conferência procedimental, dois entendimentos que, a propósito de uma mesma figura, se perfilavam na doutrina italiana na época em que a Autora escreveu a sua dissertação. Desse modo, o CPA optou por confiar à entidade competente nos termos do artigo 78º a faculdade de escolher, sectorialmente, quando deverá optar por instituir conferências deliberativas ou de coordenação – sendo certo que, como se vê, o modelo de conferência deliberativa é mais ambicioso, pois implica um maior comprometimento dos órgãos intervenientes no consenso obtido na conferência, ao impedi-los de voltar atrás através da revogação ou da anulação administrativa do ato individualizado que praticassem.

Não há, assim, lugar, neste caso, à prática de um único ato complexo, mas à prática de um *ato plural*, constituído por vários *atos contextuais*, que, embora praticados no mesmo contexto e, por isso, documentados na mesma ata (cfr. artigo 81º, nº 3), não perdem a sua identidade e autonomia, não deixando, por isso, de ser objeto de imputação jurídico-formal a cada um dos órgãos que os emite, que por eles é totalmente responsável, designadamente para o efeito de os poder anular ou revogar, e de poderem ser autonomamente impugnados, sem que a eventual invalidade de um destes atos se transmita aos demais[225].

56. No que respeita aos pressupostos de que depende a conferência procedimental pode, à partida, dizer-se que a realização espontânea de conferências procedimentais no âmbito de procedimentos simples não carece de enquadramento específico. Com efeito, em qualquer procedimento, cada conferência pode ser espontaneamente promovida pelo órgão competente para a decisão final, sem prévio estabelecimento formal de regras quanto ao seu funcionamento. E o mesmo pode dizer-se em relação às próprias conferências de coordenação, na medida em que elas não põem em causa o exercício autónomo da competência de cada um dos órgãos que nelas participam. O mesmo já não pode dizer-se das conferências deliberativas, em que, como vimos, a tomada individualizada de decisões por cada um dos órgãos intervenientes é substituída pela prática de um único ato complexo[226]. Compreende-se, por isso, a diferenciação que, nesse sentido, estabelece, na sua parte inicial, o nº 1 do artigo 78º.

A verdade, porém, é que, se verdadeiramente se pretender que a figura da conferência procedimental venha a ter uma expressão significativa na nossa vida administrativa, é necessário, como prevê o artigo 78º, que, para cada tipo de procedimento, a previsão da sua realização seja instituída

[225] Cfr. Marta Portocarrero, *Modelos de simplificação administrativa*, p. 141, e "Procedimento administrativo – aspetos estruturais", in *Cadernos de Justiça Administrativa* nº 100, p. 84.

[226] Como, na verdade, nota Marta Portocarrero, "Procedimento administrativo – aspetos estruturais", p. 84, a necessidade de uma expressa previsão normativa para a conferência deliberativa entende-se porque "os diferentes atos típicos originais passam a integrar um outro ato que os substitui".

através de um instrumento que dê resposta a várias dificuldades[227] – a começar pela necessidade de obrigar todos os órgãos envolvidos a participar na conferência e, sendo caso disso, a acatar o seu resultado (cfr. artigos 78º, nº 3, alínea b), e 79º, nºs 5 e 6), pois, de outro modo, será fácil a qualquer dos órgãos envolvidos boicotar a conferencia, inviabilizando a sua realização[228].

É por este motivo que o artigo 78º consagra a regra da necessidade da instituição das conferências procedimentais, estabelecendo que a possibilidade de, em cada caso, um determinado órgão promover junto de outros órgãos a realização de uma conferência procedimental deve ser prevista, para cada tipo de procedimento (ou para cada feixe de procedimentos conexos), por lei, regulamento ou contrato interadministrativo – neste último caso, quando haja que reunir órgãos pertencentes a diferentes entidades públicas autónomas (cfr. artigo 78º, nº 1). No âmbito da Administração direta e indireta do Estado, a instituição da conferência procedimental pode ser feita por portaria do Ministro ou portaria conjunta dos Ministros competentes para a direção e tutela dos organismos envolvidos (cfr. artigo 78º, nº 2).

Como muito adequadamente prevê o nº 3 do artigo 78º, o ato instituidor é, na verdade, desde logo necessário enquanto título habilitante que investe um dos órgãos envolvidos no poder de promover a realização das conferências, convocando os outros órgãos e presidindo ás reuniões; como também é, concomitantemente, necessário, como já foi dito, como título constitutivo dos outros órgãos no dever de corresponderem a tal convocatória, sob pena de cominações (cfr. mais uma vez o disposto no artigo 79º, nºs 5 e 6). Para o efeito, o ato instituidor é, também, o título habilitante

[227] Reconhecendo que a exigência de enquadramento normativo para a realização de conferências procedimentais apresenta "a vantagem de, onde a conferência tiver sido regulada, ser incentivada a sua utilização e possívelmente resolvidas especificamente quaisquer questões atinentes ao seu funcionamento", cfr. MARTA PORTOCARRERO, "Procedimento administrativo – aspetos estruturais", p. 82.

[228] Reconhecendo que, "na falta de previsão legal expressa imperativa é difícil encontrar uma base para a existência de um dever de participação" dos órgãos administrativos em conferências espontaneamente convocadas por outros órgãos, cfr. MARTA PORTOCARRERO, *Modelos de simplificação administrativa*, p. 135. Hoje, o artigo 78º, e, em particular, a alínea b) do seu nº 3, são a base legal habilitadora da constituição de tais deveres também por regulamento ou contrato interadministrativo.

que investe os órgãos colegiais envolvidos no poder – e, ao mesmo tempo, no dever – de delegarem em membros seus ou em agentes de si dependentes os poderes necessários ao funcionamento das conferências. E, no caso da previsão da realização de conferências deliberativas, também há de ser, naturalmente, o ato instituidor o título habilitante que investe os órgãos participantes na conferência na competência para deliberarem através de um único ato complexo, em substituição da prática individualizada de atos administrativos por cada um deles.

57. A iniciativa das conferências procedimentais pode ser oficiosa ou resultar de requerimento de um ou mais interessados, cuja apresentação constitui o órgão competente no dever de convocar a conferência no prazo de 15 dias (cfr. artigo 79º, nºs 1 e 2). Cumpre, na verdade, ter presente que os procedimentos em que são introduzidas conferências procedimentais são, por regra, procedimentos de iniciativa particular, que têm por objeto a prática de um ou mais atos autorizativos, ou de outros tipos de atos constitutivos de direitos[229].

Na conferência, têm necessariamente de ter assento todos os órgãos cuja concordância a lei qualifique como obrigatória e, portanto, cujo assentimento seja legalmente necessário ao deferimento da pretensão do interessado[230].

Tomam parte na conferência os titulares dos órgãos singulares envolvidos e os delegados dos órgãos colegiais, que podem ser membros destes ou agentes deles dependentes, mas nos quais têm de estar formalmente delegados os poderes necessários para assumir, de modo definitivo, a posição do respetivo órgão nas conferências deliberativas, ou para praticar a decisão correspondente à competência do órgão em causa, nas conferências de coordenação (cfr. artigo 79º, nº 5)[231].

[229] Cfr. MARTA PORTOCARRERO, *Modelos de simplificação administrativa*, p. 53.

[230] Cfr. MARTA PORTOCARRERO, *Modelos de simplificação administrativa*, p. 126.

[231] Como nota MARTA PORTOCARRERO, *Modelos de simplificação administrativa*, pp. 128 segs., a validade do resultado de qualquer conferência procedimental pressupõe que cada participante detenha os poderes necessários para praticar o ato da sua competência nesse contexto, o que implica que cada uma das pessoas físicas presentes na conferência deve ser o próprio titular do órgão ou alguém para o efeito habilitado através do necessário ato de delegação de competências.

A ausência de órgãos regularmente convocados não obsta ao funcionamento da conferência, presumindo-se, entretanto, que os ausentes nas conferências deliberativas não se opõem ao deferimento da pretensão do interessado, salvo se invocarem justo impedimento no prazo de oito dias (cfr. artigo 79º, nº 6). Para este efeito, julgamos que quando, no âmbito de uma conferência deliberativa, for adotado um ato complexo de deferimento da pretensão do interessado na ausência da tomada de posição de algum dos órgãos que deveria participar na sua adoção, o ato complexo fica sujeito à condição resolutiva da invocação de justo impedimento pelo órgão ausente – hipótese na qual, a nosso ver, a conferência terá de ser repetida e o ato em causa substituído.

Quando haja lugar à realização de uma conferência procedimental, devem ser promovidos em momento anterior todos os trâmites instrutórios do procedimento, ou dos procedimentos conexos envolvidos, que não devam ser praticados no âmbito da própria conferência[232], em ordem a reunir os elementos necessários à elaboração do projeto ou dos projetos de decisão.

O interessado pode ser convocado a estar presente na conferência quando a sua presença, que, nesse contexto, se inscreve no âmbito da participação dos interessados no procedimento, se revele necessária a uma boa decisão (cfr. artigo 79º, nº 8).

Por outro lado, quando haja lugar à realização de conferência procedimental, o direito de audiência dos interessados, consagrado no artigo 121º do CPA, é exercido no âmbito da conferência, em sessão na qual devem estar presentes todos os órgãos que nela tomam parte. Este aspeto afigura-se do maior interesse, na medida em que favorece a identificação, em diálogo entre o interessado e os vários órgãos envolvidos, de soluções que, implicando a alteração do projeto, possam permitir a sua viabilização[233].

[232] Cfr. Marta Portocarrero, "Procedimento administrativo – aspetos estruturais", p. 85. Como já foi referido, pode haver emissão de pareceres vinculativos no âmbito da conferência procedimental, e, como se dirá de seguida, é nessa sede que se procede à audiência dos interessados.

[233] O CPA, no nº 4 do artigo 81º, deu acolhimento às propostas de Marta Portocarrero, *Modelos de simplificação administrativa*, pp. 125-127, e "Procedimento administrativo – aspetos estruturais", p. 86, que se tem manifestado em sentido favorável à expressão de *dissensos construtivos*, mediante os quais, "quando não concorde com o ato em preparação, em vez de recusar o ato que lhe é solicitado, o órgão presente na conferência pode sugerir as modifi-

Resulta, entretanto, do disposto no nº 1 do artigo 80º que, no caso da conferência deliberativa, há lugar a uma única audiência, reportada ao projeto de decisão respeitante ao ato complexo. Com efeito, estabelece o referido preceito que, no caso da conferência de coordenação, a audiência se processa em simultâneo quanto às várias decisões a adotar. E, na verdade, como a conferência de coordenação conduz à prática contextual de tantas decisões quantos os órgãos com competência decisória envolvidos, compreende-se que, embora seja realizada num único momento, a audiência não seja unitária, mas se reporte a cada um dos projetos de decisão respeitantes às diferentes decisões a ser tomadas no contexto da conferência.

O artigo 81º estabelece que a conferência procedimental finda com a prática do ato ou atos que visa preparar, ou no termo do prazo de 60 dias, prorrogável por mais 30, se, até esse momento, não forem praticados os referidos atos. Neste último caso, o nº 7 do artigo 81º admite, no entanto, que a conferência pode ser repetida em casos excecionais, devidamente justificados, quando todos os órgãos envolvidos nisso previamente acordem.

A fixação de um prazo limite específico justifica-se porque, nos termos do nº 1 do artigo 81º, a convocação da conferência procedimental suspende os prazos para a conclusão dos procedimentos nos quais deveriam ser praticados os vários atos envolvidos. O eventual fracasso da conferência tem, entretanto, o efeito de fazer retomar o decurso normal do procedimento ou dos procedimentos envolvidos[234], e os prazos respetivos.

Quando a conferência procedimental chega ao seu termo, o órgão que a ela presidiu elabora uma ata, na qual são registados os sucessivos passos da conferência e – quando ela não tenha terminado antes disso, pelo simples decurso do prazo – o ato ou atos decisórios que nela foram praticados.

Nas conferências deliberativas, o ato decisório a inscrever na ata é o ato complexo a que já nos referimos, que, como vimos, só pode ser de

cações que considere fundamentais para a proteção do interesse público que tutela". Ora, a nosso ver, é em sede de audiência dos interessados que, em primeira linha, esta atitude deve ser assumida, a título preventivo de um eventual indeferimento.

[234] Cfr. Marta Portocarrero, "Procedimento administrativo – aspetos estruturais", p. 85.

deferimento se não houver oposição de nenhum dos órgãos de cujo assentimento depende a viabilização da pretensão do interessado. Na conferência de coordenação, os atos decisórios a inscrever na ata são os atos contextualmente praticados, de forma individualizada, por cada um dos órgãos intervenientes.

Por esse motivo, o regime do nº 4 do artigo 81º tem apenas em vista as conferências deliberativas, e não as conferências de coordenação, quando estabelece que, na falta de acordo, os órgãos participantes emitem uma declaração para constar da ata, na qual especificam as razões da sua discordância e, sempre que possível, as alterações que consideram necessárias à viabilização da pretensão do interessado. Com efeito, na conferência de coordenação, cada decisão é autonomamente tomada e, como tal, tem de ser objeto da sua própria fundamentação na ata. É, pois, no caso da prática de um ato complexo desfavorável à pretensão do interessado, por discordância de algum dos órgãos participantes na conferência, que a imposição daquele dever se justifica, de harmonia com o dever da fundamentação expressa dos atos administrativos desfavoráveis, consagrado nas alínea a) e c) do nº 1 do artigo 152º do CPA.

58. São várias as vantagens apontadas à utilização de modelos como aquele que o regime do CPA veio configurar, nos termos descritos, sob a designação de conferência procedimental.

Na verdade, ela permite a realização, de uma só vez e numa única sede, de momentos procedimentais que, de outro modo, teriam lugar em momentos e sedes diversas – muitas vezes, mesmo, no âmbito de procedimentos distintos, embora conexos.

Ora, daqui podem resultar inúmeras vantagens. Potencia-se, desde logo, um efeito de *aceleração*, na medida em que se pode conseguir a emissão num mesmo momento de todos os atos que condicionam um projeto ou atividade, assim "evitando que cada uma das autoridades envolvidas prolongue ou mesmo paralise o decurso procedimental pela demora da sua pronúncia".

Por outro lado, ao juntar em torno de uma mesma mesa órgãos que, de outro modo, atuariam isoladamente, "permitindo que cada autoridade administrativa possa praticar o ato administrativo da sua competência de forma coordenada com a decisão de outros sujeitos públicos com poderes sobre o mesmo projeto", favorece-se "o entendimento entre as eventuais posições divergentes pela promoção do diálogo entre todos os envolvidos"[235].

Com efeito, a conferência permite que cada um dos órgãos intervenientes adquira uma melhor percepção de todos os aspetos do projeto ou atividade em análise e do conjunto dos interesses em confronto, evitando, desse modo, a radicalização de posições que tende a resultar da valoração isolada, por cada órgão, apenas de aspetos ou interesses sectoriais.

Esta dimensão acentua-se no modelo da conferência deliberativa, em que existe uma dimensão, ainda que atenuada, de *concentração de competências*[236], cuja lógica assenta na concertação de posições entre os órgãos, que vão ser coautores de uma única decisão de conteúdo complexo, e, portanto, no reconhecimento do alcance constitutivo que o diálogo interorgânico pode ter para "a obtenção de um resultado material global comum"[237].

Importa ter, no entanto, presente que, nesta dimensão específica, a conferência procedimental terá a utilidade que os que nela participam lhe queiram ou possam dar. Pois, na verdade, a conferência procedimental poderá ser tanto mais útil quanto mais os que nela participam se mostrem capazes de abandonar a sua zona de conforto, para tirar partido das virtualidades que o modelo comporta. A começar pelo órgão instituído como promotor da conferência, que deve assumir de modo efetivo o papel de facilitador de consensos em ordem à obtenção do resultado que melhor assegure a adequada composição dos interesses públicos e privados em presença.

[235] Cfr. Marta Portocarrero, *Modelos de simplificação administrativa*, pp. 51-52 e 125.

[236] Cfr. Marta Portocarrero, "Procedimento administrativo – aspetos estruturais", pp. 84-85. Com efeito, na conferência deliberativa, há um fenómeno de concentração que conduz à prática de um único ato administrativo substitutivo dos atos individualizados que seriam necessários. Sobre o tema da concentração de competências, com outras referências, cfr., por todos, Marta Portocarrero, *Modelos de simplificação administrativa*, pp. 52-53 e 214 segs.

[237] Cfr. Marta Portocarrero, *Modelos de simplificação administrativa*, p. 69. Como, na verdade, explica esta Autora, a p. 125 da mesma obra, a maior valia do modelo da conferência procedimental "revela-se quando exista alguma divergência nas posições dos diversos órgãos participantes: a discussão presencial dos diferentes pontos de vista pode facilitar o consenso, uma vez que cada um poderá influenciar decisivamente a valoração final. Deste modo, na conferência, o poder de cada órgão administrativo presente não se concentra na disposição do mero ato procedimental, mas expande-se pelo próprio debate".

Nesse contexto, é, desde logo, fundamental que os participantes na conferência disponham com a adequada antecedência em relação à primeira reunião de um projeto de decisão sobre o qual se possam pronunciar, ou, pelo menos, dos elementos necessários à sua elaboração, mas também que o vejam como uma base de discussão. Com efeito, é natural que cada órgão presente exponha as razões do seu consenso ou discordância, do ponto de vista dos interesses que lhe cumpre proteger, e com a sua argumentação tente convencer os restantes, deixando-se também influenciar por eles, de modo a que o resultado final da conferência possa ser de algum modo negociado, em ordem à obtenção da melhor decisão global[238].

2.3. Estrutura do procedimento

59. É usual apresentar-se o procedimento administrativo segundo uma estrutura tripartida: assim, após o momento da *iniciativa*, fala-se numa *fase preparatória* da decisão, em que, no essencial, se procede à *instrução*, que tem por objeto a recolha dos elementos necessários à tomada da decisão; numa *fase constitutiva*, de *resolução do procedimento*, em que a decisão final é tomada; e numa *fase complementar ou integrativa*, que tem por objeto o cumprimento das formalidades necessárias para que a decisão chegue aos destinatários e se torne capaz de produzir os efeitos a que se dirige. Em momento imediatamente anterior ao da tomada da decisão, há, no entanto, que proceder, por regra, à *audiência dos interessados*, que desempenha uma função autónoma em relação à instrução e deve ser, por isso, autonomizada na estruturação do procedimento.

Não podemos deixar de notar que, no âmbito do mesmo procedimento complexo, podem ser tomadas várias decisões. Com efeito, ao longo do procedimento, a lei exige, muitas vezes, ou é, em todo o caso, frequentemente necessário, mesmo sem expressa previsão legal nesse sentido, que a Administração vá tomando decisões quanto a questões prévias ou parcelares, em ordem à tomada da decisão final. Esta realidade tem múltiplas implicações, que não podem ser ignoradas, para diversos efeitos, pela teoria geral do Direito Administrativo – como já vimos, a propósito

[238] Nesta linha, cfr. MARTA PORTOCARRERO, *Modelos de simplificação administrativa*, pp. 155 segs., com outras referências.

das conferências procedimentais, e, nos momentos adequados, teremos ocasião de assinalar (cfr., em particular, *infra*, nº 103).

Do ponto de vista da sua análise estrutural, não deve, porém, a nosso ver, perder-se de vista que o procedimento administrativo é direcionado à emissão de uma decisão final, revestindo-se, por isso, em nossa opinião, de grande importância, no plano dogmático, distinguir o ato que, no âmbito do procedimento administrativo, contém a resolução final que decide as questões de fundo, dos atos mediante os quais, ao longo do procedimento, vão sendo incidentalmente decididas questões que se vão colocando.

A distinção transparece, aliás, com toda a clareza do regime que, na parte III do CPA, disciplina a marcha do procedimento declaratório de primeiro grau, todo ele centrado no direcionamento do procedimento em ordem à decisão final que lhe põe termo: veja-se, designadamente, a referência à *decisão final* ou *decisão definitiva* nos artigos 90º, 121º, 127º, 128º e 129º - nos artigos 82º e 84º aflora, entretanto, a expressão *resolução* ou *resolução definitiva*.

É, na verdade, diferente a função que à decisão final, por um lado, e às demais decisões intraprocedimentais, pelo outro, cumpre desempenhar no âmbito do procedimento e, por conseguinte, o papel que a uma e a outras corresponde na conformação das relações jurídicas administrativas - e isso não pode deixar de ser refletido no plano da construção dogmática.

A nosso ver, as resoluções finais típicas dos procedimentos administrativos são a expressão suprema e, portanto, o núcleo essencial da atuação jurídica concreta da Administração, na medida em que, ainda hoje, são os factos jurídicos por excelência da constituição, modificação ou extinção de relações jurídicas administrativas - revestindo-se, por isso, do maior interesse a sua identificação tipológica, por referência aos procedimentos administrativos que lhes correspondem[239], para a determinação e o estudo do quadro destas relações.

A nosso ver, continua, por isso, a revestir-se do maior interesse, pelas virtualidades explicativas que encerra, o estabelecimento de paralelismos entre a relação procedimental e a decisão que põe termo ao procedimento

[239] Sublinhando a relevância procedimental neste domínio, cfr., por exemplo, VIEIRA DE ANDRADE, "Algumas reflexões a propósito da sobrevivência do conceito de ato administrativo no nosso tempo" in *Estudos em Homenagem ao Prof. Doutor Rogério Soares*, Coimbra, 2001, pp. 1204-1205.

administrativo, por um lado, e a relação processual e a decisão que põe termo ao processo judicial, pelo outro[240].

Justifica-se, por conseguinte, que, na presente sede, a análise estrutural do procedimento administrativo a que se irá proceder de seguida seja organizada segundo o tradicional modelo sequencial, estruturado em torno do momento constitutivo, de resolução do procedimento, em que a decisão final é tomada.

A. Iniciativa

60. O CPA não regula a iniciativa oficiosa dos procedimentos administrativos, mas apenas a iniciativa particular, no âmbito da marcha do procedimento do ato administrativo, onde estabelece o regime geral aplicável à apresentação de requerimentos (cfr. artigos 102º e segs.).

Compreende-se o silêncio do Código sobre a iniciativa oficiosa, na medida em que, normalmente, ela não dá lugar à prática de um ato jurídico autónomo, dirigido a formalizar o momento em que o procedimento é desencadeado – exceto em procedimentos especiais, que não têm por que ter expressão no CPA, como sucede quando a competência para decidir pertence a um órgão diferente daquele que toma a iniciativa, ao qual compete, por isso, formular uma proposta, no sentido de agir em ordem à tomada de uma decisão. Na generalidade dos casos, o primeiro ato visível do procedimento de iniciativa oficiosa há de ser, assim, o ato através do qual o órgão competente para decidir designa o órgão responsável pela direção do procedimento, nos termos do artigo 55º do CPA.

Note-se que, nos casos em que, nos termos da lei, um órgão só pode exercer a sua competência para decidir em determinada matéria se tiver obtido autorização de outro órgão, existem dois procedimentos distintos, na medida em que o órgão interessado em exercer a competência tem de começar por desencadear um procedimento autónomo, para o efeito de

[240] Para a utilização, no sentido do texto, dos elementos nele indicados como ponto de referência para a análise do quadro das situações subjetivas envolvidas em relações jurídicas administrativas, cfr. Mário Aroso de Almeida, *Anulação de atos administrativos e relações emergentes*, Coimbra, 2002, pp. 115 segs. Cfr. também M. S. Giannini, *Diritto Amministrativo*, vol. II, 3ª ed., Milão, 1993, p. 237.

obter a emissão da necessária autorização, dirigindo, para o efeito, um pedido de autorização ao órgão competente para a emitir. A autorização possui autonomia funcional, sendo, portanto, a decisão que põe termo a este procedimento autónomo. O órgão interessado em exercer a competência pode, no entanto, desencadear, em paralelo, o procedimento respeitante ao ato autorizado, na perspetiva de, uma vez obtida a autorização no âmbito do outro procedimento, poder praticar de imediato aquele ato.

61. A situação mais óbvia em que a iniciativa se concretiza na prática de um ato jurídico autónomo tem, em todo o caso, lugar quando a iniciativa pertence a um particular, consubstanciando-se na apresentação de um *requerimento*.

De acordo com o *princípio da decisão*, hoje consagrado no artigo 13º do CPA, os órgãos da Administração têm o dever de se pronunciarem sobre todos os assuntos da sua competência que sejam submetidos à sua apreciação, designadamente através da apresentação de um requerimento. Se, contudo, há menos de dois anos, tiver sido praticado um ato administrativo sobre o mesmo pedido, formulado pelo mesmo interessado com os mesmos fundamentos, a Administração tem o dever de responder ao requerimento, mas não tem o dever de reapreciar e decidir de novo a questão, podendo emitir uma *declaração meramente confirmativa* do ato anteriormente praticado.

Assim, o procedimento é de iniciativa particular quando é desencadeado através da apresentação de um requerimento que constitua a Administração no dever de decidir. Como já foi dito, o CPA regula, nos artigos 102º e segs., os termos em que devem ser apresentados os requerimentos.

Esta situação não se confunde com aquela em que o particular apenas está legitimado a apresentar uma *denúncia* ou uma *queixa*, na medida em que, nessas situações, o procedimento é de iniciativa oficiosa. Com efeito, a denúncia ou a queixa não constituem automaticamente a Administração no dever de proceder, mas apenas no dever de ponderar se se justifica ou não a abertura (oficiosa) de um procedimento. De igual modo, os procedimentos dirigidos à emanação de regulamentos são sempre de iniciativa oficiosa, na medida em que, mesmo quando são desencadeados a solicitação dos interessados (cfr. artigo 97º), estes não têm, nesse domínio, o poder de constituir a Administração no dever de proceder, através da apresentação de um requerimento.

62. Dos princípios da colaboração com os particulares (artigo 11º) e da boa administração (art. 5º) decorre, no âmbito dos procedimentos administrativos desencadeados mediante a apresentação de requerimento, um *favor actione*, que aponta no sentido de que a Administração deve promover as condições, para além das dificuldades de ordem formal, para a tomada de decisões sobre o mérito das pretensões apresentadas pelos requerentes.

Constitui expressão desta ideia a previsão, no artigo 108º, da existência de despacho de aperfeiçoamento das petições irregulares ou deficientes e do próprio suprimento oficioso de deficiências, e o disposto no artigo 41º, que, entre outros tipos de situações, tem em vista a hipótese de o requerimento ser apresentado a órgão incompetente.

Importa assinalar, a este propósito, a profunda diferença que separa o atual regime do artigo 41º, resultante da revisão de 2015 do CPA, daquele que resultava do artigo 34º, que o precedeu.

Com efeito, o regime precedente era de uma enorme complexidade, que potenciava os conflitos e dificultava a sua operatividade. Dele resultava que, perante um requerimento para o qual não fosse competente, o órgão incompetente devia começar por verificar se, estando a apresentação do requerimento sujeita a prazo, o requerimento tinha sido tempestivamente apresentado e o erro era desculpável. Se fosse esse o caso, ele devia enviar o requerimento ao órgão competente ou devolvê-lo ao requerente, com indicação da entidade a que ele se devia dirigir, consoante fosse caso de incompetência relativa ou de incompetência absoluta. Sendo que, na segunda hipótese, começava a correr novo prazo a partir da notificação da devolução do requerimento.

Assim, quando o requerimento viesse a ser apresentado ao órgão competente em momento em que já teria expirado o prazo inicial, a qualificação do erro como desculpável era determinante para decidir da tempestividade do pedido. Para o efeito, o requerente tinha de apresentar prova de quando e em que condições o requerimento lhe havia sido devolvido, com indicação da entidade a que se devia dirigir – assumindo, por isso, grande importância a máxima celeridade na devolução do requerimento por parte do órgão incompetente.

Diferentemente, o atual regime do artigo 41º é bastante mais simples, limitando-se a impor ao órgão incompetente o dever de remessa para o órgão competente e a estabelecer que, havendo lugar à remessa, vale a data da apresentação inicial do requerimento para efeitos da sua tempestividade.

B. Fase preparatória

63. O artigo 110º do CPA impõe que o início dos procedimentos dirigidos à prática de atos administrativos seja comunicado aos interessados que possam ser lesados pelos atos a praticar e que possam ser desde logo nominalmente identificados. O anterior artigo 55º só exigia esta notificação nos procedimentos de iniciativa oficiosa, mas, em obediência aos princípios da justiça e da participação dos interessados, consagrados nos artigos 8º e 12º, já se nos afigurava, no entanto, que a Administração também devia dar cumprimento a este dever nos procedimentos de iniciativa não oficiosa[241], como hoje resulta claro do artigo 110º.

Corolário do princípio da participação dos interessados no procedimento, a que adiante se fará referência, este dever, ao qual corresponde um direito de âmbito limitado às pessoas que possam ser afetadas pelo ato nos seus direitos ou interesses legalmente protegidos (cfr. artigo 110º, nº 1), desempenha, na verdade, uma importante função instrumental em relação ao direito fundamental, que é reconhecido aos interessados, de exigirem informação sobre o andamento dos procedimentos em que sejam diretamente interessados (cfr. artigo 268º, nº 1, da CRP e artigo 82º do CPA) e de nele participarem.

64. Na *instrução* do procedimento, reúnem-se os elementos aptos a fundamentar a decisão. Para o efeito, são realizadas as diligências e praticados os atos jurídicos necessários para identificar e avaliar os dados de facto e de direito e ponderar os interesses envolvidos. Das diligências realizadas oralmente devem ser lavrados autos e termos, contendo a menção dos elementos essenciais e da data e lugar da realização da diligência a que respeitam (cfr. artigo 64º, nº 1, do CPA).

[241] No mesmo sentido, cfr. PEDRO MACHETE, *A audiência dos interessados no procedimento administrativo*, Lisboa, 1995, p. 436.

Como resulta do CPA, é nesta fase que se procede à eventual produção de prova, sendo a essa matéria que se referem os artigos 115º segs., no que respeita ao procedimento dos atos administrativos, e que são emitidos os eventuais pareceres, a que, em termos gerais, se referem os artigos 91º e 92º (sobre a figura dos pareceres, cfr. *infra*, nº 106).

Salvo nos tipos de procedimento de estrutura rígida, em que não vigora o princípio do inquisitório (cfr. *supra*, nº 49), o órgão responsável pelo procedimento pode pedir pareceres quando o considere útil para o melhor esclarecimento das questões a decidir: estamos, nesse caso, perante a emissão de pareceres facultativos. Mas o pedido de pareceres é obrigatório, nos casos em que a lei impõe esse pedido como trâmite obrigatório do procedimento. Quando seja esse o caso, o órgão responsável pelo procedimento não pode deixar de pedir o parecer e, se o não fizer, o ato administrativo que vier a ser praticado sem o parecer é inválido por vício no procedimento. Mas, se o parecer for pedido e não for emitido dentro do prazo legalmente estabelecido – prazo que é de 30 dias úteis, salvo disposição legal em contrário ou fixação fundamentada de prazo diferente, não inferior a 15 nem superior a 45 dias, pelo responsável pela direção do procedimento (cfr. artigo 92º, nº 3, do CPA) –, o nº 5 do artigo 92º do CPA permite que se prossiga com o procedimento e se decida sem o parecer, salvo disposição legal expressa em contrário: a ausência do parecer, nesse caso, não gerará, pois, invalidade do ato administrativo praticado sem ele.

Em certos casos, a lei faz, entretanto, depender a prática de certos tipos de atos administrativos da prévia emissão de parecer vinculativo. Os pareceres obrigatórios só são vinculativos quando a lei expressamente o determina (cfr. artigo 91º, nº 2, do CPA), mas, nesses casos, o parecer não é só obrigatório – o que, como vimos, significa que tem de ser pedido –, mas as suas conclusões têm de ser seguidas na decisão (cfr. artigo 91º, nº 1, do CPA), o que significa que o parecer não é um mero requisito do procedimento, mas um pressuposto da decisão (para mais pormenores, cfr. *infra*, nº 155). Ora, ainda nesse caso, o nº 6 do artigo 92º estabelece que, no caso de o parecer vinculativo ter sido pedido e não ser emitido dentro do prazo legal, a decisão final pode ser tomada sem o parecer desde que, previamente, o responsável pela direção do procedimento interpele o órgão competente e este não o emita no prazo de 20 dias, a contar dessa interpelação[242].

Relativamente aos factos sujeitos a prova e aos que não carecem de alegação ou de prova, não existe diferença entre o regime do artigo 115º e o do processo civil. Os interessados não têm de alegar os factos de que o órgão tenha tido conhecimento em virtude do exercício das suas funções, mas a Administração fará com que esses factos constem do procedimento, juntando elemento comprovativo.

Já quanto ao artigo 116º, é importante assinalar a diferença em relação ao artigo 88º, que o precedeu, que denotava inadequada influência do processo civil. Com efeito, no procedimento administrativo, não há lugar a regras legais de decisão como as que se traduzem no ónus da prova material ou objetivo, pois nunca se põe em causa o dever de investigação do órgão responsável pela direção do procedimento – que deve tomar todas as medidas necessárias para chegar à decisão final, sem necessidade de ser impulsionado para o efeito pelos interessados, e dispõe de amplos poderes de iniciativa, renovação, integração e avaliação da prova, podendo, para o efeito, ordenar todas as diligências que considere convenientes, de acordo com o ***princípio do inquisitório*** (cfr. artigos 58º e 117º).

65. Com conteúdo inovatório, o artigo 60º do CPA, na redação resultante da revisão de 2015, impõe à Administração e aos interessados um genérico dever de cooperação e boa-fé procedimental, cujo conteúdo, em parte, retoma o da anterior redação do mesmo artigo, que impunha aos interessados que tomam parte no procedimento o dever de não formularem pretensões ilegais, não articularem factos contrários à verdade, não requererem diligências meramente dilatórias e prestarem a sua colaboração para o conveniente esclarecimento dos factos e a descoberta da verdade.

Para além de parecer mais equilibrado estruturar este novo princípio num sentido que não obrigue apenas os interessados, mas também a Administração, numa ótica de cooperação entre todos segundo a boa fé, também se afigura acertado afastar, para o efeito, formulações que, por

[242] Para uma pertinente apreciação crítica da solução, cfr. CARLA AMADO GOMES, "O projeto de revisão do CPA: breves notas, muito tópicas, entre a satisfação e o espanto", *Revista do Ministério Público* nº 135, pp. 12 segs.

denotarem excessiva influência do processo civil, não parecem adequadas ao sentido e à função do procedimento administrativo.

Ao fazer apelo à necessidade de os interessados concorrerem "para a economia de meios na realização de diligências instrutórias e para a tomada da decisão num prazo razoável", o artigo 60º associa, assim, o dever de cooperação e boa-fé procedimental à ideia de *celeridade*, consagrada no artigo 59º, que aponta para a ausência de formalismo, numa perspetiva de agilização da atividade administrativa.

C. Audiência dos interessados

66. O CPA introduziu, com caráter altamente inovatório, a obrigatoriedade da existência, em todos os procedimentos administrativos, de um trâmite formal mediante o qual se proceda à *audiência dos interessados*, em momento imediatamente anterior ao da tomada de decisão.

Hoje, este trâmite procedimental encontra-se previsto, tanto no artigo 100º, para o procedimento do regulamento, como no artigo 121º, para o procedimento do ato administrativo. Como é natural, possui, no entanto, alcance claramente diferenciado em cada um destes dois tipos de procedimentos.

Com efeito, como o procedimento do ato administrativo tem em vista a tomada de uma decisão concreta, é natural que nele se constituam como interessados os titulares de direitos ou interesses individuais passíveis de serem afetados pela decisão a tomar. Pelo contrário, no procedimento do regulamento, isso só sucederá, como prevê o artigo 100º, quando o regulamento em preparação seja imediatamente aplicável, contendo, por isso, disposições passíveis de afetar, de modo direto e imediato, direitos ou interesses legalmente protegidos. Já a participação de outros interessados, designadamente em defesa de interesses difusos, processa-se, nessa sede, segundo um modelo diferente, no âmbito da consulta pública, prevista no artigo 101º.

Na exposição imediatamente subsequente, de âmbito geral, tomaremos por referência o regime da audiência dos interessados que o CPA consagra, nos artigos 121º e segs., para o procedimento dos atos administrativos. Mais adiante, quando nos referirmos aos regulamentos, faremos referência ao regime da audiência dos interessados e da consulta pública que, nos artigos 100º e 101º, o CPA consagra no âmbito do respetivo procedimento de formação (cfr. *infra* nº 95).

A audiência dos interessados é um momento necessário na generalidade dos procedimentos de formação dos atos administrativos, sendo o correspondente regime do CPA subsidiariamente aplicável aos procedimentos especiais que não o prevejam, por aplicação do nº 5 do artigo 2º do CPA.

Na redação do anterior artigo 100º do CPA, era "uma vez concluída a instrução" que se previa a realização do momento formal da audiência dos interessados. Esta formulação permitia o entendimento de que a audiência dos interessados só era devida quando houvesse instrução, e não, por exemplo, quando a decisão fosse tomada exclusivamente com base nos elementos fornecidos pelo próprio interessado, junto com o requerimento apresentado.

A nosso ver, este entendimento não era, porém, adequado, na medida em que, mesmo nesse caso, e mesmo quando esteja em causa o exercício de um poder vinculado, não pode deixar de ser assegurada ao interessado a possibilidade de se pronunciar sobre o resultado da operação de subsunção dos factos à norma que o órgão administrativo se propõe realizar, para o que não pode deixar de lhe ser reconhecido o direito de ser ouvido sobre o sentido provável da decisão a tomar[243].

Por este motivo, o artigo 121º deixou de fazer referência à instrução, para apenas precisar que a audiência tem lugar "antes de ser tomada a decisão final": isto é, tenha ou não havido, portanto, ins-trução.

A audiência tem de basear-se, por outro lado, em informação que permita ao interessado reconhecer o objeto do procedimento, tal como ele se encontra delimitado a final, e o sentido provável da decisão a tomar: o *projeto de regulamento,* no procedimento de elaboração de regulamentos (cfr. artigos 99º e 100º), e um projeto de decisão, consubstanciado nos "elementos necessários para que os interessados fiquem a conhecer todos os aspetos relevantes para a decisão, na matéria de facto e de direito", no procedimento do ato administrativo (cfr. artigo 122º)– *rectius:* por regra (cfr. artigo 55º), um projeto de proposta de decisão, a apresentar, pelo

[243] Neste sentido, com outro desenvolvimento e referências, cfr. João Pacheco de Amorim, "A instrução do procedimento: pareceres vinculativos e audiência dos interessados no Código do Procedimento Administrativo", *Cadernos de Justiça Administrativa* nº 82, pp. 26-28.

órgão responsável pela direção do procedimento, ao órgão competente para decidir, nos termos do artigo 126º.

A audiência deve, na verdade, possibilitar a colocação de todas as questões pertinentes à decisão. Note-se que o âmbito da audiência dos interessados se afere pela "configuração que o órgão instrutor vai fazendo do objeto do procedimento"[244]. Ora, como a Administração pode ir ampliando ou restringindo o objeto do procedimento, o âmbito do direito de audiência não pode deixar de reportar-se ao "objeto procedimental concretamente visado pela Administração no momento da decisão"[245], e, por isso, tem de ter lugar imediatamente antes da decisão – ou, pelo menos, é por referência a esse momento que tem de ser aferido, quando seja caso disso, o preenchimento dos pressupostos de uma eventual dispensa de audiência, nos termos previstos nos artigos 100º, nº 3, para o procedimento do regulamento, e 124º, alínea e), para o procedimento do ato administrativo.

67. Vem a este propósito notar que é interessado quem tenha desencadeado o procedimento de iniciativa não oficiosa, assim como quem tenha sido notificado do início do procedimento dirigido à prática de um ato administrativo, nos termos do artigo 110º, ou tenha vindo, mais tarde, a constituir-se como interessado, em função da titularidade de um interesse pessoal ou institucional na matéria que é objeto do procedimento, ou em defesa de interesses difusos[246].

O CPA refere-se hoje à legitimidade dos interessados no artigo 68º, do qual resulta que podem ser interessados no procedimento os titulares de direitos, interesses legalmente protegidos, deveres, encargos, ónus ou sujeições que possam ser conformados pelas decisões que nesse procedimento forem ou possam ser tomadas, bem como as associações, para defender interesses coletivos ou proceder à defesa coletiva de interesses individuais dos seus associados que caibam nos respetivos fins; os cidadãos, no gozo dos seus direitos civis e políticos, em defesa de interesses

[244] Cfr. Pedro Machete, *op. cit.*, p. 451.

[245] Cfr. Pedro Machete, *op. cit.*, pp. 464-467.

[246] Como já atrás se deixou assinalado, quando nos referirmos à figura dos regulamentos, faremos referência à situação específica dos interessados nos procedimentos de formação de regulamentos: cfr. *infra*, nº 95.

difusos, assim como as associações e fundações representativas de tais interesses e as autarquias locais, em relação à proteção de tais interesses nas áreas das respetivas circunscrições; entidades públicas que intervenham no procedimento como titulares de poderes, direitos subjetivos, interesses legalmente protegidos, deveres ou sujeições que possam ser conformados pelas decisões que nesse procedimento forem ou possam ser tomadas, ou em defesa de interesses difusos que lhes caiba defender; e ainda os residentes na circunscrição em que se localizem ou tenham localizado bens públicos passíveis de serem afetados.

Note-se que, neste contexto, o CPA não só define em amplos termos a legitimidade para desencadear ou intervir em procedimentos administrativos, como alarga o âmbito dos interesses difusos em defesa dos quais os interessados podem intervir, estendendo-o à saúde pública, habitação, educação, ambiente, ordenamento do território, urbanismo, qualidade de vida, consumo de bens e serviços e património cultural (cfr. artigo 68º, nº 2). E não se refere apenas às associações representativas desses interesses e às autarquias locais, mas também a pessoas singulares.

Não parece dever, entretanto, aplicar-se, nesta sede, o princípio de processo civil segundo o qual a legitimidade tem de preencher-se desde o início do procedimento, não podendo ser suprida no decurso do mesmo. Isto, atendendo ao facto de que a participação dos interessados pode não ser, ao contrário do que sucede com a das partes em processo civil, pressuposto sistemático do desencadear do procedimento.

A regra deve ser, naturalmente, aplicada, nos procedimentos de iniciativa não oficiosa, ao requerente que se proponha desencadear o procedimento, porque este se encontra em posição similar à do demandante em processo civil. E, com efeito, de acordo com o artigo 109º, nº 1, al. c) do CPA, a ilegitimidade do requerente prejudica o desenvolvimento normal do procedimento, dando lugar a uma decisão do tipo daquelas que, em processo, se qualificam como de absolvição da instância. Já nas demais situações, deve entender-se que se, no momento em que é desencadeado o procedimento, a Administração não considerar que determinada pessoa é interessada, para o efeito de ser notificada do início de um procedimento dirigido à prática de um ato administrativo (cfr. artigo 110º, nº 1), isso não impede que se, mais tarde, a sua situação vier a alterar-se, ela se possa constituir como interessada, para o efeito de exercer os direitos de participação que a lei lhe reconhece.

68. Antes de se proceder à análise do momento formal da audiência dos interessados, cumpre sublinhar que ele constitui uma manifestação do *princípio da participação dos interessados na formação das decisões administrativas que lhes digam respeito*, que decorre do artigo 267º, nº 5, da CRP e que, com alcance geral, o CPA consagra no artigo 12º – princípio que, embora não seja um dos que são explicitados no capítulo I da parte III, emerge como o mais importante dos princípios gerais do CPA que especificamente respeitam ao procedimento[247].

Cumpre, porém, deixar claro que, embora consista na mais relevante das manifestações do princípio da participação dos interessados, por corresponder a um momento formal necessário na tramitação de todos os procedimentos administrativos, e por isso seja referida no próprio texto do artigo 12º, o momento da audiência formal não é o único em que a participação dos interessados pode ter lugar ao longo do procedimento – como, aliás, expressamente resulta do teor do próprio artigo 12º.

Na verdade, a Administração pode, desde logo, ordenar a notificação dos interessados para, ao longo da instrução, se pronunciarem acerca de qualquer questão, no exercício dos seus poderes inquisitórios – possibilidade que, no procedimento do ato administrativo, está expressamente prevista no artigo 117º, nº 1, do CPA. Ora, sempre que a Administração faça uso desta faculdade, há lugar à participação dos interessados fora do momento formal de audiência e, nessa medida, há que reconhcer que a utilização dessa faculdade promove a participação dos interessados – em termos que podem, aliás, permitir dispensar, depois, o momento formal de audiência, nos termos previstos nos artigos 100º, nº 3, para o procedimento do regulamento, e 124º, alínea e), para o procedimento do ato administrativo.

Por outro lado, embora isso não seja explicitado com clareza no CPA, a verdade é que, por regra – e, portanto, sem prejuízo das limitações que,

[247] Deixou, entretanto, de existir, no capítulo I da parte III, preceito correspondente ao do anterior artigo 59º, que tinha por epígrafe "Audiência dos interessados". Cumpre, porém, notar que, apesar da epígrafe, o referido artigo 59º não se referia ao direito de audiência dos interessados, mas apenas previa a possibilidade de a Administração ordenar a notificação dos interessados para, em qualquer fase do procedimento, se pronunciarem acerca de qualquer questão – possibilidade a que de seguida nos referiremos no texto e que, tal como outras, hoje previstas no artigo 117º, nº 1, do CPA, se enquadra no princípio do inquisitório, pelo que não justificava a autonomização e o relevo que lhe eram dados no anterior artigo 59º.

em certos tipos específicos de procedimentos especiais, como nos concursos, a lei não pode deixar de impor –, os interessados podem, a qualquer momento, apresentar exposições, que devem ser tidas em conta pelo órgão competente para decidir. Esta possibilidade transparece, no regime do procedimento do ato administrativo, dos artigos 107º e 116º, e nesta perspetiva se compreende o relevo que a CRP e a lei atribuem ao direito à informação que reconhecem aos interessados nos procedimentos em curso.

Na verdade, o direito à informação que, nos termos dos nºs 1 e 2 do artigo 268º da CRP, os particulares podem opor à Administração pode inscrever-se no procedimento ou surgir fora desse âmbito. Relativamente a procedimentos em curso, o CPA concretiza, nos artigos 82º a 84º, o disposto no artigo 268º, nº 1, da CRP, consagrando o direito dos interessados a pedir informações sobre o andamento do procedimento (artigo 82º) e a consultá-lo, e o direito a obter certidões ou reproduções de documentos nele contidos (artigos 83º e 84º)[248].

Ora, como é evidente, estes direitos desempenham uma importante função de garantia da possibilidade da participação espontânea dos interessados no procedimento, dizendo, por sua iniciativa, o que se lhes oferecer sobre as questões que neles sejam colocadas.

69. O direito de audiência dos interessados, com a configuração que lhe é dada no CPA, tem a sua origem nos processos sancionatórios, em que ninguém pode ser condenado sem ter sido ouvido. Até à entrada em vigor do CPA, o Supremo Tribunal Administrativo só reconhecia, na verdade, a existência de direito de defesa em procedimento administrativo nos casos em que tal fosse determinado por norma expressa ou "nos procedimentos administrativos sancionatórios, nos que interfiram com a esfera

[248] O artigo 85º do CPA alarga, entretanto, o âmbito dos titulares deste direito, para além daqueles que são directamente protegidos pelo dispositivo constitucional, estendendo o seu campo de aplicação a quem, embora não deva ser reconhecido como interessado no procedimento, demonstre ter um interesse legítimo na obtenção das informações. Cabe à Administração decidir se o requerimento e provas apresentados pelo interessado demonstram a titularidade deste interesse.

de liberdade e dignidade das pessoas ou no gozo e exercício dos direitos fundamentais"[249].

O direito de audiência e defesa em procedimentos sancionatórios é, aliás, reconhecido como um direito fundamental: cfr. artigos 32º e 269º, nº 3, da CRP, dos quais é deduzida a existência de um direito que se estende a todos os procedimentos sancionatórios. Daí advém a consequência de que a preterição deste direito nesse tipo de procedimentos constitui ofensa do conteúdo essencial de um direito fundamental, conducente à nulidade da decisão sancionatória (cfr. artigo 161º, nº 2, alínea d), do CPA).

O mesmo já não parece dever, no entanto, valer para a generalidade das situações. Não nos parece, na verdade, que ao direito de audiência dos interessados, consagrado como um direito de âmbito alargado a todos os procedimentos administrativos, deva ser reconhecida a natureza de direito fundamental.

É certo que este direito é uma – e, como já foi dito, a mais significativa – das concretizações do imperativo, que o artigo 267º, nº 5, da CRP impõe ao legislador ordinário, de regular o procedimento administrativo de modo a assegurar a participação dos interessados na formação das decisões que lhes digam respeito.

Afigura-se, no entanto, que este preceito constitucional tem, em primeira linha, por objeto regular a estrutura organizatória da Administração Pública, pelo que dele não decorre um direito à participação procedimental, e muito menos à audiência prévia, passível de ser imediatamente invocado pelos cidadãos interessados perante as autoridades administrativas e de, por isso, ser judiciável com base direta no texto constitucional[250].

Na verdade, o direito de audiência é consagrado, no CPA, como uma norma de direito ordinário, que não decorre diretamente da Constituição, mas resulta da *interpositio legislatoris*, ou seja, da interpretação, por parte do legislador ordinário, dos dados e valores jurídico-constitucionais[251].

Não se contesta que direitos como o de audiência e defesa em procedimentos sancionatórios são direitos fundamentais formais ou procedi-

[249] Cfr., por todos, Acórdão do Supremo Tribunal Administrativo de 21.03.1991, in *Acórdãos Doutrinais* nº 365, p. 892.

[250] Cfr. FREITAS DO AMARAL, *Curso de Direito Administrativo*, vol. II, 3ª ed., Coimbra, 2016, p. 297; PEDRO MACHETE, *op. cit.*, pp. 372-374.

[251] Cfr. PEDRO MACHETE, *op. cit.*, p. 329.

mentais. Como também se admite que de vícios procedimentais possa resultar a lesão mediata de direitos fundamentais, por lesão da sua proteção através do procedimento. Embora cumpra sublinhar que "os vícios procedimentais em procedimentos com relevância jusfundamental não redundam automaticamente em ofensas a direitos fundamentais", que só ocorrem se as normas desrespeitadas "forem precisamente aquelas que o Estado tenha emanado no cumprimento do seu dever de proteção dos bens fundamentais"[252].

O que não se afigura justificado é ver no genérico direito de audiência dos interessados, tal como ele resulta do CPA, um direito fundamental formal ou procedimental. Só será, por isso, de entender que a preterição da audiência ofende o conteúdo essencial de um direito fundamental *material* dos interessados nos procedimentos em que essa audiência deva ser considerada uma necessidade inelutável da proteção desse direito – como, aliás, se afigura que, em primeira linha, a CRP, precisamente, entendeu suceder, atendendo aos valores que nesse domínio estão em causa, no âmbito dos procedimentos sancionatórios, indo, por isso, ao ponto de consagrar, nesse domínio, o próprio direito de audiência e defesa como um direito fundamental *a se*, de natureza formal ou procedimental.

70. A já referida circunstância de o momento da audiência formal dos interessados, tal como ele se encontra previsto e regulado no CPA, não ser o único em que pode ter lugar a sua participação no procedimento reveste-se de especial interesse para a determinação da extensão com que se encontra consagrado o direito de audiência.

Com efeito, tanto a possibilidade de que a Administração dispõe de promover a participação dos interessados ao longo do procedimento, como a faculdade que, como vimos, a eles próprios, por regra, assiste de se informarem e intervirem a todo o tempo, podem conduzir a que o momento formal da audiência não se justifique relativamente aos interessados que tenham tido ocasião de se pronunciarem sobre todas as questões que importam à decisão e sobre as provas produzidas.

É por isso que, nos artigos 100º, nº 3, para o procedimento do regulamento, e 124º, alínea e), para o procedimento do ato administrativo, o CPA admite que a audiência dos interessados possa ser dispensada

[252] Cfr. Pedro Machete, *op. cit.*, pp. 506 segs.; Pacheco de Amorim, *op. cit.*, p. 30.

quando estes já se tenham pronunciado no procedimento sobre as questões que importam à decisão e sobre as provas produzidas. Note-se, no entanto, que a aplicação deste preceito pressupõe que o interessado teve pleno conhecimento de todas as diligências realizadas até ao termo da instrução, pois só nesse caso terá podido pronunciar-se sobre o que delas pudesse resultar em desfavor dos seus interesses.

No procedimento do ato administrativo, a realização do momento formal de audiência também não se justifica quando os elementos recolhidos conduzirem a uma decisão inteiramente favorável ao interessado (cfr. artigo 124º, nº 1, al. f)). Esta previsão assume um significado da maior importância, na medida em que evidencia a função de defesa que o CPA atribui ao direito de audiência, como um momento autónomo em relação aos momentos instrutórios em que os interessados possam participar para o melhor esclarecimento das questões a decidir no procedimento.

Nos termos do artigo 124º, a audiência também pode ser dispensada por a decisão ser urgente ou ser razoavelmente de prever que a sua realização possa comprometer a execução ou a utilidade da decisão, por o número de interessados a ouvir ser de tal forma elevado que a audiência se torne impraticável, pelo que deve ser substituída, se possível, por uma consulta pública (a respeito desta figura, cfr. artigo 101º e *infra*, nº 95, alínea d)), assim como na hipótese, prevista na alínea b) do artigo 124º, de algum interessado ter solicitado o adiamento da audiência por falta justificada e não vier a ser possível a fixação de nova data por facto a si imputável.

Com a revisão de 2015, foi eliminada do CPA a distinção entre casos de inexistência e casos de dispensa de audiência: em todos os casos previstos no artigo 124º, compete ao responsável pela direção do procedimento tomar a decisão de dispensar a audiência. O nº 2 do artigo 124º veio, entretanto, clarificar que, quando seja decidida a dispensa da audiência, a indicação das razões que determinaram essa opção deve constar da fundamentação da decisão final: essa indicação constitui, pois, um requisito do qual depende a validade formal desta decisão[253].

[253] Sobre este ponto, cfr. PEDRO MACHETE, "A correlação entre a relação jurídica procedimental e a relação substantiva – Uma primeira leitura das normas do novo Código do Procedimento Administrativo sobre a participação dos interessados no procedimento do ato administrativo", in *Comentários ao Novo Código do Procedimento Administrativo* (coord. CARLA AMADO GOMES, FERNANDA NEVES e TIAGO SERRÃO), Lisboa, 2015, pp. 461-464.

71. Tanto no procedimento do regulamento (cfr. artigo 100º, nº 2), como do ato administrativo (cfr. artigo 122º, nº 1), o CPA admite que a audiência pode ser escrita ou oral, nos termos previstos nos artigos 121º e 122º.

Ao contrário do que sucedia anteriormente, a revisão de 2015 veio, em todo o caso, submeter ambas estas formas de audiência a um procedimento comum de notificação, que se encontra previsto no artigo 122º. Com efeito, o regime anterior proporcionava melhores condições de intervenção aos interessados na audiência escrita do que na audiência oral, no aparente pressuposto de que, nesta última, o interessado teria oportunidade de se inteirar sobre todas as questões com interesse para a decisão no próprio momento da audiência (veja-se, em confronto, o teor dos anteriores artigos 101º e 102º).

No regime que atualmente decorre do artigo 122º, pelo contrário, seja a audiência escrita ou oral, vale de igual modo o regime que, anteriormente, o Código só estabelecia, no artigo 101º, para a audiência escrita. A audiência é, assim, e em qualquer caso, promovida através da notificação do interessado, acompanhada do fornecimento dos elementos necessários e da indicação das horas e local onde o processo poderá ser consultado.

Em certos procedimentos especiais, a rigidez da disciplina material da decisão não permite, no entanto, a realização de diligências complementares e a junção de documentos, nos termos a que se refere o nº 2 do artigo 121º.

D. Fase constitutiva: resolução do procedimento

72. Concluída a fase preparatória e realizada a audiência dos interessados, há lugar à fase constitutiva da decisão final a tomar no âmbito do procedimento – decisão que, como hoje claramente resulta do artigo 127º do CPA, tanto pode ser um ato administrativo como um contrato (cfr., aliás, o artigo 278º do CCP), ou um regulamento.

A exemplo do que sucede com os processos judiciais, também os procedimentos administrativos podem, contudo, terminar sem uma pronúncia de mérito sobre o objeto do procedimento. No âmbito dos procedimentos dirigidos à prática de atos administrativos que sejam desencadeados mediante a apresentação de um requerimento – que são, precisamente, aqueles em que a posição relativa do requerente e da Administração mais se assemelham àquela que corresponde ao autor e ao juiz no processo judicial –, o artigo 109º prevê um conjunto de situações em que isso deve acontecer: incompetência do órgão administrativo; caducidade do direito que se pretendia exercer com a apresentação do requerimento; ilegitimidade do requerente; extemporaneidade do pedido. Estas situações correspondem a situações de absolvição da instância no processo judicial.

A absolvição da instância, em processo civil, pode ocorrer no despacho saneador ou na própria sentença, quando não tenha sido possível reconhecê-la mais cedo. A fórmula utilizada no artigo 109º ("logo que estejam apurados os elementos necessários") parece apontar no mesmo sentido em relação às situações enunciadas.

Será que o despacho liminar de absolvição da instância deve ser antecedido de contraditório? Em princípio, parece de entender que sim. Não existe, no entanto, nesta sede, o direito de audiência dos interessados, que o artigo 121º só prevê para as situações em que, no termo do procedimento, haja lugar à tomada de uma decisão sobre o mérito da pretensão do requerente e, por isso, exista o correspondente projeto de decisão – ou seja, em que haja lugar a algo de equivalente ao julgamento do mérito da causa em processo civil, e não a uma absolvição da instância.

73. Os procedimentos de iniciativa oficiosa podem terminar com o arquivamento, sem a emanação do regulamento ou a prática do ato administrativo ao qual eram pré-ordenados, nos casos em que a existência do procedimento não tenha transpirado para fora da entidade pública no âmbito da qual ele foi desencadeado e, portanto, não tenha constituído qualquer tipo de expectativas na esfera de quem quer que seja quanto à possibilidade de ele vir a conduzir à tomada de uma decisão.

Se o procedimento, ainda que de iniciativa oficiosa, tiver, pelo contrário, constituído situações de interesse na sua resolução, qualquer decisão de arquivamento que lhe ponha termo já não pode deixar de ser qualificada como um ato administrativo com eficácia externa, que, quanto mais não seja, produz o efeito de frustrar expectativas criadas em ordem à tomada de uma decisão. Pense-se no exemplo do concurso que é aberto e depois cancelado: a partir do momento em que se constituíram situações de interesse no âmbito do concurso, o ato que dá o procedimento sem efeito afeta a esfera jurídica dos interessados no concurso. Outra questão será a de saber se, no caso concreto, existem fundamentos de ilegalidade que permitam sustentar uma eventual reação contenciosa contra esse ato.

74. O mais relevante sinal que o CPA dá no sentido da celeridade consiste na fixação, no artigo 128º, de um prazo geral para a conclusão dos procedimentos dirigidos à prática de atos administrativos. O prazo geral é de 90 dias e vale apenas na medida em que lei especial não preveja prazo diferente, podendo o prazo, em circunstâncias excecionais, ser prorrogado, por um ou mais períodos, até ao limite máximo de mais 90 dias (artigo 128º, nº 1).

Dependendo da gravidade do atraso e do contexto envolvente, não é de excluir que a ultrapassagem do prazo de decisão possa ser fonte de responsabilidade disciplinar. Por isso, o nº 5 do artigo 128º estabelece que, para eventual apuramento de responsabilidade disciplinar, a inobservância do prazo deve ser justificada pelo órgão responsável, dentro dos dez dias seguintes ao termo do mesmo.

A fixação do prazo geral para a resolução do procedimento releva, em todo o caso, sobretudo para o efeito do disposto no artigo 129º, nos termos do qual, "sem prejuízo do disposto no nº 2 do artigo 13º e no artigo seguinte, a falta, no prazo legal, de decisão final sobre pretensão dirigida a órgão administrativo competente constitui incumprimento do dever de decisão, conferindo ao interessado a possibilidade de utilizar os meios de tutela administrativa e jurisdicional adequados".

Significa isto que, nos procedimentos dirigidos à prática de atos administrativos desencadeados pela apresentação de um requerimento, o interessado tem de aguardar que a decisão seja tomada dentro do prazo legal e, a partir do momento em que esse prazo expire, passa a poder reagir contra a omissão ilegal, utilizando os meios de tutela administrativa e jurisdicional adequados.

Esses meios podem ser, em sede jurisdicional, uma ação administrativa especial de condenação à prática de ato devido (cfr. artigos 46º, nº 2, alínea b) e 66º e segs. do CPTA) e, em sede administrativa, uma reclamação para o órgão omisso ou um recurso hierárquico ou de outra natureza, para o seu superior hierárquico ou para outro órgão titular de eventuais poderes de tutela ou superintendência na matéria, de acordo com o regime dos artigos 184º e segs. do CPA, que passou a prever que os meios de impugnação administrativa podem ser utilizados para reagir contra a omissão ilegal de atos administrativos, em ordem a obter a prática do ato devido (cfr., em particular, artigos 184º e 197º, nº 4).

Como refere o preceito, são ressalvados os casos em que o requerimento não tenha constituído a Administração no dever de decisão, segundo o disposto no nº 2 do artigo 13º, porque não existe aí incumprimento de um dever de decisão; e aqueles, genericamente previstos no artigo 130º, em que, excecionalmente, haja lei especial que estabeleça que a ausência de decisão dentro do prazo legal tem o valor de deferimento, na medida em que não existe aí insatisfação da pretensão do requerente (sobre os atos de deferimento tácito, genericamente previstos no artigo 130º, cfr. *infra*, nº 107).

Referência, por último, à solução inovatória do nº 6 do artigo 128º, que estabelece um regime de caducidade, na ausência de decisão, no prazo de 180 dias, para os procedimentos de iniciativa oficiosa passíveis de conduzirem à emissão de uma decisão com efeitos desfavoráveis para os interessados[254].

O preceito tem, paradigmaticamente, em vista os procedimentos sancionatórios, como o processo disciplinar, pelo que pressupõe, naturalmente, a inexistência de interessados titulares de um poder de exigir a prática dos atos omitidos. Com efeito, na hipótese contrária, de o procedimento de iniciativa oficiosa ter constituído verdadeiros direitos a uma decisão na esfera de interessados, a inércia da Administração não pode ter o alcance de extinguir esses direitos, que os respetivos titulares poderão fazer valer pelas vias administrativas e jurisdicionais adequadas[255].

[254] A solução normativa veio dar resposta a um problema em devido tempo assinalado na doutrina: cfr. Carla Amado Gomes, "Repensar o Código do Procedimento Administrativo – A decisão do procedimento", *Cadernos de Justiça Administrativa* nº 82, pp. 39 segs., e Margarida Cortez, "A inatividade formal da Administração como causa extintiva do procedimento e as suas consequências", in *Estudos em Homenagem ao Prof. Doutor Rogério Soares*, Coimbra, 2002, pp. 367 segs.

[255] A nosso ver, a precisão enunciada no texto é indispensável à análise da hipótese, equacionada por Carla Amado Gomes, "O projeto de revisão do CPA", pp. 18 segs. Com efeito, não é a qualquer interessado na emissão do ato a praticar no âmbito de um procedimento de iniciativa oficiosa que assiste o poder de exigir a prática desse ato, mas só àqueles em cuja esfera jurídica deva ser reconhecida a constituição de um verdadeiro direito à resolução do procedimento em causa, por dela depender a definição de uma sua situação jurídica subjetiva. Só neste sentido pode, pois, a nosso ver, dizer-se que o nº 6 do artigo 128º só tem em vista "procedimentos bilaterais".

75. Com exclusão das situações anómalas que acabam de ser referidas, a resolução dos procedimentos administrativos tem, em princípio, lugar com a tomada da decisão a cuja produção se dirigia o procedimento.

Muitas vezes, a decisão do procedimento consubstancia-se na *homologação*, por parte do órgão competente para decidir, de um parecer emitido por um órgão consultivo ou por outra entidade pública, ou de uma proposta ou informação apresentadas pelos serviços que dependem do órgão decisor. Importa sublinhar que essa *homologação*, que muitas vezes se concretiza na simples aposição manuscrita de um *"visto"* ou de um *"concordo"*, acompanhado da assinatura do órgão competente para decidir, sobre o próprio texto do parecer ou da proposta ou informação, é que é o ato administrativo que decide o procedimento, desse modo incorporando os fundamentos do parecer ou da proposta ou informação (cfr., a propósito, artigo 153º, nº 1).

Cumpre, no entanto, advertir para o facto de que a prática e a própria lei dão, por vezes, o nome de *"homologação"* a atos administrativos que já não são o ato que decide o procedimento, mas atos complementares, integrativos da eficácia desse ato, que procedem à respetiva *aprovação*, para os devidos efeitos legais.

E. Fase complementar ou de integração de efeitos da decisão

76. Muitas vezes, a decisão do procedimento é tomada e encontra-se *perfeita* – no sentido de que está estruturalmente completa, correspondendo ao modelo normativamente previsto e, por conseguinte, preenche o tipo legal –, mas nem por isso ela produz os efeitos jurídicos a que se dirige, porque a lei determina que a eficácia do ato não seja imediata, condicionando-a à produção de outros atos ou à verificação de circunstâncias que funcionam, desse modo, como *conditiones iuris*, do preenchimento das quais depende que os efeitos latentes ganhem vida e, assim, que o ato ganhe operatividade (cfr. artigo 157º, alínea c), do CPA).

Os elementos à superveniência dos quais a lei pode entender condicionar a operatividade dos atos administrativos são, por exemplo, atos de controlo preventivo, como as *aprovações* (cfr. *infra*, nº 114-E) e os *vistos*; a aprovação das atas dos órgãos colegiais (cfr. artigo 34º do CPA); a emissão de alvarás e outros títulos, sempre que a lei faz depender a eficácia dos atos administrativos da emissão de títulos que certifiquem a respetiva emissão; a manifestação da adesão do destinatário, relativamente a atos cujos efeitos ficam dependentes da aceitação do destinatário, como sucede com as *nomeações* e com os atos que atribuem condecorações ou títulos honoríficos.

Revestem-se, neste contexto, de especial significado as *comunicações*, destinadas a dar *publicidade* à decisão tomada no procedimento ou a *notificar* os respetivos destinatários (sobre as comunicações, cfr. *infra*, nº 106).

É, desde logo, o que sucede com a *publicação* dos regulamentos, que, sendo atos normativos, só produzem efeitos se forem publicados (cfr. artigo 139º do CPA), e também dos atos administrativos, nos casos em que a lei excecionalmente exija a respetiva *publicação*. Na verdade, os atos administrativos só têm de ser publicados quando a lei o exija. Mas, nos casos em que os atos administrativos tenham de ser publicados, a publicação é requisito de eficácia (cfr. artigo 158º do CPA).

No âmbito do procedimento do ato administrativo, é sobretudo o que sucede com a *notificação* do ato administrativo. Recorde-se que a CRP consagra, no nº 3 do artigo 268º, a garantia da notificação dos atos administrativos aos respetivos destinatários. No entanto, o anterior artigo 132º do CPA suscitava dificuldades de interpretação, que tinham de ser resolvidas em conformidade com a CRP. A revisão de 2015 tornou claro que todos os atos administrativos devem ser notificados aos destinatários, em cuja esfera jurídica visam explicitamente projetar os seus efeitos (cfr. artigo 114º); e que, ao contrário do que sucede com a publicação, a notificação não é requisito de eficácia, mas de oponibilidade do ato administrativo (cfr. artigo 160º). Isto significa que o ato sujeito a notificação pode, desde logo, produzir efeitos, na medida em que daí não decorram consequências gravosas para os destinatários que, devendo ser notificados, não o tenham sido. Mas a extração de efeitos gravosos para os destinatários depende da respetiva notificação. Por conseguinte, os efeitos desfavoráveis para o destinatário, que lhe imponham deveres, encargos, ónus, sujeições ou sanções, ou restrinjam os seus direitos ou interesses legalmente protegidos, só operam com a notificação. É o que sucede com o ónus de impugnação.

77. Acrescente-se que a eventual execução forçada dos atos administrativos impositivos que não tenham sido espontaneamente cumpridos já não faz parte de uma fase complementar ou integrativa do procedimento

declarativo, em que a decisão foi tomada, mas, quando a ela haja lugar, é objeto de um procedimento autónomo: um procedimento de execução.

Os atos jurídicos e operações materiais de execução forçada, dirigidos a realizar o que foi determinado por um ato administrativo – como os atos de fixação de prazo para o cumprimento, de demolição em substituição do proprietário que não cumpriu a ordem de demolição, ou de ocupação de terrenos ou edifícios – não são, pois, atos complementares, integrados no mesmo procedimento em que foi produzido o ato exequendo, mas atos autónomos, integrados num procedimento diferente, que assenta nos seus próprios pressupostos, que radicam na situação de incumprimento do ato exequendo (cfr. *infra*, nº 127).

SEGUNDA PARTE
Instrumentos Jurídicos de Atuação Administrativa

Regulamentos

1. Conceito de regulamento – regulamento e ato administrativo

78. Regulamentos são atos normativos – isto é, atos jurídicos contendo normas jurídicas, gerais e abstratas – que são emanados no exercício da função administrativa, no exercício de poderes jurídico-administrativos[256]. Tradicionalmente, ao lado dos regulamentos, também se fala de "outras normas emitidas no desempenho da função administrativa", para referir atos como os estatutos das entidades corporativas e os regimentos dos órgãos colegiais de natureza administrativa. Não parece, contudo, justificada a distinção, afigurando-se que o conceito de regulamento pode abranger figuras como as dos referidos estatutos e regimentos, que por ele devem, por isso, considerar-se abrangidas[257].

O regulamento diferencia-se das demais manifestações jurídicas da Administração – e, em particular, do ato administrativo – pelo seu conteúdo normativo. O regulamento é fonte de direito: contém normas, disposições com caráter geral e abstrato[258], às quais é inerente uma pretensão de

[256] Cfr., por todos, Diogo Freitas do Amaral, *Curso de Direito Administrativo*, vol. II, 3ª ed., Coimbra, 2016, pp. 145 segs.; Afonso Rodrigues Queiró, "Teoria dos Regulamentos" in *Revista de Direito e Estudos Sociais*, Ano XXVII, pp. 1 segs.; Jorge Miranda, "Regulamento" in *Enciclopédia Polis*, vol. V, p. 266.

[257] Neste sentido, cfr. Marcelo Rebelo de Sousa/André Salgado de Matos, *Direito Administrativo Geral*, tomo III, 2ª ed., Lisboa, 2006, pp. 257 e 258.

[258] Como muito pertinentemente assinala Pedro Moniz Lopes, "Objeto, condições e consequências da invalidade regulamentar no novo Código do Procedimento Administrativo", in *Comentários ao Novo Código do Procedimento Administrativo* (coord. Carla Amado Gomes,

validade para todos os casos da mesma espécie, dentro do respetivo âmbito temporal e espacial de aplicação[259].

Isto explica que nem sequer a mesma entidade que emanou um regulamento possa afastar-se, na tomada de decisões concretas, do regime por ele instituído. Na verdade, a partir do momento em que o regulamento entra em vigor, ele passa a integrar a ordem jurídica e, por conseguinte, o *bloco de legalidade* ao qual toda a Administração está vinculado pelo princípio da legalidade. É, pois, em virtude do caráter normativo do regulamento, como fonte de direito, que do princípio da legalidade decorre o *princípio da inderrogabilidade singular dos regulamentos,* que hoje encontra consagração expressa no nº 2 do artigo 142º do CPA[260].

A questão da delimitação conceptual das figuras do regulamento e do ato administrativo não é pacífica na doutrina[261].

Todos concordam que os comandos gerais e abstratos são regulamentos e que os comandos individuais e concretos são atos administrativos – neste sentido concorrendo, aliás, hoje, com clareza, tanto a definição dos *regulamentos* como *normas jurídicas gerais e abstratas,* que consta do artigo

Fernanda Neves e Tiago Serrão), Lisboa, 2015, pp. 515 segs., existe na doutrina uma "já longa tradição de indistinção entre regulamentos e normas regulamentares", por força da qual são correntemente associados aos regulamentos atributos ou predicados que podem caracterizar algumas das normas que os integram, mas que não têm de caracterizar o regulamento no seu conjunto: é assim que um regulamento pode ser parcialmente interno e externo, de execução e independente, quando integre normas com características heterogéneas. Por isso temos o cuidado de começar por notar, neste passo da exposição, que o regulamento é um ato jurídico, um ato normativo, que, embora contenha normas, não se confunde com as normas que o integram – aspeto cuja relevância importa ter presente, em particular para o efeito de distinguir requisitos de validade que se impõem ao regulamento de requisitos de validade que se impõem às normas que o integram e, desse modo, ao regulamento apenas na parte em que as integra. Por comodidade de expressão e, portanto, com a ressalva que acaba de ser assinalada, acompanharemos, em todo o caso, a generalidade da doutrina na utilização, ao longo da exposição, da expressão "regulamentos" para nos referirmos a múltiplos aspetos que não dizem respeito aos regulamentos em si, mas às normas que os integram – mas sem deixar de ter o cuidado de assinalar a diferença, quando ela assuma relevo autónomo.

[259] Para além das referências já indicadas, cfr. também, com outras indicações, Ana Raquel Gonçalves Moniz, "A titularidade do poder regulamentar no Direito Administrativo português", in *Boletim da Faculdade de Direito da Universidade de Coimbra,* vol. LXXX (2004), p. 486.

[260] Cfr., por todos, Freitas do Amaral, *op. cit.,* pp. 184-185.

[261] Para um panorama geral recente, cfr. Ana Gonçalves Moniz, *op. cit.,* pp. 487 segs.

135º, como a definição de ato administrativo como decisão individual e concreta, que consta do artigo 148º do CPA.

Já no que diz respeito aos comandos de aplicação concreta, mas que têm por destinatários um grupo circunscrito de pessoas, que, embora não sejam por eles individualizadas, são determinadas ou determináveis, parecem perfilar-se dois entendimentos diferentes na doutrina.

Para um desses entendimentos, a generalidade das normas decorre do facto de os seus destinatários não serem individualizados, mas nelas apenas surgirem definidos por referência a conceitos ou categorias universais[262]. Portanto, desde que um comando unilateral produzido pela Administração, no exercício da função administrativa, não individualize os seus destinatários, mas os defina por referência a conceitos ou categorias universais, tal comando deve ser qualificado como geral. Ora, como os atos administrativos são, não apenas concretos, mas também individuais, este tipo de comandos deve ser reconduzido à figura do regulamento, e não do ato administrativo[263].

Para o segundo dos entendimentos referidos, pelo contrário, a generalidade das normas não decorre apenas do facto de os seus destinatários não serem por elas individualizados, mas também do facto de eles não serem determináveis à face do que nelas se dispõe. Portanto, os comandos que, embora não individualizem os seus destinatários, permitam que se proceda à respetiva determinação devem ser reconduzidos à figura do ato administrativo, e não do regulamento[264].

Pense-se no clássico exemplo do comando que imponha a todos os produtores de laticínios de determinada região a obrigação de se concentrarem numa única empresa[265]: para a primeira das correntes referidas, este tipo de comando deve ser reconduzido à figura do regulamento[266];

262 Cfr. Freitas do Amaral, *op. cit.*, p. 161.

263 Neste sentido, cfr. Freitas do Amaral, *op. cit.*, p. 162.

264 Cfr. Rebelo de Sousa/Salgado de Matos, *op. cit.*, p. 82; Ana Gonçalves Moniz, "A titularidade do poder regulamentar no Direito Administrativo português", *loc. cit.*

265 Para os exemplos, clássicos na doutrina portuguesa, cfr. Marcello Caetano, *Manual de Direito Administrativo*, 10ª ed., vol. I, Coimbra, 1973, pp. 436-437; Sérvulo Correia, *op. cit.*, pp. 269 e 270; Mário Esteves de Oliveira, *Direito Administrativo*, vol. I, Coimbra, 1980, pp. 104-105.

266 Cfr. a menção aos exemplos indicados no texto em Freitas do Amaral, *op. cit.*, pp. 162 e 212, nota 438.

para a segunda corrente, o mesmo tipo de comando equivale a um feixe de decisões individuais, razão pela qual deve ser reconduzido à figura do ato administrativo[267].

Sem nos pretendermos alongar quanto a este ponto nesta sede, não podemos deixar de dizer que, pela nossa parte, ambos os entendimentos que acabam de ser referidos a respeito da questão do chamado ato administrativo geral nos suscitam fundadas reservas.

Discordamos do segundo, por entendermos que não deixa de existir generalidade num ato jurídico pelo facto de os destinatários desse ato serem determináveis à face dele: para que exista generalidade, basta, a nosso ver, que os destinatários não sejam concretamente identificados pelo ato, mas nele apenas surjam definidos por referência a conceitos ou categorias universais[268]. Neste entendimento assenta, aliás, a tradicional recondução das manifestações do tipo em análise ao conceito de ato administrativo geral: de outro modo, sempre se deveria ter, na verdade, assumido, pura e simplesmente, que os comandos cujos destinatários não eram individualizados pelo ato, mas eram determináveis à face dele, não eram, afinal, atos gerais, mas atos individuais[269].

Ao contrário do que, contudo, sustenta o primeiro dos entendimentos expostos[270], para nós, a generalidade não basta para que se deva reconhecer a existência de uma norma, pois para que um comando geral seja uma norma, é ncessário que à generalidade associe a abstração, de modo a que não diga

[267] Cfr. Rebelo de Sousa/Salgado de Matos, *op. cit.*, p. 82. Faça-se notar que o apelo à ideia do tradicionalmente chamado ato administrativo geral como um feixe de decisões individuais e concretas também surge em Freitas do Amaral, *op. cit.*, p. 212. O autor circunscreve, porém, o conceito a um âmbito muito limitado de situações, que faz corresponder aos atos que individualizam um conjunto de destinatários ou permitem a respetiva individualização in loco, em termos que não parecem cobrir os exemplos indicados no texto (a p. 231 da 1ª ed., para a qual remete a p. 212, nota 438, da 3ª ed., o Autor exclui, aliás, expressamente da categoria do ato administrativo o segundo dos exemplos apontados).

[268] Neste sentido, cfr. Freitas do Amaral, *op. cit.*, p. 161.

[269] A nosso ver, a exposição de Rebelo de Sousa/Salgado de Matos, *op. cit.*, p. 82, peca, precisamente, quanto a este ponto, por alguma ambiguidade quanto à distinção entre ato administrativo geral e individual.

[270] Cfr., em particular, Freitas do Amaral, *op. cit.*, pp. 209-210.

exclusivamente respeito à produção de um único efeito jurídico, no qual se esgote, mas seja passível de aplicação ao longo do tempo[271].

A nosso ver, portanto, o comando que, sendo embora geral, por não individualizar os seus destinatários, não seja abstrato, não deve ser qualificado como regulamento – e isto, independentemente da questão (que pode ser, aliás, de muito difícil averiguação casuística) de saber se os seus destinatários são ou não determináveis à face do ato. Como, na verdade, hoje se tornou (ainda mais) claro, à face do artigo 135º do CPA, assim como o ato administrativo é individual e concreto, o regulamento, como ato normativo que é, tem de ser integrado por disposições gerais e abstratas, pelo que não podem ser subsumidos a esta figura os comandos cujas determinações não reúnam, cumulativamente, as características da generalidade e da abstração[272].

A questão deve, pois, ser colocada, em relação aos comandos concretos que não individualizam os seus destinatários, independentemente da questão de saber se eles são ou não identificáveis: em qualquer caso, o ato é geral. E como, sendo geral, não é abstrato, mas concreto, estamos perante um comando híbrido, que, não podendo ser subsumido, nem à figura do ato administrativo, nem do regulamento, só pode ser assimilado a qualquer delas, para o efeito de poder ser submetido, por analogia, ao correspondente regime jurídico.

Com efeito, em relação a manifestações híbridas, que nem são atos administrativos, nem têm natureza regulamentar, seja porque são individuais, mas abstratas, seja porque são gerais, mas concretas. mais não resta do que assimilá-las, ou à figura do regulamento, ou à figura do ato administrativo, para o efeito de se lhes aplicar, por analogia, um ou outro dos

[271] Já neste sentido, cfr. Mário Aroso de Almeida, *O Novo Regime do Processo nos Tribunais Administrativos*, 4ª ed., Coimbra, 2005, pp. 166-167. Na mesma linha, que, aliás, corresponde, a nosso ver, ao entendimento mais clássico e divulgado na doutrina, cfr. Marcello Caetano, *Manual...*, vol. I, p. 436; Afonso Queiró, *op. cit.*, p. 1; Sérvulo Correia, *op. cit.*, p. 271; Margarida Cabral, *op. cit.*, pp. 238-239. Para a defesa da generalidade e abstração das normas jurídicas, enquanto atos impositivos de regras de conduta, cfr., por todos, Rui Medeiros, *A Decisão de Inconstitucionalidade*, Lisboa, 1999, pp. 94-96, com referências doutrinais e jurisprudenciais, como o Acórdão nº 70/92 do Tribunal Constitucional.

[272] Cfr. Mário Aroso de Almeida, *op. loc. últs. cits.* Cfr. também Sérvulo Correia, *op. cit.*, p. 271; Margarida Cabral, *op. cit.*, p. 239.

correspondentes regimes normativos[273]. Havendo, por isso, que determinar se os comandos individuais, mas abstratos, devem ser assimilados ao conceito de regulamento ou de ato administrativo; e também a qual das figuras devem ser assimilados os comandos que, por não identificarem ou individualizarem os respetivos destinatários, não parecem dever ser qualificados como individuais, mas como gerais, mas aos quais, pelo seu caráter concreto, falta a nota da abstração.

Tradicionalmente, procedia-se à assimilação destas situações, consideradas híbridas, à figura do ato administrativo, sobretudo por razões de ordem processual, relacionadas com o facto de ser tradicionalmente mais amplo o acesso dos interessados à impugnação de atos administrativos do que de regulamentos[274].

Na doutrina mais recente, parece afirmar-se, entretanto, uma certa tendência, com a qual, como de seguida se verá, não concordamos, para se erigir em critério decisivo, neste domínio, o da determinabilidade ou indeterminabilidade dos destinatários do comando cujo regime se trata de apurar, para o efeito de se assimilarem à figura do ato administrativo os comandos cujos destinatários sejam determinados ou determináveis e à figura do regulamento os comandos cujos destinatários não sejam determinados nem determináveis – com o que, por referência aos binómios geral/abstrato e individual/concreto, tende a fazer-se prevalecer o primeiro dos termos de cada um dos binómios sobre o segundo[275].

[273] Neste preciso sentido, ANA RAQUEL GONÇALVES MONIZ, "Os regulamentos administrativos na revisão do CPA", *Cadernos de Justiça Administrativa* nº 100, p. 28.

[274] A título paradigmático, veja-se, a propósito, ROGÉRIO EHRHARDT SOARES, *Direito Administrativo*, policop., Coimbra, 1978, pp. 79 segs., e, por último, a posição de MÁRIO ESTEVES DE OLIVEIRA/PEDRO GONÇALVES/PACHECO DE AMORIM, *Código do Procedimento Administrativo Comentado*, 2ª ed., Coimbra, 1997, p. 566, que, admitindo embora que, do ponto de vista teórico, a solução mais lógica seria a de configurar os comandos individuais, mas abstratos, como normas, se remetiam, por razões pragmáticas, ao critério da assimilação à figura do ato administrativo.

[275] Não podemos deixar, no entanto, de assinalar com muito agrado o mais recente texto de ANA RAQUEL MONIZ, "Os regulamentos administrativos na revisão do CPA", p. 28, que, em aparente inflexão em relação às posições anteriormente assumidas no citado artigo "A titularidade do poder regulamentar no Direito Administrativo português", parece aproximar-se das posições que, pela nossa parte, também assumimos de seguida no texto.

Nessa perspetiva pode ser, quanto a nós, desde logo encarada a tendência para a assimilação à figura do ato administrativo dos comandos que preveem a ocorrência de um tipo abstrato de situações, mas reportado a uma pessoa ou a um conjunto determinável de pessoas[276].

No mesmo sentido parece concorrer, entretanto, a tendência para se reconduzirem à figura do regulamento certos comandos que, embora destinados a ser objeto de aplicação concreta, têm, à partida, por destinatários uma pluralidade indeterminável de indivíduos[277].

Pela nossa parte, entendemos que, dos binómios geral/abstrato e individual/concreto, aquele que deve prevalecer neste domínio não é o primeiro, mas o segundo. E isto, porque, para nós, a *abstração*, a vocação de execução permanente, é o critério verdadeiramente distintivo do ato normativo, que determina os traços essenciais do regime dos regulamentos. Não se justifica, por isso, aplicar esse regime, por analogia, a atos que, sendo embora gerais, não sejam abstratos, mas concretos. Esses atos devem ser, por isso, assimilados à figura do ato administrativo, para o efeito de serem submetidos à aplicação do correspondente regime normativo[278].

[276] No sentido da equiparação aos atos concretos dos atos abstratos, mas individuais, cfr., por exemplo, R. Ehrhardt Soares, *op. cit.*, p. 80; Sérvulo Correia, *Noções de Direito Administrativo*, vol. I, Lisboa, 1982, p. 270; J. C. Vieira de Andrade, "O ordenamento jurídico administrativo português", in *Contencioso Administrativo*, Braga, 1986, p. 60.

[277] Certa doutrina autonomiza, a este específico propósito, uma categoria de atos genéricos: cfr. Freitas do Amaral, *op. cit.*, pp. 162 e 212; Mário Esteves de Oliveira/Rodrigo Esteves de Oliveira, *Código de Processo nos Tribunais Administrativos*, vol. I, Coimbra, 2004, p. 356. Se se entender, como parece correto, que as determinações neles contidas se reportam a situações concretas, a qualificação dos programas de concursos como atos de caráter regulamentar, que hoje resulta do artigo 41º do CCP, pode assentar na recondução desses atos a esta categoria dos atos genéricos – defendendo, contudo, o caráter, não só geral, mas também abstrato, das determinações contidas nos programas de concursos, na medida em que regulam "uma imensidade de hipóteses indeterminadas e indetermináveis no momento em que a Administração os emite, não se esgotando, desse modo, na sua aplicação a um único caso concreto", cfr. Margarida Olazabal Cabral, *O concurso público nos contratos administrativos*, Coimbra, 1997, p. 241.

[278] Nesse sentido parece, aliás, orientada a previsão do nº 3 do artigo 52º do CPTA, que parece pressupor a aplicabilidade a estes atos do regime de impugnabilidade contenciosa dos atos administrativos: cfr., a propósito, Mário Aroso de Almeida, *Manual de Processo Administrativo*, 4ª ed., Coimbra, 2020, p. 292.

Em contrapartida, a mesma razão justifica, a nosso ver, que o ato individual, mas abstrato, seja assimilado à figura do regulamento, e não do ato administrativo, para o efeito de ser submetido ao regime aplicável à primeira destas figuras[279].

79. Embora a distinção tenha sido, para o efeito, recentemente posta em causa na doutrina[280], o estudo da teoria dos regulamentos tem partido da distinção que contrapõe os regulamentos internos aos regulamentos externos[281].

Na verdade, entendia-se, até ao século XX, que o funcionamento interno da Administração não tinha relevância jurídica. Como se identificava juridicidade com judicialidade, entendia-se que, como a regulamentação interna da Administração só vinculava os órgãos da Administração e não era objecto de aplicação nem de controlo judicial, não era jurídica, não tinha natureza jurídica.

Por este motivo, na senda da doutrina alemã, contrapunham-se aos regulamentos jurídicos, que eram os regulamentos externos, cujos efeitos se projetavam para fora da esfera jurídica da entidade que os emanava, os chamados regulamentos administrativos, que se caraterizariam pelo facto de se limitarem a produzir efeitos internos ao aparelho administrativo.

Hoje, entende-se, porém, que todos os regulamentos são jurídicos, havendo apenas que distinguir consoante os efeitos das normas se esgotam no ordenamento jurídico interno à própria Administração, que esta cria, observa e sanciona sem intervenção judicial (regulamentos internos), ou se projetam no ordenamento jurídico geral, tocando a esfera jurídica

[279] Já neste sentido, cfr. MÁRIO AROSO DE ALMEIDA, "Os regulamentos no ordenamento jurídico português", in *Estudos comemorativos dos 10 anos da Faculdade de Direito da Universidade Nova de Lisboa*, Coimbra, 2008, pp. 506 segs.; e, entretanto, também ANA RAQUEL MONIZ, "Os regulamentos administrativos na revisão do CPA", p. 28.

[280] Cfr. REBELO DE SOUSA/SALGADO DE MATOS, *op. cit.*, p. 251, para quem a expansão do princípio da legalidade a todas as esferas da atividade administrativa no Estado de direito social implica que se reconheça que os regulamentos internos não decorrem de poderes imanentes de direção ou de auto-organização, mas de poderes legalmente conferidos.

[281] Cfr., por todos, FREITAS DO AMARAL, *op. cit.*, pp. 155 segs.; AFONSO QUEIRÓ, *op. loc. cits.*; VIEIRA DE ANDRADE, *op. cit.*, pp. 60-62. E, por exemplo, os Acórdãos do Tribunal Constitucional nº 319/94, 375/94, 158/96 e 347/97.

de sujeitos jurídicos distintos da entidade que os emanou (regulamentos externos).

Reconhece-se, entretanto, que um regulamento pode ser, deste ponto de vista, um regulamento misto, quando contenha normas de caráter interno, que, disciplinando matéria orgânica e funcional, se limitem a ser fonte de direito interno à própria Administração, e normas de caráter externo, que definam o estatuto ou de algum modo contendam com a esfera jurídica de sujeitos jurídicos distintos da entidade que emanou o regulamento[282].

O tantas vezes chamado "regulamento interno" de uma escola ou de um hospital pode, assim, conter normas com eficácia externa, respeitantantes, por exemplo, ao estatuto (direitos e deveres) dos estudantes da escola, dos utentes do hospital ou do pessoal administrativo de qualquer uma das instituições. Quando for este o caso, esse regulamento é qualificado, nessa parte, como um regulamento externo.

A relevância desta qualificação projeta-se, desde logo, no fundamento do poder regulamentar da Administração: os regulamentos internos, que não contendem com a esfera jurídica de ninguém, são emanados com fundamento no genérico poder de auto-organização interna que assiste a todas as estruturas organizadas, pelo que não carece de previsão legal que os legitime[283]. Pelo contrário, os regulamentos externos, como contendem com a esfera jurídica de outrem, têm de ter o seu fundamento na lei, carecendo sempre de lei habilitante (cfr. artigo 136º, nº 1, do CPA), nos termos que adiante se verão.

A revisão de 2015 introduziu no CPA, com caráter inovador, um conjunto de preceitos dirigidos a densificar o regime substantivo aplicável aos regulamentos, estabelecendo, desse modo, um perfeito paralelismo sistemático entre a disciplina do regulamento e a disciplina do ato administrativo, assente no reconhecimento de que o regulamento é, a par do ato administrativo, uma forma de atuação jurídica da Administração, cuja natureza normativa não a subtrai ao quadro do exercício da função administrativa.

282 Ilustrando a situação, veja-se, na jurisprudência do Tribunal Constitucional, o exemplo do Acórdão nº 673/96.

283 Em sentido crítico, como já foi referido, cfr. Rebelo de Sousa/Salgado de Matos, *op. cit.*, p. 251.

Ora, como resulta do artigo 135º do CPA, esse regime tem apenas em vista os regulamentos que visam produzir efeitos jurídicos externos[284]. Não significa isto que as normas de caráter interno não sejam também normas jurídicas e não possuam, também elas, natureza regulamentar. Como claramente resulta do preceito, o conceito de regulamento administrativo que nele se estabelece é, no entanto, estritamente operativo, para o efeito de delimitar o âmbito de aplicação do regime consagrado no Código, dando resposta às exigências específicas que, num Estado de Direito, não podem deixar de ser impostas aos regulamentos com eficácia externa, mas já não se colocam a propósito dos regulamentos internos.

A mesma razão explica que também se refira exclusivamente aos regulamentos externos a exposição subsequente do respetivo regime normativo.

2. Fundamento do poder regulamentar: lei e regulamento

80. Com a instituição do Estado de Direito e a afirmação dos Parlamentos como o centro do poder do Estado, terá havido de início a tentação de se concentrar a produção normativa no Parlamento, procurando que ele próprio ditasse instruções atinentes ao desenvolvimento e execução das suas leis. Mas depressa se verificou que era impossível prescindir da atribuição de poder normativo à Administração, incumbida de ditar regulamentos para executar as determinações do Parlamento.

Por conseguinte, a Constituição francesa de 1814 apressou-se a reconhecer formalmente à Administração poderes normativos para "a boa execução das leis", independentemente da necessidade, para o efeito, de referência expressa em cada lei. A mesma fórmula ainda hoje é utilizada na alínea c) do artigo 199º da CRP. Deste preceito decorre que o poder regulamentar para a execução das leis é um poder próprio do Governo, atribuído diretamente pela Constituição, que não depende, para o seu válido exercício, de determinação legal concreta.

[284] No mesmo sentido, cfr. ANA RAQUEL MONIZ, "Os regulamentos administrativos na revisão do CPA", p. 28.

A explicação para este fenómeno assenta no reconhecimento de que os Parlamentos, pelas suas características, não podem corresponder a todas as exigências que se impõem ao poder normativo do Estado. O regulamento surge, assim, como um meio de o legislador se libertar das tarefas normativas de que não se deve ocupar, pelo seu menor relevo, maior complexidade técnica ou especificidade regional ou local, guardando-se para as que são mais importantes para a comunidade no seu conjunto.

Numa primeira fase, esta circunstância evidencia-se nos domínios clássicos de intervenção administrativa e conduz ao reconhecimento da existência de regulamentos de mera execução das leis. O progressivo reconhecimento da necessidade de atribuir ao executivo um cada vez mais amplo poder normativo resulta, entretanto, da transição do Estado de Direito Liberal para o Estado de Direito Social e, com ela, da assunção, por parte dos poderes públicos, do compromisso de garantirem uma existência humana digna e um mínimo existencial económico, social e ecológico a todos os cidadãos.

Sucede, porém, que os Parlamentos não foram concebidos nem estruturados com o objetivo de produzir normas com a rapidez, quantidade e tecnicidade exigidas pelas sociedades contemporâneas. As leis dos Parlamentos tendem, por isso, a ser esquemáticas, não podendo ir, muitas vezes, para além do mero enunciado de grandes linhas e princípios. E, neste contexto, os regulamentos, normas mais ágeis e polivalentes do que a lei, aparecem como a única forma de a Administração poder prosseguir com eficiência e justeza os interesses públicos, sobretudo em áreas em que a dinâmica da sociedade não se compadece com os inevitáveis entraves do procedimento legislativo parlamentar.

Pode, assim, dizer-se que o reconhecimento ao executivo da titularidade de poderes normativos autónomos, a que, um pouco por todo o lado, se assistiu ao longo do século XX, fez com que os regulamentos se transformassem nos instrumentos operativos por excelência em que assenta o quotidiano da vida jurídica dos Estados modernos[285].

Nesse sentido concorre, de resto, a circunstância de, nos modernos Estados democráticos, todos os poderes do Estado resultarem da Consti-

[285] Cfr. Manuel Afonso Vaz, *Lei e Reserva da Lei: a causa da Lei na Constituição da República Portuguesa de 1976*, 2ª ed., Coimbra, 2013, pp. 59-60; Sérvulo Correia, *Legalidade e autonomia contratual nos contratos administrativos*, Coimbra, 1987, pp. 50-51.

tuição democrática e o executivo ser legitimado, direta ou indiretamente, pelo voto popular. Na verdade, a partir do momento em que os titulares do poder executivo são eleitos por sufrágio direto ou por emanação dos Parlamentos, não se justifica que se lhe oponham as objeções e desconfianças que, no contexto histórico em que nasceu o Estado de Direito, suscitava a Administração dirigida pelo Monarca, cuja legitimidade se contrapunha à legitimidade democrática da qual o Parlamento era exclusivo titular[286].

81. Os fatores que acabam de ser referidos levaram as diferentes Constituições, ao longo do século XX, a reconhecer com crescente frontalidade e abertura a inviabilidade da instituição de um monopólio parlamentar do poder normativo do Estado. Isso passou, naturalmente, pelo reconhecimento de que a Administração pode criar normas "para a boa execução das leis"; mas, mais do que isso, pelo reconhecimento ao executivo do poder de criar normas inovadoras, de exercer um poder de normação primária, independente da lei. É o que naturalmente resulta da tradição alemã, mas é também o que decorre, com extraordinária clareza (embora por influência de específicos condicionalismos históricos), da Constituição Francesa de 1958, que estabelece mesmo, num amplo conjunto de matérias, uma reserva de poder normativo independente em favor do executivo.

Ora, é importante notar que o sistema português se reveste, neste contexto, de uma especificidade "sem paralelo em qualquer outra experiência constitucional europeia de matriz democrática"[287], que resulta da circunstância de a CRP não reservar o exercício da função legislativa ao Parlamento (a Assembleia da República), mas atribuir diretamente ao executivo (ao Governo, que emana da Assembleia da República) amplas competências legislativas próprias, que, no essencial, lhe cabe exercer em concorrência com a Assembleia da República (cfr. artigo 198º da CRP), através da emanação de decretos-leis, que a Constituição qualifica formal-

[286] Sobre este ponto, cfr., por todos, ROGÉRIO EHRHARDT SOARES, "Princípio da legalidade e administração constitutiva", *Boletim da Faculdade de Direito da Universidade de Coimbra*, vol. LVII (1981), pp. 169 segs.; JORGE MIRANDA/RUI MEDEIROS, *Constituição Portuguesa Anotada*, tomo II, Coimbra, 2006, p. 712, com outras referências.

[287] Cfr. PAULO OTERO, *Legalidade e Administração Pública*, Coimbra, 2003, p. 126; JORGE MIRANDA/RUI MEDEIROS, *op. cit.*, p. 692.

mente como atos legislativos (cfr. artigo 112º, nº 1, da CRP). Essas competências incidem sobre todas as matérias, encontrando apenas o seu limite nas matérias de reserva, absoluta ou relativa, de competência legislativa da Assembleia da República, enunciadas nos artigos 164º e 165º da CRP, em que o Governo não pode produzir decretos-leis (reserva absoluta: artigo 164º) ou só o pode fazer mediante autorização legislativa da Assembleia da República (reserva relativa: artigo 165º)[288].

No ordenamento jurídico português, o campo de intervenção do poder regulamentar, que é imputado à Administração no exercício da função administrativa, é, por conseguinte, mais limitado do que noutros ordenamentos jurídicos. Na verdade, nos amplos domínios de intervenção do decreto-lei, é através deste instrumento, e não de regulamentos, e, portanto, no exercício de competências legislativas, e não de competências administrativas, que o Governo exerce o seu poder normativo.

É assim que, no ordenamento jurídico português, não existem regulamentos delegados ou autorizados, isto é, regulamentos através dos quais o Governo, mediante autorização do Parlamento, emana normas inovadoras dotadas de força de lei e, por isso, capazes de derrogar, modificar, suspender ou revogar normas contidas em atos legislativos[289].

Com efeito, a existência de regulamentos desse tipo não se justifica, num sistema em que a CRP atribui directamente ao Governo o poder de emanar normas inovadoras através de uma categoria de atos, os decretos-leis, que são, precisamente, decretos com força de lei, que a CRP qualifica formalmente como atos legislativos (cfr. artigo 112º, nº 1, da CRP). E por isso mesmo a CRP, no artigo 112º, nº 5, proíbe expressamente a lei de "criar outras categorias de atos legislativos", para além daquelas que se encontram previstas no artigo 112º, nº 1, assim como de "conferir a atos de outra natureza [o que inclui os regulamentos] o poder de, com eficácia

[288] Esta solução radica na Constituição Política de 1933, após a Revisão Constitucional de 1945, que marcou uma rutura com o modelo, de matriz francesa, que até então tinha sido adotado em Portugal. Para a mais detida caracterização do sistema mencionado no texto, cfr., por todos, Manuel Afonso Vaz, *op. cit.*, pp. 47 e 51; Sérvulo Correia, *Legalidade... cit.*, pp. 179-182 e 186-187; Paulo Otero, *op. cit.*, pp. 121 segs.

[289] Cfr., por todos, Gomes Canotilho/Vital Moreira, *Constituição da República Portuguesa Anotada*, vol. II, 4ª ed., Coimbra, 2010, pp. 68-69; Freitas do Amaral, *op. cit.*, p. 206; Rebelo de Sousa/Salgado de Matos, *op. cit.*, p. 250; Vieira de Andrade, *op. cit.*, p. 64.

externa, interpretar, integrar, modificar, suspender ou revogar qualquer dos seus preceitos"[290].

82. Verifica-se, pois, que, no ordenamento jurídico-constitucional português, o Governo emana dois tipos diferentes de atos normativos: decretos-leis, que são atos legislativos, emanados no exercício da função legislativa, e regulamentos, que são atos normativos de administração pública, emanados no exercício da função administrativa.

Poderia, por isso, pensar-se que a CRP consagraria um critério material de distinção das funções, no plano da criação das normas, mediante o qual reservaria para o decreto-lei, que é um ato legislativo (= ato praticado no exercício da função legislativa), a criação de normas materialmente legislativas, isto é, de normas autónomas, originárias, com um intencional conteúdo inovador, fonte de direito inicial; e remeteria para o regulamento (= ato normativo praticado no exercício da função administrativa) a criação de normas sujeitas à lei e complementares da lei, que lhe dariam execução e cujo eventual contributo inovador se circunscreveria a aspectos secundários, menores ou instrumentais (= aspectos materialmente administrativos, com intencionalidade, natureza administrativa), como o desenvolvimento ou a adaptação das normas legais, quando razões de eficiência, flexibilidade e proximidade dos factos o aconselhassem. Deste modo se identificariam, no plano da emissão de normas, as especificidades características da função legislativa e da função administrativa, no quadro da separação dos poderes do Estado[291].

E, na verdade, cumpre reconhecer que o regime jurídico procedimental de elaboração e aprovação dos atos legislativos do Governo (os decretos-leis) transparece, de forma clara, uma intencionalidade normativa específica, de determinação das opções políticas primárias da comunidade política (natureza de lei), enquanto que, por regra, os regulamentos, por terem natureza intencional e institucional diferente (natureza de regulamento), não são, por regra, submetidos ao mesmo tipo de proce-

[290] Como assinalam GOMES CANOTILHO/VITAL MOREIRA, *op. cit.*, p. 69, é, deste modo, a CRP e não a lei quem estabelece a hierarquia normativa.

[291] Para os termos da contraposição enunciada no texto, cfr., por todos, MANUEL AFONSO VAZ, *op. cit.*, pp. 406-408, 421-423, 505 e 510.

dimento (colegial e solidário) de aprovação, nem ao mesmo tipo de controlos[292].

A verdade, porém, é que a CRP não consagra um tal critério material, não fornecendo qualquer critério para a definição de uma fronteira material, neste plano, entre o domínio legislativo e o domínio administrativo[293]. Senão, vejamos.

a) Tanto na doutrina, como na jurisprudência do Tribunal Constitucional, tem prevalecido o entendimento de que, no ordenamento jurídico português, não existe, em termos gerais, uma reserva de administração que impeça a emanação de atos legislativos dotados de um conteúdo materialmente administrativo[294]. A lei, dependendo dos casos, parece poder, portanto, esgotar a regulamentação de determinada matéria normativa, consumindo, desse modo, o espaço que corresponderia aos regulamentos que a viriam executar[295].

A CRP admite, pois, a existência de atos legislativos contendo normas materialmente regulamentares.

No que diz respeito ao Governo, a CRP não prevê qualquer matéria em que exista uma reserva de regulamento[296]. Atento o estatuto constitucional do Governo, afigura-se, porém, de admitir a existência de "uma garantia do conteúdo essencial das competências constitucionais do Governo que vem implicada no princípio constitucional da divisão de poderes", que será ofendida "quando, por força de determinação parlamentar, o Governo seja pontualmente degradado ao nível de um órgão subordinado que recebe ordens

[292] Cfr. ainda MANUEL AFONSO VAZ, *op. cit.*, pp. 57-58 e 492 segs. Como adiante se verá, importa ter, contudo, presente o caso dos regulamentos independentes emanados pelo Governo, que revestem obrigatoriamente a forma de decreto regulamentar (artigo 112º, nº 7, da CRP) e, por isso, estão submetidos a um regime procedimental idêntico ao dos decretos-leis.

[293] Neste preciso sentido, cfr. GOMES CANOTILHO/VITAL MOREIRA, *op. cit.*, p. 54.

[294] Sobre o tema, cfr., por exemplo, NUNO PIÇARRA, "A reserva de administração", in *O Direito*, 1990, II, pp. 325 segs., e III-IV, pp. 571 segs.; CARLOS BLANCO DE MORAIS, *Justiça Constitucional*, vol. I, 2ª ed., Coimbra, 2006, pp. 462 segs.; JORGE MIRANDA/RUI MEDEIROS, *op. cit.*, pp. 710 segs., *maxime* 718-719, com outras referências. Em sentido crítico, cfr., entretanto, REBELO DE SOUSA/SALGADO DE MATOS, *op. cit.*, tomo I, pp. 137-139.

[295] Cfr., por todos, GOMES CANOTILHO/VITAL MOREIRA, *op. cit.*, pp. 68-69; FREITAS DO AMARAL, *op. cit.*, p. 194.

[296] Cfr., a propósito, Acórdão nº 1/97 do Tribunal Constitucional.

ou instruções vinculativas da Assembleia da República – de forma não consentânea com o seu estatuto constitucional de órgão de soberania, de órgão encarregado da condução da vida política, ou de órgão supremo da Administração Pública" – ou veja "frustrada, por força das mesmas imposições, a possibilidade de determinar autorresponsavelmente, na medida em que lhe esteja constitucionalmente atribuída, o sentido e o conteúdo do exercício das suas competências"[297].

Admite-se, entretanto, a existência de domínios específicos de reserva de administração, em que os únicos poderes normativos que podem ser exercidos são poderes regulamentares, pelo que está excluída a possibilidade da intervenção do poder legislativo e pode ser equacionada a inconstitucionalidade de eventuais leis que ponham em causa essas áreas de reserva[298]. Esses domínios específicos dizem respeito: (i) às Regiões Autónomas dos Açores e da Madeira, que resultam de um fenómeno de descentralização político-administrativa e, por isso, dispõem de órgãos de governo próprio, para a prossecução da satisfação dos interesses específicos das respetivas regiões; (ii) às autarquias locais, que resultam de um fenómeno de descentralização administrativa do território e dispõem de órgãos representativos, incumbidos da satisfação dos interesses próprios das respetivas populações locais; (iii) às ordens profissionais, com base no reconhecimento constitucional da respectiva existência, enquanto forma de descentralização administrativa; (iii) e às universidades públicas, de cuja autonomia estatutária, científica, pedagógica, administrativa e financeira, constitucionalmente consagrada, se entende derivar uma reserva de autonomia normativa que se projeta no poder de elaboração dos respetivos estatutos e dos regulamentos de conteúdo estritamente académico imprescindíveis à consecução das suas tarefas[299].

[297] Cfr. JORGE REIS NOVAIS, *Separação de poderes e limites da competência legislativa da Assembleia da República*, Lisboa, 1997, pp. 59-61. A nosso ver, é nesta perspetiva que deve ser encarado o Acórdão do Tribunal Constitucional nº 214/2011, reportado a um caso em que, como assinala Maria Lúcia Amaral, em declaração de voto, o que estava verdadeiramente em causa era o problema da divisão de poderes entre Assembleia da República e Governo.

[298] Cfr. GOMES CANOTILHO/VITAL MOREIRA, *op. cit.*, p. 54; REBELO DE SOUSA/SALGADO DE MATOS, *op. cit.*, tomo III, pp. 253-254 (e também vol. I, p. 137).

[299] Para a circunstanciada análise de cada um destes casos de reserva de administração, cfr., por todos, com outras referências, ANA GONÇALVES MONIZ, *"A titularidade..."*, pp. 548 segs. Avulta, de entre eles, a impossibilidade de uma lei reservar para os órgãos da República a

b) Por outro lado, resulta do nº 6 do artigo 112º da CRP que, na ordem jurídica portuguesa, existem regulamentos independentes. Ora – e sem prejuízo do mais que, a propósito desta categoria de regulamentos, adiante se dirá –, daí resulta que o próprio texto constitucional admite a existência de regulamentos que introduzam normas autónomas, originárias, com um intencional conteúdo inovador, fonte de direito inicial.

Numa palavra, a CRP também admite, pois, a existência de regulamentos contendo normas materialmente legislativas.

Ora, de tudo isto resulta que só por referência a aspetos orgânicos e formais parece possível estabelecer a destrinça entre lei e regulamento. Na síntese feliz de *Diogo Freitas do Amaral*, pode, na verdade, dizer-se que, à luz do direito positivo vigente em Portugal, "é lei todo o ato que provenha de um órgão com competência legislativa e que assuma a forma de lei[300], ainda que [...] contenha disposições de caráter regulamentar; é regulamento todo o ato dimanado de um órgão com competência regulamentar e que revista a forma de regulamento, ainda que seja independente ou autónomo e, por conseguinte, inovador"[301].

83. Cumpre, em todo o caso, notar que, mesmo quando não se trate de dar execução ou completar um ato legislativo anterior, mas de introduzir disciplina nova, regulando de início as relações sociais, através da emanação de regulamentos independentes, os actos normativos da Administração devem ser sempre precedidos, nos termos da CRP, de um ato legislativo, de uma norma legal de habilitação, que fundamente "a competência objetiva e subjetiva" para a sua emissão (cfr. artigos 112º, nº 7, da CRP, 136º do CPA e o que adiante se dirá a este propósito).

competência para proceder à sua regulamentação em clara preterição das especificidades próprias a que, nos termos constitucionais, deve acorrer o poder regulamentar próprio das Regiões Autónomas dos Açores e da Madeira.

300 Ou seja: "são leis todos os atos que, independentemente do seu conteúdo, são emanados pela Assembleia da República, pelo Governo e pelas assembleias legislativas regionais, de acordo com os procedimentos e no exercício das competências legislativas jurídico-constitucionalmente estabelecidas", sob as formas, respetivamente, de lei, de decreto-lei e de decreto legislativo regional (artigo 112º, nº 1, da CRP): cfr. Gomes Canotilho/Vital Moreira, *op. cit.*, p. 55.

301 Cfr. Freitas do Amaral, *op. cit.*, pp. 159-160.

Esta é uma consequência do princípio da legalidade administrativa, entendido como princípio de precedência da lei, por força do qual não pode deixar de se identificar na lei o fundamento do poder regulamentar – tal como, de resto, de todos os outros poderes jurídicos da Administração[302], e, por conseguinte, que todo o regulamento externo carece sempre de lei habilitante (cfr. artigo 136º, nº 1, do CPA). Esta é uma consequência óbvia da natureza administrativa do regulamento, enquanto instrumento de desempenho de tarefas, fruto de uma delegação do legislador, que desse modo comete à Administração o encargo de encontrar os preceitos para uma dada área, com ou sem afirmação de princípios condutores do regime a desenvolver[303].

Daí a particular exigência com que o Tribunal Constitucional tem aplicado o artigo 112º, nº 7, da CRP, considerando insuprível causa de inconstitucionalidade formal a ausência, no texto do regulamento, da indicação expressa da norma de habilitação, ainda que em qualquer lugar do diploma ou do respectivo instrumento de aprovação. Ainda aí se trata, na verdade, de garantir a subordinação do regulamento à lei[304].

Nas matérias de reserva absoluta ou relativa de competência legislativa da Assembleia da República, faz-se, entretanto, apelo à necessidade de uma maior densificação das normas legislativas, de modo a que a sua abertura se circunscreva a "um mínimo incomprimível de margem de intervenção administrativa"[305].

Nessas matérias, o papel da Administração deve, assim, reduzir-se ao mínimo, o que, no plano normativo, significa que apenas deve ser admitida a possibilidade da emanação de regulamentos de estrita execução da lei, com exclusão da possibilidade de regulamentos independentes[306] – e mesmo isto, com ressalva de matérias que contendem com valores fundamentais, como a introdução de restrições ao conteúdo essencial

[302] Cfr. REBELO DE SOUSA/SALGADO DE MATOS, *op. cit.*, tomo III, p. 250. E, por exemplo, os Acórdãos do Tribunal Constitucional nº 184/89 e 61/91.

[303] Cfr. ROGÉRIO EHRHARDT SOARES, *Direito Administrativo*, lições policopiadas ministradas no Curso de Direito no Porto da Universidade Católica Portuguesa, s/d, nº 49.

[304] Cfr. ANA GONÇALVES MONIZ, *"A titularidade..."*, pp. 499-500.

[305] Cfr. SÉRVULO CORREIA, *Legalidade... cit.*, pp. 334 segs.

[306] Cfr. SÉRVULO CORREIA, *Legalidade... cit.*, *loc. últ. cit.*; FREITAS DO AMARAL, *op. cit.*, pp. 170-171. Cfr. também, por exemplo, os Acórdãos do Tribunal Constitucional nº 74/84, 284/86 e 262/97.

de direitos, liberdades e garantias, a tipificação dos crimes e respetivas sanções e a determinação dos limites essenciais dos impostos, que apenas parecem poder ser objeto de ato legislativo[307]. Este último, constitui, portanto, um limite à possibilidade, que ao legislador é geralmente reconhecida, da *deslegalização*, que consiste na opção por revogar normas contidas em ato legislativo, remetendo a regulação da respectiva matéria para regulamento[308].

Por outro lado, também resulta do princípio da legalidade administrativa, agora na sua dimensão de primado da lei em sentido negativo ou de preferência da lei, que nenhum regulamento pode modificar, suspender ou revogar normas contidas em ato legislativo. Isto mesmo é expressamente assumido, como já vimos, no artigo 112º, nº 5, da CRP[309].

3. Titularidade do poder regulamentar

84. O principal órgão titular do poder regulamentar do Estado é o Governo: cfr. artigo 199º, alínea c), da CRP. Múltiplos órgãos subordinados do Governo são titulares de competências para emanar regulamentos, nos casos especificamente previstos na lei. A lei também prevê em muitas situações a possibilidade da delegação do poder de emanar regulamentos, designadamente dos Ministros em órgãos subordinados.

O poder regulamentar das Regiões Autónomas é exercido pelas Assembleias Legislativas Regionais, às quais compete a regulamentação,

[307] Cfr. Gomes Canotilho/Vital Moreira, *op. cit.*, p. 502; Freitas do Amaral, *op. cit.*, pp. 170-171.

[308] E não na opção (constitucionalmente proibida) de o legislador conferir a atos de outra natureza o poder de, com eficácia externa, interpretar, integrar, modificar, suspender ou revogar qualquer dos seus preceitos. Para a caracterização do conceito de deslegalização e o reconhecimento da sua admissibilidade no direito português, cfr., por todos, Freitas do Amaral, *op. cit.*, pp. 168-170; Jorge Miranda, *Manual de Direito Constitucional*, vol. V, 3ª ed., Coimbra, 2004, pp. 214-215; Jorge Miranda/Rui Medeiros, *op. cit.*, p. 264; Rebelo de Sousa/Salgado de Matos, *op. cit.*, tomo III, p. 250; Gomes Canotilho/Vital Moreira, *op. cit.*, pp. 69-70.

[309] Cfr. Freitas do Amaral, *op. cit.*, p. 168; Rebelo de Sousa/Salgado de Matos, *op. cit.*, tomo III, p. 250.

a nível regional, das leis emanadas pelos órgãos de soberania que não reservem para estes o respetivo poder regulamentar (cfr. artigo 227º, alínea d), da CRP); e pelos Governos Regionais, aos quais compete regulamentar os decretos legislativos regionais emanados pela Assembleia Legislativa Regional e aprovar os regulamentos de funcionamento da Administração Regional.

No plano das autarquias locais, as Assembleias de Freguesia têm competência para emanar regulamentos. O mesmo sucede, nos Municípios, com as Assembleias Municipais, cabendo ao executivo municipal (as Câmaras Municipais) a emanação de regulamentos disciplinadores dos serviços do Município.

Também as associações públicas e os institutos públicos têm poder regulamentar próprio, nos casos e termos em que este poder lhes seja conferido pelos respectivos estatutos e demais legislação aplicável.

4. Forma e publicidade dos regulamentos

85. A forma mais solene que podem revestir os regulamentos do Governo é a do decreto regulamentar, utilizada nos casos em que a lei expressamente a exige, com destaque para aquele que, desde logo, se encontra previsto no artigo 112º, nº 6, da CRP, dos regulamentos independentes do Governo. O decreto regulamentar é aprovado em Conselho de Ministros e é assinado pelo primeiro-ministro e pelos ministros competentes em razão da matéria a que diz respeito. Tal como os atos legislativos, o decreto regulamentar está sujeito a promulgação ou veto do Presidente da República (cfr. artigos 134º, alínea b), e 136º da CRP) e a referenda do primeiro-ministro (cfr. artigo 140º da CRP).

As resoluções do Conselho de Ministros também são aprovadas em Conselho de Ministros, mas só são assinadas pelo primeiro-ministro e não estão sujeitas a promulgação ou veto e referenda.

Na sua generalidade, os regulamentos do Governo são, contudo, regulamentos ministeriais, emanados e assinados pelos diferentes Ministros, sob a forma de portaria ou de despacho genérico.

De acordo com os Estatutos Político-Administrativos das Regiões Autónomas, os regulamentos das respetivas assembleias regionais revestem a forma de decretos legislativos regionais[310]. Revestem a forma de decretos regulamentares regionais os regulamentos dos Governos Regionais, quando tal seja determinado por decreto legislativo regional ou se trate de regulamentos independentes.

A lei não impõe formalidades especiais para os demais regulamentos.

86. No que se refere à sua publicidade, os regulamentos do Governo e das Regiões Autónomas são publicados na I Série do *Diário da República* (cfr. artigo 119º, nº 1, da CRP) e os regulamentos das associações públicas, como as ordens profissionais, são publicados na II Série do *Diário da República*.

Quanto aos regulamentos das autarquias locais, cumpre referir que, afastando-se nesse ponto da proposta que constava do anteprojeto apresentado pela comissão de revisão do CPA, o Decreto-Lei nº 4/2015, de 7 de janeiro, entendeu dar ao artigo 139º do CPA uma redação cujo sentido não nos parece inequívoco, mas que, em todo o caso, se revela infeliz, na medida em que tem conduzido à interpretação desrazoável de que todos os regulamentos em Portugal têm de ser publicados no *Diário da República*. De acordo com essa interpretação e, portanto, enquanto o legislador não tiver oportunidade de voltar ao tema, porventura emendando a mão, tem prevalecido o entendimento de que os regulamentos das autarquias locais têm de ser publicados no *Diário da República*, sem prejuízo de também poderem ser publicados no sítio oficial da Internet e em boletim da autarquia, quando exista, ou em outra publicação oficial da entidade em causa.

5. Classificação dos regulamentos: regulamentos de execução e regulamentos independentes

87. A classificação assenta no critério do grau de dependência do regulamento em relação à lei. Como já foi dito, o fundamento do poder regulamentar reside na lei. Enquanto manifestações de poder emanadas da Administração, os regulamentos estão colocados numa posição de depen-

[310] Solução que suscita diversas perplexidades e problemas: para uma síntese, cfr., por todos, com outras referências, Ana Gonçalves Moniz, *"A titularidade..."*, pp. 534-537.

dência em relação às normas de grau hierárquico superior, emanadas sob a forma de atos legislativos. Se não há Administração sem lei, também não há poder normativo da Administração sem lei.

É, por conseguinte, em função da intensidade do grau de dependência do regulamento em relação a uma lei anterior que se classificam e diferenciam os regulamentos de execução e os regulamentos independentes. Alguns Autores distinguem, entretanto, no seio da primeira destas categorias, entre regulamentos de execução, diríamos nós, em sentido estrito ou propriamente ditos, e regulamentos complementares[311].

5.1. Regulamentos de execução

88. Na sua generalidade, os regulamentos são regulamentos de execução. Estes regulamentos estabelecem condições para a aplicação prática de uma lei, regulando aspectos de pormenor, e dão resposta a questões técnicas que a lei deixou em aberto. Limitam-se, portanto, a extrair consequências de uma lei que os precede e por isso apresentam uma ligação mais estreita com a lei. São estes regulamentos que a CRP tem em vista quando, na primeira parte do seu artigo 112º, nº 7, determina que "os regulamentos devem indicar expressamente as leis que visam regulamentar".

Para quem, neste contexto, distinga entre regulamentos de execução em sentido estrito e regulamentos complementares, dir-se-á, entretanto, que os primeiros são indispensáveis à aplicação prática da lei, dirigindo-se, assim, a possibilitar essa aplicação, ao passo que os segundos completam aspetos que a lei não pormenorizou, mas que não são necessários para que a lei adquira exequibilidade[312].

Fora das matérias de reserva absoluta ou relativa de competência legislativa da Assembleia da República, tem sido sustentada a possibilidade de uma interpretação restritiva do artigo 112º, nº 5, da CRP, na medida em que a correcta execução das leis não dispensa, por vezes, a introdução de normas integrativas ou interpretativas. Nesta perspectiva, a proibição contida naquele preceito apenas terá em vista impedir a deslegalização pura

[311] Assim, Rebelo de Sousa/Salgado de Matos, *op. cit.*, tomo III, pp. 256-257.

[312] Assim, Rebelo de Sousa/Salgado de Matos, *op. cit.*, tomo III, pp. 256-257.

e simples da atividade de interpretação e integração, mediante a remissão para regulamento do poder genérico de resolução (autêntica) de todas as questões de interpretação e integração que determinada lei possa suscitar[313].

Já dentro das referidas áreas de reserva, a Administração não pode desenvolver a produção normativa inicial que a lei tenha estabelecido sobre a matéria, pelo que o regulamento de execução não pode ir para além da estrita pormenorização ou procedimentalização das normas contidas na lei regulamentada. Aplicam-se, pois, integralmente, as restrições impostas pelo artigo 112º, nº 5, da CRP. Por outro lado, nessas matérias, cuja essencialidade exige um tratamento normativo rodeado de maiores garantias, só podem existir, como já foi referido, regulamentos de execução.

5.2. Regulamentos independentes

89. Os regulamentos independentes são regulamentos que a Administração edita sem referência imediata ao conteúdo de uma lei anterior que se pretenda executar, em ordem a introduzir disciplina inovadora sobre determinada matéria, inscrita no âmbito das atribuições das entidades que os emanem.

A existência deste tipo de regulamentos é expressamente admitida pela CRP, que, no seu artigo 112º, nº 6, se refere expressamente aos regulamentos independentes emanados pelo Governo, determinando que eles revistam a forma de decreto regulamentar. E, com a revisão de 2015, encontra, hoje, inovatória definição legal no nº 3 do artigo 136º do CPA.

Por outro lado, o artigo 112º, nº 7, da CRP estabelece que "os regulamentos devem indicar expressamente as leis que visam regulamentar ou que definem a competência subjetiva e objetiva para a sua emissão".

313 Neste sentido, cfr. Vieira de Andrade, *op. cit.*, pp. 63-64; Afonso Queiró, *op. cit.*, p. 11; e, na jurisprudência do Tribunal Constitucional, os Acórdãos nº 1/92 e 262/97, e Cardoso da Costa, *op. cit.*, pp. 198-199. Em sentido crítico, cfr., porém, Jorge Miranda/Rui Medeiros, *op. cit.*, pp. 262-263.

Na sua primeira parte, o preceito tem em vista, como já foi dito, os regulamentos de execução; na sua segunda parte, o preceito tem, entretanto, em vista os regulamentos independentes, como hoje mais claramente resulta do nº 2 do artigo 136º do CPA.

No nosso ordenamento jurídico, é, portanto, admitida a emanação de regulamentos apenas precedidos de uma pura norma de produção normativa[314], isto é, de uma lei que se limite a atribuir aos órgãos que os emanem (competência subjetiva) a competência para introduzirem disciplina normativa de conteúdo inovador sobre determinada matéria (competência objetiva).

Como já atrás tinha sido referido, impõem-se, entretanto, os seguintes limites ao exercício do poder regulamentar independente:

a) Nunca um regulamento pode derrogar disposição legal anterior (primado da lei em sentido negativo ou preferência de lei);

b) À emissão de regulamentos independentes opõe-se a existência de áreas de reserva de ato legislativo. Nestes domínios, apenas se admite a emanação de regulamentos de estrita execução da lei. Coloca-se, entretanto, a questão de saber se o desenvolvimento, por parte do Governo, de disciplina normativa introduzida por leis da Assembleia da República que se limitem a enunciar os princípios ou bases gerais de regimes jurídicos pode ser feito através de regulamento independente: parece que não, atendendo a que o artigo 198º, nº 1, alínea c), da CRP parece estabelecer, nesse domínio, uma reserva de ato legislativo, exigindo que tal desenvolvimento seja feito por decreto-lei[315].

90. Dentro da categoria dos regulamentos independentes, há que distinguir os regulamentos independentes emanados pelo Governo, que a CRP, no artigo 112º, nº 6, submete, como já foi dito, à observância da forma do decreto regulamentar, e os regulamentos independentes que são emanados pelas formas de Administração Autónoma, no exercício do poder de autonormação que lhes é outorgado pela CRP, e a que é dado o nome de regulamentos autónomos. A ambos faremos referência de seguida.

[314] Cfr. Gomes Canotilho/Vital Moreira, *op. cit.*, p. 72.

[315] Cfr. Acórdãos nº 24/83 e 92/85 do Tribunal Constitucional; Paulo Otero, *O desenvolvimento de leis de bases pelo Governo*, Lisboa, 1997, pp. 57-62; Jorge Miranda, *Manual de Direito Constitucional*, vol. V, p. 376; Gomes Canotilho/Vital Moreira, *op. cit.*, pp. 481-482.

Avulta, por outro lado, o recente (e problemático) fenómeno do poder regulamentar independente das entidades reguladoras, que justificará uma referência final.

a) Regulamentos autónomos

91. O artigo 227º, nº 1, alínea d), da CRP reconhece às Regiões Autónomas o mais amplo poder de autorregulamentação. A exigência constitucional de base legal para a emanação de regulamentos independentes autonómicos parece poder satisfazer-se com a previsão dos poderes normativos dos órgãos das Regiões Autónomas que constam dos Estatutos Político-Administrativos de cada Região Autónoma. Por regra, os regulamentos de âmbito regional são regulamentos especiais, que, nessa medida, se sobrepõem aos regulamentos gerais, emanados pelos órgãos da República. Isto, naturalmente, desde que sejam válidos, o que não sucederá se forem inovadores em matéria de reserva de competência legislativa dos órgãos da República ou se introduzirem especificidades de âmbito regional sem razões que o justifiquem.

Por outro lado, a CRP também reconhece às autarquias locais, no artigo 241º, um poder de autonormação próprio, que à lei apenas cumpre delimitar. A exigência constitucional de base legal para a emanação de regulamentos independentes autárquicos satisfaz-se, assim, com a previsão dos poderes normativos dos órgãos autárquicos que constam das leis que, em termos gerais, regulam o quadro das atribuições e competências das autarquias locais, sem necessidade de lei que, caso a caso, habilite à emanação de cada regulamento[316]. Discute-se, entretanto, a questão da admissibilidade da emanação de regulamentos autónomos das autarquias locais em áreas de reserva de competência legislativa, designadamente em domínios que contendam com direitos, liberdades e garantias[317].

[316] Cfr., por todos, J. C. Vieira de Andrade, "Autonomia regulamentar e reserva de lei", in *Estudos em Homenagem ao Prof. Doutor Afonso Rodrigues Queiró*, Coimbra, 1984, p. 22; Sérvulo Correia, *Legalidade...*, p. 267; Ana Gonçalves Moniz, *"A titularidade..."*, pp. 540-541.

[317] Para o quadro do problema, cfr., com diferentes perspetivas, Vieira de Andrade, "Autonomia regulamentar e reserva de lei", pp. 21 segs.; Sérvulo Correia, *Legalidade...*, pp. 270 segs.; Gomes Canotilho/Vital Moreira, *op. cit.*, p. 740.

Os regulamentos que o Governo possa emanar no exercício dos seus poderes de tutela (artigo 242º da CRP) prevalecem sobre os regulamentos das autarquias locais. A nosso ver, esses regulamentos devem ser, no entanto, regulamentos de estrita execução da legislação sobre as autarquias locais, prevista no artigo 237º, nº 1, da CRP. Com efeito, o artigo 242º da CRP refere-se apenas a uma tutela de legalidade: ora, só a legislação prevista no artigo 237º, nº 1, da CRP pode impor-se às autarquias locais no âmbito da respectiva autonomia.

b) Regulamentos independentes emanados pelo Governo

92. A doutrina tem-se, entretanto, dividido quanto à questão de saber que tipo de "lei" deve definir a competência do Governo para a emanação de regulamentos independentes, para os efeitos do disposto na segunda parte do mencionado artigo 112º, nº 7, da CRP.

Há, na verdade, quem veja no artigo 199º da CRP o fundamento jurídico comum dos regulamentos independentes do Governo: a competência objetiva do Governo para a emanação de tais regulamentos fundar-se-ia, assim, na alínea g) do artigo 199º da CRP, que habilita o Governo a "praticar todos os atos e tomar todas as providências necessárias à promoção do desenvolvimento económico-social e à satisfação das necessidades coletivas"[318]. E é prática corrente a emanação, sob a forma de decretos regulamentares, de regulamentos independentes nestas condições.

Neste sentido concorreria a circunstância de, através da emissão de um decreto-lei, o próprio Governo poder emanar a lei habilitante de que necessita para produzir o regulamento independente. Por outro lado, como, nos termos do artigo 112º, nº 6, da CRP, os regulamentos independentes do Governo revestem obrigatoriamente a forma de decreto regulamentar, a sua aprovação obedece a um procedimento em larga medida coincidente com o de aprovação dos próprios decretos-leis, que, embora não envolva a colegialidade decorrente da aprovação em Conselho de Ministros, inclui a promulgação pelo Presidente da República

[318] Cfr. Afonso Queiró, *op. cit.*, pp. 11 segs.; Sérvulo Correia, *Legalidade...*, pp. 204 segs.; Vieira de Andrade, *"O ordenamento..."*, pp. 65-67; Jorge Miranda/Rui Medeiros, *op. cit.*, pp. 724 segs. (cfr., no entanto, p. 277).

e a referenda do primeiro-ministro, o que pode ser visto como uma forma de compensar a ausência de ato legislativo específico de habilitação[319].

O entendimento maioritário na doutrina parece orientar-se, contudo, no sentido de que só um ato legislativo específico pode atribuir ao Governo, caso a caso, a competência para emanar um regulamento independente relativamente a cada tipo de matéria[320]. Esse parece ser, por outro lado, o sentido mais curial do disposto nos nºs 1 e 2 do artigo 136º do CPA.

Nesta perspetiva, os regulamentos independentes têm de ter, em cada caso, o seu fundamento num ato legislativo específico que diga que, nessa matéria, pode ser emanado um regulamento independente: a chamada lei habilitante (cfr. artigo 136º, nº 1, do CPA). E a circunstância de o artigo 112º, nº 6, da CRP, determinar que os regulamentos independentes do Governo revestem obrigatoriamente a forma de decreto regulamentar tem apenas o propósito de impedir que o Governo recorra a regulamentos independentes, em vez de utilizar directamente o instrumento legislativo do decreto-lei, com o objetivo de se furtar aos requisitos e controlos específicos da produção legislativa[321].

c) O problema do poder regulamentar independente das entidades reguladoras

93. Justifica referência específica o problema do poder regulamentar independente que, com latitude crescente, a lei tem vindo a conceder às entidades administrativas independentes do Governo que exercem

[319] Para a mais detida exposição dos argumentos no sentido enunciado no texto, cfr., por último e por todos, com outras referências, JORGE MIRANDA/RUI MEDEIROS, *op. cit.*, pp. 724 segs..

[320] Neste sentido, cfr. GOMES CANOTILHO/VITAL MOREIRA, *op. cit.*, pp. 72-73; MANUEL AFONSO VAZ, *op. cit.*, pp. 487 segs.; FREITAS DO AMARAL, *op. cit.*, pp. 171-172, com outras referências na nota 331; REBELO DE SOUSA/SALGADO DE MATOS, *op. cit.*, tomo I, pp. 168--171.

[321] Neste sentido, GOMES CANOTILHO/VITAL MOREIRA, *op. cit.*, p. 73.

funções de regulação administrativa, no sentido oportunamente explicitado[322].

Com efeito, se, como vimos oportunamente (cfr. *supra*, nº 28), a diminuição da intensidade da disciplina legal dos poderes da Administração constitui, hoje, uma tendência de âmbito geral, a verdade é que o fenómeno avulta com particular nitidez no domínio da regulação administrativa, em que, mais do que em nenhum outro, se multiplicam as manifestações de autocontenção do legislador, mediante as quais a lei tende a limitar-se a conferir às entidades reguladoras a habilitação formal para o exercício de poderes de autoridade[323].

Ora, o ponto avulta, precisamente, no que respeita ao poder regulamentar, na medida em que a lei admite a emanação pelas entidades reguladoras de regulamentos independentes, que introduzem disciplina inovadora sobre as matérias a que respeitam, sem se reportarem ao conteúdo de uma lei anterior, sendo apenas precedidos de uma pura norma de produção normativa, isto é, de uma lei que se limita a atribuir a competência objetiva e subjetiva para a sua emissão –, o que suscita dificuldades de enquadramento no nosso ordenamento jurídico-constitucional[324].

6. Relações entre regulamentos

94. Um dos aspetos mais inovadores do regime substantivo aplicável aos regulamentos em geral que a revisão de 2015 introduziu no CPA tem

[322] Como, na verdade, já foi recordado no capítulo anterior, o conceito de regulação não é entendido de modo unívoco na doutrina comparada, mas ainda que nele se entenda incluir uma dimensão legislativa, consubstanciada nas normas legais instituidoras dos sistemas regulatórios públicos e disciplinadoras da atuação das entidades administrativas reguladoras e dos agentes por elas regulados, a regulação administrativa há de reportar-se à atividade que as entidades reguladoras desenvolvem no exercício das suas funções.

[323] Este tema foi abordado com desenvolvimento em anteriores edições deste livro, para as quais se remete: cfr., por último, na 4ª ed., a pp. 43 segs..

[324] Sobre este ponto, cfr., por último, Vieira de Andrade, "Os poderes normativos e de resolução de litígios das entidades reguladoras independentes", in *Estudos em Homenagem a Mário Esteves de Oliveira*, Coimbra, 2017, pp. 137 segs..

por objeto a consagração de regras aplicáveis às situações de conflito entre normas contidas em regulamentos com estatutos diferenciados.

Nesse sentido, o nº 2 do artigo 143º do CPA reconhece um estatuto de *superioridade* aos regulamentos emanados dos órgãos hierarquicamente superiores ou dotados de poderes de superintendência sobre os regulamentos emanados dos órgãos hierarquicamente inferiores ou submetidos ao exercício de poderes de superintendência, e aos regulamentos emanados por órgãos delegantes sobre os regulamentos emanados pelos seus delegados; e, por outro lado, reconhece que os estatutos emanados no exercício de poderes normativos autónomos desempenham uma *função paramétrica* sobre os regulamentos emanados no exercício de competências fundadas nesses mesmos estatutos, um pouco à maneira do que sucede na relação entre as leis-quadro e aquelas que devem obedecer aos parâmetros por elas estabelecidos.

Funda-se neste reconhecimento a consagração da sanção da invalidade para as situações de desconformidade que possam surgir no âmbito das relações entre estes tipos de regulamentos.

Por outro lado, o artigo 138º consagra regras de prevalência para os casos de conflito entre regulamentos governamentais (decretos regulamentares, resoluções do conselho de Ministros com conteúdo normativo, portarias e despachos), consagrando a prevalência dos regulamentos governamentais emanados sob forma mais solene sobre os demais; a prevalência dos regulamentos governamentais sobre os regulamentos autárquicos e das demais entidades dotadas de autonomia regulamentar, quando esteja em causa o exercício de atribuições concorrentes; e a prevalência dos regulamentos municipais sobre os regulamentos das freguesias. Estas duas últimas soluções encontram arrimo no artigo 241º da CRP, do qual resulta que o poder normativo próprio das autarquias locais é exercido "nos limites dos regulamentos emanados das autarquias de grau superior ou das autoridades com poder tutelar"[325].

Note-se que o CPA tem o cuidado de assumir que, neste domínio específico, não são de verdadeira hierarquia as relações que se estabelecem entre os regulamentos envolvidos, atenta a autonomia regulamentar constitucionalmente reconhecida às autarquias locais. Por este motivo, não resolve as situações de conflito normativo no plano da invalidade – como

[325] Cfr. Rebelo de Sousa/Salgado de Matos, *op. cit.*, tomo III, pp. 252-253.

faz, no artigo 143º, para os casos a que nos referimos em primeiro lugar –, mas limita-se a estabelecer regras de prevalência, identificando que regulamentos devem ter preferência aplicativa em caso de conflito no exercício de poderes concorrentes.

Por outro lado, no que respeita aos regulamentos das autarquias locais, a prevalência dos regulamentos governamentais só é admitida no artigo 138º do CPA quando estejam em causa *atribuições concorrentes* do Estado e das autarquias locais, "em que a matéria intercede com questões de interesse nacional que não dispensem também uma disciplina a esse nível – e, por conseguinte, questões fora da reserva do regulamento autónomo"[326]. E é, por outro lado, ressalvada a possibilidade de nem sequer existir, *in casu*, um verdadeiro conflito normativo, sempre que o regulamento de uma entidade dotada de autonomia regulamentar deva ser qualificado como especial em relação ao regulamento governamental, qualificável como comum.

Como, na verdade, explica *Vieira de Andrade*, "nas matérias de *sobreposição* de atribuições e competências governamentais (nacionais ou insulares) com atribuições e competências autárquicas (por exemplo, em matéria de ambiente e de ordenamento do território), a prevalência deve ser avaliada em cada tipo de situações, em função das *normas de competência*, interpretadas no contexto do sistema constitucional, tendo em conta que os princípios da *subsidiariedade*, da *autonomia local* e da *descentralização democrática da Administração Pública* (artigo 6º da Constituição) limitam o princípio da *prevalência do interesse nacional* – devendo privilegiar-se os princípios de *cooperação* e de *coordenação* de interesses nacionais e locais contra uma concepção "*estatista*" e centralizadora da administração pública. Assim, se não for possível a aplicação cumulativa das normas nacionais e autárquicas, devem valer as normas autárquicas enquanto normas especiais, salvo se a preferência das normas governamentais se impuser, seja perante a *deficiência* da regulamentação local, seja pela *necessidade imperiosa* de assegurar uma realização uniforme do interesse nacional"[327].

[326] Cfr. ANA RAQUEL MONIZ, "Os regulamentos administrativos na revisão do CPA", p. 36. À face do disposto no artigo 241º da CRP, a Autora também admite a prevalência de regulamentos governamentais que incidam sobre a relação tutelar, por respeitarem ao exercício de poderes tutelares ou darem execução às "leis que constituem instrumento do exercício do poder tutelar".

[327] Cfr. VIEIRA DE ANDRADE, *Lições de Direito Administrativo*, 5ª ed., Coimbra, 2017, p. 155.

7. Procedimento dos regulamentos

95. Com a revisão de 2015, o CPA passou a dedicar maior atenção ao procedimento de elaboração dos regulamentos, dedicando-lhes um regime específico, no Título II da Parte III, que, como deixa claro o artigo 96º, não prejudica a aplicabilidade, nesse domínio, do disposto no Título I, de âmbito geral.

No que respeita ao conteúdo do regime introduzido, a preocupação do Código não foi, naturalmente, a de estabelecer um regime detalhado num domínio em que a Administração goza, e deve gozar, de uma muito ampla liberdade de conformação. Do que se tratou, foi, pois, apenas de introduzir algumas disposições pontuais, dirigidas a dar expressão, no plano da legislação ordinária, aos valores constitucionalmente consagrados da transparência e da participação dos cidadãos[328]. E, nesse sentido, pensamos que foi dado um importante passo em frente, ao deixar de remeter-se para legislação autónoma a regulação dos casos e termos em que há lugar a audiência dos interessados e à realização de consulta pública nesse tipo de procedimentos[329].

a) Iniciativa – O artigo 97º prevê que os interessados podem apresentar aos órgãos competentes petições a solicitar a elaboração, modificação ou revogação de regulamentos e reconhece-lhes o direito de serem informados do destino dado às petições apresentadas e dos fundamentos da posição que em relação a elas for tomada. Como já atrás foi assinalado, mesmo quando desencadeados a solicitação dos interessados (cfr. artigo 97º), os procedimentos dirigidos à emanação de regulamentos são, contudo, sempre de iniciativa oficiosa, na medida em que os interessados não têm, nesse domínio, o poder de constituir a Administração no dever de

[328] Sobre este ponto, cfr. ANA RAQUEL MONIZ, "Procedimento regulamentar", in *Comentários ao Novo Código do Procedimento Administrativo* (coord. CARLA AMADO GOMES, FERNANDA NEVES e TIAGO SERRÃO), Lisboa, 2015, pp. 426 segs.

[329] Essa opção, que constava dos artigos 117º e 118º do CPA, na sua redação primitiva, em resultado de decisão governamental tomada aquando da aprovação do Código, era objeto de justa crítica, por tornar inexequíveis os mais importantes preceitos do regime do procedimento de elaboração dos regulamentos, colocando-os "em regime de pendência ou intermediação legislativa": para a crítica da solução, cfr., por todos, FREITAS DO AMARAL, *op. cit.*, pp. 221-222.

proceder, através da apresentação de um requerimento, mas apenas no dever de ponderar se se justifica ou não a abertura (oficiosa) de um procedimento.

b) Projeto de regulamento – O artigo 99º estabelece que os regulamentos são aprovados com base num projeto. A fase preparatória do procedimento concretiza-se, assim, na elaboração e aprovação do projeto de regulamento. O CPA não define, no entanto, quaisquer regras quanto ao modo pelo qual o projeto deve ser elaborado.

Na ausência de normas injuntivas, esta fase rege-se, pois, pelas regras e pelos princípios gerais.

Desde logo, pelo disposto no artigo 55º, que, embora estabeleça que a direção do procedimento cabe ao órgão competente para a decisão final, prevê que, salvo disposição legal, regulamentar ou estatutária em contrário ou quando a isso obviem as condições de serviço ou outras razões ponderosas, invocadas fundamentadamente no procedimento concreto ou em diretiva interna respeitante a certos procedimentos, a regra é a de que aquele órgão delegue o poder de direção do procedimento num outro órgão. Por conseguinte, a fase da elaboração do projeto de regulamento é conduzida e o projeto é aprovado pelo órgão responsável pela direção do procedimento, que, por regra, não é o órgão competente para aprovar o regulamento, a final.

Valem, por outro lado, os princípios da adequação procedimental e do inquisitório, consagrados nos artigos 56º e 58º do CPA, dos quais resulta que o responsável pela direção do procedimento goza de ampla autonomia na estruturação desta fase do procedimento, podendo proceder às diligências que considere convenientes para a recolha dos elementos necessários, no respeito pelos interesses públicos de eficiência, economicidade e celeridade exigidos a uma boa administração (cfr. artigo 5º e *supra*, nºs 41 segs).

Uma vez elaborado, o projeto de regulamento é aprovado pelo órgão responsável pela direção do procedimento. Quanto a este ponto, o artigo 99º do CPA apenas exige que o projeto seja acompanhado de uma nota justificativa fundamentada, que deve incluir uma ponderação dos custos e benefícios das medidas projetadas[330].

[330] Solução preconizada por Ana Raquel Moniz, *A recusa de aplicação de regulamentos pela Administração com fundamento em invalidade – contributo para a teoria dos regulamentos*, Coimbra,

c) Audiência dos interessados – Uma vez concluída a fase preparatória, que, como vimos, tem por objeto a elaboração e aprovação do projeto de regulamento, este pode ter de ser submetido à audiência dos interessados.

Resulta do disposto no nº 1 do artigo 100º do CPA que é só quando o regulamento contenha disposições que afetem de modo direto e imediato direitos ou interesses legalmente protegidos que o órgão responsável pela direção do procedimento tem de submeter o projeto de regulamento, por prazo razoável não inferior a 30 dias, à audiência dos interessados que como tal se tenham constituído no procedimento. Estabelece, entretanto, o nº 2 do artigo 100º que a audiência dos interessados pode ser escrita ou oral e processa-se, salvo quanto aos prazos, nos termos dispostos para o procedimento dos atos administrativos.

Significa isto que o regime do artigo 100º do CPA só vale para os regulamentos que contenham normas imediatamente operativas, cujos efeitos se produzam imediatamente, sem dependência de um ato concreto de aplicação. É, na verdade, apenas em relação a esses regulamentos que o referido artigo reconhece a quem possa ser afetado de modo direto e imediato nos seus direitos ou interesses legalmente protegidos o direito de ser ouvido em momento imediatamente anterior ao da tomada da decisão de aprovação do regulamento.

A exemplo do que sucede no procedimento dos atos administrativos, são ouvidos os interessados que, como tais, se tenham constituído no procedimento, que, estando nele identificados, devem ser, por conseguinte, notificados para serem ouvidos, oralmente ou por escrito.

Associado a este direito de audiência está, entretanto, a exemplo do que sucede no âmbito do procedimento do ato administrativo, o dever de publicitação do início do procedimento regulamentar, que é imposto no artigo 98º. Na verdade, os interessados devem estar identificados, para que seja possível notificá-los para o efeito do exercício do direito de audiência. Ora, isto só é possível desde que, tendo tomado conhecimento da existência do procedimento, pela publicitação do seu início, os interessados venham constituir-se nele como interessados.

2012, p. 156. Sobre o ponto, cfr., por último, ANA RAQUEL MONIZ, "Procedimento regulamentar", pp. 421 segs.

Embora o nº 1 do artigo 100º pareça ter um alcance mais restrito, parece resultar do artigo 68º que, para este efeito, tanto poderão ser interessados os particulares, titulares de direitos ou interesses passíveis de serem afetados de modo direto e imediato pelas disposições a incluir no regulamento, a que diretamente se refere o nº 1 do artigo 100º, como também o poderão ser outras pessoas, singulares ou coletivas, que se tenham constituído como interessadas no procedimento, em defesa de interesses coletivos, em defesa coletiva de interesses individuais (cfr. nº 1 do artigo 68º) ou em defesa de interesses difusos (cfr. nº 2 do artigo 68º), passíveis de serem afetados de modo direito e imediato pelo regulamento imediatamente operativo. E o mesmo se diga de entidades públicas que também se tenham constituído como interessadas no procedimento (cfr. nº 3 do artigo 68º), não só em defesa de direitos ou interesses de que sejam titulares, como também de interesses difusos passíveis de serem afetados de modo direito e imediato pelo regulamento imediatamente operativo. Todas estas pessoas e entidades terão, a nosso ver, direito de audiência.

Segundo o disposto no artigo 117º do CPA, na redação anterior a 2015, tinham direito de audiência as *entidades reconhecidas por lei que representassem os interesses afetados e cujos fins tivessem relação direta com o objeto de tais disposições*. Nisto se traduzia, aliás, a audiência dos interessados, tal como o referido artigo a configurava no âmbito do procedimento dos regulamentos administrativos.

Presentemente, o CPA estabelece a distinção entre a *audiência dos interessados, que, como tais, se constituíram no procedimento*, e a *audiência pública*, vocacionada para ser o instrumento por excelência de participação da comunidade nos procedimentos de caráter normativo da Administração – e, portanto, de quem se disponha a agir em defesa de interesses difusos e das ditas *"entidades reconhecidas por lei que representem os interesses afetados"*, cuja participação no procedimento se processa, portanto, segundo o modelo da consulta pública, previsto no artigo 101º do CPA, se não se tiverem previamente constituído como interessadas no procedimento, ou não estiver em causa a aprovação de um regulamento imediatamente operativo.

Note-se que, com a revisão de 2015, o direito de audiência nos procedimentos de elaboração de regulamentos foi reforçado. Com efeito, enquanto o anterior artigo 117º admitia, genericamente, que pudesse não haver audiência quando à sua realização se opusessem razões de interesse público e remetia os termos da audiência para legislação própria, que nunca veio a ser aprovada, pelo contrário, a exequibilidade do atual regime não depende da aprovação de legislação complementar e o nº 3 do artigo 100º estabelece, em termos mais estritos, que a audiência só pode ser afastada mediante decisão devidamente fundamentada (artigo 100º, nº 4) quando a emissão do regulamento seja urgente ou seja razoavelmente de prever que a diligência possa comprometer a sua execução ou utilidade, em relação aos interessados que já se tenham pronunciado no procedimento sobre as questões relevantes, ou quando o número dos interessados seja de tal forma elevado que a audiência se torne incompatível, devendo nesse caso proceder-se a consulta pública, nos termos do artigo 101º.

Este reforço de regime é, em todo o caso, o correspetivo do facto de se ter optado por circunscrever o âmbito dos titulares do direito de audiência, como foi dito, aos titulares de direitos ou interesses passíveis de serem afetados de modo direto e imediato por disposições regulamentares imediatamente operativas.

d) Consulta pública – Estabelece o artigo 101º do CPA que, quando a natureza da matéria o justifique, o projeto de regulamento deve ser submetido a consulta pública, para recolha de sugestões.

Para o efeito, o projeto é objeto de publicação no sítio oficial da entidade pública na *Internet* e, consoante os casos, na 2ª Série do *Diário da República* ou na publicação oficial da entidade em causa. E os eventuais interessados dispõem do prazo de 30 dias, contado da publicação do projeto, para apresentar por escrito as suas sugestões.

Embora com algumas discrepâncias, este modelo de consulta pública corresponde àquele que foi introduzido, para o exercício do direito de participação popular procedimental, pelos artigos 4º e segs. da Lei nº 83/95, de 31 de agosto. Tem, por isso, em vista procedimentos do mesmo tipo, dirigidos à elaboração de regulamentos que possam contender com uma pluralidade alargada de pessoas e, designadamente, com interesses difusos, como o urbanismo, o ambiente, a saúde pública, a qualidade de vida ou o património coletivo. É, na verdade, a aprovação deste tipo de regulamentos que, em primeira linha, justifica a realização de uma consulta pública, na qual a comunidade é convocada a participar, apresentando sugestões, na elaboração do regulamento.

Como já foi dito, a consulta pública, no CPA, não se confunde, por regra, com a audiência dos interessados: mesmo nos procedimentos em que se opte pela realização de uma consulta pública, os eventuais interessados no âmbito do procedimento dos regulamentos imediatamente operativos que, como tais, se tenham constituído no procedimento, em princípio, têm direito a ser ouvidos em audiência prévia, segundo o disposto no artigo 100º do CPA, e não no âmbito da consulta pública, prevista no artigo 101º – a menos, como já foi referido, que já se tenham pronunciado no procedimento sobre as questões relevantes (cfr. artigo 100º, nº 3, alínea d)).

A audiência dos interessados pode ser, no entanto, realizada segundo o modelo da consulta pública, quando o número dos interessados a ouvir seja de tal forma elevado que se torne incompatível com o modelo de audiência adotado no procedimento dos atos administrativos (cfr. artigo 100º, nº 3, alínea c)).

Também esta solução converge no sentido de que o modelo de consulta pública é o mais indicado quando esteja em causa a elaboração de regulamentos que possam contender com uma pluralidade alargada de pessoas.

Note-se, em todo o caso, que, em termos práticos, o que resulta da substituição de um modelo pelo outro é apenas que os interessados – como não se encontram constituídos no procedimento e, por isso, não se encontram identificados nessa sede – não são convocados a pronunciar-se mediante notificação para o efeito (cfr. artigo 122º, *ex vi* artigo 100º, nº 2, do CPA), mas através da publicação do projeto de regulamento (cfr. artigo 101º, nº 1). Pois, quanto ao mais, não existe diferença sensível que separe a consulta pública de uma audiência escrita.

e) Decisão do procedimento e omissão do regulamento – O procedimento culmina, na fase constitutiva, com a aprovação do regulamento, que não é um ato administrativo[331]. Sem prejuízo da possibilidade da previsão de prazo diferente em lei especial, o nº 1 do artigo 137º do CPA fixa em 90 dias o prazo para a emissão dos regulamentos necessários para dar aplicabilidade a leis. Pelo menos quando seja esse o caso, o prazo para a

[331] Sobre este ponto, cfr. ANA RAQUEL MONIZ, "Procedimento regulamentar", pp. 409 segs., e também, da mesma Autora, "A aprovação de um regulamento é um ato administrativo?", *Cadernos de Justiça Administrativa* nº 85, pp. 28 segs.

decisão dos procedimentos de elaboração de regulamentos é, portanto, de 90 dias.

A previsão, inovatória, deste prazo-regra tem sobretudo o interesse de facilitar a reação dos eventuais interessados contra situações de omissão ilegítima de regulamento, quando a lei especial não fixe o prazo dentro do qual o regulamento deve ser emitido.

Como já previa o artigo 77º do CPTA, um dos modos de reação contra situações de omissão ilegítima de regulamento que é sempre possível utilizar quando a Administração não emane o regulamento de execução dentro do prazo devido é o da propositura de uma ação administrativa, junto dos tribunais administrativos.

O artigo 137º do CPA prevê, entretanto, no nº 2, a possibilidade da utilização, nessa circunstância, de uma via administrativa, dirigida ao próprio órgão com competência regulamentar na matéria, para requerer a emissão do regulamento em falta.

Como resulta do inciso final do nº 2 do artigo 137º, esta via administrativa não constitui um pressuposto processual atípico, de cuja prévia utilização dependa a possibilidade de acesso aos tribunais. Mas é o meio próprio através do qual, sem prejuízo da possibilidade do recurso imediato à via jurisdicional, os interessados poderão fazer valer, pela via administrativa, a sua pretensão dirigida à emanação de um regulamento legalmente devido.

Significa isto que, quando seja publicada uma lei cuja aplicação fique condicionada à aprovação de um regulamento de execução, os interessados têm de aguardar o decurso do prazo que essa lei fixe para a emanação do regulamento devido, ou o decurso do prazo de 90 dias do nº 1 do artigo 137º do CPA, dentro do qual deve estar concluído o procedimento necessário para aprovar o regulamento em falta.

Se o prazo expirar sem que o regulamento tenha sido adotado, os interessados poderão fazer valer a sua pretensão dirigida à emanação do regulamento em falta, seja pela via administrativa, seja pela via jurisdicional. Se quiserem fazê-lo pela via administrativa, essa via é a que se encontra prevista no nº 2 do artigo 137º do CPA. A sua utilização não prejudica, entretanto, a possibilidade de lançarem mão, a todo o tempo, da via jurisdicional com esse propósito.

8. Eficácia dos regulamentos

96. Como sucede com todos os atos normativos, a eficácia dos regulamentos depende da respetiva publicação (artigo 139º, nº 1, do CPA).

Os regulamentos entram em vigor na data neles estabelecida ou no 5º dia após a publicação (artigo 140º do CPA). É a solução prevista no artigo 2º da Lei nº 74/98, de 11 de novembro, por último alterada e republicada pela Lei nº 43/2014, de 11 de julho, para os atos normativos publicados no *Diário da República*, que o CPA estende a todos os regulamentos com eficácia externa[332].

O artigo 141º do CPA proíbe a Administração de atribuir eficácia retroativa autónoma a regulamentos que imponham deveres, encargos, ónus, sujeições ou sanções, que causem prejuízos ou restrinjam direitos ou interesses legalmente protegidos, ou afetem as condições do seu exercício, o que não impede, naturalmente, a retroatividade de tais regulamentos quando esta resulte da própria lei regulamentada[333].

Por outro lado, o mesmo artigo veio clarificar que os regulamentos favoráveis para os respetivos beneficiários podem ser praticados com eficácia retroativa, desde que não reportem os seus efeitos a data anterior à do início da vigência da lei habilitante[334]. A referencia à "lei habilitante" visa cobrir, não apenas as situações de regulamentos de execução de leis anteriores, mas também de regulamentos independentes, que, portanto, "apesar de não visarem a execução de uma lei específica, prosseguindo antes uma função de dinamização da ordem jurídica, não poderão reportar os seus efeitos a momento anterior ao da vigência da lei que fixa a competência objetiva ou subjetiva para a sua emissão"[335].

Consagra-se, deste modo, solução idêntica àquela que, para os atos administrativos, decorre da alínea a) do nº 2 do artigo 156º e que, desde que se assegure a existência da lei habilitante desde o momento ao qual se reportam os efeitos do regulamento, em nada contende com o princípio da legalidade.

[332] Cfr. Ana Raquel Moniz, "Os regulamentos administrativos na revisão do CPA", p. 31.

[333] Cfr. Vieira De Andrade, *Lições de Direito Administrativo*, p. 152.

[334] A solução não era, até aqui, pacífica na doutrina: no sentido da solução, cfr., por todos, Freitas do Amaral, *Curso de Direito Administrativo*, vol. II, 2ª ed., Coimbra, 2011, p. 212; contra ela, Rebelo de Sousa/Salgado de Matos, *op. cit.*, tomo III, p. 252.

[335] Cfr. Ana Raquel Moniz, "Os regulamentos administrativos na revisão do CPA", p. 31.

9. Invalidade dos regulamentos

97. Na definição que, com caráter inovatório, o CPA passou a incluir, com a revisão de 2015, do regime da invalidade dos regulamentos, é visível a influência da corrente doutrinal que vinha preconizando a consagração de regimes diferenciados de invalidade neste domínio, moldados em função das diferentes causas de invalidade e da natureza do parâmetro de vinculação violado[336]. Nesta perspetiva se compreende a contraposição que, no artigo 144º do CPA, é estabelecida entre o regime-regra, consagrado no nº 1, e um regime diferenciado, previsto no nº 2.

O CPA optou, entretanto, cautelosamente, por não tomar posição quanto à qualificação das formas de invalidade de que enfermam os regulamentos ilegais, emanados sem lei habilitante ou em desconformidade com as fontes de direito de hierarquia superior.

A solução parece sensata, na medida em que, como já transparecia do artigo 76º do CPTA, o regime-regra consagrado no nº 1 do artigo 144º é um regime de invalidade atípico, que em muito se aproxima do da invalidade das leis, por inconstitucionalidade ou desconformidade com leis de valor reforçado.

Com efeito, vale a regra de que a invalidade dos regulamentos pode ser invocada e declarada a todo o tempo (artigo 144º, nº 1). No entanto, estabelece-se que a declaração da invalidade produz efeitos desde a data de emissão do regulamento, determinando a repristinação das normas que ele haja revogado (cfr. artigo 144º, nº 3, do CPA, para a declaração administrativa da invalidade; e, no mesmo sentido, o artigo 76º, nº, 1, do CPTA, para a declaração jurisdicional); e que a retroatividade da declaração de invalidade não afeta os casos julgados nem os atos administrativos que se tenham tornado inimpugnáveis, salvo, neste último caso, quando se trate de atos desfavoráveis para os destinatários (artigo 144º, nº 4).

Por sua vez, o nº 2 do artigo 76º do CPTA admite que o tribunal administrativo que declare com força obrigatória geral a ilegalidade de uma norma regulamentar possa determinar que os efeitos da declaração se produzam apenas a partir da data do trânsito em julgado da sentença, quando

[336] Cfr. ANA RAQUEL MONIZ, "Os regulamentos administrativos na revisão do CPA", pp. 36-37.

razões de segurança jurídica, de equidade ou de interesse público de excecional relevo, devidamente fundamentadas, o justifiquem.

Em nossa opinião, este regime pode ser qualificado, a exemplo do que sucede com o regime da invalidade das leis, como um regime de nulidade atípica, que em muito se aproxima do da anulabilidade.

Da nulidade, retém a possibilidade da invocação e reconhecimento da invalidade a todo o tempo. Mas são evidentes as afinidades que apresenta com a anulabilidade, em consequência do reconhecimento da existência de um efeito repristinatório, que envolve a destruição de "todos os eventuais efeitos precários", e admite a "repescagem de efeitos jurídicos prototípicos ou primários [...] respeitantes ao passado"[337].

A nosso ver, o perfil característico deste regime pode ser recortado com maior nitidez através do confronto com o outro regime, que o artigo 144º do CPA consagra no seu nº 2, estabelecendo que a ilegalidade formal ou procedimental de regulamentos que não sejam por isso inconstitucionais só pode ser invocada ou declarada oficiosamente pela Administração no prazo de seis meses, a contar da data da respetiva publicação.

Com efeito, este regime é, em nossa opinião, um regime de anulabilidade. E não apenas por afastar a possibilidade da invocação e declaração oficiosa a todo o tempo, submetendo-a a um prazo de seis meses, mas também, e sobretudo, porque subjacente à solução, ao ressalvar os casos de inconstitucionalidade, está, *a contrario*, o reconhecimento, pelo legislador do CPA, de que, neste domínio, só "à violação da lei fundamental da ordem jurídica deve caber, em princípio, o desvalor mais grave possível em direito, sob pena de depreciação da força normativa da Constituição"[338].

É, na verdade, por isso que se faz corresponder um regime-regra de nulidade, ainda que atípica, às situações de inconstitucionalidade dos regulamentos, ainda que por vícios formais ou de procedimento, e, designadamente, às situações em que, por falta de lei habilitante ou por desconformidade com o conteúdo de fontes normativas de grau superior, o regulamento ponha em causa a hierarquia das fontes de direito. E é por

[337] Os trechos citados pertencem a MARCELO REBELO DE SOUSA, *O valor jurídico do ato inconstitucional*, vol. I, Lisboa, 1988, pp. 244, 256 e 261, que se refere ao regime da invalidade dos atos inconstitucionais.

[338] Cfr. MARCELO REBELO DE SOUSA, *O valor jurídico do ato inconstitucional*, pp. 230-231, e REBELO DE SOUSA/SALGADO DE MATOS, *op. cit.*, tomo III, p. 267.

isso que só se faz corresponder um regime de mera anulabilidade a situações de violação de regras formais e de procedimento – nunca, desde logo, de desconformidade com o conteúdo de fontes normativas de grau superior – e apenas desde que tal violação se localize num plano infraconstitucional.

A nosso ver, a consagração no artigo 144º do CPA de um regime diferenciado de invalidade para as situações de violação regulamentar de normas procedimentais e de forma, que faz depender a efetivação da invalidade de um prazo contado da data da publicação do regulamento, assenta no reconhecimento de que, ao contrário do que sucede com as normas de conteúdo – que, regulando a substância das normas a criar, têm cada uma dessas normas especificamente em vista –, as normas procedimentais e de forma, regulando o modo de formação e externação do regulamento, dirigem-se diretamente a ele, enquanto ato de conteúdo normativo, sem diferenciação das normas que o integram; e, por conseguinte, no reconhecimento de que, enquanto a violação de uma norma de conteúdo é referida à norma que infringe a proibição de incompatibilidade que se lhe impunha, a violação de normas procedimentais e de forma é referida ao ato regulamentar globalmente considerado, pelo que constitui vício do regulamento, e não de alguma das normas que o integram[339].

10. Caducidade e revogação dos regulamentos

98. Estabelece o artigo 145º do CPA que os regulamentos sujeitos a termo ou condição resolutiva caducam com a verificação destes e que os

[339] Para as diferenciações referidas no texto, cfr. PEDRO MONIZ LOPES, "Objeto, condições e consequências da invalidade regulamentar no novo Código do Procedimento Administrativo", pp. 519 segs., com a ressalva de que há requisitos procedimentais e de forma que, em certos casos, se impõem ao regulamento porque ele contém certo tipo de normas e cuja inobservância, por isso, apenas o afetará na parte em que ele integre essas normas, se ele também integrar normas de outro tipo: é o caso da forma de decreto regulamentar exigida para os regulamentos independentes do Governo, na hipótese de um regulamento do Governo conter uma norma independente e normas de execução de lei anterior. Mas nem por isso se pode dizer que é a norma em causa, e não o regulamento que a contém, que padece de vício de forma – isto, sem prejuízo de se dever admitir que, nesse caso, o regulamento só padece de vício na parte em que a contém e, portanto, que só nessa parte é inválido.

regulamentos de execução caducam com a revogação das leis que regulamentam, salvo na medida em que sejam compatíveis com a lei nova e enquanto não houver regulamentação desta[340].

Esta última solução evidencia a relação de estreita dependência que existe entre o regulamento de execução e a lei por ele regulamentada, que também explica, por outro lado, a proibição, imposta pelo nº 2 do artigo 146º, da revogação dos regulamentos necessários à execução de leis em vigor ou do Direito da União Europeia, sem que a matéria seja simultaneamente objeto de nova regulamentação.

Com efeito, o regulamento adotado para a boa execução de uma lei encontra no conteúdo desta o fundamento habilitante para a sua emissão. Por isso, ele não pode subsistir sem a disciplina normativa contida na lei à qual veio dar execução. E, por isso mesmo, não está na disponibilidade da Administração retirar a uma lei em vigor as condições de aplicabilidade que lhe eram asseguradas pelo regulamento necessário à sua execução, revogando esse regulamento sem o substituir por outro que assegure essas mesmas condições.

Neste último sentido, acrescenta o nº 3 do artigo 146º que, no caso da revogação ilegítima do regulamento necessário à execução de uma lei em vigor, sem substituição desse regulamento por outro com a mesma função, se considera que as normas do regulamento de que dependia a aplicabilidade da lei exequenda (ou das normas europeias carentes de execução) continuam a vigorar, para todos os efeitos, até ao início da vigência de novo regulamento. Deste modo se privilegia a aplicabilidade das normas exequendas, procurando minorar o alcance que a revogação do regulamento teria de boicotar a respetiva aplicabilidade[341].

Acrescenta, por último, o nº 4 do artigo 146º que os regulamentos que revoguem normas regulamentares anteriores devem fazer menção expressa das normas revogadas. O preceito visa impedir a revogação tácita de normas regulamentares e pode dele extrair-se a presunção de que não estão revogadas as normas regulamentares que não tenham sido objeto de

[340] Já no sentido da solução, cfr. FREITAS DO AMARAL, *op. últ. cit.*, p. 228; e, em sentido próximo, REBELO DE SOUSA/SALGADO DE MATOS, *op. cit.*, tomo III, p. 250.

[341] Já no sentido da solução, cfr. MÁRIO ESTEVES DE OLIVEIRA/PEDRO GONÇALVES/PACHECO DE AMORIM, *Código de Procedimento Administrativo Comentado*, 2ª ed., Coimbra, 1998, p. 536, e ANA RAQUEL MONIZ, *A recusa de aplicação... cit.*, pp. 247 segs.

revogação expressa. Esta presunção pode ser, no entanto, elidida, quando se verifique que o regime normativo introduzido por um novo regulamento é incompatível com soluções consagradas em normas regulamentares anteriores, não impedindo, assim, a vigência das normas do diploma revogatório que se mostrem incompatíveis com as normas anteriores, em caso de incumprimento do dever de menção expressa das normas revogadas[342].

Como se compreende, já não se estabelece nos mesmos termos a relação do regulamento independente com a lei habilitante. Por esse motivo, o artigo 145º não determina que a revogação da lei habilitante tenha por consequência a caducidade do regulamento independente emanado ao seu abrigo. Isto, naturalmente, sem prejuízo de o regulamento em causa poder ser revogado pela lei que revogue a lei habilitante ou por outra lei que venha disciplinar a mesma matéria. E, portanto, da necessidade de, no caso de ter sido introduzida legislação substitutiva sobre a matéria, se proceder à apreciação em concreto da conformidade do regulamento com a nova disciplina legal[343].

[342] No sentido de que a alteração de redação introduzida, com a revisão de 2015, em relação ao anterior nº 2 do artigo 119º não correspondeu a uma inovação normativa, cfr. Ana Raquel Moniz, "Os regulamentos administrativos na revisão do CPA", p. 33.

[343] Neste sentido, mas criticando a solução do nº 2 do artigo 145º do CPA e, em geral, o entendimento doutrinal e jurisprudencial de que os regulamentos independentes não caducam por efeito da revogação da lei habilitante, cfr. Ana Raquel Moniz, "Os regulamentos administrativos na revisão do CPA", pp. 31-32.

Ato administrativo

– I –
Âmbito do conceito e categorias de atos administrativos

1. Enquadramento

99. Embora ocupe uma posição central na teoria geral do Direito Administrativo, o conceito de ato administrativo não corresponde a uma realidade que, seja numa perspetiva de direito comparado, seja mesmo numa perspetiva de análise circunscrita às fronteiras de cada um dos países do sistema de administração europeu continental, possa ser definida e delimitada nos seus contornos em termos claros e unívocos.

Nas palavras de *André de Laubadère*, "poderia pensar-se que uma noção tão fundamental em direito administrativo como a do ato administrativo foi objeto de uma definição única e certa. Não é o caso. A categoria dos atos administrativos engloba todos os atos emanados da administração? E não engloba senão esses atos? Estende-se ela aos actos de alcance regulamentar ou limita-se às medidas individuais e particulares? Compreende os atos contratuais assim como os atos unilaterais? Não se estende senão aos atos que relevam do direito administrativo e da competência contenciosa da jurisdição administrativa? Tantos os pontos sobre os quais os sistemas nacionais e as respostas doutrinais são diversas"[344].

De país para país e, dentro de cada país, de Autor para Autor, tendem, na verdade, a variar os entendimentos sobre o conceito de ato administra-

[344] Cfr. André de Laubadere/Jean-Claude Venezia/Yves Gaudemet, *Traité de Droit Administratif*, tomo 1, 15ª ed., Paris, 1999, p. 617.

tivo e as respetivas fronteiras[345] – especialmente num contexto caraterizado pela emergência de novas formas de atuação da Administração, como é aquele que as sociedades europeias têm vivido em tempos mais recentes.

A nosso ver, isso deve-se ao facto de o conceito de ato administrativo ter nascido e se ter desenvolvido num (inevitável) contexto de profunda indefinição dogmática sobre os instrumentos de atuação jurídica da Administração – o contexto que, naturalmente, existia durante o processo de edificação do Estado de Direito, em que o conceito de juridicidade da atividade administrativa foi sendo construído por referência à sindicabilidade (isto é, à fiscalização da legalidade) dos atos da Administração pelos órgãos do contencioso administrativo. Nesse contexto, é natural que a atuação jurídica da Administração tendesse a ser identificada com os atos contenciosamente sindicáveis que ela produzia. E, portanto, que os quadros terminológicos fossem sendo construídos nessa perspectiva.

Foi, desde logo, o que sucedeu no panorama jurídico alemão, onde, no decurso do século XIX e, com ele, com a afirmação do objetivismo da escola positivista, mais depressa se evoluiu para a assunção do postulado de que a submissão da Administração ao Direito exigia que a atuação administrativa juridicamente relevante – isto é, a actuação que, projetando-se para fora do âmbito da própria Administração, envolvesse ingerência nos direitos fundamentais dos cidadãos – se fundasse na prévia emissão formal de um ato jurídico, passível de ser fiscalizado quanto à sua legalidade[346]. Nesta perspetiva nasceu o conceito globalizante do *Verwaltungsakt*, que, tal como veio a ser cunhado por *Otto Mayer*, no dealbar do século XX, ainda hoje impera na dogmática jusadministrativa alemã.

[345] Neste sentido, cfr., por exemplo, DIOGO FREITAS DO AMARAL, *Curso de Direito Administrativo*, vol. II, 3ª ed., Coimbra, 2016, p. 196; MÁRIO ESTEVES DE OLIVEIRA, *Direito Administrativo*, Coimbra, 1980, p. 372; MASSIMO SEVERO GIANNINI, *Diritto Amministrativo*, vol. II, 3ª ed., Milão, 1993, p. 235.

[346] Cfr. ESTEVES DE OLIVEIRA, *op. cit.*, p. 371. Assumindo, nesta perspetiva, que o ato administrativo cumpre uma função de "cisão entre poder determinante (...) e poder constitutivo", cfr. RENATO ALESSI, *Principi di Diritto Amministrativo*, vol. I, 4ª ed., Milão, 1978, p. 305. No dizer de MICHEL STASSINOPOULOS, *Traité des actes administratifs*, Paris, 1957, p. 23, a Administração não aplica a lei "aos casos individuais através de operações materiais imediatas, mas deve afirmar por uma declaração prévia de vontade – submetida a uma forma determinada – que o caso individual em questão foi julgado por ela como caindo sob a disposição da lei e que ela decidiu exercer o seu poder discricionário de uma dada forma".

Também no panorama jurídico francês, a influência das referidas correntes de pensamento conduziu, pela mesma altura, à afirmação da decisão executória como o epicentro da atuação jurídica da Administração. Circunstâncias relacionadas com o modo próprio de evolução do contencioso administrativo francês conduziram, porém, a que o conceito de ato administrativo não fosse identificado, por inteiro, com o de decisão executória, com o que se seguiu uma trajetória – comum, de resto, à Itália, à Espanha e a Portugal – de diferenciação, dentro do próprio conceito de ato administrativo, entre as manifestações que consistem em decisões executórias e aquelas que não correspondem a esse modelo. A decisão executória perfila-se, em todo o caso, como o ato príncipe da Administração, que, dentro do universo das atuações administrativas, é o ato recorrível, que pode ser objecto de fiscalização contenciosa da legalidade no âmbito do competente recurso por excesso de poder.

100. A exemplo do que sucedeu nos outros países europeus, também no ordenamento jurídico português, o conceito de ato administrativo foi sendo construído, na ausência, até tempos recentes, de qualquer definição normativa, a partir de uma elaboração doutrinal baseada em dados jurisprudenciais.

Pode dizer-se que, no essencial, a construção dogmática do conceito ficou, entre nós, a dever-se ao labor científico de *Marcello Caetano*, que, de harmonia com a jurisprudência nacional e seguindo, neste ponto, a linha adotada nos ordenamentos jurídicos francês e italiano, o configurou com um sentido amplo, identificando-o, na mais recente das versões propostas, com a "conduta voluntária de um órgão da Administração que, no exercício de um poder público e para prossecução de interesses postos por lei a seu cargo, produza efeitos jurídicos num caso concreto"[347].

Ao lado deste conceito amplo de ato administrativo, propunha, entretanto, o ilustre Autor o conceito mais restrito de ato administrativo definitivo e executório, que definia como "a conduta voluntária de um órgão da Administração no exercício de um poder público que, para prossecução de interesses a seu cargo, pondo termo a um processo gracioso ou dando resolução final a uma petição, defina, com força obrigatória e

[347] Cfr. Marcello Caetano, *Manual de Direito Administrativo*, vol. I, 10ª ed., Coimbra, 1973, p. 428.

coerciva, situações jurídicas num caso concreto"[348], fixando "os direitos da Administração ou os dos particulares, ou os respectivos deveres, nas suas relações jurídicas"[349], e que podia ser objeto de impugnação contenciosa.

Foi este o entendimento que prevaleceu durante o período do Estado Novo[350]. Após a instituição do Estado de Direito democrático em Portugal, a doutrina portuguesa mostrou-se, entretanto, dividida quanto à questão da identificação (e delimitação) do conceito de ato administrativo, enquanto categoria classificatória das manifestações jurídicas concretas que são produzidas pela Administração.

Para uns, seguindo a escola de *Marcello Caetano* e, com ela, a tradição forjada, durante o Estado Novo, pela jurisprudência do Supremo Tribunal Administrativo, deveria manter-se a distinção entre atos administrativos definitivos e atos administrativos não-definitivos, a partir de um conceito amplo de ato administrativo, que continuaria a compreender as duas subespécies[351]. Neste contexto se inscreve a autonomização, dentro da categoria do ato administrativo, do conceito de *ato administrativo materialmente definitivo*, na definição proposta por *Diogo Freitas do Amaral*[352]. Para outros, sobretudo influenciados pela doutrina alemã, essa distinção deveria ser, pelo contrário, abandonada e, por conseguinte, adotado um conceito restrito de ato administrativo, que deixasse de fora as manifestações jurídicas não impugnáveis, a enquadrar numa categoria distinta

348 Cfr. MARCELLO CAETANO, *op. cit.*, pp. 463-464.

349 Este último segmento, que nos parece essencial, embora não conste da definição oferecida no passo citado na nota anterior, integra o conceito de definição de situações jurídicas, tal como, noutro passo da exposição, o Autor o apresenta quando explica o sentido e alcance da definitividade do ato: cfr. MARCELLO CAETANO, *op. cit.*, p. 444.

350 Ainda que com diferenças, também no vigente direito espanhol a doutrina perfilha um conceito muito amplo de ato administrativo, que, entretanto, a jurisprudência circunscreve para efeitos de impugnação contenciosa: cfr., por todos, LUCIANO PAREJO ALFONSO/A. JIMÉNEZ-BLANCO/L. ORTEGA ÁLVAREZ, *Manual de Derecho Administrativo*, vol. I, 5ª ed., Barcelona, 1998, pp. 706-707. Para a defesa do conceito doutrinal amplo, cfr., entretanto, EDUARDO GARCIA DE ENTERRÍA/TOMÁS-RAMÓN FERNÁNDEZ, *Curso de Derecho Administrativo*, vol. I, 8ª ed., Madrid, 1997, pp. 533-540.

351 Cfr., por todos, DIOGO FREITAS DO AMARAL, *Direito administrativo*, vol. III, policop., Lisboa, 1989, pp. 205 segs.; PAULO OTERO, *Direito Administrativo – Relatório*, Lisboa, 1998, p. 370.

352 Cfr. FREITAS DO AMARAL, *op. últ. cit.*, pp. 209 segs.

de atos jurídicos, a qualificar, por influência italiana, como atos instrumentais[353].

2. Ato administrativo: caracterização e elementos constitutivos

101. O artigo 148º do CPA fornece uma definição legal de ato administrativo, dizendo que, para o efeito daquele Código, se consideram atos administrativos "as decisões que, no exercício de poderes jurídico-administrativos, visem produzir efeitos jurídicos externos numa situação individual e concreta".

Embora o preceito refira que a definição nele consagrada apenas vale para os efeitos do CPA e a doutrina não se encontre vinculada por definições legais, a verdade é que o essencial do regime que, ao longo de décadas, doutrina e jurisprudência foram construindo em torno do conceito de ato administrativo está, hoje, consagrado no CPA[354]. Como o artigo 148º delimita o âmbito de aplicação desse regime, temos, por conseguinte, dificuldade em vislumbrar o sentido ou a utilidade de, para fins estritamente doutrinais, se conceber um conceito de ato administrativo diferente daquele que o CPA utiliza como critério de aplicabilidade do essencial do regime que corresponde à teoria geral do ato administrativo.

102. Até à revisão de 2015, uma parte da doutrina reconduzia a noção de ato administrativo, introduzida pelo artigo 120º do CPA, ao conceito amplo de ato administrativo de *Marcello Caetano*[355], enquanto outra defendia o conceito restrito[356].

[353] Cfr. Rogério Ehrhardt Soares, *Direito Administrativo*, policop., Coimbra, 1978, pp. 51 segs.; Sérvulo Correia, *Noções de Direito Administrativo*, vol. I, Lisboa, 1982, pp. 277 segs.

[354] No sentido do texto, já à face do originário artigo 120º do CPA reconheciam M. Esteves de Oliveira/Pedro Gonçalves/J. Pacheco de Amorim, *Código do Procedimento Administrativo Comentado*, 2ª ed., Coimbra, 1998, pp. 548-549, que "valer a noção dada no art. 120º apenas para efeitos do Código já não é, contudo, coisa de pouca monta".

[355] Cfr., por exemplo, Marcelo Rebelo de Sousa, "Regime do ato administrativo", *Direito e Justiça*, vol. VI (1992), p. 38; Paulo Otero, *op. loc. cits.*; Vasco Pereira da Silva, *Em busca do ato administrativo perdido*, Coimbra, 1996, p. 624.

[356] Cfr. Freitas do Amaral, *Curso de Direito Administrativo*, vol. II, 2ª ed., Coimbra, 2011, pp. 238 segs.; João Caupers, *Introdução ao Direito Administrativo*, 10ª ed., Lisboa, 2009,

Pela nossa parte, defendemos, porém, na primeira edição deste livro que, quer do teor do artigo 120º do CPA, quer do conteúdo das disposições que integravam o correspondente Capítulo II da Parte IV do CPA, resultava que o ato administrativo cujo regime ali se encontrava consagrado, nem correspondia ao conceito amplo de que partia *Marcello Caetano*, nem tão-pouco correspondia ao conceito restrito, de inspiração germânica, que entre nós tinha sido proposto por Autores como *Rogério Ehrhardt Soares* e *Sérvulo Correia*[357].

a) Não correspondia, desde logo, ao conceito amplo de que partia *Marcello Caetano*, porque limitava a figura do ato administrativo aos atos de conteúdo decisório. Com efeito, o artigo 120º do CPA, em nossa opinião, deu um primeiro passo no sentido do afastamento do conceito amplo de ato administrativo, ao introduzir no conceito um novo componente, que *Marcello Caetano* não lhe associava, e que reside no conteúdo decisório, assumindo que os atos administrativos são decisões[358].

Pode, assim, dizer-se que a definição do artigo 120º do CPA apontava, quanto a este ponto, para um conceito restrito de ato administrativo – ou para o conceito de ato materialmente definitivo, na parte em que este conceito se referia a um ato que define, com força obrigatória, situações jurídicas num caso concreto[359], na medida em que, para que o ato admi-

pp. 226 segs.; VIEIRA DE ANDRADE, *Lições de Direito Administrativo*, 2ª ed., Coimbra, 2011, pp. 129 segs.

[357] Para a circunstanciada exposição da nossa posição sobre a matéria, cfr. pp. 115 segs. da primeira edição desta obra. A nosso ver, idêntica posição era adotada por REBELO DE SOUSA/SALGADO DE MATOS, *Direito Administrativo Geral*, tomo III, em resultado da conjugação das posições assumidas pelos Autores a pp. 85-86, 99 e 444-445 da referida obra: com efeito, embora, a p. 85, os Autores parecessem subscrever a tese do caráter amplo da noção de ato administrativo, a ressalva logo introduzida a p. 86, com remissão para as pp. 444-445, onde excluíam dessa categoria as informações burocráticas, os pareceres e as propostas de decisão, que qualificavam como "atos opinativos" e enquadravam na categoria genérica das "simples atuações materiais", evidenciava que, na realidade, assim não era. E como, por outro lado, a p. 99, qualificavam como atos administrativos os atos decisórios internos, os referidos Autores atribuíam, a nosso ver, uma extensão intermédia ao conceito de ato administrativo, com o mesmo conteúdo que preconizámos na primeira edição deste livro.

[358] Assinalando o facto, cfr. FREITAS DO AMARAL, *Curso... cit.*, vol. II, 3ª ed., pp. 204-205.

[359] Cfr. MARCELLO CAETANO, *op. cit.*, pp. 463-464 e 444.

nistrativo defina situações jurídicas, é necessário que ele possua um conteúdo decisório.

O preceito remetia-nos, pois, para uma distinção que separava os atos que, por terem conteúdo decisório, devem ser qualificados como atos administrativos, de outros que, como os pareceres (não vinculativos), as informações ou as propostas, mas também os atos confirmativos e opin(i)ativos, *Marcello Caetano* enquadrava no seu conceito amplo de ato administrativo, mas que, por não terem conteúdo decisório, não eram qualificados desse modo[360].

b) Mas o conceito do artigo 120º também não correspondia ao conceito restrito de ato administrativo ou ao conceito de ato administrativo materialmente definitivo, porque não limitava a figura aos atos com eficácia externa, comportando, assim, a existência de atos administrativos sem eficácia externa[361].

Com efeito, a eficácia externa é inerente ao conceito restrito de ato administrativo – assim como o era ao conceito de ato administrativo materialmente definitivo, que era configurado como um ato cujos efeitos não se esgotavam na esfera da própria entidade que o emitia, mas definia a situação jurídica de outrem ou a própria situação jurídica da entidade que o emitia perante outrem, que com ela estivesse, ou pretendesse estar, em relação administrativa[362]. Ora, como hoje resulta com toda a clareza do

[360] Para a contraposição, aliás, entre a decisão e eventuais pareceres, informações ou propostas que a precedam, já dispunha, aliás, na altura, o artigo 125º, nº 1, do CPA, que hoje corresponde, nos mesmos termos, ao artigo 153º, nº 1.

[361] Admitindo que o conceito de ato administrativo do artigo 120º compreendia, não apenas os atos com eficácia externa, mas também os atos internos, cfr. Freitas do Amaral, *Curso... cit.*, vol. II, 2ª ed., pp. 235-236, nota 396; Rebelo de Sousa, "Regime do ato administrativo", p. 38, "Regime jurídico do ato administrativo", pp. 171 e 174-175, e, por último, Rebelo de Sousa/Salgado de Matos, *Direito Administrativo Geral*, tomo III, p. 99; V. Pereira da Silva, *op. cit.*, p. 713 – a pp. 709 segs., este último Autor defendia, aliás, ser "necessário repensar a noção de atuação administrativa interna", sustentando que esta "não só não é substantivamente diferente da restante atividade administrativa, como também não é sequer desprovida de 'dignidade' teórica ou de relevância prática", seja no domínio das relações administrativas especiais, seja no domínio cada vez mais relevante das relações interorgânicas. Em sentido contrário João Caupers, *op. cit.*, pp. 228 segs.

[362] Cfr. Marcello Caetano, *op. cit.*, p. 443.

confronto com o atual artigo 148º, este elemento faltava, de todo em todo, no anterior artigo 120º do CPA[363].

Em nossa opinião, o regime do CPA, na redação anterior à revisão de 2015, reunia, pois, na mesma categoria de ato administrativo, tal como ela se encontrava definida no artigo 120º do CPA e regulada nos artigos subsequentes do mesmo diploma, tanto os atos de conteúdo decisório que se projetavam no âmbito da relação administrativa geral ou comum, como aqueles cujos efeitos se esgotavam no âmbito das chamadas relações intra-administrativas ou interorgânicas, que se desenvolvem na esfera interna às entidades públicas, entre os seus órgãos ou entre órgãos e funcionários ou agentes: pense-se nos exemplos mais significativos das ordens de serviço dirigidas a funcionários, ou de decisões de outro tipo que certos órgãos pratiquem em relação a outros órgãos pertencentes à mesma entidade pública[364].

103. Com a revisão de 2015, o artigo 148º do CPA veio esclarecer que os atos administrativos não têm necessariamente de ser praticados por órgãos da Administração, mas antes podem ser praticados por entidades de qualquer natureza *no exercício de poderes jurídico-administrativos*: o preceito prescinde, assim, do elemento orgânico, reportado aos órgãos da Administração Pública, para exigir apenas que o ato administrativos seja *uma decisão tomada no exercício de poderes jurídico-administrativos*; e, por outro lado, veio restringir o âmbito da figura do ato administrativo aos *atos decisórios com eficácia externa*, adequando, tanto o respetivo regime procedimental, dos artigos 102º e segs., como o respetivo regime substantivo, dos artigos 148º e segs., à nova figura, desse modo delimitada.

[363] Neste preciso sentido, cfr. J. E. Figueiredo Dias/Fernanda Paula Oliveira, *Noções de Direito Administrativo*, 2ª ed., Coimbra, 2010, pp. 180-181.

[364] Recorde-se, aliás, que Marcello Caetano, *op. cit.*, p. 442, incluía os atos jurídicos internos, como as ordens hierárquicas, no seu conceito amplo de ato administrativo, embora admitindo que "o ato administrativo assume maior relevância quando os seus efeitos se produzem na esfera jurídica de pessoa diferente daquela cujos órgãos se pronunciam" (cfr., a propósito, Marcelo Rebelo de Sousa, "Regime jurídico do ato administrativo", *Legislação* nº 9/10 (1994), p. 167). Para a defesa, entretanto, da solução no direito espanhol, cfr. Garcia de Enterría/Tomás-Ramón Fernández, *op. cit.*, pp. 533-540.

a) Como já sucedia com o anterior artigo 120º, o *conteúdo decisório* continua, pois, a ser um elemento determinante na definição de ato administrativo introduzida pelo artigo 148º do CPA.

Para que um ato jurídico concreto possa ser qualificado como um ato administrativo, é, assim, necessário que ele possua um conteúdo decisório, exprimindo uma resolução que determine o rumo de acontecimentos ou o sentido de condutas a adotar, e não se esgote na expressão de uma declaração de ciência, um juízo de valor ou uma opinião[365], como sucede com a generalidade dos atos preparatórios dos procedimentos administrativos, como é o caso dos pareceres (não vinculativos), das informações e das propostas[366] (sobre estas figuras, cfr. *infra*, nº 106).

Note-se, no entanto, que não têm só conteúdo decisório os atos finais dos procedimentos administrativos, mas também os atos praticados ao longo dos procedimentos que, ainda que parcialmente, definam situações jurídicas dos interessados, determinando o direito aplicável a determinada questão ou a determinado aspeto de uma questão, em termos que já não possam ser objeto de reapreciação em momento ulterior do procedimento

365 É o sentido que decorre da palavra decisão, que, no plano filosófico, "apresenta o momento da escolha e resolução", através de "um juízo prático definitivo de valor e preferência, que anuncia uma ordem e decide o movimento a executar ou a ação a praticar" e "ao mesmo tempo é atividade eletiva (enquanto escolhe um ato a produzir), e inibitória (ao recalcar os juízos contrários)" (cfr. "Decisão" in *Enciclopédia Logos*). Na verdade, decidir é "estabelecer definitivamente o que fazer; tomar uma resolução ou decisão" ("Decidir", in *Dicionário da Língua Portuguesa Contemporânea da Academia das Ciências de Lisboa*, vol. I, p. 1073); sendo que "decisão é o processo pelo qual um ou mais indivíduos selecionam uma ação de entre um conjunto de alternativas para, de acordo com certos critérios, atingir objetivos preestabelecidos" ("Decisão (Teoria da)", in *Enciclopédia Polis*, 2); e que "o ato de decidir consiste na manifestação de vontade pela qual se suprime a indeterminação anterior à fase de execução" ("Decisão política", in *Enciclopédia Polis*, 2).

366 Cfr. Rebelo de Sousa/Salgado de Matos, *Direito Administrativo Geral*, tomo III, pp. 444-445. Como assinalam João Caupers/Vera Eiró, *Introdução ao Direito Administrativo*, 12ª ed., Lisboa, 2016, p. 227, nota 163, a deliberação pela qual, v. g., um órgão consultivo decide aprovar um parecer não deixa de ser uma deliberação – e, a nosso ver, não há dúvida de que na deliberação se exprime a vontade e, portanto, a decisão do órgão de assumir esse parecer como seu. O que nos parece é que este componente decisório se esgota no plano interno ao próprio órgão, sem se projetar para fora dele. O ato jurídico que o órgão emite, dirigido ao órgão destinatário, só possui, por isso, um conteúdo valorativo ou avaliativo, o que explica a sua não qualificação como ato decisório e, portanto, como ato administrativo.

– podendo, nesse sentido, dizer-se que se trata de *decisões interlocutórias* que formam *caso decidido formal* no âmbito do procedimento.

Possuem, neste sentido, conteúdo decisório os atos que, ao longo de procedimentos administrativos escalonados ou faseados, contêm verdadeiras pré-decisões, sejam elas decisões prévias (que decidem em termos definitivos questões prévias àquela que tem de ser decidida no termo do procedimento) ou decisões parcelares (que decidem em termos definitivos uma parte das questões a decidir no termo do procedimento) (sobre estas figuras, cfr. *infra*, nº 110-B).

A nosso ver, atendendo apenas ao conteúdo decisório do ato, e para dar apenas alguns exemplos bastante diferenciados entre si, tanto tem conteúdo decisório o ato que atribui uma autorização ou licença a um requerente (decidindo constituir-lhe ou permitir-lhe o exercício de um direito), como o ato que admite ou exclui um candidato num concurso (decidindo facultar-lhe ou vedar-lhe o acesso a esse concurso), a ordem que o órgão superior dirige aos serviços para que instaurem um processo disciplinar a um funcionário (decidindo submetê-lo a esse processo disciplinar), como o próprio ato de iniciativa oficiosa de um procedimento administrativo (que decide desencadear esse procedimento) e o ato mediante o qual um órgão ordena a outro que demita um funcionário (decidindo o que o outro órgão deve fazer em relação ao funcionário), como o parecer vinculativo, mediante o qual o órgão que o emite decide em que sentido deve atuar o órgão ao qual o parecer é dirigido, com o que não se limita a exercer uma função meramente consultiva, mas pré-determina o sentido do exercício dos poderes decisórios do órgão ao qual se dirige[367] (sobre os pareceres vinculativos, cfr. *infra*, nº 110-B).

b) Resulta, entretanto, da definição introduzida pelo artigo 148º do CPA que os atos administrativos visam produzir efeitos externos, sendo, assim, de molde a afetar direitos ou interesses de entidades exteriores àquela que os pratica, com exclusão de todos os demais tipos de atos jurídicos concretos.

[367] Sobre os pareceres vinculativos, cfr. PEDRO GONÇALVES, "Apontamento sobre a função e a natureza dos pareceres vinculantes", *Cadernos de Justiça Administrativa* nº 0, pp. 6 a 11, cujas conclusões se subscrevem. Cfr. também FREITAS DO AMARAL, *Curso... cit.*, vol. II, pp. 251-252, e V. PEREIRA DA SILVA, *op. cit.*, pp. 703-705.

Ao contrário do que, a nosso ver, sucedia anteriormente, a definição de ato administrativo do artigo 148º do CPA exige, pois, que, dentro do universo dos atos jurídicos concretos com conteúdo decisório, se estabeleça a distinção entre os atos que visam produzir efeitos externos e aqueles que, por não possuírem esse alcance, devem ser qualificados como *atos internos*.

Em nosso entender, a introdução do requisito da eficácia externa no conceito de ato administrativo tem o sentido e o alcance de excluir da categoria os atos decisórios praticados no âmbito de *relações intra-administrativas ou interorgânicas*. Preconizamos, assim, a adoção de um conceito estrito e preciso de *ato interno*, que respeita exclusivamente aos atos decisórios praticados no âmbito das relações intra-administrativas ou interorgânicas. Com efeito, os atos sem conteúdo decisório já não são atos administrativos por esse motivo, sem que haja, por isso, que discutir o alcance dos efeitos que visam produzir.

Os atos internos podem ser de dois tipos, consoante sejam praticados fora do âmbito de procedimentos administrativos com relevância externa, como paradigmaticamente sucede com a emissão de ordens de serviço, ou no âmbito de procedimentos administrativos com relevância externa – sendo que, neste último caso, apenas são internos os atos que certos órgãos pratiquem em relação a outros órgãos da mesma entidade pública, apenas vinculando, pois, órgãos da própria entidade no âmbito da qual o procedimento corre os seus termos. Por conseguinte, não são, naturalmente, internos os atos decisórios praticados ao longo dos procedimentos, de que atrás falámos, que, ainda que parcialmente, definem situações jurídicas dos interessados, como aqueles que, em procedimentos escalonados ou faseados, contêm pré-decisões, sejam elas decisões prévias ou decisões parcelares. Mas, a nosso ver, já o são – apesar, como vimos, do seu caráter decisório, e novamente para dar apenas alguns exemplos bastante diferenciados entre si – a ordem que o órgão superior dirige aos serviços para que instaurem um processo disciplinar a um funcionário, o ato de iniciativa oficiosa de um procedimento administrativo e o ato mediante o qual um órgão ordena a outro que demita um funcionário.

104. A definição de ato administrativo introduzida pelo artigo 148º do CPA parece-nos adequada, na medida em que confere coerência à figura, deixando de nela incluir realidades heterogéneas, e, desse modo, permite também imprimir um maior grau de coerência ao regime procedimental

e substantivo que o CPA lhe faz corresponder. Com efeito, o conceito anterior tinha, a nosso ver, o inconveniente de englobar numa mesma categoria conceitual um conjunto de realidades de tal modo diferenciadas que se tornava impossível torná-lo operativo, por não ser possivel fazer corresponder a todas essas realidades um mesmo regime substantivo e procedimental[368].

Afigura-se, na verdade, adequado reconhecer a diferença que, no plano funcional, separa os atos externos dos atos internos. Com efeito, é específica a função que, de um modo geral, cumpre desempenhar aos atos inseridos em relações intra-administrativas ou interorgânicas e, portanto, a intencionalidade que se lhes encontra subjacente, tal como também é peculiar a natureza das relações jurídicas em que eles se inserem. Não se afigura, por isso, adequado submeter estes atos a um regime procedimental e substantivo comum ao dos atos que visam produzir efeitos externos – sob pena de se descaracterizar esse regime, limitando a sua capacidade de dar resposta adequada à realidade demasiado heterogénea que se lhe pretende fazer corresponder.

A nosso ver, a opção de se limitar o âmbito da figura do ato administrativo aos atos que visem produzir efeitos externos tem, assim, o mérito de fazer corresponder a figura a uma realidade relativamente homogénea, atenta a função definitória, procedimental, estabilizadora e tituladora que o ordenamento jurídico lhe faz corresponder[369], e em relação à qual se coloca, por isso, desde logo ao nível constitucional, um conjunto de exigências de regulação normativa que devem encontrar a resposta adequada, tanto no plano procedimental, como no plano substantivo, num regime configurado, de modo coerente, em função dessa realidade específica.

É assim que, no propósito de assegurar a transparência e a participação dos interessados nos procedimentos que lhes digam respeito, o CPA passou, com a revisão de 2015, a regular especificamente o procedimento

[368] Já neste sentido, cfr. pp. 124 e 131 da 1ª edição deste livro.

[369] Para a caracterização das funções mencionadas no texto, cfr., por todos, Rebelo de Sousa/Salgado de Matos, *op. cit.*, tomo III, p. 90; Vieira de Andrade, "Algumas reflexões a propósito da sobrevivência do conceito de ato administrativo no nosso tempo" in *Estudos em Homenagem ao Prof. Doutor Rogério Soares*, Coimbra, 2001, p. 1220; Esteves de Oliveira/Pedro Gonçalves/J. Pacheco de Amorim, *op. cit.*, pp. 540-541; J. E. Figueiredo Dias/Fernanda Paula Oliveira, *op. cit.*, p. 183.

dos atos administrativos, nos artigos 102º e segs., tendo claramente em vista o modo de formação dos atos dirigidos a produzir efeitos externos, de harmonia com a definição introduzida no artigo 148º.

Neste sentido, veja-se, em particular, o disposto nos artigos 110º e segs., em matéria de notificações, do qual resulta com clareza, ao contrário do que sucedia no passado, a distinção entre o regime das notificações em geral e o regime específico da notificação dos atos administrativos, que pressupõe a respetiva eficácia externa. Já em relação a outros aspetos, o referido regime integra, naturalmente, dimensões que já antes da revisão de 2015 tinham em vista os procedimentos com relevância externa, como o regime da apresentação de requerimentos e o regime da audiência dos interessados (cfr. artigos 102º a 109º e 121º a 125º)[370].

Por outro lado, o Capítulo II da Parte IV do CPA, que define o regime substantivo aplicável ao ato administrativo, foi expurgado de soluções normativas que, aparentemente, tinham em vista um conceito mais amplo de ato administrativo.

Na verdade, mesmo na redação anterior à revisão de 2015, esse regime já tinha primacialmente em vista, nos seus aspetos mais relevantes, os atos com eficácia externa, avultando, desse ponto de vista, como aspetos mais significativos, os que resultavam dos artigos 124º, 132º, 140º e 141º, 149º, 151º, 155º, 156º, 157º e várias das alíneas do artigo 123º.

Com a revisão de 2015, deixou, entretanto, de afirmar-se, no artigo 158º, que a publicidade dos atos administrativos só é obrigatória quando exigida por lei, para apenas se falar, a esse propósito, especificamente da publicação do ato; deixou de consagrar-se, no artigo 167º, a regra de que os atos administrativos seriam livremente revogáveis; e quanto à referência que, no nº 2 do anterior artigo 124º, era feita às "ordens dadas pelos superiores hierárquicos aos seus subordinados em matéria de serviço e

370 Na verdade, como já antes da revisão de 2015 reconhecia Vieira de Andrade, "Algumas reflexões...", p. 1219, "a generalidade dos preceitos legais que regulam o procedimento, em especial os que visam garantir os direitos e interesses dos particulares (ou de entes públicos autónomos), não são aplicáveis à produção de todos os atos jurídicos dos órgãos administrativos intervenientes, mas que o são, em regra e por sistema, relativamente a todos aqueles atos que constituam decisões de autoridade que definam diretamente o conteúdo de uma relação jurídica intersubjetiva" – são os atos em cujo *iter* formativo se exige ou permite a participação dos interessados, designadamente através do direito de audiência, que têm de ser notificados e que são passíveis de impugnações administrativas.

com a forma legal", se o legislador entendeu mantê-la no nº 2 do artigo 152º, terá sido, a nosso ver, apenas no propósito de afastar dúvidas que, quanto ao regime a aplicar às ordens de serviço, pudessem resultar, na prática administrativa, da pura e simples eliminação da referência, sem mais esclarecimentos. É, no entanto, evidente que o contexto normativo decorrente da clarificação introduzida pelo artigo 148º retirou à previsão em causa a relevância que, no quadro anterior à revisão de 2015, ela possuía para a discussão sobre se o CPA perfilhava um conceito amplo de ato administrativo, que incluísse os atos internos[371].

105. A opção do legislador da revisão do CPA, de definir o ato administrativo como uma decisão com eficácia externa, tem atinências de regime nos planos procedimental e substantivo, que o próprio CPA regula. Daí não resulta, no entanto, que o legislador processual não possa, por sua vez, ampliar o âmbito dos atos contenciosamente impugnáveis, estendendo esse âmbito a outros atos, para além dos atos administrativos, tal como

[371] A opção da revisão de 2015 do CPA de circunscrever o conceito de ato administrativo às decisões com eficácia externa foi criticada por PAULO OTERO, "Problemas constitucionais do novo Código do Procedimento Administrativo – uma introdução", in *Comentários ao Novo Código do Procedimento Administrativo* (coord. CARLA AMADO GOMES, FERNANDA NEVES e TIAGO SERRÃO), Lisboa, 2015, pp. 17 segs., com os argumentos de que "a regulação do procedimento administrativo não se pode limitar a disciplinar apenas atos que visem a produção de efeitos externos", pelo que a opção em causa se concretizaria num "aparente ressuscitar da tese da impermeabilidade jurídica da atividade interna da Administração Pública". Em relação a essa crítica, parece-nos pertinente deixar duas notas. A primeira, para assinalar que, como o próprio Autor reconhece, a p. 18, o CPA não deixa de regular, no plano procedimental, atuações jurídicas administrativas que, não configurando decisões com eficácia externa, não são atos administrativos, como os pareceres, não deixando, pois, de reconhecer-lhes, na medida do adequado e necessário, a relevância jurídica devida: do que se trata é apenas de circunscrever o âmbito de aplicação do regime específico do ato administrativo às manifestações que a ele necessitam de ser submetidas. E, no que respeita a este último ponto, a segunda nota é para observar que, em nossa opinião, o exemplo que o Autor apresenta, a p. 19, do parecer emitido por órgão incompetente vem precisamente demonstrar a desnecessidade de submeter os pareceres ao regime da invalidade dos atos administrativos: com efeito, se, no âmbito do procedimento de um ato administrativo, o órgão competente para o efeito não emitir um parecer obrigatório e, em seu lugar, esse parecer for emitido por um órgão incompetente, o que nos parece que deve ser feito não é questionar a validade do parecer que foi emitido, mas apenas assumir, para os devidos efeitos legais, que, naquele procedimento, não foi emitido o parecer legalmente exigido.

definidos no artigo 148º do CPA. É o que hoje resulta do nº 2 do artigo 51º do CPTA, na redação resultante da revisão de 2015, introduzida pelo Decreto-Lei nº 214-G/2015, de 2 de outubro.

Com efeito, essa solução decorre, por um lado, da possibilidade que deste preceito resulta de órgãos de entidades públicas impugnarem contenciosamente atos praticados por outros órgãos da mesma entidade pública, no âmbito de relações intra-administrativas ou interorgânicas.

Na verdade, a realidade interna das entidades públicas tende, nos nossos dias, a ser crescentemente caracterizada por fenómenos de conflitualidade que decorrem de opções, ao nível da distribuição de competências, assentes na atribuição aos diferentes órgãos de esferas de ação própria e, portanto, na respetiva constituição como "sujeitos de ordenação e de imputação final (não apenas transitória) de poderes e de deveres", em posição de antagonismo perante outros órgãos da mesma entidade pública[372]. Por este motivo, a alínea b) do nº 2 do artigo 51º do CPTA admite, em certas circunstâncias, a impugnabilidade de atos praticados no âmbito de relações intra-administrativas ou interorgânicas, permitindo, desse modo, a impugnação de atos que, por não terem eficácia externa, não são atos administrativos[373].

Por outro lado, a alínea a) do nº 2 do artigo 51º do CPTA qualifica como impugnáveis "as decisões tomadas no âmbito de procedimentos administrativos sobre questões que não possam ser de novo apreciadas em momento subsequente do mesmo procedimento". Em princípio, as decisões tomadas no decurso de procedimentos administrativos que resolvam questões que, nesse âmbito, se coloquem, em termos de essas questões não poderem vir de novo a ser apreciadas em momento procedimental subsequente têm eficácia externa, pelo que são atos administrativos. Mas ainda que, no caso concreto, se entenda que decisões desse tipo não têm tal natureza, a alínea a) do nº 2 do artigo 51º assegura, em qualquer caso, a respetiva impugnabilidade.

Pense-se, desde logo, no caso paradigmático do parecer vinculativo, que não exprime o exercício de uma função meramente consultiva, mas

[372] Cfr. Pedro Gonçalves, "A justiciabilidade dos litígios entre órgãos da mesma pessoa coletiva pública", *Cadernos de Justiça Administrativa* nº 35, pp. 10-12.

[373] Cfr. Mário Aroso de Almeida, *Manual de Processo Administrativo*, pp. 286-287.

pré-determina o sentido da decisão a tomar pelo órgão competente para a decisão final do procedimento: este preceito torna definitivamente indiscutível a impugnabilidade deste tipo de ato. Mas o mesmo sucederá, apenas para dar alguns exemplos, com a decisão de aprovação do projecto de arquitectura, no âmbito de procedimentos de construção de obras particulares, com a decisão de abertura de concurso para a instalação de farmácias, e, em geral, com os actos que, ao longo de procedimentos administrativos escalonados ou faseados, contenham verdadeiras pré-decisões, sejam elas decisões prévias (que decidem em termos definitivos questões prévias àquela que tem de ser decidida no termo do procedimento) ou decisões parcelares (que decidem em termos definitivos uma parte das questões a decidir no termo do procedimento)[374] (sobre estas figuras, cfr. *infra*, nº 110-B).

3. Atos instrumentais: âmbito e espécies

106. A doutrina nacional tem utilizado, por influência italiana[375], o conceito de atos instrumentais para designar o conjunto dos atos jurídicos concretos da Administração que, por não conterem decisões com eficácia externa, são relegados para fora do conceito de ato administrativo[376].

A nosso ver, a solução não é feliz por várias ordens de razões.

Em primeiro lugar, porque o conceito não se afigura adequado para designar todos os tipos de manifestações jurídicas que nessa espécie de *vala comum* se pretendem reunir[377]. Com efeito, a designação faz apelo à ideia de instrumentalidade, transmitindo, desse modo, a percepção de que os atos instrumentais não desempenhariam uma função autónoma, mas instrumental, em relação a outros atos jurídicos, ao serviço dos quais se encontrariam. Ora, isso só sucede em relação a uma parte dos atos instru-

[374] Cfr. MÁRIO AROSO DE ALMEIDA, *Manual de Processo Administrativo*, pp. 287-289.

[375] Radicada em M. S. GIANNINI, *op. cit.*, pp. 146-147. Cfr., a propósito, por exemplo, BERNARDO GIORGIO MATTARELLA, "Il Provvedimento", in *Tratato di Diritto Amministrativo a cura di SABINO CASSESE*, vol. I, Milão, 2000, p. 660.

[376] Cfr. EHRHARDT SOARES, *op. cit.*, pp. 100-101; FREITAS DO AMARAL, *Curso... cit.*, vol. II, 3ª ed., pp. 247-249.

[377] Veja-se, por exemplo, a apreciação crítica em BRUNO CAVALLO, *Provvedimenti e atti amministrativi*, Pádua, 1993, pp. 71 e 72; e B. G. MATTARELLA, *op. cit.*, pp. 660 e 661.

mentais, mas não a todos eles, pois existem categorias de atos ditos instrumentais que não desempenham qualquer função instrumental em relação a outros atos jurídicos. O conceito de ato instrumental não se mostra, pois, adequado para designar o universo vasto e heterogéneo de atos jurídicos a que se pretende referir.

Mas, em nossa opinião, o problema não radica no conceito, mas no objeto que ele pretende designar. O problema reside, na verdade, na metodologia adotada, de se centrar a análise na delimitação do círculo dos atos que merecem ser qualificados como atos administrativos e remeter tudo o resto para uma espécie de *posta restante*, de composição indiferenciada, seguindo a prática corrente na doutrina, mas justamente criticada por *Eduardo García de Enterría*, de "expulsar assuntos incómodos 'para as trevas exteriores', para não se ocupar mais deles, e poder comprazer-se em aperfeiçoar um objecto convencionalmente delimitado", centrado no conceito de ato administrativo[378].

Como é evidente, não é fácil encontrar uma designação que se possa adequar a um conjunto tão heterogéneo de manifestações, reunidas por exclusão de partes, em nome de uma abstrata exigência de simetria em relação ao conceito de ato administrativo[379], e cujo único traço em comum reside no facto de não serem atos administrativos[380]. Mas, como facilmente se compreende, o problema não reside, como foi dito, na designação, mas no objeto a designar. O objeto é que, a nosso ver, deve ser abandonado e desdobrado nos seus diversos componentes.

A nosso ver, não é, na verdade, adequado contrapor-se à categoria do ato administrativo uma única categoria, destinada a englobar todo o uni-

[378] Cfr. GARCIA DE ENTERRÍA/TOMÁS-RAMÓN FERNÁNDEZ, *op. cit.*, p. 536. Pelo motivo exposto no texto, ainda nos parece, pois, mais infeliz a opção de REBELO DE SOUSA/SALGADO DE MATOS, *Direito Administrativo Geral*, tomo III, pp. 443 segs., que recorrem ao conceito de "atos reais" para construir uma *posta restante* de âmbito ainda mais alargado, que engloba uma amálgama de manifestações, que vão de operações materiais a atos jurídicos (que não se vê em que sentido possam ou devam ser qualificados como "atos reais", designação que, a nosso ver, deveria ser reservada para os atos materiais, a que os Autores apenas se referem a pp. 447-453).

[379] Assim, B. G. MATTARELLA, *op. cit.*, p. 661.

[380] O próprio M. S. GIANNINI, *op. cit.*, pp. 146-147, reconhece que não há instrumentos sobre os quais sustentar uma teoria unitária dos atos instrumentais, dado que entre eles não é possível encontrar elementos comuns.

verso dos atos jurídico-administrativos concretos que, por não possuírem conteúdo decisório e/ou eficácia externa, apenas pela negativa podem ser identificados, em conjunto, pelo único traço que possuem em comum, de não serem atos administrativos. O que, pelo contrário, faz, a nosso ver, sentido é procurar identificar-se, tanto dentro do próprio universo dos atos administrativos, como no das manifestações que não se enquadram nessa categoria, os diferentes tipos de atos jurídicos cujas características específicas justificam diferenciações de regime, no âmbito de um quadro suficientemente preciso e completo das formas de atuação jurídica concreta da Administração.

Em nossa opinião, é, na verdade, essencial, para a construção dogmática do Direito Administrativo, a cabal identificação e qualificação dos múltiplos tipos de manifestações jurídicas nas quais se desdobra o intenso borbulhar da Administração, de um ponto de vista que atenda à estrutura de cada uma e à função diferenciada que lhe corresponde na dinâmica da atividade administrativa. É, por isso, determinante a questão da identificação das categorias classificatórias que, no plano dogmático, devem ser utilizadas para formar um quadro completo e equilibrado dos múltiplos tipos de manifestações em que se desdobra a atividade jurídica concreta da Administração.

A nosso ver, o esforço a empreender neste domínio deve partir da análise sectorial dos principais tipos de procedimentos administrativos. Sem essa base de sustentação, que aqui não pode ser ensaiada, não se afigura muito útil propor classificações doutrinais de índole excessivamente abstrata, cuja adesão à realidade pode revelar-se questionável.

Não se deixará, em todo o caso, de acrescentar que, em termos gerais, se afigura possível estabelecer algumas diferenciações ordenadoras, dentro deste universo heterogéneo e desordenado de manifestações jurídicas: com efeito, se o critério agregador da estranha categoria dos atos instrumentais reside no facto de os atos em causa não serem atos administrativos, que são atos de conteúdo decisório e carácter externo, os atos instrumentais hão de caracterizar-se por não terem conteúdo decisório ou por terem conteúdo decisório, mas não terem, ainda assim, carácter externo; e, por outro lado, afigura-se justificado diferenciar os atos autónomos daqueles que são praticados no âmbito de procedimentos administrativos. Cruzando estes critérios, afigura-se, assim, possível autonomizar as quatro categorias de atos instrumentais que se passam a enunciar.

a) *Atos jurídicos decisórios autónomos de carácter interno*, que não são atos administrativos por não terem eficácia externa. É o que sucede com as ordens de serviço, que são emitidas por órgãos de hierarquia superior e contêm comandos dirigidos a impor a adoção de condutas concretas a órgãos de hierarquia inferior: através destes atos, o superior hierárquico decide como deve agir o subordinado, mas trata-se de uma decisão de carácter interno porque os seus efeitos se esgotam na esfera interna à pessoa coletiva a que ambos os órgãos pertencem.

b) *Atos jurídicos decisórios procedimentais de carácter interno*, que também não são atos administrativos por não terem eficácia externa, mas se distinguem dos anteriores por não serem atos autónomos, mas atos que são praticados no âmbito de procedimentos administrativos e, portanto, em função da prática de outros atos jurídicos. É o que sucede com os atos de iniciativa procedimental através dos quais determinados órgãos administrativos, que não têm competência para conduzir e decidir certos tipos de procedimentos, solicitam ou propõem aos órgãos administrativos com competência para tal que exerçam essa competência.

Pense-se, desde logo, no órgão que, nos termos da lei, necessita da autorização de outro órgão para praticar um ato administrativo ou celebrar um contrato e solicita essa autorização ao órgão competente para o efeito, desencadeando, desse modo, o procedimento autorizativo: o órgão que pede a autorização decide pedi-la, mas essa decisão tem apenas o alcance de constituir o órgão competente para o efeito no dever de dar andamento ao procedimento dirigido à emissão da autorização (cfr. *infra*, nº 114-D). Mas também se enquadram neste tipo de situação os casos em que, nos termos da lei, cabe a um órgão propor a outro órgão a prática de certo tipo de ato administrativo: por exemplo, a designação de um conjunto de nomes de pessoas, de entre os quais caberá ao outro órgão nomear alguém para determinado lugar, hipótese na qual o órgão que propõe os nomes decide propô-los, mas essa decisão tem apenas o alcance de habilitar o órgão competente a praticar o ato administrativo de nomeação.

c) *Atos jurídicos autónomos sem conteúdo decisório*, que não são atos administrativos por não terem conteúdo decisório. É o que sucede com os atestados, as certidões e os certificados, que se limitam a comprovar a existência de situações de facto ou a titularidade de qualificações ou situações pessoais. Estes atos produzem efeitos externos, na medida em que são emitidos a pedido de interessados que deles necessitam para fazerem valer a existência das situações ou a titularidade das qualificações que eles comprovam. Mas não são atos administrativos porque não têm conteúdo decisório, na medida em que são emitidos com base na mera verificação, pelo órgão emissor, de situações ou qualificações cuja relevância jurídica está pré-determinada e cuja existência apenas se trata de comprovar: a emissão de um atestado, de uma certidão ou de um certificado não depende, pois, do exercício, pelo órgão que o emite, de um poder de decisão autónomo de atribuir relevância jurídica às situações ou qualificações em causa (característica que já é própria dos atos administrativos de conteúdo declarativo: cfr. *infra*, nº 110).

d) Atos jurídicos procedimentais sem conteúdo decisório, que também não são atos administrativos por não terem conteúdo decisório, mas se distinguem dos anteriores por não serem atos autónomos, mas atos que são praticados no âmbito de procedimentos administrativos e, portanto, em função da prática de outros atos jurídicos: correspondem à maioria dos tipos de atos jurídicos que são enquadrados na categoria dos atos instrumentais e desempenham, na verdade, uma função instrumental, o que explica que tenham dado (indevidamente, como vimos) o nome à categoria, na medida em que são atos procedimentais, que, em razão disso, estão, de algum modo, ao serviço de outros atos jurídicos.

Enquadram-se nesta categoria os múltiplos atos jurídicos preparatórios que são praticados no âmbito da instrução dos procedimentos dirigidos à prática de atos administrativos, como as verificações e/ou avaliações contidas em relatórios de exames, inspeções ou vistorias, e em informações dos serviços: este tipo de atos tanto pode conter apenas verificações, quando o seu conteúdo se esgota na emissão de declarações de ciência relativas a factos cujo conhecimento resulta da realização de operações de apreensão da realidade, como também *avaliações*, quando não se limitam a verificar a existência de situações de facto, mas contêm a formulação de juízos de valor, e também podem conter *propostas de decisão*, quando se pronunciam, em termos meramente opinativos, sobre o sentido em que o órgão competente deve decidir.

Enquadra-se nesta categoria de atos o relatório que, nos termos do artigo 126º do CPA, é elaborado, no termo do procedimento administrativo, pelo responsável pela direção do procedimento, quando não for o órgão competente para a decisão final, em que ele "formula uma proposta de decisão, sintetizando as razões de facto e de direito que a justificam". Na verdade, a generalidade dos atos administrativos são praticados com base em informações dos serviços, relatórios ou pareceres que o órgão competente *homologa*[381], subscrevendo, assumindo ou fazendo seu o respetivo conteúdo, tanto no que diz respeito ao sentido da decisão que propõem, como aos respetivos fundamentos (cfr. artigo 153º, nº 1, do CPA).

Avulta, neste contexto, a figura dos *pareceres*, que são atos jurídicos frequentemente utilizados no âmbito dos procedimentos dirigidos à prática de atos administrativos, que podem ser emitidos por órgãos consultivos, se os órgãos que os emitem tiverem por incumbência exclusiva a emissão de pareceres, ou por órgãos de competência mista, quando a competência dos órgãos que os emitem não se esgotar na incumbência de emitir pareceres. Os pareceres podem ser internos, quando são emitidos por órgãos da mesma pessoa coletiva a que pertence o órgão ao qual compete decidir, ou ser emitidos por órgãos de pessoas coletivas diferentes daquela a que pertence este órgão. Mas, em princípio, não são atos administrativos, na medida em que não possuem conteúdo decisório, mas apenas contêm avaliações, que podem concluir com uma proposta de decisão, pela qual se pronunciam, em termos opinativos, sobre o sentido em que o órgão competente deve decidir.

Cumpre, porém, notar que, em certos casos, a lei faz depender a prática de certos tipos de atos administrativos da prévia emissão de *parecer vinculativo*. Os pareceres obrigatórios só são vinculativos quando a lei expres-

[381] Cumpre advertir para o facto de que o sentido da homologação depende do contexto, pois tanto pode ser de apenas manifestar concordância com o objeto da homologação, como o de o subscrever, assumir ou fazer seu. Assim, quando o órgão competente para decidir homologa uma proposta de decisão, contida numa informação dos serviços, num relatório ou num parecer, ele concorda com essa proposta, e, nesse caso, a sua concordância tem o alcance de subscrever, assumir ou fazer sua a proposta, formalizando, desse modo, a tomada da decisão, que se concretiza na prática do ato administrativo. Mas se um ato administrativo já praticado for submetido à homologação de um órgão que só tem competência para o aprovar, o sentido da homologação já não é, naturalmente, o de subscrever, assumir ou fazer sua uma proposta de decisão, mas apenas de manifestar concordância, para os devidos efeitos, com o ato administrativo em causa. A este respeito, cfr. *supra*, nº 75.

samente o determina (cfr. artigo 91º, nº 2, do CPA), mas, nesses casos, o parecer determina o sentido que deverá ser seguido pelo órgão competente para a decisão (cfr. artigo 91º, nº 1, do CPA), o que significa que tem conteúdo decisório, na medida em que contém uma pré-decisão, que pré-determina o sentido da decisão que irá ser, em seguida, tomada pelo órgão competente. Em nossa opinião, os pareceres vinculativos não são, por isso, meros pareceres, mas verdadeiros atos administrativos (sobre os pareceres vinculativos, cfr. *infra*, nº 110).

Cumpre ainda fazer referência, neste contexto, às *notificações* e às *publicações*, que são instrumentos de *publicidade, comunicações,* que visam dar conhecimento de atos jurídicos ou de situações de facto ou de direito aos destinatários ou ao público em geral e se distinguem entre si porque a notificação é dirigida aos sujeitos directamente interessados, que, em princípio, são pessoalmente contactados, enquanto a publicação se dirige a quem não é directa ou individualmente interessado, destinando-se apenas a permitir que os eventuais interessados tomem conhecimento do objecto da publicação, se procurarem informar-se.

As notificações e as publicações têm, naturalmente, carácter externo, mas não têm conteúdo decisório, porque, por referência à contraposição que, na teoria geral do Direito, se estabelece entre os atos negociais e os meros atos jurídicos, devem ser qualificados como *meros atos jurídicos*, no sentido de que se trata de atos em que a representação da realidade por parte de quem os realiza não assume relevo jurídico autónomo, apenas interessando saber se a operação em que eles se concretizam teve ou não lugar, nos termos em que a lei determinava que ela fosse efetuada. Por este motivo, estes actos não podem padecer de *invalidades*. Se, num determinado caso, uma notificação não for feita nos termos estabelecidos, a consequência será a de que o ordenamento jurídico não extrairá da operação o efeito jurídico que lhe devia corresponder, pelo que considerará a notificação não efetuada.

4. Classificações e tipologia de efeitos dos atos administrativos

107. Uma vez enunciado o conceito de ato administrativo, em contraponto com a (discutível) categoria dos atos instrumentais, cumpre iden-

tificar as correspondentes categorias classificatórias. Ora, existem vários critérios de classificação dos atos administrativos.

a) Em função da *natureza dos órgãos* que os praticam, os atos administrativos são qualificados como *decisões* quando são praticados por órgãos singulares, como, por exemplo, um Ministro ou um Presidente de Câmara Municipal, e como *deliberações* quando são praticados por órgãos colegiais, como, por exemplo, uma Câmara Municipal ou o conselho de administração ou de gestão de um instituto público. E são qualificados como *simples* ou complexos, consoante são praticados por um único órgão ou por mais do que um órgão, no exercício de uma competência conjunta, que exige que a decisão seja assinada pelos titulares dos órgãos competentes: assim, é simples o despacho assinado por um Ministro e complexo o despacho conjunto assinado por mais do que um Ministro.

b) Em função dos destinatários, os atos administrativos são classificados como *singulares*, *plurais* e *contextuais*, *coletivos* e *gerais*. São singulares os atos que são praticados isoladamente e têm um destinatário individualizado; são plurais os atos que contêm um feixe de decisões, dando corpo a um conjunto de atos administrativos contextuais, que são praticados no mesmo contexto, tendo cada um deles um destinatário individualizado: é o que sucede com as listas de promoção de funcionários ou de classificação de imóveis, que são atos plurais porque integram um feixe de atos contextuais, porque praticados no contexto da mesma lista, sendo esses atos tantos quantos os funcionários que são objeto de promoção ou os imóveis que são objeto de classificação. Os atos coletivos produzem efeitos sobre uma pluralidade de pessoas que formam um colégio: é o que sucede com a decisão que determina a dissolução de um órgão colegial. E os atos gerais são atos concretos que não individualizam os destinatários, dirigindo-se a uma pluralidade de destinatários que são identificados de modo genérico: pense-se no clássico exemplo do comando que imponha a todos os produtores de laticínios de determinada região a obrigação de se concentrarem numa única empresa (para mais pormenores sobre a problemática dos atos administrativos gerais, em confronto com a figura do regulamento, cfr. *supra*, nº 78).

c) Em função da *extensão da sua eficácia*, há a distinguir os atos de *eficácia instantânea* e os atos de *eficácia duradoura ou continuada*. Os primeiros esgotam os seus efeitos num único momento: é o que sucede com os atos que retiram direitos (como o ato de expropriação, que retira a um particular o direito de propriedade sobre um imóvel) ou impõem obrigações (como o ato que impõe a um particular o dever de entregar uma coisa ou de proceder a um pagamento), na medida em que o efeito extintivo do direito ou constitutivo da obrigação se produz num único momento.

Pelo contrário, os segundos dão origem a situações jurídicas que se prolongam no tempo: é o que sucede com os atos que permitem o exercício de uma atividade, na medida em que é ao abrigo da situação jurídica constituída pelo ato que a atividade vai ser exercida ao longo do tempo e, em geral, com os atos atributivos de um estatuto a uma pessoa (é o que, por exemplo, sucede com o ato que confere a cidadania portuguesa a um estrangeiro, que lhe confere o estatuto de cidadão português, ou com o ato de admissão de um licenciado em Direito na Ordem dos Advogados, que lhe confere o estatuto de advogado: estatutos integrados por feixes de direitos e de obrigações que a lei lhes associa e de que os cidadãos em causa passam a ser titulares) ou a uma coisa (como a classificação de um imóvel como monumento nacional ou como imóvel de interesse histórico ou artístico, que submete esse imóvel a um estatuto do qual resulta um conjunto de efeitos, que a lei associa a esse estatuto, que passam a definir a sua situação jurídica).

Por outro lado, os atos administrativos podem ser, em certas circunstâncias, praticados a *título provisório*: é o que, desde logo, sucede com o ato que determina o encerramento preventivo de um estabelecimento ou a suspensão preventiva de um funcionário, no âmbito de procedimentos dirigidos à adoção de uma decisão definitiva quanto à situação do estabelecimento ou do funcionário arguido em processo disciplinar; mas também, em geral, nos casos em que, em situação de incerteza quanto ao cabal preenchimento dos pressupostos exigidos para a prática de um ato administrativo, se opta por praticar esse ato a título temporário, apenas com base num juízo de probabilidade, até que possa ser praticado um outro ato, apto a regular a matéria com base num juízo de certeza sobre o preenchimento dos pressupostos. E também podem ser, em certas circunstâncias, praticados a *título precário*, num contexto de incerteza sobre a evolução futura da situação jurídica que lhes serve de base e, por isso, sob reserva da possibilidade de virem a ser revogados, modificados ou substituídos, se vierem a verificar-se determinados pressupostos que o justifiquem ou imponham[382].

d) Em função da *forma* sob a qual são praticados, cumpre referir que, por regra, os atos administrativos são emitidos de forma expressa, que normalmente é escrita, mas é oral no caso das deliberações, que são adotadas pelos órgãos colegiais (cfr. *infra*, nº 147). Mas também há lugar à produção de *atos tácitos*, que, em certos casos, são deduzidos do silêncio do órgão competente.

A figura do ato tácito está prevista no artigo 130º do CPA, mas não resulta, só por si, deste artigo a formação de qualquer ato tácito, nem, muito menos, a consagração de uma regra – de âmbito geral ou, pelo menos, para certos tipos de situações – no sentido de que o silêncio da Administração tem o valor de um ato tácito. Como, hoje, resulta, com clareza, do artigo 130º do CPA, só existem atos tácitos nas situações em que a lei expressamente o preveja: cada caso de formação de ato tácito depende, pois, de previsão especial.

Por outro lado, também resulta, hoje, com clareza, do artigo 130º do CPA, que só existem atos tácitos nas situações em que a lei expressamente preveja a formação dos chamados *deferimentos tácitos*. Essas situações ocorrem quando, no âmbito de um procedimento desencadeado por um interessado, que apresentou um requerimento dirigido à emissão de um ato administrativo, a lei, excecionalmente, associa ao decurso do prazo legal para a tomada da decisão, sem que a Administração tenha cumprido o dever legal que se lhe impunha de decidir, a presunção de que a pretensão apresentada pelo requerente foi julgada conforme às exigências postas pelo ordenamento jurídico e, portanto, deferida.

Com a formação do ato de deferimento tácito, extraído da conduta de inércia da Administração, tudo se passa como se o órgão administrativo tivesse realizado as verificações e eventuais valorações que, *in casu*, lhe competiam e tivesse concluído, através da emissão de um ato expresso, pelo preenchimento, sem quaisquer reservas, dos pressupostos de que

[382] Sobre os atos administrativos precários e provisórios no ordenamento jurídico português, cfr. Filipa Urbano Calvão, *Os atos precários e os atos provisórios no Direito Administrativo*, Porto, 1998, pp. 21 segs..

dependia o deferimento incondicional da pretensão formulada[383]. Por conseguinte, o deferimento tácito substitui o ato de conteúdo positivo pretendido pelo interessado, valendo, para todos os efeitos, como se se tratasse de um ato expresso inteiramente favorável às suas pretensões.

A previsão legal da formação de um ato tácito de deferimento configura o estabelecimento de uma presunção legal, mediante a qual a lei atribui à passividade do órgão competente, perante o requerimento apresentado, o significado legal tipicizado de deferir integralmente a pretensão do interessado, nos precisos termos em que esta foi formulada. Por regra, a previsão da formação de deferimento tácito em lei especial surgirá nos domínios em que, bem ou mal, o legislador entenda que a regra, segundo a experiência comum, é a do deferimento.

Cumpre, entretanto, referir que, nas situações em que a prática de um ato administrativo dependa de autorização prévia ou em que a eficácia de um ato administrativo esteja dependente da aprovação de um órgão administrativo, o CPA optou por permitir que se prescinda da necessidade da autorização ou aprovação quando, não tendo esta sido emitida dentro do prazo legal, ela continue a não o ser, mesmo após interpelação do órgão omisso pelo órgão que solicitou a autorização ou aprovação (cfr. artigo 130º, nºs 4 e 5). Apesar da sua localização sistemática no artigo 130º do CPA, esta previsão não configura, porém, a nosso ver, a formação de um verdadeiro deferimento tácito.

e) Em função do *objeto*, pode dizer-se que a generalidade dos atos administrativos projetam os seus efeitos na esfera jurídica de pessoas, que são os *destinatários* dos atos, mas há atos administrativos que têm por objeto uma coisa (ex: o ato de classificação de um imóvel), uma situação jurídica (ex: o ato de declaração de situação de calamidade pública, em caso de terramoto, seca ou inundação) ou um ato administrativo anterior (ex: revogação de um ato administrativo).

Merecem referência especial, neste contexto, os *atos reais*, que têm por objeto imóveis, o que significa que, se estes atos tiverem eficácia conti-

[383] Como nota FREITAS DO AMARAL, *Curso... cit.*, 2ª ed., p. 371, o ato tácito positivo "produz todos os efeitos jurídicos típicos do ato expresso", tudo se passando como se fosse um ato expresso de deferimento.

nuada, a manutenção dessa eficácia não é comprometida pela eventual transmissão da propriedade do imóvel: assim, o imóvel classificado como imóvel de interesse histórico ou artístico fica submetido a um estatuto que limita a possibilidade de realização de obras no imóvel, independentemente de quem quer que seja ou venha a ser o seu proprietário, na medida em que esse estatuto se transmite com a eventual alienação do imóvel.

E também merecem referência especial os *atos de segundo grau*, que se caracterizam por serem atos sobre atos, que projetam os seus efeitos sobre atos administrativos anteriormente praticados. Avultam, no âmbito desta categoria, as figuras da *revogação* e da *anulação administrativa*, que adiante serão objeto de estudo circunstanciado (cfr. *infra*, nº 161 segs.). Mas também são atos de segundo grau os actos de *suspensão*, que colocam em estado latente a eficácia de atos anteriores, de *reforma*, que, de um modo ou de outro, substituem parcialmente o conteúdo de atos anteriores por outros, de *convalidação*, que eliminam a eventual invalidade de que atos anteriores padeçam, e de *conversão*, que atribuem a atos anteriores uma qualificação diferente daquela que inicialmente lhes tinha sido dada, reconduzindo-os, assim, a outro tipo legal de ato administrativo.

f) A nosso ver, os critérios mais relevantes de classificação dos atos administrativos são os que adotam como ponto de referência o respetivo *conteúdo*, isto é, a natureza dos efeitos jurídicos que os diferentes tipos de atos visam introduzir na ordem jurídica.

Cumpre recordar que os atos administrativos são *atos jurídicos típicos*, que correspondem a *tipos normativos*, previstos pelo ordenamento jurídico: o exercício de poderes concretos de autoridade por parte da Administração exprime-se através de modelos típicos, cientificamente determináveis e classificáveis com base na respetiva previsão normativa. Cada tipo de ato administrativo caracteriza-se, assim, pela função específica de que o ordenamento o incumbe, o que implica que ele se distingue por um conteúdo típico e só pode ser praticado relativamente a certos objetos, nas circunstâncias previstas pelas normas, e em função do interesse ou dos interesses públicos específicos aos quais o ordenamento o pré-determina, no quadro de relações jurídico-administrativas com uma determinada configuração.

Ora, não é possível proceder-se a uma inventariação da multiplicidade de tipos normativos de atos administrativos que existe no nosso ordenamento jurídico. O máximo que se pode tentar fazer é proceder a uma *classificação tipológica*, naturalmente circunscritas, dada a vastidão da matéria, aos tipos mais comuns e mais característicos de atos administrativos. É o que procuraremos fazer de seguida.

Adotaremos, entretanto, para o efeito, dois pontos de vista diferentes de análise, entre si complementares.

O primeiro deles partirá de uma *perspectiva formal-abstracta* para classificar os conteúdos dos atos administrativos como manifestações de poder jurídico, adotando critério paralelo àquele que, na Teoria do Processo, é adotado para identificar os diferentes tipos de sentenças. Como, na verdade, assinala *Afonso Rodrigues Queiró*, não é pelo lado dos efeitos que substancialmente se distinguem os atos administrativos das sentenças, enquanto manifestações de distintas funções estduais[384].

O segundo ponto de vista partirá, entretanto, de uma *perspectiva material-concreta* para classificar os conteúdos dos atos administrativos como atos conformadores de relações jurídicas administrativas, adotando critérios que atendem ao contexto relacional (natureza das relações) e funcional (causa-função) em que os diferentes tipos de atos são praticados.

4.1. Perspectiva formal-abstracta: tipologia de efeitos dos atos administrativos como manifestações de poder jurídico

108. A exemplo do que sucede com as sentenças, este critério de classificação tipológica de efeitos parte da contraposição entre as categorias dos atos administrativos constitutivos e dos atos administrativos declarativos.

[384] Cfr. Afonso Rodrigues Queiró, "A Função administrativa", *Revista de Direito e Estudos Sociais*, Ano XIV, p. 31, para quem, "pelo lado dos efeitos (declarativos, condenatórios, constitutivos ou executivos), as duas funções [administrativa e judicial] equivalem-se ou identificam-se. A distinção entre elas é de ordem teleológico-objectiva".

A compreensão do alcance da distinção deve partir, porém, da noção de que, tal como sucede com as sentenças, todos os atos administrativos são atos jurídicos, dotados de uma relevância jurídica própria, que se traduz na introdução de uma definição jurídica. Neste sentido amplo, pode, pois, dizer-se que todos os atos administrativos são constitutivos de efeitos jurídicos: todos contêm, na verdade, uma definição inovadora, que cria algo de novo na ordem jurídica[385]. A eventual adoção, como frequentemente sucede na doutrina, de um conceito amplo de eficácia constitutiva dos atos jurídicos, que englobe o efeito próprio dos atos declarativos, conduzirá, pois, naturalmente, à recusa da autonomia da categoria dos atos administrativos declarativos em relação aos atos constitutivos e à afirmação de que, na realidade, todos os atos administrativos são constitutivos[386]. A nosso ver, justifica-se, no entanto, distinguir em função da diferente natureza da inovação que é introduzida pelos atos constitutivos e pelos atos declarativos[387].

4.1.1. Atos constitutivos

109. De harmonia com o que acaba de ser dito, pode dizer-se que o ato administrativo é constitutivo quando se possa afirmar que a génese dos efeitos inovadores que dele resultam lhe é direta e integralmente imputável, de modo que (i) o particular, antes do ato, se encontra numa posição jurídica diferente daquela que detém após a sua emanação,

385 Neste sentido, cfr. MAX-JURGEN SEIBERT, *Die Bindungswirkung von Verwaltungsakten*, Baden-Baden, 1989, p. 99; PETER KRAUSE, *Rechtsformen des Verwaltungshandelns*, Berlim, 1974, pp. 193-195. Como escreve ALBERTO XAVIER, *Conceito e natureza do ato tributário*, Coimbra, 1972, p. 406, "é evidente que toda a eficácia jurídica é, por natureza, inovadora, no sentido de que acrescenta algo ao mundo jurídico preexistente e, portanto, constitutiva num sentido genérico e impreciso: caso contrário, estar-se-ia em face de um facto irrelevante".

386 É esta a perspetiva que inspira a análise de Autores como SEIBERT, *op. cit.*, sobretudo a pp. 88 segs., maxime 94, e KRAUSE, *op. cit.*, pp. 194-195.

387 No sentido de que a diferença que separa o conteúdo inovador dos atos declarativos do dos atos constitutivos é uma diferença meramente quantitativa, apenas de grau, cfr., no entanto, SEIBERT, *op. cit.*, pp. 94 e 99.

e que (ii) a modificação é imputável ao conteúdo do próprio ato administrativo[388].

Esta categoria tende, no essencial, a corresponder ao amplo leque de situações em que a emissão do ato administrativo envolve a formulação de juízos de valor por parte do agente administrativo, de modo que se pode associar à vontade do autor o propósito de "modificar o estado material do direito"[389]. Por esse motivo, a emissão deste tipo de atos tende a ser associada ao exercício de poderes de valoração próprios da Administração[390], ao passo que a emissão de atos declarativos tende a ser associada ao exercício de poderes de verificação vinculada[391].

A moderna tendência, a que já atrás nos referimos (cfr. *supra*, nºs 28 segs.), para uma crescente abertura no que toca à disciplina normativa dos poderes de definição jurídica da Administração e, portanto, para a atribuição à Administração de poderes de valoração próprios contribui, assim, para a expansão do campo dos atos administrativos constitutivos, com concomitante limitação do âmbito dos atos declarativos[392].

388 Cfr., por todos, WOLFF/BACHOF/STOBER, *Verwaltungsrecht*, vol. I, 10ª ed., Munique, 1994, p. 646; SEIBERT, *op. cit.*, p. 90; entre nós, SÉRVULO CORREIA, *Noções de Direito Administrativo*, vol. I, Lisboa, 1982, p. 457; ROBIN DE ANDRADE, *A Revogação dos atos administrativos*, 2ª ed., Coimbra, 1985, p. 123.

389 Cfr. MAURER, *Allgemeines Verwaltungsrecht*, 11ª edição, Munique, 1997, pp. 202-203, Rn 45-46.

390 Cfr. OSSENBÜHL, "Die Rücknahme von Wohngeldbescheiden und die Rückforderung gezahlter Wohngelder", *Die Öffentliche Verwaltung* 1967, p. 247; SEIBERT, *op. cit.*, pp. 92-93, com outras referências.

391 Poderes de qualificação jurídica de factos, na interessante classificação de PROTO PISANI, "Appunti sulla tutela c.d. costitutiva" (e sulle tecniche di produzione degli effetti sostanziali)", *Rivista di Diritto Processuale* 1991, pp. 64, nota 9, e 67, nota 12.

392 Como assinala ERICHSEN, "Das Verwaltungshandeln", in ERICHSEN, *Allgemeines Verwaltungsrecht*, 10ª edição, Berlim/N.York, 1995, p. 254 e nota 71, na medida em que a aplicação do direito e a própria verificação dos factos envolve a crescente necessidade de precisar o sentido de normas abertas, que contêm imprecisões, tende a diluir-se o campo dos atos declarativos.

4.1.2. Atos declarativos: caracterização e espécies paradigmáticas

110. São declarativos os atos administrativos que têm por objeto reconhecer a existência de situações objetivas que resultem ope legis, automaticamente, da verificação dos pressupostos de que legalmente dependem, em termos de se poder afirmar que na própria lei encontram o respetivo momento constitutivo[393]. É, assim, de admitir que certos direitos se constituam automaticamente por determinação legal, pelo que à pronúncia mediante a qual à Administração cumpra, nos termos da lei, reconhecê-los com conteúdo decisório apenas se deva imputar um alcance declarativo[394].

É frequente a afirmação de que os atos declarativos se dirigem à produção de um efeito jurídico de clarificação, de eliminação de dúvidas a respeito de situações jurídicas cuja existência cabe à Administração verificar e comprovar. O conteúdo destes atos não corresponde, porém, a

[393] Cfr. PIERRE MOOR, *Droit administratif*, vol. II, Berna, 1990, pp. 109-110; SEIBERT, *op. cit.*, pp. 90 e 101; WOLFF/BACHOF/STOBER, *op. cit.*, p. 645, Rn 2, e 647, Rn 7; FERDINAND KOPP, *Verwaltungsverfahrengesetz*, 6ª ed., Munique, 1996, pp. 656-659, Rn 36, com amplas referências e exemplos; OSSENBÜHL, *op. cit.*, pp. 247-248. A figura é reticentemente reconhecida no direito francês: cfr., por todos, R. CHAPUS, *Droit administratif général*, tomo 1, 7ª edição, Paris, 1993, p. 406. É também essa a postura tradicional da doutrina italiana: cfr., por todos, MAZZAROLLI/PERICU/ROMANO/ROVERSI MONACO/SCOCA, *Diritto Amministrativo*, vol. I, 2ª edição, Bolonha, 1998, pp. 1517 segs., com amplas referências. Na doutrina portuguesa, cfr. MARCELO REBELO DE SOUSA/ANDRÉ SALGADO DE MATOS, *Direito Administrativo Geral*, tomo III, pp. 79-80 e 97; FREITAS DO AMARAL, *Direito administrativo*, vol. III, pp. 158-161; MARCELLO CAETANO, *Manual de Direito Administrativo*, vol. I, p. 456; SÉRVULO CORREIA, *Noções...*, pp. 457 e 300; ROBIN DE ANDRADE, *op. cit.*, pp. 120-121; VASCO PEREIRA DA SILVA, *Em Busca do ato administrativo perdido*, Coimbra, 1996, pp. 595-596; MÁRIO ESTEVES DE OLIVEIRA/PEDRO GONÇALVES/JOÃO PACHECO DE AMORIM, *Código do Procedimento Administrativo comentado*, 2ª ed., Coimbra, 1998, pp. 541 e 553-554; ALBERTO XAVIER, "O processo administrativo gracioso", in *O Direito*, Ano 99 (1967), pp. 247-248.

[394] Neste sentido, cfr. Acórdão do Tribunal Constitucional nº 488/93, Acórdãos do Tribunal Constitucional, vol. XXV, p. 698, a propósito do reconhecimento do extinto direito ao subsídio de reintegração dos titulares de cargos políticos; para o exemplo de um ato que reconheceu uma situação de transição de quadro de uma categoria de funcionários, o Acórdão do Supremo Tribunal Administrativo de 8.6.1995, Apêndice ao Diário da República, de 20.1.1998, p. 5213. Ponto é que a declaração da Administração tenha conteúdo decisório, sem o que teremos apenas uma simples atuação administrativa e não um ato administrativo.

uma mera "afirmação de conhecimento, uma declaração enunciativa, uma representação intelectual de um facto ou de uma situação jurídica". Não se trata, na verdade, de simples declarações de ciência, apenas com "uma função enunciativa ou representativa"[395]. Atos desse tipo correspondem a atestados, certidões ou certificados, que, como vimos atrás, não são atos administrativos, na medida em que a sua emissão não depende do exercício, pelo órgão que os emite, de um poder de decisão autónomo de atribuir relevância jurídica às situações ou qualificações em causa (cfr. *supra*, nº 106).

Tal como as sentenças declarativas ou de simples apreciação são verdadeiras sentenças, também estes atos são verdadeiros atos administrativos, definidores da situação jurídica de terceiros, na medida em que "estabelecem o estado do direito com força obrigatória e adquirem, por isso, o caráter de uma regulação"[396]. Estes atos "declaram qual é o direito no caso concreto, para que essa declaração seja o pressuposto de comportamentos ulteriores" com relevância normativa. Nisso consiste a mais valia jurídica (*rechtliche Mehrwert*) que os distingue de uma mera informação sobre uma determinada situação jurídica[397]. Tanto basta, pois, para que se deva entender que encerram "uma declaração de vontade – ainda que estritamente vinculada"[398].

Nem por isso estes atos se transformam, porém, em constitutivos. Com efeito, se, como já foi referido, toda a eficácia jurídica, pelo simples facto de o ser, "é, por natureza, inovadora, no sentido de que acrescenta algo ao mundo jurídico preexistente e, portanto, constitutiva num sentido genérico e impreciso"[399], "em sentido técnico, porém, nem

[395] Cfr. A. Xavier, *Conceito...*, p. 392. Como refere Sérvulo Correia, *Noções...*, pp. 347 e 303, declarações deste último tipo limitam-se "a descrever uma situação que já foi criada anteriormente, sem produzir sequer o efeito, também já criado, de a tornar certa e incontestada". Cfr. também Wolff/Bachof/Stober, *op. cit.*, pp. 647-648, Rn 8-9; Krause, *op. cit.*, p. 193.

[396] Maurer, *op. cit.*, p. 203, Rn 46. Cfr. também Sérvulo Correia, *Noções...*, pp. 300 e 457.

[397] Cfr. Seibert, *op. cit.*, pp. 95-96; Ossenbühl, *op. cit.*, p. 247.

[398] Cfr. A. Xavier, *Conceito...*, p. 393.

[399] Neste sentido, afirma M. S. Giannini, *Diritto amministrativo*, vol. II, pp. 1017-1018: "O ato de accertamento inova no seio do ordenamento jurídico ao tornar certa e incontestável, no uso de um poder de autoridade, a situação que enuncia, a qual já existia, mas não revestida de imperatividade".

toda a inovação – em que a eficácia se traduz – se pode qualificar como constitutiva"[400]. Isto vale, justamente, para os atos administrativos declarativos, "cuja eficácia – e, portanto, cuja inovação – está precisamente em declarar ou conservar situações preexistentes, sem que a sua identidade e o seu conteúdo sejam alterados e sem que haja, pois, lugar a uma verdadeira constituição"[401]. Quando muito, estes atos desempenham a função de dar atendibilidade a situações jurídicas que já se encontram constituídas[402].

Sendo um ato administrativo praticado no exercício de um poder de definição jurídica da situação de terceiros, o ato declarativo comunga, entretanto, dos atributos que caracterizam a específica relevância jurídica que o nosso ordenamento jurídico imputa a este tipo de atos jurídicos e que se concretiza na "virtualidade nova de tornar certa e incontestável para todos os efeitos a existência" da situação a que se reporta[403] e na tendência para uma certa estabilização da definição introduzida, com o decurso dos respetivos prazos de impugnação[404].

Do exposto decorre que a identificação do ato administrativo declarativo envolve uma operação de interpretação dos preceitos normativos, operação delicada dada a ambiguidade das fronteiras que o separam, não só do ato administrativo constitutivo – embora a distinção possa ser, aqui, facilitada admitindo, como foi referido, que os atos que evolvem o exercídio de poderes de valoração próprios da Administração são constitutivos –, como

[400] Cfr. A. Xavier, *Conceito...*, p. 406; Freitas do Amaral, *Direito Administrativo*, vol. III, p. 159.

[401] A. Xavier, *Conceito...*, p. 407, que, na mesma linha, conclui que "eficácia jurídica, inovação e carácter declarativo não são realidades logicamente incompatíveis" (cfr. também p. 506) porque a inovação que é introduzida pelo ato declarativo "não quebra a identidade da situação jurídica declarada", não vem "substituir uma nova situação jurídica àquela que lhe preexistia": p. 541.

[402] Para a ilustração deste ponto, por referência ao exemplo do ato tributário, cfr. A. Xavier, *Conceito...*, pp. 547 segs., 535-537 e 557-558, onde o Autor se preocupa em distinguir a eficácia verdadeiramente constitutiva dos atos jurídicos que efectivamente modificam a ordem jurídica, da relevância do ato jurídico declarativo, enquanto condição de atendibilidade de situações jurídicas já constituídas.a

[403] Sérvulo Correia, *Noções...*, p. 300.

[404] Na doutrina portuguesa mais recente, veja-se a conseguida síntese de Marcelo Rebelo de Sousa/André Salgado de Matos, *Direito Administrativo Geral*, tomo III, pp. 79-80. Cfr. também, a propósito, Krause, *op. cit.*, pp. 194-196, e A. Xavier, *Conceito...*, p. 469.

também (e, a nosso ver, sobretudo) de outras manifestações mediante as quais a Administração se limite a reconhecer o direito do interessado à realização de uma prestação, no quadro de procedimentos que não se dirigem a definir a situação jurídica de terceiros através da emissão de atos administrativos, mas à simples adopção de simples atuações administrativas, como o fornecimento de uma informação ou a realização de um pagamento: na medida em que a lei não dê à Administração o poder de definir a situação jurídica do particular, apenas lhe impondo realizar a prestação que lhe é requerida, manifestações deste tipo são meras declarações sem conteúdo decisório (para mais desenvolvimentos quanto a este ponto, cfr. *infra*, nºs 70 e 71).

a) Declarações de nulidade, de caducidade e de incompetência

110-A. Constituem exemplos claros de atos declarativos os atos administrativos que procedem à declaração da nulidade ou da caducidade de atos anteriores[405] (atos que, por outro lado, também são atos administrativos de segundo grau: cfr. *supra*, nº 107, alínea e)), assim como aqueles em que órgãos administrativos se declaram incompetentes para tomar decisões em certas matérias.

b) Pré-decisões e pareceres vinculativos

110-B. Também deve reconhecer-se conteúdo declarativo às *decisões prévias* ou *pré-decisões* (*Vorbescheid*), que, pronunciando-se, com caráter vinculativo, sobre a existência de determinados pressupostos da decisão final – por exemplo, sobre a questão de saber se a ela se opõem obstáculos relacionados com determinado tipo de interesses ou valores –, não antecipam, ainda que parcialmente, o efeito constitutivo, que só a decisão final poderá introduzir. Estas decisões tendem a ser tomadas no âmbito de procedimentos complexos, que, por isso, são divididos em diferentes

[405] Cfr. FREITAS DO AMARAL, *Direito Administrativo*, vol. III, pp. 354-356; SÉRVULO CORREIA, *Noções...*, p. 472; Acórdão do Supremo Tribunal Administrativo de 12.2.1992, *Boletim do Ministério da Justiça* nº 422, p. 177.

fases, às quais corresponde a apreciação e resolução gradual das questões a decidir[406].

A nosso ver, é o que sucede com os *pareceres vinculativos*. Os pareceres obrigatórios só são vinculativos quando a lei expressamente o determina (cfr. artigo 91º, nº 2, do CPA), o que a lei pode fazer de duas formas: ou estabelecendo que o órgão decisor deve praticar o ato administrativo no sentido que for determinado pelo parecer; ou estabelecendo que o órgão decisor só poderá praticar o ato administrativo em determinado sentido se o parecer se pronunciar nesse sentido, o que significa que, se o parecer se pronunciar nesse sentido, ele tanto pode seguir o parecer, como não o seguir, mas se o parecer se pronunciar em sentido contrário, ele terá de seguir o parecer, decidindo no sentido por ele indicado.

No primeiro caso, diz-se que o parecer é totalmente vinculativo, na medida em que o órgão decisor não dispõe de qualquer margem em relação ao que é determinado pelo parecer; no segundo caso, o que a lei faz é conferir à entidade que emite o parecer uma espécie de poder de veto, para defesa dos interesses que essa entidade tem a seu cargo, mas sem lhe conferir o poder de pré-determinar inteiramente o sentido da decisão a tomar pelo órgão decisor, em função da consideração de interesses de outra natureza. É por isso que o parecer só vincula se for emitido num sentido, e não se for emitido no sentido contrário: para que o órgão possa decidir nesse sentido, tem de haver parecer favorável a isso, que aponte nesse sentido, pelo que, se o parecer for negativo, desfavorável, o órgão decisor estará, por isso, vinculado a decidir negativamente; mas ainda que o parecer seja favorável, nem por isso o órgão decisor estará vinculado a decidir nesse sentido, podendo decidir em sentido contrário.

A utilização da técnica do parecer vinculativo como condição necessária, mas não suficiente, para a tomada de certo tipo de decisões explica-se pelo facto de muitos procedimentos contenderem com interesses que a lei considera preponderantes e, por isso, entende que devem beneficiar de

[406] Sobre a figura, na doutrina portuguesa, cfr., por todos, Filipa Urbano Calvão, *Os atos precários e os atos provisórios no Direito Administrativo*, Coimbra, 1998, pp. 45 segs.; Freitas do Amaral, *Curso... cit.*, vol. II, 3ª ed., pp. 241-243; V. Pereira da Silva, *op. cit.*, pp. 699 segs..

uma protecção acrescida. Por esse motivo, a lei estabelece que a avaliação dos riscos que uma decisão em certo sentido envolve para esses interesses deve ficar a cargo de órgãos ou entidades especializados, determinando que o parecer favorável dessas entidades é condição para que uma tal decisão possa ser tomada – isto, sem prejuízo de o órgão decisor poder entender, por outras razões, que não deve tomar a decisão, ainda que o parecer seja favorável.

Pense-se no exemplo do licenciamento de uma construção que, em virtude das características do local para o qual está projectada, a lei determine que o Município só pode atribuir mediante parecer favorável do Instituto Português do Património Arquitectónico (IPPAR). O Município tem de pedir o parecer, que é *obrigatório*. Se o parecer for negativo, o Município fica *vinculado* a indeferir o pedido de licenciamento. Se o parecer for positivo, o Município *pode* deferir ou não, dependendo dos demais aspectos que, nos termos da lei, lhe cumpra considerar. Neste exemplo, a previsão legal do parecer favorável como pressuposto para licenciar assenta no propósito de fazer prevalecer a protecção do património cultural, de modo que o projecto só pode ser licenciado se houver parecer favorável a esse respeito. Ainda que haja esse parecer favorável, o Município não fica, no entanto, vinculado a deferir o pedido: ainda o pode indeferir com outros fundamentos legais.

Na medida em que vinculam, os pareceres vinculativos são, em qualquer dos casos, decisões prévias ou pré-decisões, porquanto, assumindo embora, com conteúdo decisório, a posição do órgão que os emite sobre a totalidade ou uma parte dos pressupostos da decisão final, não antecipam, ainda que parcialmente, o efeito constitutivo, que só a decisão final irá produzir: se estiver em causa autorizar um particular a exercer uma atividade, só a decisão final, a proferir pelo órgão competente para o efeito, terá o efeito de permitir ao particular o exercício da atividade. O parecer limita-se a declarar a posição do órgão que o emite, sucedendo que a lei imputa força vinculativa a essa declaração em relação à subsequente decisão final, que, essa sim, será o ato constitutivo: é por isso que se trata de um ato administrativo declarativo.

É isto que diferencia as decisões prévias ou pré-decisões das *decisões parcelares*, que são atos constitutivos, na medida em que têm por objeto antecipar, antes do termo do procedimento, uma parte da produção dos efeitos constitutivos a que o procedimento se dirige, determinando a produção de uma parte dos efeitos constitutivos que caberia à decisão final determinar: pense-se no exemplo da licença para a realização das fundações de um edifício, que é emitida, durante o procedimento dirigido a obter o licenciamento da construção do edifício, com o alcance de ir permitindo que o construtor dê início à construção, num momento em que os demais aspetos relacionados com a construção ainda não foram apreciados e decididos[407].

c) Atos de conteúdo negativo

110-C. O ato administrativo de conteúdo negativo surge quando um procedimento de iniciativa particular, desencadeado através da apresentação de um requerimento dirigido à emissão de um ato administrativo, termina com a emissão de uma decisão de conteúdo negativo, isto é, de uma decisão através da qual a Administração conclui não poder ou não dever praticar aquele ato e, por conseguinte, recusa a sua emissão, indeferindo a pretensão do interessado ou mesmo recusando a própria apreciação do requerimento apresentado[408].

O ato negativo é emitido no quadro do mesmo procedimento em que é praticado o ato de conteúdo positivo e é, tal como ele, a decisão final que põe termo a esse procedimento. Não pode deixar, por isso, de partilhar com o ato de conteúdo positivo a mesma natureza. Nada justificaria, com efeito, que ao ato que, por hipótese, decida atribuir uma licença de construção e ao ato que decida recusar essa licença se imputassem naturezas jurídicas distintas. O enquadramento procedimental dos dois atos é o mesmo, já que correspondem aos dois modos legalmente previstos de pôr termo ao mesmo procedimento, definindo a mesma situação, no exercício da mesma competência normativa, através da aplicação das mes-

[407] Para a distinção, na doutrina portuguesa, cfr., por todos, Filipa Calvão, *Os atos precários e os atos provisórios no Direito Administrativo*, Porto, 1998, pp. 45 segs.

[408] Cfr., por todos, Mário Aroso de Almeida, *Anulação de atos administrativos e relações jurídicas emergentes*, Coimbra, 2002, p. 106; Freitas do Amaral, *Curso...*, vol. II, 3ª ed., pp. 258-259; Heiko Faber, *Verwaltungsrecht*, 4ª ed., Tübingen, 1995, p. 297; F. Kopp, *op. cit.*, p. 614, Rn 4; Wolff/Bachof/Stober, *op. cit.*, p. 627, Rn 48.

mas normas[409]. Tanto o ato que atribua a licença, como o ato que a recuse, configuram, por isso, o cumprimento do mesmo dever de decisão, esgotando o exercício da mesma competência.

O ato negativo é um ato que, tal como sucede com uma sentença de improcedência, tem um conteúdo meramente declarativo, porque não introduz a pretendida modificação na ordem jurídica, mas antes se recusa a introduzi-la[410]. Mas em todo o caso, é um ato que, como todos os atos jurídicos, produz efeitos jurídicos[411] e que, exprimindo a mesma competência no exercício da qual o acto de conteúdo positivo teria sido praticado, possui, como ele, um conteúdo decisório, definindo a situação jurídica do interessado, pelo que com ele partilha a natureza de ato administrativo. Assim como as sentenças declarativas ou de mera apreciação são verdadeiras sentenças, também os atos negativos são, pois, atos administrativos, que "estabelecem o estado do direito com força obrigatória e

[409] Como escrevemos noutra ocasião, "o ato de conteúdo negativo é um ato administrativo porque define a situação jurídica do interessado, no âmbito de um procedimento que tinha por objeto uma tal definição. Ainda que depois se possa desencadear um processo de plena jurisdição contra esse ato, tal circunstância não legitima, pois, a conclusão de que o procedimento tendente à adoção de um ato administrativo pode terminar ou não com a emissão de um ato administrativo, consoante o sentido da decisão final que a Administração venha a tomar sobre a pretensão formulada. Semelhante raciocínio conduziria à absurda aplicação, na teoria do procedimento administrativo, de um método que, na teoria do processo, é firmemente vituperado: o de qualificar os fenómenos processuais secundum eventum litis": cfr. M. Aroso de Almeida, *Anulação de atos administrativos... cit.*, p. 109.

[410] Recorde-se que também uma sentença de improcedência tem um conteúdo meramente declarativo: cfr., por todos, E. T. Liebman, *Manuale di diritto processuale civile – Principi*, vol. II, 5ª ed., Milão, 1992, p. 402.

[411] Cfr. Freitas do Amaral, *Direito administrativo*, vol. III, p. 160. Não pode, pois, aceitar-se a tese segundo a qual o ato negativo não produziria qualquer efeito jurídico, qualquer modificação jurídica externa, por "não inovar na realidade jurídica": cfr., por exemplo, Cerulli Irelli, *Corso di Diritto amministrativo*, 9ª ed., Turim, 1997, p. 512; Sandulli, *Manuale di Diritto Amministrativo*, vol. I, 15ª edição, Nápoles, 1989, pp. 593 e 1488. A nosso ver, a referida tese incorre no erro de circunscrever o conceito de eficácia jurídica ao de produção de efeitos constitutivos: pois, como, aliás, reconhece Cerulli Irelli, *op. loc. últ. cits.*, o que o ato negativo faz é "não produzir o efeito que o exercício (positivo) do poder comportaria". O mesmo erro, no fundo, em que incorrem aqueles para quem o ato negativo é constitutivo e não meramente declarativo por produzir efeitos jurídicos, que só a anulação faz desaparecer.

adquirem, por isso, o caráter de uma regulação"[412], isto é, de uma definição jurídica cujos efeitos se projectam, de modo unilateral, na esfera dos seus destinatários[413].

A partir do momento em que o ato negativo é proferido, o interessado vê-se, pois, confrontado com uma decisão, contra a qual, nos termos da lei, pode reagir pelas vias administrativas e/ou contenciosas. E, por isso, tanto o ato positivo, como o ato negativo, são passíveis de impugnação administrativa, quer pela via da reclamação, quer pela via de eventual recurso hierárquico, como resulta dos artigos 192º e 197º do CPA (cfr. *infra*, nº 177).

É verdade que, ao contrário do que sucede com os atos de conteúdo positivo, os atos de conteúdo negativo não podem ser objecto de uma ação de impugnação, dirigida à respetiva anulação ou declaração de nulidade, junto dos tribunais administrativos: a reacção contenciosa contra estes atos tem de passar pela dedução do competente pedido de condenação à prática de um ato administrativo que satisfaça a pretensão do autor ou que, pelo menos, dê uma nova definição ao caso, sem reincidir nas ilegalidades em que tinha incorrido o ato negativo: é o que, designadamente, resulta do disposto nos artigos 51º, nº 4, e 66º do CPTA[414].

Dessa circunstância não resulta, porém, que os atos de conteúdo negativo não sejam atos administrativos[415], porque o simples facto de a

412 Maurer, *op. cit.*, p. 203, Rn 46.

413 Claramente neste sentido, cfr. P. Moor, *op. cit.*, p. 110; Gerhardt, § 113, p. 41, Rn 64, in Schoch/Schmidt-Assmann/Pietzner, *Verwaltungsgerichtsordnung Kommentar*, Munique; Kopp, *op. cit.*, pp. 613-614, Rn 4; Detterbeck, *Streitgegenstand und Entscheidungswirkungen im Öffentlichen Recht*, Tübingen, 1995, p. 209, com amplas referências nas notas 254 e 255; Esteves de Oliveira *et alii*, *op. cit.*, p. 554, com apelo à "função tituladora" do ato.

414 Cfr. Mário Aroso de Almeida, *Manual de Processo Administrativo*, pp. 293-295.

415 A questão foi suscitada na doutrina por Sérvulo Correia, "O incumprimento do dever de decidir", *Cadernos de Justiça Administrativa* nº 54, pp. 23 segs., e, já anteriormente, "Ato administrativo e âmbito da jurisdição administrativa", in *Estudos em Homenagem ao Prof. Doutor Rogério Soares*, Coimbra, 2001, pp. 1183-1185, nota 71, para quem, com a introdução, no nosso ordenamento jurídico, da possibilidade da condenação à prática de atos administrativos e, portanto, com o afastamento da impugnabilidade contenciosa dos atos de conteúdo negativo, estes atos teriam perdido a natureza de ato administrativo. Sustentava o ilustre Autor a sua posição na circunstância de o artigo 66º, nº 2, do CPTA ter assumido a opção de, mesmo quando exista ato expresso de conteúdo negativo, configurar o objecto dos processos dirigidos à condenação à prática de ato administrativo por referência à pretensão do interes-

lei processual submeter a reação contra os atos administrativos de conteúdo negativo a um enquadramento processual específico, diferenciado daquele a que submete a reação contra os atos de conteúdo positivo, não tem o alcance de retirar àqueles atos a natureza de ato administrativo que o respetivo enquadramento substantivo e procedimental lhes confere. Na verdade, não é da natureza do ato administrativo que ele só possa ser objeto de ações de impugnação perante os tribunais administrativos. Essa é uma opção que cabe às leis do processo fazer e cujo alcance se esgota, naturalmente, no plano processual, sem pôr em causa as características e, portanto, a natureza substantiva do ato negativo[416].

Já colocada a questão de um outro prisma, cumpre, entretanto, notar que, no plano do regime substantivo, há uma importante diferença que separa os atos de conteúdo negativo dos atos de conteúdo positivo: resulta do artigo 13º, nº 2, do CPA que, ainda que o destinatário não reaja e deixe consolidar na ordem jurídica um ato de conteúdo negativo, ele não fica impedido, no plano substantivo, de deduzir de novo o mesmo pedido com os mesmos fundamentos de facto e de direito, cconstituindo de novo a autoridade competente no dever de decidir, desde que aguarde o decurso do prazo de dois anos.

Esta solução tem o alcance de retirar ao ato negativo a força de caso decidido material, impedindo que a solução por ele determinada se possa vir a consolidar em termos definitivos na ordem jurídica. Mas nem por isso retira ao ato negativo a função de conformar a situação jurídica substantiva do titular da pretensão e a força de caso decidido formal que lhe está associada, da qual decorre a constituição do destinatário num ónus de reação tempestiva: além dos prazos de eventual impugnação administrativa, veja-se, com efeito, o próprio prazo de reação contenciosa contra o ato negativo, que se encontra estabelecido no artigo 69º, nºs 2 e 3, do CPTA. Apenas sucede que o efeito conformador do ato negativo só vincula o

sado, e não ao acto negativo. A partir do momento em que se assume que o ato negativo e os seus fundamentos deixam de balizar o objeto da apreciação a realizar pelo tribunal, que pode, desse modo, incidir diretamente sobre o quadro da relação jurídica, sem passar pela mediação decorrente da definição que dele foi feita pelo ato, ter-se-ia, na verdade, retirado ao ato o poder de conformar a situação jurídica de modo imperativo e, portanto, a natureza de ato de conteúdo decisório.

[416] Para mais desenvolvimentos, cfr. M. Aroso de Almeida, *Anulação de atos administrativos... cit.*, pp. 106 segs., e a anterior edição deste livro, a pp. 210 segs..

destinatário durante o período de dois anos. A nosso ver, daqui mais não resulta, pois, do que uma particularidade que, por razões decorrentes da especificidade do seu tipo de conteúdo, o legislador entendeu dever introduzir no regime substantivo aplicável a estes atos, mas que não implica, só por si, que se lhes deva recusar o qualificativo de atos administrativos.

4.1.3. Atos de verificação constitutiva

111. Para além dos atos administrativos constitutivos e dos atos administrativos declarativos, a doutrina tende ainda a autonomizar uma terceira categoria, intermédia, que corresponde aos chamados *actos de verificação constitutiva*[417].

Em nossa opinião, a referência autónoma ao fenómeno da verificação constitutiva apenas se afigura, contudo, justificada quando a lei opte por associar à emissão de um ato administrativo de conteúdo estritamente declarativo, a produção de certos efeitos constitutivos, que, desse modo, não são imputáveis ao conteúdo do ato, mas apenas resultam, *ex lege*, da circunstância de ele ter sido praticado. O ato é, nesse caso, instituído pela lei como elemento de uma *fattispecie* jurídica de formação sucessiva, que conduz à constituição do efeito jurídico, no âmbito da qual a emissão do ato é necessária ao preenchimento da *fattispecie* constitutiva do efeito, pois sem essa emissão o efeito não se produz, mas não determina, só por si, a produção do efeito[418]. A nosso ver, só nesta medida pode, na verdade, falar-se de um ato que, sendo, do ponto de vista do seu conteúdo, declarativo (verificativo), dá, ao mesmo tempo, origem à produção de verdadeiros efeitos constitutivos[419].

[417] Cfr. MARCELLO CAETANO, *Manual...*, pp. 456-457; SÉRVULO CORREIA, *Noções...*, p. 458; ESTEVES DE OLIVEIRA *et alii*, *op. cit.*, p. 554; GARCIA DE ENTERRÍA/T. R. FERNÁNDEZ, *op. cit.*, p. 563; KRAUSE, *op. cit.*, pp. 83 segs.; SEIBERT, *op. cit.*, p. 72, com amplas referências na nota 23.

[418] Cfr. SEIBERT, *op. cit.*, pp. 71 e 82. Na doutrina portuguesa, cfr., em sentido que se afigura pelo menos próximo, MARCELO REBELO DE SOUSA/ANDRÉ SALGADO DE MATOS, *Direito Administrativo Geral*, tomo III, pp. 97-98.

[419] Cfr. ainda SCHLOSSER, *Gestaltungsklagen und Gestaltungsurteile*, Bielefeld, 1966, p. 21; GRUNSKY, *Grundlagen des Verfahrensrechts*, 2ª edição, Bielefeld, 1974, p. 555; SEIBERT, *op. cit.*, pp. 72-73 (e nota 24) e 82.

Como, na verdade, assinala *Alberto Xavier*, "não basta o perfil estático de um ato para que fique desde logo bem identificada a sua natureza jurídica: é ainda necessário delimitar o seu caráter dinâmico e funcional, ou seja, analisar a sua eficácia"[420]. Não existe, portanto, uma correlação necessária entre os aspetos do conteúdo e da eficácia dos atos jurídicos, no sentido de que ao ato de conteúdo vinculado, que se limita ao reconhecimento de um facto ou de uma situação jurídica, corresponde necessariamente a produção de um efeito meramente declarativo: quando a lei o entenda, conteúdo declarativo e eficácia constitutiva podem perfeitamente coexistir[421].

É o que sucede na hipótese a que agora nos referimos, em que, por um lado, o ato possui um conteúdo declarativo, pelo que da sua "força ou conteúdo intrínseco" não deriva a constituição de situações jurídicas novas na esfera de terceiros, mas a lei associa, como efeito lateral, à prática desse ato a constituição de situações desse tipo, em termos de se poder afirmar que o efeito constitutivo resulta do ato como um "epifenómeno acidental"[422], que, na realidade, "tem por fonte ou causa a lei e não o ato em si"[423], que apenas intervém como "condição (legal) da sua constituição"[424].

Importa, pois, notar que, em situações como esta, o conteúdo intrínseco do ato administrativo não deixa de ser declarativo. Apenas sucede que a lei adopta esse ato e a declaração nele consubstanciada como *Tatbestand*, isto é, como pressuposto normativo da produção de determinados efeitos jurídicos constitutivos – efeitos jurídicos à produção dos quais a vontade do autor do ato não se dirigia e que não podem ser, portanto, imputados ao conteúdo do ato[425].

[420] A. Xavier, *Conceito...*, p. 399.

[421] Cfr. A. Xavier, *Conceito...*, pp. 400-401.

[422] Seibert, *op. cit.*, p. 71.

[423] Cfr. Robin de Andrade, *op. cit.*, p. 126.

[424] Robin de Andrade, *op. cit.*, p. 127.

[425] Neste sentido, fala Seibert, *op. cit.*, pp. 81-82, de um *Tatbestandswirkung* do ato administrativo, dando assim ao conceito o sentido – mais estrito mas, ao que julgamos, mais rigoroso do que aquele que lhe atribui a generalidade da doutrina administrativa alemã – que, em processo, se utiliza a propósito das situações em que o direito material toma a emissão de uma sentença como pressuposto para a produção de determinado efeito (a constituição, modificação ou extinção de uma dada situação jurídica) ao qual a sentença não se dirigia: cfr., a propósito, Robin de Andrade, *op. cit.*, p. 126, em nota.

Não devem ser, entretanto, confundidos os eventuais efeitos constitutivos que uma norma associe a um certo tipo de ato declarativo, com o prório efeito inovador que os atos declarativos, só por si, produzem, pela mera circunstância – que, como já foi dito, lhes é inerente – de tornarem atendíveis, para certos efeitos, os factos aos quais se reportam, sem o que seriam inúteis e sem sentido. Não se afigura, por isso, correto qualificar como um efeito lateral que a lei associa a uma declaração jurídica o único efeito jurídico útil que essa declaração produz e que, de mais a mais, justifica a sua emissão. Na medida em que esse efeito se resuma a tornar atendíveis certas circunstâncias pré-existentes, o ato possui um conteúdo declarativo e não há por que falar, a seu propósito, na produção de qualquer efeito constitutivo[426].

Esta precisão parece confirmar a necessidade, a que já atrás nos referimos, de se repensarem os moldes em que, na doutrina portuguesa, se tem falado de "*verifcações constitutivas*" para qualificar manifestações às quais, em muitos casos, apenas deve ser, quanto a nós, imputada a eficácia jurídica inovadora que é própria dos atos estritamente declarativos, ou, pelo contrário, cuja eficácia constitutiva é directamente imputável ao próprio conteúdo do ato. Seria, porém, desproporcionado proceder-se, nesta sede, às detidas indagações que seriam necessárias ao esclarecimento deste ponto, que, por isso, aqui se deixa apenas equacionado.

4.1.4. Atos impositivos

112. Justifica-se ainda autonomizar, neste breve quadro tipológico dos efeitos que podem produzir os atos administrativos, a categoria dos *atos impositivos*[427], que têm em comum a circunstância de imporem o cumprimento de um *comando*, de sentido positivo (*ordem*) ou negativo (*proibição*)[428].

Em certos casos, estes atos assentam na prévia constituição da obrigação cujo cumprimento impõem. Estaremos, então, perante o que se

[426] Cfr. Seibert, *op. cit.*, p. 82, que, com *Nicklish*, reconhece ser, por vezes, difícil esclarecer a questão, de técnica legislativa, de saber se a modificação é ou não diretamente imputável ao conteúdo do ato.

[427] Na classificação proposta por Freitas do Amaral, *Curso...*, vol. II, 3ª ed., pp. 232 segs.

[428] Cfr. Wolff/Bachof/Stober, *op. cit.*, p. 646; Cerulli Irelli, *op. cit.*, p. 559.

poderá qualificar como *atos puramente impositivos*, que impõem ao destinatário o cumprimento de uma obrigação que já existia, sem que essa existência tivesse sido, no entanto, ainda formalmente reconhecida. Tal como sucede com as sentenças de condenação, estes atos possuem, assim, um indiscutível momento declarativo, de *accertamento*, ao qual, no entanto, se associa um evidente momento impositivo ou "de comando", ele próprio constitutivo de um efeito jurídico novo, embora secundário ou instrumental: a sujeição do obrigado a eventuais medidas de execução forçada[429]. O ato impositivo é, pois, um *título executivo*.

Frequentemente, os atos administrativos que impõem o cumprimento de obrigações aos particulares não se esgotam, entretanto, na dimensão impositiva, mas também são legalmente instituídos como fonte da própria obrigação, que ainda não existia na ausência do ato. Pode, nesse caso, dizer-se que se revestem de um conteúdo misto, que se apresenta simultaneamente como constitutivo e impositivo[430]. É, em todo o caso, na existência, em qualquer das situações, do componente "de comando" que reside o traço distintivo desta categoria de atos administrativos, que permite e justifica a respetiva separação dos atos estritamente constitutivos, que, só por si, não são títulos executivos[431].

4.2. Perspectiva material-concreta: tipologia de efeitos dos atos administrativos como atos conformadores de relações jurídicas administrativas

113. A doutrina elabora, com frequência, tipologias de atos administrativos que adotam como ponto de referência o papel que cada ato desempe-

[429] Cfr., a propósito, ERICHSEN, *op. cit.*, pp. 347-348; WOLFF/BACHOF/STOBER, *op. cit.*, p. 626, Rn 45; SEIBERT, *op. cit.*, pp. 91-92. No sentido de que a sentença de condenação integra os dois momentos indicados no texto e, portanto, "uma eficácia constitutiva de conteúdo processual", cfr., por todos, E. T. LIEBMAN, *op. cit.*, p. 269; A. XAVIER, *Conceito...*, pp. 407-408; MARIO NIGRO, *L'appello nel processo amministrativo*, Milão, 1960, pp. 155-156.

[430] Cfr. WOLFF/BACHOF/STOBER, *op. cit.*, p. 646.

[431] Importa, entretanto, não confundir a natureza de título executivo do ato administrativo impositivo com a questão de saber se o conteúdo das obrigações por ele impostas resulta certo, líquido e exigível à face do título e com a questão da natureza da decisão de proceder à execução, a que se refere o nº 2 do artigo 177º do CPA: sobre esta matéria, cfr. *infra*, nº 127.

nha, como ato jurídico conformador de relações jurídicas administrativas: é nessa perspetiva que se contrapõem os atos que são praticados no âmbito de relações jurídicas entre a Administração e os particulares aos atos que são praticados no âmbito de relações jurídicas interadministrativas, que se estabelecem entre entidades ou órgãos administrativos; que, no primeiro caso, se distinguem os atos favoráveis para os particulares, que, de algum modo, ampliam a sua esfera jurídica, dos atos desfavoráveis para os particulares, que, de algum modo, restringem a sua esfera jurídica; e que desses atos se autonomizam tipos com uma configuração particular, como os atos de segundo grau, a que já atrás nos referimos, a propósito da categorização dos atos administrativos em razão do objeto (cfr. *supra*, nº 107, alínea e)).

Como se vê, não parece possível identificar um critério unitário que, para este efeito, possa ser adotado. Torna-se, por isso, necessário conjugar diferentes critérios. É o que, seguindo, no essencial, a orientação que tem sido adotada pela doutrina, nos propomos fazer de seguida.

Começaremos, assim, pelos atos administrativos conformadores de relações jurídicas entre a Administração e os particulares, para, em seguida, nos referirmos aos atos que são praticados no âmbito de relações jurídicas interadministrativas, adotando, assim, nesse plano, o critério da natureza jurídica dos sujeitos das relações jurídicas administrativas em causa.

No que diz respeito aos atos administrativos conformadores de relações jurídicas entre a Administração e os particulares, não utilizaremos, contudo, o critério usual que se limita a contrapor atos favoráveis a atos desfavoráveis para os destinatários, por nos parecer demasiado genérico, amalgamando na categoria dos atos favoráveis realidades profundamente diversas entre si, que devem ser claramente diferenciadas. Adotaremos, por isso, nesse plano, o critério da causa-função dos diferentes tipos de atos administrativos, que atende à função que eles desempenham, por referência às tarefas diferenciadas que a lei comete à Administração, e que se refletem no heterogéneo quadro das relações jurídicas que ela estabelece com os particulares.

Com efeito, é corrente a afirmação de que a Administração Pública existe para prosseguir o interesse público, tal como proclamado no nº 1 do artigo 266º da CRP e no artigo 4º do CPA. Em nossa opinião, a verdade, porém, é que essa afirmação é redutora, não dando adequada conta da heterogeneidade das funções que à Administração são cometidas, na medida em que a Administração não existe apenas para prosseguir o interesse público, mas também para acautelar o interesse público, em domínios de atuação privada, em que os particulares prosseguem a satisfação de interesses privados.

Na verdade, não há dúvida de que, quando a Administração se apropria de bens de propriedade privada para lhes dar uma utilização pública, como sucede quando expropria um imóvel para fins de utilidade pública, ela atua para prosseguir o interesse público, na medida em que a prática do ato é de interesse público, porque a sua causa-função reside na necessidade pública a cuja satisfação o imóvel expropriado irá ser afetado. Mas quando a Administração autoriza um particular a construir um edifício num prédio de sua propriedade, não se pode dizer que a prática desse ato é de interesse público e, portanto, que a Administração pratique o ato autorizativo para prosseguir o interesse público, na medida em que a construção do edifício pelo particular, para fins privados, não se dirige a satisfazer nenhuma necessidade pública: na verdade, a causa-função do ato autorizativo não reside em nenhuma necessidade pública a cuja satisfação a construção se dirija, mas na necessidade de salvaguardar o interesse público, no contexto do exercício de uma atividade de natureza privada, que é desenvolvida para fins privados.

Ora, a distinção também deve ser estabelecida, mesmo entre diferentes tipos de atos favoráveis para os destinatários, que ampliam a respetiva esfera jurídica, na medida em que não é a mesma coisa autorizar um particular a construir um edifício num prédio de sua propriedade e adjudicar-lhe a construção de uma obra pública: em ambos os casos, estamos perante atos favoráveis para o destinatário, que ampliam a respetiva esfera jurídica, mas, num caso, o ato vai permitir-lhe desenvolver uma atividade de natureza privada, para fins privados, que não são de interesse público, enquanto que, no outro, pelo contrário, o ato vai habilitá-lo a desenvolver uma atividade dirigida a satisfazer uma necessidade pública: no primeiro caso, o ato não é, pois, praticado para prosseguir o interesse público, mas tal já sucede no segundo caso.

É com base neste raciocínio que optamos por categorizar os atos conformadores de relação jurídicas entre a Administração e os particulares por referência à contraposição entre os atos cuja causa-função reside na prossecução do interesse público e aqueles cuja causa-função reside na satisfação de interesses privados com salvaguarda do interesse público.

4.2.1. Atos conformadores de relações jurídicas entre a Administração e os particulares

A) Atos de prossecução do interesse público

a) Atos agressivos

114. Podem ser qualificados como *agressivos* os atos administrativos praticados para prossecução de fins de interesse público que restringem a esfera jurídica dos destinatários, retirando-lhes direitos (*atos ablatórios ou ablativos*), impondo-lhes obrigações (*atos impositivos*) ou aplicando-lhes sanções (*atos punitivos ou sancionatórios*).

I – Os *atos ablatórios (ou ablativos)* suprimem ou comprimem poderes ou faculdades dos destinatários: constituem exemplos os atos de expropriação de imóveis por razões de utilidade pública e de requisição ou sequestro de bens e os atos de resgate de concessões de bens ou de serviços públicos, que põem termo a contratos de concessão, fazendo reverter o objeto da concessão para a esfera do concedente.

II – Os *atos impositivos*, a que já atrás nos referimos (cfr. *supra*, nº 112), impõem o cumprimento de comandos, de sentido positivo ou negativo: no primeiro caso, contêm *ordens*, que constituem os destinatários em obrigações de conteúdo positivo, e, no segundo caso, *proibições*, que constituem os destinatários em obrigações de conteúdo negativo. Constituem exemplos a ordem de demolição de um prédio em ameaça de ruína, a ordem de embargo ou demolição de construções clandestinas, os atos que impõem a realização de obras em prédios degradados e, em geral, os atos que impõem a obrigação de efetuar pagamentos ou entregar coisas.

III – Os *atos punitivos (ou sancionatórios)* aplicam sanções legalmente previstas para situações de infração[432]. O mais relevante campo de inter-

[432] Em geral sobre o tema, cfr. DIOGO FREITAS DO AMARAL, "O poder sancionatório da Administração Pública", in *Estudos comemorativos dos 10 anos da Faculdade de Direito da Universidade Nova de Lisboa*, vol. I, Coimbra, 2008, pp. 215 segs..

venção destes atos surge quando há lugar à infração de deveres funcionais no âmbito das relações disciplinares que se estabelecem, no âmbito da organização interna das entidades públicas, entre superiores hierárquicos e subordinados, assim como em diversos outros sectores da vida administrativa, como, v.g., no âmbito do poder disciplinar que as ordens profissionais exercem sobre os seus associados, que, nas escolas e nas universidades, é exercido sobre os estudantes, ou que, nos estabelecimentos prisionais, é exercido sobre os presidiários – matéria que é objeto de referência específica na alínea d) do nº 1 do artigo 168º da CRP, que reserva à Assembleia da República, salvo autorização ao Governo, a competência para definir o regime geral de punição das infrações disciplinares no âmbito da Administração Pública[433]. As sanções mais graves podem ter o efeito de extinguir o próprio estatuto jurídico em que assenta o exercício do poder disciplinar: é o que sucede com o ato de demissão do subordinado, de expulsão de um estudante de uma escola ou de uma universidade, ou de cancelamento por uma ordem profissional da cédula profissional de um seu associado.

Também no âmbito das relações contratuais administrativas de colaboração subordinada, a que se aplica o regime do Título I da Parte III do Código dos Contratos Públicos, o cocontratante privado está, entretanto, submetido a um regime específico de aplicabilidade de sanções contratuais, que podem ter por objeto a aplicação de multas ou a própria resolução do contrato.

Fora dos domínios específicos que acabam de ser referidos, vigora, no nosso ordenamento jurídico, com âmbito de aplicabilidade geral, o chamado Direito de mera ordenação social, que qualifica como ilícitos condutas que o ordenamento jurídico não qualifica como crimes, mas apenas como contraordenações, e, por isso, não podem dar lugar à aplicação de sanções privativas da liberdade, mas apenas à aplicação de coimas, que é a designação técnica que a lei dá às sanções que são aplicadas no âmbito deste regime, que têm conteúdo pecuniário, traduzindo-se necessariamente na imposição do dever de pagar quantias em dinheiro. A aplicação de coimas pode ser acompanhada

[433] Cfr., a propósito, Raquel Carvalho, *Comentário ao regime disciplinar dos trabalhadores em funções públicas*, 2ª ed., Porto, 2018.

da adoção de medidas acessórias, como a imposição do encerramento de estabelecimentos ou da proibição do exercício de certas atividades[434].

Grande parte dos ilícitos que são enquadrados no Direito de mera ordenação social correspondem a verdadeiros ilícitos administrativos, decorrentes da violação da ordem jurídico-administrativa[435], e os casos têm-se vindo a multiplicar, designadamente no que diz respeito aos amplos e muito relevantes poderes sancionatórios que são exercidos pelas entidades administrativas reguladoras, designadamente no domínio da regulação administrativa da economia, pois é no quadro do Direito de mera ordenação social que estas entidades exercem os seus poderes sancionatórios[436].

A verdade, porém, é que a aplicação de coimas compete a autoridades administrativas, mas os atos de aplicação de coimas não são qualificados como atos administrativos, não são submetidos ao respetivo regime, nem são, em regra, objeto de impugnação nos tribunais administrativos. Ficam, por isso, fora do campo dos atos administrativos punitivos ou sancionatórios a que nos estamos a referir neste passo da exposição.

A vocação expansiva que, no ordenamento jurídico português, assume o Direito de mera ordenação social faz com que a ele seja reconduzido o essencial do Direito sancionatório público não-criminal de âmbito geral que existe em Portugal. É, no entanto, discutido se podem existir sanções administrativas de âmbito geral que não se reconduzam ao Direito de mera ordenação social, enquadrando-se no modelo das contraordenações e das correspondentes coimas[437]. Com efeito, o artigo 168º da CRP, na alínea d) do seu nº 1, reserva à Assembleia da República, salvo autorização ao Governo, a competência para definir o regime geral de punição das infrações disciplinares, bem como dos atos ilícitos de mera ordenação social e do respetivo processo,

[434] Em geral sobre o Direito de mera ordenação social, cfr., por todos, José Lobo Moutinho, *Direito das Contra-Ordenações – Ensinar e Investigar*, Lisboa, 2008; e, quanto aos seus antecedentes, Eduardo Correia, "Direito Penal e Direito de Mera Ordenação Social", *Boletim da Faculdade de Direito da Universidade de Coimbra*, vol. XLIX (1973), pp. 257 segs..

[435] A respeito, cfr., por todos, Miguel Pedrosa Machado, "Contravenção e Contra-ordenação – Notas sobre a génese, a função e a crítica de dois conceitos jurídicos", in *Estudos em Homenagem ao Banco de Portugal*, Lisboa, 1998, pp. 25 segs..

[436] Em geral sobre o tema, cfr. Maria Fernanda Palma/Augusto de Silva Dias/Paulo de Sousa Mendes (coords.), *Direito sancionatório das entidades reguladoras*, Coimbra, 2009.

[437] Em geral sobre o tema, cfr. Rosendo Dias José, "Sanções administrativas", *Revista de Direito Público* nº 9 (1991), pp. 37 segs..

colocando-se, a propósito desta previsão constitucional, a questão de saber se ela pretende esgotar o Direito sancionatório público não-criminal, tornando inconstitucional a previsão legislativa de sanções administrativas que não se enquadrem, nem no poder disciplinar, nem no Direito de mera ordenação social, passíveis de serem objeto da prática de atos administrativos punitivos ou sancionatórios[438].

O entendimento prevalecente parece ser o de que, ao lado do Direito de mera ordenação social e do poder disciplinar, ainda existe, no ordenamento jurídico português, espaço para a consagração legislativa de sanções administrativas, não necessariamente submetidas ao modelo das contraordenações e das coimas – procedendo-se, nessa perspetiva, a uma interpretação extensiva da referida alínea, para o efeito de se entender que ela também reserva à Assembleia da República, salvo autorização ao Governo, a competência para consagrar sanções administrativas desse tipo[439]. A verdade, porém, é que é muito limitado o âmbito das sanções administrativas de âmbito geral que, no ordenamento jurídico português, não se enquadram no Direito de mera ordenação social.

Enquadra-se aí aquilo que alguma doutrina qualifica como Direito sancionatório financeiro, que tem por objeto a responsabilização de titulares de órgãos ou de agentes da Administração Pública por ilícitos cometidos no âmbito da gestão de recursos públicos, sejam eles de âmbito nacional ou decorrentes de fundos da União Europeia – responsabilização que tanto se pode concretizar na imposição de sanções de conteúdo pecuniário, como na imposição do dever de reposição de quantias indevidamente utilizadas[440]. E também se enquadram aí outras situações de previsão legal da possibilidade da imposição administrativa, com intuito sancionatório, da privação temporária ou permanente do exercício de direitos submetidos a um regime de condicionamento ou de habilitação administrativa, tais como: a imposição autónoma, sem natureza acessória de uma pena, da privação do uso de cheque, em caso de emissão de cheques sem provisão; a inibição de direitos de voto, sem

[438] Para uma síntese, cfr. MARCELO MADUREIRA PRATES, *Sanção Administrativa Geral – Anatomia e Autonomia*, Coimbra, 2005, pp. 155 segs..

[439] Cfr. MIGUEL PRATA ROQUE, "O direito sancionatório público enquanto bissetriz (imperfeita) entre o direito penal e o direito administrativo : a pretexto de alguma jurisprudência constitucional", *Revista de Concorrência e Regulação*, Ano 4, nº 14-15 (Abr.-Set. 2013), pp. 119-120.

[440] Cfr. PRATA ROQUE, *op. cit.*, pp. 116-117 e Acórdão do Tribunal Constitucional nº 635/2011.

que tenha havido decisão jurisdicional inibitória; e a cassação ou suspensão de títulos de habilitação, como licenças de condução, licenças de pilotagem aérea, cartas de marear ou licenças de caça[441].

b) Atos atributivos

114-A. A prossecução de fins de interesse público nem sempre exige a restrição da esfera jurídica dos destinatários, mas, pelo contrário, em certos domínios, determina a ampliação dessa esfera jurídica, através da atribuição de direitos: constituem disso exemplo os atos de atribuição de subsídios a empresas, para a exportação ou para a criação de novos postos de trabalho, de bolsas de estudo, de prémios científicos ou artísticos, de financiamentos ao investimento, de incentivos à instalação de empresas no interior do país, etc., tudo atos que, atribuindo benefícios aos respetivos destinatários, são praticados no propósito de prosseguir fins de interesse público, de fomento da economia, da educação, da ciência, das artes, etc..

Enquadram-se nesta categoria os eventuais atos de *renúncia*, mediante os quais a Administração liberte alguém de uma obrigação específica que tenha para com ela, que apenas podem ser praticados quando a lei o permita, em função da prossecução dos fins de interesse público associados ao caso.

A nosso ver, também deve ser aqui enquadrado o ato de *adjudicação*, que, no termo de um procedimento dirigido à celebração de um contrato, designa a empresa com a qual o contrato irá ser celebrado, na medida em que este ato, dirigido à prossecução do interesse público que resultará da satisfação das necessidades públicas que advirá da execução do contrato, produz o efeito de constituir na esfera jurídica da empresa adjudicatária uma situação de vantagem de conteúdo patrimonial, dirigida à celebração e execução do contrato.

De acordo com o critério aqui adotado, ainda se afigura que devem ser qualificados como de prossecução do interesse público atos como os de atribuição de uma condecoração, de admissão de um paciente num hospital público e de matrícula de um estudante numa escola pública, assim

[441] Cfr. PRATA ROQUE, *op. cit.*, p. 118 e nota 58.

como os atos que avaliam e/ou classificam pessoas, praticados por júris de exame ou comissões de avaliação, como os atos de avaliação de estudantes e de atribuição de graus académicos ou de classificação ou notação de funcionários[442]. Com efeito, nenhum destes atos tem por causa-função a satisfação de interesses privados, com mera salvaguarda do interesse público, mas a prossecução de interesses públicos, embora coincidentes com o interesse dos respetivos beneficiários: por isso os qualificamos como atos *atributivos* de prossecução do interesse público.

Tradicionalmente, a doutrina refere-se, neste contexto, às chamadas *concessões translativas,* mediante as quais a Administração atribui a particulares a titularidade de poderes ou faculdades que envolvem a exploração de bens, de obras ou de serviços públicos, para os fins de utilização pública a que os bens e serviços são destinados, desse modo incumbindo os particulares concessionários de se substituírem a ela na exploração, para os fins públicos a que se destinam, dos bens e serviços públicos concessionados. É o que sucede quando, v.g., o Estado atribui em concessão a um particular a exploração do serviço ferroviário, de uma ponte, de uma autoestrada, de um cais ou de uma doca[443].

A verdade, porém, é que, hoje, no nosso ordenamento jurídico, estas concessões não são atribuídas a privados de modo unilateral, através de ato administrativo, mas através da celebração de contratos administrativos, os contratos de concessão de bens, de obras e de serviços públicos, que são instituídos como contratos administrativos típicos e, como tal, regulados nos artigos 407º e seguintes do CCP. Os contratos de concessão de bens,

[442] Freitas do Amaral, *Curso de Direito Administrativo,* vol. II, p. 233, qualifica como *atos impositivos* os atos do tipo referido por último no texto, que designa como *juízos,* com o argumento de que tais atos "sujeitam os seus destinatários a determinados efeitos jurídicos, independentemente de eles aceitarem ou não esse ato, e de estarem ou não de acordo com o respetivo conteúdo". A qualificação decorre do facto de, na p. 232, o Autor incluir na definição de atos impositivos os atos que "colocam o seu destinatário em situação de sujeição a um ou mais efeitos jurídicos". Sucede, porém, que, fazendo isso, o Autor utiliza como critério para qualificar os ditos *juízos* como atos impositivos o facto de eles possuírem o atributo da obrigatoriedade, vinculatividade ou imperatividade, que, como adiante se verá (cfr. *infra,* nº 117), caracteriza todos os atos administrativos, enquanto expressão do exercício de poderes de definição jurídica unilateral. De acordo com tal critério, todos os atos administrativos poderiam ser, pois, qualificados como atos impositivos.

[443] Cfr., por todos, Rogério Ehrhardt Soares, *Direito Administrativo,* policop., Coimbra, 1978, p. 108; Freitas do Amaral, *Curso de Direito Administrativo,* vol. II, p. 238.

de obras e de serviços públicos não correspondem, pois, no vigente ordenamento jurídico português, a tipos normativos de atos administrativos, mas a contratos administrativos típicos (cfr. *infra*, nº 192), o mesmo sucedendo com os contratos de exploração do domínio público e de exploração de jogos de fortuna e azar.

B) Atos de satisfação de interesses privados com salvaguarda do interesse público

a) Atos autorizativos

114-B. Os *atos autorizativos*, que a lei tende, indiferenciadamente, a designar como autorizações ou como licenças, são atos ampliativos da esfera jurídica dos respetivos destinatários, que nela constituem direitos, poderes ou faculdades. Diferenciam-se, no entanto, dos atos atributivos de que falámos no ponto precedente da exposição, porque correspondem ao paradigma dos atos que, nos termos atrás enunciados (cfr. *supra*, nº 113), não são praticados para *prossecução*, mas para *salvaguarda* de interesse públicos. Com efeito, trata-se de atos cuja emissão não é de interesse público, na medida em que se referem a atividades de natureza privada, a desenvolver para fins privados, que, por definição, não se dirigem a satisfazer necessidades públicas, mas, em todo o caso, de atos que a lei institui em razão da necessidade de salvaguardar interesses públicos com os quais contende o exercício das atividades em causa[444].

Os atos autorizativos caracterizam-se, pois, por incidirem sobre direitos, poderes ou faculdades que dizem respeito à esfera jurídica dos destinatários e existem porque o legislador entendeu que, para salvaguarda de relevantes interesse públicos, devia retirar a titularidade ou restringir o exercício de direitos, poderes ou faculdades que, à partida, estariam na livre disponibilidade dos particulares, sujeitando-os à necessidade de pedirem e obterem autorização para poderem alcançar a referida titularidade ou a possibilidade do respetivo exercício: pense-se na autorização ou

[444] Nas palavras de ROGÉRIO EHRHARDT SOARES, *Direito Administrativo*, p. 111, os atos autorizativos visam garantir que "a satisfação do interesse privado só possa ter lugar se for possível equilibrá-lo com a realização de finalidades públicas".

licença que, nos termos da lei, os proprietários necessitam de obter para poderem construir em terrenos que lhes pertencem.

Não se afigura, por isso, rigoroso qualificar os atos autorizativos como atos que atribuem benefícios aos destinatários, a exemplo do que, como vimos, sucede com os atos atributivos de prossecução do interesse público (cfr. *supra*, nº 114-A): do que se trata não é, na verdade, de se lhes atribuir algo que não lhes pertencesse, mas de reintegrar a sua esfera de liberdade, restituindo-lhes direitos, poderes ou faculdades cuja titularidade ou possibilidade de exercício lhes tinha sido subtraída pela lei que os submeteu à necessidade de pedirem e obterem autorização administrativa.

A doutrina tende a distinguir três modalidades, muito próximas entre si, de atos autorizativos: as *dispensas*, que produzem o efeito de remover deveres especiais relativos a atividades estritamente proibidas ou impostas por lei e de que é apontado como exemplo a licença de porte de arma de defesa, que dispensa o respetivo titular do dever de andar desarmado[445]; *as autorizações constitutivas (ou licenças)*, que constituem na esfera jurídica dos beneficiários a titularidade de direitos que lhes tinham sido retirados pela lei, e as *autorizações permissivas (ou autorizações em sentido estrito)*, que permitem o exercício pelos beneficiários das atividades correspondentes a direito cuja titularidade lhes pertence, mas que eles apenas podem exercer mediante autorização[446].

Cumpre, porém, advertir que, na prática, a lei não reflete, na tipificação a que procede dos atos autorizativos, a terminologia que, neste sentido, é proposta pela doutrina, referindo-se, indiferenciadamente, neste contexto, tanto a autorizações, como a licenças, e, no plano teórico, é, de um modo geral, muito difícil (e controvertido) identificar as situações em que se está perante uma dispensa, em sentido técnico, assim como distinguir entre si os casos de autorização dita constitutiva e dita permissiva, o que depende da tarefa impossível de avaliar, em cada caso, se a lei, ao submeter o particular à necessidade de pedir e obter uma autorização para exercer uma atividade, lhe retirou o direito a que essa atividade diz respeito ou apenas lhe retirou a possibilidade de exercer esse direito sem autorização.

[445] Cfr. Rogério Ehrhardt Soares, *Direito Administrativo*, pp. 112-113.

[446] Cfr., por todos, Rogério Ehrhardt Soares, *Direito Administrativo*, pp. 111 segs.; Freitas do Amaral, *Curso de Direito Administrativo*, vol. II, pp. 237-238.

Basta pensar-se no caso paradigmático do direito de construir, a propósito do qual parece ser interminável a discussão sobre se, ao fazer depender da obtenção de autorização ou licença a possibilidade de os proprietários construírem em terrenos de sua propriedade, a lei lhes retirou o direito de construir ou apenas lhe retirou a possibilidade de exercer esse direito sem autorização. Ao que acresce que, pelo menos no nosso ordenamento jurídico, nenhuma consequência de regime parece advir de tal distinção, o que a torna inútil.

Pela sua configuração específica, afigura-se, em todo o caso, justificado diferenciar, no âmbito dos atos autorizativos, as chamadas *habilitações,* que se caracterizam pela especificidade de a sua atribuição depender da verificação técnica da existência de requisitos de idoneidade legalmente exigidos, normalmente mediante a prestação de provas de perícia, e de que constituem exemplo as habilitações necessárias para o exercício de certas profissões ou atividades, como a condução automóvel, que depende da obtenção da licença de condução, titulada pela chamada carta de condução.

b) Atos dispositivos de bens dominiais

114-C. Tal como vimos suceder com os atos autorizativos, também os *atos dispositivos de bens dominiais* são atos cuja emissão não é de interesse público, na medida em que têm por objeto possibilitar atividades de natureza privada, a desenvolver para fins privados, que, por definição, não se dirigem a satisfazer necessidades públicas[447]. Ao contrário, porém, do que vimos suceder com os atos autorizativos, os atos dispositivos de bens dominiais não incidem sobre direitos, poderes ou faculdades respeitantes à esfera jurídica dos destinatários, na medida em que têm por objeto a constituição, na esfera jurídica destes, da possibilidade de utilizarem, a título precário, bens do domínio público.

[447] Como assinala ROGÉRIO EHRHARDT SOARES, *Direito Administrativo,* p. 110, este tipo de atos administrativos tem o sentido de "comprimir a afetação de certos bens a um uso público imediato para satisfação de interesses particulares, desde que com isso não tolha a realização das finalidades públicas (inadmissibilidade da instalação do quiosque no meio da rua) e que os poderes do particular se mantenham numa situação precária".

Enquadram-se nesta categoria de atos administrativos as chamadas *licenças de uso privativo do domínio público,* cuja designação legal como *licenças* se deve ao facto de elas serem praticadas no interesse dos respetivos beneficiários, a quem permitem o desenvolvimento de atividades privadas para fins privados, mas que, como é evidente, não se confundem com as autorizações porque, como o nome indica, envolvem uma *utilização privativa de bens do domínio público,* com a inerente compressão da utilização pública que corresponde a esses bens: é o que sucede com os atos que permitem a instalação em espaços públicos de quiosques ou esplanadas, a instalação de barracas ou estabelecimentos de banhos nas praias, a instalação de sepulturas perpétuas nos cemitérios, a construção de pontes de embarque e abrigos de barcas nas margens de rios e lagos ou a colocação de redes de pesca e armações fixas nos cursos de água.

Também se enquadram nesta categoria de atos administrativos as *concessões mineiras e de águas minerais,* que constituem na esfera dos respetivos beneficiários poderes de exploração do subsolo, que integra o domínio público, permitindo-lhes proceder à extração de minério de jazigas, a prospeção, pesquisa, extração e venda de petróleo, ou o engarrafamento e venda de águas minerais e a instalação de estabelecimentos de terapia em nascentes mineromedicinais.

Repare-se que, mesmo neste último exemplo das concessões mineiras e de águas minerais, o que está em causa nos tipos de atos dispositivos de bens dominiais a que nos estamos a referir não é incumbir particulares de explorar bens públicos para o fim público a que eles se destinam, substituindo, desse modo, a Administração no exercício dos poderes que a ela correspondem em relação a esses bens (o que, como vimos atrás, seria objeto de um contrato de concessão da exploração do bem público: cfr. *supra,* nº 114-A), porque a atividade que o particular vai exercer é de natureza privada e vai ser desenvolvida para fins privados.

É por isso que, tal como sucede com os atos autorizativos, também estes atos não são praticados para prossecução do interesse público, mas para satisfação de interesses privados com salvaguarda do interesse público. Mas com a diferença de que, ao contrário do que sucede com os atos autorizativos, não se trata de atos que dispõem da esfera jurídica privada dos respetivos destinatários, mas da esfera jurídica pública, na medida em que constituem direitos ou poderes que não pertencem às entidades públicas, porque têm natureza privada e visam fins privados, mas de cuja constituição só estas podem dispor, porque envolvem a utilização de bens dominiais – utilização que só é consentida quanto se entenda que está devidamente salvaguardada a destinação pública dos bens em causa e, em todo o caso, nunca a título definitivo, mas sempre a título precário, condicionado à evolução futura das exigências impostas pelo interesse público.

4.2.2. Atos conformadores de relações jurídicas interadministrativas

a) Autorizações

114-D. A lei não se refere a autorizações apenas no âmbito das relações jurídicas da Administração com os particulares, mas também no âmbito das relações jurídicas entre entidades ou órgãos administrativos, quando faz depender o exercício de um poder por parte de um determinado órgão da prévia emissão de uma autorização por outro órgão, que desempenha uma função de controlo interorgânico, dentro do mesmo ente público ou no âmbito de relações de tutela entre órgãos de diferentes pessoas coletivas públicas. Neste contexto, a lei, no quadro abstrato de distribuição de competências, confia a competência ao órgão, mas entende condicionar o exercício dessa competência à obtenção de autorização do outro órgão. A autorização confere, pois, ao órgão competente para a prática do ato a possibilidade de exercer essa competência num caso concreto. Como adiante se verá (cfr. *infra*, nºs 138 segs.), se o órgão atuar sem a necessária autorização, o ato que ele praticar será inválido, mas não haverá, pois, um problema de incompetência, mas de *falta de legitimação para o exercício da competência*, na medida em que o problema residirá, na verdade, no facto de, nas concretas circunstâncias do caso, o órgão ter atuado sem estar legitimado a fazê-lo pela autorização do outro órgão, que deveria ter pedido e obtido.

b) Aprovações

114-E. As *aprovações* são atos administrativos que desencadeiam a operatividade (= capacidade de produzir efeitos) de atos administrativos que já se encontram perfeitos, mas que a lei entendeu sujeitar ao controlo preventivo de outro órgão, em momento anterior àquele em que os seus efeitos se produzem ou começam a produzir, fazendo depender a sua operatividade de uma fase complementar do respetivo procedimento, *integrativa da eficácia* do ato praticado, em que haverá lugar à respetiva aprovação. Como, na verdade, vimos oportunamente (cfr. *supra*, nº 76), muitas vezes, a decisão do procedimento é tomada e encontra-se perfeita – no sentido de que está estruturalmente completa, correspondendo ao modelo normativamente previsto e, por conseguinte, preenche o tipo legal –, mas nem por isso ela produz os efeitos jurídicos a que se dirige, porque a lei determina que a eficácia do ato não seja imediata, condicionando-a à produção, numa fase integrativa de eficácia do procedimento, de outros atos que funcionam, desse modo, como *conditiones iuris*, do preenchimento das quais depende que os efeitos latentes ganhem vida e, assim, que o ato ganhe operatividade (cfr. artigo 157º, alínea c), do CPA). Um dos elementos à superveniência dos quais a lei pode entender condicionar a operatividade dos atos administrativos é a emissão de um ato administrativo de *aprovação.*

c) Delegação de poderes

114-F. O acto de *delegação de poderes* é um tipo *sui generis* de ato administrativo, que não se confunde com uma autorização. Com efeito, trata-se de um ato que permite a um órgão o exercício de uma competência alheia, que não lhe pertence, enquanto a autorização, nos casos em que é imposta como requisito para a prática de um ato administrativo, é, como vimos, legalmente instituída como um requisito de legitimação que é necessário para que um órgão possa exercer uma competência que lhe está formalmente atribuída e que, portanto, lhe pertence: é por isso que, como vimos, a prática de um ato administrativo sem autorização, quando esta seja legalmente exigida, torna o ato inválido, mas não é causa de incompetência, mas de falta de legitimação do órgão para exercer a sua competência (cfr. *supra*, nº 114-D).

A delegação de poderes tem lugar quando, com base em habilitação legal expressa, um órgão (o órgão *delegante)* decide permitir a outro órgão (o órgão *delegado)* que exerça uma competência que a lei lhe confere a ele, delegante (cfr. artigo 44º do CPA). No ato de delegação, o delegante deve especificar os poderes que são delegados, assim como as normas que lhe atribuem os poderes que delega e que o habilitam a delegar, e o ato de delegação tem de ser publicado para que a delegação produza efeitos (cfr. artigo 47º do CPA).

Ao abrigo da delegação, o delegado atua, portanto, em nome próprio, como se fosse o titular originário da competência, mas no exercício de uma competência alheia, que nele se encontra delegada (cfr. artigo 44º do CPA). A lei tanto pode permitir que um órgão delegue competências em outro órgão da mesma pessoa coletiva (ou, no caso do Estado, do mesmo Ministério), como num órgão de outra pessoa coletiva (ou, no caso do Estado, de outro Ministério): fala-se, no primeiro caso, de uma *delegação de competências* e, no segundo caso, de uma *delegação de atribuições*.

Por conseguinte, se um pretenso delegado exercer uma competência alheia sem que tenha sido praticado e publicado o necessário ato de delegação, ou com base em ato de delegação que não se funde em norma que habilite o delegante a delegar essa competência, ele atuará sem competência, pelo que os atos que pratique serão inválidos por incompetência ou por falta de atribuições, consoante a questão se coloque entre órgãos da mesma pessoa coletiva (ou, no caso do Estado, do mesmo Ministério) ou entre órgãos de pessoas coletivas diferentes (ou, no caso do Estado, de Ministérios diferentes) (para a distinção entre a incompetência e a falta de atribuições e respetivas consequências, cfr. *infra*, nº 140).

O ato de delegação não implica uma transferência da competência do delegante para o delegado, mas uma *partilha* da competência entre os dois órgãos, na medida em que, durante a vigência da delegação, o delegante tem o poder de *avocar* a competência, isto é, de a chamar a si, para o efeito de a exercer em casos concretos, em vez do delegado, assim como de anular, revogar ou substituir atos praticados pelo delegado ao abrigo da delegação (cfr. artigo 49º do CPA). E o delegante pode pôr termo à delegação a todo o momento, através da revogação do ato de delegação (cfr. artigo 50º, alínea a), do CPA).

5. Ato administrativo e meras declarações da Administração

115. O ato administrativo é um ato jurídico unilateral, através do qual a entidade que o emite determina a produção unilateral de efeitos jurídicos.

Como os efeitos do ato administrativo se dirigem primacialmente a constituir, modificar ou extinguir situações jurídicas de Direito Administrativo, ele pode ser qualificado como fonte de efeitos jurídico-administrativos[448].

Ora, como vimos atrás (cfr. *supra*, nº 26), o princípio da legalidade administrativa é modernamente associado a uma exigência de precedência de lei, de acordo com a qual todo o ato administrativo pressupõe a existência de normas legais ou regulamentares que confiram a competência objetiva e subjetiva para a sua emissão e, portanto, a prévia existência de uma base normativa, isto é, de uma fonte de Direito na qual, em última análise, radicarão os efeitos do ato[449].

A verdade, porém, é que o entendimento dominante relativiza o alcance desta afirmação, ao entender que os atos administrativos não têm de existir apenas se e na medida em que normas específicas os prevejam, atribuindo às entidades públicas o específico poder de os praticar, mas que o poder de praticar atos administrativos decorre, genericamente, das atribuições das entidades públicas, pelo que é, afinal, inerente à natureza destas entidades, sendo a expressão típica normal do exercício da sua atividade de gestão pública, independentemente da necessidade de previsão normativa específica[450].

A nosso ver, as razões que estão na base deste entendimento radicam, em última análise, no período histórico que precedeu o Estado de Direito, denotando uma conceção autoritária que ainda configura as entidades públicas como *potentior personae*, a cujas pronúncias tendem a associar-se, como algo de inerente, os caracteres típicos do ato administrativo, enquanto ato que exprime o exercício de um poder de autoridade – como

[448] Neste sentido, Sérvulo Correia, "Ato administrativo e âmbito da jurisdição administrativa", in *Estudos em Homenagem ao Prof. Doutor Rogério Soares*, Coimbra, 2001, p. 1169, configura o ato administrativo como "um modo de criar, de modificar ou de extinguir relações jurídicas administrativas", uma "técnica de criação de efeitos jurídicos", um instrumento jurídico de conformação, definição ou regulação de relações jurídicas administrativas.

[449] Cfr., por todos, Sérvulo Correia, *Legalidade e autonomia contratual nos contratos administrativos*, Coimbra, 1987, pp. 284 segs., com amplas referências, que fala, a este propósito, da existência de uma reserva de norma jurídica.

[450] Na doutrina portuguesa, cfr. Sérvulo Correia, "Ato administrativo e âmbito da jurisdição administrativa", p. 1170; Paulo Otero, *Legalidade e Administração Pública*, Coimbra, 2003, p. 87; Pedro Gonçalves, *Entidades privadas com poderes públicos*, Coimbra, 2005, pp. 642 segs.

se o caráter autoritário, isto é, a capacidade de definir unilateralmente a esfera de terceiros, fosse um atributo inerente às manifestações jurídicas com eficácia externa das entidades públicas, que, por natureza, adviesse, no nosso sistema de administração, do estatuto que o ordenamento jurídico confere a essas entidades[451].

Em nossa opinião, esta conceção não é adequada ao entendimento que, num Estado de Direito democrático, deve ser adotado das relações jurídicas das entidades administrativas com os particulares. Em nossa opinião, o moderno entendimento da Administração e do seu posicionamento perante os cidadãos num Estado de Direito democrático exige, com efeito, que não se sobrevalorize, mas antes se atribua o devido peso, ao exercício de poderes de autoridade da Administração, num sentido que, relativizando o papel do ato administrativo, no quadro das formas típicas de manifestação da função administrativa, não associe o poder de definir unilateralmente a situação jurídica de terceiros através de atos administrativos sujeitos a impugnação tempestiva a todas as manifestações jurídicas com eficácia externa das entidades públicas.

É verdade que, enquanto, pela natureza dos sujeitos em presença, o fenómeno do estabelecimento de relações jurídicas de poder entre privados tende a surgir em domínios circunscritos e a consubstanciar-se em manifestações tendencialmente pontuais e avulsas, essa é a estrutura mais comum das relações que se estabelecem entre a Administração e os particulares, podendo, por isso, dizer-se que, por serem institucionalmente incumbidas pelo ordenamento jurídico da prossecução do interesse público e, por esse motivo, investidas na titularidade de amplos poderes de definição jurídica unilateral da situação jurídica de pessoas e de coisas, as entidades administrativas gozam de um estatuto especial que, no que toca ao âmbito do exercício de tais poderes, as coloca numa posição institucional de supremacia.

Mas o que daí, a nosso ver, não resulta é que, por esse facto, devam ser qualificados como atos administrativos todas as manifestações jurídicas unilaterais, com eficácia externa, que a Administração possa proferir. Num Estado de Direito, só devem ser qualificados como atos unilaterais

451 Na perspetiva do texto, vejam-se, a partir da análise crítica das teses de Otto Mayer, as judiciosas considerações de MAX-JURGEN SEIBERT, *Bindungswirkung von Verwaltungsakten*, Baden-Baden, 1989, pp. 105 segs.

de poder público as manifestações que o ordenamento jurídico qualifique desse modo. E a posição institucional de supremacia das entidades públicas resulta, como se procurou sublinhar, da circunstância de o ordenamento jurídico formalmente lhes atribuir um amplo complexo de poderes, não é a premissa que justifica essa atribuição.

A específica relevância jurídica do ato administrativo existe, com a configuração que tem, na medida em que a lei o institui como fonte de efeitos jurídicos – efeitos que, deste modo, podendo embora dizer-se, de forma abreviada, que resultam do ato e são imputáveis à vontade do seu autor, na realidade só são efeitos jurídicos por via da lei, na qual reside o verdadeiro fundamento da respetiva juridicidade. Por esse motivo, entendemos que cada manifestação da Administração só deve ser qualificada como ato administrativo se e na medida em que a ordem jurídica a qualifique como tal e lhe confira o correspondente valor.

O ato administrativo constitui a manifestação de poderes típicos de definição jurídica, que se inscrevem no exercício de uma função estadual, dirigida à gestão de bens e recursos públicos e à satisfação de necessidades coletivas. É isto que explica e legitima a existência de actos administrativos, que não são puras manifestações gratuitas de poder, mas configuram o exercício de poderes funcionais, correspondendo, assim, a decisões que aos órgãos da Administração cumpre adoptar nos domínios e matérias que o ordenamento jurídico entende deverem ser objecto de uma definição jurídica rápida – imediata produção unilateral de efeitos – e tendencialmente estável – tendencial consolidação na ausência de revogação ou impugnação tempestiva – da sua parte.

É isto, enfim, que não só permite, como exige, que se delimite o campo de intervenção do ato administrativo com eficácia externa das demais manifestações que, exprimindo embora a posição de entidades públicas a respeito de questões jurídicas, e mesmo de questões jurídico-administrativas, não traduzam o exercício de um poder de definição jurídica unilateral, normativamente conferido a tais entidades[452].

[452] Já neste sentido, cfr. M. Aroso De Almeida, *Anulação de atos administrativos...*, pp. 83 segs., onde se sustentou que, como cada ato administrativo exprime o exercício de uma função, a função administrativa, na qual a entidade pública está investida, e porque é para a correta satisfação das necessidades públicas postas a seu cargo que a essa entidade é confiado um complexo de poderes, normativamente atribuídos, de definição unilateral de situações jurídicas, que a todos comprometem e vinculam quanto à determinação do modo de prosse-

Há, assim, que distinguir dois planos de atuação jurídico-administrativa concreta das entidades públicas: (i) um plano de actuação no qual elas exercem poderes de definição jurídica, em que as manifestações que produzam têm o valor formal inerente, com todas as consequências que daí decorrem: produção unilateral de efeitos, impugnabilidade em prazo limitado nos tribunais administrativos, tendência para a estabilização dos efeitos produzidos; e (ii) outro plano, completamente distinto, em que as manifestações de vontade da Administração correspondem ao que tem sido qualificado na Alemanha como *meras atuações administrativas*[453], por se situarem no mesmo plano das manifestações dos particulares, sem exprimirem o exercício de poderes administrativos de definição jurídica, passíveis de constituir os eventuais interessados num ónus de impugnação tempestiva nos tribunais administrativos.

116. A delimitação em concreto do campo do ato administrativo daquele que corresponde às meras atuações administrativas envolve, nos casos de fronteira, uma complexa e delicada operação de interpretação dos preceitos normativos aplicáveis.

É importante, a este respeito, notar que o reconhecimento por parte da Administração de direitos a prestações de conteúdo material, cuja realização não depende da emissão de um ato administrativo, não é, frequentemente, objeto, sequer, de pronúncia autónoma[454]. A emissão, por parte da Administração, de uma declaração desse tipo pode ser, no entanto, necessária e desempenhar, mesmo, um papel da maior importância no plano da organização interna da pessoa coletiva pública, para o efeito de

guir interesses que, por serem públicos, a todos pertencem, cada tipo de ato administrativo deve ser disciplinado por regras da observância das quais depende a legalidade, formal e material, de tais atos, designadamente no que toca à disciplina do seu modo específico de produção (procedimental).

453 No ordenamento jurídico alemão, entende-se por meras atuações da Administração, tanto as suas atuações materiais de gestão pública (atos jurídicos ou atos reais em sentido próprio), como as suas pronúncias jurídicas que não se consubstanciem em atos administrativos com "conteúdo de regra jurídica", "conteúdo jurídico material". Note-se que, na doutrina portuguesa, Rebelo de Sousa/Salgado de Matos, *Direito Administrativo Geral*, tomo III, pp. 444 segs., adotam terminologia diferente, englobando num conceito amplo de "atos reais" as "simples atuações administrativas" (que circunscrevem a atos jurídicos), a par de outras manifestações, como os atos materiais, os atos tácitos e as atuações informais.

454 Cfr. Krause, *op. cit.*, p. 204.

deveriam ser contadas a partir de outra, pois, ainda neste caso, essa determinação faz parte da definição da situação jurídica do trabalhador que é objeto da operação de reposicionamento, pelo que ainda é objeto de um ato administrativo impugnável.

Mas, mesmo nesse tipo de situação, já não é assim se, tendo sido determinados, através de um ou mais atos administrativos impugnáveis, o reposicionamento do trabalhador e os termos do correspondente estatuto remuneratório, a questão não disser respeito a essa definição jurídica, cuja legalidade o trabalhador não contesta, mas ao processamento de vencimentos que venha a ser feito na sequência disso, e que ele considere em desconformidade com a prévia definição jurídica de que foi objeto. Na verdade, o problema volta, neste plano, a residir no processamento do vencimento, em si mesmo, enquanto mera atuação administrativa – pelo que a questão, a ser colocada em tribunal, volta a ser objeto de uma ação de condenação ao pagamento das quantias devidas[456].

Por outro lado, não são atos administrativos de conteúdo negativo as eventuais manifestações mediante as quais a Administração – no quadro, como se disse, de procedimentos que não se dirigem à emissão de um ato administrativo, mas à simples adoção de meras atuações administrativas, no cumprimento de deveres de prestar a que a Administração se encontre obrigada – se limite a recusar a realização das prestações requeridas.

É, desde logo, o que sucede no domínio paradigmático da responsabilidade civil extracontratual, em que desde há muito se reconhece que, se a pessoa que, tendo sofrido danos causados por uma conduta ilícita de uma entidade pública, se dirigir a essa entidade a solicitar a reparação desses danos, a eventual manifestação de uma posição de recusa por parte da entidade em causa não consubstancia um ato administrativo de conteúdo negativo, pelo que não obsta à propositura de uma ação administrativa de condenação contra ela[457].

456 Para a esclarecida análise do caso paradigmático do processamento de vencimentos, nos termos sintetizados no texto, cfr. Fernanda Maçãs, "Dever de reposição e direito a não repor", *Cadernos de Justiça Administrativa* nº 0, pp. 61 segs.

457 Na verdade, o rconhecimento, no ordenamento jurídico-administrativo português, da existência de domínios em que a Administração não dispõe de poderes de definição unilateral das situações jurídicas dos particulares tem, desde logo, tradição no domínio da responsabilidade civil extracontratual das entidades públicas, no qual tradicionalmente não se imputa a natureza de ato administrativo à eventual pronúncia que a Administração emita

emitidas no exercício de um poder de definição jurídica unilateral da situação do interessado.

Por este motivo, a lei processual estabelece que a tutela jurisdicional dos direitos à informação procedimental e não procedimental não passa pela propositura de uma ação de condenação à prática de ato devido, mas pela utilização de um meio de tutela próprio, a *intimação para prestação de informações, consulta de documentos e passagem de certidões* (cfr. artigos 104º a 108º do CPTA), em que as partes figuram em posição de paridade perante o tribunal, designadamente quanto à questão de saber se, no caso concreto, existe fundamento legítimo para a recusa da informação ou do acesso ao documento – questão a que ao tribunal cumpre dar resposta, sem quaisquer condicionamentos que pudessem resultar da existência sobre a matéria de uma definição introduzida por um ato administrativo, no exercício de um poder de definição jurídica[459].

O desafio que, neste plano, se coloca à doutrina administrativa portuguesa, é, entretanto, o de procurar ir o mais longe possível na identificação de outras situações do mesmo tipo, no sentido de circunscrever à justa medida o universo das situações em que deve ser reconhecido que a lei investe a Administração na titularidade de poderes de definição unilateral das situações jurídicas dos particulares[460].

459 Cfr., a propósito, MÁRIO AROSO DE ALMEIDA, *Manual de Processo Administrativo*, p. 144, e a Autora e obra cits. na nota precedente.

460 Também no sentido de que a figura do ato administrativo deve ser, hoje, definida com rigor, impondo-se "saber qual é o sentido e o papel que deve reservar-se-lhe e, portanto, qual é, nos tempos de hoje, o âmbito e o regime mais adequado para que continue a desempenhar uma função doutrinal e prática", cfr. VIEIRA DE ANDRADE, "Algumas reflexões a propósito da sobrevivência do conceito de ato administrativo no nosso tempo" in *Estudos em Homenagem ao Prof. Doutor Rogério Soares*, Coimbra, 2001, p. 1200; a p. 1213, o Autor acrescenta que "já não há hoje razão para alargar o conceito de ato administrativo com o objetivo de abrir o acesso aos tribunais, devendo, pelo contrário [...] optar-se por um conceito estrito, pois que tal qualificação implica necessariamente a obrigação de utilizar o recurso [de impugnação] como forma de ação, em detrimento de outras que podem permitir uma sentença que defina imediatamente os termos da relação jurídica e, por isso, do direito do particular"; e, a p. 1214, propõe, designadamente, "a regra de que o particular não pode ser obrigado a provocar um ato administrativo, para recorrer dele, quando a lei (substantiva ou processual) não estabeleça inequivocamente que se trata, naquela situação ou naquele tipo de situação, de conferir uma competência à Administração que envolve o exercício de um poder de autoridade".

- II -
Força Jurídica e Execução do Ato Administrativo

1. Força jurídica do ato administrativo

1.1. Obrigatoriedade do ato administrativo

117. Por influência doutrinal francesa, a executoriedade foi, durante muito tempo, apontada como a força jurídica típica do ato administrativo. A afirmação enfermava, porém, do vício – comum na doutrina francesa, encandeada, desde *Hauriou*, pelo conceito da decisão executória[461], e ainda hoje nela identificável[462] – de adoptar como paradigma do ato administrativo o ato impositivo de deveres ou encargos, negligenciando, desse modo, a decisiva circunstância de que grande parte dos atos administrativos não correspondem a esse modelo. Neste sentido, afirmava peremptoriamente *Marcello Caetano* que, em regra, "todo o ato definitivo é executório"[463], sendo que "o ato executório é, por princípio, obrigatório. O órgão administrativo tem o dever de notificar a pessoa que deva acatá-lo. Se essa pessoa acata o imperativo do ato, houve observância. Se não acata, é então forçoso empregar a coação e verifica-se a execução forçada [...]. O nosso

[461] Apresentada como o instrumento através do qual "a Administração afirma publicamente a sua intenção e o seu direito de passar à execução": cfr. M. Stassinopoulos, *Traité des actes administratifs*, Paris, 1957, p. 23.

[462] Cfr., por exemplo, André de Laubadere/Jean-Claude Venezia/Yves Gaudemet, *Traité de Droit Administratif*, tomo 1, 15ª ed., Paris, 1999, p. 749.

[463] Cfr. Marcello Caetano, *Manual de Direito Administrativo*, vol. I, p. 450.

conceito de executoriedade é, pois, um conceito amplo, que compreende a obrigatoriedade e a possibilidade de execução administrativa"[464].

A verdade, porém, é que, num evidente *tour de force*, este mesmo Autor acabou por reconhecer, um tanto contraditoriamente, que, "se o objeto do ato é a constituição ou o reconhecimento de direitos ou de faculdades, por via de regra, esses direitos ou faculdades entram desde logo na esfera jurídica do destinatário e quando se fala em "cumprir" ou "aplicar" o ato a expressão corresponde ao dever imposto a todas as autoridades e agentes da Administração de respeitar tais direitos ou faculdades na sua titularidade e no seu exercício". E, portanto, que, a partir do momento em que os direitos ou faculdades passam a existir para o seu destinatário, "a execução só existirá no caso deste ter de recorrer às autoridades para lhe garantirem o respetivo exercício"[465].

Fazendo isto, o ilustre Autor retirou alcance à segunda das dimensões que imputava ao conceito, com o que reconheceu, e bem, que só a primeira dessas dimensões era relevante para a identificação da força jurídica típica do ato administrativo. Mas, ao mesmo tempo, tornou evidente a inadequação, no plano terminológico, da utilização, para o efeito, do conceito de executoriedade.

Como, na verdade, tem sido assinalado pela doutrina, a dimensão executória, em sentido próprio, da atuação administrativa não diz, em bom rigor, respeito a atos, mas às situações jurídicas (e, portanto, às pretensões materiais) ativas de que as entidades públicas podem ser titulares em relação a outros sujeitos, designadamente privados, que podem ser tituladas por ato administrativo exequível[466]. Por outro lado, a possibilidade de execução coerciva é um atributo que só pode caracterizar pretensões tituladas por atos impositivos de deveres ou encargos, o que apenas corresponde a um conjunto circunscrito de situações[467].

[464] Cfr. Marcello Caetano, *op. cit.*, pp. 448-449.

[465] Cfr. Marcello Caetano, *op. cit.*, p. 519.

[466] Neste sentido, cfr. Alberto Xavier, *Conceito e natureza do ato tributário*, Lisboa, 1972, pp. 525-526.

[467] Neste sentido, cfr., por exemplo, Rogério Ehrhardt Soares, *Direito Administrativo*, policop., Coimbra, 1978, pp. 205 segs.; Alberto Xavier, *op. cit.*, p. 524; João Caupers/Vera Eiró, *Introdução ao Direito Administrativo*, p. 231.

Por estas razões, é reconhecido que o conceito de executoriedade não deve ser utilizado para designar a força jurídica típica do ato administrativo.

Há, na verdade, que separar com clareza o atributo que, para o ato administrativo, resulta da circunstância de conter uma declaração obrigatória *de per se*, isto é, que não carece de uma nova definição por parte de entidades jurisdicionais para produzir os efeitos jurídicos a que se dirige na esfera dos respetivos destinatários, da questão de saber se, quando o conteúdo dessa declaração se traduza na imposição de deveres aos destinatários do ato, a própria Administração, em caso de inobservância desses deveres, pode promover a respetiva execução independentemente de qualquer intervenção jurisdicional, através da utilização de instrumentos de coação.

No primeiro dos planos de análise, o ato administrativo é expressão de um poder que, em muitas circunstâncias, a lei confere à Administração de dizer unilateralmente o Direito, isto é, de declarar, através da emissão de um ato administrativo, em que termos se definem certas situações jurídicas. Os atos administrativos são, na verdade, atos jurídicos unilaterais, que exprimem o exercício de poderes jurídicos: o poder de introduzir unilateralmente efeitos jurídicos na esfera de outrem, sem o concurso da respetiva vontade – e, mais precisamente, poderes públicos, poderes de autoridade pública, já que corporizam a atuação unilateral de órgãos públicos, no exercício de poderes conferidos para a prossecução de interesses públicos.

Por conseguinte, pode dizer-se que a força jurídica típica do ato administrativo se reconduz à primeira das dimensões que *Marcello Caetano* imputava ao conceito de executoriedade: a *obrigatoriedade*, que corresponde à *vinculatividade*, de que falam os alemães, ou à *imperatividade*, de que falam os italianos, e se concretiza na vocação para definir situações jurídicas com força vinculativa, tanto para o próprio autor do ato, como para os seus destinatários[468], que decorre da peculiar relevância jurídica[469]

[468] No sentido de que "o traço característico, verdadeiramente próprio do ato admi-nistrativo", reside na "vinculação bilateral" que dele decorre, ao "vincular reciproca-mente a Administração e o administrado", cfr., por exemplo, M. Stassinopoulos, *op. cit.*, p. 75.

[469] A questão de saber se a eficácia do ato administrativo é diretamente imputável à sua relevância jurídica é discutida: cfr., por todos, e com amplas referências, Romano Tassone, "Sull' autorità degli atti dei pubblici poteri", *Diritto e Società* 1991, pp. 51 segs., e sobretudo "Tra

que, nos países pertencentes ao nosso sistema de administração executiva, o ordenamento jurídico reconhece às manifestações jurídicas unilaterais através das quais a Administração procede à definição de situações jurídicas em casos concretos (*décision executoire, provvedimento amministrativo, Verwaltungsakt*)[470].

Com efeito, é na obrigatoriedade, vinculatividade ou imperatividade que reside a força jurídica típica do ato administrativo[471], que justifica que ele seja qualificado como uma manifestação de poder, no sentido em que exprime o exercício de poderes jurídicos, poderes de definição jurídica

diversità e devianza. Appunti sul concetto di invalidità ", in *Studi in Onore di Vittorio Ottaviano*, vol. II, Milão, 1993, pp. 1117 segs.; B. SASSANI, *Dal controllo del potere all' attuazione del rapporto*, Milão, 1997, pp. 56-58. Embora seja de admitir que ao próprio ato administrativo nulo se deve reconhecer uma certa eficácia prodrómica, que diretamente decorre da sua existência como ato administrativo (assim, ROMANO TASSONE, "Sull' autorità...", pp. 84 segs.), a própria circunstância de, na nossa ordem jurídica, existirem atos administrativos nulos não autoriza, pelo menos, a associar à pura existência do ato administrativo a eficácia que apenas no plano da regulação da sua validade o ordenamento jurídico associa ao ato válido ou anulável (refira-se que o essencial do raciocínio de ROMANO TASSONE, "Sull' autorità...", designadamente a p. 68, assenta no pressuposto da negação da figura do ato administrativo nulo). Na doutrina portuguesa, afigura-se fundamental, nesta matéria, a análise de ROGÉRIO EHRHARDT SOARES, *Interesse público, legalidade e mérito*, Coimbra, 1955, pp. 281 segs. (para o ponto aqui abordado, cfr. sobretudo p. 291).

470 Por contraposição à *Beachtlichkeit*, por força da qual todos têm de reconhecer o facto da existência do ato administrativo e dos efeitos por ele produzidos, autonomiza alguma doutrina alemã o conceito de obrigatoriedade (*Verbindlichkeit*), para designar, no sentido do texto, o efeito vinculativo (*Bindungswirkung*) do ato, que se concretiza na sua capacidade para se impor aos respetivos destinatários, tal como à própria Administração que o emitiu, obrigando, tanto a uns como a outra, a acatar os respetivos efeitos, enquanto o ato não for removido nem modificado: cfr. SEIBERT, *op. cit.*, p. 160; HARTMUT MAURER, *Allgemeines Verwaltungsrecht*, 11ª ed., Munique, 1997, pp. 264 e 237. Uma obrigatoriedade que é, de resto, comum a todos os atos jurídicos dos poderes públicos, caracterizando, por isso, também as sentenças (cfr., por todos, ENRICO TULIO LIEBMAN, *Manuale di diritto processuale civile*, 5ª ed., Milão, 1992, pp. 263-264, que não deixa de salientar que "a unidade, do ponto de vista formal, da eficácia dos atos estatais não exclui naturalmente a grande variedade dos seu conteúdo, em conformidade com as diversas funções a que são dirigidos").

471 Neste sentido, cfr. EHRHARDT SOARES, *Direito Administrativo*, p. 191. No mesmo sentido, cfr. SÉRVULO CORREIA, *Noções de Direito Administrativo*, pp. 334-336, e, apelando ao conceito de obrigatoriedade, JOÃO CAUPERS/VERA EIRÓ, *op. cit.*, p. 219.

unilateral[472], que os eventuais interessados têm o ónus de impugnar dentro de prazos curtos, sob pena de verem precludida a possibilidade de exigirem a respetiva eliminação da ordem jurídica. Bem vistas as coisas, no mesmo sentido em que também a propósito de certos atos jurídicos unilaterais de direito privado se tende a falar nos chamados poderes privados[473], com destaque para as relações que se desenvolvem no âmbito da empresa, onde se multiplicam as manifestações unilaterais no exercício do poder disciplinar e, mais em geral, de um poder de direção, que se concretiza na criação de um verdadeiro direito estatutário, composto por normas e decisões concretas[474].

Já se coloca, entretanto, num plano distinto a questão de saber se, e em que circunstâncias, a Administração dispõe de poderes de autotutela executiva, que lhe permitam proceder à execução forçada dos seus atos administrativos, quando estes imponham obrigações e essas obrigações não sejam espontaneamente cumpridas pelos respectivos destinatários.

Na verdade, tanto a obrigatoriedade, como a eventual executoriedade, são corolários da circunstância de a Administração, no nosso sistema de administração, ser instituída como um poder público, ao qual o ordenamento jurídico confere, em maior ou menor medida, o poder de dizer e de

[472] Cfr. GARCIA DE ENTERRÍA/T. R. FERNÁNDEZ, *Curso... cit.*, vol. I, pp. 538-539. No sentido de que o traço distintivo do ato administrativo reside na unilateralidade dos efeitos que produz, cfr. VASCO PEREIRA DA SILVA, *Em busca do ato administrativo perdido*, Coimbra, 1996, designadamente a pp. 557, 560 e 569.

[473] Para a comparação entre o ato administrativo e os atos jurídicos unilaterais que, no âmbito das relações jurídicas privadas, são praticados no exercício de direitos potestativos, cfr. V. PEREIRA DA SILVA, *Em Busca... cit.*, pp. 556 segs., *maxime* 558-559; RUI CHANCERELLE DE MACHETE, "Privilégio da execução prévia", in *Dicionário Jurídico da Administração Pública*, vol. VI, p. 452; e MARCELO CLARICH, *Giudicato e potere amministrativo*, Milão, 1989, pp. 152 segs., que, com particular eficácia, reconduz os atos de poder da Administração e aqueles que são praticados no âmbito das relações jurídico-privadas a uma mesma matriz.

[474] Sobre os poderes privados, e os esforços da doutrina na busca – em particular, por referência às regras e aos princípios de direito administrativo – de instrumentos procedimentais e processuais de tutela das posições subjetivas sobre as quais incide o respetivo exercício, cfr. a notável síntese de ARNALDO DI MAJO, "Le forme di tutela contro i cosidetti 'poteri privati'", *Giurisprudenza Italiana*, 1980, I, cols. 439 segs. Cfr. também MARIO BUONCRISTIANO, *Profili della tutela civile contro i poteri giuridici*, Pádua, 1986; EMMANUEL GAILLARD, *Le pouvoir en droit privé*, Paris, 1985; MASSIMO C. BIANCA, *Le autorità private*, Milão, 1977, sobretudo a pp. 83 segs.

executar o Direito – ou seja, o poder de definir unilateralmente situações jurídicas e de concretizar, no plano dos factos, o que afirmou no plano do Direito –, sem ter, para o efeito, e ao contrário do que sucede com os particulares, a necessidade de solicitar a um tribunal que atribua força vinculante às suas declarações unilaterais, através da emissão de uma sentença e da eventual execução forçada dessa sentença. E por este motivo terão sido, em determinado momento histórico, associadas uma à outra, no específico contexto da doutrina administrativa francesa.

Mas nem por isso elas deixam de se colocar em planos claramente distintos. Com efeito, uma coisa é o atributo, que todos os atos administrativos partilham e, por isso, pode ser apontado como a força jurídica típica que a todos caracteriza, de conterem decisões unilaterais, que, quando for caso disso, projetam os seus efeitos na esfera jurídica de outrem, constituindo, modificando ou extinguindo direitos ou deveres – e da qual decorre a aptidão que a certos atos administrativos caracteriza de imporem deveres a particulares; e outra distinta é a possibilidade, na qual a Administração pode ver-se investida, de proceder à execução forçada, no plano dos factos, dos deveres que tenha imposto unilateralmente e não tenham sido cumpridos.

Por este motivo, o conceito de executoriedade não deve ser utilizado no sentido que *Marcello Caetano* lhe atribuía. O conceito tem, no entanto, autonomia e possui, por isso, utilidade, desde que utilizado numa aceção que apenas corresponda à segunda das dimensões que *Marcello Caetano* lhe imputava, que se refere à capacidade de a Administração proceder à execução, pelos seus próprios meios, das suas decisões que tenham conteúdo impositivo, adotando os atos jurídicos e realizando as operações materiais necessários para concretizar, no plano dos factos, o que foi afirmado no plano do Direito.

1.2. O problema da presunção de legalidade do ato administrativo

118. Como é sabido, é tradicional a afirmação de que os atos administrativos beneficiam de uma presunção de legalidade.

A chamada presunção de legalidade dos atos administrativos não é, contudo, objecto de consagração normativa na generalidade dos ordenamentos jurídicos em que o Direito Administrativo possui identidade autónoma, e, com ele, a figura do ato administrativo. Como nota *Rui Chancerelle de Machete*, a afirmação da existência de tal presunção resulta, pois, historicamente, "do labor dos juristas", que, "no seu afã criador de descobrirem e tornarem operacional a estrutura constitucional do Estado de direito liberal oitocentista", a construíram como um conceito teórico e explicativo, dirigido "a dar coerência ao sistema que jurisprudência e doutrina foram erguendo ao longo do século [XIX]"[475].

Sobretudo por influência doutrinal italiana, cumpre, porém, dar nota de que, tanto na doutrina, como na jurisprudência mais recentes, a afirmação da consistência técnica de tal construção foi posta em causa entre nós[476]. Como, na verdade, notou *Massimo Severo Giannini*, a pretensa presunção de legalidade dos atos administrativos, enquanto "evidente gémea da presunção de verdade da sentença e da presunção de conhecimento da lei", corresponde a "uma daquelas formas morfológicas aproximativas com que a doutrina do século [XIX] procurou enquadrar os fenómenos de direito público", à qual não deve ser atribuído um significado técnico[477].

As linhas de superação do conceito partem de dois planos diferenciados de análise, que, por consequência, conduzem a resultados distintos. Justifica-se, por isso, a referência a cada um deles em separado.

119. No primeiro plano de análise, a questão colocada é a de saber se, na realidade, é na existência de uma presunção, por parte do ordenamento jurídico, da conformidade dos atos administrativos com as normas com as quais eles se devem conformar que se funda a imperatividade, obrigatoriedade ou vinculatividade do ato administrativo, entendida como a capacidade que ao ato é reconhecida de introduzir efeitos na ordem jurídica, em termos que a todos obrigam, independentemente do facto de tais efeitos poderem não ter sido determinados em conformidade com as normas.

[475] Cfr. Rui Chancerelle de Machete, "Algumas notas sobre a chamada presunção de legalidade dos atos administrativos", in *Estudos em Homenagem ao Professor Doutor Pedro Soares Martínez*, vol. I, Coimbra, 1999, p. 717.

[476] Nesse sentido, vejam-se as referências indicadas ao longo do texto subsequente. Em sentido curiosamente convergente, cfr., entretanto, o estimulante artigo de Augusto Durán Martínez, "La presunción de legitimidad del acto administrativo. Un mito innecesario y pernicioso", *Revista de Derecho de la Universidad Católica de Uruguay*, 2007, nº 2, pp. 119 segs.

[477] Cfr. Massimo Severo Giannini, "Atto amministrativo", *Enciclopedia del Diritto*, vol. IV, pp. 187-188.

Nos ordenamentos jurídicos que, como o português, preveem a existência de atos administrativos nulos e não impõem o acatamento de tais atos, reconhecendo aos interessados o direito de resistência passiva perante eles, a questão centra-se no enquadramento dogmático a dar aos atos administrativos anuláveis. Com efeito, a presunção de legalidade é tradicionalmente invocada, nesse contexto, para explicar a razão pela qual o ordenamento jurídico admite que os atos administrativos anuláveis produzam efeitos, apesar de terem sido praticados em desconformidade com o parâmetro de legalidade em que assenta a relevância jurídica dos atos válidos[478].

Em relação à questão, de fino recorte teórico, que neste primeiro plano de análise se coloca, cumpre referir que, por influência dos Autores que, sobretudo na doutrina italiana, têm procedido à reapreciação crítica das consequências que, neste domínio, decorrem dos postulados da doutrina do positivismo jurídico, tem feito o seu caminho, na doutrina portuguesa, o entendimento de que a específica relevância que o ordenamento jurídico faz corresponder aos atos administrativos anuláveis não assenta numa presunção de legalidade de que tais atos beneficiem[479].

Com efeito, a construção da presunção de legalidade, como modelo explicativo da relevância jurídica dos atos administrativos anuláveis, assenta no pressuposto de que, como os atos anuláveis são desconformes às normas por ele impostas, o ordenamento jurídico não lhes pode atribuir relevância sem admitir que eles sejam (ou, pelo menos, que eles possam ser) válidos. A doutrina do positivismo jurídico não concebe, na verdade, que, assumindo que um ato administrativo infringiu as regras por si impostas, o mesmo ordenamento jurídico que as impôs possa, ainda assim, reconhecer-lhe relevância jurídica, acolhendo-o, desse modo, no seu seio, em vez de o remeter para fora do sistema. De acordo com os postulados do positivismo jurídico, como, num Estado de Direito, a lei é o fundamento dos poderes de autoridade da Administração e, portanto, dos efeitos que,

[478] Cfr. Rui Machete, "Algumas notas..." *cit.*, p. 724.

[479] A questão tem sido sobretudo enfrentada, entre nós, por Rui Chancerelle de Machete: cfr., em particular, "Sanação (do ato administrativo inválido)", in *Dicionário Jurídico da Administração Pública*, vol. II, Lisboa, 1996, pp. 331 segs., e o seu já citado escrito "Algumas notas...", pp. 717 segs. Pela nossa parte, cfr., entretanto, o nosso *Anulação de atos administrativos e relações jurídicas emergentes*, Coimbra, 2002, pp. 165 segs.

no exercício desses poderes, a lei a habilita a introduzir, de modo unilateral, na ordem jurídica, os atos desconformes à lei estariam inevitavelmente condenados à improdutividade jurídica; a não ser assim, isso terá, pois, necessariamente de dever-se a uma presunção de legalidade, elidível mediante a utilização de procedimentos formalizados de apuramento da desconformidade do ato às normas.

Como facilmente se antevê, a superação deste entendimento assenta no pressuposto de que o reconhecimento de relevância jurídica aos atos administrativos anuláveis resulta de uma opção deliberada do ordenamento jurídico, que, embora assuma que tais atos infringiram certas regras com as quais se deveriam ter conformado, opta por lhes reconhecer um tipo específico de relevância jurídica que, atento o limitado grau de gravidade da infração cometida, não os condena à total improdutividade jurídica. Pelo menos no plano téorico, seria, na verdade, concebível que, a exemplo do que faz para os atos jurídicos praticados por privados em violação de norma imperativa, o ordenamento jurídico sancionasse com o regime da nulidade todos os atos administrativos praticados em desconformidade com a lei, recusando-se, desse modo, a reconhecer-lhes uma relevância compatível com a produção de efeitos jurídicos. A autonomia dos atos administrativos anuláveis assenta, porém, em opção diversa, mediante a qual o ordenamento jurídico identifica um amplo conjunto de situações em que entende não sancionar a desconformidade às normas com a total improdutividade jurídica, mas com um outro tipo específico de relevância jurídica.

A relevância jurídica do ato administrativo anulável não se funda, por conseguinte, na sua assimilação ao ato válido, através de uma presunção de legalidade, mas corresponde a uma *fattispecie* autónoma[480], mediante a qual o ordenamento jurídico opta por integrar no sistema, em vez de excluir dele, as situações patológicas consideradas menos graves de desconformidade do ato administrativo às normas, através da configuração de um tipo específico de relevância jurídica para os atos administrativos anuláveis, que, não sendo embora aquela que corresponde aos atos

[480] Cfr., a propósito, MASSIMO SEVERO GIANNINI/ALDO PIRAS, "Giurisdizione amministrativa e giurisdizione ordinaria nei confronti delle giurisdizioni", in *Enciclopedia del Diritto*, vol. XIX, pp. 253-254.

nulos, também não se confunde com aquela que corresponde aos atos válidos[481].

A especificidade da relevância jurídica que o ordenamento jurídico associa ao ato administrativo anulável concretiza-se no facto de o ordenamento jurídico não reconhecer ao ato anulável cabal aptidão para definir, no sentido pretendido, as situações jurídicas a que se reporta e, portanto, para modificar o quadro jurídico pré-existente, pois apenas admite que a definição introduzida pelo ato prevaleça, no plano dos efeitos, sobre aquela que antes existia, se e enquanto não vier a ser formalmente reconhecida a sua invalidade e, por via disso, proferida a correspondente anulação.

Na verdade, a anulação é um efeito a cuja possível verificação o ato se encontra sujeito desde o início, por ser um efeito que, nos termos da lei, pode corresponder ao tipo de invalidade de que ele padece, apenas sucedendo que a sua verificação se encontra suspensa ou pendente, para só se concretizar se vier a ser determinada a anulação. Por outro lado, no momento em que o ato anulável é praticado, constitui-se na esfera jurídica daqueles que ele venha lesar nos seus direitos ou interesses legalmente protegidos o direito de fazerem valer a invalidade e exigirem a anulação, em defesa das respetivas posições subjetivas ilegalmente agredidas: mesmo quando extingue o direito subjetivo pré-existente do destinatário, resulta, pois, da anulabilidade do ato que esse direito sobrevive sob a forma de um direito de fazer valer a invalidade do ato e de exigir a consequente anulação, de modo a obter o pleno restabelecimento do direito lesado. A anulação consubstancia, assim, o reconhecimento de que a definição da relação jurídica que resultava do ato era inválida, divergindo, por isso, daquela que deveria ter valido durante todo o período de tempo em que o ato produziu os seus efeitos antijurídicos e, portanto, o reconhecimento de que, embora o ato anulável tenha produzido efeitos, a título precário, ele não foi verdadeiramente capaz de modificar o quadro jurídico pré-existente, cuja subsistência se manteve, sem soluções de continuidade, por força da invalidade do ato que sobre ele incidiu, e é formal-

[481] Para uma breve síntese, cfr. RUI MACHETE, "Algumas notas...", pp. 724-725, e, com mais detalhe, do mesmo Autor, "Sanação (do ato administrativo inválido)", pp. 331 segs. Para mais desenvolvimentos, cfr., entretanto, ROMANO-TASSONE, "Trà diversità e devianza...", pp. 1117 segs.

mente reconhecida, *urbi et orbi*, através da anulação desse ato[482]. Em tudo isto se concretiza e diferencia a *fattispecie* do ato administrativo anulável, no confronto com a do ato válido.

120. A afirmação da existência de uma presunção de legalidade dos atos administrativos encontrava tradicional concretização prática na imposição aos interessados na impugnação de atos administrativos impositivos de efeitos lesivos do ónus da demonstração da invalidade de tais atos. O segundo dos planos de análise sobre o qual incidiu a apreciação crítica a que, entre nós, foi submetida a construção da presunção de legalidade dos atos administrativos diz, por isso, respeito às regras de distribuição do ónus material da prova no processo administrativo.

Com efeito, era tradicional, na jurisprudência portuguesa, a afirmação de que, atenta a presunção de legalidade de que beneficiariam os atos administrativos, recairia sobre o autor no contencioso de impugnação o ónus de infirmar a veracidade do preenchimento dos respetivos pressupostos[483]. Pode, no entanto, dizer-se que esse entendimento jurisprudencial se encontra, hoje, superado[484], mercê da evolução doutrinal no mesmo sentido entretanto ocorrida[485].

482 Já neste sentido, M. Aroso de Almeida, *Anulação... cit.*, pp. 177-178.

483 A jurisprudência largamente maioritária do Supremo Tribunal Administrativo fazia, na verdade, apelo à "presunção da legalidade dos atos administrativos" para, em relação ao vício de erro nos pressupostos de facto, impôr ao impugnante o ónus de provar a inveracidade dos pressupostos de facto em que assentou o ato impugnado, com o argumento de que tal presunção abrangeria, designadamente, os pressupostos de facto em que radica o ato. Cfr., entre outros, os Acórdãos de 6 de dezembro de 1972, in *Acórdãos Doutrinais* nº 146, p. 201, de 6 de março de 1980, in *Acórdãos Doutrinais* nº 224/225, p. 996, de 24 de fevereiro de 1981, in *Acórdãos Doutrinais* nº 236, p. 1033, de 13 de outubro de 1983, in *Acórdãos Doutrinais* nº 265, p. 21, de 8 de março de 1984, in *Acórdãos Doutrinais* nº 271, p. 850, de 26 de janeiro de 1988, in *Acórdãos Doutrinais* nº 350, p. 158, de 31 de janeiro de 1991, in *Acórdãos Doutrinais* nº 364, p. 425, de 1 de março de 1995, *Apêndices ao Diário da República* de 18-7-97, e de 24 de março de 1995, in *Apêndices ao Diário da República* de 18-7-97.

484 Vejam-se, nesse sentido, entre outros, os Acórdãos de 5 de maio de 1995, Proc. nº 44 837, de 24 de novembro de 1999, Proc. nº 32 434, de 26 de janeiro de 2000, Proc. nº 37 739, de 24 de janeiro de 2002, Proc. nº 48 154, e de 2 de maio de 2006, Proc. nº 95/06.

485 Cfr. Vieira de Andrade, *A Justiça Administrativa*, 15ª ed., Coimbra, 2016, pp. 453 segs.; Mário Aroso de Almeida, "Sobre as regras de distribuição do ónus material da prova no recurso contencioso de anulação de atos administrativos", in *Cadernos de Justiça Administrativa* nº 20, pp. 38 segs.

Vejamos em que termos.

Atributo que, como vimos, decorre da específica relevância que o ordenamento jurídico lhe faz corresponder, é o de que o ato administrativo anulável produz efeitos jurídicos, a sua emissão introduz uma modificação na ordem jurídica que se projeta direta e imediatamente na esfera jurídica dos destinatários e que, quando seja caso disso, só por si, agride e perturba a respetiva situação jurídica, nela causando uma lesão efectiva e imediata. Daqui resulta que qualquer pessoa ou autoridade – com excepção dos sujeitos que disponham do poder de promover e dos tribunais que disponham do poder de determinar a respetiva anulação – fica obrigada a reconhecer e aceitar o ato e, portanto, a definição jurídica por ele introduzida no mundo jurídico[486] e, em particular, que a invalidade do ato administrativo anulável não o impede de projetar os seus efeitos unilateralmente na esfera dos destinatários.

Ora, é isto que explica a necessidade, neste contexto, de um processo constitutivo. Com efeito, ainda que a Administração se arrogue posições infundadas, a verdade é que ela não o faz através de simples declarações sem relevo jurídico formal, mas através de atos administrativos que vinculam os respetivos destinatários. Daí a necessidade da impugnação contenciosa e da anulação, que, suprimindo os efeitos jurídicos produzidos pelo ato e, assim, restabelecendo a situação jurídica que teria existido na sua ausência, se destina a produzir um efeito simétrico em relação àquele que tinha sido introduzido pelo ato administrativo ilegal.

Ora, a afirmação tradicional segundo a qual sobre o impugnante, pelo simples facto de figurar no processo de impugnação na posição formal de autor, recairia, por definição, o ónus material da prova dos vícios invocados contra o ato impugnado assenta na indevida acentuação da circunstância de a impugnação ter de ser proposta pelo interessado na anulação do ato.

[486] Cfr. FREITAS DO AMARAL, *Direito Administrativo*, vol. III, p. 327, e também M. S. GIANNINI, "Atto amministrativo", p. 187. A doutrina alemã costuma falar, a este propósito, de um *Tatbestandswirkung* do ato administrativo. A exemplo do que sucede com as sentenças judiciais, parece, no entanto, que esse conceito deve ser utilizado para outro fim: cfr., por todos, a atenta análise de SEIBERT, *op. cit.*, pp. 73 segs., *maxime* 81-82. Na verdade, mais não está, aqui, em jogo do que o dever que a todos se impõe de reconhecerem a existência na ordem jurídica dos efeitos que foram introduzidos por atos administrativos eficazes, se e na medida em que esses efeitos se mantenham e não sejam eliminados: por isso se afigura desnecessário autonomizar aqui um qualquer efeito suplementar do ato.

A afirmação da existência de uma presunção de legalidade, no âmbito do contencioso de impugnação dos atos administrativos, era, assim, uma consequência que, no plano processual, se vinha acrescentar à específica relevância que, no plano substantivo, é reconhecida aos atos administrativos, mas que com ela não se confunde, nem dela é uma decorrência necessária, e que, a todos os títulos, se afigura injustificada.

Com efeito, é porque a Administração pode praticar atos administrativos, dispondo, desse modo, de um instrumento que lhe permite introduzir efeitos jurídicos pelos seus próprios meios, sem necessidade de recorrer aos tribunais para obter uma sentença de alcance equivalente, que são aqueles em cuja esfera jurídica esses atos de algum modo projetam os seus efeitos que se veem constituídos no ónus de se dirigirem aos tribunais para questionar a validade dos efeitos introduzidos. Ora, é a este ónus – o ónus de impugnação – que tradicionalmente era associada a imposição de um outro ónus, o ónus de demonstração do bem fundado da impugnação, mediante a demonstração da verificação das causas de invalidade imputadas ao ato: numa palavra, o ónus material da prova no âmbito do processo impugnatório. Com a imposição do ónus da impugnação dos atos administrativos, não se exoneraria, pois, a Administração apenas da veste formal, mas também das incumbências substanciais próprias de um autor processual, porquanto, "investida na posição privilegiada de demandada, ela não te[ria], em princípio, o ónus da prova"[487].

Rui Chancerelle de Machete contesta que esta solução seja o resultado da aplicação da presunção de legalidade do ato impugnado, alegando que ela apenas decorre da normal aplicação das regras gerais do Código Civil em matéria de distribuição do ónus da prova[488]. Mas, salvo o devido respeito, o argumento não se afigura procedente, porque, a nosso ver, só aplicando a presunção de legalidade do ato impugnado se pode sustentar que as regras do Código Civil em matéria de distribuição do ónus da prova conduzem à imposição ao impugnante do ónus material da prova no âmbito do processo de impugnação de atos administrativos.

Com efeito, a construção do objeto do processo impugnatório por referência a um pretenso direito de anulação do impugnante, cujos elementos

[487] Cfr. J. Chevallier, *L'élaboration historique du principe de séparation de la juridiction administrative et de l'administration active*, Paris, 1970, pp. 274 e 210-211.

[488] Cfr. "Algumas notas..." *cit.*, p. 727.

constitutivos a ele cumpriria demonstrar, assenta no entendimento de que a afirmação do preenchimento dos pressupostos legais de que dependia a prática do ato administrativo, que, de modo unilateral, foi assumida pela Administração no ato que praticou, não deve prevalecer apenas fora do processo, no plano das relações substantivas, mas também deve prevalecer em juízo, salvo demonstração em contrário por parte do impugnante. Só assim se explica, na verdade, que o pedido de anulação do impugnante seja, nesse contexto, configurado como uma *exceptio* (quanto a este ponto, veja-se o que é dito no nº seguinte).

Ora, a nosso ver, o específico alcance da relevância do ato administrativo anulável deve circunscrever-se ao estrito âmbito daquilo que, no plano substantivo, deva ser considerado indispensável à eficiente prossecução do interesse público. Mas, não só as exigências ditadas pela necessidade da eficiente prossecução do interesse público não justificam a afirmação de uma presunção de legalidade dos atos administrativos em juízo, com base na qual se façam recair sistematicamente sobre o impugnante as consequências de eventuais situações de incerteza quanto à questão da sua validade, como se afiguraria claramente lesivo do direito fundamental à tutela jurisdicional efectiva que à posição de vantagem que, para a Administração, já decorre, no plano substantivo, do poder de emanar atos administrativos – e que se traduz na imposição aos eventuais interessados do ónus da respectiva impugnação –, se associasse, no plano processual, tão gravosa limitação da tutela das posições substantivas lesadas por esses atos, quando forem ilegais.

121. Como já sustentámos noutras ocasiões[489], há que proceder, no domínio do contencioso de impugnação de atos administrativos, a uma interpretação e aplicação das regras gerais sobre o ónus material da prova que atenda à circunstância de que, neste específico domínio, existe um fenómeno de inversão da situação processual das partes, por comparação com a situação em que elas se encontram colocadas no plano das suas relações jurídicas substantivas.

É verdade que, como a ação da Administração não se manifestou apenas numa simples petição, dirigida à introdução da definição jurídica por

[489] Cfr. M. Aroso de Almeida, *Anulação de atos administrativos...*, pp. 188 segs., e "Sobre as regras..." *cit.*, pp. 38 segs.

outrem, mas na forma de uma decisão, capaz de, por si só, introduzir tal definição na ordem jurídica, a contestação que o impugnante move contra ela exige a formulação de um pedido dirigido à anulação da decisão, no âmbito de um processo em que o impugnante não pode deixar de figurar na posição de autor. Mas embora, no plano processual, seja o impugnante quem surge como autor, figurando a Administração como parte demandada, no plano substantivo foi a Administração que, pela positiva, tomou posição através do ato que praticou, desse modo lançando sobre o impugnante o ónus de reagir contra ele.

É por este motivo que a pretensão anulatória que o autor faz valer no processo assenta na negação da posição substantiva assumida pela Administração através do acto administrativo impugnado e concretiza-se na dedução de causas de invalidade do ato que não se resumem à mera dedução de exceções[490], como é normal quando, em processo civil, se procede à impugnação de negócios jurídicos privados[491], mas passam, em primeira linha, pela própria refutação do preenchimento dos pressupostos do ato, isto é, dos próprios elementos constitutivos da pretensão administrativa que se consubstanciou no ato.

A inversão de posições no plano processual, de que se acaba de dar conta, não pode encobrir ou obscurecer os contornos da situação na qual Administração e impugnante se encontram colocados no plano substantivo. A adequada perceção desta realidade é indispensável à correta interpretação e aplicação das regras de distribuição do ónus da prova no âmbito do contencioso de impugnação de atos administrativos, que não deve, pois, atender à posição formal que as partes ocupam no quadro da relação processual, por referência ao direito do autor à anulação do ato impugnado, mas às posições que correspondem às partes na relação material que se encontra subjacente ao processo. Para este efeito, o processo deve ser, portanto, encarado como se tivesse sido a Administração a propor

[490] Factos impeditivos, modificativos ou extintos, cuja invocação em juízo implica submeter à verificação do juiz a existência de (contra-)factos, distintos daqueles em que se baseia a contraparte: cfr. Ilaria Pagni, *Le azioni di impugnativa negoziale*, Milão, 1998, maxime a p. 231.

[491] Para a caracterização da anulabilidade, a partir do próprio direito romano, por referência à figura da *exceptio*, e suas importantes consequências para a caracterização do fenómeno na teoria das invalidades dos negócios jurídicos privados, cfr., em geral, a desenvolvida análise de Ilaria Pagni, *op. cit.*, pp. 197 segs., designadamente a pp. 206-207 (para a distinção assinalada no texto, cfr. p. 210).

a ação, ao praticar o ato, e o autor, no processo contencioso, viesse contestar.

Por outro lado, importa ter presente que as causas de invalidade invocáveis contra o ato impugnado se desdobram em duas grandes categorias, que podem ser respectivamente qualificadas como impugnações e excepções, consoante a argumentação do impugnante se dirige ao reconhecimento de que não se preenchem os pressupostos (factos constitutivos) da posição assumida pela Administração com o ato ou, pelo contrário, à invocação de factos impeditivos, modificativos ou extintivos que forem porventura oponíveis a essa posição[492].

O impugnante figura, com efeito, no processo, numa posição jurídica substantiva diferente, consoante move uma *defesa por impugnação – defesa direta*, que ataca o ato de frente, contradizendo os factos deduzidos pela Administração ou o efeito jurídico que através do ato ela extraiu desses factos – ou uma *defesa por excepção – defesa indirecta*, baseada na invocação de factos ou causas impeditivos, modificativos ou extintivos da transformação introduzida pelo ato[493]. Em ambos os casos, o autor faz valer uma pretensão anulatória, cuja satisfação depende da verificação do preenchimento dos respetivos pressupostos. Sucede, porém, que, no primeiro caso, a pretensão anulatória se mostra fundada se se verificar que não se preenchem os factos constitutivos da posição da Administração, enquanto no segundo isso depende da verificação da existência de factos impeditivos, modificativos ou extintivos dessa posição.

Ora, esta diferença de natureza substantiva não pode deixar de projetar-se no plano da definição das regras com base nas quais o tribunal deve decidir nas situações em que nenhuma conclusão clara tiver resultado de toda a prova reunida em favor de qualquer das partes. Assim, quando o impugnante alegue o não preenchimento dos pressupostos do ato, deve recair sobre a Administração o ónus material da prova: é a consequência natural da recusa de uma presunção em juízo do preenchimento dos pres-

[492] As situações de eventual prejudicialidade entre vícios e os critérios a respeito da ordem de apreciação dos vícios invocados resultam da natural precedência da apreciação das impugnações em relação às excepções, uma vez que estas últimas já pressupõem o preenchimento dos factos constitutivos da posição assumida pela Administração mediante a prática do ato.

[493] Para os conceitos que, no texto, são utilizados com as necessárias adaptações, cfr., por todos, Manuel de Andrade, *Noções elementares de processo civil*, Coimbra, 1979, pp. 127 e 130.

supostos nos quais se baseia o ato. Quando, pelo contrário, o impugnante alegue a ocorrência de factos impeditivos, modificativos ou extintivos da pretensão administrativa consubstanciada no ato impugnado, é justo que sobre ele recaia o ónus da prova.

Será, em regra, o caso quando o vício invocado disser, por exemplo, respeito à existência de uma situação de desvio de poder ou de violação de princípios constitucionais – embora, neste último caso, tudo dependa da concreta configuração da situação concreta, atento o facto de sobre a Administração recair, em termos gerais, um ónus de justificação dos seus juízos e decisões. Na verdade, importa ter presente que, quando o conteúdo dos juízos ou decisões administrativas não é diretamente determinado por regras, a sua legitimidade depende da existência de um discurso justificativo que a sustente. Essa é a consequência que decorre do facto de o poder administrativo não ser um poder soberano, cuja legitimidade se sustente, por si só, na autoridade de quem o exerce, mas um poder conferido pela lei, funcionalizado à prossecução do interesse público concreto para o qual foi confiado à Administração pelo legislador, e cuja autoridade fica, por isso, condicionada à existência de um discurso justificativo. Impende, assim, sobre a Administração o ónus de fornecer razões justificativas da razoabilidade dos seus juízos e decisões[494].

A satisfação deste ónus depende da apresentação pela Administração de uma justificação minimamente aceitável das soluções (juízos e decisões), fundada em razões lógicas, coerentes e aceitáveis que as sustentem, devendo entender-se que há desrazoabilidade se a Administração não der cumprimento, ainda que mínimo, ao ónus de justificação suficiente e satisfatória que se lhe impõe. A falta de apresentação pela Administração, no âmbito do procedimento, no teor da decisão ou, em último caso, no próprio processo judicial, de razões justificativas (*failure to give reasons*), permite ao tribunal concluir pela inexistência de razões relevantes ou satisfatórias, ou que o assunto não foi considerado de modo apropriado, e, por isso, que o juízo ou decisão foi o fruto de um capricho ou de uma escolha irrefletida, não adequadamente ponderada[495].

[494] Cfr. Eva Desdentado Daroca, *Discrecionalidad administrativa y planeamiento urbanístico*, 2ª ed., Pamplona, 1999, pp. 161-162.

[495] Cfr. ainda Eva Desdentado Daroca, *op. cit.*, pp. 255 segs..

122. Resta acrescentar que, com a entrada em vigor do CPTA, o meio de tutela jurisdicional adequado à reação contra situações de indeferimento de requerimentos ou de silêncio perante requerimentos apresentados deixou, como já vimos atrás, de ser a impugnação do ato (expresso ou tácito) de indeferimento, para passar a ser a propositura de uma ação de condenação à prática de ato administrativo, cujo objecto não se centra no (eventual) ato de indeferimento praticado e, portanto, nas concretas ilegalidades em que ele possa incorrer, para se centrar, pela positiva, na pretensão do interessado (cfr. artigos 51º, nº 4, e 66º do CPTA).

A exposição precedente não vale, portanto, para as situações de indeferimento de requerimentos, tal como de silêncio perante requerimentos apresentados, em relação às quais a ação dedutível é a ação de condenação à prática de ato administrativo. No âmbito desta modalidade de ação, compete ao autor demonstrar o preenchimento dos elementos constitutivos da sua pretensão, recaindo sobre a Administração o ónus de demonstrar o preenchimento dos correspondentes elementos impeditivos, modificativos ou extintivos, sob pena de preclusão em relação a ulteriores procedimentos administrativos.

Quando tenha sido emitido um ato de conteúdo negativo, também no âmbito desta ação há que distinguir entre impugnações e excepções. Mas importa ter presente que, neste domínio, não tem lugar a inversão, no plano processual, das posições substantivas das partes, que vimos existir nas situações de impugnação dos atos administrativos de conteúdo positivo: com efeito, o autor é, aqui, o titular da pretensão substantiva, que pretende ver satisfeita através da emissão de um ato administrativo. Por este motivo, há, neste contexto, que remontar um pouco atrás e transpor a distinção entre impugnações e excepções para o próprio plano do procedimento que conduziu à emissão do ato de conteúdo negativo, utilizando-a para qualificar os fundamentos em que esse ato se tiver baseado para indeferir a pretensão do interessado[496].

[496] Na vigência da anterior legislação processual, o Supremo Tribunal Administrativo vinha seguindo esta linha no contencioso de impugnação de atos de conteúdo negativo, atendendo, para o efeito, ao disposto no artigo 88º, nº 1, do CPA (que hoje corresponde ao artigo 116º, nº 1), nos termos do qual aos interessados apenas cabe o ónus de provarem os factos que tenham alegado, sendo, consequentemente, sobre a Administração que recai o ónus da prova dos factos que possam constituir obstáculos à satisfação das suas pretensões: cfr., por exemplo, Acórdão de 2 de maio de 2006, Proc. nº 95/06.

As impugnações consistirão, então, na alegação, por parte da Administração, de que não se encontravam preenchidos os pressupostos (factos constitutivos) da pretensão; e as exceções consistirão na invocação, por parte da Administração, de factos impeditivos, modificativos ou extintivos da pretensão[497]. Assim, se a Administração tiver respondido ao requerente por impugnação, alegando que não se preenchiam os factos constitutivos da sua pretensão, e é isso que ele vem contestar na ação, deve recair sobre ele o ónus da prova do preenchimento dos factos constitutivos da pretensão. Se, pelo contrário, a Administração tiver respondido ao requerente por exceção, alegando a existência de factos impeditivos, modificativos ou extintivos da pretensão do interessado e é isso que, na ação, o interessado questiona, há de recair sobre a Administração o ónus da respectiva demonstração.

2. Execução do ato administrativo

123. As autoridades policiais podem recorrer à força para a adoção de medidas de coação direta, nos termos de legislação própria, que aqui não cumpre estudar, e que, como claramente resulta do nº 2 do artigo 175º, o CPA também se abstém de regular.

Coloca-se, entretanto, a questão de saber se, quando e em que termos a Administração pode proceder, pelos próprios meios, à execução forçada dos seus atos administrativos.

Este é um problema que só se coloca, naturalmente, em relação aos atos administrativos que careçam de execução, por imporem deveres, que, se não forem cumpridos, só atingem o resultado pretendido se forem objecto de uma execução, que permita alcançar o efeito que deveria resultar do cumprimento pelo obrigado. O problema coloca-se, pois, em relação aos atos impositivos de ordens ou proibições (sobre esta categoria de atos administrativos, cfr. *supra*, nº 112), e não aos atos administrativos que não

[497] Tenha-se presente que, em certos domínios, embora o interessado deva apresentar um requerimento dirigido à obtenção de uma autorização, apenas está em jogo a verificação, por parte da Administração, da eventual existência de razões de interesse público que possam obstar ao deferimento. Pode, por isso, dizer-se que a eventual recusa assenta, nestes casos, na invocação de exceções contrapostas ao direito, que, à partida, e na ausência delas, o particular seria livre de exercer sem mais constrangimentos.

carecem de execução para alcançar o resultado pretendido, como sucede com a generalidade dos atos administrativos, que constituem vantagens para os destinatários, sem se dirigirem ao atingimento de um resultado: basta pensar no exemplo das licenças e autorizações, que, como são emitidas a requerimento dos interessados e no seu interesse, não são passíveis de execução forçada no caso de o respetivo titular não vir a utilizá-las para os efeitos pretendidos.

Como vimos, o ato administrativo é um ato jurídico unilateral, que exprime o exercício de um poder jurídico, de um poder público de autoridade, conferido por lei ao órgão que o emana. Sempre que a lei lhes atribui esse sentido e alcance, os atos administrativos constituem, portanto, deveres na esfera jurídica dos respetivos destinatários, que, em caso de incumprimento, poderão ser objeto de uma execução forçada. Pode, por isso, dizer-se que, nesses casos, "a Administração, ao praticar o ato administrativo, atribui-se a si própria um título que depois é a base da execução forçada"[498]: um *título executivo*.

Coloca-se, entretanto, a questão de saber se, em caso de incumprimento, a Administração pode servir-se desse título para proceder ela própria à execução forçada, no plano dos factos, dos deveres que o ato tenha imposto unilateralmente e não foram cumpridos por quem a tal estava obrigado.

É a esta questão que se refere o regime da execução dos atos administrativos, que o CPA estabelece nos artigos 175º e segs. e ao qual nos iremos referir de seguida.

124. Com a revisão de 2015, o regime do CPA sofreu, nesta matéria, modificações importantes[499].

[498] Pedro Machete, "Eficácia e execução do ato administrativo", *Cadernos de Justiça Administrativa* nº 100, p. 42.

[499] Sobre o regime anterior, com referência às controvérsias doutrinais que o precederam, cfr, por todos, Freitas do Amaral, *Curso...*, vol. II, 2ª ed., pp. 517 segs.; Diogo Freitas do Amaral (Coord.), *O poder de execução coerciva das decisões administrativas nos sistemas de tipo francês e inglês e em Portugal*, Coimbra, 2011, *passim*; Mário Esteves de Oliveira/Pedro Costa Gonçalves/João Pacheco de Amorim, *Código do Procedimento Administrativo Comentado*, Coimbra, 1996, pp. 698 segs.; Marcelo Rebelo de Sousa/André Salgado de Matos, *Direito Administrativo Geral*, tomo III, pp. 229 segs.; Rui Chancerelle de Machete, "Execução do ato administrativo" in *Direito e Justiça*, vol. VI, pp. 65

A mais relevante dessas modificações consubstanciou-se na consagração, no nº 1 do artigo 176º, da regra segundo a qual "a satisfação de obrigações e o respeito por limitações decorrentes de atos administrativos só podem ser impostos coercivamente pela Administração" nos casos e segundo as formas e termos expressamente previstos na lei, ou em situações de urgente necessidade pública, devidamente fundamentada". Significa isto que, por regra, a Administração só dispõe, neste contexto, de autotutela executiva nos casos em que lei expressa lhe confere o poder de proceder à execução forçada dos seus atos administrativos, quando estes não tenham sido espontaneamente cumpridos.

Esta regra é a expressão, neste domínio, do princípio da legalidade administrativa, do qual resulta que, por regra, o legislador deve definir, de modo suficientemente densificado, os pressupostos de que depende a possibilidade de a Administração praticar atos jurídicos e realizar operações materiais de execução coerciva das determinações contidas em ato administrativo. Com efeito, num Estado de Direito, o poder do uso da força para a execução forçada de atos administrativos não resulta, para a Administração, da natureza das coisas: tem de resultar de atribuição normativa, em conformidade com as exigências inerentes à *precedência da lei*.

O fundamento legal da autotutela executiva da Administração poderá concretizar-se na previsão legal de específicos atos de execução, relativamente a categorias específicas de atos administrativos, ou na previsão de um regime de execução relativo a categorias genéricas de pretensões da Administração. Mas terá de ser objeto de previsão em lei especial, para cada caso ou para cada tipo de casos. Neste último sentido, o nº 2 do artigo 8º do Decreto-Lei nº 4/2015, de 7 de janeiro, optou por condicionar a aplicabilidade do nº 1 do artigo 176º do CPA à aprovação de um diploma legal que defina "os casos, as formas e os termos em que os atos administrativos podem ser impostos coercivamente pela Administração"[500].

segs. Sobre o regime introduzido em 2015, cfr. RUI GUERRA DA FONSECA, "O fim do modelo de administração executiva?", in *Comentários ao Novo Código do Procedimento Administrativo* (coord. CARLA AMADO GOMES, FERNANDA NEVES e TIAGO SERRÃO), Lisboa, 2015, pp. 87 segs., e (embora ainda por referência ao anteprojeto de revisão do CPA que foi submetido a discussão pública em 2013) o aplauso de JOÃO CAUPERS e a severa apreciação crítica de DIOGO FREITAS DO AMARAL, in *Direito & Política* nº 4, a pp. 157 e 151-152, respetivamente.

[500] Como nota PAULO OTERO, "Problemas constitucionais do novo Código do Procedimento Administrativo – uma introdução", in *Comentários ao Novo Código do Procedimento Administra-*

O anterior artigo 149º, nº 2, do CPA fazia depender a possibilidade da imposição coerciva de obrigações e limitações derivadas de ato administrativo da utilização das formas e da observância dos termos previstos no CPA ou admitidos por lei. Significava isto que a Administração podia proceder à execução coerciva das determinações impostas por ato administrativo desde que a execução se consubstanciasse na adoção de medidas que se enquadrassem nos tipos previstos no CPA; desde que adotasse o procedimento comum de execução estabelecido no CPA ou o procedimento previsto em lei especial que ao caso coubesse; e desde que, no que se refere à determinação do conteúdo dessas medidas e ao modo como se concretizava a sua adoção, obedecesse às determinações que estivessem estabelecidas.

Quando um ato administrativo impusesse uma obrigação a alguém e essa obrigação não fosse cumprida, a Administração dispunha, portanto, por via de regra, de poderes de autotutela executiva, na medida em que o CPA lhe conferia, à partida, a possibilidade genérica de reagir a essa situação através de um procedimento de execução, desde que observadas as formas e termos previstos na lei. A *autotutela executiva* era, assim, entendida como algo de inerente à *autotutela declarativa*, como se fosse uma decorrência natural do poder de definição unilateral concretizado na prática do ato administrativo.

A nosso ver, o atual regime, mais exigente, adequa-se melhor às exigências que decorrem do princípio da legalidade[501]. Como, na verdade,

tivo (coord. Carla Amado Gomes, Fernanda Neves e Tiago Serrão), Lisboa, 2015, p. 29, o artigo 8º, nº 2, do Decreto-Lei nº 4/2015, ao condicionar a entrada em vigor do regime introduzido pelo artigo 176º, nº 1, do CPA, optou por manter em vigor o regime do artigo 149º, nº 2, na versão originária do Código. É certo que a solução foi consagrada a título transitório, estabelecendo o preceito o prazo de 60 dias, contado da data da entrada em vigor da revisão do CPA, para a aprovação do diploma referido no texto. Mas, se o diploma nunca mais vier a ser aprovado, como parece ser o caso, coloca-se, a nosso ver, de modo pertinente a questão de constitucionalidade que o referido Autor suscita, a pp. 28-30 do mesmo escrito, pelo facto de a solução do artigo 8º, nº 2, do Decreto-Lei nº 4/2015 – que parece ter surgido em fase difícil de identificar do procedimento legislativo de aprovação deste Decreto-Lei – determinar um prolongamento de vigência do regime decorrente da versão originária do artigo 149º, nº 2, do CPA que não encontra cobertura na lei de autorização legislativa ao abrigo da qual o diploma foi emanado.

[501] No sentido da inconstitucionalidade do regime do anterior artigo 149º, nº 2, do CPA, por considerarem que o preceito respondia com grau exíguo de densidade normativa à questão

nota *Pedro Machete*, "o aprofundamento do Estado de Direito e do princípio da precedência da lei levaram à autonomização clara do poder de praticar atos administrativos relativamente ao poder de os executar coercivamente". Por conseguinte, deve, hoje, entender-se que "a executoriedade, entendida como suscetibilidade de o ato ser executado coercivamente, é uma consequência da lei e não da eficácia do próprio ato exequendo"[502].

O nº 1 do artigo 176º do CPA conjuga, aliás, de modo que nos parece equilibrado, as exigências decorrentes do princípio da legalidade com a necessidade de dar resposta a eventuais situações de urgente necessidade pública, devidamente fundamentada, que, no caso concreto, possam com elas não se compadecer[503].

O regime introduzido por este preceito corresponde, assim, àquele que desde há muito vigora no Direito francês, onde a Administração, salvo situações de urgente necessidade pública a que lei específica ainda não tenha dado resposta, só procede à execução coerciva das suas decisões ao abrigo de previsão normativa específica que a habilite a fazê-lo – sendo, por isso, numerosas as disposições que, assumindo a necessidade de avançar com urgência para a execução, com vista a assegurar a efetiva prossecução dos interesses públicos em causa, lhe conferem esse poder, prevendo os pressupostos de cujo preenchimento depende a possibilidade do seu exercício[504].

de saber quando podia haver execução forçada, cfr. Marcelo Rebelo de Sousa/André Salgado de Matos, *op. cit.*, p. 233.

502 Cfr. Pedro Machete, *op. últ. cit.*, p. 42.

503 Ao contrário de Rui Guerra da Fonseca, "O fim do modelo de administração executiva?", p. 105, entendemos que, com a expressão "situação de urgente necessidade pública", o legislador não pretendeu referir-se ao *estado de necessidade*, que corresponde a um instituto com um perfil bem definido, que, sendo esse o caso, nada justificaria que o legislador não identificasse pelo nome. Por outro lado, o instituto do estado de necessidade abrange um âmbito excessivamente limitado de situações, o que, sendo adequado à função que lhe cumpre desempenhar, não permite abarcar os tipos de situações que a previsão do nº 1 do artigo 176º do CPA terá em vista. A nosso ver, a previsão do nº 1 do artigo 176º do CPA corresponde, no seu conjunto, àquela que é a efetiva tradição francesa, pelo que é à luz da experiência histórica desse país que devem ser casuisticamente identificados os tipos de situações, de que o legislador (ainda) se possa ter esquecido, que apresentem analogia com a necessidade, recorrentemente glosada, de se chamarem os bombeiros para apagar um incêndio.

504 Fora das hipóteses em que previsão normativa específica autorize a *exécution d'office*, entende-se, na verdade, no Direito francês, que a Administração só pode proceder à exe-

A exemplo do que sucede no Direito francês, parece dever, assim, entender-se que o sistema de execução das decisões administrativas que, hoje, se encontra consagrado no CPA assenta, salvo excepções a que lei específica ainda não tenha dado a resposta adequada, em dois pilares: o da execução administrativa diretamente fundada em previsão normativa específica e o da execução jurisdicionalizada, quando não exista essa previsão normativa específica, à qual, por isso, se refere o artigo 183º do CPA.

Cumpre, assim, ao legislador prever os casos em que considere justificado fornecer à Administração a habilitação necessária para o recurso à execução forçada dos seus atos administrativos. É o que prevê o nº 2 do artigo 8º do Decreto-Lei nº 4/2015, de 7 de janeiro, que, como já foi referido, remete para diploma próprio a definição dos "casos, formas e termos em que os atos administrativos podem ser impostos coercivamente pela Administração"[505].

cução em casos raros de extrema urgência que (ainda) não tenham sido objecto de previsão legal expressa, ou nos casos, ainda mais difíceis de encontrar, em que o ordenamento jurídico não faça corresponder nenhum tipo de consequência à situação de incumprimento existente, nem a Administração possa lançar mão de um meio alternativo para tentar obter o cumprimento da obrigação em causa. Na prática, no entanto, a Administração tende, mesmo nesses casos, a optar, sempre que possível, por se abster de avançar diretamente para a execução, preferindo requerê-la aos tribunais ou, pelo menos, munir-se de um título jurisdicional que caucione a execução administrativa. Para mais desenvolvimentos, com as necessárias referências, cfr. Mário Aroso de Almeida, "França", in Diogo Freitas do Amaral (Coord.), *O poder de execução coerciva das decisões administrativas nos sistemas de tipo francês e inglês e em Portugal*, Coimbra, 2011, pp. 29 segs.

[505] Para Rui Guerra da Fonseca, "O fim do modelo de administração executiva?", p. 107, como, com a entrada em vigor do regime geral da execução de decisões administrativas previsto no artigo 8º, nº 2, da Lei nº 4/2015, o CPA "deixará de constituir norma geral habilitante da execução de decisões administrativas, mas para nisso ser substituído por um novo regime geral para o efeito [...] o futuro retrato da administração pública portuguesa em matéria de autotutela executiva não deverá ser muito diferente do atual, pois continuará a existir um regime geral para o efeito que, muito embora certamente mais detalhado do que é o CPA/1991 neste domínio (o que sempre será de aplaudir, dadas as exigências de reserva de lei no que toca à restrição de direitos fundamentais), não elevará a exigência de habilitação judicial constante do artigo 183º do CPA/2015 à relevância que poderia supor-se". Pela nossa parte, pensamos, no entanto, com o Autor, que só depois de conhecido o conteúdo do diploma a aprovar em conformidade com a previsão do artigo 8º, nº 2, da Lei nº 4/2015, se esse diploma algum dia vier a ser publicado, "será possível traçar o real quadro do ordenamento jurídico português em matéria de autotutela executiva da administração pública" (p. 114); e concor-

125. Uma referência específica deve ser feita, neste contexto, à execução das obrigações pecuniárias.

Com efeito, como desde logo refere o nº 2 do artigo 176º, a execução coerciva de obrigações pecuniárias é sempre possível. Ora, isto sucede porque a Administração não dispõe de autotutela executiva no domínio das execuções para pagamento de quantias em dinheiro. É o que resulta do artigo 179º do CPA, que estabelece que, quando alguém tinha o dever de pagar uma quantia em dinheiro e não pagou, o órgão competente da entidade legitimada a exigir o pagamento só pode emitir uma certidão comprovativa da situação de incumprimento do dever de pagar e remetê-la à repartição de finanças do domicílio ou sede do devedor (cfr. artigo 179º, nº 2).

Note-se, em todo o caso, que o que falta à Administração, nestes casos, não é a autotutela declarativa (que ela exerceu ao praticar o ato administrativo), mas apenas a autotutela executiva. A certidão do ato administrativo, a que se refere o artigo 179º, nº 2, tem, como diz este preceito, "valor de título executivo". Isto significa que pode ser objeto de uma execução, sem que para isso seja necessário que um tribunal emita uma sentença que declare a existência do dever de pagar, porque a existência desse dever já está demonstrada pela certidão, que é o título executivo, isto é, o documento que vai servir de base à execução.

A partir daí, a repartição de finanças tratará do caso como se estivesse em causa o incumprimento de uma obrigação fiscal, desencadeando o correspondente processo de execução fiscal[506].

damos com ele na ideia de que, dependendo do conteúdo que esse diploma venha a ter, "a autotutela executiva da administração pública pode desaparecer como princípio (qualitativamente), mas manter o seu lugar como instrumento de atuação administrativa (quantitativamente)", com base num novo quadro legal "com consequências ou resultados idênticos ao que resultava do CPA/1991" (p. 115). Como sintetiza o Autor, "tudo dependerá da legislação complementar [ao CPA] que entretanto venha disciplinar esta parcela da atuação administrativa, e da sua conjugação com outras normas extravagantes já existentes no nosso ordenamento jurídico" (p. 116). Em nosso entender, o diploma previsto no artigo 8º, nº 2, da Lei nº 4/2015, se um dia vier a existir, só dará, em todo o caso, adequada concretização ao princípio consagrado no artigo 176º, nº 1, do CPA se não se limitar a retomar, ainda que noutra formulação, o princípio geral do anterior artigo 149º, nº 2, mas se consubstanciar, como é dito no texto, num código suficientemente densificado de execução administrativa.

506 Como faz notar Rui Guerra da Fonseca, *O fundamento da autotutela executiva da Administração Pública*, Coimbra, 2012, pp. 318-319, a solução em referência no texto assenta na assun-

126. No que se refere à determinação das formas que pode assumir a execução coerciva dos atos administrativos e, portanto, dos tipos de medidas que podem ser adotados, nos casos em que lei especial habilite a Administração a utilizá-los para proceder à execução forçada dos seus atos, os artigos 180º e 181º do CPA, cujo conteúdo corresponde ao dos anteriores artigos 156º e 157º, nº 2, prevêem a possibilidade da posse administrativa da coisa, em caso de incumprimento da obrigação de entrega de coisa certa, e a possibilidade da execução subrogatória por terceiro, em caso de incumprimento de obrigações de prestação de facto fungível.

Neste último caso, previsto no artigo 181º, a eventual execução do dever de o obrigado pagar as despesas, incluindo indemnizações e sanções pecuniárias, processa-se nos termos do artigo 179º, por haver, nesse caso, convolação na execução de uma obrigação pecuniária (cfr. artigo 179º, nº 3).

Do ponto de vista do regime substantivo a observar, revestem-se, entretanto, de especial importância, sem prejuízo de outras exigências mais estritas que sejam impostas por lei especial, os princípios de âmbito geral que, hoje, se encontram reunidos no artigo 178º: o princípio da proporcionalidade, que exige que, de entre os meios adequados, sejam utilizados os que envolvam menor prejuízo para os direitos e interesses dos particulares, e o do respeito pelos direitos fundamentais e pela dignidade da pessoa humana, quando se trate de exercer coação física direta sobre indivíduos.

ção, de modo acrítico, do pressuposto de que as execuções fiscais se processam de modo jurisdicionalizado: como explicava Diogo Freitas do Amaral, *Direito Administrativo*, vol. III, policop., Lisboa, 1989, p. 244, "a liquidação do imposto, por exemplo, é feita por um ato administrativo: é a Administração que define quanto é que cada contribuinte deve pagar; mas se ele não pagar voluntariamente, a execução forçada daquele ato tem que ser feita *através dos tribunais*, mediante o chamado 'processo das execuções fiscais'. Não pode ir o chefe de repartição de finanças ou o tesoureiro da fazenda pública a casa do contribuinte e retirar de lá meia dúzia de peças de mobiliário, quadros ou joias, para que o imposto seja efetivamente pago ao Estado; ele tem de promover uma execução fiscal através do tribunal das contribuições e impostos, seguindo determinada tramitação". A doutrina administrativa não teve, assim, em devida conta que, com a evolução ocorrida, do Código de Processo das Contribuições e Impostos para o Código de Processo Tributário, e deste para o Código de Procedimento e Processo Tributário, com todas as revisões de que foi objeto, o processo de execução fiscal foi-se transformando num procedimento cada vez menos jurisdicionalizado, pelo que a pura remissão para o respetivo regime não assegura a efetiva jurisdicionalização da execução forçada de bens patrimoniais.

127. No que se refere ao procedimento comum de execução, a principal determinação que o CPA estabelece resulta do nº 2 do artigo 177º, que exige que, salvo em estado de necessidade, o procedimento de execução tenha início com a notificação ao destinatário de uma decisão autónoma e devidamente fundamentada de proceder à execução administrativa, na qual o órgão competente determina o conteúdo e os termos da execução – com a cominação de um prazo razoável para o cumprimento da obrigação exequenda (cfr. artigo 177º, nº 3). O nº 4 do mesmo artigo 177º permite, em todo o caso, que, com a notificação do ato administrativo que constitui a obrigação na esfera do destinatário, a Administração, desde logo, o notifique também para este efeito.

Por outro lado, é fundamental que toda a execução se baseie num título que a legitime. Como estabelece o nº 1 do artigo 177º, não pode haver execução sem ter sido praticado previamente o ato administrativo exequendo.

É, por isso, ilegítimo, e pode ser objecto de embargos por todos os meios admitidos perante os tribunais administrativos, o procedimento de execução que não se baseie num ato administrativo existente e eficaz ou que exceda os limites do ato exequendo; assim como aquele que não tenha início com a emissão e notificação ao executado da decisão de proceder à execução (cfr. artigo 182º, nº 3, do CPA). A não se verificar qualquer destas situações, só restará ao interessado a dedução de um pedido de suspensão da eficácia do ato exequendo perante o tribunal administrativo competente, se considerar que esse ato é ilegal (cfr. artigo 182º, nº 1, do CPA).

Como foi dito, a execução tem de basear-se no título que a legitima, o ato impositivo exequendo, que é o título executivo, que serve de base à execução.

Note-se que não compromete a natureza de título executivo do ato administrativo impositivo a eventualidade de o conteúdo das obrigações por ele impostas não resultar certo, líquido e exigível à face do título. Com efeito, quando, em caso de incumprimento pelo obrigado, seja à Administração necessário e legalmente possível (cfr. artigo 176º do CPA) avançar para um procedimento administrativo de execução forçada, este procedimento pode ter de principiar – a exemplo do que, em circunstância idêntica, sucede na ação executiva, em processo civil – por um momento de *liquidação* das obrigações impostas, que, no contexto em que nos movemos, se concretizará na prática de um ato administrativo, de conteúdo declarativo, que terá por objeto tornar certo, líquido e exigível o conteúdo das obrigações em causa, para que se possa proceder à respetiva execução forçada.

Note-se, por outro lado, que também não compromete a natureza de título executivo do ato administrativo impositivo a previsão, no nº 2 do artigo 177º do CPA, da necessária emissão da já mencionada "decisão de proceder à execução administrativa". Com efeito, esta decisão é o *ato de iniciativa* do procedimento de execução forçada, cuja prática o Código institui como um requisito formal, do qual depende a possibilidade de um procedimento desse tipo ser desencadeado. A decisão de proceder à execução administrativa é, assim, *um ato de execução* do ato impositivo, mediante o qual, uma vez verificado o incumprimento, por parte do obrigado, do comando imposto por este ato, a Administração decide desencadear o procedimento executivo, dando ainda ao obrigado uma última oportunidade para cumprir[507].

Segundo dispõe o nº 2 do artigo 177º do CPA, a decisão de proceder à execução "determina o conteúdo e os termos da execução". Esta previsão possui, no entanto, um alcance geral, pelo que não pretende dar especificamente resposta à hipótese que colocámos, de a obrigação decorrente do ato impositivo não resultar certa, líquida e exigível à face do título, mas à generalidade das situações, em que, tendo-se consumado o incumprimento pelo obrigado, há que determinar o conteúdo das providências a adotar para obter resultado equivalente e os termos em que tais providências serão adotadas – basta pensar nas hipóteses de execução para prestação de facto, em que seja necessário ordenar a realização da prestação por outrem, e, em especial, de prestação de facto negativo, em que seja necessário ordenar a destruição do que foi indevidamente feito pelo obrigado.

[507] Neste sentido, cfr. MÁRIO ESTEVES DE OLIVEIRA/PEDRO COSTA GONÇALVES/JOÃO PACHECO DE AMORIM, *Código do Procedimento Administrativo Comentado*, 2ª ed., Coimbra, 1998, p. 727.

- III -
Invalidade dos Atos Administrativos

1. Existência, validade e eficácia dos atos administrativos

128. Os conceitos de existência, validade e eficácia dos atos administrativos estão relacionados com o preenchimento de exigências que lhes são impostas pela ordem jurídica. A existência, a validade e a eficácia dos atos administrativos dependem, com efeito, da observância de requisitos normativamente previstos. A distinção entre os conceitos pressupõe, por isso, a prévia distinção entre os requisitos a que cada um deles está ligado: as normas estabelecem requisitos de existência, requisitos de validade e requisitos de eficácia para os atos administrativos. Um ato administrativo só existe, só é válido e só é eficaz se preencher esses requisitos. Se não os preencher, estaremos perante situações de inexistência, de invalidade ou de ineficácia do ato administrativo[508].

[508] O que é dito no texto, e nos parece incontroverso, corresponde, desde logo, ao ensinamento de MARCELLO CAETANO, *Manual de Direito Administrativo*, vol. I, 10ª ed., 1973, pp. 465-467 e 512-514. Na verdade, e ao contrário do que alguns parecem pretender (cfr. ANDRÉ SALGADO DE MATOS, "Algumas observações críticas acerca dos atuais quadros legais e doutrinais da invalidade do ato administrativo", *Cadernos de Justiça Administrativa* nº 82, p. 63), o ilustre Autor distinguia com grande clareza os conceitos da inexistência e da invalidade do ato administrativo (cfr., em particular, *op. cit.*, p. 513), reservando a designação de *elementos* ou *elementos essenciais* para "os componentes do ato de cuja concorrência depende a respetiva existência" (que, pela nossa parte, preferimos qualificar como *elementos constitutivos do conceito de ato administrativo)*, que distinguia muito claramente dos requisitos correspondentes às "exigências legais que o ato existente tem de satisfazer para ser válido" (*op. cit.*, p. 467). De nenhum modo o Autor fazia, pois, corresponder a nulidade às situações de falta de elemen-

1.1. Existência dos atos administrativos

129. São requisitos de existência de um ato administrativo os elementos constitutivos do conceito de ato administrativo. Para que uma determinada declaração possa ser qualificada como ato administrativo, é necessário que preencha um conjunto de requisitos que correspondem às exigências que o ordenamento jurídico coloca para a existência de um ato administrativo.

Esta é uma matéria em relação à qual têm perdurado na doutrina importantes equívocos, que importa procurar dissipar. A nosso ver, a revisão de 2015 do CPA contribuiu decisivamente para isso, ao clarificar, no nº 2 do artigo 155º, o regime respeitante aos requisitos de existência do ato administrativo, precisando que o ato administrativo se considera praticado "quando seja emitida uma decisão que identifique o autor e indique o destinatário, se for o caso, e o objeto a que se refere o seu conteúdo".

Com efeito, a referência ao *autor do ato e* ao respetivo *conteúdo*, assim como ao *destinatário*, quando exista, e ao *objeto*, visa identificar os *elementos constitutivos do conceito de ato administrativo*, da reunião dos quais, na realidade, depende a *existência* do ato.

Vejamos em que termos.

Em nossa opinião, nenhuma declaração pode ser qualificada como um ato administrativo se não puder ser reportada a um *autor* devidamente identificado, que seja um órgão titular de poderes jurídico-administrativos, e não possuir um *conteúdo*, que exprima uma decisão tomada no exercício de poderes jurídico-administrativos, dirigida a produzir efeitos jurídicos externos numa situação individual e concreta. E isto sucede porque *sujeito* e *conteúdo* não são apenas dois dos elementos estruturais do ato administrativo, mas, muito mais do que isso, são elementos constitutivos do respetivo conceito, sem os quais não existe um ato administrativo, como resulta do disposto no artigo 148º do CPA.

O objeto do ato e o seu destinatário, quando exista, desempenham, por sua vez, neste contexto, um papel adjuvante, que surge associado ao conteúdo, como transparece da redação do nº 2 do artigo 155º do CPA.

tos essenciais do ato administrativo, que determinam a respetiva inexistência, sem prejuízo de entender que "a nulidade é equiparada nos seus efeitos à inexistência jurídica do ato" (*op. cit.*, p. 516).

Com efeito, na medida em que o conteúdo do ato se refere a um objeto e, sendo caso disso, a um destinatário, a *indicação* destes é essencial para que se possa afirmar que existe um ato administrativo com um conteúdo. Na verdade, não podemos ter um ato de nomeação, por lhe faltar o conteúdo, se um pretenso ato de nomeação não indicar qualquer pessoa para ser nomeada, na medida em que o efeito jurídico a produzir é o de nomear uma determinada pessoa; como não podemos ter um ato de expropriação, por lhe faltar o conteúdo, se um pretenso ato expropriativo não indicar qualquer imóvel para ser expropriado, na medida em que o efeito jurídico a produzir é o de expropriar um determinado imóvel.

Como temos defendido, de entre os elementos estruturais do ato administrativo, os únicos que são elementos constitutivos do conceito de ato administrativo e, por isso, requisitos da existência da figura são o *sujeito* e o *conteúdo*: para que exista um ato administrativo, é, na verdade, necessária a emissão de uma *decisão*, dirigida a produzir efeitos jurídicos numa situação individual e concreta *(conteúdo)*, que possa ser imputada a um *órgão* titular de poderes jurídico-administrativos *(sujeito)*. Na medida em que o conteúdo do ato se refere a um objeto e, sendo caso disso, a um destinatário, a *indicação* destes é, entretanto, essencial para que se possa afirmar que o ato possui um conteúdo, pelo que constitui requisito de existência do ato. Já outros requisitos impostos ao objeto ou ao destinatário serão meros requisitos de validade do ato, como adiante se verá.

130. O artigo 151º do CPA enuncia as referências essenciais que devem constar da forma dos atos administrativos. Ora, algumas delas referem-se, precisamente, aos elementos constitutivos do conceito de ato administrativo, a que se refere o nº 2 do artigo 155º, nos termos que acabam de ser enunciados, pelo que a sua ausência implica que nem sequer exista um ato administrativo. Com efeito, como a forma escrita é indissociável do ato administrativo praticado por órgão singular, as menções formais respeitantes aos elementos constitutivos do conceito de ato administrativo podem ser indissociáveis da própria existência desses elementos e, portanto, da própria existência de um ato administrativo.

A circunstância referida ocorre nos seguintes casos:

a) Quando for produzido um documento que *não identifique* a autoridade administrativa que o praticou ou a cuja autoria ele não possa ser imputado, por não ser assinado pelo respetivo titular, não pode reconhecer-se nele uma decisão tomada por um órgão administrativo (artigo 151º, nº 1, alíneas *a*) e *g*)): falta um elemento constitutivo, o *sujeito* ou *autor* do ato administrativo, pelo que não existe um ato administrativo;

b) Quando do documento produzido *não conste, de todo em todo,* o conteúdo ou o sentido da (pretensa) decisão (artigo 151º, nº 1, alínea e), primeira parte), não pode reconhecer-se a existência, nesse documento, de uma decisão tomada pelo órgão em causa: falta o outro elemento constitutivo, o *conteúdo* do ato administrativo, pelo que não existe um ato administrativo;

c) Quando o documento produzido *não indique* o destinatário em cuja esfera jurídica visa produzir os seus efeitos e/ou o objeto sobre o qual visa projetar esses efeitos (artigo 151º, nº 1, alíneas b) e e), 2ª parte). É, como foi dito, o exemplo do (pretenso) ato de nomeação que *não indica* a pessoa nomeada, do (pretenso) ato de expropriação que não identifica o bem expropriado, ou do (pretenso) ato de classificação como imóvel de interesse artístico, histórico ou cultural que *não indica* o bem a que se reporta o seu conteúdo. Com efeito, quando o ato administrativo visa projetar os seus efeitos sobre uma pessoa, uma coisa ou uma situação, isto não pode suceder sem indicação do destinatário e/ou da coisa ou da situação que constitui objeto do ato. Quando tal suceda, existem sujeito e conteúdo, mas não existe a *alteridade* indispensável, na medida em que falta um último elemento constitutivo do ato administrativo: o termo contraposto ao sujeito, sobre o qual visam produzir-se os efeitos do ato, o destinatário e/ou o objeto.

Já são, entretanto, objeto de um enquadramento diferente, por se colocarem num plano distinto, as múltiplas situações de invalidade, em que existe um ato administrativo, mas esse ato administrativo não preenche os requisitos de que, legalmente, depende a sua validade, a começar por aqueles cuja inobservância é causa de nulidade do ato.

É o que, desde logo, sucede – para indicar os exemplos mais sensíveis de fronteira – no caso do ato que, embora identifique a autoridade que o praticou e contenha uma decisão – pelo que preenche os requisitos de existência que exigem a imputabilidade de uma decisão a uma autoridade administrativa –, exprima a decisão em termos tais que a tornem ininteligível, por incompreensibilidade do seu sentido. Com efeito, neste tipo de situação, é possível reconhecer que o órgão tomou uma decisão, e isto basta para a existência de um ato administrativo, embora a tenha tomado em termos de tal modo deficientes que não lhe permitem produzir efeitos, determinando a sua nulidade, como adiante se verá.

E o mesmo se diga na hipótese do ato de destinatário ou objeto impossível, que, como também se verá, é nulo porque, embora indique o destinatário, a coisa ou a situação sobre a qual visa projetar os seus efeitos, não pode produzir sobre eles os efeitos pretendidos por razões que a estes últimos, e não ao ato, dizem respeito, e que podem, por exemplo, resultar de nunca ter existido uma pessoa com o nome do destinatário, de a pessoa nomeada já ter falecido à data do ato de nomeação ou de o imóvel classificado já ter sido destruído à data do ato de classificação.

Repare-se que, neste tipo de situações, o ato foi praticado com indicação de um destinatário e/ou de um objeto devidamente identificado. Existe, por isso, um ato administrativo, que possui um conteúdo, pois exprime uma decisão administrativa que visa produzir efeitos externos em relação a um destinatário e/ou objeto identificados. Mas o ato é nulo, por impossibilidade do destinatário ou do objeto em causa.

131. Cumpre reconhecer que os tipos de situações que acabámos de descrever de inexistência de ato administrativo, em que há lugar à produção de um documento que, embora visando corporizar um ato administrativo praticado por um órgão singular, não consegue fazê-lo por não preencher os respetivos requisitos de existência, são, como é natural, de muito rara e difícil ocorrência, pois têm de resultar de anomalias que, na maior parte dos casos, envolverão a truncagem do texto. É natural que assim seja, sem que isso deva surpreender ou preocupar. Estamos, na verdade, nesses casos, perante uma espécie de *aborto jurídico*, de muito difícil ocorrência.

Na verdade, os casos em que com menor raridade se coloca o problema da inexistência de atos administrativos não dizem respeito aos tipos de situações anómalos a que se acaba de fazer referência, mas ocorrem no âmbito do funcionamento de órgãos colegiais, designadamente quando haja lugar à aprovação de pretensas deliberações em reuniões irregulares, que não foram devidamente convocadas ou não se realizaram na data e local estabelecidos, pelo que, apesar das eventuais aparências, deve entender-se que não houve funcionamento do órgão colegial. Excepciona-se apenas o caso da falta de *quorum*, hipótese em que, atualmente, o legislador considera que existe o mínimo de condições para se dever entender que ainda há funcionamento do órgão colegial e, portanto, que as deliberações aprovadas ainda devem ser imputadas ao órgão, embora configurem atos administrativos nulos (cfr. artigo 161º, nº 2, alínea h), do CPA). Parece dever, no entanto, entender-se que nem sequer existe ato imputável ao órgão colegial em hipóteses de violação da própria colegialidade, em que apenas um dos membros do órgão colegial pretenda fazer passar decisões individuais suas por decisões do órgão a que pertence[509].

Importa, entretanto, sublinhar, para afastar equívocos, que as declarações que não reúnam as caraterísticas próprias do ato administrativo não devem ser qualificadas como atos administrativos inexistentes, na medida em que essa expressão é uma contradição nos próprios termos: com efeito, ou bem que estamos perante um ato administrativo, e ele existe, ou bem que estamos apenas perante uma aparência de ato administrativo, mas não existe qualquer ato administrativo, e então não podemos dizer que estamos perante um ato administrativo que se caracteriza pela inexistência. Deve apenas dizer-se, perante cada situação de mera aparência da existência de um ato administrativo, que não existe um ato administrativo nesse caso e, por isso, falar-se, a esse propósito, da inexistência de (qualquer) ato administrativo.

Este aspeto é muito importante para a distinção conceptual das situações de inexistência e de invalidade. Com efeito, a inexistência não é uma modalidade mais grave de invalidade que possa afetar um ato administrativo, pela simples razão de que o primeiro e indispensável requisito para que se possa falar da invalidade de um ato administrativo é que estejamos

[509] Para dar um exemplo marcante, constituiu, a nosso ver, caso evidente de inexistência de ato administrativo aquele que, no verão de 2008, ocorreu quando, após o Presidente do Conselho de Justiça da Federação Portuguesa de Futebol ter declarado encerrada uma reunião daquele órgão, ter lavrado, com o respetivo secretário, a ata da reunião e ter-se ausentado das instalações da Federação, alguns dos membros do órgão decidiram retomar a reunião, designar um Presidente de entre eles e aprovar aparentes deliberações, que, nessas circunstâncias, não podiam ser, no entanto, imputadas ao órgão em causa, que já não se encontrava reunido. Sobre este episódio insólito, vejam-se os textos de Vieira de Andrade, Mário Aroso de Almeida e Pedro Gonçalves, no nº 25 da revista *Desporto & Direito,* a pp. 59 segs., e, com um enquadramento jurídico diferente, Diogo Freitas do Amaral, *A Crise no Conselho de Justiça da Federação Portuguesa de Futebol,* Coimbra, 2008. Para outros exemplos, cfr. Marcelo Rebelo de Sousa/André Salgado de Matos, *Direito Administrativo Geral,* tomo III, 2ª ed., Lisboa, 2009, pp. 149-150.

perante um ato administrativo e, portanto, que ele exista, isto é, que exista uma manifestação que possa ser qualificada como um ato administrativo. Pois o que não existe, não pode ser válido, nem inválido[510].

É a esta luz que, a nosso ver, devem ser enquadradas as situações em que, por razões de segurança jurídica, um interessado se dirige a um tribunal administrativo para pedir que este declare que, apesar das aparências, determinada pronúncia não é um ato administrativo, porque não preenche os requisitos necessários para poder ser qualificada como tal. Nestas situações, importa ter presente que o que o interessado pede é uma declaração de inexistência de ato administrativo, ou seja, que o tribunal reconheça que, na situação em causa, não existe, não foi praticado um ato administrativo – independentemente de, na prática e na própria lei, por vezes se falar a esse propósito, por mera facilidade de expressão, de atos administrativos inexistentes ou de atos que foram declarados inexistentes[511].

[510] Para a distinção, em termos particularmente rigorosos, dos conceitos enunciados no texto, cfr. Aldo Maria Sandulli, *Il procedimento amministrativo*, Milão, 1940, pp. 313-317. Precisamente porque também nós entendemos que se impõe "distinguir categoricamente as situações de inexistência das situações de invalidade", não subscrevemos, pois, a posição de Vieira de Andrade, "A nulidade administrativa, essa desconhecida", in *Em Homenagem ao Professor Doutor Diogo Freitas do Amaral*, Coimbra, 2010, pp. 769-770, que parece condescender com "a construção jurídica do ato administrativo inexistente, em que a inexistência é vista, em si, ou por qualificação legislativa expressa, como uma forma extremamente grave de invalidade de uma decisão imputável à Administração". Na verdade, tal construção jurídica radica, a nosso ver, num equívoco, que deve ser ultrapassado. Também não compreendemos, por isso, a posição de Rebelo de Sousa/Salgado de Matos, *op. cit.*, na medida em que nos parece contraditória com as definições introduzidas a pp. 149-150, que nos parecem corretas, a caracterização a que os Autores procuram proceder a seguir, a pp. 150-151, de um pretenso "regime jurídico dos atos administrativos inexistentes".

[511] Note-se, a propósito, que a declaração de inexistência de ato administrativo pode ser pedida aos tribunais administrativos quando, por razões de segurança jurídica, um interessado sinta a necessidade de propor uma ação meramente declarativa ou de simples apreciação, dirigida a obter apenas o reconhecimento jurisdicional de que, apesar das aparências, determinada pronúncia não é um ato administrativo. Essa possibilidade não contende, entretanto, naturalmente, com a possibilidade da propositura de uma ação de condenação da Administração, quando não esteja apenas em causa a necessidade de uma clarificação, por razões de segurança jurídica, de que determinada pronúncia não é um ato administrativo, mas a necessidade de pedir a condenação da Administração a realizar operações materiais para, v.g., eliminar as consequências de uma via de facto empreendida sem título que a sustente, hipótese

1.2. Validade dos atos administrativos – regimes da nulidade e da anulabilidade

132. São requisitos de validade dos atos administrativos os que a lei impõe como condição de cuja observância depende que eles possam ser aceites como instrumentos incontestáveis de modificação da ordem jurídica. Se um ato administrativo for praticado sem observar determinado requisito de validade, ele é inválido e isto significa que ele pode ser contestado, perante a própria Administração e perante os tribunais.

A título preliminar, cumpre referir que o direito positivo não é exaustivo na determinação das consequências que decorrem da inobservância dos diferentes requisitos que impõe aos atos administrativos. É, por isso, à luz da doutrina e da jurisprudência, orientadas por considerações de experiência prática e de razoabilidade, que em grande medida se devem traçar as fronteiras entre os domínios da validade e da invalidade dos atos administrativos.

Na verdade, importa recordar que as normas jurídicas não representam, para a Administração, um mero limite negativo, mas tocam, pela positiva, todos os aspetos da sua actuação. Elas não representam, assim, a *ultima ratio*, como sucede para os particulares, mas desdobram-se por múltiplos planos, regulando questões de importância muito variável. Compreende-se, por isso, que, enquanto os atos jurídicos dos particulares que violem as relativamente escassas, mas, por isso mesmo, fundamentais regras imperativas que o ordenamento jurídico lhes impõe sejam nulos, já no que diz respeito à imensidão multiforme de regras aplicáveis à atuação da Administração, se distinga segundo critérios teleológicos.

É nesta perspetiva que se admite que certas infrações constituem meras irregularidades sem influência sobre a validade do ato administrativo. É o que sucede com certos lapsos materiais na forma do ato, que, por não comprometerem a sua compreensibilidade nem a correção do seu conteúdo, nem afectarem as garantias dos interessados, podem ser, a todo o tempo, objeto de retificação (cfr. artigo 174º do CPA). Mas é ainda o que sucede nos casos, de que adiante se falará (cfr. *infra*, nº 143), em que há

na qual a questão do reconhecimento jurisdicional de que, *in casu*, não foi praticado qualquer ato administrativo, independentemente da questão de saber se houve ou não essa aparência, passa para segundo plano, não sendo objeto de pedido autónomo e, muito menos, principal.

preterição, no decurso do procedimento, de trâmites que, embora fossem legalmente exigidos, podem ser qualificados, no caso concreto, como formalidades não essenciais.

Na mesma perspetiva se compreende que o regime-regra, em matéria de invalidade dos atos administrativos que não observem requisitos de validade impostos por regras imperativas, não seja o da nulidade, mas o da anulabilidade (cfr. artigo 163º, nº 1, do CPA). Este é o resultado de uma opção do legislador, determinada por considerações de oportunidade, que sobretudo se prendem com a necessidade de dotar as situações que são definidas por ato administrativo de um mínimo de estabilidade que proteja a confiança do amplo círculo de interessados que nelas podem estar envolvidos[512].

1.2.1. Casos de nulidade

133. Sem prejuízo do disposto em (vasta) legislação especial, a nulidade dos atos administrativos é excecional, só existindo, nos termos do nº 1 do artigo 161º do CPA, nos casos para os quais "a lei comine expressamente essa forma de invalidade".

Note-se que, antes da revisão de 2015, o anterior artigo 133º do CPA estabelecia ainda, no seu nº 1, que os atos administrativos eram nulos quando lhes faltasse qualquer dos elementos essenciais. Esta previsão, através da qual, a nosso ver, o legislador fazia apelo a um conceito de nulidade por natureza[513], afigurava-se infeliz, na medida em que se mostrava problemático o preenchimento, para o efeito pretendido, do

[512] Para mais desenvolvimentos, cfr. SÉRVULO CORREIA, *Noções de Direito Administrativo*, vol. I, Lisboa, 1982, pp. 354 segs. e 384-386.

[513] Ao contrário de REBELO DE SOUSA/SALGADO DE MATOS, *op. cit.*, pp. 179-180, entendemos que a remissão do legislador, com caráter geral, para o conceito de "elementos essenciais" dispensava e impedia a identificação doutrinal ainda de pretensas nulidades por natureza que não se reconduzissem a esse conceito. Este entendimento louvava-se na perspetiva material, que não estrutural, de que partíamos para o preenchimento, nesse contexto, do conceito de "elementos essenciais", que, desse modo, nos parecia passível de dar resposta a todas as situações de ilegalidade especialmente grave que poderiam justificar o apelo a um conceito de nulidade por natureza. Em sentido que nos parece próximo, cfr. DIOGO FREITAS DO AMARAL, *Curso de Direito Administrativo*, vol. II, 3ª ed., Coimbra, 2016, pp. 363-364.

conceito de "elementos essenciais". Em nossa opinião, o conceito não podia ser, na verdade, preenchido numa perspetiva estrutural, que o reconduzisse aos elementos constitutivos do conceito de ato administrativo de cujo preenchimento depende, como vimos atrás, a própria existência de um ato administrativo – pois, de outro modo, reconduzir-se-iam a um regime de mera invalidade as situações de inexistência de ato administrativo, o que, desde logo no plano ontológico, nos parecia indefensável[514]. A solução parecia ser, portanto, a de adotar um critério material, associando o conceito de "elementos essenciais" a requisitos legais de validade cuja falta, mesmo quando a lei não cominasse expressamente para ela a sanção da nulidade, se devesse entender que, pela sua essencialidade, não devia ser apenas submetida ao regime da anulabilidade[515].

[514] Assinalando o problema, já em 1982, a propósito de previsão que, no mesmo sentido, constava do nº 1 do artigo 200º do primeiro Projeto de Código do Processo Administrativo Gracioso, cfr. SÉRVULO CORREIA, *Noções de Direito Administrativo*, p. 358, em nota. Em sentido contrário ao do texto, REBELO DE SOUSA/SALGADO DE MATOS, *op. cit.*, pp. 169-170, defendiam que o critério geral de nulidade do nº 1 do artigo 133º do CPA era puramente estrutural, com base, ao que parece, no entendimento de que todos os elementos da estrutura do ato administrativo (autor, destinatários, objeto, conteúdo, forma, formalidades, fim e motivos) seriam *essenciais*, no sentido de que a falta de qualquer deles deveria ser causa de nulidade do ato: aparentemente neste sentido, cfr. ANDRÉ SALGADO DE MATOS, "A invalidade do ato administrativo no projeto de revisão do CPA", *Cadernos de Justiça Administrativa* nº 100, pp. 49-50. Pela nossa parte, não vemos, porém, o sentido de qualificar todos os elementos da estrutura do ato administrativo como *essenciais* e continuamos a entender que tal entendimento conduz, inevitavelmente, a diluir os requisitos de existência do ato administrativo nos requisitos da sua validade – com o que se comprova que a posição em causa é, como afirmávamos, contraditória com aquela que, a pp. 149-150, os Autores assumem a propósito da inexistência de ato administrativo, pois não vemos como possa sustentar-se que, nas situações em que, como vimos, a falta de elementos da estrutura do ato administrativo (*sujeito* e *conteúdo*) coincide com a falta de elementos constitutivos do conceito de ato administrativo, se possa estar perante um ato que, ao mesmo tempo, é inexistente e é nulo.

[515] Em sentido que nos parece próximo, cfr. FREITAS DO AMARAL, *Curso...*, vol. II, pp. 363-364. O critério material era adotado por MÁRIO ESTEVES DE OLIVEIRA/PEDRO COSTA GONÇALVES/JOÃO PACHECO DE AMORIM, *Código do Procedimento Administrativo Comentado*, 2ª ed., Coimbra, 1998, pp. 641 segs. A nosso ver, o critério a utilizar devia, na verdade, ser o da essencialidade, ou seja, da importância do requisito legal em causa e, portanto, da gravidade – e apenas esta – da sua falta. Cumpre, em todo o caso, notar que os tribunais administrativos fizeram sempre uma utilização muito parcimoniosa do conceito de "elementos essenciais", não considerando, por exemplo, que a total preterição do procedimento administrativo legal-

Com a revisão de 2015, o legislador do CPA optou por eliminar, no artigo 161º, a referência à possibilidade da existência de situações de nulidade por falta de elementos essenciais, o que nos parece positivo. Afasta-se, deste modo, uma ambiguidade indesejável, no plano teórico, e à qual a prática jurisprudencial não tinha, pelo seu lado, reconhecido efetivo sentido útil.

O teor literal do artigo 161º, ao consagrar um regime de taxatividade legal das causas de nulidade dos atos administrativos, não deixa, entretanto, espaço para situações de nulidade por natureza. A solução não foi bem recebida, no âmbito da discussão pública a que o projeto de revisão do CPA foi submetido, e cumpre reconhecer que se trata de uma opção discutível. É, por isso, natural que, na doutrina, venha a ser defendida a possibilidade do reconhecimento da existência de situações de nulidade por natureza, em casos para os quais a lei não comine expressamente essa sanção.

A verdade, porém, é que, para além dos casos previstos na vastíssima legislação especial, o elenco de âmbito geral que se encontra desde logo previsto no nº 2 do artigo 161º – e que, por comparação com o elenco do nº 2 do anterior artigo 133º, foi, de resto, objeto de alargamento com a revisão de 2015 – parece dar resposta a todos os tipos de situações de ilegalidade grave até hoje identificados, em que se justifica aplicar aos atos administrativos a sanção da nulidade.

Importa, por outro lado, ter presente que, sem prejuízo de se poderem discutir, no plano dogmático, os pressupostos em que tradicionalmente assenta o regime das invalidades dos atos administrativos, não pode ser ignorado que esse regime foi edificado sobre um pilar que ainda hoje se mantém firme, designadamente no ordenamento jurídico português: a regra da anulabilidade dos atos administrativos ilegais e da consequente excepcionalidade do sancionamento desses atos com o regime da nulidade.

No essencial, esta regra é, como já foi dito, justificada por razões de segurança jurídica, associadas à exigência de alguma previsibilidade quanto à estabilidade das definições jurídicas introduzidas no exercício

mente devido é causa de nulidade do ato administrativo que, sem ele, tenha sido produzido – ponto que, em todo o caso, se encontra, hoje, resolvido pela previsão da alínea l) do nº 2 do artigo 161º do CPA.

de poderes jurídico-administrativos. Ora, em nossa opinião, estas mesmas razões exigem clareza e previsibilidade na determinação dos casos em que, excepcionalmente, os atos administrativos ilegais são fulminados com a sanção da nulidade.

Neste sentido parece, aliás, apontar a orientação seguida pela jurisprudência administrativa, que, apesar da previsão do nº 1 do anterior artigo 133º e da proclamação, pela doutrina, da existência de *nulidades por natureza,* sempre se pautou, ao longo da vigência do CPA, pela adoção de uma postura muito restritiva no que respeita ao reconhecimento de causas de nulidade que não sejam objeto de previsão legal expressa.

1.2.2. Regime da nulidade

134. No que respeita ao regime da nulidade, ele apresenta as seguintes características (cfr. artigo 162º do CPA): o ato nulo é ineficaz desde o início, pelo que não pode ser objecto de atos de segundo grau; por regra, a nulidade pode ser invocada a todo o tempo, a título principal ou incidental, por qualquer interessado; existe o direito de resistência passiva contra as determinações contidas no ato nulo; o ato nulo não tem de ser impugnado perante os tribunais administrativos, embora possa haver interesse em pedir a declaração judicial da sua nulidade, para tornar claro, perante a Administração e eventuais terceiros, que não podem ser extraídas quaisquer consequências do ato nulo.

Na revisão de 2015, o nº 2 do artigo 162º passou, entretanto, a estabelecer que, embora a nulidade dos atos administrativos possa ser *conhecida* por qualquer autoridade administrativa, ela só pode ser *declarada* pelos órgãos competentes para decretar a sua anulação.

Como resulta da ressalva introduzida no inciso inicial do nº 2 do artigo 162º, a nulidade dos atos administrativos nem sempre pode ser invocada a todo o tempo. Existem, na verdade, domínios em que lei especial sujeita essa invocação a prazos. É o que sucede nos casos abrangidos pela previsão do nº 4 do artigo 69º do Regime Jurídico da Urbanização e da Edificação; e no caso específico dos atos pré-contratuais a que se refere o artigo 100º, nº 1, do CPTA, em que a jurisprudência tem entendido de modo reiterado e sistemático que a respectiva declaração de nulidade tem de ser requerida dentro do prazo de um mês, nos termos do artigo 101º do mesmo Código, sob pena de não poder mais ser arguida[516].

Uma referência ainda ao regime do nº 3 do artigo 162º do CPA, que admite "a possibilidade de atribuição de efeitos jurídicos a situações de facto decorrentes de atos nulos, de harmonia com os princípios da boa-fé, da proteção da confiança e da proporcionalidade ou outros princípios jurídicos constitucionais, designadamente associados ao decurso do tempo".

Como foi assinalado na doutrina, este preceito "é um componente nuclear do sistema de invalidade, na medida em que constitui uma das pouquíssimas válvulas de escape à sua rigidez genética"[517]. Merece, por isso, atenção a alteração subtil que nele foi introduzida – em comparação com a fórmula utilizada no nº 3 do artigo 134º, que lhe correspondia na redação do CPA anterior à revisão de 2015 –, no sentido de ser retirada a consideração do decurso do tempo do centro da ponderação de princípios a efetuar, para o efeito de se decidir se devem ser atribuídos efeitos jurídicos a situações constituídas ao abrigo de atos nulos.

1.2.3. Regime da anulabilidade – em especial, os casos de afastamento do efeito anulatório do artigo 163º, nº 5

135. Como já foi referido, o regime-regra em matéria de invalidade dos atos administrativos é o regime da anulabilidade: como estabelece o nº 1 do artigo 163º, "são anuláveis os atos administrativos praticados com ofensa dos princípios ou outras normas jurídicas aplicáveis, para cuja violação se não preveja outra sanção".

Ao contrário do que, apesar da epígrafe, sucedia com o anterior artigo 136º, o artigo 163º do CPA identifica o regime da anulabilidade dos atos administrativos, que se concretiza nas seguintes caraterísticas: a anulabilidade de um ato administrativo significa que esse ato pode ser anulado, está sujeito ao risco de vir a ser anulado; a anulabilidade não faz com que

[516] Em sentido muito crítico em relação ao entendimento jurisprudencial referido no texto, com ampla resenha de posições doutrinais, cfr. André Salgado de Matos, *op. cit.*, pp. 54-55 e nota 37.

[517] Cfr. André Salgado de Matos, *op. cit.*, p. 56.

o ato não produza efeitos; o ato produz, portanto, efeitos, devendo ser cumprido por quem, em circunstâncias normais, seria obrigado a fazê-lo; os efeitos do ato são, no entanto, produzidos a título precário, na medida em que podem ser destruídos desde o início, se o ato vier a ser anulado; o ato será anulado se for praticado um outro ato, que pode ser um ato administrativo ou uma sentença de anulação; a anulação administrativa ou a sentença de anulação decretam a anulação do ato, o que significa que, não só reconhecem e declaram que ele é anulável, como extraem logo daí a devida consequência, eliminando o ato e destruindo os seus efeitos.

A anulabilidade dos atos administrativos é, entretanto, submetida a aspetos específicos de regime, na medida em que pode ser invocada por qualquer interessado que possa retirar uma vantagem da anulação; os atos administrativos anuláveis podem ser impugnados perante a própria Administração ou perante o tribunal administrativo competente, dentro do prazo legal; e, por regra, ao fim de um ano, o ato anulável deixa de poder ser impugnado (cfr. artigo 58º, nº 2, do CPTA).

Acrescente-se que o nº 5 do artigo 163º do CPA, dando expressão a construções jurisprudenciais com longa tradição nos tribunais administrativos, tanto entre nós, como no Direito comparado, mas que nunca tinham tido expressão normativa no nosso ordenamento jurídico, introduziu um inovatório regime, nos termos do qual o efeito anulatório não se produz em três tipos de situações: quando o conteúdo do ato anulável não podia ser outro, por o ato ser de conteúdo vinculado ou a apreciação do caso concreto permitir identificar apenas uma solução como legalmente possível; quando o fim visado pela exigência procedimental ou formal preterida tenha sido alcançado por outra via; ou quando se comprove, sem margem para dúvidas, que, sem o vício, o ato teria sido praticado com o mesmo conteúdo.

Subjacente a estas três soluções normativas está um único propósito, determinado por um critério de racionalidade, que visa promover a economia dos procedimentos: o propósito de evitar a anulação de atos administrativos, sempre que seja seguro que essa anulação seria seguida da prática de outro ato administrativo com o mesmo conteúdo. Sempre que se possa afirmar, sem margem para dúvidas, que é esse o caso, não se justifica anular o ato para praticar outro igual, fazendo todo o sentido conservar o ato praticado, ainda que ele enferme de alguma ilegalidade, que, dependendo dos casos, tanto poderá ser de forma ou de procedimento (cfr. nº 143), como poderá ter que ver com os pressupostos ou o conteúdo do ato (cfr. nºs 155 e 157).

Quando se verifique alguma das circunstâncias previstas no nº 5 do artigo 163º, está, portanto, automaticamente afastada, *ex lege*, a possibilidade do sancionamento do ato com a anulação. Ao contrário do que sucede noutros ordenamentos jurídicos, dos quais o CPA se distanciou, a aplicação do regime em causa não depende, pois, de qualquer apreciação valorativa, nem se concretiza apenas na recusa aos eventuais interessados da possibilidade de obterem a anulação contenciosa do ato: o preceito em análise exclui, pura e simplesmente, a possibilidade da anulação nos casos nele previstos e, por outro lado, tanto vincula o juiz, no âmbito de qualquer processo que contra o ato seja intentado, seja no exercício do direito individual de ação, seja no exercício do direito de ação popular ou, pelo Ministério Público, no exercício da ação pública, como vincula, em primeira linha, a própria Administração, no que diz respeito ao exercício do seu poder de anulação administrativa[518].

A nosso ver, as três referidas previsões do nº 5 do artigo 163º do CPA são entre si complementares, nos termos que se passam a enunciar[519].

a) A previsão da alínea a) tem em vista o tipo de situações em que a jurisprudência mais frequentemente recorre (sobretudo em casos de vício de procedimento por falta de audiência do interessado) ao chamado *aproveitamento do ato administrativo anulável:* situações de *vinculação,* em que, mesmo que a ilegalidade cometida não tivesse ocorrido, o conteúdo do

518 Em sentido diferente, mas ainda por referência ao anteprojeto de revisão do CPA, cujo regime não veio a ser mantido na versão final, cfr. RUI CHANCERELE DE MACHETE, "Breves notas sobre as sanções dos vícios procedimentais e de forma no projeto de revisão do Código do Procedimento Administrativo (PCPA)", in *Estudos em Homenagem a António Barbosa de Melo,* Coimbra, 2013, p. 813.

519 Já sobre o tema, anteriormente ao regime introduzido em 2015 pelo CPA, cfr. VIEIRA DE ANDRADE, *O dever da fundamentação expressa de atos administrativos,* Coimbra, 1991, pp. 343 segs.. Aliás, a circunstanciada apreciação, em sequência, dos tipos de situações previstos no nº 5 do artigo 163º pode encontrar-se nessa obra, a pp. 315 segs., com indicação de referências. Com efeito, o preceito em análise optou por prever como modalidades diferenciadas de aplicação do respetivo regime três hipóteses correspondentes a diferentes entendimentos sobre os critérios de que deve depender a não aplicação da sanção da anulação a atos administrativos inquinados, tanto de vícios formais ou procedimentais, como de vícios quanto aos pressupostos ou aos motivos.

ato não poderia ser diferente daquele que foi, pelo que a sua eventual anulação teria necessariamente de conduzir à prática de um novo ato com o mesmo conteúdo[520].

Como o preceito tem o cuidado de referir, de harmonia com o também disposto no nº 2 do artigo 71º do CPTA, a vinculação da Administração à prática de um ato com um determinado conteúdo tanto pode resultar diretamente da lei, que determina, em abstrato, o conteúdo a dar ao ato em função do preenchimento de pressupostos objetivos, como pode resultar das concretas circunstâncias do caso, quando seja possível afirmar que, embora a lei confira, em abstrato, um poder de valoração próprio à Administração, a verdade é que, no caso concreto, ela não dispõe de poder de escolha, pelo que só lhe resta praticar aquele ato com aquele conteúdo *(redução da discricionariedade a zero)*[521].

Como já foi referido, o preceito, tal como a jurisprudência que o inspira, não tem apenas em vista situações de vício de procedimento, mas também de vícios quanto aos pressupostos ou ao conteúdo, no que se distingue, a nosso ver justificadamente, tanto do § 46 da lei alemã, na redação anterior à revisão de 1996, como do artigo 21 *octies* da lei italiana[522].

b) A previsão da alínea b) tem em vista o tipo de situações que a jurisprudência tradicionalmente reconduz à chamada *degradação das formalidades essenciais em não essenciais:* situações que, ao contrário do que acontece nas outras duas alíneas, dizem exclusivamente respeito a violações de regras de forma e de procedimento, em razão da *instrumentalidade* dessas regras [523]. Com efeito, como a observância das regras formais e procedi-

[520] Cfr., por exemplo, Acórdãos do STA de 30.03.1995, Proc. nº 32214, de 02.02.2000, Proc. nº 45623, de 30.06.2011, Proc. nº 330/11, e de 23.02.2012, Proc. nº 66/10; e as amplas referências em André Salgado de Matos, *op. cit.*, p. 63, nota 72.

[521] Cfr., por todos, Mário Aroso de Almeida, *Manual de Processo Administrativo*, pp. 101-102, e Mário Aroso de Almeida/Carlos Fernandes Cadilha, *Comentário ao Código de Processo nos Tribunais Administrativos*, 4ª ed., Coimbra, 2017, pp. 496 segs..

[522] Cfr., por todos, Hartmut Maurer, *Allgemeines Verwaltungsrecht*, 11ª ed., Munique, 1997, p. 255; Francesco Caringella, *Manuale di Diritto Amministrativo*, 5ª ed., Roma, 2012, pp. 147 segs.

[523] Para a diferenciação entre os casos de degradação de formalidades essenciais em não essenciais e de aproveitamento do ato administrativo como dois institutos de natureza distinta, cfr. Isabel Celeste Fonseca, "Tramitação e formalidade: (proposta de) *golpes* às garantias procedimentais fundamentais dos interessados", *Cadernos de Justiça Administrativa* nº

mentais não é um fim em si mesmo, pode suceder que, nas concretas circunstâncias do caso, seja possível afirmar que, apesar da sua inobservância, foi assegurado o objetivo visado pela lei ao impô-las, em termos que não justificam a anulação do ato praticado[524].

Repare-se que, neste tipo de situação – que, por isso, não se confunde com o previsto na alínea a) –, não se exige que o ato seja vinculado, pelo que tinha de ser praticado com o conteúdo com que o foi: o que se exige é que os valores protegidos pela norma procedimental ou formal violada tenham sido assegurados por outra via, de modo a poder afirmar-se que a ilegalidade cometida não teve qualquer efeito sobre a substância da decisão, pelo que não se justifica que tenha *relevância invalidante* em relação a ela.

c) Tal como sucede com a alínea a), também a previsão da alínea c) tem em vista situações que a jurisprudência reconduz ao chamado *aproveitamento do ato administrativo anulável.* Em nossa opinião, refere-se, no entanto, a um tipo de situação ao qual só uma parte da jurisprudência tem dado acolhimento, que é o do *aproveitamento de atos administrativos discricionários*[525].

Que esse é o sentido do preceito, resulta, a nosso ver, do confronto com a alínea a), de acordo com uma lógica de complementaridade sem a qual não se compreenderia a existência das duas alíneas. Com efeito, enquanto a alínea a) tem em vista, como foi dito, os casos em que "o conteúdo do ato não possa ser outro", pelo que, mesmo que o ato fosse anulado, ele *teria de ser* de novo praticado com o mesmo conteúdo, a alínea c) tem em vista casos em que, "mesmo sem o vício, o ato *teria sido* praticado com o mesmo conteúdo". A alínea c) pressupõe, portanto, que o ato *não tinha de ser* praticado com aquele conteúdo, pelo que *podia ter sido* praticado com outro conteúdo – nesta perspetiva se compreendendo a autonomia

100, p. 93; PEDRO MACHETE, "Os limites do aproveitamento do ato administrativo", *Cadernos de Justiça Administrativa* nº 101, p. 64.

[524] Cfr. ainda PEDRO MACHETE, *op. cit.*, p. 64. Na jurisprudência, dois marcos históricos: os Acórdãos do STA de 13.02.1975, in *Acórdãos Doutrinais* nº 163, e de 22.06.1983, in *Acórdãos Doutrinais* nº 263.

[525] Cfr., por exemplo, Acórdãos do STA de 07.07.2002, Proc. nº 46611, de 11.10.2007, Proc. nº 1521/02, e de 26.10.2010, Proc. nº 473/10; e as referências em ANDRÉ SALGADO DE MATOS, *op. cit.*, p. 63, nota 73.

da respetiva previsão em relação à da alínea a) –, e, nesse pressuposto, exige, para que a anulabilidade do ato seja afastada, que, nas concretas circunstâncias do caso, "se comprove, sem margem para dúvidas", que o ato *teria sido* praticado com o mesmo conteúdo, mesmo que a ilegalidade não tivesse ocorrido.

Cumpre notar que existe uma área de sobreposição entre a previsão da alínea c) do nº 5 do artigo 163º do CPA e a do § 46 da lei alemã, na redação resultante da revisão de 1996. Com efeito, este último preceito, ao adotar o critério de o vício não ter influído na decisão, cobre não só situações de vinculação – que, como vimos, correspondem à previsão da nossa alínea a) –, como situações de exercício de poderes de valoração próprios da Administração em que seja evidente que o vício não influiu na decisão, por se demonstrar que o órgão administrativo teria praticado o mesmo ato se o vício não tivesse ocorrido[526].

A verdade, porém, é que, como já foi assinalado, tanto a alínea a), como a alínea c), não têm apenas nem necessariamente em vista situações de vícios formais ou procedimentais. E, no que diz respeito à alínea c), parece-nos que o seu domínio preferencial de aplicação não será o dos vícios de procedimento, na medida em que, na generalidade dos casos em que a Administração dispõe de poderes de valoração próprios, não será possível demonstrar que o ato sempre teria sido praticado com o mesmo conteúdo, ainda que o trâmite procedimental preterido tivesse sido observado[527].

Pelo contrário, é no domínio dos pressupostos do ato e dos motivos determinantes do exercício dos poderes de valoração próprios da Administração que, em nossa opinião, a previsão em apreço tenderá a encontrar o seu campo preferencial de aplicação, de harmonia com a construção jurisprudencial francesa da irrelevância invalidante dos *motifs surabondants*[528]. Com efeito, o que, a nosso ver, a aplicação da alínea c) do nº 5 do

[526] Cfr., por todos, H. MAURER, *op. cit.*, pp. 255-256.

[527] Neste sentido, cfr. FREITAS DO AMARAL, *Curso...*, vol. II, 2ª ed., p. 396, e VIEIRA DE ANDRADE, *O dever da fundamentação... cit.*, pp. 324-326 e 329-332, cujas considerações são válidas tanto para o vício de forma, como para o vício de procedimento.

[528] Sobre esta construção jurisprudencial francesa, cfr., por todos, ANDRÉ DE LAUBADÈRE/JEAN-CLAUDE VENEZIA/YVES GAUDEMET, *Traité de Droit Administratif*, tomo 1, 15ª ed., Paris, 1999, pp. 586-587; RENÉ CHAPUS, *Droit Administratif Général*, tomo 1, 15ª ed., Paris, 2001, p. 1045.

artigo 163º do CPA tem primacialmente em vista são situações em que, tendo um ato sido praticado, com um determinado conteúdo, com fundamento em vários pressupostos e/ou motivos, algum ou alguns dos quais viciados, seja possível concluir, sem margem para dúvidas, que o autor do ato o teria praticado, nos mesmos termos, se só tivesse considerado os pressupostos e/ou motivos válidos – sendo que, na tradição francesa, a jurisprudência, no propósito de preservar a legalidade, parte de uma presunção do caráter determinante de todos os pressupostos e/ou motivos que inspiraram a decisão, para só admitir a *neutralização* dos pressupostos e/ou motivos inválidos quando seja inequívoca a demonstração, cujo ónus da prova recai sobre a Administração, de que, mesmo que eles não tivessem sido considerados, o ato teria sido praticado nos mesmos termos[529]. Subjacente ao preceito está, assim, uma lógica de *excecionalidade*, que transparece dos termos restritivos em que são formulados os seus pressupostos de aplicação.

No nº 5 do artigo 163º do CPA, não é tida em consideração a possibilidade de existir interesse relevante na anulação dos efeitos produzidos por ato anulável que envolva a imposição de deveres, encargos, ónus ou sujeições, a aplicação de sanções ou a restrição de direitos e interesses legalmente protegidos[530]. E, como optou por não configurar o afastamento do efeito anulatório como uma faculdade reservada aos tribunais, o preceito parece, à partida, impedir os juízes administrativos de atender, no contexto dos processos em que a questão se coloque, aos "interesses que se manifestam na situação concreta da vida que tem perante si"[531].

A solução pode parecer incongruente com aquela que, no domínio da convalidação dos atos administrativos anuláveis, o CPA estabelece nos

[529] Cfr. André de Laubadère/Jean-Claude Venezia/Yves Gaudemet, *op. cit.*, p. 586.

[530] Sobre essa possibilidade, cfr. Margarida Cortez, "Aproveitamento de ato administrativo inválido: custas pelo recorrente?", *Cadernos de Justiça Administrativa* nº 37, p. 38, e Pedro Machete, "As limitações *ratione temporis* de atos secundários praticados na pendência de processos de impugnação", *Cadernos de Justiça Administrativa* nº 91, p. 40, e "Os limites do aproveitamento do ato administrativo", *Cadernos de Justiça Administrativa* nº 101, p. 67.

[531] Cumpre reconhecer que a opção em referência no texto introduz no regime do nº 5 do artigo 163º uma rigidez pouco consentânea com o equilíbrio exigível num domínio, como aquele em presença, em que cumpre harmonizar interesses em conflito. Sobre este ponto, cfr. Vieira de Andrade, *O dever da fundamentação... cit.*, pp. 332-334.

artigos 164º, nº 5, e 173º, nº 3, embora seja de notar que, à partida, estes preceitos pressuporão a existência de situações que carecem de convalidação precisamente por não se enquadrarem nas hipóteses previstas no nº 5 do artigo 163º. Designadamente quando estejam em causa atos que apliquem sanções ou imponham restrições a direitos fundamentais, afigura-se, no entanto, que o juiz administrativo deve ser admitido, por aplicação analógica do nº 3 do artigo 173º, a limitar o alcance do regime aqui em análise, anulando os efeitos lesivos produzidos pelo ato durante o período de tempo decorrido até ao momento em que, em conformidade com o disposto no nº 5 do artigo 163º, determine o afastamento do efeito anulatório.

136. Em nossa opinião, a opção da introdução, no nº 5 do artigo 163º do CPA, da previsão destas causas de afastamento do efeito anulatório, apesar dos riscos que naturalmente envolve, e cujas consequências a seu tempo deverão ser avaliadas, foi positiva.

Não se ignoram os riscos envolvidos[532], mas não nos parece que a solução devesse passar por *meter a cabeça na areia*, ignorando a relevância de construções que são, desde há muito, objeto de aplicação quotidiana pelos nossos tribunais administrativos[533] – e que, se o são, tanto no nosso ordenamento jurídico, como no Direito comparado, é porque se sustentam num argumento pertinente, como já vimos: o de que não é razoável anular um ato administrativo materialmente correto, quando se chegue à conclusão de que a anulação a mais não conduziria do que à prática de outro ato com o mesmo conteúdo.

Em nossa opinião, é, pois, positivo que, neste domínio, se tenha procedido à consagração normativa de construções com relevo muito significativo na prática jurisprudencial e sustentação pertinente. Por outro lado, tal consagração normativa tem, a nosso ver, a vantagem de favorecer o escru-

[532] Assinalando, de modo pertinente, o aumento do risco de multiplicação de ilegalidades que, no contexto em análise, pode decorrer do "nefasto 'efeito contrapedagógico' da desconsideração do vício de forma", cfr. ANDRÉ SALGADO DE MATOS, *op. cit.*, p. 66.

[533] Como parece ser o caminho preconizado pelo Autor citado na nota precedente, embora reconheça que "os tribunais administrativos, pouco embaraçados pela ausência de habilitação legal, determinam o aproveitamento de atos administrativos em centenas de casos por ano" e alegue que, nesse domínio, "reina o mais completo caos na jurisprudência": cfr. ANDRÉ SALGADO DE MATOS, *op. cit.*, pp. 62 e 63.

tínio da aplicação jurisprudencial de critérios, que, desse modo, deixam de ser critérios pretorianos mais ou menos clandestinos, para passarem a ser critérios normativos – o que, só por si, promove a transparência e a previsibilidade na aplicação do Direito e, a prazo, pode contribuir para o próprio aperfeiçoamento dos critérios em causa e do modo como eles são jurisprudencialmente aplicados.

Resta acrescentar, em todo o caso, que, subjacente à consagração das soluções previstas nas três alíneas do nº 5 do artigo 163º do CPA, não está uma postura de menor valorização das normas procedimentais e de forma.

Na verdade, ninguém hoje ignora a relevante função de garantia da correção material das decisões que ao procedimento cumpre desempenhar (cfr. *supra*, nº 45), como, ao que julgamos, resulta claro, no seu conjunto, do regime do CPA; e ninguém discute que, de um modo geral, "uma autoridade administrativa que não foi escrupulosa com os preceitos procedimentais" corre riscos acrescidos de incorrer em vícios de fundo nas decisões que tome[534]. É precisamente por isso que, mesmo na dúvida, não deve deixar de ser anulado todo o ato administrativo que padeça de ilegalidades procedimentais que possam, de algum modo, comprometer a correção material do seu conteúdo.

Cumpre, aliás, notar que, nem a alínea a), nem a alínea c), do nº 5 do artigo 163º do CPA fazem referência à violação de normas formais ou de procedimento, sendo, pelo contrário, cuidadosamente formuladas de modo a assumir que o afastamento do efeito anulatório tanto pode ter por objeto atos que padeçam de vícios de procedimento ou de forma, como atos que enfermem de vícios quanto aos pressupostos ou ao conteúdo. Porque a questão, precisamente, não reside em saber se o ato enferma de um vício de forma ou de fundo, mas se o ato sempre teria sido praticado com o mesmo conteúdo, mesmo na ausência da ilegalidade cometida, o que é coisa diferente.

É, aliás, a nosso ver, significativo que o CPA não tenha ido, neste domínio, pelo caminho, trilhado no ordenamento jurídico alemão (no § 45 da *Verwaltungsverfahrensgesetz)*, de admitir que a preterição no procedimento administrativo de trâmites procedimentais como a audiência dos interessados ou de requisitos formais como a fundamentação pudesse ser

[534] Cfr. André Salgado de Matos, *op. cit.*, p. 65.

suprida pela intervenção dos interessados e da Administração no eventual processo contencioso – caminho que, esse sim, nos parece que assentaria numa lógica de desvalorização das regras formais e de procedimento, passível de conduzir ao esvaziamento do seu sentido e alcance.

Duas últimas notas de âmbito geral se justificam, ainda, a nosso ver, a este propósito.

A primeira, para assinalar que, em nossa opinião, erra o alvo quem, na senda de uma parte da doutrina alemã, contesta o aproveitamento do ato administrativo a partir da ideia de que "as formalidades procedimentais prosseguem fins que ultrapassam a mera garantia da conformidade jurídica material das decisões finais que nele [no procedimento] sejam adotadas"[535].

Com efeito, essa linha argumentativa não é, a nosso ver, coerente com um sistema centrado na impugnação das decisões administrativas, ainda que com fundamento em ilegalidades cometidas ao longo do procedimento, que, ao não permitir a atuação autónoma, através de meios expeditos de tutela interlocutória, de situações subjetivas de natureza procedimental ilegalmente preteridas, assume, ele próprio, logo à partida, a instrumentalidade dessas situações subjetivas.

O que, por conseguinte, desse ponto de vista, estará errado, não é que, no processo de impugnação intentado contra a decisão final, por vício de procedimento, se proceda, quando seja caso disso, ao aproveitamento da decisão que sempre seria praticada com o mesmo conteúdo; mas sim, que o sistema assuma uma perspetiva puramente instrumental das normas procedimentais, não proporcionando meios expeditos de tutela que, quando seja o caso, permitam fazer valer autonomamente as situações jurídicas subjetivas por elas constituídas – em termos que permitissem dar-lhes efetividade, para além do eventual direito a uma indemnização, como se dirá de seguida.

A última nota dirige-se a esclarecer que, mesmo quando não se produza o efeito anulatório, nos casos previstos no nº 5 do artigo 163º do CPA, nem por isso deixa de ter sido cometida uma ilegalidade, que, em nossa opinião, continua a ser causa de invalidade do ato. Com efeito, o regime do nº 5 do artigo 163º do CPA não tem o alcance de *convalidar* o ato inválido, mas apenas de *tornar inoperante* a sua invalidade, desse modo

[535] Cfr. André Salgado de Matos, *op. cit.*, p. 65.

permitindo que ele se mantenha na ordem jurídica e continue a produzir efeitos. Do que se trata, na verdade, não é de afastar a invalidade do ato, mas a respetiva sanção[536]. Por conseguinte, a aplicação do regime do nº 5 do artigo 163º do CPA não deve, a nosso ver, impedir que, quando tenha ofendido direitos ou interesses legalmente protegidos, o ato seja qualificado como um ato ilícito, para o efeito da constituição em responsabilidade civil extracontratual da entidade pública em causa, nos termos do nº 1 do artigo 9º do RREEP. Em nossa opinião, ao menos neste plano, pode e deve ser, na verdade, reconhecido o relevo autónomo das eventuais situações jurídicas subjetivas protegidas pela norma violada, independentemente da questão de saber se a sua violação se projeta na anulação do ato praticado a final[537].

Temos, com efeito, sustentado que da circunstância de um ato administrativo anulado vir a ser renovado não resulta, só por si, o afastamento do dever de a Administração indemnizar o impugnante que obteve a anulação, pois, se a impugnação se tiver sustentado na invocação da violação de uma norma de proteção dos seus direitos ou interesses, haverá ofensa indemnizável de um interesse legalmente protegido[538] (cfr., a propósito, *infra* nºs 258 segs.).

Ora, a nosso ver, o mesmo raciocínio há de valer, sem alteração, para a hipótese de se reconhecer que o ato violou uma norma de proteção e que só não se justifica anulá-lo para evitar a necessidade de a Administração o renovar em seguida. Com efeito, também neste caso cumpre reconhecer que a Administração, ao violar a norma de proteção, cometeu uma ofensa indemnizável do interesse legalmente protegido do interessado, que, por esse motivo, deve ser qualificada como um facto ilícito – e isto, independentemente da questão de saber se o ato administrativo praticado na sequência da dita violação veio a ser anulado ou não.

Em nossa opinião, há, na verdade, que reconhecer, neste domínio, o relevo autónomo da situação jurídica subjetiva protegida pela norma violada. Pense-se, com efeito, no exemplo do direito de audiência do inte-

[536] Neste sentido, cfr. Vieira de Andrade, *O dever da fundamentação...cit.*, p. 335.

[537] Partindo de diferente pressuposto, cfr. Isabel Celeste Fonseca, *op. cit.*, p. 97.

[538] Cfr. a nossa anotação ao artigo 9º no *Comentário ao Regime da responsabilidade civil extracontratual do Estado e demais entidades públicas*, ed. Universidade Católica Portuguesa, Lisboa, 2013, pp. 256-258.

ressado: a nosso ver, a preterição deste direito constitui, em si mesma, um dano de natureza não patrimonial, que deve ser indemnizado em montante a fixar segundo um critério de equidade.

Questão naturalmente distinta seria a da indemnização dirigida a colocar o interessado na posição em que ele se encontraria sem o ato ilegal: tal como sucederia no caso de o ato ser anulado e em seguida renovado, também no caso de o ato ser aproveitado não haverá, naturalmente, lugar a esta indemnização, por aplicação da *teoria do comportamento lícito alternativo*[539].

1.3. Eficácia dos atos administrativos

137. A eficácia do ato administrativo é a sua capacidade para introduzir na ordem jurídica os efeitos a que se dirige. Uma vez praticado o ato que atribui uma licença de construção ou que impõe o pagamento de um tributo, só se o ato for eficaz é que se constitui na esfera do destinatário o direito de construir de acordo com o projeto licenciado ou o dever de pagar o tributo.

Como acaba de ver-se, os atos administrativos podem produzir efeitos, ainda que padeçam de causas de invalidade que possam comprometer a sua sobrevivência a médio prazo, sempre que tenha havido inobservância de requisitos de validade a que a lei associe apenas a consequência da anulabilidade do ato. Só nas situações de inobservância de requisitos de validade a que a lei faça corresponder a sanção da nulidade é que a invalidade implica a ineficácia do ato. Não há, portanto, uma relação direta entre validade e eficácia. Com efeito, um ato administrativo pode ser inválido e nem por isso ser ineficaz: é precisamente o que sucede com os atos anuláveis.

De acordo com o artigo 155º do CPA, em regra, os atos administrativos são eficazes a partir do momento da sua perfeição. Tal eficácia pode ser instantânea, esgotando-se no momento em que o ato se torna eficaz, ou duradoura, prolongando-se no tempo. Em princípio, os atos administrativos que imponham sacrifícios não podem ser retroativos, em

[539] Sobre os diversos aspetos abordados no texto, cfr. ainda *infra*, nºs 258 segs., para outros desenvolvimentos.

ordem a garantir a segurança das situações jurídicas (cfr. artigo 156º do CPA). Os atos administrativos podem ter, entretanto, a sua eficácia diferida para um momento subsequente ao da sua perfeição (cfr. artigo 157º do CPA).

O diferimento temporal dos efeitos do ato administrativo pode resultar de determinação do próprio autor do ato, através da introdução no seu conteúdo de dois tipos de cláusulas acessórias, a condição suspensiva e o termo inicial. Muitas vezes, esse diferimento temporal resulta da lei, sempre que esta prevê requisitos específicos de que faz depender a eficácia dos actos administrativos.

Há, na verdade, muitos tipos de atos administrativos, que, uma vez praticados, no rigoroso cumprimento dos requisitos de validade a que deviam obediência, a lei submete ao preenchimento de certas exigências para que possam produzir os efeitos a que se dirigem. É o que, por exemplo, sucede nos casos excecionais em que a lei submete o ato administrativo a publicação obrigatória (cfr. artigo 158º do CPA) ou a aprovação por parte de um órgão diferente daquele que praticou o ato: são exemplos de atos existentes e porventura válidos, mas que são ineficazes, até que preencham os requisitos de eficácia que a lei impõe. Nas situações em que os efeitos de um ato administrativo ficam suspensos, como, por exemplo, sucede quando estão dependentes, nos termos da lei, da aprovação de um órgão diferente daquele que praticou o ato ou o próprio autor do ato os colocou na dependência da verificação de uma condição suspensiva, os efeitos ficam latentes, desencadeando-se desde o momento inicial no caso de ter lugar o evento à verificação do qual estavam condicionados. Produz-se, neste contexto, um fenómeno de *retrotracção de efeitos*. Não existe aqui uma verdadeira retroatividade, na medida em que não há uma inovação sobre o passado: apenas se assiste à revivescência de efeitos que já estavam latentes e se limitam a ganhar vida desde o momento em que, se não tivesse havido suspensão, eles teriam tido início[540].

[540] Sobre este e outros aspetos abordados no texto a respeito da eficácia do ato administrativo, cfr. ROGÉRIO EHRHARDT SOARES, *Direito Administrativo*, polic., Coimbra, 1978, pp. 180 segs.

2. Causas de invalidade dos atos administrativos

2.1. Sujeito do ato administrativo e vícios relativos ao sujeito: usurpação de poderes, incompetência e faltas de legitimação do sujeito

138. Passaremos de seguida a indicar, de modo sumário, os tipos de vícios, isto é, as circunstâncias que podem ser causas de invalidade dos atos administrativos, por referência a cada um dos respetivos elementos estruturais, e os regimes de invalidade que lhes correspondem[541]. Afigura-se lógico começar pelo *sujeito* do ato administrativo.

Sem prejuízo, como já vimos, da possibilidade da emissão de atos administrativos por entidades privadas, por regra, os sujeitos dos atos administrativos são os chamados sujeitos públicos, ou seja, as pessoas colectivas de direito público, que a ordem jurídica incumbe de prosseguir a satisfação de um leque maior ou menor de interesses públicos, que são as suas atribuições. Como todas as pessoas coletivas atuam através de órgãos, a lei define para cada órgão administrativo o seu âmbito de competência, isto é, o conjunto dos poderes que lhe cabe exercer para prosseguir as atribuições da pessoa coletiva a que pertence.

Importa, entretanto, não confundir a definição das atribuições dos sujeitos públicos e da competência dos seus órgãos, com a previsão legal, para certos tipos de atos administrativos, de requisitos específicos, cuja observância é indispensável à legitimação do sujeito, isto é, para que o sujeito possa exercer, em cada situação concreta, os poderes que, em abstracto, lhe pertencem.

Na verdade, a questão da definição das atribuições e competência é uma questão que se resolve num primeiro momento lógico, apurando se determinado órgão tem, à partida e em abstrato, o poder de praticar certo tipo de ato administrativo. Uma vez afirmativamente resolvida essa questão, trata-se, depois, de averiguar se, no caso concreto da prática daquele ato administrativo, o órgão observou determinado requisito de que a lei fazia depender a sua capacidade para exercer a competência: requisitos

[541] Sobre o tema das invalidades dos atos administrativos, cfr. SÉRVULO CORREIA, *Moções de Direito Administrativo*, pp. 375 segs., e EHRHARDT SOARES, *op. cit.*, pp. 239 segs., cujas exposições seguimos de perto, e, por todos, FREITAS DO AMARAL, *Curso... cit.*, 3ª ed., pp. 337 segs., REBELO DE SOUSA/SALGADO DE MATOS, *op. cit.*, pp. 151 segs..

de legitimação do sujeito, factos jurídicos de cuja verificação na pessoa do sujeito do ato a lei faz depender a sua possibilidade de exercer o poder[542].

As situações patológicas relacionadas com o sujeito do ato administrativo desdobram-se, assim, em dois planos fundamentais: o da inobservância das regras que, em abstracto, definem o quadro de atribuições e competências dos sujeitos e órgãos; e o da inobservância das regras de legitimação que exigem que o sujeito do ato observe determinados requisitos para poder exercer, em cada caso concreto, as suas atribuições e competências.

Em rigor, há ainda que distinguir, no primeiro destes planos, três tipos de situações, que se distinguem pelo seu diferente alcance e gravidade: a usurpação de poderes, a falta de atribuições e a falta de competência.

139. A usurpação de poderes corresponde à prática, por um órgão da Administração, de um ato de natureza legislativa ou jurisdicional. É o caso quando a Administração se arrogue o poder de definir por ato administrativo matéria que só um tribunal pode dirimir através de sentença. Configurando uma violação do próprio princípio da separação de poderes, corresponde à mais grave das situações de inobservância das regras que definem o quadro de atribuições e competências administrativas e, por isso, sempre se entendeu que gera a nulidade do ato administrativo, como expressamente estabelece o artigo 161º, nº 2, alínea a), do CPA.

140. Seguem-se as situações em que o órgão administrativo não tem o poder de praticar o ato, mas em que não existe usurpação de poderes. A este propósito é usual falar-se, genericamente, em incompetência, mas é mais rigoroso distinguir a falta de atribuições da mera falta de competência.

a) Existe falta de atribuições (também designada *incompetência absoluta*) quando um órgão de uma pessoa coletiva pública pratica um ato que cabe nas competências de um órgão pertencente a outra pessoa coletiva pública e, portanto, que não só não se inscreve no âmbito das suas

542 Deve-se a ROGÉRIO EHRHARDT SOARES, *op. cit.*, pp. 243 segs., a introdução, na doutrina portuguesa, da diferenciação entre as situações de incompetência (lato sensu) e de falta de legitimação do sujeito.

competências, como também é alheio às atribuições da pessoa coletiva a que o órgão pertence. Esta situação também tem lugar, dentro do Estado, quando um órgão pertencente a um Ministério pratica um ato que se inscreve nas competências de um órgão pertencente a outro Ministério, na medida em que os diferentes Ministérios têm a seu cargo a realização de diferentes atribuições.

De acordo com o artigo 161º, nº 2, alínea b), do CPA, "os atos estranhos às atribuições dos ministérios ou das pessoas colectivas [...] em que o seu autor se integre" são sancionados com a nulidade.

b) Existe mera falta de competência (também designada *incompetência relativa*) quando um órgão pratica um ato administrativo para o qual não tem competência, mas que se inscreve no quadro de atribuições em função das quais esse órgão atua. Esta situação ocorre, dentro do Estado, quando um órgão pertencente a um Ministério pratica um ato que se inscreve nas competências de outro órgão pertencente ao mesmo Ministério e, nas demais pessoas coletivas, quando um órgão pratica um ato que cabe nas competências de outro órgão pertencente à mesma pessoa coletiva.

A sanção para este tipo de situações corresponde à regra geral da anulabilidade, do nº 1 do artigo 163º do CPA. Embora a doutrina por vezes sustente que às situações de incompetência territorial pode corresponder a sanção da nulidade, na realidade, parece que isso apenas se deve admitir no caso de ocorrer verdadeira falta de atribuições, como sucederá se o problema envolver, por exemplo, autarquias vizinhas.

141. No que se refere às situações de *falta de legitimação do sujeito*[543], merecem referência especial a atuação do titular de um órgão em situação de impedimento (de acordo com as regras que consagram as garantias da imparcialidade: cfr. artigo 69º do CPA) e a inobservância das regras que disciplinam a constituição, convocação e modo de funcionamento dos órgãos colegiais, designadamente no que diz respeito ao *quorum* e à maioria exigível para deliberar.

Também devem reconduzir-se à falta de legitimação do sujeito as situações em que a lei estabelece prazos de que depende o exercício da competência, quer determinando que ela só possa ser exercida após determi-

[543] Cfr. ROGÉRIO EHRHARDT SOARES, *op. cit.*, pp. 243 segs.

nado momento, quer estabelecendo que ela só pode ser exercida dentro de determinado período de tempo – assumindo aqui especial relevo os regimes do artigo 168º do CPA, no domínio da anulação dos atos administrativos pela própria Administração.

Constitui ainda requisito de legitimação do sujeito a exigência legal de uma autorização. Note-se que, quando, nos termos da lei, o exercício de uma competência por um determinado órgão administrativo depende da prévia autorização de outro órgão, a autorização legalmente exigida não integra a fase preparatória do procedimento do ato autorizado. A autorização é o ato administrativo que possibilita o exercício da competência. O momento de iniciativa do procedimento tendente à emissão do ato autorizado manifesta já o exercício dessa competência. Embora possa vir, por circunstâncias de facto, a ser emitida em momento tardio, a autorização inscreve-se, portanto, no plano lógico, num momento prévio, anterior ao do desencadear do procedimento do ato autorizado, sendo emitida no âmbito de um procedimento próprio e distinto. A falta de autorização não constitui, por isso, um vício do procedimento, mas uma falta de legitimação do sujeito.

Às situações de falta de legitimação do sujeito, aplica-se a regra geral da anulabilidade, exceto nos casos expressamente previstos no artigo 161º, nº 2, alínea h), do CPA e nos que respeitam à investidura do agente na titularidade do órgão, em que há, a nosso ver, que distinguir as situações em que, pura e simplesmente, não houve qualquer ato de investidura, daquelas em que esse ato tenha sido inválido. No primeiro caso, parece de entender que, apesar das aparências, os pretensos atos praticados pelo agente não podem ser qualificados como atos administrativos. Já no segundo caso, parece de entender que os atos praticados pelo agente são *atos consequentes* de um ato inválido, pelo que, se o ato de investidura for nulo ou vier a ser anulado, a respetiva invalidade, que, até aí, se encontrava suspensa, se efetivará.

As soluções enunciadas não prejudicam a aplicabilidade da teoria do *funcionário putativo*, que, nas situações descritas, determina que tudo se passe como se os atos praticados fossem atos administrativos válidos, para proteção da confiança dos respetivos destinatários. Desde logo, no caso de os atos em causa serem atos consequentes do ato de investidura inválido, atento o regime a que, hoje, estão submetidos os atos consequentes (cfr. *infra*, nºs 159 e 160). Mas também nas situações de mera aparência de atos administrativos, em que, no propósito de proteger a confiança do público, desse modo se assegura cobertura jurídica a atuações desenvolvidas num plano de puro facto.

2.2. Procedimento administrativo, vícios de procedimento e meras irregularidades não invalidantes

142. No que respeita à eventual inobservância de determinações legais respeitantes à tramitação do procedimento conducente à emissão do ato administrativo, importa começar por salientar que apenas podem ter relevo, no plano da validade do ato, os aspetos do procedimento que antecedam o momento em que esse ato é praticado, isto é, os aspetos atinentes à preparação desse ato: momentos da iniciativa, instrução e audiência dos interessados. Com efeito, os eventuais momentos complementares ao ato já só podem dizer respeito aos requisitos de que depende a sua eficácia e/ou oponibilidade aos destinatários, aspeto que, como vimos, não contende com o da validade[544].

143. Em princípio, se as determinações legais respeitantes à tramitação do procedimento não forem observadas, daí decorre a invalidade do ato administrativo final. Não será assim se e na medida em que a lei expressamente admita que, em certas circunstâncias, se possa prescindir do trâmite exigido: é o que, por exemplo, sucede, com caráter geral, relativamente à exigência de pareceres obrigatórios, nas situações previstas no artigo 92º, nºs 5 e 6, do CPA. Isto vale mesmo para os trâmites cuja observância a própria Administração entenda impor a si própria, estabelecendo regras disciplinadoras de um concreto procedimento: v.g., regulando certos aspetos respeitantes à tramitação de determinado concurso.

A jurisprudência administrativa foi, entretanto, elaborando uma distinção fundamental, entretanto recebida pela doutrina, entre formalidades essenciais, cuja inobservância gera a invalidade do ato final, e formalidades

[544] Cfr., por todos, Freitas do Amaral, *Curso... cit.*, vol. II, 3ª ed., p. 345.

não essenciais, cuja inobservância constitui uma mera irregularidade, sem reflexos sobre a validade do ato final[545].

Por outro lado, a inobservância dos trâmites legalmente previstos não compromete a validade do ato final em três tipos de situações:

a) Quando se possa afirmar que o conteúdo do ato não podia ter sido outro, ainda que o trâmite preterido tivesse sido observado, por o ato ser de conteúdo vinculado ou a apreciação do caso concreto permitir identificar apenas uma solução como legalmente possível;

b) Quando, por interpretação teleológica da prescrição legal preterida, se deva concluir que os interesses e objetivos que a norma visava acautelar não foram prejudicados, nem ficaram desprotegidos em consequência da inobservância da norma, porque foram acautelados por outra via[546];

c) Quando se comprove, sem margem para dúvidas, que, sem o vício, o ato teria sido praticado com o mesmo conteúdo.

Como já atrás foi referido (cfr. *supra*, nº 135), estas soluções resultam do disposto no nº 5 do artigo 163º do CPA, que na revisão de 2015, passou a consagrar um generoso regime de conservação dos atos administrativos. É, no entanto, importante advertir para o facto de que as previsões contidas neste preceito não têm apenas ou necessariamente em vista situações de ilegalidade procedimental, embora também a elas sejam, naturalmente, aplicáveis. Com efeito, as previsões em causa são expressão de um princípio de alcance mais vasto que, como adiante se verá, também é chamado a intervir noutros domínios (cfr. *infra*, nºs 155 e 157; para mais desenvolvimentos sobre o regime do nº 5 do artigo 165º, cfr. *supra*, nº 135).

144. Em princípio, a lei não se pronuncia sobre o momento em que os trâmites procedimentais legalmente exigidos devem ter lugar. Salvo determinação legal expressa, apenas importa que precedam a decisão em ordem à tomada da qual têm lugar, de modo a poderem contribuir para a tomada dessa decisão, ou que, dentro da própria fase preparatória, ocor-

545 Cfr. Freitas do Amaral, *Curso... cit.*, vol. II, 3ª ed., pp. 365-367; Sérvulo Correia, *Noções de Direito Administrativo*, pp. 125 e 386; Mário Esteves de Oliveira *et alii*, *Código do Procedimento Administrativo Comentado*, pp. 657-658.

546 Cfr. Sérvulo Correia, *Noções de Direito Administrativo*, pp. 384-386; Freitas do Amaral, *Curso... cit.*, vol. II, 3ª ed., pp. 365-367.

ram em momento que ainda assegure a sua utilidade relativamente aos atos subsequentes, no caso de poderem influir sobre o conteúdo destes.

Salvaguardam-se, naturalmente, os casos em que as normas estabeleçam um momento fixo para a prática de determinado ato ou para a realização de determinada diligência, ou mesmo uma sequência cronológica para os diferentes trâmites do procedimento, como sucede em certos procedimentos rígidos, que são objeto de disciplina legal típica. Em geral, assume destaque a audiência dos interessados, que deve ter lugar no momento imediatamente anterior ao da tomada da decisão final (cfr. artigo 121º do CPA).

145. Era tradicional, na jurisprudência e na doutrina, a assimilação do vício de procedimento ao vício de forma. Nesse sentido apontava, de resto, na linha da tradição francesa, o facto de, durante muito tempo, a nossa lei não autonomizar as duas categorias[547]. Trata-se, porém, de realidades bastantes diferentes, que é de toda a conveniência separar.

É, no entanto, de reconhecer que o vício de procedimento apresenta uma característica que o aproxima do vício de forma. Na verdade, o vício de procedimento diz respeito a situações em que um trâmite, um ato ou diligência preparatória não teve lugar ou, em todo o caso, padece de ilegalidades objectivas quanto ao sujeito que o praticou, à forma seguida ou ao procedimento a que obedeceu a sua realização.

É o caso de um parecer que não seja emitido pelo órgão legalmente previsto, de uma comissão de avaliação ou do júri de um concurso cuja constituição não observe as determinações legais, etc.

O vício de procedimento não diz, portanto, respeito a situações em que um ato preparatório – por exemplo, um parecer – padeça de um vício de fundo. Neste caso, o que pode suceder é que os erros ou desvios que porventura afetem o parecer podem vir a influir no sentido da decisão final, em termos de fazer com que o ato administrativo enferme do mesmo vício. Mas já não estamos, então, no domínio do vício de procedimento.

O vício de procedimento não diz, portanto, respeito à substância do ato, ao seu conteúdo, ao sentido da decisão, mas a aspetos extrínsecos. Tal como sucede com os vícios de que pode padecer a forma do ato, diz,

[547] Ainda hoje, cfr. FREITAS DO AMARAL, *Curso... cit.*, vol. II, 3ª ed., pp. 344-345; REBELO DE SOUSA/SALGADO DE MATOS, *op. cit.*, pp. 43-44.

pois, respeito ao que, na tradição francesa, é qualificado como *ilegalidades externas* dos atos administrativos.

146. Em relação aos vícios de procedimento, vigora a regra da anulabilidade. Por esse motivo, as situações de vício de procedimento são, por regra, passíveis de não determinarem a invalidação do ato final, quando se preencha alguma das previsões do artigo 163º, nº 5, do CPA.

Apesar do firme entendimento em contrário até então assumido pela jurisprudência administrativa, a preterição total do procedimento legalmente exigido passou, no entanto, com a revisão de 2015, a ser causa de nulidade do ato administrativo que dele deveria resultar, nos termos da alínea l) do nº 2 do artigo 161º do CPA. É o que, paradigmaticamente, sucede quando seja celebrado um contrato sem o concurso legalmente exigido.

Por outro lado, o artigo 269º, nº 3, da CRP consagra o direito de audiência e defesa do arguido em procedimento disciplinar como um direito fundamental, de natureza análoga aos direitos, liberdades e garantias. Daqui resulta que a preterição do trâmite de audiência e defesa nesse tipo de procedimento constitui ofensa do conteúdo essencial de um direito fundamental e, por isso, é causa de nulidade do ato final, nos termos do artigo 161º, nº 2, alínea d), do CPA. E o mesmo vale, de um modo geral, para todos os procedimentos sancionatórios, à face do disposto no artigo 32º, nº 10, da CRP. A preterição da audiência no âmbito de procedimentos sancionatórios nunca pode dar, pois, lugar à aplicação do regime do nº 5 do artigo 163º do CPA (sobre este regime, cfr. *supra*, nº 135).

Apesar de diversas pronúncias em sentido contrário na doutrina, já não parece, entretanto, que ao direito de audiência dos interessados, consagrado no artigo 121º do CPA como um direito de âmbito alargado a todos os procedimentos administrativos, deva ser reconhecida a natureza de direito fundamental, cuja preterição determine a nulidade do ato final. Este tem sido, em todo o caso, o entendimento pacífico da jurisprudência[548].

[548] Nas obras gerais, cfr., por todos, Freitas do Amaral, *Curso... cit.*, vol. II, 3ª ed., p. 297; Rebelo de Sousa/Salgado de Matos, *op. cit.*, p. 172; João Caupers/Vera Eiró, *Introdução ao Direito Administrativo*, pp. 366-367.

É certo que o direito de audiência dos interessados é a mais significativa das concretizações do imperativo, que o artigo 267º, nº 5, da CRP impõe ao legislador ordinário, de regular o procedimento administrativo de modo a assegurar a participação dos interessados na formação das decisões que lhes digam respeito. Afigura-se, no entanto, que o referido preceito diz, em primeira linha, respeito à estrutura organizatória da Administração, pelo que dele não decorre um direito à participação procedimental, e muito menos à audiência prévia, que seja imediatamente invocável pelos cidadãos interessados perante as autoridades administrativas e possa ser, por isso, judiciável[549]. Na verdade, o direito de audiência é afirmado como um princípio geral de direito ordinário, que não deriva diretamente da CRP, mas apenas resulta da *interpositio legislatoris*, ou seja, da interpretação, por parte do legislador ordinário, dos dados e valores jurídico-constitucionais[550].

Note-se que, deste modo, não se trata de excluir liminarmente que de vícios procedimentais possa resultar a lesão mediata de direitos fundamentais, por lesão da sua proteção através do procedimento. Embora cumpra sublinhar que "os vícios procedimentais em procedimentos com relevância jusfundamental não redundam automaticamente em ofensas a direitos fundamentais", que só ocorrem se as normas desrespeitadas "forem precisamente aquelas que o Estado tenha emanado no cumprimento do seu dever de proteção dos bens fundamentais"[551].

O que não se afigura fundado é ver no genérico direito de audiência dos interessados, tal como ele resulta do artigo 121º do CPA, um direito fundamental formal ou procedimental. Só será, por isso, de entender que a preterição da audiência ofende o conteúdo essencial de um direito fundamental material dos interessados, nos procedimentos em que essa audiência deva ser considerada uma necessidade inelutável da proteção desse direito – como, aliás, se afigura que, em primeira linha, sucedeu, atendendo aos valores que nesse domínio estão em causa, precisamente no direito sancionatório, razão pela qual se foi, como foi referido, ao ponto de

[549] Cfr. PEDRO MACHETE, *A audiência dos interessados no procedimento administrativo*, Lisboa, 1995, pp. 372-374.

[550] Cfr. PEDRO MACHETE, *op. últ. cit.*, p. 329.

[551] Cfr. PEDRO MACHETE, *op. últ. cit.*, pp. 506 segs.

reconhecer, nesse domínio, o próprio direito de audiência e defesa como um direito fundamental *a se*, de natureza formal ou procedimental.

2.3. Forma e vícios de forma

147. A forma do ato administrativo designa a maneira pela qual o ato se exterioriza, se exprime perante terceiros no mundo físico, apresentando uma determinada configuração.

a) As deliberações dos órgãos colegiais são praticadas por forma oral (cfr. artigo 150º, nº 2, do CPA), importando não confundir a forma (oral) da deliberação com a sua documentação escrita através da ata, que é um documento narrativo que certifica a existência da deliberação para efeitos probatórios e cuja aprovação já se inscreve na fase complementar ao momento da tomada da decisão do procedimento administrativo, em que o que está em causa é desencadear os seus efeitos, segundo o diposto nos artigos 34º, nº 6, e 150º, nº 2, do CPA.

b) Em geral, a Administração dispõe de ampla liberdade em matéria de forma. Em princípio, os atos administrativos devem revestir forma expressa e "ser praticados por escrito, desde que outra forma não seja prevista por lei ou imposta pela natureza e circunstâncias do ato" (artigo 150º, nº 1, do CPA). A nosso ver, sem estar escrito, não existe ato administrativo praticado por órgão singular. Se, no entanto, um comando for oralmente expresso pelo seu autor, deverá entender-se, salvo disposição especial em contrário, que estamos perante um ato nulo, por carência absoluta da forma legal (artigo 161º, nº 2, alínea g), do CPA).

c) A forma escrita é solene nos casos em que a lei, excecionalmente, imponha que a exteriorização da decisão obedeça a um modelo preciso. É o que sucede quando a lei não se baste com a forma simples de despacho, exigindo que determinado tipo de decisão revista a forma de portaria ou de decreto. Nesses casos, quando for observada a forma escrita, mas não a forma solene excecionalmente exigida, não parece de entender que o ato carece em absoluto da forma legalmente exigida, pelo que o ato não será nulo, nos termos do artigo 161º, nº 2, alínea g), do CPA, mas apenas anulável.

148. O artigo 152º do CPA exige que a forma da generalidade dos atos administrativos inclua a fundamentação do ato. No que se refere aos atos praticados por forma oral, a sua fundamentação deve constar da respetiva ata e, se não houver ata, os interessados têm o direito de requerer a redução a escrito da respetiva fundamentação, nos termos do artigo 154º.

De acordo com o artigo 153º, a fundamentação do ato administrativo resulta da "sucinta exposição dos fundamentos de facto e de direito da decisão". A fundamentação do ato administrativo é, por conseguinte, uma declaração que deve constar do ato, na qual se justifica a sua prática e, quando seja caso disso, se expõem os motivos que determinaram a escolha do seu conteúdo, no caso de haver lugar à sua definição no exercício de poderese de valoração próprios.

A fundamentação do ato administrativo desdobra-se, assim, em dois elementos, um de presença necessária e o outro de presença eventual: a *justicação* da prática do ato e a *motivação* do seu conteúdo. A justificação é uma declaração através da qual o autor do ato explica os termos em que procedeu ao preenchimento dos pressupostos legais, ou seja, descreve as circunstâncias de facto que, correspondendo, no seu entender, à previsão legal, o levaram a concluir que existia uma situação de interesse público à qual se tornava necessário dar resposta através da prática daquele tipo de ato administrativo. No caso de as normas aplicáveis lhe conferirem um maior ou menor poder de valoração na definição do conteúdo do ato, permitindo-lhe, por hipótese, escolher entre a adoção de diferentes soluções alternativas, o autor do ato deve também motivar o ato, isto é, dar conta das razões, dos interesses públicos e privados, que o motivaram, induzindo-o a definir o conteúdo do ato daquela maneira[552].

Do artigo 153º decorre que a fundamentação deve ser expressa (nº 1), clara, congruente e suficiente (nº 2). Pode consistir numa "mera declaração de concordância com os fundamentos de anteriores pareceres, informações ou propostas" (nº 1), o que se afigura óbvio, no caso de a decisão se traduzir na estrita homologação do parecer ou da proposta.

149. A eventual inobservância do disposto nos artigos 152º a 154º – falta, ininteligibilidade, incongruência ou insuficiência da fundamentação

[552] Cfr. Rogério Ehrhardt Soares, *op. cit.*, pp. 304-306.

– gera vício de forma e, por conseguinte, a anulabilidade do ato administrativo.

É importante sublinhar que nos encontramos aqui no domínio do vício de forma, porque não se trata, neste plano, de discutir se os fundamentos apresentados aderem à realidade. Importa, por isso, não confundir o problema da *correcção formal da fundamentação* com o problema da *exatidão material dos fundamentos*[553]. Na verdade, é cumprido o dever de fundamentar desde que, na forma do acto, certas circunstâncias e interesses sejam formalmente identificados como existentes e relevantes para a decisão. A questão da veracidade desta declaração formal e questões como a de saber se as circunstâncias invocadas são reais ou imaginárias, ou se os interesses indicados motivaram mesmo a decisão e se são legítimos ou ilegítimos, dizem já respeito à substância da decisão. Com efeito, se se concluir que a declaração formal era falsa, que houve erros ou intervenção de motivos desviados, já não está em causa a forma, mas o fundo da questão, porque já não se discute a fundamentação (formal), mas os fundamentos (substantivos) do ato administrativo. Ou seja: já não se está a identificar um vício de forma, mas um vício sobre a substância do ato, relacionado com o seu conteúdo ou com os seus pressupostos.

2.4. Objeto do ato administrativo e "violação de lei" por vício quanto ao objeto

150. O objeto do ato administrativo, em sentido estrito, pode ser definido como o termo passivo sobre o qual se projetam os efeitos do ato. Pode ser a pessoa ou as pessoas destinadas a suportar os seus efeitos (v.g., o funcionário que é objeto de uma sanção disciplinar); pode ser a coisa sobre a qual os efeitos se produzem (v.g., o prédio que é declarado de utilidade pública para efeito de expropriação); pode ser um ato administrativo que é anulado, convalidado ou revogado por um ato administrativo de segundo grau[554].

Mas também pode atribuir-se à noção de objeto um sentido diferente e amplo, que compreende o próprio conteúdo do ato administrativo. Esta

[553] Cfr. Sérvulo Correia, *Noções de Direito Administrativo*, p. 403.

[554] Cfr. Rogério Ehrhardt Soares, *op. cit.*, pp. 263 segs.

aceção ampla do conceito parece estar subjacente ao artigo 161º, nº 2, alínea c), do CPA.

151. O objeto do ato administrativo deve ser possível, certo, inteligível e determinado ou determinável (artigo 161º, nº 2, alínea c), do CPA), pelo que o ato administrativo cujo objeto seja indeterminável ou impossível é nulo.

Importa, contudo, não confundir a verdadeira impossibilidade do objeto com a sua falta de legitimação ou idoneidade[555]. Com efeito, deve distinguir-se a possibilidade de uma pessoa ou coisa ser, em abstrato, objeto de um certo tipo de ato administrativo, da circunstância de ela estar concretamente legitimada a sê-lo. Assim, o funcionário que, em abstrato, é objeto possível de um ato de promoção pode, em concreto, não possuir a antiguidade que a lei estabelece como requisito a preencher; mas já não parece que uma pessoa que já faleceu ou, noutra perspetiva, que nem sequer é licenciada em medicina ou em Direito seja objeto possível de um ato de admissão na Ordem dos Médicos ou dos Advogados, assim como um bem do domínio público não é objecto possível de um ato de disposição sem ter sido antes objeto de um ato de desafetação.

A mera falta de legitimação ou idoneidade do objeto distingue-se da verdadeira impossibilidade, no plano dos efeitos, por não se enquadrar no artigo 161º do CPA, gerando assim a mera anulabilidade do ato administrativo.

152. Dentro da arrumação tradicionalmente elaborada pela jurisprudência francesa dos vícios, das causas de invalidade dos atos administrativos, as situações de inobservância de requisitos atinentes ao objeto do ato são enquadradas no vício de violação de lei, categoria na qual se reúne a generalidade das situações em que o ato padece de vícios de fundo, decorrentes da violação de vinculações legais respeitantes ao objeto, aos pressupostos ou ao conteúdo, com exclusão dos casos de desvio de poder, relacionados, como adiante se verá, com o exercício desviado de poderes de valoração próprios. Esta circunstância contribui para que, tradicio-

[555] Deve-se a ROGÉRIO EHRHARDT SOARES, *op. cit.*, pp. 263 segs., a introdução, na doutrina portuguesa, da autonomização das causas de invalidade associadas à falta de legitimação ou de idoneidade do objeto.

nalmente, não se distingam, na prática, os requisitos legais respeitantes ao objeto daqueles que se referem aos pressupostos do ato, que são circunstâncias objectivas cujo preenchimento justifica a prática do ato, mas que, como se verá já de seguida, dizem respeito a aspetos alheios, tanto ao sujeito, como ao objeto do ato[556].

2.5. Pressupostos do ato administrativo e "violação de lei" por falta de pressupostos

153. O fim, a finalidade de cada tipo de ato administrativo, é a prossecução dos interesses públicos cuja satisfação o legislador tem em vista quando atribui a um órgão administrativo o poder de praticar esse tipo de ato administrativo. As competências administrativas são poderes funcionais, normativamente atribuídos para a prossecução de fins de interesse público. Normalmente, esses fins não são explicitados pela norma, mas resultam da definição que nela é feita dos pressupostos do ato administrativo. Explicitando porque se deve actuar, a norma diz para que é que se atua. A garantia da vinculação do ato à prossecução do interesse público concretiza-se, pois, antes de mais, na definição normativa de pressupostos para a prática do ato. Os pressupostos de cada tipo de ato administrativo são, portanto, as circunstâncias, normativamente previstas, de cuja verificação depende a constituição do órgão administrativo no poder-dever de agir através da prática de um ato administrativo desse tipo[557].

As normas disciplinadoras da atuação administrativa tanto podem estabelecer os pressupostos de modo preciso e objetivo, identificando com precisão as circunstâncias em função das quais a Administração deve atuar, como podem utilizar conceitos indeterminados cujo preenchimento exija a formulação de valorações próprias do exercício da função administrativa (cfr. *supra*, nº 29).

556 Assinalando, em todo o caso, com inteiro fundamento, a irrelevância prática que hoje assume a arrumação tradicional, de matriz jurisprudencial francesa, das causas de invalidade dos atos administrativos em cinco categorias de vícios (usurpação de poderes, incompetência, vício de forma, desvio de poder e violação de lei), cfr. Rebelo de Sousa/Salgado de Matos, *op. cit.*, pp. 161-162; João Caupers/Vera Eiró, *op. cit.*, p. 239.

557 Cfr. Rogério Ehrhardt Soares, *op. cit.*, pp. 271 segs.

Uma dificuldade que, neste domínio, se coloca prende-se, por isso, com a necessidade de delimitar os casos em que a utilização de conceitos indeterminados na previsão normativa dos pressupostos da atuação tem o alcance de conferir poderes de valoração próprios ao agente administrativo.

Como já foi, no entanto, oportunamente notado (cfr. *supra*, nº 30), a melhor doutrina parece ter, quanto a este ponto, demonstrado que isso não sucede quando o legislador utiliza conceitos passíveis de serem preenchidos segundo critérios jurídicos ou recorrendo a conhecimentos da experiência comum, assim como também não sucede quando o legislador se limita a remeter para critérios de natureza técnica de aplicação objetiva, que, embora envolva o recurso a conhecimentos não jurídicos, pode ser, por isso, sindicada pelo tribunal, designadamente através do recurso à prova pericial[558].

Só deve, assim, entender-se que a utilização de conceitos indeterminados na previsão dos pressupostos tem o alcance de conferir poderes de valoração próprios ao agente administrativo quando o preenchimento de tais conceitos exigir do agente administrativo a formulação de juízos de valor que exprimam o exercício infungível da função administrativa. É, pois, apenas nesse universo de situações que, como as normas conferem poderes de valoração próprios ao agente administrativo, se deve entender que os tribunais dispõem de poderes mais limitados de controlo (cfr. *supra*, nº 30).

154. Para que o ato administrativo prossiga o fim legalmente pretendido, é necessário que a sua emissão se baseie em pressupostos legalmente previstos e efetivamente existentes. Caso contrário, existirá um vício por falta de pressupostos, que determinará a anulabilidade do ato.

[558] Cfr. ROGÉRIO EHRHARDT SOARES, *Direito Administrativo*, lições ministradas no Curso de Direito no Porto da Universidade Católica Portuguesa, s/d, nºs 28 segs. Sobre a necessidade, nesse contexto, de se limitar o âmbito da chamada discricionariedade técnica, em nome da qual os nossos tribunais tradicionalmente se furtam ao dever que se lhes impõe de sindicar a utilização de conceitos técnicos pela Administração sempre que esta dependa da aplicação de critérios objetivos e, por isso, não envolva a atribuição à Administração de poderes de valoração próprios e infungíveis – veja-se, em particular, a exemplar síntese de SÉRVULO CORREIA, "Conceitos jurídicos indeterminados e âmbito do controlo jurisdicional", *Cadernos de Justiça Administrativa* nº 70, pp. 38 segs.

Se a emissão do ato não se basear em pressupostos legalmente previstos, existe falta de pressuposto abstrato, hipotético ou de direito: a circunstância que levou a Administração a agir não estava prevista pela norma.

Se a emissão do ato se basear em pressupostos legalmente previstos, mas não efetivamente existentes, existe falta de pressuposto real ou de facto: a circunstância legalmente prevista não se verificou na realidade[559].

Importa, no entanto, notar que a Administração pode fundamentar a prática de um ato administrativo no preenchimento, em simultâneo, de diferentes pressupostos, num contexto em que, de acordo com o quadro normativo aplicável, o preenchimento alternativo de qualquer deles seria, só por si, suficiente para determinar a prática do ato. Esta circunstância pode determinar que, se se verificar que um dos pressupostos invocados não se preenchia, o ato não seja, ainda assim, anulado, em razão do preenchimento dos demais pressupostos invocados, que sempre determinariam a prática do ato (cfr. artigo 163º, nº 5, alínea a), do CPA).

E, do mesmo modo, também não haverá anulação quando, dispondo a Administração de poderes de valoração próprios quanto ao preenchimento de determinado pressuposto da sua atuação, ela atender, no exercício desses poderes, a motivos inatendíveis ou infundados, desde que se comprove, sem margem para dúvidas, que os demais motivos que, nesse contexto, foram tomados em consideração, para o efeito de considerar preenchido o pressuposto, eram, só por si, suficientes para justificar a prática do ato, pelo que, mesmo sem o vício, o ato teria sido praticado nos mesmos termos (cfr. artigo 163º, nº 5, alínea c), do CPA).

Como foi oportunamente assinalado (cfr. *supra*, nº 135), afigura-se ser, na verdade, no domínio do preenchimento dos pressupostos dos atos administrativos (assim como no da identificação dos motivos determinantes do seu conteúdo discricionário) que a previsão da alínea c) do nº 5 do artigo 163º do CPA tende a encontrar o seu campo preferencial de aplicação, nas situações em que, sustentando-se a prática do ato (ou a determinação do seu conteúdo) na invocação de várias razões, uma das quais se verificou ser inatendível ou infundada, seja evidente que esse vício não influiu na decisão, por se comprovar, sem margem para dúvidas, que o

559 Cfr. Rogério Ehrhardt Soares, *Direito Administrativo*, policop., Coimbra, 1978, pp. 274-275.

órgão administrativo sempre teria praticado o mesmo ato, nos mesmos termos, se o vício não tivesse ocorrido, apenas com fundamento nas razões não viciadas que também tomou em consideração para o efeito de considerar preenchidos os pressupostos (ou de determinar o conteúdo do ato ato administrativo).

155. A necessidade da exata determinação do alcance de eventuais deficiências, por parte da Administração, na interpretação da previsão legal e das circunstâncias de facto no momento do preenchimento dos pressupostos aconselha a que, para o efeito da identificação da existência de invalidades dos atos administrativos por falta de pressupostos, se diferenciem vários tipos possíveis de situações.

a) Um primeiro tipo de situação ocorre quando a Administração se encontra estritamente vinculada, porque as normas determinam, de modo preciso e objetivo, os pressupostos da sua atuação, isto é, as circunstâncias em função das quais ela deve atuar, e também o conteúdo da atuação, isto é, o que deve ela fazer nessas circunstâncias.

Neste tipo de situação, a Administração atuará de modo ilegal quando não fizer exatamente o que as normas determinam, o que se pode traduzir em dois tipos de conduta: (i) a conduta de, estando preenchidos os pressupostos, ela não fazer o que as normas lhe impõem que faça perante esses pressupostos, ou (ii) a conduta de, não estando preenchidos os pressupostos, ela fazer o que as normas só lhe permitiam que fizesse se os pressupostos estivessem preenchidos.

Em ambos os tipos de conduta, existe violação de lei por falta de pressupostos, na medida em que (i) no primeiro caso, a Administração não tinha pressuposto para não atuar, porque pressuposto para não atuar era que os pressupostos não se preenchessem, coisa que não sucedeu, e (ii) no segundo caso, a Administração não tinha pressuposto para ter atuado, porque pressuposto para ter atuado era que os pressupostos se preenchessem, coisa que também não sucedeu. Com efeito, a norma que estabelece que a verificação de certas circunstâncias é pressuposto para atuar tem o alcance de também estabelecer, do mesmo passo, que a não verificação dessas circunstâncias é pressuposto para não atuar. Enquadram-se neste tipo de situação os casos em que a lei faz depender a prática de determinado tipo de ato administrativo da prévia emissão de parecer vinculativo, estabelecendo que o órgão decisor deve praticar o ato administrativo no sentido que for determinado pelo parecer: hipótese em que o parecer é totalmente vinculativo, pelo que o órgão decisor não dispõe de qualquer margem em relação ao que é determinado pelo parecer (cfr. *supra*, nº 110-B).

Sempre tomando por referência o primeiro tipo de situação que estamos a considerar, de a Administração se encontrar estritamente vinculada, por as normas determinarem, de modo preciso e objetivo, tanto os pressupostos, como o conteúdo da sua atuação, pode dar-se, entretanto, a hipótese de a Administração incorrer em erro quanto à verificação do preenchimento dos pressupostos, convencendo-se de que eles não estavam preenchidos, quando, na realidade, eles estavam preenchidos, e, no entanto, ela decidir, ainda assim, atuar, na convicção de estar a cometer uma ilegalidade.

Nesta hipótese, não releva a convicção da Administração, o que interessa é que, na realidade, não foi cometida qualquer ilegalidade. Com efeito, nas situações em que esteja em causa a prática de um ato vinculado quanto aos pressupostos da sua emissão, a Administração não dispõe de um espaço de valoração próprio, no âmbito do qual possam assumir relevo juízos de valor subjetivos que ela formule sobre o preenchimento dos pressupostos. Por conseguinte, o processo psíquico que determinou o agente administrativo a atuar não assume relevo autónomo. O importante é que exista a necessária relação objectiva de correspondência entre a conduta adotada, em si mesma, e o quadro normativo aplicável.

Assim, o ato vinculado não é ilegal só pelo facto de ter sido praticado em erro quanto aos pressupostos. Desde que a prática do ato corresponda à determinação imposta pelas normas para as circunstâncias objetivas existentes, essa eventual circunstância não é passível de comprometer a validade do ato. Fala-se, a este propósito, em *irrelevância da motivação errada ou viciada dos atos vinculados*[560].

Hoje, isto resulta claramente do disposto na alínea a) do nº 5 do artigo 163º do CPA, que, dando expressão ao *princípio do aproveitamento dos atos*

[560] Cfr. Rogério Ehrhardt Soares, *Direito Administrativo*, policop., Coimbra, 1978, pp. 95-97 e 299-301; Sérvulo Correia, *Noções... cit.*, pp. 403-404; Freitas do Amaral, *Curso... cit.*, 3ª ed., p. 354; Vieira de Andrade, *O dever da fundamentação expressa de atos administrativos*, pp. 341 segs..

administrativos vinculados, estabelece que os atos administrativos não são anuláveis quando não pudessem ter outro conteúdo, por serem de conteúdo vinculado – hipótese na qual é a própria lei que, em abstrato, vincula o órgão administrativo à prática, nas circunstâncias do caso, de um ato com um conteúdo determinado – ou a apreciação do caso concreto permita identificar apenas uma solução como legalmente possível – hipótese na qual existe a chamada *redução da discricionariedade a zero*, que ocorre quando, embora a norma, em abstrato, não vincule à prática de um ato com um conteúdo determinado, as concretas circunstâncias existentes e/ou as próprias opções realizadas pela Administração no âmbito do procedimento conduzem à conclusão de que, no caso concreto, o órgão não tinha possibilidade de escolha, pelo que só lhe era permitido praticar o ato com um determinado conteúdo (para mais desenvolvimentos sobre os regimes do artigo 163º, nº 5, do CPA, cfr. *supra*, nº 135).

b) Um segundo tipo de situação ocorre quando a Administração se encontra vinculada quanto aos pressupostos da sua atuação, porque as normas determinam, de modo preciso e objetivo, as circunstâncias em função das quais ela deve atuar, mas não quanto ao conteúdo da atuação, isto é, ao que deve ela fazer nessas circunstâncias, aspeto em relação ao qual as normas lhe conferem poderes de valoração próprios.

No plano em que, de momento, estamos a colocar a análise, que apenas diz respeito aos pressupostos da atuação administrativa e às eventuais ilegalidades que, nesse plano, podem ocorrer, importa, entretanto, dividir este tipo de situação em dois subtipos: (i) no primeiro desses subtipos, as normas exigem que a Administração atue quando se preencherem os pressupostos, embora lhe confiram poderes de valoração quanto ao tipo de atuação que ela deve adotar em cada caso; (ii) no segundo dos subtipos de situações, as normas permitem que, quando se preencherem os pressupostos, a Administração decida, no exercício de poderes de valoração próprios, se atua ou não, em função de considerações de outra ordem.

No primeiro caso, a Administração está vinculada pelas normas a atuar sempre que se preencham os pressupostos. Este subtipo de situação não se distingue, por isso, do primeiro tipo de situação que atrás começámos por considerar, quanto ao tratamento a dar aos eventuais vícios que possam ter lugar no plano do preenchimento dos pressupostos. Com efeito, ainda que, neste caso, a Administração disponha de poderes de valoração próprios quanto à determinação do modo como atua, a verdade é que ela só poderá exercer esses poderes e, por outro lado, terá obrigatoriamente de os exercer sempre que se preencherem os pressupostos da sua atuação, que as normas fazem depender, em termos vinculados, da verificação de circunstâncias precisas e objetivas.

Por conseguinte, também neste subtipo de situação a Administração atuará de modo ilegal quando, estando preenchidos os pressupostos, não atuar, assim como quando, não estando preenchidos os pressupostos, atuar. E também na hipótese de a Administração incorrer em erro quanto à verificação do preenchimento dos pressupostos, convencendo-se de que eles não estavam preenchidos, e, ainda assim, decidir atuar, na convicção de estar a cometer uma ilegalidade, mas, na realidade, os pressupostos estarem preenchidos, não haverá ilegalidade, mas apenas uma situação de irrelevância da motivação errada ou viciada, nos termos que atrás foram explicados.

As coisas já se passam, entretanto, de modo diferente no segundo subtipo de situação que foi equacionado, em que as normas permitem que, quando se preencherem os pressupostos, a Administração decida, no exercício de poderes de valoração próprios, se atua ou não. Com efeito, neste caso, ainda que se preencham os pressupostos, a Administração tanto pode atuar como não atuar: é só quando os pressupostos não se preencherem que ela não pode atuar.

É a situação que paradigmaticamente ocorre quando a norma estabelece que, desde que preenchidos determinados pressupostos, a Administração pode praticar determinado ato; e é também o que sucede na situação, a que oportunamente nos referimos (cfr. *supra*, nº 110-B), em que a lei faz depender a prática de um ato administrativo, por um determinado órgão, da obtenção de parecer favorável ou parecer conforme de outro órgão ou entidade, que só vincula se for emitido num sentido, mas já não vincula se for emitido no outro: se o parecer for favorável ou conforme, fica preenchido o pressuposto de que depende a possibilidade da prática do ato, o que significa que, nesse caso, o ato pode ser praticado e, portanto, que ele tanto pode ser praticado como não ser praticado; mas se o parecer não for favorável ou conforme, falta o pressuposto de que depende a possibilidade da prática do ato, o que significa que, nesse caso, o ato não pode ser praticado.

No subtipo de situação em análise, o preenchimento dos pressupostos é condição necessária para que a Administração atue, mas, só por si, não impõe a sua atuação, o que significa que o não preenchimento dos pressupostos não é pressuposto para que a Administração não atue. Ao contrário do que, portanto, vimos suceder no primeiro tipo de situação considerado na alínea anterior, no caso ora em análise, não existirá violação de lei por falta de pressupostos quando, estando preenchidos os pressupostos, a Administração não atuar, na medida em que não é pressuposto para a Administração não atuar que os pressupostos não se preencham, porque, mesmo que os pressupostos se preencham, a Administração ainda pode não atuar, com base em considerações de outra ordem.

No subtipo de situação que estamos a considerar, só existirá, pois, violação de lei por falta de pressupostos quando a Administração atuar sem os pressupostos estarem preenchidos, adotando, desse modo, uma conduta que as normas só lhe permitiam que adotasse se os pressupostos se preenchessem e, portanto, atuando sem ter pressuposto para atuar, porque pressuposto para atuar era que os pressupostos se preenchessem.

O que pode, entretanto, suceder é que, embora estivessem preenchidos os pressupostos em função dos quais competia ao agente administrativo decidir se atuava ou não, com base em considerações de outra ordem, o agente incorra em erro no preenchimento dos pressupostos e se convença, erradamente, de que eles não estavam preenchidos, pelo que não atua por estar convencido de que se encontra vinculado a não atuar por falta de preenchimento dos pressupostos.

Como acaba de ser dito, não haverá, nesse caso, violação de lei por falta de pressupostos, na medida em que, mesmo que os pressupostos se preenchessem, daí não resultava que o agente tivesse o dever de atuar: o preenchimento dos pressupostos tanto era pressuposto para atuar, como para não atuar, dependendo de considerações de outra ordem, que ao agente administrativo competia fazer. O ato será, no entanto, inválido, pelo facto de o agente administrativo ter exercido o seu poder de decidir se atuava ou não na errada convicção de que não tinha esse poder, por estar convencido de que estaria vinculado a não atuar, por falta de preenchimento dos pressupostos necessários para o efeito.

Repare-se que a origem do vício residiu no erro em que o agente administrativo incorreu no momento de proceder ao preenchimento dos pressupostos, mas as consequências desse erro projetaram-se no plano da determinação que ao agente cumpria fazer do conteúdo do ato, decidindo se atuava ou não. De onde resulta que o problema não é de vício quanto aos pressupostos, mas quanto aos termos (viciados por erro) em que o agente administrativo exerceu o poder que as normas lhe conferiam, de escolher o conteúdo da sua atuação no exercício de poderes de valoração próprios, e, portanto, de vício do exercício do poder de escolha que lhe cabia na determinação do conteúdo do ato[561], figura à qual apenas adiante nos referiremos na sequência da exposição.

c) Um terceiro tipo de situação ocorre quando a Administração não se encontra vinculada quanto aos pressupostos da sua atuação, o que, como já foi referido, sucede quando, na identificação dos pressupostos, as normas utilizam conceitos indeterminados cujo preenchimento exige a formulação de valorações próprias do exercício da função administrativa.

No confronto com os outros tipos de situações a que atrás nos referimos, em que as normas vinculavam a Administração no que diz respeito à definição dos pressupostos da sua atuação, determinando, de modo preciso e objetivo, as circunstâncias em função das quais ela devia atuar, pode dizer-se que, no tipo de situação que agora estamos a considerar, de as normas conferirem poderes de valoração próprios à Administração quanto ao preenchimento dos pressupostos da sua atuação, não é concebível a existência de situações de irrelevância de motivações erradas ou viciadas: como vimos atrás, essas situações só podem ocorrer em contexto de vinculação, em que é possível estabelecer uma relação objectiva de correspondência entre a conduta adotada, em si mesma, e o quadro normativo aplicável, sem consideração pelo processo psíquico que determinou o agente administrativo a atuar.

Pelo contrário, nas situações em que as normas utilizam conceitos indeterminados cujo preenchimento exige a formulação de valorações próprias por parte da Administração, é no exercício dos poderes de valo-

[561] Cfr. Sérvulo Correia, *Noções...cit.*, pp. 465-467.

ração próprios que, desse modo, lhe são conferidos que o agente administrativo procede ao preenchimento dos pressupostos.

Ora, quando as normas conferem poderes de valoração próprios à Administração, seja no que diz respeito à verificação da ocorrência de circunstâncias passíveis de serem subsumidas aos pressupostos legais de cujo preenchimento depende a sua atuação, seja no que diz respeito à escolha do conteúdo da atuação a adotar, elas incumbem o agente administrativo de formular um juízo sobre a realidade que o circunda, que se concretiza na identificação de razões que o levam a subsumir ou a não subsumir determinados factos à previsão normativa do pressuposto da sua atuação, ou de razões que o levam a optar por um dos conteúdos de atuação permitidos pela norma. Em qualquer dos casos, o agente administrativo é, assim, chamado a identificar motivos que considera relevantes, para o efeito de avaliar se estão preenchidos os pressupostos em função dos quais deve atuar ou de determinar o modo pelo qual deve atuar (para maiores desenvolvimentos, cfr. *supra*, nº 29).

Ora, esta operação de identificação de motivos está submetida a parâmetros específicos de legalidade, que são passíveis de controlo jurisdicional. Com efeito, no âmbito da referida operação, podem ocorrer erros ou desvios que configuram vícios do exercício dos poderes de valoração próprios da Administração, geradores da invalidade (anulabilidade) dos correspondentes atos administrativos, e os tribunais administrativos desenvolveram, ao longo dos tempos, técnicas específicas de controlo desses vícios.

Como os vícios do exercício dos poderes de valoração próprios da Administração tanto podem ocorrer, como foi dito, no plano em que, neste passo da exposição, colocamos a análise, da verificação da ocorrência de circunstâncias passíveis de serem subsumidas aos pressupostos legais de cujo preenchimento depende a atuação administrativa, como no plano da escolha do conteúdo da atuação a adotar, ao qual nos iremos referir de seguida, procederemos adiante à abordagem do tema, por referência, em conjunto, aos dois planos em que ele se coloca (cfr. *infra*, nº 157).

2.6. Conteúdo do ato administrativo e "violação de lei" quanto a aspetos vinculados na determinação do conteúdo

156. Quando a Administração não disponha de poderes de escolha na definição do conteúdo do ato, ela deve praticar o ato com o conteúdo legalmente determinado em função dos pressupostos estabelecidos. Se não o fizer, incorrerá em violação de lei, que tanto poderá concretizar-se, como vimos no ponto anterior da exposição, num vício quanto aos pressupostos – quer na hipótese, como vimos, de, estando estes preenchidos, a Administração não ter agido em conformidade, quer na hipótese de ela ter atuado sem que eles se preenchessem –, como num vício quanto ao conteúdo – que ocorrerá quando, estando preenchidos os pressupostos para atuar, o órgão praticar um ato de conteúdo diferente daquele que, de modo vinculado, a lei impunha.

Há, entretanto, vinculações de âmbito geral que se impõem, mesmo quando a Administração disponha de poderes de escolha quanto à determinação do conteúdo do ato administrativo. O conteúdo do ato administrativo deve ser, com efeito, possível, certo, determinado e inteligível. Estes requisitos são explicitados no artigo 161º, nº 2, alínea c), do CPA, que, como já foi dito, parece deve considerar-se aplicável ao conteúdo do ato. Por conseguinte, o ato administrativo cujo conteúdo seja incerto ou impossível é nulo.

Por outro lado, o ato não pode violar proibições legais genéricas, como aquelas que resultam do artigo 161º, nº 2, alíneas c) e d), do CPA, que proíbem, sob pena de nulidade, a prática de atos administrativos cujo conteúdo ofenda o conteúdo essencial de um direito fundamental ou cuja prática seja determinado pela prática de um crime ou envolva, na sua preparação ou execução, a prática de um crime. De igual modo são nulos, nos termos da alínea i) do nº 2 do artigo 161º do CPA, os atos administrativos que ofendam casos julgados. Também com caráter genérico, refira-se ainda o princípio da irretroactividade dos atos administrativos, consagrado no artigo 156º do CPA, cuja violação apenas dá, entretanto, causa à anulabilidade do ato administrativo – podendo o ato ser, nesse caso, objeto de anulação parcial, apenas quanto aos efeitos projetados para o passado.

Mesmo quando a Administração disponha de um poder de escolha do conteúdo do ato, ela deve, por outro lado, observar as eventuais vinculações específicas que delimitem o âmbito desse poder. Os exemplos de proibições específicas poderiam multiplicar-se, mas pode dizer-se, em termos gerais, que, quando a lei confira à Administração o poder de escolher entre duas ou três medidas, ela não pode escolher uma terceira ou quarta medida, diferente daquelas que a lei coloca à sua escolha. Tratando-se, na verdade, de escolher entre soluções alternativas, ela só pode optar por uma das alternativas que lhe são apresentadas, sob pena de o ato praticado incorrer em violação de lei por ilegalidade do conteúdo.

Como já tinha sido referido, dentro da arrumação tradicional dos vícios dos actos administrativos, todos os casos de vícios relativos a aspetos vinculados do conteúdo do ato são tradicionalmente enquadrados na categoria genérica do vício de "violação de lei".

2.7. Vícios do exercício dos poderes de valoração próprios da Administração

157. Como vimos atrás (cfr. *supra*, nº 28 segs.), as normas conferem, com frequência, poderes de valoração próprios à Administração, sempre que, ao disciplinarem os termos em que ela deve exercer os seus poderes, o fazem de modo a conferir-lhe o poder de configurar as premissas em que fará assentar a justificação das suas escolhas em critérios de valoração que a ela própria cabe definir, por serem exteriores às próprias normas. E vimos que isto tanto sucede quando as normas conferem à Administração poderes de escolha quanto ao conteúdo da atuação a adotar, como sempre que elas descrevem os pressupostos da atuação administrativa recorrendo a conceitos indeterminados cujo preenchimento comporte uma dimensão de determinação ou densificação que exige do intérprete o recurso a critérios valorativos que não podem ser deduzidos das próprias normas[562].

Por conseguinte, pode dizer-se que as normas disciplinadoras do exercício dos poderes administrativos tanto podem conferir poderes de valoração próprios à Administração no plano do preenchimento valorativo dos pressupostos da atuação administrativa, como no da determinação do conteúdo dessa atuação, sem que se justifique distinguir entre estes dois tipos de "abertura normativa de espaços de conformação administrativa",

[562] Cfr. MARIANO BACIGALUPO, *La discrecionalidad administrativa (Estructura normativa, control judicial y limites constitucionales de su atribución)*, Madrid, 1997, pp. 199-201.

mas apenas diferenciá-los em função do maior ou menor grau de latitude que conferem à Administração: tanto num caso, como no outro, a Administração dispõe, na verdade, de um espaço de autonomia conferido pelas normas para a formulação de juízos próprios de conteúdo valorativo, que, em sede de controlo, os tribunais não podem substituir pelos seus próprios juízos[563].

Ora, é reconhecido que, nos domínios em que as normas conferem poderes de valoração próprios à Administração, os tribunais não podem repetir a apreciação feita pelo agente administrativo. Mas nem por isso devem deixar de submeter a um criterioso escrutínio os concretos termos do exercício desses poderes de valoração.

Cumpre, desde logo, notar que, em relação aos atos administrativos cuja prática envolve o exercício de poderes de valoração próprios da Administração, podem colocar-se questões de legalidade do mesmo tipo daquelas que se colocam em relação aos demais atos administrativos.

Na verdade, todas as decisões da Administração estão submetidas a vinculações jurídicas e ao controlo dos tribunais[564]. E, por isso, também o estão as decisões que envolvem o exercício de poderes de valoração próprios por parte da Administração. A Administração está, assim, desde logo genericamente vinculada, em relação a toda a sua atividade, à observância das regras que definem as atribuições das pessoas coletivas e as competências dos respectivos órgãos, assim como às regras que, quando seja caso disso, disciplinam o procedimento e a forma a observar na tomada das decisões. Por conseguinte, também as decisões que envolvem o exercício de poderes de valoração próprios por parte da Administração estão submetidas a este tipo de vinculações. Estas vinculações dizem, no entanto, apenas respeito a aspetos extrínsecos, a requisitos de legalidade externa, e não à substância, aos aspetos intrínsecos das decisões, atinentes aos seus pressupostos e ao seu conteúdo, pelo que não contendem com o exercício, em si mesmo, dos poderes de valoração próprios da Administração.

E, por outro lado, vimos que há vinculações de âmbito geral que, quando o órgão disponha de poderes de escolha quanto à determinação

563 Para mais desenvolvimentos sobre a posição assumida no texto, com amplas referências doutrinais alemãs, volta a remeter-se para MARIANO BACIGALUPO, *La discrecionalidad administrativa*, pp. 107 segs..

564 Cfr., a propósito, FREITAS DO AMARAL, *Curso... cit.*, vol. II, pp. 90 segs.

do conteúdo do ato administrativo, impõem limites a esses poderes de escolha: é assim que, quando uma norma confira a um órgão o poder de determinar o conteúdo do ato através da escolha entre várias medidas, o órgão não pode escolher uma medida que não seja nenhuma daquelas de entre as quais a lei lhe permite escolher (cfr. *supra*, nº 156).

Em todos os casos referidos, estamos perante a imposição de limites externos ao exercício dos poderes de valoração a cargo da Administração, cuja ultrapassagem implica a ocorrência de uma situação de violação objetiva da lei. Importa, porém, assinalar que o sentido das normas que conferem poderes de valoração próprios à Administração não é o de lhes atribuir uma liberdade que os órgãos administrativos possam exercer como entendam. E, nesse sentido, os tribunais administrativos desenvolveram, ao longo dos tempos, um conjunto de técnicas de controlo do exercício dos poderes de valoração próprios da Administração que lhes permitem proceder a um controlo que penetre nos próprios poderes de valoração, para o efeito de sindicar os juízos que, no exercício desses poderes, foram formulados pela Administração, para o efeito de proceder ao preenchimento dos pressupostos ou à determinação do conteúdo da decisão que tomou. É, assim, em relação às questões específicas de legalidade que se colocam a respeito dos juízos que a Administração é chamada a formular no exercício dos poderes de valoração próprios que lhe são conferidos que nos iremos referir, de seguida, aos vícios do exercício dos poderes de valoração próprios da Administração.

158. O apuramento da existência de vícios no exercício dos poderes de valoração próprios da Administração incide sobre os juízos que presidiram às valorações realizadas pela Administração. Pode, assim, dizer-se que, na generalidade dos casos, ele se concretiza na verificação da existência de vícios quanto aos motivos em que a Administração se baseou para formular esses juízos.

Com efeito, quando as normas conferem a um agente administrativo poderes de valoração próprios, seja no que diz respeito à verificação da ocorrência de circunstâncias passíveis de serem subsumidas ao pressuposto legal de que depende a sua atuação, seja no que diz respeito à escolha do conteúdo da atuação a adotar, pode dizer-se que elas o incumbem de formular um juízo sobre a realidade que o circunda, que se concretiza na identificação de razões que o levam a subsumir ou a não subsumir determinados factos à previsão normativa do pressuposto da sua atuação, ou de razões que o levam a optar por um dos conteúdos de atuação permitidos pela norma. Em qualquer dos casos, o agente administrativo é, assim, chamado a identificar os *motivos* que considera relevantes, para o efeito de decidir se atua ou não, ou se atua através da adoção de uma ou de outra medida.

Ora, esta operação de identificação de motivos está submetida a parâmetros normativos que são passíveis de controlo jurisdicional.

Por conseguinte, o agente administrativo tem de fornecer uma justificação material dos motivos em que se baseou para proceder ao preenchimento valorativo dos pressupostos da sua atuação ou para proceder à determinação valorativa do conteúdo da sua atuação, apresentando razões que se mostrem lógicas, congruentes e, por outro lado, suficientemente convincentes para que possam ser aceites, à luz do fim visado pela norma que conferiu esses poderes de valoração e dos princípios gerais da atividade administrativa. Essa justificação é importante para identificar eventuais erros de facto ou de apreciação em que o agente possa ter incorrido, baseando-se em factos inexistentes ou falseados, ou avaliando ou qualificando de modo inadequado a situação em função da qual atuou.

Em princípio, se o preenchimento valorativo dos pressupostos ou a determinação valorativa do conteúdo de um ato administrativo se basear em motivos inexistentes, errados, falsos, desviados, irrelevantes ou ilegítimos, o ato não poderá ser, pois, aceite como válido: haverá *vício nos motivos*, que, em regra, determina a anulabilidade do ato. Mas, no caso de, no âmbito do exercício de tais poderes, se demonstrar a prática de crimes como os de corrupção passiva, peculato, participação económica em negócio, concussão ou abuso de poder, o ato administrativo em cuja prática esses crimes se consubstanciem será sancionado com a nulidade, por aplicação do disposto no artigo 161º, nº 2, alínea c), do CPA[565]; e também é nulo, nos termos do artigo 161º, nº 2, alínea f), do CPA, o ato praticado sob coação.

Nos casos de anulabilidade, a anulação só será afastada na hipótese, muito particular, de ser objetivamente comprovado, sem margem para dúvidas, que, nas concretas circunstâncias do caso, o ato sempre teria

[565] Cfr. Rebelo de Sousa/Salgado de Matos, *Direito Administrativo Geral*, tomo III, pp. 171 e 187.

sido praticado com o mesmo conteúdo, porque, tendo-se a Administração baseado em vários motivos, algum ou alguns dos quais inatendíveis ou infundados, para considerar preenchidos os pressupostos da sua atuação ou para escolher o conteúdo do ato que praticou, é possível concluir, sem margem para dúvidas, que ela sempre teria praticado o mesmo ato, nos mesmos termos, se só tivesse considerado os motivos não viciados (cfr. artigo 163º, nº 5, al. c) do CPA e, sobre o respetivo regime, *supra*, nº 135).

Dentro do universo dos vícios quanto aos motivos que podem ocorrer no exercício dos poderes de valoração próprios da Administração, há certas categorias específicas de situações que merecem referência especial.

a) Os órgãos administrativos não são livres de exercer os seus poderes para fins diferentes daquele para o qual esses poderes foram conferidos. Por conseguinte, algumas situações de vício nos motivos reconduzem-se à categoria do *desvio de poder*, que, segundo o entendimento tradicional, ocorre quando se possa concluir que o motivo principal que foi assumido pelo agente como determinante para os termos em que procedeu ao exercício dos poderes de valoração próprios que a norma lhe confere não condiz com o fim visado pela norma que lhe conferiu tais poderes: por exemplo, devendo a Administração escolher entre várias soluções, o motivo principalmente determinante da escolha radicou em razões pessoais, ou mesmo em razões de interesse público, que, porém, não podiam ter relevância para aquele tipo de ato.

Note-se que, entre nós, se tem optado, neste domínio, por apenas atribuir relevância ao vício dos motivos se ele afetar o motivo principalmente determinante da decisão, pelo que o ato não é considerado inválido pelo simples facto de motivos desviados terem influído na decisão, mas apenas se se demonstrar que os motivos desviados foram principalmente determinantes da opção que foi tomada, o que dificulta muito a demonstração da existência do vício[566]. Parte da doutrina vinha, entretanto, defendendo a aplicação da sanção da nulidade aos atos administrativos que enfermas-

[566] Cfr. Freitas do Amaral, *Curso... cit.*, vol. II, 3ª ed., pp. 347-349; Rebelo de Sousa/ Salgado de Matos, *Direito Administrativo Geral*, tomo III, pp. 165-166.

sem de desvio de poder para fins de interesse privado[567]. A solução encontra-se hoje consagrada na alínea e) do nº 2 do artigo 161º do CPA.

b) Existe, entretanto, vício nos motivos sempre que, como, entre nós, assinalou *Diogo Freitas do Amaral*, ao agente administrativo "falta um requisito de validade que a lei exige, qual seja o de que os atos jurídicos da Administração provenham de uma vontade esclarecida e livre"[568].

O exercício dos poderes de valoração próprios da Administração é, por isso, viciado quando o agente administrativo incorra em erro de facto, quanto à *materialidade dos factos* assumidos como motivos, pensando que as circunstâncias de facto existentes eram diferentes daquelas que efetivamente ocorriam – e isto, pese embora o facto de este tipo de situação ser tradicionalmente enquadrado na categoria residual da violação de lei, com o argumento de que estaríamos num domínio vinculado, por ofensa ao pretenso princípio geral de direito segundo o qual os factos que sirvam de motivo à definição do conteúdo de um ato administrativo devem ser sempre verdadeiros[569].

Cumpre, na verdade, sublinhar que o apuramento jurisdicional, tanto da falta de pressupostos, quando a verificação do seu preenchimento por parte da Administração envolve o exercício de poderes de valoração próprios, como da existência de vícios no exercício do poder de escolha do conteúdo do ato administrativo, pode resultar do controlo objetivo da materialidade dos factos, dispondo, nesse plano, o tribunal dos mais amplos poderes para verificar se os dados de facto em que a Administração se baseou para formular os seus juízos correspondiam ou não à realidade.

O vício dos motivos também pode ter, entretanto, lugar nos casos, a que já atrás nos referimos (cfr. *supra*, nº 155), em que a distorção na recolha e seleção dos motivos resulte de deficiências verificadas no próprio momento do preenchimento dos pressupostos: é o que sucede quando, embora estivessem preenchidos os pressupostos em função dos quais competia ao agente administrativo decidir se atuava ou não, no exercício de poderes de valoração próprios, o agente incorra em erro no preen-

[567] Cfr. Freitas do Amaral, *Curso... cit.*, vol. II, 2ª ed., pp. 434 e 449. Cfr. também João Caupers, *Introdução ao Direito Administrativo*, 10ª ed., Lisboa, 2009, pp. 255-256.

[568] Cfr. Freitas do Amaral, *Curso... cit.*, vol. II, 3ª ed., p. 352.

[569] Cfr. Sérvulo Correia, *Noções de Direito Administrativo*, pp. 465-467.

chimento dos pressupostos e se convença, erradamente, de que eles não estavam preenchidos, pelo que não atua por estar convencido de que se encontra vinculado a não atuar por falta de preenchimento dos pressupostos, hipótese na qual o erro cometido no preenchimento dos pressupostos projeta as suas consequências num vício do exercício pelo agente administrativo dos poderes de valoração que lhe cabem quanto à definição do conteúdo da sua atuação.

A distorção na recolha e seleção dos motivos também pode, no entanto, resultar de deficiências verificadas a montante, como sucede quando a Administração se abstenha de agir por erroneamente se considerar incompetente: situações em que falta a congruência com o fim do ato, por ter havido indevida omissão da valoração quanto à escolha do conteúdo, porque o agente pensou, erradamente, que nem sequer podia atuar por erro quanto à competência[570].

Revestem-se, entretanto, de importância fundamental, no quadro dos parâmetros jurídicos do exercício dos poderes de valoração próprios da Administração, cuja observância é, como tal, passível de controlo pelos tribunais administrativos, os princípios gerais da atividade administrativa, consagrados no artigo 266º, nº 2, da CRP e nos artigos 3º e segs. do CPA, pelos quais devem pautar-se os juízos valorativos da Administração e que, portanto, consubstanciam limites internos ou intrínsecos ao exercício dos seus poderes de valoração próprios[571]. Essa é, no entanto, matéria que já foi abordada em passo anterior da exposição (sobre os princípios gerais da atividade administrativa e o alcance de cada um, designadamente para o efeito aqui em consideração, cfr. *supra*, nºs 32 segs.).

2.8. Regime dos *atos consequentes* de atos inválidos

159. Até à revisão de 2015, o artigo 133º do CPA incluía entre os casos de nulidade tipificados no seu nº 2, a previsão, na alínea i), da situação dos

[570] Cfr., a propósito, Sérvulo Correia, *op. últ. cit.*, pp. 380, 449-450 e 465-467.

[571] Cfr. Ehrhardt Soares, *Direito Administrativo*, policop., Coimbra, 1978, pp. 302-303; Sérvulo Correia, *Legalidade e autonomia contratual nos contratos administrativos*, Coimbra, 1987, pp. 480-484 e 322-325.

"atos consequentes de atos administrativos anteriormente anulados ou revogados, desde que não haja contra-interessados com interesse legítimo na manutenção do ato consequente".

A origem da solução era muito anterior ao CPA, remontando à lição de *Marcello Caetano,* para quem, uma vez anulado um ato administrativo, também deviam ser reputados nulos os atos praticados em consequência do primeiro. E isto, por "ser esta a solução que se impõe por força da retroatividade da anulação contenciosa, que destrói tudo o que entretanto haja sido praticado no mundo do direito. Além de que seria ilógico e violento obrigar quem recorreu do ato que feriu os seus interesses a interpor sucessivamente recurso de todos os atos consequentes desse e com os mesmos fundamentos". De acordo, pois, com este entendimento, "a nulidade dos atos consequentes do ato anulado nem carec[ia] de declaração jurisdicional: faz[ia] parte da execução da sentença de anulação do ato antecedente"[572].

A solução, sem paralelo no Direito comparado, era altamente questionável[573]. Com efeito, foi determinada pelo propósito de evitar que a consolidação pelo decurso do tempo de atos consequentes entretanto praticados pudesse representar um obstáculo à execução das sentenças de anulação, mediante a qual à Administração compete reconstituir a situação que deveria existir se o ato anulado não tivesse sido praticado.

No pressuposto de que, a não ser aplicado o regime de nulidade aos atos consequentes, mais não restaria do que impor ao impugnante do ato anulável o pesado ónus de proceder também à tempestiva impugnação de todos e cada um dos atos consequentes que entretanto viessem a ser praticados, optava-se pela solução, que parecia mais simples, de determinar *ope legis* a queda dos atos consequentes e remeter para a Administração o dever de, em execução da sentença de anulação, proceder à eliminação das situações por eles constituídas.

Há, no entanto, que reconhecer que o regime da nulidade era aplicado, neste contexto, de um modo muito peculiar, pois, por um lado, susten-

[572] Cfr. M. Caetano, *Manual..., cit.,* vol. II, p. 1219. Já no mesmo sentido, veja-se a 7ª ed. do *Manual,* a pp. 365-366, e *Tratado elementar de Direito Administrativo,* vol. I, Coimbra, 1943, p. 277. O mesmo entendimento veio a ser assumido por Diogo Freitas do Amaral: cfr., por último, *A execução das sentenças dos tribunais administrativos,* 2ª ed., Coimbra, 1997, pp. 88-89.

[573] Para a sua circunstanciada apreciação crítica, com amplas referências, cfr. Mário Aroso de Almeida, *Anulação... cit.,* pp. 311 segs., e, em especial, 393 e segs.

tava-se que a eliminação do ato consequente "se verifica *ope legis* e que, portanto, uma vez anulado o ato antecedente, os atos consequentes se têm de considerar desde logo nulos, sendo assim desnecessário, embora possível, obter uma declaração jurisdicional de nulidade", pelo que mais não restaria à Administração do que extrair as devidas consequências em sede de execução de sentença; mas, por outro lado, admitia-se, sem qualquer problema, que não fosse assim, "como é óbvio, se a Administração puder renovar o ato anulado, sem repetição do vício que determinou a anulação: da anulação, por vício de forma, da demissão de um funcionário, depois renovada legalmente, não resulta[ria, pois,] a nulidade *ipso iure* dos atos consequentes dessa demissão"[574].

Ou seja, a nulidade *ipso iure* não era, afinal, *ipso iure*, pois a sua operatividade dependia de saber se o ato anulado era ou não renovável e se, mais tarde, vinha ou não a ser renovado; e não era uma verdadeira nulidade, pois, se e quando o ato anulado viesse a ser renovado, considerava-se que o ato consequente tinha produzido efeitos desde o início, sem que qualquer solução de continuidade tivesse sido provocada pela anulação do ato antecedente.

Por outro lado ainda, a jurisprudência, de modo sensato, foi reconhecendo, por aplicação do princípio da proporcionalidade, que, na sequência da anulação de um ato administrativo, só se justificava que caíssem os atos dele consequentes cuja subsistência, no presente e para o futuro, se mostrasse incompatível com a reconstituição da situação que deveria existir se o ato anulado não tivesse sido praticado[575] – o que, na prática, implicava que muitos atos consequentes não tivessem por que caír, ou apenas tivessem de ser adaptados à nova situação resultante da anulação; e evidenciava que a questão da determinação do âmbito dos atos consequentes que deviam cair por efeito da anulação de um ato administrativo não podia nem devia ser objeto de uma resposta única e radical, mas antes devia ter em consideração os contornos do caso concreto.

[574] Cfr. ainda M. CAETANO, *Manual... cit.*, vol. II, pp. 1218 e 1219, nota 3. No mesmo sentido, cfr. FREITAS DO AMARAL, *A execução das sentenças..., cit.*, p. 98.

[575] Cfr., por todos, Acórdão do Supremo Tribunal Administrativo de 7 de Julho de 1994, in *Acórdãos Doutrinais* nº 402, pp. 654-657, e, a propósito, MÁRIO AROSO DE ALMEIDA, *A Anulação... cit.*, pp. 307-309, com outras referências.

Todas estas considerações conduziram, na revisão de 2015, à eliminação da previsão da nulidade dos atos consequentes do elenco do nº 2 do artigo 161º, que hoje enuncia os casos de nulidade tipificados no CPA.

A eliminação dessa previsão só será, no entanto, corretamente entendida desde que lida em conjugação com a previsão do nº 2 do artigo 173º do CPTA e do nº 2 do artigo 172º do CPA, que disciplinam o conteúdo dos deveres que, na sequência da anulação de um ato administrativo – respetivamente, por sentença dos tribunais administrativos (artigo 173º do CPTA) ou nas situações em que a própria Administração tenha decretado a anulação, através de uma anulação administrativa (artigo 172º do CPA) –, se impõem à Administração, também no que diz respeito aos atos consequentes do ato anulado.

Com efeito, resulta destes preceitos que a eliminação do regime da nulidade dos atos consequentes não implica que estes se consolidem pelo decurso do tempo, em termos de não poderem ser postos em causa após a anulação do ato antecedente, se não tiverem sido em devido tempo impugnados pelo interessado na anulação. Pelo contrário: uma vez anulado um ato administrativo, pelos tribunais administrativos ou pela própria Administração, os referidos preceitos impõem à Administração o dever de praticar os atos jurídicos e realizar as operações materiais que se mostrem necessários para reconstituir a situação que existiria se o ato anulado não tivesse sido praticado, o que, dependendo do caso concreto, pode, designadamente, incluir o dever de *atuar, sem dependência de prazo, sobre os atos consequentes* do ato anulado, para o efeito de os anular, modificar ou substituir.

Na verdade, a alternativa à consagração de um (equívoco) regime de nulidade dos atos consequentes não reside na imposição ao interessado na anulação de cada ato administrativo do desproporcionado ónus de proceder também à tempestiva impugnação de todos e cada um dos atos que dele sejam consequentes, com as acrescidas dificuldades inerentes à própria delimitação do conceito. Pelo contrário: como expressamente estabelecem os preceitos mencionados, a Administração, no âmbito dos deveres em que fica constituída na sequência da anulação, tem o dever de atuar sobre os atos consequentes entretanto praticados que constituam obstáculo à reconstituição, no presente e para o futuro, da situação que deveria existir se o ato anulado não tivesse sido praticado e, sendo isso necessário, de anular esses atos consequentes.

Com efeito, na sequência da anulação, a Administração fica constituída no dever de reexaminar todo o quadro das relações jurídicas no qual a anulação se inscreve, o que inclui o dever de reexaminar os actos consequentes entretanto praticados e de remover, substituir ou reformar aqueles cuja subsistência, no presente e para o futuro, pelo menos nos termos em que foram praticados, seja incompatível com o restabelecimento da situação que deveria existir se o ato anulado não tivesse sido praticado[576].

Estes são deveres em que a Administração fica constituída por efeito da anulação e, portanto, a cujo exercício não obsta a circunstância de já se encontrarem ultrapassados os prazos dentro dos quais os atos consequentes eram passíveis de impugnação junto dos tribunais administrativos. Com efeito, é só a partir do momento em que ocorre a anulação que a Administração fica constituída nos poderes-deveres que os artigos 173º do CPTA e 172º do CPA lhe impõem, incluindo no que respeita ao dever de reexaminar e, sendo caso disso, de atuar sobre os atos consequentes do ato anulado.

No que respeita à invalidade dos atos consequentes, cumpre, aliás, notar que só a partir do momento em que o ato antecedente é anulado é que ela pode ser reconhecida. Com efeito, durante o período de vigência do ato anulável, até ao eventual momento em que ele venha a ser anulado, os atos dele consequentes encontram-se numa situação de *validade precária* ou de *invalidade suspensa ou pendente*[577], isto é, numa situação em que, sendo embora inválidos desde o início, a sua invalidade não é atendível, pelo que tudo se passa como se o não fossem. Por conseguinte, se o ato antecedente nunca viesse a ser anulado, a invalidade do ato consequente nunca poderia ser suscitada ou reconhecida, ainda que a título incidental, fosse por quem fosse. É a anulação do ato antecendente que, reconhecendo a invalidade da base de sustentação do ato consequente e, desse modo, esclarecendo a sua verdadeira situação jurídica, faz com que a sua invalidade, que era originária, mas tinha permanecido suspensa até à anulação, se efetive, desencadeando os seus efeitos[578]. Quando tal seja necessário à reconstituição

[576] Já neste sentido, cfr. MÁRIO AROSO DE ALMEIDA, *Anulação... cit.*, pp. 402 segs.

[577] Para a formulação, na doutrina portuguesa, dos conceitos utilizados no texto, cfr. VASCO DA GAMA LOBO XAVIER, *Anulação de deliberações sociais e deliberações conexas*, Coimbra, 1976, pp. 530 segs., especialmente 532 (nota 19) e 535-541, a propósito das deliberações sociais colocadas na mesma situação.

[578] Já neste sentido, cfr. MÁRIO AROSO DE ALMEIDA, *Anulação... cit.*, pp. 321 segs.

da situação de facto, a invalidade dos atos consequentes não pode deixar, por isso, de ser reconhecida e decretada pela Administração, na sequência da anulação do ato antecedente, sem dependência dos prazos gerais de impugnação dos atos administrativos.

Acrescente-se ainda, a este respeito, que, como adiante se verá (cfr. *infra*, 133), a anulação de atos administrativos pela própria Administração, com a revisão de 2015 do CPA, deixou, nos termos do artigo 168º, de depender dos prazos de impugnação contenciosa, podendo, designadamente, ter lugar, quando não se trate de atos constitutivos de direitos, dentro de um prazo contado da data do conhecimento pelo órgão competente da causa de invalidade, ou da cessação do erro em que a Administração tinha incorrido, até ao limite de cinco anos desde a data da prática do ato. Ora, também no caso previsto nos artigos 173º do CPTA e 172º do CPA a respeito dos atos consequentes, estamos perante uma situação em que a lei confere à Administração o poder-dever de anular atos administrativos sem dependência dos prazos da respetiva impugnação contenciosa.

160. Quanto ao regime de proteção da boa fé dos beneficiários de atos consequentes, ele consta do nº 3 do artigo 173º do CPTA e do nº 3 do artigo 172º do CPA.

Resulta, em primeiro lugar, de ambos os artigos que, por regra, os beneficiários de atos consequentes apenas têm direito a ser indemnizados pelos danos que sofram em consequência da anulação. A situação jurídica constituída em seu benefício pelos atos em causa só não pode ser posta em causa se isso lhes causar "danos de difícil ou impossível reparação e for manifesta a desproporção existente entre o seu interesse na manutenção da sua situação e o dos interessados na concretização dos efeitos da anulação".

A solução parte do pressuposto, que temos preconizado e é comum no Direito comparado, de que, por regra, deve prevalecer neste domínio a reintegração da legalidade, sob pena de se esvaziar a anulação de sentido, e, portanto, de que, por regra, as situações constituídas pelos atos consequentes não se devem manter, apenas se assegurando aos respetivos beneficiários de boa fé uma indemnização pelos danos sofridos, e de que o interesse destes na manutenção das situações de vantagem constituídas em seu benefício só deve constituir *causa legítima de inexecução* das consequências da anulação em situações excecionais, em que seria intolerável, por aplicação do princípio da proporcionalidade, que esse interesse não prevalecesse sobre o da própria reintegração da legalidade[579].

Em segundo lugar, só são objeto de proteção os beneficiários de atos consequentes praticados há mais de um ano. Por estar em causa uma atuação da Administração sobre atos constitutivos de direitos, o preceito faz, deste modo, apelo ao prazo geral de um ano, contado desde a data da prática do ato, a que se refere o nº 2 do artigo 168º do CPA.

Por último, os preceitos em referência fazem ainda apelo ao conceito de *boa fé*, estabelecendo que só poderão ser merecedores de proteção "os beneficiários de boa fé". Tem-se, na verdade, em vista a proteção da confiança dos beneficiários dos atos consequentes e, por esse motivo, deve, a nosso ver, entender-se que o preceito faz, neste contexto, apelo ao conceito de *boa fé objetiva*, a exemplo do que sucede no nº 6 do artigo 167º do CPA, nos termos do qual se consideram de boa fé "os beneficiários que, à data da prática do ato revogado, desconheciam sem culpa a existência de fundamentos passíveis de determinar a revogação do ato". A proteção da confiança pressupõe, com efeito, que o beneficiário tenha usufruído da situação que em seu benefício foi constituída sem razoavelmente poder contar que ela pudesse vir a ser posta em causa.

Com *Diogo Freitas do Amaral*, não temos, assim, dúvidas de que, quando a anulação seja decretada por um tribunal administrativo, no termo de um processo de impugnação, estão desde logo excluídos do âmbito de proteção dos beneficiários dos atos consequentes "os contra-interessados diretos no processo de anulação, cujas expetativas não se podem considerar merecedoras de especial proteção. Diretamente nomeados ou promovidos em consequência do ato impugnado, não se pode deixar de admitir que tais indivíduos bem reconhecerão, desde logo, a precariedade da sua situação, não se podendo por isso apresentar credores de especial tratamento baseado na proteção da confiança"[580].

Em caso algum pode, na verdade, admitir-se que os beneficiários diretos do ato anulado, que no processo impugnatório figuraram como contra-interessados, possam ver protegida dos efeitos da anulação, que também a eles vincula com autoridade de caso julgado, a situação que, posterior-

[579] Para a defesa da solução, cfr. M. Aroso de Almeida, *Anulação... cit.*, pp. 402 segs.

[580] Cfr. Freitas do Amaral, *A execução das sentenças... cit.*, p. 86.

mente, em seu benefício tenha sido constituída por um ato consequente do ato anulado, como se fossem terceiros de boa fé em relação ao caso julgado da sentença anulatória.

Sempre acompanhando a posição de *Diogo Freitas do Amaral*, é evidente que "a questão já se coloca, no entanto, de modo diferente quando não existe uma relação direta entre o terceiro beneficiário por um ato consequente e a questão controvertida a propósito do ato que o antecedeu. É de admitir que, neste tipo de situações, se possa e deva aceitar, em função das circunstâncias de cada caso concreto, que a necessidade de salvaguardar as legítimas expetativas de terceiros determine a conservação do ato consequente"[581].

No Direito comparado, é, aliás, exclusivamente em relação à situação dos terceiros em relação ao caso julgado produzido pela sentença de anulação que se discute a questão da proteção dos beneficiários dos atos consequentes. É, por isso, natural que seja esse o tipo de situação visado pelo nº 3 do artigo 173º do CPTA.

[581] Cfr. ainda FREITAS DO AMARAL, *A execução das sentenças... cit.*, p. 87. Em sentido diferente, cfr., entretanto, VIEIRA DE ANDRADE, "Inconsequências e iniquidades na aplicação da doutrina da nulidade do 'acto consequente' de acto anulado", in *Estudos em Homenagem ao Prof. Doutor Jorge Miranda*, vol. IV, Coimbra, 2012, pp. 389 segs.

– IV –
Revogação e Anulação pela Administração dos Atos Administrativos

1. Revogação e anulação pela Administração dos atos administrativos *(anulação administrativa)*

161. A figura da revogação dos atos administrativos, tal como ela era tradicionalmente configurada no ordenamento jurídico português, desdobrava-se em dois institutos que, tanto na doutrina, como na jurisprudência, eram desde há muito claramente diferenciados entre si. Referimo-nos à revogação propriamente dita, também chamada *revogação abrogatória ou extintiva*, por um lado, e à *revogação anulatória*, pelo outro.

Com a revisão de 2015, o CPA passou a dar designações diferentes a cada uma destas figuras e a tornar claro que a cada uma delas corresponde um regime próprio, ajustado às respetivas especificidades – o que, no regime anterior à revisão de 2015, nem sempre sucedia, pois subsistiam algumas soluções normativas configuradas de modo unitário que careciam de ser aperfeiçoadas, por não parecerem ter em devida conta os traços diferenciadores que separavam a revogação abrogatória da revogação anulatória.

É assim que, no atual regime dos artigos 165º e segs. do CPA, a designação "revogação" passou a ser utilizada com um sentido estrito, que apenas corresponde à revogação abrogatória ou extintiva, tendo sido, entretanto, autonomizada a anterior revogação anulatória, à qual passou a corresponder a designação de "anulação administrativa"[582].

[582] Em sentido muito favorável à solução, cfr. Robin de Andrade, "O regime da revogação e da anulação administrativa no projeto do novo Código do Procedimento Administrativo", *Cadernos de Justiça Administrativa* nº 100, p. 71.

a) A *revogação* é uma manifestação de administração ativa, que exprime o reconhecimento, fundado em critérios de mérito, conveniência ou oportunidade, de que a manutenção, para o futuro, da situação constituída pelo ato administrativo sobre cujos efeitos a revogação vai atuar não se adequa às exigências que o interesse público estabelece. A revogação tem, assim, por fim adequar a situação existente a novas exigências, resultantes da mutabilidade do interesse público, fazendo, para isso, cessar os efeitos do ato anterior.

Por este motivo, a revogação, por regra, não produz efeitos retroativos (cfr. artigo 165º, nº 1, do CPA). No entanto, ela pode ser, excecionalmente, decretada com eficácia retroativa, nas condições previstas no nº 1 do artigo 171º do CPA, isto é, quando a retroatividade seja favorável aos interessados ou estes concordem expressamente com ela e não estejam em causa direitos ou interesses indisponíveis. Trata-se, neste caso, de uma mera concretização do regime do artigo 156º do CPA, que estabelece, em termos gerais, os condicionalismos de que depende a possibilidade da prática de atos administrativos com eficácia retroativa.

A revogação é expressão de um poder cujo exercício apenas faz sentido em relação a atos administrativos que tenham eficácia duradoura, ou que, possuindo eficácia instantânea, ainda não tenham sido executados[583]: com efeito, só atos de eficácia duradoura ou de eficácia instantânea ainda não executados perduram ao longo do tempo, em termos de se colocar a questão de saber se a definição por eles introduzida deve ser mantida ou deve *cessar*, sendo, assim, retirada para o futuro. A revogação é, por outro lado, expressão de um poder cujo exercício apenas faz sentido em relação a atos administrativos praticados no exercício de poderes de valoração próprios da Administração, na medida em que a revogação de atos estritamente vinculados não está na disponibilidade da Administração (cfr. artigo 167º, nº 1, do CPA).

Importa, entretanto, não confundir a revogação, que é um ato administrativo de segundo grau (cfr. *supra*, nº 107, alínea e)), com um ato administrativo de sentido contrário ao de um ato anterior. Na verdade, o *ato contrário* limita-se a atuar sobre a mesma realidade sobre a qual tinha atuado

[583] Cfr., por todos, FILIPA URBANO CALVÃO, "Revogação dos atos administrativos no contexto da reforma do Código do Procedimento Administrativo", *Cadernos de Justiça Administrativa* nº 54, p. 40.

o acto anterior, com base em pressupostos legais autónomos em relação àqueles que tinham conduzido à prática do ato anterior, projetando nessa realidade efeitos de sentido inverso àqueles que o primeiro ato tinha produzido. Pelo contrário, o ato de segundo grau toma directamente como objecto o ato anterior, assenta numa revisão desse ato à luz dos pressupostos com base nos quais ele tinha sido praticado e por isso está subordinado a um regime específico, que não se aplica aos atos de primeiro grau, como os atos contrários. Assim, não se confunde o ato que demite um funcionário, por ele ter cometido um ilícito disciplinar, com o ato que procede à revogação da sua nomeação, ou o ato que retira uma licença, porque o seu titular não observou os limites da licença, com o ato que revoga a licença.

b) A *anulação administrativa* é uma manifestação de administração de controlo, que pressupõe a verificação da ilegalidade do ato sobre o qual ela vai projetar os seus efeitos e, portanto, a desconformidade da definição que aquele ato tinha introduzido com as exigências que o ordenamento jurídico lhe impunha.

Tem por fim reintegrar a legalidade, eliminando um ato anulável da ordem jurídica. Trata-se, pois, de um ato de anulação. Tal como sucede com a anulação jurisdicional, ela produz, por isso, por regra, efeitos retroativos, que têm o alcance de destruir, *ab initio*, os efeitos ilegalmente produzidos pelo ato sobre o qual se projeta (cfr. artigo 165º, nº 2, do CPA). O nº 3 do artigo 171º admite, no entanto, que a anulação administrativa possa ser praticada apenas com eficácia para o futuro, quando o ato se tenha tornado inimpugnável por via jurisdicional.

Trata-se de uma solução inovadora, que se nos afigura digna de aplauso, na medida em que permite introduzir, segundo critérios de proporcionalidade, atenuações à lógica da destruição retroativa dos atos administrativos ilegais. Com efeito, até à revisão de 2015 do CPA, o nosso Direito positivo não admitia, ao contrário do que sucede no direito alemão[584], que à anulação administrativa pudessem não ser impu-

[584] Na doutrina alemã, admite-se que, embora, no rigor dos princípios, a função corretiva da anulação administrativa *(Rücknahme)* só seja completa quando ela opera sobre o passado, muitas vezes não tem alcance útil ou seria, em todo o caso, excessivo imputar-lhe alcance retroativo, designadamente para não impor sacrifícios desproporcionados aos beneficiários do ato, sobretudo quando estaria em jogo a imposição de incomportáveis deveres de restituir prestações auferidas: cfr., por todos, Ulrich Knoke, *Rechtsfragen der Rücknahme von*

tados efeitos retroativos. Hoje, diferentemente, a previsão do nº 3 do artigo 171º representa um importante passo num sentido de maior flexibilidade, ao admitir – embora apenas nos casos em que, nos termos do artigo 168º, pode haver lugar à anulação administrativa de atos inimpugnáveis – que possam existir situações em que se justifique não extrair (todas as) consequências do alcance retroativo da remoção do ato ilegal, conservando os efeitos produzidos pelo ato ilegal de eficácia duradoura durante o período de tempo em que ele permaneceu na ordem jurídica.

162. Tanto a revogação, como a anulação administrativa, incidem sobre os efeitos de um ato administrativo anterior, seja para os fazer cessar para o futuro (*ex nunc*), seja para os destruir desde o momento em que eles se começaram a produzir (*ex tunc*). Pressupõem, portanto, a existência de efeitos do ato anterior, sobre os quais se projetam.

Compreende-se, por isso, que, nem os atos de revogação, nem os atos de anulação administrativa, possam incidir sobre manifestações que não sejam atos administrativos, assim como sobre atos administrativos nulos, que já tenham sido anulados, por decisão jurisdicional ou mediante anulação administrativa, ou que tenham sido objeto de revogação com eficácia retroativa, nas condições em que esta última possibilidade é admitida no nº 1 do artigo 171º do CPA. Com efeito, em qualquer destes casos não há efeitos de um ato administrativo anterior, sobre os quais os atos em causa se possam projetar. A Administração pode declarar que, em determinada situação, não existe um ato administrativo, ou que um ato administrativo é nulo ou foi anulado ou revogado com eficácia retroativa. O que ela, contudo, não pode é revogar o que não seja um ato administrativo ou seja um ato administrativo nulo ou já anulado ou revogado com eficácia retroativa. É o que, por isso, se estabelece no nº 1 do artigo 166º do CPA.

Como a revogação só faz cessar para o futuro os efeitos do ato anterior, ela só pode, entretanto, incidir sobre atos administrativos que estejam a produzir efeitos no momento em que ela é praticada. Se o ato produziu

Verwaltungsakten, Berlim, 1989, pp. 140-142; OTTO KIMMINICH, "Rücknahme und Widerruf begünstigender Verwaltungsakte", *Juristische Schulung* 1965, p. 256; WOLFF/BACHOF/STOBER, *Verwaltungsrecht*, vol. I, 10ª ed., Munique, 1994, pp. 750, Rn 84, e 755, Rn 101-102.

efeitos no passado, mas já não está a produzi-los no presente – porque eles entretanto se esgotaram ou caducaram, designadamente por revogação –, pode ser que o ato ainda possa ser objeto de uma anulação administrativa, dirigida a destruir retroativamente os efeitos passados, se não se tiver precludido o prazo para o efeito, ou de uma revogação com eficácia retroativa, nas condições em que esta possibilidade é admitida no nº 1 do artigo 171º do CPA. Mas o ato não pode ser revogado. É o que se estabelece no nº 2 do artigo 166º do CPA.

2. Condicionalismos impostos à revogação e à anulação administrativa

163. Um aspeto muito importante do regime da revogação dos atos administrativos e da sua anulação pela Administração diz respeito à determinação dos limites ou condicionalismos que têm de ser legalmente impostos ao exercício de tais poderes, em defesa de princípios como o da segurança jurídica e o da proteção da confiança dos interessados.

Até à revisão de 2015, o regime geral nessa matéria constava, no ordenamento jurídico português, dos artigos 140º e 141º do CPA, que consagravam um conjunto de soluções que, no essencial, já resultavam do quadro normativo precedente e da elaboração doutrinal e jurisprudencial que, nesse contexto, se tinha sedimentado ao longo do tempo. A rigidez do regime positivado refletia a marcada influência da tradição francesa, mas sem os matizes com que a jurisprudência do Conselho de Estado a foi temperando ao longo do tempo.

Nos seus traços essenciais, esse regime podia ser caracterizado do seguinte modo.

a) O artigo 140º estabelecia o regime aplicável à revogação propriamente dita, abrogatória ou extintiva. A regra era a de que, salvo quando a irrevogabilidade do ato resultasse de vinculação legal ou dele resultassem, para a Administração, obrigações legais ou direitos irrenunciáveis, a Administração podia revogar os atos administrativos, por razões de mérito, conveniência ou oportunidade, sem estar sujeita, para o efeito, à observância de qualquer prazo, pelo que podia fazê-lo a todo o tempo.

De acordo com o artigo 140º do CPA, porém, os atos administrativos constitutivos de direitos ou de interesses legalmente protegidos[585] só podiam ser objeto deste tipo de revogação na parte em que o seu conteúdo fosse desfavorável aos interessados ou se todos os interessados dessem a sua concordância à revogação e não estivessem em causa direitos ou interesses indisponíveis da sua parte.

b) O artigo 141º do CPA impunha, por sua vez, um prazo peremptório para a anulação administrativa, dita revogação anulatória[586]. Da conjugação do disposto neste artigo com os prazos de impugnação jurisdicional previstos na lei processual resultava que a Administração dispunha do prazo de um ano, contado desde a data da sua emissão, para proceder à anulação dos atos que considerasse anuláveis[587].

Diversas críticas foram dirigidas ao regime que, de modo sucinto, se acaba de descrever. Sob forte influência da lei de procedimento alemã, essas críticas centraram-se na rigidez das soluções consagradas.

[585] O artigo 140º não protegia apenas os atos constitutivos de direitos, mas também de "interesses legalmente protegidos". Esta fórmula equívoca era objeto de interpretação restritiva, que a fazia corresponder aos atos que constituíssem situações jurídicas estáveis na esfera de quem, não sendo seu destinatário direto, estivesse em posição de fundar uma confiança legítima na estabilidade dos seus efeitos: cfr. PEDRO GONÇALVES, "Revogação de atos administrativos" in *Dicionário Jurídico da Administração Pública*, vol. VII, Lisboa, 1996, pp. 308 segs.; FREITAS DO AMARAL, *Curso de Direito Administrativo*, vol. II, 2ª ed., Coimbra, 2011, p. 484; FILIPA CALVÃO, *op. cit.*, p. 41.

[586] O CPA falava, no artigo 141º, na "revogabilidade de atos inválidos". Como, no entanto, resultava do artigo 139º, segundo o qual os atos nulos ou inexistentes não são suscetíveis de revogação, e do confronto com o artigo 140º, onde se falava na "revogabilidade de atos válidos", era de entender que, ao falar na "revogabilidade de atos inválidos", o Código queria referir-se à "revogabilidade com fundamento na anulabilidade dos atos".

[587] Adiante faremos, entretanto, referência à jurisprudência que, em derrogação a este regime, se formou a propósito do tratamento a dar a certos tipos de atos administrativos, praticados por autoridades administrativas nacionais ao abrigo de normas do Direito da União Europeia, designadamente no domínio da atribuição de ajudas ou auxílios financeiros (subvenções), em que a legislação comunitária prevê um regime específico para o exercício de competências de fiscalização que pode implicar a imposição do dever de restituir quantias indevidamente atribuídas.

a) É assim que, em primeiro lugar, foi criticada a rigidez do regime do artigo 140º, que, ao estabelecer que os atos constitutivos de direitos ou de interesses legalmente protegidos eram sempre irrevogáveis, salvo na parte em que o seu conteúdo fosse desfavorável aos interessados ou se todos os interessados dessem a sua concordância à revogação e não estivessem em causa direitos ou interesses indisponíveis da sua parte, optava por assegurar "pura e simplesmente a estabilidade destes atos, sem medir os interesses em jogo, desprezando a eventual relevância da revogação para o interesse público, e não curando de saber se os interesses do particular merecem tutela, se a confiança depositada na estabilidade das posições jurídicas constituídas é, ou não, digna da proteção da ordem jurídica"[588].

A exemplo do que sucede na lei alemã do procedimento administrativo, foi, assim, proposta a introdução da previsão da possibilidade da revogação de atos constitutivos de direitos ou de interesses legalmente protegidos por razões imperativas de interesse público, mediante o pagamento da indemnização devida pelos prejuízos que, desse modo, fossem licitamente causados, nos termos gerais em que se estabelece a indemnização por atos ablatórios lícitos[589].

b) Foi, por outro lado, criticada a rigidez do regime do artigo 141º, do qual, como foi dito, resultava o prazo de um ano para a revogação dos atos anuláveis, alegando-se que, desse modo, "optou-se por uma solução meramente temporal, não se tomando em consideração aspetos relevantes que recomendariam diferenças de regime". E, nesse sentido, foi sugerida a introdução, nesse domínio, de uma diferenciação de regimes, que atendesse à questão de saber se o ato em causa é favorável ou desfavorável para o destinatário, e, na primeira hipótese, se o particular beneficiário "está de má fé [...] ou, pelo menos, tem conhecimento da ilegalidade", ou se, pelo contrário, "está de boa fé, confiou justificadamente na atuação da Administração e nos seus resultados e tem, por isso, expetativas legítimas e uma confiança que merece proteção"[590].

[588] Cfr. VIEIRA DE ANDRADE, "Revogação do ato administrativo", *Direito e Justiça*, vol. VI (1992), p. 61.

[589] Cfr. ainda VIEIRA DE ANDRADE, *op. cit.*, p. 61; FILIPA CALVÃO, *op. cit.*, p. 42.

[590] Cfr. VIEIRA DE ANDRADE, *op. cit.*, p. 59.

Neste último caso, foi, pois, sustentado que, "se o destinatário do ato ou outros interessados estiverem de boa fé – desconhecendo a ilegalidade e não tendo o dever de a conhecer, e sendo esta exclusivamente imputável à conduta da Administração – e já houverem gozado a vantagem ou estiverem a exercer os poderes ou faculdades por aquele conferidos, a Administração deve ter espaço para ponderar a decisão de revogação anulatória. Se não for essencial para a realização do interesse público, a eliminação do ato anulável não deve ter lugar. Ou, ao menos, impor-se-á que os prejuízos sofridos pelo particular sejam compensados"[591].

Por outro lado, e a exemplo do que sucede no direito alemão, foi sugerida a introdução de um regime diferenciado em relação aos atos que envolvam a realização de prestações pecuniárias com caráter periódico, como o ato da segurança social que reconhece a um particular o direito a auferir uma determinada pensão mensal. Nestes casos, foi preconizada, por aplicação dos princípios da segurança jurídica, proteção da confiança legítima, boa fé e proporcionalidade, a atribuição de efeitos apenas para o futuro à anulação administrativa do ato, atendendo a que, em princípio, as prestações já realizadas não poderão ser restituídas[592].

c) Também foi criticada a inexistência da previsão, com caráter geral, da possibilidade de revogação com fundamento no incumprimento pelo destinatário de obrigações que para ele decorram, direta ou indiretamente, do ato. E, mais uma vez por inspiração do Direito alemão, foi sugerida a consagração da possibilidade, nesse caso, de uma revogação com eficácia retroativa, com o argumento de que, por exemplo, na hipótese de o destinatário do ato ter utilizado a subvenção que, através desse ato, lhe foi atribuída para fim distinto daquele que determinou a sua atribuição, o dever de restituição da quantia auferida só pode resultar da revogação retroativa do ato em causa[593].

A este último propósito, cumpre, porém, notar que, por referência a certos tipos específicos de atos administrativos, a lei prevê expressamente a possibilidade da destruição *ab initio* dos seus efeitos em função da viola-

[591] Cfr. Filipa Calvão, *op. cit.*, pp. 36-37.

[592] Cfr. Filipa Calvão, *op. cit.*, p. 37.

[593] Cfr. Filipa Calvão, *op. cit.*, p. 42; Vieira de Andrade, "Anotação a Acórdão do Supremo Tribunal Administrativo de 20 de outubro de 2004", *Revista de Legislação e de Jurisprudência* nº 3934, pp. 50 segs.

ção, pelo beneficiário, de vínculos a que ficou adstrito. Ora, afigura-se discutível se o ato que, nesses casos, destrói os efeitos do ato anterior deve ser qualificado como um ato revogatório ou se, pelo contrário, não constitui a prática de um ato de conteúdo oposto ao anterior, mas que corresponde a um distinto tipo legal, fundado em pressupostos de diferente natureza, não diretamente relacionados com aqueles que determinaram a prática do ato precedente[594] – e, portanto, cuja sede própria de regulação não será o regime geral do CPA em matéria de revogação dos atos administrativos.

2.1. Condicionalismos impostos à revogação dos atos administrativos (artigo 167º do CPA)

164. A revisão de 2015 do CPA introduziu uma transformação profunda no regime aplicável à revogação dos atos administrativos, que, no essencial, procurou dar resposta às críticas que, de modo sucinto, acabam de ser enunciadas.

Assim, o artigo 167º manteve, naturalmente, no nº 1, a previsão, que anteriormente resultava das alíneas a) e c) do nº 1 do artigo 140º, dos limites à revogabilidade decorrentes da existência de vinculação legal ou de obrigações legais ou direitos irrenunciáveis da Administração, mas mitigou de modo significativo o limite decorrente do caráter constitutivo de direitos do ato a revogar, que, anteriormente, decorria, nos mais amplos termos, da alínea b) do nº 1 do artigo 140º.

No que respeita aos atos constitutivos de situações jurídicas dignas de tutela, optou-se por circunscrever essa categoria aos atos constitutivos de direitos, com exclusão da ambígua categoria dos "atos constitutivos de interesses legalmente protegidos", a que fazia referência o artigo 140º, mas que, ao longo dos vinte anos de vigência do artigo, não conseguiu ser identificada pela jurisprudência.

[594] Neste sentido, cfr., por exemplo, o Acórdão do Supremo Tribunal Administrativo de 20 de outubro de 2004, in *Revista de Legislação e de Jurisprudência* nº 3934, p. 56, e, em geral, por exemplo, Mário Esteves de Oliveira, *Direito Administrativo*, Coimbra, 1980, pp. 603 segs. Da letra do Acórdão citado parece resultar que só a anulação administrativa (revogação anulatória) seria uma verdadeira revogação. O raciocínio nele expendido também é, no entanto, procedente para a revogação propriamente dita.

No propósito de introduzir um maior grau de clareza nesta matéria, o nº 3 do artigo 167º introduziu, aliás, no Direito positivo português, pela primeira vez ao fim de tantas décadas, uma definição legal do que, para esse efeito, se deve entender por atos constitutivos de direitos, estabelecendo que se consideram constitutivos de direitos "os atos administrativos que atribuam ou reconheçam situações jurídicas de vantagem ou eliminem ou limitem deveres, ónus, encargos ou sujeições, salvo quando a sua precariedade resulte da lei ou da natureza do ato".

A definição corresponde ao sentido amplo com que o conceito tem sido tradicionalmente utilizado, e que, através da utilização da fórmula "atribuam ou reconheçam situações jurídicas de vantagem", se afigura suficientemente abrangente, designadamente para o efeito de compreender no seu seio, como preconizado por *José Robin de Andrade*, o importante universo dos casos "em que a Administração considera preenchidas as condições de que depende o exercício de um direito pré-existente ou remove os obstáculos a esse exercício", e em que o beneficiário, "graças ao ato administrativo, fica investido numa situação jurídica ativa – não necessariamente um direito criado – e deve poder contar com a estabilidade dessa situação quando assume compromissos ou encargos, celebra contratos ou realiza despesas que apenas fazem sentido e se justificam porque a situação jurídica ativa lhe foi criada"[595].

Afigura-se, entretanto, da maior importância notar que da definição de atos constitutivos de direitos introduzida pelo nº 3 do artigo 167º resulta que a qualificação de um tipo de ato administrativo para este efeito se faz *a montante* do momento da prática de cada ato concreto, por referência aos termos em que o ato é, em abstrato, regulado pela lei, do qual resulta a sua caracterização tipológica abstrata.

Este aspeto deve ser sublinhado, porque dele resulta que, para o efeito de se qualificar um ato administrativo como constitutivo de direitos, não releva a eventualidade de a Administração praticar um determinado ato concreto atribuindo-lhe caráter precário, através da introdução no conteúdo do ato de uma cláusula de reserva de revogação.

E este aspeto deve ser tanto mais sublinhado na medida em que parte significativa da doutrina portuguesa tem assumido entendimento

[595] Cfr. ROBIN DE ANDRADE, "O regime da revogação...", p. 75.

diferente, ao sustentar que seria à própria Administração, ao optar por introduzir ou não no conteúdo dos atos administrativos uma reserva de revogação, que competiria decidir se e quando cada ato administrativo seria constitutivo de direitos, dispondo, desse modo, do poder de afastar liminarmente a qualificação de cada ato como constitutivo de direitos, sempre que optasse por introduzir no seu conteúdo uma reserva de revogação[596].

Pela nossa parte, contestámos esse entendimento[597], defendendo que o regime legal que limita a possibilidade de a Administração revogar os atos administrativos constitutivos de direitos não podia pretender colocar a qualificação de cada ato administrativo, para esse efeito, na dependência de decisão da própria Administração de se submeter ou não a tal regime restritivo.

Por isso, sustentámos que a questão de saber se cada tipo de ato administrativo deve ser qualificado como um ato constitutivo de direitos, para o efeito de se reconhecer que ele se encontra submetido ao correspondente regime legal de estabilização de efeitos, não está e não pode estar na disponibilidade da Administração, mas, pelo contrário, deve ser analisada, em abstrato, por referência ao quadro normativo concretamente aplicável ao tipo de ato em causa. Pelo que, para realizar tal operação, é necessário, em relação a cada tipo de ato atributivo de situações jurídicas de vantagem, analisar o quadro normativo que lhe é concretamente aplicável, para o efeito de apurar se esse quadro normativo configura essas situações jurídicas como situações adquiridas, ou apenas como situações jurídicas precárias.

Ora, é este, claramente, o entendimento que hoje se encontra consagrado no nº 3 do artigo 167º. Como parece evidente, é porque determinado tipo legal de ato não é, em abstrato, precário, mas constitutivo

596 Cfr. MARCELLO CAETANO, *Manual...*, vol. I, pp. 542-543; ROBIN DE ANDRADE, *A Revogação dos atos administrativos*, 2ª ed., Coimbra, 1985, p. 177; FILIPA CALVÃO, *Os atos precários e os atos provisórios no Direito Administrativo*, Coimbra, 1998, pp. 197 e 199; PEDRO GONÇALVES, *op. cit.*, p. 314. Neste sentido, escrevia MARCELLO CAETANO, *op. cit.*, pp. 542-543, que a introdução da cláusula tem o alcance de fazer com que o ato não seja constitutivo de direitos. Na mesma linha, cfr. PEDRO GONÇALVES, *op. cit.*, p. 314; FILIPA CALVÃO, *Atos precários... cit.*, pp. 196-197.

597 Cfr. a 1ª edição deste livro, pp. 254-255. Cfr. também MARK KIRKBY, *Contratos sobre o exercício de poderes públicos*, Coimbra, 2011, pp. 412 segs.

de direitos, que a Administração pode necessitar de tornar precário um determinado ato desse tipo que pratique, introduzindo no conteúdo desse ato a cláusula de reserva de revogação. A questão da qualificação do tipo de ato em causa, para esse efeito, tem, por isso, necessariamente de colocar-se a montante do momento concreto em que o ato é praticado. Ora, daí resulta que a Administração não é livre de introduzir cláusulas de reserva de revogação nos atos que pratique. Essa é, na verdade, a consequência, natural e inevitável, que decorre da circunstância de a introdução de tais cláusulas estar submetida ao regime de proteção dos atos constitutivos de direitos e, portanto, só poder ser admitida se e dentro dos limites em que este regime a consente – como o evidencia o disposto na alínea d) do nº 2 do artigo 167º, a que adiante nos referiremos.

165. No que respeita ao regime da revogação dos atos constitutivos de direitos, o nº 2 do artigo 167º do CPA veio introduzir alguma flexibilidade num regime que, como vimos, era criticado pela sua elevada rigidez. Nas alíneas a) e b), continua a admitir-se, como já sucedia nos termos do nº 2 do anterior artigo 140º, que os atos constitutivos de direitos possam ser revogados na parte em que sejam desfavoráveis aos interesses dos beneficiários ou quando todos eles manifestem a sua concordância e não estejam em causa direitos indisponíveis. Mas as alíneas c) e d) vão mais longe, admitindo também a revogação por alteração de circunstâncias ou com fundamento em cláusula de reserva de revogação.

No que respeita à alínea b) do nº 2 do artigo 167º do CPA, é importante sublinhar que o consentimento do interessado tem de ser dado perante uma hipótese concreta de revogação que venha a colocar-se, não podendo assumir a forma de uma permissão genérica à Administração, atribuída no momento em que o ato é praticado.

Não pode deixar, na verdade, de reconhecer-se que é totalmente diferente a situação em que está colocado o beneficiário de um ato constitutivo de direitos, no momento a que se refere a previsão da mencionada alínea b) do nº 2 do artigo 167º do CPA, em que ele é titular de uma situação jurídica que, em seu favor, foi constituída pela Administração e de que esta só pode dispor se obtiver a sua livre concordância, e aquela em que ao beneficiário ainda apenas virtual do ato é proposta a renúncia antecipada à estabilidade da sua situação jurídica, em momento em que o ato administrativo ainda não foi praticado e, portanto, em que a situação jurídica em causa ainda não se encontra constituída em seu favor[598].

O preceito visa proteger os beneficiários dos atos constitutivos de direitos: por isso, só tem em vista admitir a possibilidade da revogação desse tipo de atos, mediante a concordância dos respetivos beneficiários, desde que os atos já tenham sido praticados, e não em momento em que eles ainda não o tenham sido.

Em plano distinto, coloca-se, entretanto, a possibilidade da introdução no conteúdo do ato administrativo de uma cláusula acessória de *reserva de revogação,* prevista na alínea d) e a que nos referiremos em separado (cfr. *infra,* nº 167).

166. Vejamos, entretanto, quanto à alínea c). Como foi atrás referido, vinha sendo sustentado na doutrina que, a exemplo do que sucede na lei alemã do procedimento administrativo, também entre nós devia ser introduzida no CPA a previsão da possibilidade da revogação de atos constitutivos de direitos por razões imperativas de interesse público, mediante o pagamento da indemnização devida pelos prejuízos que, desse modo, fossem licitamente causados, nos termos gerais em que se estabelece a indemnização por atos ablatórios lícitos[599].

E havia até quem não se conformasse com o estado do Direito constituído e, mesmo sem a necessária revisão do CPA, pusesse frontalmente em causa o regime que nele se encontrava consagrado, sustentando, nos mais amplos termos, que a Administração podia livremente revogar, por razões de interesse público, os atos constitutivos de direitos, mediante o pagamento de uma indemnização[600].

598 Neste sentido, cfr. ESTEVES DE OLIVEIRA/PEDRO GONÇALVES/PACHECO DE AMORIM, *op. cit.*, p. 680.

599 Cfr. VIEIRA DE ANDRADE, "Revogação do ato administrativo", p. 61; FILIPA CALVÃO, *op. cit.*, p. 42.

600 Neste sentido, cfr. FREITAS DO AMARAL, *Curso... cit.*, vol. II, 2ª ed., pp. 485-486; PEDRO GONÇALVES, *op. cit.*, p. 316. O primeiro destes Autores invocava em seu apoio, na nota 811, a posição de JOSÉ ROBIN DE ANDRADE, *A Revogação dos atos administrativos,* p. 378, mas em termos que não nos parecem exatos, porque, nessa passagem, este último Autor não admitia com carácter geral a possibilidade da revogação de atos constitutivos de direitos por razões de interesse público, mas, pelo contrário, fazia depender essa possibilidade de expressa previsão em lei especial para cada caso. Aliás, em escrito mais recente, ROBIN DE ANDRADE assumia

Pela nossa parte, manifestámo-nos frontalmente contra este entendimento, porque, à face do regime do CPA anterior à revisão de 2015, não nos parecia possível sustentar que, de *iure condito*, vigorasse na nossa ordem jurídica um regime geral de livre revogabilidade por razões de interesse público dos atos constitutivos de direitos ou interesses legalmente protegidos, mediante o pagamento de uma indemnização[601] – isto, naturalmente, salvo em excecionais situações de estado de necessidade, ou mediante específica previsão legal do poder de revogar o ato constitutivo ou ao abrigo de uma competência ablatória autónoma, de alcance equivalente ao da expropriação da situação jurídica em causa.

Cumpre, com efeito, encontrar, neste domínio, o justo equilíbrio entre os interesses que podem determinar a necessidade da remoção dos atos constitutivos de direitos, sejam eles o da defesa da legalidade ou o da realização adequada e eficiente do interesse público, e o interesse que está subjacente ao princípio da proteção da confiança legítima dos particulares na estabilidade dos atos em que se fundam as respetivas situações jurídicas subjetivas. Como, na verdade, desde há muito tem sustentado a melhor doutrina a este propósito, "tratando-se, de ambos os lados, de valores e interesses protegidos pela ordem jurídica, torna-se necessário assegurar uma ponderação equilibrada entre eles, ponderação que exige uma certa maleabilidade das regras legislativas aplicáveis"[602], em ordem à descoberta de "soluções equilibradas para os conflitos de valores e de interesses em jogo, com base em considerações de justiça material"[603].

A nosso ver, foi esse equilíbrio que se pretendeu alcançar na previsão da alínea c) do nº 2 do artigo 167º, que, embora introduzindo a possibilidade da revogação de atos constitutivos de direitos por razões de interesse público, mediante o pagamento da indemnização devida, submete essa

que tal entendimento apenas podia ser sustentado "no plano do direito a constituir": cfr. "Revogação administrativa e a revisão do Código do Procedimento Administrativo", *Cadernos de Justiça Administrativa*, nº 28, p. 41.

601 Cfr. a 1ª edição deste livro, pp. 246-248. No mesmo sentido, ainda à face do quadro normativo anterior ao CPA, cfr. ROBIN DE ANDRADE, *A Revogação... cit.*, p. 378.

602 Cfr. VIEIRA DE ANDRADE, "A 'revisão' dos atos administrativos no direito português", in *Legislação – Cadernos de Legislação* nº 9/10 (1994), p. 193.

603 Neste sentido, cfr. VIEIRA DE ANDRADE, "Algumas reflexões a propósito da sobrevivência do conceito de ato administrativo no nosso tempo" in *Estudos em Homenagem ao Prof. Doutor Rogério Soares*, Coimbra, 2001, p. 1200.

possibilidade ao preenchimento de pressupostos estritos, que limitam o seu âmbito de aplicação.

Com efeito, o preceito só admite a possibilidade da revogação de atos constitutivos de direitos desde que se preencham dois requisitos cumulativos: *(i)* superveniência de conhecimentos técnicos e científicos ou alteração objetiva das circunstâncias de facto que o justifiquem; *(ii)* e que a lei ao abrigo da qual os atos a revogar foram praticados não permitisse que eles o tivessem sido, com o conteúdo com que o foram, se, nesse momento, já existissem os conhecimentos técnicos e científicos ou as circunstâncias de facto que apenas mais tarde vieram a surgir.

O preceito não admite, assim: *(i)* revogações apenas baseadas numa nova ponderação das circunstâncias, segundo critérios de interesse público, na medida em que exige a ocorrência de superveniências objetivamente demonstráveis, que possam ser genericamente reconduzidas ao conceito da *alteração objetiva de circunstâncias;* nem *(ii)* revogações no reexercício de poderes de valoração próprios à luz das circunstâncias supervenientes, na medida em que, ao exigir que estejam em causa situações em que os atos a revogar "não poderiam ter sido praticados", exige que a superveniência se projete no exercício de margens de apreciação no preenchimento dos pressupostos dos atos em causa. Com efeito, a questão da revogação colocar-se-á, a nosso ver, quando seja de concluir que, se, no momento em que o ato a revogar foi praticado, nos termos em que o foi, as circunstâncias fossem as que são hoje ou sobre elas existissem os conhecimentos técnicos e científicos hoje disponíveis, seria desconforme com o interesse público visado pelas normas aplicáveis praticá-lo naqueles termos.

Coloca-se a questão de saber se devem ser reconduzidas à previsão da alínea *c)* do nº 2 do artigo 167º as situações em que se deva entender que a superveniente cessação do preenchimento de um dos pressupostos dos quais, de acordo com o quadro normativo aplicável, dependia o poder ou o dever de praticar o ato em causa faz com que a manutenção da situação constituída por esse ato não seja compatível com o referido quadro normativo, pelo que provoca a *invalidade superveniente* do ato, por superveniente falta de um dos pressupostos em cujo preenchimento se fundou a sua emissão. Em princípio, pensamos que não, na medida em que, para que esse tipo de situação ocorra, é necessário que o quadro normativo concretamente aplicável seja inequívoco no sentido de associar a consequência da invalidade à cessação superveniente do preenchimento do pressuposto, o que terá de fazer, ou determinando expressamente a caducidade do ato, que à Administração apenas caberá declarar, ou impondo à Administração o dever de o retirar através de um ato que, devendo reportar os seus efeitos ao momento em que cessou o preenchimento do pressuposto em causa, não deve ser, hoje, qualificado como uma revogação, mas como uma anulação administrativa.

A nosso ver, a previsão da alínea *c*) do nº 2 do artigo 167º será, assim, apenas aplicável a situações em que se deva entender que a superveniente cessação do preenchimento do pressuposto não faz com que a manutenção da situação constituída pelo ato seja incompatível com o quadro normativo aplicável, pelo que não provoca a *invalidade superveniente* do ato, mas, ainda assim, o legislador entende que deve constituir a Administração no poder de fazer cessar a situação por ele constituída. Neste tipo de situação, não está em causa um poder vinculado, porque a manutenção da situação constituída, mesmo após a cessação do pressuposto em causa, não é incompatível com o quadro normativo aplicável, pelo que cabe à Administração decidir, ponderada e fundamentadamente, se procede à revogação.

Já no que diz respeito à indemnização devida, estabelece o nº 5 do artigo 167º que, por regra, os beneficiários de boa-fé do ato revogado têm direito a ser indemnizados nos termos do regime da indemnização pelo sacrifício, previsto no artigo 16º do RREEP. Isso implica que, por regra, apenas serão indemnizáveis os *danos anormais* sofridos – que, segundo dispõe o artigo 2º do mesmo Regime, são aqueles que, "ultrapassando os custos próprios da vida em sociedade, mereçam, pela sua gravidade, a tutela do direito".

O mesmo preceito acrescenta, no entanto, que quando o sacrifício imposto ao beneficiário de boa-fé do ato revogado, "pela sua gravidade ou intensidade, elimine ou restrinja o conteúdo essencial" do direito de que ele era titular, ele será indemnizado pelo "valor económico do direito eliminado ou da parte do direito que tiver sido restringida".

Como muito bem explicou *José Robin de Andrade*, em apreciação crítica da redação do preceito que foi submetida a discussão pública e, por esse motivo, entretanto alterada, o preceito, nesta segunda parte, "parte do reconhecimento de que a indemnização pelo sacrifício pode não ser suficiente em certos casos para compensar com justiça o administrado", designadamente quando a revogação envolver a supressão "do núcleo essencial de um direito subjetivo que integra o património do administrado, como o direito de propriedade, pois nesse caso a revogação equivale a uma expropriação, e faz sentido que em vez de uma indemnização pelo sacrifício, o administrado receba o valor económico do seu direito". Em resumo: "se o ato revogatório for uma forma indireta de expropriar um direito patrimonial não deve deixar de se aplicar o critério de indemnização justa que se aplicaria no caso de uma expropriação direta"[604].

O nº 6 do artigo 167º acrescenta, por último, que, para efeitos do disposto no número anterior, se consideram de boa-fé "os beneficiários que, à data da prática do ato revogado, desconheciam sem culpa a existência de fundamentos passíveis de determinar a revogação do ato". A nosso ver, a solução afigura-se adequada, na medida em que, no circunstancialismo aqui em presença, se justifica atender à *boa-fé objetiva* – ao contrário, desde logo, do que sucede no caso da alínea a) do nº 4 do artigo 168º, que se inscreve num contexto completamente diferente, no qual há que atender à ausência de *boa-fé subjetiva* para negar a proteção contra a anulação administrativa ao beneficiário que tenha induzido a prática do ato ilegal através da utilização de artifício fraudulento[605].

Na busca do equilíbrio, a solução consagrada presta-se, naturalmente, a múltiplas e desencontradas críticas.

Por um lado, a crítica de quem, em defesa do regime anterior, alega que "o novo regime consubstancia uma redução das garantias de estabilidade, segurança e confiança dos cidadãos perante atos constitutivos de direitos"[606]. E o facto é indesmentível. Na verdade, o regime do anterior artigo 140º do CPA era, numa perspetiva de direito comparado, o mais garantístico da "estabilidade, segurança e confiança dos cidadãos perante atos constitutivos de direitos" que existia no mundo conhecido. Sucede,

[604] Cfr. ROBIN DE ANDRADE, "O regime da revogação...", p. 74.

[605] Em sentido diferente, ROBIN DE ANDRADE, "O regime da revogação...", p. 73, pronunciou-se, no âmbito da discussão pública da revisão do CPA, no sentido de que "só no caso de comportamentos que tenham contribuído indevidamente para a emanação ou manutenção do ato agora revogado ou para a necessidade da sua revogação se justificar[ia] a exclusão do direito à indemnização" no caso do nº 4 do artigo 167º.

[606] PAULO OTERO, "Problemas constitucionais do novo Código do Procedimento Administrativo – uma introdução", in *Comentários ao Novo Código do Procedimento Administrativo* (coord. CARLA AMADO GOMES, FERNANDA NEVES e TIAGO SERRÃO), Lisboa, 2015, p. 31.

porém, que se tratava de um regime profundamente anacrónico, cujas raízes, muito anteriores ao CPA, que se limitou a recebê-lo, se perdiam na memória dos tempos, e que, tendo correspondido, na época em que nasceu, às necessidades próprias do modelo histórico de sociedade então existente, não se compadecia com as exigências ditadas pela "sociedade num constante devir" em que hoje vivemos.

Por outro lado, a crítica, mais acesa e frequente, dos que, considerando que o regime introduzido em 2015 "continua a deixar o interesse público refém de interesses privados, condenando a Administração à impotência", entendem que se devia ter ido mais longe e eliminado, pura e simplesmente, a proteção da estabilidade dos atos constitutivos de direitos. Nesse sentido, é sustentado que, "ainda que sem consentimento de todos os beneficiários – ou mesmo de nenhum –, a Administração deve poder revogar atos que os invistam em situações de vantagem, se a sua percepção sobre a melhor forma de prosseguir o concreto interesse público se alterar", designadamente com o argumento de que, "se a realidade contratual, tendencialmente mais garantista, admite livremente a resolução unilateral (desde que sustentada na reavaliação da forma de prossecução do interesse público subjacente), como negar essa possibilidade no domínio dos atos administrativos?"[607].

Com argumentos fundados na relativa fungibilidade que, no nosso ordenamento jurídico, existe entre as figuras do ato administrativo e do contrato administrativo, tem sido, na verdade, defendida, na doutrina, a extensão aos atos administrativos constitutivos de direitos dos regimes de modificação objetiva e de resolução dos contratos administrativos, que se encontram previstos no CCP[608].

[607] Cfr. CARLA AMADO GOMES, "A 'revogação' do ato administrativo: uma noção pequena", in *Comentários ao Novo Código do Procedimento Administrativo* (coord. CARLA AMADO GOMES, FERNANDA NEVES e TIAGO SERRÃO), Lisboa, 2015, pp. 621-622, e CARLA AMADO GOMES/ RUI TAVARES LANCEIRO, "A revogação de atos administrativos entre o Direito nacional e a jurisprudência da União Europeia: um instituto a dois tempos?", *Revista do Ministério Público* nº 132, p. 18.

[608] Cfr. ROBIN DE ANDRADE, "Revogação administrativa e a revisão do Código do Procedimento Administrativo", pp. 40-41; PEDRO GONÇALVES, *op. cit.*, p. 316; FILIPA CALVÃO, "Revogação dos atos administrativos no contexto da reforma do Código do Procedimento Administrativo", p. 33; CARLA AMADO GOMES, *Risco e modificação do ato autorizativo concretizador de deveres de proteção do ambiente*, Coimbra, 2007, pp. 630-631 e 713 segs..

O argumento é o seguinte: se esses regimes são aplicáveis aos contratos substitutivos de atos administrativos, quando há lugar à substituição de atos administrativos por contratos, nos termos genericamente admitidos pelo artigo 278º do CCP, faz sentido que esses regimes também sejam aplicados aos próprios atos administrativos substituídos, apesar de estes serem constitutivos de direitos. Por conseguinte, assim como os contratos administrativos podem ser, designadamente, objeto de resolução unilateral pelo contraente público, por razões de interesse público (cfr. artigo 334º do CCP), também os atos administrativos constitutivos de direitos, na medida em que podem ser substituídos por contratos que ficam submetidos a esse regime, deveriam poder ser revogados com esse fundamento, sem qualquer restrição.

A nosso ver, este raciocínio assenta, no entanto, e salvo o devido respeito, numa petição de princípio, pois dá indevidamente por demonstrado que a substituição de atos administrativos constitutivos de direitos por contratos, ao abrigo do disposto no artigo 278º do CCP, implica a aplicabilidade a estes contratos dos regimes de modificação e resolução unilateral dos contratos administrativos, tal como esses regimes se encontram genericamente previstos no Título I da Parte III do CCP.

Este é um tema a abordar mais tarde, na estrutura deste livro, e, portanto, ao qual adiante teremos oportunidade de regressar, com maior desenvolvimento (cfr. *infra*, nº 240), mas não podemos deixar, desde já, de antecipar que, a nosso ver, a possibilidade da substituição de atos constitutivos de direitos por contratos não tem o alcance de permitir à Administração subtrair-se livremente ao regime de proteção que o CPA associa àqueles atos, para o efeito de se outorgar a titularidade dos amplos poderes de modificação objetiva e de resolução unilateral que o CCP confere aos contraentes públicos, no âmbito das relações contratuais administrativas.

A nosso ver, nada justifica, na verdade, que o regime de modificação objetiva e de resolução do contrato substitutivo de um ato administrativo seja determinado com maior abertura do que aquele que a lei consente para o ato administrativo substituído. E, por outro lado, afigura-se inteiramente justificado que, como resulta da alínea c) do nº 2 do artigo 167º do CPA, esse regime continue a ser determinado em termos bem mais restritivos do que aqueles que, como oportunamente se verá, a nosso ver apenas resultam do regime estabelecido no Título I da Parte III do CCP para as relações contratuais administrativas de colaboração subordinada do contraente privado no desempenho regular das atribuições das entidades públicas e nos contratos de aquisição e locação de bens móveis e de aquisição de serviços, que estão longe de corresponder à realidade contratual tendencialmente garantista dos particulares a que foi feita referência.

167. A alínea d) do nº 2 do artigo 167º do CPA veio dar acolhimento à figura da reserva de revogação, como um instrumento que a Administração pode utilizar para sustentar a possibilidade da revogação de atos constitutivos de direitos.

Como é sabido, o CPA, até à revisão de 2015, era omisso quanto à figura, à qual não fazia qualquer referência. Essa circunstância não parecia ter, no entanto, qualquer importância para a generalidade da doutrina, que, surpreendemente, se comportava, quanto a esta questão tão relevante, como se, num Estado de Direito, a possibilidade de a Administração introduzir no conteúdo dos atos administrativos favoráveis para os seus destinatários cláusulas que lhe permitissem proceder mais tarde à revogação desses atos, sem ficar impedida de o fazer pelo regime expressamente previsto e altamente limitativo do CPA, pudesse resultar da natureza das coisas, sem necessidade de base normativa[609].

Pela nossa parte, insurgimo-nos contra este entendimento, defendendo[610]: *(i)* que o reconhecimento à Administração, com um âmbito de aplicabilidade geral, da possibilidade da introdução de reservas de revogação em atos constitutivos de direitos não podia deixar de depender de base normativa, contida no CPA; *(ii)* que essa base legal não existia, sendo, pelo contrário, tal possibilidade incompatível com os termos estritos em que, como vimos, ao estabelecer o regime da revogação dos atos administrativos válidos, o artigo 140º do CPA assegurava a estabilidade dos atos constitutivos de direitos e interesses legalmente protegidos, sem fazer

[609] Cfr. Freitas do Amaral, *Curso...cit.*, vol. II, 2ª ed., pp. 273-274; Rebelo de Sousa/Salgado de Matos, *op. cit.*, tomo III, p. 155; Pedro Gonçalves, *op. cit.*, p. 314; Filipa Urbano Calvão, *Os atos precários e os atos provisórios no Direito Administrativo*, pp. 75 segs. e 196-197.

[610] Cfr. a 1ª edição deste livro, pp. 250-253. No mesmo sentido, cfr. Carla Amado Gomes, *op. cit.*, pp. 670-671; e, em parte, Mark Kirkby, *Contratos sobre o exercício de poderes públicos*, pp. 415-416.

qualquer referência à possibilidade da introdução de tal cláusula acessória[611]; e, por conseguinte, *(iii)* que, fora dos casos em que se encontrasse expressamente prevista em legislação especial, a reserva de revogação não era admissível, com um âmbito de aplicabilidade geral, no Direito Administrativo português.

A revisão de 2015 do CPA, reconhecendo a sua pertinência, deu resposta, por duas vias, às questões deste modo suscitadas.

Assim, o artigo 149º, que veio substituir o anterior artigo 121º, passou a fazer referência, em termos genéricos, à *reserva* como uma das espécies de cláusulas acessórias que podem ser introduzidas no conteúdo dos atos administrativos; e, por outro lado, a alínea d) do nº 2 do artigo 167º veio, por sua vez, adequar o regime de proteção dos atos constitutivos de direitos à figura da *reserva de revogação.*

E, mais uma vez, também aqui o legislador procurou o equilíbrio entre valores conflituantes.

Em primeiro lugar, delimitando o universo das situações em que é admitida a introdução de reservas de revogação no conteúdo de atos constitutivos de direitos. Nesse plano, o artigo 149º exige, desde logo, que a utilização de cláusulas acessórias não seja contrária à lei ou ao fim a que o ato se destina. E a alínea d) do nº 2 do artigo 167º acrescenta, no que já especificamente respeita à reserva de revogação, que esta só pode ser introduzida no conteúdo de um ato constitutivo de direitos quando "o quadro normativo aplicável consinta a precarização do ato em causa".

Este aspeto reveste-se de grande importância, sendo, por isso, inteiramente justificada a atenção que o legislador lhe dedica, na medida em que, como temos defendido, a introdução da reserva de revogação só é admissível quando a lei concretamente aplicável ao tipo de ato em causa admita a possibilidade da sua introdução no conteúdo do ato. Só nesse caso, a lei admitirá a precarização do ato, permitindo, assim, à Administração que,

611 Fazíamos, a este propósito, notar que, embora MARCELLO CAETANO, *Manual...*, vol. I, pp. 542-543, não incluísse a reserva no elenco que apresentava das cláusulas acessórias, ele não deixava de se referir à figura da reserva de revogação no quadro da definição do regime da revogação dos atos administrativos. Ora, como muito pertinentemente observavam ESTEVES DE OLIVEIRA/PEDRO GONÇALVES/PACHECO DE AMORIM, *op. cit.*, p. 679, o CPA, pelo contrário, na redação anterior à revisão de 2015, observava um significativo silêncio em relação à figura, não só no artigo 121º, mas também nesta última sede, o que, para nós, era decisivo e claramente distinguia a nossa lei das leis alemã e espanhola.

através da introdução da cláusula, o subtraia à aplicabilidade do regime regra da irrevogabilidade dos atos constitutivos de direitos. Na ausência de tal permissão legal, o ato está submetido a este regime de proteção dos atos constitutivos de direitos, sem que a Administração o possa afastar através da introdução no respetivo conteúdo de uma reserva de revogação.

Por outro lado, a alínea d) do nº 2 do artigo 167º, ao exigir ainda que "se verifique o circunstancialismo específico previsto na própria cláusula", exclui a possibilidade de *reservas ad libitum*, de conteúdo aberto, que colocassem os atos constitutivos de direitos em situação de completa precariedade, sem prévia determinação das circunstâncias em relação a cuja evolução futura a Administração pretendeu reservar-se a possibilidade de vir a revogar o ato em causa.

Qualquer dos aspetos enunciados reveste-se da maior importância, na medida em que, num Estado de Direito, não pode estar na disponibilidade da Administração a possibilidade de precarizar, através da introdução no respetivo conteúdo de reservas de revogação, todas as espécies de atos constitutivos de direitos, independentemente da respetiva caracterização tipológica, e também não pode admitir-se que o beneficiário possa ser, por essa via, colocado numa situação de absoluta insegurança que não lhe é exigível, sem que fiquem claramente pré-determinadas, no próprio teor da cláusula acessória, as circunstâncias de cuja evolução futura pode depender a revogação do ato constitutivo da sua situação jurídica.

2.2. Condicionalismos impostos à anulação administrativa (artigo 168º do CPA)

168. No que respeita ao regime da anulação administrativa, vimos que, ao longo do período de vigência do CPA, foi sendo criticada a rigidez do regime do artigo 141º, do qual resultava o prazo de um ano para a revogação dos atos anuláveis, alegando-se que, desse modo, não eram tomados em consideração aspetos relevantes, que recomendariam a introdução de diferenças de regime.

Procurando dar resposta a essas críticas, a revisão de 2015 introduziu no artigo 168º do CPA um regime que em muito contrasta com o anterior, prevendo soluções diferenciadas para diferentes tipos de situações[612].

a) Em primeiro lugar, é claramente assumido que, desde que tenham sido objeto de impugnação contenciosa, todos os atos administrativos podem ser anulados pela própria Administração durante toda a pendência do processo, até ao encerramento da discussão (artigo 168º, nº 3).

Com a revogação desse regime, ficou, assim, dissipada a dúvida, que, na doutrina, se tinha instalado, sobre se se mantinha ou não em vigor o regime da parte final do nº 1 do anterior artigo 141º, que apenas admitia a anulação administrativa até à fase da contestação[613].

É, entretanto, indissociável desta solução o reconhecimento ao impugnante, no plano processual, da possibilidade de fazer prosseguir o processo impugnatório[614], com vista: *(i)* ao reconhecimento judicial da ilegalidade do acto removido e, desse modo, dos *deveres de não reincidência nos vícios* que à Administração se imponham no reexercício do poder, assim como, se for caso disso, daqueles que se lhe imponham para reintegrar a legalidade ofendida; e, *(ii)* quando a remoção do acto impugnado seja acompanhada, do mesmo passo ou em momento subsequente, da sua substituição por outro, à impugnação do novo acto, com a mais ampla possibilidade da invocação de novos vícios[615].

b) O nº 1 do artigo 168º estabelece um prazo de seis meses para a anulação administrativa, contado desde a data do conhecimento pelo órgão competente da causa de invalidade, ou, nos casos de invalidade resultante

612 As diferenciações introduzidas correspondem, nos seus traços essenciais, às hipóteses equacionadas por Carla Amado Gomes/Rui Tavares Lanceiro, *op. cit.*, pp. 26 segs.

613 Para a análise, a nosso ver definitiva, da questão, com indicação das referências necessárias, cfr. Pedro Machete, "As limitações *ratione temporis* de atos secundários praticados na pendência de processos de impugnação", *Cadernos de Justiça Administrativa* nº 91, pp. 26 segs. Pela nossa parte, cfr. Mário Aroso de Almeida, *Anulação de atos administrativos e relações jurídicas emergentes*, Coimbra, 2002, pp. 268 segs.

614 Como assinala Bruno Sassani, *Impugnativa dell' atto e disciplina del rapporto*, Pádua, 1989, p. 266, cumpre, na verdade, evitar "que a relação processual, a matéria da contenda e o direito à tutela jurisdicional da parte que sofreu o exercício do poder, estejam à mercê da vontade da contraparte que, modificando unilateralmente a situação substancial, mas não perdendo a faculdade de lesar os interesses do recorrente com um novo acto, permaneceria dona do jogo" (cfr. também pp. 269-270 e nota 56).

615 Sobre este ponto, cfr. Mário Aroso de Almeida, *op. últ. cit.*, pp. 271-272.

de erro do agente, desde o momento da cessação do erro. Afigura-se justificado que o prazo seja contado desde a data do conhecimento pelo órgão competente da causa de invalidade, ou, nos casos de invalidade resultante de erro do agente, desde o momento da cessação do erro – embora dentro de um prazo limite, contado desde a data da prática do ato.

c) No que diz respeito a este prazo-limite, a principal novidade introduzida pela revisão de 2015 reside na fixação do prazo limite de cinco anos, contado desde a data da respetiva emissão, para a anulação administrativa *(i)* dos atos que não sejam constitutivos de direitos (cfr. artigo 168º, nº 1, e artigo 167º, nº 3), e *(ii)* dos próprios atos constitutivos de direitos, nas hipóteses previstas nas três alíneas do nº 4 do artigo 168º.

Esta solução possibilita a anulação administrativa destes atos muito para além dos prazos dentro dos quais é admitida a respetiva impugnação contenciosa. Mas é importante notar que ela não prejudica os respetivos prazos normais de impugnação, administrativa e contenciosa, o que significa que, após o decurso destes prazos, os interessados já não podem questionar a validade dos atos em causa, nem exigir à Administração que os anule.

Como, na verdade, claramente estabelece o nº 5 do artigo 168º, quando os atos se tiverem tornado inimpugnáveis por via jurisdicional, e, por isso, inatacáveis pelos eventuais interessados, a Administração só pode anulá-los *oficiosamente*, o que significa que a anulação não lhe pode ser exigida pelos interessados, em razão da *preclusão* que para estes resultou do facto de não terem observado o ónus que se lhes impunha de procederem à respetiva impugnação, administrativa e/ou contenciosa, dentro dos respetivos prazos legais. Por conseguinte, o indeferimento de um eventual pedido de anulação que nesse contexto seja dirigido à Administração não tem o alcance de reabrir o acesso à via contenciosa[616].

d) Fora das hipóteses previstas nas três alíneas do nº 4 do artigo 168º, a Administração só pode anular os atos constitutivos de direitos dentro do prazo-limite de um ano, contado desde a data da respetiva emissão (artigo 168º, nº 2). Na síntese de *André Salgado de Matos*, dir-se-á, assim, que "apenas os atos anuláveis constitutivos de direitos cujos destinatários não estejam de má fé, que não atribuam prestações periódicas no âmbito

[616] Neste preciso sentido, cfr. ROBIN DE ANDRADE, "O regime da revogação...", p. 78.

de relações continuadas e cuja legalidade não possa ser objeto de fiscalização administrativa para além do prazo de um ano é que ficam sujeitos ao prazo limite para a anulação administrativa" de um ano[617].

e) A anulação administrativa de um ato constitutivo de direitos pode, entretanto, constituir a Administração no dever de indemnizar o beneficiário pelos danos anormais que lhe cause, na medida em que se demonstre, nos termos do nº 6 do artigo 168º, que este desconhecia sem culpa a existência da invalidade que conduziu à anulação e auferiu, tirou partido ou fez uso da posição de vantagem em que o ato o tinha colocado (*investimento na confiança*).

f) O nº 7 do artigo 168º pretende dar expressão à jurisprudência do Tribunal de Justiça da União Europeia, originada pelo Acórdão *Kühne*, da qual decorre que a interpretação do Direito da União Europeia fixada pelo Tribunal de Justiça, no âmbito de um processo de questões prejudiciais, vincula os órgãos administrativos dos Estados-membros da União, que a devem aplicar mesmo a relações jurídicas constituídas em momento anterior e ainda que elas tenham sido definidas por ato administrativo que ainda possa ser objeto de anulação administrativa, nos termos gerais. O pressuposto da norma é que um ato administrativo tenha sido objeto de uma decisão jurisdicional de última instância que não o julgou ilegal e, por isso, não o anulou com base numa interpretação do Direito da União Europeia assumida sem submissão de uma questão prejudicial ao Tribunal de Justiça, e que, mais tarde, essa interpretação venha a ser desautorizada por uma interpretação diferente que o Tribunal de Justiça fixe no âmbito de um processo de questões prejudiciais vinculativo para o Estado português. E a estatuição da norma impõe à Administração o dever de proceder à anulação oficiosa do ato em causa, desde que ainda esteja em prazo para o fazer, nos termos do regime geral da anulação administrativa[618].

617 Cfr. André Salgado de Matos, "A invalidade do ato administrativo no projeto de revisão do CPA", *Cadernos de Justiça Administrativa*, nº 100, p. 68.

618 Sobre o Acórdão *Kühne* e o seu impacte no Direito Administrativo nacional, cfr. Fausto de Quadros, *Direito da União Europeia*, 3ª ed., Coimbra, 2013, pp. 680 segs., e "A europeização do contencioso administrativo", in *Estudos em Homenagem ao Professor Doutor Marcello Caetano*, Coimbra, 2006, pp. 397 segs. No sentido de que a jurisprudência em causa impõe um limite ao princípio da autoridade do caso julgado em consequência da incorreta aplicação do Direito da União Europeia pelos órgãos jurisdicionais nacionais sem colocação prévia

169. Vejamos cada um dos quatro tipos de situações em que o artigo 168º do CPA admite a possibilidade da anulação administrativa dentro do prazo limite de cinco anos, contado desde a data da prática do ato a anular.

a) O primeiro destes tipos de situações diz respeito à anulação de atos que, por não serem constitutivos de direitos, não há interesses que justifiquem ou imponham a sua rápida consolidação.

b) O segundo dos tipos de situações em que o artigo 168º do CPA admite a possibilidade da anulação administrativa dentro do prazo limite de cinco anos, contado desde a data da prática do ato a anular, que é também a primeira das três hipóteses previstas no nº 4 do artigo 168º, em que é admitida a anulação administrativa de atos constitutivos de direitos dentro do prazo de cinco anos, tem em vista as situações em que os atos em causa tenham sido obtidos através da utilização de artifício fraudulento.

A exemplo do que é expressamente previsto (caso da Alemanha) ou é, pelo menos, jurisprudencialmente admitido (caso da França) em ordenamentos jurídicos que nos são próximos, a revisão de 2015 foi, quanto a este ponto, ao encontro das sugestões formuladas na doutrina, no sentido da introdução, neste domínio, de diferenciações de regimes que atendam à questão de saber se o beneficiário está de má fé ou, pelo contrário, "está de boa fé, confiou justificadamente na atuação da Administração e nos seus resultados e tem, por isso, expetativas legítimas e uma confiança que merece proteção"[619]. Com efeito, não era aceitável o regime anterior, de irrevogabilidade de atos constitutivos de direitos comprovadamente ilegais e praticados na sequência de fraude dos interessados, apenas porque decorreu o prazo de impugnação contenciosa[620].

de questão prejudicial ao Tribunal de Justiça, cfr. RUI TAVARES LANCEIRO, "A erosão dos princípios da autoridade do caso julgado e do caso decidido pelo Direito da União Europeia", in *Estudos em Homenagem ao Prof. Doutor Jorge Miranda*, Coimbra, 2012, pp. 459 segs., e CARLA AMADO GOMES/RUI TAVARES LANCEIRO, *op. cit.*, pp. 46 segs.

619 Cfr. VIEIRA DE ANDRADE, "Revogação do ato administrativo", p. 59.

620 Cfr. ROBIN DE ANDRADE, "O regime da revogação...", p. 77, que dá como exemplos ostensivos os casos extremos do interessado que é acusado e/ou condenado por corrupção ativa para a prática do ato constitutivo de direitos, ou pelo uso de documento falso que induziu em erro a Administração e a levou à prática de um ato constitutivo de direitos ilegal – embora o

Por conseguinte, a alínea a) do nº 4 do artigo 168º afasta, hoje, a aplicação aos casos de dolo do beneficiário do regime de proteção dos atos constitutivos de direitos que se encontra previsto no nº 2 do mesmo artigo, estendendo, assim, nesses casos, o prazo de um ano da anulação administrativa para cinco anos.

c) O terceiro dos tipos de situações em que o artigo 168º do CPA admite a possibilidade da anulação administrativa dentro do prazo limite de cinco anos, contado desde a data da prática do ato a anular, que é também a segunda hipótese prevista no nº 4 do artigo 168º, em que é admitida a anulação administrativa de atos constitutivos de direitos dentro do prazo de cinco anos, tem por objeto introduzir, como vimos que tinha sido preconizado na doutrina, um regime específico para a anulação administrativa dos atos que envolvam a realização de prestações pecuniárias com caráter periódico, como o ato da segurança social que reconheça a um particular o direito a auferir uma determinada pensão mensal. Esse regime caracteriza-se por limitar apenas para o futuro os efeitos da anulação, por atender a que, em princípio, as prestações já realizadas não poderão ser restituídas, mas por, em contrapartida, afastar a aplicação, a este tipo de situações, do prazo de um ano do nº 2 do artigo 168º, permitindo que a anulação administrativa seja decretada no prazo de cinco anos, contado desde a data da emissão do ato em causa[621].

d) O quarto dos tipos de situações em que o artigo 168º do CPA admite a possibilidade da anulação administrativa dentro do prazo limite de cinco anos, contado desde a data da prática do ato a anular, corresponde à terceira e última das hipóteses previstas no nº 4 do artigo 168º, em que é admitida a anulação administrativa de atos constitutivos de direitos dentro do prazo de cinco anos.

Esta previsão foi suscitada por uma questão que, na prática, se colocou a propósito da situação de certos atos administrativos, praticados por

primeiro possa ser enquadrado na previsão dos casos de nulidade da alínea c) do nº 2 do artigo 161º do CPA, por estar em causa um ato determinado pela prática de um crime.

621 A Lei de Bases da Segurança Social (Lei nº 4/2007, de 16 de janeiro) já estabelecia, no artigo 79º, nº 2, que os atos administrativos de atribuição de prestações continuadas inválidos podem, ultrapassado o prazo da lei geral, ser revogados com eficácia para o futuro: cfr., a propósito, Carla Amado Gomes/Rui Tavares Lanceiro, *op. cit.*, pp. 27-28.

autoridades administrativas nacionais ao abrigo de normas do Direito da União Europeia, designadamente no domínio da atribuição de ajudas ou auxílios financeiros (subvenções), em que a legislação europeia prevê um regime específico para o exercício de competências de fiscalização, que pode implicar a imposição do dever de restituir quantias indevidamente atribuídas.

Confrontados com a questão, os tribunais administrativos portugueses partiram do pressuposto de que a imposição da ordem de restituição das quantias atribuídas envolvia a anulação administrativa do ato que as atribuiu e, num primeiro momento, começaram por entender que era de aplicar ao caso o prazo de um ano, que, no ordenamento interno português, era estabelecido para a anulação administrativa dos atos constitutivos de direitos.

Contra este entendimento, avultou, na doutrina, a posição de *Fausto de Quadros*, que, com base nas decisões proferidas pelo Tribunal de Justiça da União Europeia nos casos *Deul*, *Alcan* e *Milchkontor*, sustentou que, quando a revogação da concessão de auxílios decorra de uma obrigação imposta pelo Direito da União Europeia, exatamente por essa concessão violar esse Direito, a revogação do auxílio podia ter lugar, em nome do interesse da União Europeia, para além do prazo fixado pelo Direito nacional para a anulação administrativa dos atos constitutivos de direitos[622].

Num segundo momento, a posição dos tribunais administrativos veio a evoluir no sentido de reconhecer que, de modo a não neutralizar a aplicação do regime de restituição das quantias indevidamente auferidas, se impunha procurar os lugares paralelos que, no ordenamento interno, permitissem dar à situação solução idêntica àquela que corresponde a casos semelhantes. E assim, como, nos termos do artigo 40º do Código Comercial, as empresas devem conservar os documentos comerciais durante o prazo de 10 anos, veio a entender ser este o prazo a observar para a anulação administrativa envolvida na imposição de ordens de restituição de quantias decorrentes de fiscalizações realizadas durante esse período

[622] Cfr. Fausto de Quadros, *Direito da União Europeia*, pp. 668 segs., e, do mesmo Autor, "A Europeização do Contencioso Administrativo", pp. 396-397.

temporal[623]. Mas, desde então, a posição da jurisprudência vinha-se mostrando incerta.

Hoje, a alínea *c*) do nº 4 do artigo 168º do CPA dá resposta à questão, submetendo ao prazo de cinco anos a anulação administrativa dos "atos constitutivos de direitos de conteúdo pecuniário cuja legalidade, nos termos da legislação aplicável, possa ser objeto de fiscalização administrativa para além do prazo de um ano, com imposição do dever de restituição das quantias indevidamente auferidas".

3. Dever de anulação administrativa

170. Das formulações utilizadas no artigo 168º do CPA, que, em diversos dos preceitos, se refere sempre a um *poder* de a Administração anular os seus atos ilegais, não decorre a previsão do poder de anulação administrativa como um poder vinculado[624]. Em nossa opinião, o artigo em causa não tem, no entanto, a pretensão de dar resposta à questão de saber se o poder de a Administração anular os seus atos ilegais é um poder vinculado. Com efeito, o seu escopo é apenas, como claramente resulta da sua epígrafe, o de impor condicionalismos ao exercício do poder de anulação administrativa, independentemente da questão de saber, encarada já a questão noutra perspetiva, se, dentro desses condicionalismos, o exercício desse poder constitui ou não um dever para a Administração. A nosso ver, esta questão não encontra, pois, resposta no artigo 168º do CPA.

Em nossa opinião, a resposta decorre, no entanto, dos princípios gerais e do espírito do sistema. E só pode ser uma: a partir do momento em que

[623] Cfr. Acórdãos do Supremo Tribunal Administrativo (Pleno) de 6 de outubro de 2005, Proc. nº 2037/02; de 22 de outubro de 2008, Proc. nº 601/08; de 2 de dezembro de 2010, Proc. nº 512/09, todos com orientações diferentes. Sobre o tema, com outras referências, cfr. Ravi Afonso Pereira, "O Direito Comunitário posto ao serviço do Direito Administrativo – uma leitura da jurisprudência do STA sobre reposição de ajudas comunitárias", *Boletim da Faculdade de Direito da Universidade de Coimbra*, vol. XXXI (2005), pp. 691 segs. E, por último, Carla Amado Gomes/Rui Tavares Lanceiro, *in Cadernos de Justiça Administrativa, nº 104, p. 3.*

[624] O argumento, deduzido por M. Caetano, *Manual...*, vol. I, p. 544, ainda por referência ao quadro normativo anterior ao CPA, era retomado por Freitas do Amaral, *Direito Administrativo*, vol. III, policop., Lisboa, 1989, p. 400.

se aperceba de que praticou um ato anulável e que ainda está em tempo de atuar sobre esse ato, a Administração tem o dever de o fazer, não podendo conformar-se, por inércia, com a situação de ilegalidade criada. Já no que, entretanto, diz respeito ao conteúdo da intervenção a adotar ela poderá não se concretizar na anulação do ato, mas, dependendo da concreta configuração do caso, na sua sanação, através da convalidação, em conformidade com o disposto no artigo 164º do CPA, ou da sua substituição sanatória, nos termos previstos no artigo 173º do CPA[625]. Mas se a sanação do ato ilegal não for possível e não for efetuada, a Administração tem o dever de proceder à anulação do ato, sem que possa optar por afastar essa solução com fundamento em considerações de ordem valorativa[626].

Aliás, a mera *possibilidade* de o ato ilegal ser sanado em nada altera o facto de que, objetivamente, se – ou porventura, enquanto – a Administração não se dispuser a saná-lo, o dever no qual ela se encontra constituído é o de anular esse ato. Em nossa opinião, pode, assim, dizer-se que o dever de anular figura em primeiro plano e que, portanto, o ato ilegal deve ser anulado, *salvo se vier* ou *a menos que venha* a ser praticado um ato sanatório capaz de evitar a sua anulação[627]. Neste sentido, compreende-se que, de

[625] Cfr. Diogo Freitas do Amaral, *Curso de Direito Administrativo*, vol. II, 3ª ed., Coimbra, 2016, pp. 404-406; Paulo Otero, *O poder de substituição...*, p. 583. Também para Gabriele Pietzko, *Der materiell-rechtliche Folgenbeseitigungsanspruch*, Berlim, 1994, p. 303, o princípio da legalidade impõe à Administração o dever de remover de imediato as situações de facto contrárias à ordem jurídica às quais tiver dado origem, eliminando-as se elas forem, em si mesmas, ilegítimas, ou dotando-as do fundamento jurídico que permita qualificá-las como legítimas, se tal for juridicamente possível.

[626] Configurando o poder de a Administração proceder à revogação anulatória como um poder vinculado, cfr. Freitas do Amaral, *op. loc. últ. cits.*; Robin de Andrade, *A revogação dos atos administrativos*, pp. 255-256. É também este o entendimento corrente no direito francês: cfr., por todos, René Chapus, *Droit administratif général*, tomo 1, 7ª ed., Paris, 1993, p. 935; Jean-Jacques Israel, *La régularisation en droit français*, Paris, 1981, p. 37; Georges Isaac, *La procédure administrative non contentieuse*, Paris, 1968, p. 638.

[627] Claramente nesta perspectiva, cfr. Israel, *op. cit.*, p. 180. Repare-se que, como a posição da Administração não pode ser comparada com a da parte legitimada a fazer valer a anulabilidade de um negócio jurídico, que dispõe, tudo dependendo da sua livre vontade, do *direito de escolha (Wahlrecht)* entre anular e confirmar, essa posição não pode ser configurada do ponto de vista de um puro *concurso alternativo de direitos* (para esta construção, naquele outro contexto, cfr. Rui de Alarcão, *A confirmação dos negócios anuláveis*, vol. I, Coimbra, 1971, p. 92 e nota 137). A propósito, cfr. Sergio Menchini, *I limiti oggettivi del giudicato civile*, Milão, 1987, p. 155; Aldo Piras, *Interesse legittimo e giudizio amministrativo*, vol. II, Milão, 1962, p. 212.

um modo geral, a eventualidade da sanação do ato anulável não seja apresentada pela doutrina como um obstáculo à imposição à Administração do dever de proceder à anulação dos seus atos ilegais[628]. Só, na verdade, se o ato ilegal chegar efetivamente a ser sanado é que a sanação terá o alcance de *extinguir* o dever que sobre a Administração recaía de decretar a sua anulação.

Em nossa opinião, pode, assim, dizer-se que sobre a Administração que praticou um ato anulável recai o dever de proceder à sua anulação – isto, sem prejuízo do poder que, quando seja caso disso, lhe possa assistir de sanar o ato, poder este cujo exercício funciona como uma *condição* da não verificação da qual depende a subsistência do dever de anular[629] e cuja verificação funciona, assim, como uma *causa de extinção desse dever*: na verdade, sanando o ato ilegal, a Administração não cumpre o dever de o anular que sobre ela recaía, mas, eliminando, *in radice*, a patologia que afectava o ato a remover, extingue esse dever, por fazer desaparecer os respetivos pressupostos[630]. Se ou enquanto, no entanto, a Administração não praticar qualquer ato que produza o efeito de sanar o ato ilegal, impõe-se-lhe o dever de o anular, sendo que a este dever poderão corresponder pretensões anulatórias na esfera jurídica daqueles que, tendo sido atingidos pela ilegalidade cometida, as poderão fazer valer perante a Administração e os tribunais administrativos, dentro do correspondente prazo de impugnação.

628 No sentido, a nosso ver inteiramente correto, de que "reconhecer caráter vinculado ao poder de anular não impede o órgão para tal competente de extirpar a ilegalidade do ato, ratificando-o ou sanando-o", cfr. ROBIN DE ANDRADE, *A revogação...*, pp. 255-256.

629 Cfr. ILARIA PAGNI, *Le azioni di impugnativa negoziale*, Milão, 1998, pp. 198-199; e a apreciação circunstanciada de GIUSEPPE AULETTA, "Poteri formativi e diritti potestativi", *Rivista del Diritto Commerciale* 1939, pp. 562-565, dos fenómenos que envolvem o exercício de poderes de qualificação jurídica, como é precisamente o caso da prática de actos administrativos.

630 A questão volta a colocar-se, após a anulação, quando a alternativa se coloca entre executar o efeito repristinatório da anulação e renovar o acto anulado. E também aí deve entender-se que a opção por uma das alternativas (no caso, a renovação) funciona como uma *condição* da não verificação da qual depende a subsistência do dever no qual se concretiza a outra alternativa (no caso, a execução do efeito repristinatório) e cuja verificação funciona como uma causa de extinção desse dever: para mais desenvolvimentos, cfr. MÁRIO AROSO DE ALMEIDA, *Anulação... cit.*, pp. 578 segs.

171. A afirmação da existência de um dever de a Administração atuar sobre os seus atos administrativos anuláveis, que, em primeira linha, se concretiza no dever de proceder à respetiva anulação, retira a sua base de sustentação do reconhecimento de que a Administração se encontra colocada perante a lei em posição claramente diversa daquela em que se encontram colocados os particulares, pelo que a sua posição perante os seus atos ilegais não pode ser a do "particular pouco escrupuloso que espera obter vantagens duma ilegalidade"[631].

Com efeito, se ao ordenamento jurídico não repugna que os particulares que retirem vantagens de negócios jurídicos anuláveis optem pela respectiva manutenção, é porque o que, nesse domínio, está em causa não é a violação de normas imperativas – que, nos termos da lei, determinaria a nulidade dos negócios em questão –, mas apenas a violação de normas dirigidas a proteger exclusivamente os próprios sujeitos no interesse dos quais a anulabilidade foi estabelecida. Ao passo que, pelo contrário, a anulabilidade dos atos administrativos resulta da violação de normas imperativas, cuja observância se impõe à Administração e que não está na sua disponibilidade observar ou não.

[631] Para utilizar uma expressão de R. Ehrhardt Soares, *Interesse público, legalidade e mérito*, Coimbra, 1955, p. 455. No sentido de que, sendo o ato ilegal, sobre a Administração recai, por regra, o dever de proceder à sua anulação, sem poder afastar esse dever com base em considerações cuja intervenção, pondo em causa os interesses que o respeito pela legalidade visa salvaguardar, seria ilegítima, pois equivaleria a colocar nas mãos da Administração o poder de selecionar os interesses pelos quais se deve pautar e, desse modo, a "subalternizar a legalidade ao simples papel de inconveniente qualificado", cfr., na doutrina portuguesa, Maria da Glória Ferreira Pinto, *Considerações sobre a reclamação prévia ao recurso contencioso*, Lisboa, 1983, p. 14; Paulo Otero, *O poder de substituição em Direito administrativo*, vol. II, Lisboa, 1995, pp. 582-583; Robin de Andrade, *A Revogação...*, p. 264; Rui Medeiros, *A Decisão de inconstitucionalidade*, Lisboa, 1999, pp. 201-202. Embora no quadro de uma concepção diferente, também para R. Ehrhardt Soares, *Interesse público...*, p. 460, "quando a lei entendeu que tinha de definir as coordenadas fundamentais de certo tipo de interesse público, é inadmissível que o administrador vá, no caso concreto, desconhecer essas limitações, ao pretender que outros interesses públicos exigem a manutenção do ato viciado". De onde, "a única liberdade de apreciação do interesse público" que, no plano do autocontrolo de legalidade, este último Autor reconhece à Administração resume-se a "averiguar a subsistência do interesse público que o preceito lesado visava proteger; e onde chegue à conclusão que ele se dissolveu não pode já anular. A extinção do ato careceria de justificação" (p. 461).

Não é, por isso, de admitir que, quando se aperceba de que cometeu uma ilegalidade, a Administração possa optar por deixar perdurar a situação de ilegalidade criada, abstendo-se de extrair dela as devidas consequências[632]. Admitir isso seria, na verdade, equiparar o poder de a Administração anular os seus atos ilegais ao direito de (ou à) anulação que, no âmbito das relações negociais privadas, pertence aos sujeitos no interesse dos quais a anulabilidade foi estabelecida, quando, como é manifesto, essa equiparação não tem qualquer justificção.

Com efeito, a anulação do negócio privado está na disponibilidade do particular em cujo interesse foi determinada a invalidade, sem que se possa dizer que a anulação do negócio reintegra a legalidade objetiva, pois que não está em causa a violação de qualquer norma imperativa, mas apenas a gestão de interesses livremente disponíveis do interessado. Pelo contrário, a anulação administrativa de atos administrativos ilegais não pode estar na disponibilidade da Administração, pelo simples facto de que dessa anulação depende a reintegração da legalidade ofendida e, com ela, o próprio cumprimento do dever que à Administração se impunha de não a ter violado, que decorre do princípio da legalidade. Pois se a Administração não tinha o direito de praticar o ato ilegal, também não lhe pode assistir o direito de o manter, persistindo na ilegalidade[633].

E se o ordenamento jurídico condiciona a anulação administrativa à observância de prazos, essa solução não assenta, muito claramente, no propósito de conferir à Administração a possibilidade de, tendo consciência das ilegalidades que cometeu e não devia ter cometido, optar por deixar que elas se consolidem na ordem jurídica – o que, equivalendo

[632] No dizer de NINO PAPALDO, "Possibilità di soluzioni attraverso la giurisprudenza del Consiglio di Stato", in *Atti del Convegno sull' inadempimento del giudicato amministrativo*, Milão, 1962, p. 337: "Eu não concebo uma Administração pública que, tendo formado um ato ilegítimo ou inoportuno, não sinta o dever de o anular ou revogar; não concebo uma Administração que defenda em juízo um próprio ato injusto".

[633] O que se diz no texto vale para o exemplo, recorrente na doutrina italiana, do funcionário que, sem preencher os requisitos exigidos para ser promovido, vem a sê-lo e a desenvolver, no novo cargo, um excelente trabalho. Não se vê como esta última circunstância possa apagar a ilegalidade do ato praticado, para o efeito de dispensar a Administração do dever, dentro do prazo de que legalmente dispõe, de atuar sobre esse ato – desde logo, na hipótese de o funcionário ter sido promovido no lugar de outro, que efetivamente preenchia os necessários requisitos.

a admitir que à Administração não caberia respeitar as exigências do interesse público, heteronomamente determinadas pela lei, mas apenas impor a sua vontade em termos estáveis, seria manifestamente contrário ao princípio da legalidade –, mas é determinada por razões de segurança e estabilidade jurídicas, que atendem a outros interesses, que não o da própria Administração[634].

A nosso ver, nada do que acaba de ser dito conduz, entretanto, a uma equiparação inaceitável da função administrativa à função jurisdicional[635].

Com efeito, o proprietário que, por sua iniciativa, reconheça que errou, ocupando indevidamente uma parcela da propriedade do seu vizinho, e tome as medidas necessárias para fazer cessar a situação de perturbação ilegítima a que deu causa, não se transforma por isso em juiz. Apenas se antecipa ao juiz, cumprindo os deveres que se lhe impõem e, desse modo, evitando a eclosão de um litígio judicial. Ora, de modo semelhante se passam as coisas no caso de, uma vez analisada a questão, a Administração concluir que praticou um ato anulável e que o caminho a seguir para pôr termo à situação de ilegalidade criada deve ser o de proceder à anulação desse ato. Anular o ato é um dever que, nesse caso, se impõe à Administração, porque se trata de, numa situação patológica, corresponder às exigências que para ela decorrem da indevida violação de uma norma legal imperativa[636], sem que se possa dizer que o cumprimento da lei – no plano fisiológico – e, por conseguinte, a remoção das consequências que resultam do seu eventual incumprimento, por forma a reintegrar a legalidade – no plano patológico – exorbitam do âmbito do exercício da função administrativa. Quando a eliminação do ato ilegal seja, à face da lei, o caminho a seguir, a anulação administrativa traduz apenas o exercício de um poder

[634] Cfr. Ulrich Knoke, *Rechtsfragen der Rücknahme von Verwaltungsakten*, Berlim, 1989, p. 128. Repare-se que, mesmo no domínio da anulabilidade dos negócios jurídicos privados, a melhor doutrina entende que "a convalescença pelo decurso do prazo de anulação não constitui, nem sequer a título presuntivo, uma confirmação tácita. Trata-se de uma convalidação *objetiva*, e não de uma convalidação subjetiva, como aquela que tem lugar por força da confirmação", e tem lugar porque "a lei, fundamentalmente por motivos de segurança ou certeza jurídica, entende dever estabilizar-se ou consolidar-se a situação de facto": cfr. R. Alarcão, *op. cit.*, pp. 117 e 116.

[635] Risco contra o qual se insurge R. Ehrhardt Soares, *Interesse público...*, pp. 455-456.

[636] Cfr. Paulo Otero, *O poder de substituição...*, vol. II, p. 582; Robin de Andrade, *A Revogação...cit.*, p. 215.

vinculado, o que ainda se inscreve no exercício da função administrativa, que não se define pela necessária titularidade de poderes de valoração próprios da Administração[637].

172. Em nossa opinião, sempre que a Administração tenha o dever de proceder à anulação de um ato administrativo ilegal, esse dever subsiste durante todo o período de tempo dentro do qual ela está legalmente habilitada a exercer esse poder.

Ao contrário do que sucedia no passado, esta advertência reveste-se, hoje, de grande importância, pois, como vimos, o CPA, após a revisão de 2015, passou a admitir, no artigo 168º, a possibilidade de a Administração anular uma parte dos seus atos dentro do prazo limite de cinco anos, contado desde a data da respetiva prática – e, portanto, mesmo quando esses atos já se tenham tornado inimpugnáveis, pelo decurso dos respetivos prazos de impugnação contenciosa (cfr. artigo 168º, nºs 1 e 4).

Na vigência do regime anterior a 2015, entendia-se que, embora os atos administrativos deixassem de poder ser objeto de anulação administrativa no termo do prazo de um ano, contado da data da respetiva emissão, eles ainda podiam ser revogados, desde que se preenchessem os correspondentes pressupostos. Nessa circunstância, entendia-se que a anulabilidade de que o ato padeceu já não relevaria enquanto tal, na medida em que a possibilidade de ela ser efetivada através da anulação se tinha precludido pelo decurso do tempo, pelo que já não se impunha à Administração o dever de remover o ato inválido. Mas, se o ato ainda produzisse efeitos e a sua subsistência estivesse na disponibilidade do exercício dos seus poderes de valoração próprios, a Administração conservava a faculdade de dar relevância à ilegalidade do ato em causa para o efeito de proceder à sua revogação, com fundamento num juízo de mérito, conveniência ou oportunidade[638].

[637] Cfr., a propósito, Robin de Andrade, *A Revogação...cit.*, p. 262.

[638] À face do quadro normativo anterior à revisão de 2015 do CPA, era esta a posição de Filipa Calvão, "Revogação dos atos administrativos...", p. 36, para quem, "podendo os efeitos desfavoráveis de um ato ser objeto de revogação, por razões de interesse público, a todo o tempo, não se vislumbra fundamento para impedir a destruição daqueles se ilegais"; e de Vieira de Andrade, "Discricionaridade e reforma de atos administrativos vinculados desfavoráveis", in *Cadernos de Justiça Administrativa* nº 11, p. 14, que, *"não estando o órgão administrativo obrigado, em abstrato, a anular o ato que se tenha estabilizado como caso decidido"* (sublinhado

Hoje, à face do regime dos artigos 168º e 171º do CPA, a questão coloca-se de modo muito diferente, na medida em que a anulação administrativa é admitida muito para além dos prazos de impugnação dos atos administrativos. Ora, nos casos em que o artigo 168º admite a possibilidade da anulação administrativa de atos inimpugnáveis, não pode deixar de reconhecer-se que a anulabilidade desses atos continua a relevar enquanto tal, mesmo para além da preclusão dos prazos dentro dos quais ela podia ser invocada perante os tribunais. Só assim, na verdade, se explica que, ainda nessa circunstância, a lei qualifique o ato a praticar como de anulação administrativa, com as consequências de regime que correspondem a tal qualificação. Daí resulta que o legislador não pretendeu introduzir qualquer diferenciação entre anulações administrativas, consoante elas incidam sobre atos ainda impugnáveis ou sobre atos que já se tornaram inimpugnáveis. Em qualquer dos casos, trata-se de reconhecer a ilegalidade do ato e de reintegrar a legalidade, decretando a sua anulação.

O reconhecimento da existência de um dever de a Administração proceder à anulação dos seus atos ilegais não depende, pois, hoje, da questão de saber se o ato a anular ainda é impugnável ou já se tornou inimpugnável. Nos casos em que a lei admite a anulação administrativa de atos inimpugnáveis, ela confere à Administração o poder de decretar essa anulação nos mesmos precisos termos em que o faz em relação aos atos impugnáveis. Por conseguinte, reveste-se da mesma natureza – a nosso ver, como foi dito, vinculada – o poder que a lei confere à Administração de anular, tanto os atos impugnáveis, como os atos inimpugnáveis.

E em sentido contrário ao reconhecimento da existência de um dever de a Administração proceder à anulação de atos que já se tenham tornado inimpugnáveis, não há que recear que, desse modo, se reabram os prazos de impugnação contenciosa. Como, com efeito, já atrás foi notado, as soluções normativas que, no CPA, possibilitam, em certas circunstâncias, a anulação administrativa muito para além dos prazos dentro dos quais é

nosso), configurava a revogação de atos administrativos ilegais após ter expirado o prazo que decorria do artigo 141º do CPA como "um poder discricionário de exercício oficioso", "em função do interesse público e com respeito pelos princípios gerais do direito, em especial, pelos princípios da proporcionalidade e da proteção da confiança".

admitida a impugnação contenciosa não prejudicam a subsistência desses prazos, o que significa que, após eles terem decorrido, os interessados já não podem questionar a validade dos atos em causa, nem exigir à Administração que os anule. Nesse sentido, estabelece, com efeito, o nº 5 do artigo 168º que, quando os atos em causa se tiverem tornado inimpugnáveis por via jurisdicional, e, por isso, inatacáveis pelos eventuais interessados, a Administração só pode anulá-los *oficiosamente*, o que significa que a anulação não lhe pode ser exigida pelos interessados, em razão da *preclusão* que para estes resultou do facto de não terem observado o ónus que se lhes impunha de procederem à respetiva impugnação, administrativa e/ou contenciosa, dentro dos respetivos prazos legais. Por conseguinte, o indeferimento de um eventual pedido de anulação que nesse contexto seja dirigido à Administração não tem o alcance de reabrir a via contenciosa[639].

173. A nosso ver, o regime da anulação administrativa consagrado no CPA não deixa espaço para que, para o efeito de decidir se deve proceder à anulação dos seus atos anuláveis, a Administração proceda a ponderações que lhe permitam atender à situação dos eventuais beneficiários do ato, que, tendo agido de boa fé, na ignorância da sua invalidade, possam vir a ser prejudicados pela sua remoção da ordem jurídica[640]. A nosso ver, este valor não pode sobrepor-se, neste domínio, ao do respeito pela legalidade objetiva.

Deve, na verdade, entender-se que a ponderação de interesses, por aplicação de princípios como o da proteção da confiança, foi efetuada pelo próprio legislador, ao delimitar de modo criterioso o universo dos atos que, mesmo após se terem tornado inimpugnáveis, podem ser objeto de anulação administrativa e ao estabelecer os condicionalismos, sobretudo temporais, dentro dos quais ela pode ser decretada.

Com efeito, o artigo 168º do CPA admite a anulação administrativa de atos constitutivos, embora a submeta a limites temporais, e, no nº 6, prevê

639 Neste preciso sentido, cfr. ROBIN DE ANDRADE, "O regime da revogação...", p. 78.

640 Sobre a atendibilidade deste critério, como ingrediente jurídico que, num Estado de Direito, deve ser sopesado com o interesse na legalidade dos actos administrativos, cfr., por todos, WOLFF/BACHOF/STOBER, *Verwaltungsrecht*, vol. I, 10ª ed., Munique, 1994, pp. 743 segs., *maxime* 747-749; KNOKE, *op. cit.*, pp. 121 segs.

o dever de indemnização dos beneficiários de boa fé dos atos constitutivos de direitos que sejam anulados – o que, a nosso ver, confirma o princípio de que, neste domínio, a legalidade prevalece sobre a confiança, sem que, em sentido contrário, a Administração possa, designadamente, atender à eventual boa fé dos beneficiários para abster-se de proceder à anulação administrativa dos seus atos.

Independentemente do juízo que sobre esta opção se possa formular, a imposição de condicionamentos temporais à possibilidade do decretamento da anulação administrativa é a solução a que, a título principal, o legislador recorre para proteger a segurança e a estabilidade jurídicas e, desse modo, a boa fé de quem tiver depositado a sua confiança em atos administrativos anuláveis. Ao que acresce a previsão, no nº 3 do artigo 171º, da possibilidade de a Administração ponderar as implicações que, no caso concreto, poderão advir da retroatividade da anulação, para o efeito de poder optar por modelar os seus efeitos, decretando-a apenas com eficácia para o futuro, no caso de o ato a anular já se ter tornado inimpugnável por via jurisdicional. Através desta possibilidade de limitar os efeitos retroativos da anulação administrativa, o legislador dá, assim, resposta à preocupação acrescida de proteger os valores da estabilidade e da confiança nas situações em que foi mais longo o período de tempo decorrido desde o momento em que foi praticado o ato a anular.

Desde que se preencham os condicionalismos, designadamente temporais, dentro dos quais a anulação administrativa é possível, não se afigura, pois, admissível, à face do regime do CPA, que o simples interesse dos beneficiários do ato anulável na manutenção da situação por ele constituída possa e deva prevalecer sobre o valor da reintegração da legalidade violada, para o efeito de isentar a Administração do dever de proceder à respetiva anulação. Isto, naturalmente, sem prejuízo do dever em que a Administração possa ficar constituída de indemnizar os beneficiários de boa fé[641].

[641] Só para este efeito releva, pois, quanto a nós, o critério de boa fé que é proposto por Knoke, *op. cit.*, pp. 288-289. Repare-se que também no direito alemão, com exclusão das situações enunciadas no § 48, Abs. 2, da *Verwaltungsverfahrengesetz*, a única garantia que aquele preceito assegura aos beneficiários de atos anuláveis é esta indemnização.

4. Convalidação e substituição sanatória de atos anuláveis

174. Examinando o ato ilegal, a Administração pode chegar à conclusão de que os seus efeitos podem ser convalidados, através do recurso aos institutos da ratificação, da reforma ou da conversão, a que se refere o artigo 164º do CPA. E é mesmo possível que, por a prática do ato ilegal ser legalmente devida, sobre a Administração recaia o dever de adotar alguma destas medidas.

Em tese geral, a questão da admissibilidade, e em que termos, da convalidação dos atos administrativos anuláveis é problemática. Na doutrina portuguesa, ela não tem suscitado, no entanto, a merecida discussão, encontrando-se a questão aparentemente pacificada, segundo a lição de *Marcello Caetano*, em torno das figuras da *ratificação*, da *reforma* e da *conversão*, de algum modo recebidas no artigo 164º do CPA[642].

Sem prejuízo da possibilidade de se proceder a uma análise mais circunstanciada dessas três figuras noutra ocasião, partimos, na presente exposição, do pressuposto de que todas elas correspondem a atos administrativos de segundo grau, que operam a convalidação de atos administrativos inválidos, fazendo com que, num segundo momento, se preencham os requisitos de validade que faltaram no momento em que estes atos foram praticados.

Cumpre, na verdade, ter presente que, no domínio em análise, só pode ser admitida a *convalidação* que passe pela efetiva verificação, em momento subsequente ao da prática do ato, de requisitos de validade que ainda não tinham sido preenchidos, estando excluída a hipótese da emissão, por parte da Administração, de um ato de conteúdo similar ao da *confirmação dos negócios jurídicos*[643]. Mas, por outro lado, estamos, de momento, a referirmo-nos a situações em que a reintegração da legalidade não exige

[642] O artigo 164º do CPA utiliza, na verdade, as fórmulas "ratificação", "reforma" e "conversão", no sentido específico que, pela mão de M. CAETANO (cfr. *Manual...*, vol. I, pp. 556-561), parece ter-se vulgarizado na doutrina portuguesa: cfr. também FREITAS DO AMARAL, *Curso... cit.*, vol. II, 3ª ed., pp. 416-418; SÉRVULO CORREIA, *Noções...*, pp. 505-513.

[643] Para a distinção entre as duas figuras, no domínio da convalescença dos negócios jurídicos inválidos, cfr., por todos, CARVALHO FERNANDES, *Teoria Geral do Direito Civil*, vol. II, 2ª ed., Lisboa, 1996, pp. 399-402; R. ALARCÃO, *op. cit.*, pp. 99 segs. Para a reafirmação do princípio de que, em Direito Administrativo, só através de um ato de sanação a invalidade se pode convalidar, cfr. ROBIN DE ANDRADE, "O regime da revogação...", p. 78.

a substituição do ato ilegal sem reincidência nas mesmas ilegalidades[644], hipótese à qual nos referiremos no ponto seguinte.

Resta notar que, com a revisão de 2015, o CPA flexibilizou o regime da convalidação dos atos administrativos. Com efeito, como a anulação administrativa passou a poder ter sempre lugar até ao encerramento da discussão em processo jurisdicional intentado contra o ato a anular (cfr. artigo 168º, nº 3), o mesmo passou a valer para a ratificação, a reforma e a conversão, por remissão do nº 1 do artigo 164º.

Em contrapartida, ao contrário do que sucedia anteriormente, o nº 5 do artigo 164º passou a fazer depender a retrotração dos efeitos da ratificação, da reforma e da conversão à data da prática do ato a convalidar, da exigência de tal retrotração não prejudicar a possibilidade de anulação dos efeitos lesivos produzidos durante o período de tempo entretanto decorrido, quando a convalidação ocorra na pendência de processo imupugnatório e respeite a "atos que envolvam a imposição de deveres, encargos, ónus ou sujeições, a aplicação de sanções ou a restrição de direitos ou interesses legalmente protegidos".

Cumpre, na verdade, ter presente a diferença que separa a anulação administrativa do acto impugnado, que, se consome a pretensão anulató-

[644] Parte-se no texto da distinção, de teoria geral, entre atos de convalidação, que são atos de segundo grau, e actos que, renovando actos anteriores, partilham com estes a mesma natureza, enquanto actos de primeiro grau (cfr., por todos, R. Alarcão, *op. cit.*, pp. 107-111; Mota Pinto, *Teoria Geral do Direito Civil*, 3ª ed., Coimbra, 1989, pp. 611-612; e, no muito interessante domínio das deliberações sociais, Antonio Pavone la Rosa, "La rinnovazione delle deliberazioni assembleari invalide", *Banca Borsa e Titoli di Credito* 1954, pp. 881 e 883), por parecer que nessa distinção assenta a tradicional definição, na doutrina administrativa portuguesa, das figuras da ratificação, da reforma (*rectius*, redução) e da conversão de actos administrativos como actos de segundo grau: cfr., por todos, M. Caetano, *Manual...*, vol. I, pp. 556-561; Freitas do Amaral, *op. loc. últ. cits.*; Sérvulo Correia, *Noções...*, pp. 505-513. No direito das sociedades comerciais, embora se discuta se o suprimento de vícios de que padeça uma deliberação não terá de passar pela renovação dessa deliberação, também parece admitir-se que a fronteira entre a convalidação e a renovação se traça interpretando a vontade da sociedade, para o efeito de apurar se ela pretendeu reconhecer a deliberação inválida como obrigatória, apesar dos seus vícios, ou se, pelo contrário, pretendeu substituir essa deliberação por outra: em geral, sobre a questão, cfr. Manuel Carneiro da Frada, *Renovação de deliberações sociais*, Coimbra, 1987, pp. 11-15 e 19, nota 36; J. Pinto Furtado, *Deliberações da sociedade no Código das Sociedades Comerciais*, Lisboa, 1990, pp. 53-54; Pavone la Rosa, *passim*; Vasco da Gama Lobo Xavier, *Anulação de deliberação social e deliberações conexas*, Coimbra, 1976, pp. 447 segs., nota 106 (*maxime* pp. 460-461).

ria do impugnante, é porque assegura a respectiva satisfação, da ratificação, reforma ou conversão daquele acto, cuja verificação, pelo contrário, compromete a subsistência daquela pretensão, que, uma vez verificada qualquer delas, se extingue sem encontrar satisfação[645].

Ora, admitir, sem mais, que, na pendência do processo impugnatório, a Administração pudesse convalidar o ato impugnado que envolva a imposição de deveres, a aplicação de sanções ou a restrição de direitos ou interesses legalmente protegidos do interessado, seria permitir que a ilegalidade cometida ficasse sem consequências, quando a verdade é que a Administração, não só a cometeu, como nem sequer foi diligente no propósito de evitar a impugnação do acto, forçando, pelo contrário, o interessado a recorrer à tutela jurisdicional. Com o que se perderia a função pedagógica que deve presidir ao sancionamento das ilegalidades administrativas, incutindo na Administração um sentimento de impunidade e no interessado que, tendo impugnado o ato, verificasse ter agido em pura perda, a legítima convicção de que a ilegalidade cometida teria ficado sem castigo[646].

A salvaguarda da pretensão anulatória do interessado não tem, assim, neste contexto, o propósito de lhe assegurar um bem ao qual ele tivesse, em abstracto, direito. Não pode ser, por isso, confundida com a compensação do impugnante pelos eventuais danos resultantes da ilegalidade cometida. Se o acto pode ser convalidado, é evidente que, do ponto de vista do direito material aplicável, ao impugnante não assistia o direito a que esse acto não fosse, desde o início, praticado ou o direito à emissão de um acto de conteúdo diferente, pelo que os danos que para ele podem ter

[645] Assim, Enrico Follieri, *Risarcimento dei danni per lesione di interessi legittimi*, Chieti, 1984, p. 97.

[646] A função pedagógica do regime das invalidades e dos limites à respetiva sanação é correntemente acentuada pela doutrina administrativa alemã, nesse argumento se apoiando a solução que, até à reforma de 1996, o § 45, nº 2, da *Verwaltungsverfahrensgesetz* consagrava, de impedir a convalidação do ato administrativo a partir do momento em que ele fosse judicialmente impugnado: cfr., por todos, Walter Krebs, "Kompensation von Verwaltungsverfahrensfehlern durch gerichtlichen Rechtsschutz?", *Deutsches Verwaltungsblatt*, 1984, p. 114, com referências na nota 58. Para o reconhecimento de que o efeito repressivo ou sancionatório está presente "em toda a anulação contenciosa, misturado com outros efeitos mais aparentes, mais imediatos: a sentença verifica os deveres funcionais dos administradores, ela satisfaz interesses – e ela reprime as faltas da administração", cfr. Maurice Kellershohn, *Des effets de l'annulation pour excès de pouvoir*, Bordéus, 1915, pp. 95-99.

resultado da prática do acto ilegal nada têm que ver com os efeitos substantivos que esse acto veio introduzir, nem com a determinação da data a partir da qual eles se devem contar.

Afigura-se-nos, pois, inteiramente justificada a introdução, no nº 5 do artigo 164º do CPA, da solução de se admitir que a convalida-ção possa ter lugar ao longo de todo o processo judicial, mas com a importante restrição de que ela não seja oponível ao impugnante, no que toca aos efeitos entretanto produzidos pelo ato impugnado, no caso de: *(i)* ele ser titular de um interesse específico, dirigido à destruição desses efeitos, por não lhe ser indiferente a data a partir da qual se considera constituída a situação gerada por aquele acto, e *(ii)* estar em causa um ato de conteúdo desfavorável, que envolva a imposição de deveres, a aplicação de sanções ou a restrição de direitos ou interesses legalmente protegidos[647].

175. Na generalidade dos casos, a Administração não pode proceder à pura convalidação dos efeitos dos seus atos ilegais através da emissão de um acto de segundo grau, pelo que mais não lhe resta do que, quando seja o caso, a possibilidade de os substituir por outros atos de primeiro grau, uma vez total ou parcialmente reinstruído o procedimento[648].

Nos casos em que a Administração não possa ou entenda que não deve lançar mão da convalidação, pode dar-se, pois, o caso de a solução a dar à situação de ilegalidade passar pela substituição do ato ilegal por outro que não enferme das mesmas ilegalidades. O novo ato será *renovatório* do ato anterior, se for praticado com o mesmo conteúdo: terá, nesse caso, lugar a *renovação* do ato.

A substituição, e eventual renovação, do ato ilegal envolve a remoção deste ato. Na verdade, essencial ao fenómeno da renovação de atos jurídicos é que o ato renovado deixa de vigorar, quando isso não sucedia já, sendo substituído pelo novo ato, que passa a ser a fonte dos efeitos definitórios[649]. Ainda que ao momento construtivo do ato renovatório seja imputado um alcance retroativo, reportado ao momento em que o ato

[647] Para a circunstanciada defesa da solução, cfr. Mário Aroso de Almeida, *Anulação... cit.*, pp. 272 segs.

[648] Neste sentido, cfr. Hermann Hill, *Das felerhafte Verfahren und seine Folgen im Verwaltungsrecht*, Heidelberg, 1986, p. 482.

[649] Cfr. R. Alarcão, *op. cit.*, p. 108; Pavone la Rosa, *op. cit.*, p. 876.

renovado tinha sido praticado, a verdade é que a renovação de um ato administrativo que ainda não foi removido da ordem jurídica compreende, sempre, um incontornável momento de carácter destrutivo desse ato, por substituição. A renovação não se configura, portanto, como uma *alternativa,* mas como um *complemento,* em relação à remoção do ato renovado.

A renovação de um ato ilegal que ainda não foi eliminado da ordem jurídica visa conferir fundamento válido às situações que, ao abrigo desse ato, se tinham constituído de modo inválido e, desse modo, assegurar, pelo menos no presente e para o futuro, a manutenção dessas situações, sem as soluções de continuidade que resultariam da intervenção de uma anulação contenciosa. Vale, por isso, para este caso, com as devidas adaptações, o que atrás foi dito a propósito do dever de atuação que à Administração se impõe quando disponha da possibilidade – porventura, do dever – de convalidar o ato ilegal. Também neste caso se afigura, com efeito, que a eventual existência de fundamentos que justifiquem a manutenção da situação constituída pelo ato ilegal não legitima a Administração a permanecer inerte, pois, sem renovar o ato ilegal, essa situação continua a fundar-se nesse ato ilegal, que, como tal, deve ser destruído.

Ora, em relação a este ponto, cumpre fazer uma referência muito importante, que diz respeito à inovadora previsão introduzida pela revisão de 2015 nos nºs 2 e 3 do artigo 173º do CPA, que, como em tempos tínhamos preconizado[650], vieram consagrar, no nosso ordenamento jurídico, a figura da *renovação sanatória* de atos administrativos anuláveis, estabelecendo que a substituição de um ato administrativo anulável por um ato válido com o mesmo conteúdo reporte os seus efeitos ao momento em que o ato renovado tinha sido praticado, sanando os efeitos por este produzidos, assim como os respetivos atos consequentes[651].

Na verdade, a partir do momento em que se reconhece à Administração o poder de ratificar, reformar ou converter os seus atos ilegais, convalidando os respetivos efeitos, também parece justificado admitir-se que,

[650] Cfr., com outros desenvolvimentos, Mário Aroso de Almeida, *Anulação... cit.*, pp. 281 segs.

[651] Na ausência desta nova previsão legal, a questão teria de ser analisada, quando o autor do ato renovatório lhe imputasse efeitos retroativos, do ponto de vista da conformidade de tal determinação com as regras gerais sobre a retroatividade dos atos administrativos, que hoje decorrem do artigo 156º do CPA: cfr. M. Esteves de Oliveira/Pedro Gonçalves/Pacheco de Amorim, *Código do Procedimento Administrativo Comentado,* p. 695.

quando a convalidação não seja possível, ela possa *regularizar* as situações constituídas[652] através da substituição dos atos em causa por outros, que, se vierem a ter o mesmo conteúdo do ato impugnado, os virão renovar[653], fornecendo a essas situações o título válido de legitimação que lhes faltava. Ora, em tal contexto, as razões que justificam a retroatividade dos actos de convalidação também parecem dever valer para o ato de renovação, que, revogando por substituição um anterior ato ilegal, o vem renovar no propósito de conferir fundamento válido às situações que, ao seu abrigo, se constituiram por forma inválida[654].

É esta solução que hoje se encontra consagrada no nº 2 do artigo 173º do CPA, que imputa um efeito *convalidatório* à renovação do ato administrativo anulável, determinando que ela funcione como uma *renovação sanatória* – no sentido em que, na senda da doutrina italiana[655], o conceito parece poder ser, entre nós, utilizado, no domínio do aproveitamento das deliberações sociais, à face do disposto no artigo 62º, nº 2, do Código das Sociedades Comerciais[656], para qualificar idêntico fenómeno de substituição integral do título que dava cobertura jurídica aos efeitos produzidos pelo acto inválido[657].

[652] Fala-se, no texto, em *regularizar a situação,* no sentido em que o conceito é utilizado no direito francês: cfr. ISRAEL, *op. cit.*, p. 18.

[653] A possibilidade de se proceder, na pendência da impugnação judicial, à renovação dos actos que padeciam de vícios que, até à data da propositura da acção de anulação, eram susceptíveis de serem sanados, mas que a partir dessa data tinham deixado de o ser, era a solução que, antes da reforma de Setembro de 1996, parecia mais consentânea com o que dispunha o § 45, nº 2, da lei de procedimento alemã: cfr. FERDINAND KOPP, *Verwaltungsverfahrengesetz*, 6ª ed., Munique, 1996, p. 982, Rn 5.

[654] Para uma solução do mesmo tipo no direito alemão, embora no campo do exercício de poderes regulamentares em direito urbanístico, cfr. H. HILL, *op. cit.*, p. 432.

[655] Cfr., por todos, PAVONE LA ROSA, *op. cit.*, pp. 855 segs.

[656] Neste sentido, cfr. CARNEIRO DA FRADA, *op. cit.*, pp. 33 segs. Em geral, sobre o regime do artigo 62º do Código das Sociedades Comerciais, cfr., por todos, J. OLIVEIRA ASCENSÃO, *Direito Comercial*, vol. IV, Lisboa, 1993, pp. 298 segs.; ANTÓNIO MENEZES CORDEIRO, *Código de Sociedades Comerciais Anotado*, 2ª ed., Coimbra, 2012.

[657] Se, sendo a revogação por substituição fundada na invalidade do acto substituído, a lei lhe imputa o alcance de destruir retroativamente os efeitos produzidos pelo ato revogado, a verdade é que a eficácia retroativa do momento construtivo do ato renovatório tem o alcance de fazer com que esses efeitos, na realidade, se mantenham, já que, do mesmo passo que são destruídos, eles são também reconstruídos: para a descrição deste fenómeno, em termos que

A exemplo do que anteriormente foi dito quanto à hipótese, prevista no artigo 164º do CPA, de convalidação dos atos administrativos ilegais, por maioria de razão se afigura, entretanto, justificado afastar, neste tipo de situação, a possibilidade de se imputar à renovação um alcance sanatório quando o interessado seja titular de um interesse específico na anulação de efeitos produzidos que tenham envolvido a imposição de deveres, encargos, ónus ou sujeições, a aplicação de sanções ou a restrição dos seus direitos ou interesses legalmente protegidos.

É, precisamente, o que prevê o nº 3 do artigo 173º do CPA, com o que se vai ainda ao encontro da solução consagrada no artigo 62º, nº 2, do Código das Sociedades Comerciais, que parece consagrar um regime do mesmo tipo, de *inoponibilidade* ao impugnante do alcance retroativo da deliberação renovatória, por efeito do qual se lhe assegura a possibilidade de obter a anulação dos efeitos lesivos que, por virtude do ato ilegal, na sua esfera jurídica se tenham produzido durante o período de tempo que precedeu a respetiva renovação[658].

se afiguram ajustados à previsão do artigo 62º, nº 2, do Código das Sociedades Comerciais, cfr. J. Pinto Furtado, *op. cit.*, pp. 53-54.

[658] Cfr. Carneiro da Frada, *op. cit.*, pp. 30 e 39.

-V-
Reclamação e Recursos Administrativos

1. Modalidades e âmbito de aplicação

176. Todo o ato administrativo pode ser objeto de reclamação para o órgão que o praticou. Na reclamação, o interessado solicita a anulação, revogação, modificação ou substituição do ato, por razões de legalidade ou de mérito.

Se um órgão administrativo tiver um superior hierárquico, estando, assim, submetido ao exercício de poderes hierárquicos por parte de órgão superior, todo o ato administrativo que ele pratique também pode ser objeto de recurso hierárquico. No âmbito deste recurso, o interessado solicita ao órgão situado no topo da hierarquia (cfr. artigo 194º, nº 1, do CPA) que tome posição em relação ao ato praticado pelo seu subordinado. De acordo com o que hoje dispõe o nº 1 do artigo 197º do CPA, o regime-regra nesta matéria, salvas as eventuais exceções previstas em lei especial, é o de que o superior hierárquico pode anular, revogar, modificar ou substituir o ato do subordinado, mas se a lei qualificar a competência exercida pelo subordinado como exclusiva deste, o superior hierárquico só pode anular o ato em via de recurso.

Como dispõe o artigo 199º do CPA, a lei ainda pode prever a existência, em domínios específicos, de recursos administrativos especiais. Isso sucede quando lei especial expressamente preveja a possibilidade de o interessado se insurgir contra determinado tipo de ato administrativo perante outro órgão, que não aquele que praticou o ato, nem o seu superior hierárquico de grau mais elevado.

É o que, paradigmaticamente, ocorre quando lei especial prevê, em relação a determinado tipo de ato administrativo, a possibilidade da interposição de *recurso tutelar,* dirigido ao órgão que exerça poderes de tutela ou superintendência sobre a entidade a que pertence o órgão que atuou. A extensão dos poderes do órgão tutelar neste domínio também tem de ser determinada pela lei, sendo que o recurso tutelar não poderá incidir sobre o mérito do ato em causa, nem conduzir à substituição ou modificação desse ato se, sobre a entidade tutelada, apenas puder ser exercida uma tutela de legalidade e não puder existir tutela substitutiva.

177. Um aspeto extremamente importante do regime da reclamação e dos recursos administrativos que foi introduzido pela revisão do CPA de 2015[659] e é, porventura, o traço mais distintivo e relevante desse regime, que aqui não pode ser, por isso, omitido, tem que ver com o facto de, no vigente ordenamento jurídico português, a reclamação e os recursos administrativos não terem necessariamente de ser *impugnações administrativas,* dirigidas contra atos administrativos praticados, mas também poderem ser garantias administrativas utilizáveis perante a omissão alegadamente ilegítima de atos administrativos.

Este é um ponto que resulta, desde logo, com grande clareza, do artigo 184º do CPA, que abre a secção respeitante à reclamação e aos recursos administrativos, e que depois perpassa, em preceitos da maior relevância, por todo o regime consagrado na referida sec-ção. Estabelece, com efeito, o artigo 184º do CPA que a reclamação e os recursos administrativos tanto podem ser utilizados para "impugnar os atos administrativos perante a Administração Pública, solicitando a sua revogação, anulação, modificação ou suspensão", como para "reagir contra a omissão ilegal de atos administrativos, em incumprimento do dever de decisão, pedindo a emissão do ato pretendido".

A solução já constava do projeto de revisão do CPA que, em 2003, tivemos a honra de elaborar com o *Professor Diogo Freitas do Amaral,* para adequar, em aspetos pontuais, o regime do CPA às consequências decor-

[659] Para uma interessante análise do novo regime, cfr. JORGE SILVA SAMPAIO/JOSÉ DUARTE COIMBRA, "Os procedimentos administrativos de segundo grau no novo CPA", in *Comentários ao Novo Código do Procedimento Administrativo* (coord. CARLA AMADO GOMES, FERNANDA NEVES e TIAGO SERRÃO), Lisboa, 2015, pp. 679 segs.

rentes da reforma do contencioso administrativo, mas que, na altura, não teve seguimento[660]. E é inspirada pelo propósito de adequar o regime da reclamação e dos recursos administrativos ao desaparecimento da figura do indeferimento tácito.

Com efeito, tradicionalmente, os interessados em reagir perante situações de omissão ilegal de atos administrativos tinham o ónus de ficcionar a existência de um indeferimento tácito, o que lhes permitia utilizar os mecanismos de impugnação, tanto administrativa, como contenciosa, como se se tratasse de reagir contra um verdadeiro ato administrativo que tivesse sido efetivamente emitido. Ora, como já tivemos oportunidade de referir (cfr. *supra*, nº 114), hoje, a figura do indeferimento tácito não existe mais no ordenamento jurídico português, por não ser mais necessário ficcionar um ato administrativo para reagir contra as situações de silêncio ilegítimo da Administração.

É assim no plano contencioso, em que, perante a omissão ilegal de um ato administrativo, pode ser pedida a condenação à prática de um ato administrativo (cfr. artigos 66º e segs do CPTA). E também é assim no plano das garantias administrativas, na medida em que, com a reforma de 2015 do CPA, a reclamação e os recursos administrativos deixaram de ter necessariamente por objeto a impugnação de atos administrativos, para passarem a poder ter também por objeto a reação contra a omissão ilegal de atos administrativos.

Por via de regra, existe, como é evidente, uma diferença óbvia entre o objeto, no plano processual, da ação de condenação à prática de ato devido e o objeto da reclamação e dos recursos administrativos contra situações de omissão ilegal de ato administrativo, que resulta do facto de que, no âmbito destes últimos, o interessado não se dirige a uma entidade externa à Administração, como são os tribunais, mas aos próprios órgãos administrativos, pelo que, por via de regra, não vai pedir a condenação à prática de um ato administrativo, mas a própria emissão desse ato. A reclamação ou o recurso administrativo funcionam, assim, nesse contexto, como uma garantia administrativa não-impugnatória, mas que, por via de regra, se dirige a obter a própria emissão do ato administrativo ilegalmente omitido. Só não será assim, como assinala o nº 4 do artigo 197º do CPA, no

[660] O texto do projeto pode ser consultado em Diogo Freitas do Amaral, *Conceito e natureza do recurso hierárquico*, 2ª ed., Coimbra, 2005, pp. 361 segs.

âmbito de recurso hierárquico interposto de ato praticado no exercício de competência exclusiva do órgão subordinado, hipótese em que, se der provimento ao recurso, o superior hierárquico tem de limitar-se a ordenar ao subordinado a prática do ato ilegalmente omitido, no exercício do poder de direção.

A diferença de objeto que acaba de ser apontada explica, entretanto, uma outra diferença.

Com efeito, no plano processual, a ação de condenação à prática de ato devido tanto pode ser utilizada em caso de silêncio omissivo da prática do ato alegadamente devido, como de indeferimento ou recusa de apreciação de pretensão dirigida à prática desse ato: em qualquer dos casos, o autor pede a condenação à prática do ato, estabelecendo o artigo 66º, nº 2, do CPTA que, caso tivesse sido emitido um ato administrativo de conteúdo negativo, a sentença de condenação tem o efeito de remover esse ato do mundo jurídico. No contencioso administrativo, a dualidade estabelece-se, assim, entre o contencioso de impugnação dos atos administrativos de conteúdo positivo e o contencioso de condenação à prática de ato devido, perante situações tanto de omissão, como de recusa da emissão de atos administrativos.

Ora, diferentemente se passam as coisas, quanto a este ponto, no âmbito da reclamação e dos recursos administrativos. Com efeito, como desde logo resulta do artigo 184º do CPA, a dualidade, neste domínio, estabelece-se entre as situações em que foi emitido um ato administrativo, tenha ele conteúdo positivo ou negativo, e do que se trata é de impugnar esse ato – é o domínio em que reclamação e recursos funcionam como *impugnações administrativas* –, e aquelas em que foi omitido um ato administrativo, tendo a Administração mantido silêncio perante a pretensão do interessado – domínio em que reclamação e recursos funcionam, como foi dito, como *garantias administrativas não-impugnatórias*.

A explicação para esta diferença reside no facto de o objeto das *impugnações administrativas* – ou seja, das reclamações e recursos deduzidos contra atos administrativos – ser bem mais amplo do que o da impugnação contenciosa, permitindo obter, não apenas a remoção do ato impugnado, mas a sua substituição por outro. Por conseguinte, ao contrário do que sucede com a impugnação contenciosa, que apenas permitiria obter a anulação do ato negativo, a *impugnação administrativa* de um ato negativo, por permitir obter a sua *substituição* por outro ato, porventura de conteúdo positivo, é meio idóneo a dar satisfação às situações jurídicas pretensivas dirigidas à prática de atos administrativos cuja emissão tenha sido recusada.

Ao contrário, pois, do que sucede em sede processual, a contraposição, em sede de reclamação e de recursos administrativos, estabelece-se entre *(i)* as situações em que, havendo ato administrativo, ainda que de conteúdo negativo, há *impugnação administrativa,* ainda que dirigida a obter a substituição de ato negativo por outro, porventura de conteúdo positivo; e *(ii)* as situações em que, não tendo havido emissão de ato administrativo, mas silêncio da Administração perante uma pretensão dirigida à prática de um ato administrativo, a reclamação ou o recurso administrativo não têm carácter impugnatório, por não haver ato para impugnar, nem, portanto, para, sendo caso disso, substituir, pelo que não se dirigem a obter a anulação, revogação, modificação ou substituição de um ato já existente, mas a obter uma decisão primária, que pela primeira vez defina a situação do interessado.

Neste preciso sentido, a dualidade que acaba de ser assinalada transparece da estrutura dualista da previsão do nº 2 do artigo 192º do CPA, em matéria de reclamação, como também transparece, no que toca aos recursos hierárquicos, do contraponto que, no artigo 197º do CPA, é estabelecido entre o nº 1 e o nº 4.

Com efeito, resulta do primeiro dos preceitos mencionados que, consoante a reclamação seja utilizada como instrumento de impugnação de ato administrativo, seja ele de conteúdo positivo ou negativo, ou como meio de reação contra o incumprimento do dever de decisão da Administração, assim o órgão competente poderá, respetivamente, anular, revogar, modificar ou substituir o ato reclamado, ou praticar o ato ilegalmente omitido. E resulta dos últimos preceitos referidos que, enquanto nos recursos hierárquicos que sejam utilizados como instrumento de impugnação de atos administrativos, sejam eles de conteúdo positivo ou negativo, o superior hierárquico pode confirmar ou anular o ato recorrido e, se a competência do autor do ato recorrido não for exclusiva, pode também revogá-lo, modificá-lo ou substituí-lo, nos recursos hierárquicos interpostos em situações de incumprimento do dever de decisão da Administração, o superior hierárquico pode substituir-se ao órgão ilegalmente omisso, a menos que a competência seja exclusiva deste.

178. Muitos aspetos do regime do CPA são comuns às reclamações e recursos administrativos impugnatórios e não impugnatórios, mas há aspetos em que, de harmonia com a dualidade que acaba de ser identificada, uns e outros são submetidos a regimes diferenciados.

Com efeito, as reclamações e os recursos utilizados contra a omissão ilegal de atos administrativos podem ser apresentados no prazo de um ano (artigo 187º do CPA), contado do termo do prazo para o cumprimento do dever de decisão (artigo 188º, nº 3, do CPA).

Pelo contrário, a reclamação de atos administrativos está submetida ao prazo-regra de 15 dias (artigo 191º, nº 3, do CPA) e o recurso hierárquico ao prazo de impugnação contenciosa do ato em causa ou ao prazo de 30 dias, se se tratar de recurso hierárquico necessário (artigo 193º, nº 2, do CPA). Estes prazos são contados em dias úteis (artigo 87º do CPA), a partir da data da notificação, no que respeita aos destinatários a quem o ato deva ser notificado, ou a partir da data da notificação, da publicação ou do conhecimento do ato ou da sua execução, consoante o que primeiro ocorra, no que respeita aos demais interessados (artigo 188º, nºs 1 e 2, do CPA, em sintonia com o disposto no artigo 59º do CPTA para os prazos de impugnação contenciosa).

Por outro lado, quando um recurso hierárquico seja interposto em caso de omissão de um ato administrativo, o órgão subordinado pode praticar o ato omitido na pendência do recurso, disso dando conhecimento ao superior e notificando o recorrente e os contra-interessados que tenham deduzido oposição, podendo, um e outros, nesse caso, requerer que o recurso prossiga contra o ato praticado, com a faculdade de alegação de novos fundamentos e da junção dos elementos probatórios que considerem pertinentes (artigo 195º, nºs 5 e 6, do CPA, inspirado no regime previsto no artigo 70º do CPTA para situação idêntica, na pendência de ação de condenação à prática de ato devido).

Questão interessante que, entretanto, se coloca, é a de saber se a previsão em lei especial de reclamações ou recursos administrativos necessários só vale para a hipótese de ter sido praticado um ato administrativo, ainda que de conteúdo negativo, ou se também vale para as situações de incumprimento do dever de decidir: numa palavra, se, à face do regime do CPA resultante da revisão de 2015, podem existir reclamações ou recursos administrativos necessários não impugnatórios, em situações de omissão da prática de ato administrativo, ou se a contraposição entre reclamações ou recursos administrativos necessários e facultativos passou a dizer, apenas, respeito às reclamações e recursos administrativos impugnatórios de atos administrativos efetivamente praticados.

Até à revisão de 2015 do CPA, vínhamos entendendo que, nos casos em que havia lugar a recurso administrativo necessário, este também tinha de ser utilizado, previamente à propositura de uma ação de condenação à prática de ato devido, nas situações de omissão ou silêncio administrativo perante a pretensão do interessado. E isto, já com base no entendimento de que um recurso hierárquico não tem de ter necessariamente por objeto um ato jurídico, mas também pode ter por objeto uma conduta omissiva[661]. Ora, é isso mesmo que, como vimos, hoje resulta do regime do CPA, que não vemos, por isso, que tenha introduzido, quanto a este ponto, dados que apontem em sentido diferente.

Afigura-se-nos, pois, que, quando lei especial institua uma reclamação ou um recurso administrativo necessário, ela não tem apenas em vista a hipótese de ter sido praticado um ato administrativo, de conteúdo positivo ou negativo, mas também o caso de o órgão ter permanecido omisso perante a pretensão deduzida por um interessado. Também neste último caso, será, pois, necessário reclamar da conduta omissiva perante o próprio órgão omisso ou recorrer dela perante o órgão de recurso.

O prazo para a reclamação ou para o recurso necessário é, neste caso, o prazo geral de um ano, previsto no artigo 187º do CPA, nesse sentido clarificando o nº 2 do artigo 193º que só o recurso hierárquico necessário *dos atos administrativos* – e não, portanto, da omissão ilegal de atos administrativos – deve ser interposto no prazo de 30 dias.

2. Reclamações e recursos administrativos necessários

179. A nosso ver, a revisão de 2015 do CPA teve o importante mérito de introduzir a clarificação que há muito faltava sobre um conjunto de aspetos do regime das reclamações e dos recursos administrativos que se prendem com a contraposição entre reclamações ou recursos *facultativos* e *necessários*.

[661] Cfr. Mário Aroso de Almeida, *Manual de Processo Administrativo*, Coimbra, 2010, pp. 329-332.

Como é sabido, a contraposição não é nova, mas a verdade é que a evolução recente do quadro normativo aplicável e da jurisprudência sobre a matéria conduziram a que, ao longo dos últimos anos, em torno dela se gerasse acesa controvérsia doutrinal e acentuada insegurança no plano da sua aplicação jurisprudencial[662].

Segundo cremos, a revisão de 2015 do CPA deu um contributo decisivo para a alteração deste estado de coisas. Desde logo, ao deixar claro, no nº 1 do artigo 185º, que, na ordem jurídica portuguesa, "as reclamações e os recursos são necessários ou facultativos, conforme dependa, ou não, da sua prévia utilização a possibilidade de acesso aos meios contenciosos de impugnação ou condenação à prática de ato devido". E depois, ao acrescentar, no nº 2 do mesmo artigo, que "as reclamações e os recursos têm carácter facultativo, salvo se a lei os denominar como necessários".

Resulta destes dois preceitos um conjunto de clarificações importantes.

Em primeiro lugar, que, por regra, um interessado não tem previamente de reclamar para o órgão que praticou o ato administrativo ou que recorrer desse ato para outro órgão para poder lançar mão da tutela jurisdicional, dirigindo-se aos tribunais administrativos. Por regra, as reclamações e os recursos administrativos são, pois, de utilização facultativa, no sentido de que, salvo quando lei especial determine o contrário, o interessado é livre de optar por apresentar uma reclamação ou interpor o recurso administrativo que no caso couber, ou, em alternativa, por se dirigir dire-

[662] No plano doutrinal, a controvérsia eclodiu na sequência da revisão constitucional de 1989, que conduziu grande parte da doutrina a defender a inconstitucionalidade da previsão legal de impugnações administrativas necessárias: cfr., por todos, Vasco Pereira da Silva, *Em busca do ato administrativo perdido*, Coimbra, 1996, pp. 667 e 674, e *Ventos de mudança no contencioso administrativo*, Coimbra, 2000, pp. 11 e 88-89; Paulo Otero, "As garantias impugnatórias dos particulares no Código do Procedimento Administrativo", *Scientia Ivridica*, vol. XLI (nº 235/237), pp. 58 segs. No plano jurisprudencial, essa tese nunca foi, porém, aceite (cfr., por todos, o Acórdão nº 499/96 do Tribunal Constitucional, com anotação concordante de Vieira de Andrade in *Cadernos de Justiça Administrativa* nº 0, pp. 13 segs.), centrando-se, por isso, a atenção na questão, de crucial importância, da determinação dos critérios interpretativos a adotar para identificar as situações em que deve entender-se que lei especial pretende instituir uma impugnação administrativa necessária (cfr., a propósito, o discutível Acórdão do STA (Pleno) de 4 de junho de 2009, Proc. nº 377/08, e a apreciação crítica de André Salgado de Matos, "Recursos hierárquicos necessários previstos em leis especiais", *Cadernos de Justiça Administrativa* nº 87, pp. 50 segs., *maxime* 52-53).

tamente ao tribunal administrativo, sem ter utilizado aquelas garantias administrativas.

Em segundo lugar, que uma reclamação ou um recurso administrativo só são necessários quando lei especial imponha aos interessados o ónus da sua utilização como condição prévia de acesso à via contenciosa, instituindo, desse modo, a prévia utilização da reclamação ou do recurso como um pressuposto processual atípico. Não basta, pois, a previsão em mero regulamento: como se trata de impor uma restrição ao direito de acesso à justiça, que é um direito de natureza análoga aos direitos, liberdades e garantias, a previsão tem de constar de ato legislativo[663]. Quando isso suceda, uma eventual ação sobre a matéria só será admitida na jurisdição administrativa se tiver sido dada prévia observância ao ónus de reclamar ou recorrer administrativamente.

Em terceiro lugar, que uma reclamação ou um recurso administrativo só são necessários quando lei especial os designe expressa e formalmente como "necessários". Não basta, pois, para o efeito, que a lei diga que determinada decisão "é passível" de reclamação ou recurso ou que dela "cabe" reclamação ou recurso, ou utilize outra expressão do mesmo tipo. De acordo com o nº 2 do artigo 185º do CPA, só quando lei especial denomine formalmente a reclamação como "necessária" ou o recurso como "necessário" é que a sua prévia utilização constitui condição de acesso à jurisdição administrativa.

Este é o critério que a revisão de 2015 do CPA instituiu para futuro. O artigo 3º do Decreto-Lei nº 4/2015, de 7 de janeiro, que aprovou a revisão do CPA, consagra, entretanto, importantes disposições transitórias, que têm em vista regular a matéria no que respeita à generalidade das previsões legais, que são, naturalmente, anteriores à entrada em vigor da revisão de 2015 do CPA. Nesse sentido, estabelece no nº 1, que "as impugnações administrativas existentes à data da entrada em vigor do presente diploma só são necessárias quando previstas em lei que utilize uma das seguintes expressões: a) a impugnação administrativa em causa é 'necessária'; b) do ato em causa 'existe sempre' reclamação ou recurso; c) a utili-

[663] Cfr. André Salgado de Matos, "Recurso hierárquico necessário e regime material dos direitos, liberdades e garantias", *Scientia Ivridica*, vol. L (nº 289), pp. 77 segs. e, em especial, 102-103.

zação da impugnação administrativa 'suspende' ou 'tem efeito suspensivo' dos efeitos do ato impugnado"[664].

A previsão da alínea c) dá expressão a um entendimento jurisprudencial já enraizado e, a nosso ver, justificado, porque, como estabelece o nº 1 do artigo 189º do CPA, "as impugnações administrativas necessárias de atos administrativos suspendem os respetivos efeitos". Compreende-se, por isso, que da previsão em lei especial de que a impugnação administrativa de determinado tipo de ato "suspende" ou "tem efeito suspensivo" dos efeitos do ato impugnado se extraia a intenção, ainda que implícita, de instituir essa impugnação como necessária.

Em coerência, estabelece, entretanto, o nº 3 do artigo 3º do Decreto-Lei nº 4/2015, de 7 de janeiro, que "as impugnações administrativas necessárias previstas na legislação existente à data da entrada em vigor do presente diploma têm sempre efeitos suspensivos da eficácia do ato impugnado", acrescentando o nº 4 que são revogadas as disposições incompatíveis com o disposto no nº 3. Esta é uma garantia da maior importância para a efetividade da tutela jurisdicional dos interessados, sem a qual, a nosso ver, se pode legitimamente questionar a constitucionalidade da imposição da utilização de impugnações administrativas como pressuposto processual atípico[665].

180. No que respeita a prazos, o prazo para a reclamação ou para o recurso necessário em situações de incumprimento do dever de decidir é de um ano, segundo previsto no artigo 187º do CPA, nesse sentido preci-

[664] Como sugerem Jorge Silva Sampaio/José Duarte Coimbra, "Os procedimentos administrativos de segundo grau no novo CPA", p. 694, a alínea c) do nº 1 do Decreto-Lei nº 4/2015 não deve ser lida num sentido puramente literal, mas sim funcional, pelo que dá cobertura a formulações equivalentes entre si, como a de que a impugnação administrativa "suspende os efeitos", "suspende a eficácia" ou "tem efeito suspensivo" do despacho ou da decisão impugnados.

[665] A nosso ver, o regime do nº 3 do artigo 3º do Decreto-Lei nº 4/2015 prevalece, pois, como resulta do seu teor literal, sobre toda a legislação especial existente à data da sua entrada em vigor que preveja solução diferente, designadamente aquela que – de harmonia com o que, até à revisão de 2015, dispunha o anterior artigo 170º do CPA, que foi, precisamente, revogado – confira ao autor do ato o poder de afastar o efeito suspensivo da impugnação administrativa por considerar que a não execução imediata do ato causaria grave prejuízo ao interesse público. No mesmo sentido, cfr. Jorge Silva Sampaio/José Duarte Coimbra, "Os procedimentos administrativos de segundo grau no novo CPA", pp. 693-694.

sando o nº 2 do artigo 193º que só o recurso hierárquico necessário *dos atos administrativos* – e não, portanto, da omissão ilegal de atos administrativos – deve ser interposto no prazo de 30 dias.

A reclamação necessária de atos administrativos está submetida ao prazo-regra de 15 dias (artigo 191º, nº 3, do CPA) e o recurso hierárquico de atos administrativos ao prazo de 30 dias (artigo 193º, nº 2, do CPA). Estes prazos contam-se em dias úteis (artigo 87º do CPA), e a partir da data da notificação, no que respeita aos destinatários a quem o ato deva ser notificado, ou a partir da data da notificação, da publicação ou do conhecimento do ato ou da sua execução, consoante o que primeiro ocorra, no que respeita aos demais interessados (artigo 188º, nºs 1 e 2, do CPA).

O nº 2 do artigo 3º do Decreto-Lei nº 4/2015, de 7 de janeiro, introduziu, entretanto, neste domínio, uma garantia da maior importância: a de que "o prazo mínimo para a utilização de impugnações administrativas necessárias é de dez dias, passando a ser esse o prazo a observar quando seja previsto prazo inferior na legislação existente à data da entrada em vigor do presente diploma", acrescentando o nº 3 do mesmo artigo que são revogadas as disposições incompatíveis com o disposto no nº 2.

Significa isto que deixou de haver, seja em que domínio for, impugnações administrativas que tenham de ser utilizadas em prazo inferior a dez dias – isto, naturalmente, sem prejuízo de prazos mais curtos poderem ser previstos em lei especial posterior, que, sendo especial e mais recente, prevalecerá sobre esta disposição.

181. Ainda sobre o regime das impugnações administrativas necessárias, é importante referir o nº 3 do artigo 198º do CPA, que impõe que, no âmbito do recurso hierárquico necessário, o superior hierárquico aprecie "todas as questões suscitadas pelo recorrente, excetuadas aquelas cuja decisão esteja prejudicada pela solução dada a outras".

E, sobretudo, o regime do nº 4 do mesmo artigo 198º, que estabelece que o indeferimento do recurso hierárquico necessário ou a ausência de decisão dentro do prazo de 30 dias, contado desde a data da remessa do processo ao órgão superior (artigo 198º, nº 1), "conferem ao interessado a possibilidade de impugnar contenciosamente o ato do órgão subalterno ou de fazer valer o seu direito ao cumprimento, por aquele órgão, do dever de decisão".

Este último preceito reveste-se da maior importância, porque veio substituir aquele que, na redação primitiva do CPA, constava do nº 3 do artigo 175º, que estabelecia que, decorridos os prazos legais sem que houvesse sido tomada uma decisão no âmbito do recurso hierárquico, se considerava o recurso "tacitamente indeferido". A solução fazia apelo ao conceito do indeferimento tácito, em paralelo com o que, à época, também estabelecia o artigo 109º do CPA, para os procedimentos administrativos de primeiro grau, e dava expressão ao entendimento tradicional segundo o qual o indeferimento, ainda que tácito, do recurso hierárquico consubstanciava uma decisão do superior hierárquico que incorporava a decisão do subordinado que tinha sido objeto do recurso hierárquico, em termos de ser contra a decisão do superior, e não do subordinado, que seria interposto o subsequente recurso contencioso[666].

Ora, hoje, a solução consagrada no nº 4 do artigo 198º do CPA é completamente diferente, dela resultando um conjunto de clarificações cuja importância merece ser salientada.

Com efeito, o preceito torna, desde logo, claro que a ausência de decisão do superior no âmbito do recurso hierárquico necessário não dá lugar à formação de indeferimento tácito – figura que, portanto, se encontra definitivamente erradicada do ordenamento jurídico-administrativo português. Tal como sucede, no âmbito dos procedimentos administrativos de primeiro grau, à face do que hoje dispõe o artigo 129º do CPA (cfr. *supra*, nº 114), a ausência de decisão do recurso hierárquico necessário não dá, portanto, origem à formação de um ato jurídico impugnável, mas constitui um mero facto, cujo único efeito é o de abrir o acesso à via contenciosa, conferindo ao interessado a possibilidade de utilizar o meio de tutela adequado para procurar obter a satisfação da sua pretensão (como, no mesmo sentido, estabelece o nº 3 do artigo 192º para a reclamação necessária).

O preceito também tem, entretanto, o sentido e o alcance de determinar o modo próprio pelo qual o interessado deve reagir, no plano con-

[666] Para a mais circunstanciada exposição e análise, na doutrina mais recente, desta construção, que hoje se deve considerar definitivamente ultrapassada, cfr. PEDRO GONÇALVES, *Relação entre as impugnações administrativas necessárias e o recurso contencioso de anulação de atos administrativos*, Coimbra, 1996. Para a sua cabal refutação, cfr. ANDRÉ SALGADO DE MATOS, *op. últ. cit.*, pp. 81 segs..

tencioso, perante a ausência de decisão do recurso hierárquico dentro do prazo legal, deixando claro que, nesse caso, o caminho não passa por fazer valer um direito ao cumprimento, pelo superior hierárquico, do dever que se lhe impunha de decidir o recurso hierárquico, mas, muito simplesmente, por reagir contra o ato ou a conduta do subordinado que, originariamente, deu causa ao recurso hierárquico, como se este nunca tivesse sido utilizado e nos encontrássemos no momento inicial.

Mas, neste plano, o preceito vai mais longe, assumindo que esse é o modo próprio pelo qual o interessado deve reagir, no plano contencioso, não só perante a ausência de decisão do recurso hierárquico dentro do prazo legal, mas também perante o eventual indeferimento do recurso hierárquico. Mesmo neste último caso, não é, pois, contra a decisão de indeferimento do recurso hierárquico que a tutela contenciosa deve ser utilizada, mas contra o ato ou a conduta do subordinado que, originariamente, deu causa ao recurso hierárquico.

O preceito torna, deste modo, clara a absoluta irrelevância, para efeitos contenciosos, da eventual decisão de indeferimento do recurso hierárquico necessário, cujo alcance coloca no mesmo plano do silêncio do superior hierárquico. Com efeito, o recurso hierárquico, para efeitos contenciosos, é absolutamente irrelevante sempre que dele não resulte qualquer modificação da situação do interessado, e isso tanto sucede quando o superior hierárquico não dê resposta ao recurso dentro do prazo legalmente estabelecido, como quando ele indefira o recurso. Em qualquer dos casos, o recurso hierárquico termina sem que a situação do interessado tenha sofrido qualquer alteração em relação àquela que tinha resultado do ato ou da conduta omissiva do subordinado, que deu origem ao recurso.

Como já anteriormente vínhamos defendendo, "uma vez intentada a impugnação administrativa necessária, a via de reação contenciosa a seguir no caso de ela não surtir efeito é, portanto, a mesma que teria sido utilizada, logo desde o início, se a lei não impusesse o ónus da prévia impugnação administrativa – e isto, quer a reclamação ou o recurso hierárquico necessários tenham sido objeto de indeferimento expresso, quer não tenham merecido resposta da parte do órgão competente para os decidir dentro do prazo legal de decisão"[667].

[667] Cfr. Mário Aroso de Almeida, *Manual de Processo Administrativo*, Coimbra, 2010, p. 307.

Por conseguinte, e como o nº 4 do artigo 198º do CPA ainda tem o cuidado de precisar na sua parte final, se o órgão subordinado tinha praticado um ato impugnável, e era contra esse ato que era dirigido o recurso hierárquico, a via processual a utilizar após o termo deste recurso será a da impugnação contenciosa do ato do subordinado; se, pelo contrário, o órgão subordinado não tinha cumprido o dever de decidir, e era contra essa conduta omissiva que era dirigido o recurso hierárquico, a via processual a utilizar após o termo deste recurso será a da condenação à prática do ato devido.

Contratos

-I-
Âmbito e Categorias

1. Enquadramento

1.1. O contrato no contexto do Direito Administrativo

182. Quando, em Direito Administrativo, falamos de *contratos*, fazemos apelo a um conceito cuja identidade foi forjada pela História, e que, sendo utilizado em Direito privado, como em Direito público, corresponde, hoje, a *um instituto da teoria geral do Direito*. Não existe, assim, um conceito de *contrato* para o Direito Administrativo, ou para o Direito público em geral, que o separe do conceito que ao instituto corresponde no Direito privado[668]. Por conseguinte, a exposição subsequente adotará como ponto de referência o conceito de *contrato*, tal como ele é, em termos gerais, configurado pela teoria geral do Direito.

Não iremos, por isso, analisar questões da teoria geral dos contratos, que, por ter sido essencialmente construída no âmbito do Direito Civil, ainda hoje encontra nessa sede o seu espaço próprio de estudo e discussão,

[668] Neste sentido, cfr. SÉRVULO CORREIA, *Legalidade e autonomia contratual no contrato administrativo*, Coimbra, 1987, p. 344; LAURENT RICHER/FRANÇOIS LICHÈRE, *Droit des Contrats Administratifs*, 10ª ed., Paris, 2016, pp. 19 segs.; ALBERTO MASSERA, "L'attività contratuale", in GIULIO NAPOLITANO (ed.) *Diritto Amministrativo Comparato*, pp. 175-176; MEILÁN GIL, *Categorias jurídicas en el Derecho Administrativo*, Madrid, 2011, p. 149, que, a partir da "unidade última do Direito", se refere ao contrato como um *supraconceito (Oberbegriff)*, que abarca contratos que operam no âmbito privado e contratos que operam no âmbito público.

mas apenas abordar as especificidades próprias do Direito Administrativo que se colocam a propósito da figura do contrato.

Tomaremos, entretanto, como pressuposta a delimitação da figura do contrato em relação a figuras afins, como os atos administrativos dependentes de aceitação, que não deixam de ser atos unilaterais, embora dependam da aceitação dos destinatários para produzirem os efeitos a que se dirigem, e os atos administrativos complexos, que também não deixam de ser atos unilaterais, embora a declaração unilateral que exprimem seja simultaneamente imputável a mais do que um órgão administrativo[669].

A moderna realidade administrativa comparada permite, entretanto, identificar toda uma plêiade de compromissos sem força jurídica vinculativa que são assumidos, tanto entre entidades públicas e privados, como entre entidades públicas, ou acordos celebrados entre órgãos e serviços, no próprio seio da Administração (os chamados *internal contracts*), cuja natureza contratual é questionável[670]. A exposição subsequente referir-se-á, no entanto, a verdadeiros contratos, isto é, a acordos de vontade celebrados entre diferentes sujeitos jurídicos e dotados de força jurídica vinculativa.

183. É reconhecido, na doutrina comparada, o espetacular crescimento, em dimensão e relevância, tanto jurídica, como económica e social, que, ao longo das últimas décadas, se tem registado da utilização do contrato pelos poderes públicos, à escala europeia e global[671], podendo, por isso,

[669] Para a análise circunstanciada do tema, cfr., em particular, Spyridon Flogaitis, *Les contrats administratifs*, Londres, 1998, pp. 22 segs. Sobre o tema, cfr. também Sérvulo Correia, *Legalidade e autonomia contratual no contrato administrativo*, pp. 344 segs..

[670] Sobre este ponto, cfr. Mário Aroso de Almeida, *O problema do contrato administrativo*, Coimbra, 2018, pp. 97 segs. Cfr. também, v.g., Richer/Lichère, *Droit des Contrats Administratifs*, pp. 50 segs.; Gonod/Melleray/Yolka, *Traité de Droit Administratif*, tomo 1, Paris, 2011, pp. 220-221.

[671] Cfr., entre tantos, Jean-Bernard Auby, "Comparative approaches to the rise of contract in the public sphere", *Public Law 2007*, p. 41, e "Contracting out and 'public values': a theoretical and comparative approach", in Susan-Rose Ackerman/Peter Lindseth (eds.), *Comparative Administrative Law*, Cheltenham, 2010, p. 512; Paul Craig, *Administrative Law*, 7ª ed., Londres, 2012, pp. 107 segs.; Carol Harlow/Richard Rawlings, *Law and Administration*, 3ª ed., Cambridge, 2009, pp. 338 segs. Na doutrina portuguesa, cfr., por todos, Maria João Estorninho, *Contratos da Administração Pública (Esboço de autonomização curricular)*, Coimbra, 1999, pp. 11 e 19.

dizer-se que, se é verdade que o contrato, ainda hoje, não figura, no quadro das formas de atuação administrativa, em plano de igualdade com os atos jurídicos unilaterais a que atrás nos referimos, o regulamento e o ato administrativo, não é menos verdade que ele tem vindo, ao longo das últimas décadas, a assumir, nesse contexto, um papel de crescente relevo, e em domínios diferentes daqueles em que era tradicionalmente utilizado.

Fala-se, por isso, na emergência de um novo paradigma de Administração, a *Administração contratante*[672], que se projeta nos mais diversos planos da organização e funcionamento da Administração[673].

Foi para isso determinante a mudança de paradigma que ocorreu a partir dos finais da década de setenta do século passado, traduzida na adoção de um modelo de ação pública assente numa nova «conceptualização das atividades estaduais em termos de mercado»[674] e, por isso, apostado na

[672] A expressão cunhada por IAN HARDEN, *The Contracting State*, Buckingham, 1992, tem sido múltiplas vezes glosada a propósito do fenómeno de contratualização administrativa em referência no texto: cfr., v.g., JODY FREEMAN, "The contracting state», *Florida State University Law Review* nº 28 (2000), pp. 155 segs. A análise empreendida pelo Autor centrava-se, no entanto, especificamente no fenómeno do recurso a técnicas de contratualização entre órgãos ou serviços públicos (na mesma senda, cfr. ANNE C. L. DAVIES, *Accountability – A Public Law analysis of Government by Contract*, Oxford, 2001). Para uma análise da relevância nos planos estrutural e institucional do fenómeno da contratualização administrativa, nas suas diversas dimensões, cfr., entretanto, MARK FREEDLAND, "Government by Contract Re-examined – Some functional issues", in *Law and Administration in Europe – Essays in Honour of Carol Harlow*, Oxford, 2003, pp. 123 segs.; e a circunstanciada exposição de PATRICK BIRKINSHAW, "Contrats publics et contractualisation de l' action publique: un point de vue anglais", *Revue Française de Droit Administratif* 2006, pp. 1015 segs.

[673] Como assinala PASCALE GONOD, "La réforme du droit administratif", in MATTHIAS RUFFERT (ed.), *The Transformation of Administrative Law in Europe*, Munique, 2007, p. 86, "por *contratualização do direito administrativo* pretende-se designar o desenvolvimento das relações contratuais em vias de se tornar o modo habitual, *normal*, da ação administrativa. Esta abordagem da ação pública que resume o termo de *governança* traduz, portanto, uma transformação que toca múltiplas relações: com o sector privado (montagem de sistemas de parceria público-privada, fenómeno da externalização...); entre as coletividades (no quadro da descentralização); entre as autoridades administrativas e os administrados no quadro da melhoria das relações com os administrados, erigidos neste contexto – de modo original – em *cidadãos*; no próprio seio das administrações, pois a renovação da gestão pública assenta nomeadamente na contratualização dos meios ou ainda das relações entre serviços centrais e serviços desconcentrados".

[674] Cfr. HARLOW/RAWLINGS, *Law and Administration*, pp. 338 segs.. Na síntese de PATRICK BIRKINSHAW, "Contrats publics et contractualisation de l' action publique: un point de vue

realização de parcerias com o sector privado para a prossecução de fins de interesse geral, designadamente através da concessão da exploração de bens ou serviços públicos a privados e, inclusivamente, do *outsourcing* de funções de soberania, em domínios como os da segurança pública, do sistema prisional e da defesa nacional[675]; e, por outro lado, no recurso à contratação entre entidades públicas ou entre órgãos ou serviços públicos, como instrumento de organização das relações jurídicas inter-administrativas e intra-administrativas, designadamente no plano da adoção de modelos supostamente mais eficientes, importados do sector privado, de contratualização do atingimento de objetivos pelos serviços administrativos[676].

anglais", p. 1020, "o registo do contrato dá eco de certos temas centrais da filosofia conservadora desde o início dos anos 80, como nomeadamente a crença no individualismo, a confiança no mercado para o desenvolvimento de relações responsáveis, o controlo dos poderes e a teoria segundo a qual a maximização da liberdade de escolha do consumidor e da concorrência condiciona o melhoramento da qualidade do serviço".

675 Colocando-se, neste particular, a questão da determinação dos termos em que se deve proceder ao enquadramento jurídico das relações emergentes de contratos deste tipo. Sobre o problema em geral, cfr., v.g., MICHAEL TAGGART, "'The peculiarities of the English's Resisting the Public/Private Law Distinction", in *Law and Administration in Europe – Essays in Honour of Carol Harlow*, Oxford, 2003, pp. 118-120; J. B. AUBY, "Contracting out and 'public values': a theoretical and comparative approach", pp. 511 segs.; MARK FREEDLAND, "Government by contract and public law", *Public Law* 1994, pp. 86 segs.; MARK FREEDLAND, "The evolving approach to the public/private distinction in English law", e ANNE C. L. DAVIES, "English law's treatment of government contracts: the problem of wider public interests", ambos in MARK FREEDLAND/JEAN-BERNARD AUBY (eds.), *The Public Law/Private Law Divide – Une entente assez cordiale?*, Londres, 2006, pp. 99 segs. e 113 segs., respetivamente; JODY FREEMAN/MARTHA MINOW, *Government by Contract – Outsourcing and American Democracy*, Cambridge, 2009; FARNETI/PADOVANI/YOUNG, "Governance of Outsourcing and Contractual Relationships", in OSBORNE (ed.), *The New Public Governance? Emerging perspectives on the theory and practice of public governance*, New York, 2010, pp. 255 segs.; ANDREAS ABEGG, "The evolution of the contracting State and his Courts", *American Journal of Comparative Law*, vol. 59 (2011), pp. 612-615, com outras referências. Na doutrina portuguesa, cfr., em particular, JORGE ANDRÉ ALVES CORREIA, "Contrato administrativo e soberania do Estado: referência ao problema do '*outsourcing* de funções de soberania' nos domínios da segurança social, da defesa nacional e do sistema prisional», *Revista de Contratos Públicos* nº 10, pp. 101 segs..

676 Para uma perspectiva geral, cfr., v.g., J. B. AUBY, "Comparative approaches to the rise of contract in the public sphere", pp. 42 segs., e "Contracting out and 'public values': a theoretical and comparative approach", pp. 512-513; HARLOW/RAWLINGS, *Law and Administration*, pp. 352 segs.; KAREN YEUNG, "Competition law and the public/private divide", in MARK

O contrato é, entretanto, reconhecido como um instrumento particularmente adequado às exigências contemporâneas do exercício do poder, num contexto em que, mesmo nos clássicos domínios do exercício dos poderes de autoridade da Administração, se prefere o consenso à coerção, recorrendo à negociação para orientar a conduta dos agentes sociais no sentido mais favorável à prossecução do interesse público[677].

1.2. Contratos administrativos e contratos de direito privado da Administração: os contratos de Direito Administrativo

184. Pode dizer-se que os contratos que, tradicionalmente, se entendia que, no nosso ordenamento jurídico, eram regulados por normas de Direito Administrativo e, por isso, deviam ser objeto de estudo no âmbito da nossa disciplina eram os *contratos administrativos*. Ao lado dos contratos administrativos, reconhecia-se que a Administração também celebrava contratos de direito privado: aliás, reconhecia-se que eram de direito privado todos os contratos celebrados pela Administração que não fossem contratos administrativos[678]. Considerava-se, no entanto, que esses contratos não eram contratos de Direito Administrativo, mas contratos que, embora celebrados pela Administração, se regiam pelo direito privado, pelo que não apresentavam especificidades que justificassem atenção no âmbito da nossa disciplina.

Entretanto, este entendimento alterou-se de modo significativo.

FREEDLAND/JEAN-BERNARD AUBY (eds.), *The Public Law/Private Law Divide – Une entente assez cordiale?*, Oxford, 2006, pp. 151-152.

677 Já nesta perspectiva, cfr. M. J. ESTORNINHO, *Contratos da Administração Pública*, pp. 48 segs.. Cfr. também RICHER/LICHÈRE, *Droit des Contrats Administratifs*, pp. 51-52. Subjacente à emergência da Administração contratante parece estar, na verdade, o fenómeno do *pan-contratualismo*, assente numa *ideologia do contrato*, que tem vindo a ser identificado nas sociedades modernas, no quadro de um novo paradigma de *pósmodernismo jurídico*, caracterizado pela substituição da coerção pelo consenso e do comando pela negociação: cfr., a propósito, ORIOL MIR PUIGPELAT, *Globalización, Estado y Derecho. Las trasformaciones recientes del Derecho Administrativo*, Madrid, 2004, pp. 73-75.

678 Sobre este ponto, cfr. MÁRIO AROSO DE ALMEIDA, *O problema do contrato administrativo*, pp. 37 segs.

Cumpre, desde logo, notar que o âmbito da figura do contrato administrativo se alargou muito no nosso ordenamento jurídico, o que fez com que importantes categorias de contratos que nele, eram, tradicionalmente qualificadas como contratos de direito privado da Administração passaram a ser qualificadas como contratos administrativos: em particular, os contratos de aquisição e locação de bens móveis e de aquisição de serviços celebrados por contraentes públicos[679].

A verdade, porém, é que o ordenamento jurídico continua a distinguir entre contratos administrativos e contratos de direito privado da Administração: o nº 1 do artigo 200º do CPA dá expressão, no vigente ordenamento jurídico português, à contraposição das duas figuras. É certo que, do vasto universo dos contratos que são hoje celebrados pela Administração, só uma franja relativamente marginal ainda corresponde a contratos de direito privado. Mas não é menos certo que essa franja não deixa de existir, sem que o legislador tenha assumido a opção de a eliminar definitivamente, qualificando todos os contratos celebrados pela Administração como contratos administrativos[680].

Sucede, no entanto, que o nosso ordenamento jurídico submete, hoje, tanto os contratos administrativos, como os contratos de direito privado da Administração, a regimes de Direito Administrativo, fazendo, portanto, com que, tanto uns, como outros, devam ser qualificados como contratos de Direito Administrativo, para o efeito de deverem ser, todos eles, objeto de estudo no âmbito da nossa disciplina. Com efeito, estabelece o nº 2 do artigo 202º do CPA, em conformidade com o disposto no nº 3 do artigo 2º do mesmo Código, que aos contratos de direito privado da Administração são aplicáveis as normas de Direito Administrativo que concretizam preceitos constitucionais e os princípios gerais da atividade administrativa. Ora, desta solução resulta que os contratos de direito privado da Administração não são, hoje, contratos puramente privados.

Esta circunstância justifica que, na abordagem a que iremos proceder no presente capítulo dos contratos de Direito Administrativo, façamos referência, não só aos contratos administrativos, mas também aos con-

[679] Sobre este ponto, cfr. MÁRIO AROSO DE ALMEIDA, *O problema do contrato administrativo*, pp. 26-27.

[680] Para a análise da questão, cfr. MÁRIO AROSO DE ALMEIDA, *O problema do contrato administrativo*, pp. 43 segs.

tratos de direito privado da Administração. O nosso estudo incidirá, com efeito, sobre o *Direito Administrativo dos contratos*, ou seja, sobre o *Direito dos contratos submetidos a regimes de Direito Administrativo*, universo que compreende, não só os contratos administrativos, mas também os contratos de direito privado celebrados pela Administração, pela razão já enunciada de que mesmo aos contratos de direito privado da Administração são aplicáveis as normas de Direito Administrativo que concretizam preceitos constitucionais e os princípios gerais da atividade administrativa.

O objeto do nosso estudo abrangerá, assim, *todos os contratos que, independentemente da natureza das entidades que os celebrem, são submetidos, no nosso ordenamento jurídico, a normas de Direito Administrativo*, por aplicação do *critério da natureza de Direito Administrativo do regime aplicável ao contrato*: critério dotado de um sentido e alcance suficientemente amplo para possibilitar o estudo, nos seus diversos aspetos, da fenomenologia associada ao amplo e heterogéneo universo dos contratos que, por uma razão ou por outra, de um leque alargado de razões, são submetidos, no nosso ordenamento jurídico, quanto a algum dos seus aspetos de regime, a normas de Direito Administrativo.

Como adiante se verá, não deixaremos, em todo o caso, de abordar em separado as figuras do contrato administrativo e do contrato de direito privado da Administração, em razão das diferenças de regime que o vigente ordenamento jurídico nacional estabelece entre elas, que se concretizam no facto de que, embora todos eles sejam submetidos, embora em proporções variáveis, a normas de Direito Administrativo, a verdade é que eles não são submetidos ao Direito Administrativo *da mesma maneira, com a mesma extensão e intensidade*[681].

Acrescente-se, entretanto, que não contende com a contraposição entre contratos administrativos e contratos de direito privado da Administração o facto de, nos nossos dias, a formação dos contratos mais relevantes que são celebrados pela Administração estar submetida a procedimentos

681 Cfr. Rebelo de Sousa/Salgado de Matos, *Direito Administrativo Geral*, tomo III, 2ª ed., Lisboa, 2009, pp. 300 segs., e Miguel Assis Raimundo, *A formação dos contratos públicos – Uma concorrência ajustada ao interesse público*, Lisboa, 2013, pp 124 segs., que, a este propósito, se referem à existência de graus diferenciados de administrativização dos contratos da Administração.

de formação regulados por normas específicas de Direito Administrativo, como se dirá no ponto seguinte.

Importa, na verdade, separar o plano em que se situam os regimes normativos respeitantes aos procedimentos de formação dos contratos, que não dizem respeito aos contratos em si mesmos, mas às decisões unilaterais que à Administração cumpre tomar em momento prévio ao da respetiva celebração, daquele que diz respeito ao regime substantivo efetivamente aplicável aos contratos, uma vez celebrados – sendo neste segundo plano que se estabelece a contraposição entre contratos administrativos e contratos de direito privado da Administração, que tem que ver com a questão de saber se determinado (tipo de) contrato se encontra submetido a um regime substantivo primordialmente definido pelo Direito Administrativo ou pelo direito privado.

Na verdade, da circunstância de um determinado (tipo de) contrato ser submetido a regras respeitantes ao seu procedimento de formação não resulta que o regime substantivo aplicável a esse contrato tenha de ser primordialmente definido pelo Direito Administrativo. Embora o CCP se tenha orientado no sentido de aproximar as duas questões, no que diz respeito aos contratos que regula, elas não deixam de ser questões que se colocam em planos diferentes[682]. Por isso, ainda hoje se impõe distinguir, no seio dos contratos que se encontram submetidos a regimes específicos quanto ao respetivo procedimento de formação, entre contratos administrativos e contratos de direito privado da Administração.

[682] Na verdade, o CCP associou à submissão de certos tipos de contratos aos regimes procedimentais de formação previstos na sua Parte II a qualificação desses contratos como contratos administrativos na sua Parte III. A nosso ver, sem razão para tal, na medida em que se colocam em planos distintos a submissão de um contrato a regras de contratação pública e a questão de saber se o regime substantivo aplicável a esse contrato deve ser primordialmente definido pelo Direito Administrativo. Ao que, em nossa opinião, não obsta a recente tendência do Direito europeu da contratação pública para ampliar o objeto da sua disciplina a aspetos do regime da execução dos contratos aos quais se aplica. Com efeito, daí apenas resulta a ampliação do âmbito das normas de Direito Administrativo a que, quando seja caso disso, os contratos públicos ficam sujeitos pelo facto de serem submetidos a regras de contratação pública, mas não tem de resultar a submissão, em todos os seus aspetos, das relações jurídicas emergentes desses contratos a um regime como aquele que o CCP configura como o regime dos contratos administrativos em geral. Para mais desenvolvimentos quanto a este ponto, cfr. Mário Aroso de Almeida, *O problema do contrato administrativo*, pp. 57 segs..

1.3. Os procedimentos de formação dos contratos: remissão para o Direito dos Contratos Públicos

185. Como resulta do que acaba de ser dito, o Direito Administrativo com relevância no que diz respeito aos contratos celebrados pela Administração e entidades a ela equiparadas desdobra-se em dois sectores de normas: as que definem regimes conformadores dos procedimentos de formação dos contratos; e as que definem o quadro normativo aplicável às relações emergentes dos contratos, disciplinador das relações contratuais que são por eles constituídas, uma vez celebrados.

Deste modo, são duas as dimensões em que se projetam os regimes normativos que o Direito Administrativo estabelece com relevância em matéria de contratos.

A primeira dessas dimensões é a *dimensão procedimental*, que diz respeito às normas pelas quais, em momento anterior ao da celebração dos contratos, se rege o respetivo procedimento de formação. Esta dimensão corresponde à expressão particular que, no âmbito da contratação empreendida pelas entidades públicas, assume o fenómeno geral da *procedimentalização* da atividade jurídica destas entidades. Com efeito, a atividade jurídica das entidades públicas é uma *atividade procedimentalizada*, no sentido em que ela se encontra submetida a um quadro de regras e princípios de Direito Administrativo que disciplinam o modo pelo qual se deve processar a formação das decisões dos respetivos órgãos. Como é natural, a disciplina geral do procedimento administrativo projeta os seus efeitos em múltiplos aspetos dos procedimentos de formação dos contratos que são celebrados pela Administração. Por outro lado, em alguns dos sectores em que ela se concretiza, a contratação pública é objeto de regulação procedimental própria.

A outra dimensão na qual se concretiza o regime normativo que o Direito Administrativo estabelece com relevância em matéria de contratos é tradicionalmente qualificada, em contraponto com a dimensão procedimental, como a *dimensão substantiva*[683]. Concretiza-se na disci-

[683] Não podemos deixar de notar que tal qualificação não se afigura conceitualmente rigorosa, na medida em que assenta no pressuposto de que o direito procedimental possuiria natureza adjetiva, e não substantiva, como se de direito processual se tratasse. A verdade, porém, é que a contraposição entre regime procedimental e regime substantivo é tradicional na doutrina dos

plina que o Direito Administrativo estabelece para regular as relações jurídicas emergentes dos contratos por ele submetidos a um regime próprio, ditando as normas pelas quais se regem os contratos, uma vez celebrados, nos planos da sua validade e execução. Como foi dito, é, pois, nesta dimensão que, no nosso ordenamento jurídico, assenta a distinção entre *contratos administrativos* e *contratos de direito privado da Administração*, na medida em que um contrato é qualificado como administrativo quando as relações jurídicas que dele emergem são primordialmente submetidas a um regime estabelecido por normas de Direito Administrativo, sem prejuízo da submissão também a regimes de Direito Administrativo, como vimos, dos contratos de direito privado da Administração.

Ora, importa assinalar que, por definição, todos os contratos que são celebrados por entidades públicas estão submetidos, não apenas a um regime substantivo, no sentido que acaba de ser explicitado, mas também a um regime procedimental. Na verdade, como toda a atividade administrativa é procedimentalizada, todos os contratos que a Administração celebra, ainda que de direito privado, têm de ser o resultado de um conjunto de atos jurídicos e formalidades que não podem deixar de ser praticados pela Administração com vista à sua celebração e que não podem deixar de estar submetidos a normas de Direito Administrativo aplicáveis aos atos administrativos que integram o respetivo procedimento de formação – de onde resulta, como adiante se verá (cfr. *infra*, nº 210), a necessária aplicação a todos os contratos da Administração do regime de invalidade consequente previsto na Parte III do CCP.

Em bom rigor, a dimensão procedimental não diz, no entanto, respeito ao direito dos contratos, mas ao direito dos procedimentos administrativos dirigidos à prática de atos administrativos: no caso, à prática do ato administrativo que dá expressão, de modo unilateral, à vontade da enti-

contratos públicos e foi recentemente assumida pelo Código dos Contratos Públicos, que nela faz assentar a contraposição entre o regime da *contratação pública*, que, no plano procedimental, disciplina na Parte II, e o *regime substantivo dos contratos administrativos*, a que dedica a Parte III. Não vemos, por isso, inconveniente em também adotar, neste domínio, a contraposição entre regime procedimental e regime substantivo, desde que fique claro que tal não implica negar natureza substantiva, que não meramente adjetiva ou processual, às normas disciplinadoras dos procedimentos de formação dos contratos públicos e, por conseguinte, às relações jurídicas que, ao abrigo dessas normas, se constituem e desenvolvem.

dade administrativa de se vincular através da celebração de um contrato. Na ausência de um regime específico que esteja previsto em lei especial, os contratos da Administração resultam, pois, de procedimentos que, em última análise, se regem pelo regime do CPA relativo ao procedimento comum dos atos administrativos – e isto tanto vale para os contratos administrativos, como para os contratos de direito privado da Administração. Não se trata, pois, de matéria que deva ser objeto de estudo no presente capítulo, que apenas é dedicado ao regime propriamente dito dos contratos, isto é, à dita dimensão substantiva, ao regime substantivo dos contratos de Direito Administrativo.

186. Os mais relevantes tipos de contratos da Administração são submetidos por lei especial a regimes procedimentais de formação específicos: em primeira linha, os regimes estabelecidos na Parte II do CCP, que, nos seus aspetos essenciais, se conformam com Diretivas da União Europeia sobre a matéria, mas também regimes procedimentais previstos em legislação especial.

O artigo 201º do CPA faz, a este propósito, referência específica ao facto de os procedimentos de formação dos contratos da Administração cujo objeto abranja prestações que estejam ou sejam suscetíveis de estar submetidas à concorrência de mercado se encontrarem sujeitos a regimes próprios de Direito Administrativo, estabelecidos no CCP ou em lei especial. E há, na verdade, boas razões que o justificam, relacionadas com o propósito de promover a racionalidade e a transparência na afetação dos recursos públicos que está envolvida na celebração desse tipo de contratos. Quando a Administração se propõe celebrar contratos que têm por objeto a aquisição de prestações no mercado, ela deve, pois, observar as determinações impostas pelas normas de Direito Administrativo que, nesse domínio, disciplinam o modo de formação da vontade do contraente público e o modo de escolha do co-contratante.

Sem prejuízo da previsão de regimes desta natureza em lei avulsa, como, v.g., sucede com os procedimentos respeitantes aos contratos de aquisição e alienação de bens imóveis, os principais regimes disciplinadores dos procedimentos de formação dos contratos da Administração constam, hoje, da Parte II do CCP, que, procedendo à transposição de Diretivas da União Europeia sobre a matéria, disciplina os procedimentos de formação dos contratos de empreitada de obras públicas, de concessão de bens, obras e serviços, e de aquisição e locação de bens móveis e de aquisição de serviços por contraentes públicos[684].

Afigura-se pertinente notar, a este propósito, que a consolidação da União Europeia como uma *comunidade de Direito*, regida por um vasto conjunto de normas organizatórias e materiais que formam um verdadeiro ordenamento jurídico, estruturado de modo sistemático, que é o Direito da União Europeia, permite que hoje se reconheça a existência, no espaço da União Europeia, de um verdadeiro *Direito Administrativo europeu*[685], como

[684] Sem prejuízo da relevância do Direito europeu da contratação pública, não se deixará, no entanto, de notar que há *determinantes de âmbito nacional do Direito da contratação pública*, que a regulação da contratação pública, antes de ser exigida pelo Direito da União Europeia, é uma necessidade que a qualquer Estado se impõe por imperativos que lhe são próprios, e, portanto, que o Direito da contratação não deve ser apenas analisado à luz do enquadramento que para ele resulta das Diretivas e princípios decorrentes do Direito da União Europeia e da elaboração que, em torno da respetiva transposição pelo CCP, tem sido produzida pela doutrina do Direito europeu da contratação pública. É por isso que é reconhecido que discutir os princípios do Direito da contratação pública à face do Direito nacional não é a mesma coisa que discutir que princípios presidem ao Direito europeu da contratação pública: basta ver a discussão que, na doutrina do Direito europeu da contratação pública, se trava sobre a questão de saber se o interesse na obtenção de *value for money* na realização de compras públicas constitui um objetivo visado pelo Direito da União Europeia sobre a matéria, quando se afigura indiscutível que esse interesse é incontornável no plano do direito nacional: cfr. SUE ARROWSMITH, *The Law of Public and Utilities Procurement: Regulation in the EU and UK*, vol. I, 3ª ed., Londres, 2014, pp. 171 segs.. Sublinhando as diferenças que separam a lógica do Direito europeu da contratação pública, em contraponto com a lógica própria dos Estados nacionais, cfr. MARIA JOÃO ESTORNINHO, *Curso de Direito dos Contratos Públicos*, Coimbra, 2012, pp. 61, 312-313, 316 e 368 segs.. O ponto foi, entretanto, desenvolvido, na doutrina nacional, por ASSIS RAIMUNDO, *A formação dos contratos públicos*, obra à qual, por isso, deve ser feita referência especial neste contexto. Assinalando, por sua vez, a natureza de enquadramento – *framework nature* – de que se reveste o Direito europeu da contratação pública para os Direitos nacionais dos Estados membros da União sobre a matéria, cfr. SUE ARROWSMITH, *The Law of Public and Utilities Procurement*, pp. 174-178.

[685] Em geral sobre o Direito Administrativo europeu, cfr. MARIO P. CHITI (ed.), *Diritto amministrativo europeo*, Milão, 2013; PAUL CRAIG, *EU Administrative Law*, 2ª ed., Oxford, 2012; THOMAS VON DANWITZ, *Europaïsches Verwaltungsrecht*, Berlim, 2008; MARIO CHITI/ GUIDO GRECO, *Tratato di Diritto Amministrativo Europeo – Parte Generale*, vols. I e II, Milão, 2007; JÜRGEN SCHWARZE, *Europaïsches Verwaltungsrecht*, 2ª ed., Berlim, 2005; SANTIAGO GONZÁLEZ-VARAS IBAÑEZ, *El Derecho Administrativo Europeo*, 3ª ed., Sevilha, 2005. Na doutrina portuguesa, SUZANA TAVARES DA SILVA, *Direito Administrativo Europeu*, Coimbra, 2010; MARIA LUISA DUARTE, *Direito Administrativo da União Europeia*, Coimbra, 2008.

um *corpo normativo* que integra as regras e princípios que, ao nível europeu, estruturam a organização e o funcionamento da Administração e disciplinam matérias de Direito Administrativo no espaço da União[686] – sendo que o mais interessante fenómeno que decorre da consolidação da União Europeia como uma comunidade de Direito é o fenomeno de harmonização dos ordenamentos internos dos Estados-membros, por força ou influência do Direito europeu, a que tem sido dado o nome de *europeização*[687],

686 Cumpre, a este propósito, referir que, na doutrina comparada, o conceito de Direito Administrativo Europeu tem sido utilizado em diferentes acepções: cfr., a propósito, FAUSTO DE QUADROS, *A nova dimensão do Direito Administrativo – O Direito Administrativo português na perspectiva comunitária*, Coimbra, 1998, pp. 21 segs., e "Global Law, Plural Constitucionalism and Global Administrative Law" in JAVIER ROBALINO-ORELLANA/JAIME RODRÍGUEZ-ARANA MUÑOZ (eds.), *Global Administrative Law – Towards a Lex Administrativa*, Londres, 2010, pp. 337-338; JEAN-BERNARD AUBY/JACQUELINE DUTHEIL DE LA ROCHÈRE in JEAN-BERNARD AUBY/JACQUELINE DUTHEIL DE LA ROCHÈRE (eds.), *Droit administratif européen*, Bruxelas, 2007, pp. 3 segs.; MIGUEL PRATA ROQUE, *Direito Processual Administrativo Europeu*, Coimbra, 2011, pp. 49-52. Numa dessas acepções, que se pode qualificar como respeitante ao Direito Administrativo da União Europeia, enquanto segmento do Direito da União Europeia, ele é utilizado por referência ao quadro disciplinador do exercício das competências administrativas dos órgãos da União e sua articulação com os órgãos das Administrações Públicas nacionais dos Estados-membros. Noutra dessas acepções, o conceito é, entretanto, utilizado num sentido mais vasto, que se estende ao estudo dos regimes de Direito Administrativo dos ordenamentos jurídicos internos dos Estados-Membros que, por serem impostos ou induzidos pelo Direito da União Europeia, mercê do princípio do primado e do papel que aos Estados-membros da União compete na execução do Direito da União, traduzem um fenómeno de *europeização* desses ordenamentos. No plano da nossa análise, é esta segunda dimensão do conceito de Direito Administrativo Europeu que nos interessa, por ser nesse domínio que se concretiza a transposição para os ordenamentos internos dos Estados-membros da União das Diretivas europeias em matéria de contratação pública.

687 É geralmente reconhecido que o processo de *europeização* em referência no texto resulta de um fenómeno de *cross-fertilization*, marcado por influências recíprocas entre o Direito da União e os ordenamentos jurídicos dos Estados-membros, mediante o qual o Tribunal de Justiça da União vai beber às tradições dos ordenamentos jurídicos nacionais elementos que reelabora e projeta como expressão de um Direito comum. Sobre o fenómeno, na doutrina portuguesa, cfr. MARIA JOÃO ESTORNINHO, *Direito Europeu dos Contratos Públicos*, Coimbra, 2006, pp. 21 segs., e *Curso de Direito dos Contratos Públicos*, pp. 57 segs.; FAUSTO DE QUADROS, *Direito da União Europeia*, 3ª ed., Coimbra, 2013, pp. 566 segs., e "A europeização do contencioso administrativo", in *Estudos em Homenagem ao Professor Doutor Marcello Caetano*, Coimbra, 2006, pp. 387-390; PAULO OTERO, *Legalidade e Administração Pública*, Coimbra, 2003, pp. 457 segs.; MIGUEL PRATA ROQUE, *A Dimensão Transnacional do Direito Administrativo*, Lisboa, 2014, pp. 858 segs., e "O Direito Administrativo Europeu – Um motor da convergência dinâmica dos

que tem dado corpo ao que pode ser qualificado como um *Direito comum europeu* em diversos domínios sectoriais[688].

Ora, se há domínio em que a *europeização* dos ordenamentos jurídicos nacionais atingiu hoje um ponto tal que é possível afirmar a existência de um verdadeiro *Direito Administrativo comum europeu*, esse é o domínio da contratação pública[689]. Com efeito, por razões que se prendem com o propósito que o inspira de construir o mercado interior europeu, promovendo a existência de condições não discriminatórias de acesso dos operadores económicos dos

Direitos Administrativos nacionais", in *Estudos em Homenagem ao Prof. Doutor Sérvulo Correia*, vol. II, Coimbra, 2010, pp. 903 segs.; e o nº 58 da revista *Cadernos de Justiça Administrativa*, dedicado ao tema da "Europeização e fronteiras do Direito Administrativo". Cfr. também J. J. H. HANS/S. PRECHAL/R. J. G. M. WIDDERSHOVEN (eds.), *Europeanisation of Public Law*, 2ª ed., Groningen, 2015; ÜRGEN SCHWARZE (ed.), *L' état actuel et les perspectives du droit administratif européen*, Bruxelas, 2010, e *Das Verwaltungsrecht unter europäischem Einfluß*, Baden-Baden, 1996; MATHIAS RUFFERT, "The transformation of Administrative Law as a transnational methodological project", in MATHIAS RUFFERT (ed.), *The Transformation of Administrative Law in Europe*, pp. 42 segs.; KARL-HEINZ LADEUR (ed.), *The Europeanisation of Administrative Law: transforming national procedure-making decisions*, Ashgate-Dartmouth, 2002; FRANCIS SNYDER (ed.), *The Europeanisation of Law: The legal effects of european integration*, Oxford, 2000; STEFAN KADELBACH, *Allgemeines Verwaltungsrecht unter europaïschen Einfluß*, Tübingen, 1999; e a pioneira obra coordenada por MAURO CAPPELLETTI, *Nouvelles perspectives du droit commun de l' Europe*, Florença-Bruxelas, 1978, com um importante texto de JEAN RIVERO, "Vers un droit commun européen: nouvelles perspectives en droit administratif", a pp. 389 segs..

688 O tema tem sido objeto do notável esforço de investigação que envolveu a elaboração do *Handbuch Ius Publicum Europaeum*, em seis volumes, que, sob a coordenação de ARMIN VON BOGDANDY, SABINO CASSESE e PETER HUBER, tem sido publicado em Heidelberg desde 2007, reunindo dezenas de trabalhos de investigação de alguns dos mais representativos administrativistas europeus, dirigidos, a partir da análise retrospectiva das tradições jurídicas nacionais dos diferentes países do espaço europeu, a identificar as linhas de aproximação que entre elas se têm vindo a definir sob o impulso da europeização dos respectivos ordenamentos jurídicos. Para o efeito que aqui importa, reveste-se de particular interesse o texto de síntese de ARMIN VON BOGDANDY, «Verwaltungsrecht im europäischen Rechtsraum – Perspektiven einer Disziplin», publicado no vol. IV, de 2011, a pp. 3 segs., em que é enfatizado que o desenvolvimento de uma ciência do Direito Administrativo europeu se alimenta das ciências do Direito Administrativo dos Estados membros da União, sustentado no estudo comparado das respectivas evoluções históricas.

689 Cfr. M. J. ESTORNINHO, *Curso de Direito dos Contratos Públicos*, pp. 58 segs., e *Contratos da Administração Pública*, p. 64; CLÁUDIA VIANA, *Os princípios comunitários na contratação pública*, Coimbra, 2007, pp. 25 segs. e 301 segs.; JOSÉ ANTÓNIO MORENO MOLINA, *Derecho global de la contratación pública*, México, 2011, p. 30.

diferentes países membros da União à adjudicação dos mais relevantes contratos celebrados pelas entidades administrativas (e entidades equiparadas), o Direito da União Europeia foi desenvolvendo, desde o início dos anos setenta do século passado, um aturado esforço no sentido da harmonização do Direito aplicável em cada um dos Estados-membros aos procedimentos de formação dos contratos públicos, tendo, desse modo, construído o que pode ser qualificado como um verdadeiro *Direito europeu da contratação pública*, ao qual, no momento presente, dão corpo as Diretivas 2014/23, 2014/24 e 2014/25 e um vasto corpo de jurisprudência do Tribunal de Justiça da União Europeia. O *Direito europeu da contratação pública* constitui, assim, um muito relevante componente do *Direito Administrativo europeu.*

Como adiante se verá (cfr. *infra*, nº 233), o Direito europeu da contratação pública não se limita, hoje, a disciplinar apenas os procedimentos de formação dos contratos abrangidos pelo âmbito de aplicação das Diretivas, mas também regula, por conexão, determinados aspetos do respetivo regime substantivo. O seu objeto primacial continua, no entanto, a ser o de disciplinar os procedimentos de formação desses contratos, estabelecendo regimes procedimentais que não se aplicam, aliás, apenas à Administração, mas também a outras entidades que são equiparadas às entidades administrativas para o efeito de também serem submetidas a regras de contratação pública, sendo, em contrapartida, de âmbito circunscrito os aspetos em que as Diretivas se referem a aspetos relativos à execução dos contratos públicos, e apenas na medida em que isso se revela necessário, pela estreita conexão dos aspetos em causa com os regimes da contratação pública e, portanto, com a defesa dos valores que aqueles regimes visam proteger[690].

690 Como faz notar MARIO E. COMBA, "Principles of EU law relevant to the performance of public contracts", in MARTIN TRYBUS/ROBERTO CARANTA/GUNILLA EDELSTAM, *EU Public Contract Law – Public procurement and beyond*, Bruxelas, 2013, p. 318, já anteriormente à aprovação das Diretivas de 2014 era sabido que havia casos de "ultra-atividade" ou de "força expansiva", mediante os quais o Direito europeu da contratação pública se projetava sobre a fase de execução dos contratos, do que a jurisprudência *Pressetext* era exemplo ilustrativo. Por conseguinte, as Diretivas de 2014 só vieram regular a execução dos contratos públicos, em defesa dos valores da contratação pública, nas dimensões em que, de acordo com a jurisprudência do Tribunal de Justiça, já anteriormente era reconhecido que se projetava a referida «ultra-atividade». Na mesma linha, cfr. PEDRO GONÇALVES, *Direito dos Contratos Públicos*, Coimbra, 2015, p. 66, e CLÁUDIA VIANA, *op. cit.*, pp. 246-247, reconhecendo que "a europeização dos contratos públicos incide fundamentalmente nas fases da preparação e adjudicação dos contratos, mas vai mais longe, atingindo o contrato e a sua execução, se isso

Mesmo na mais recente das suas versões, o Direito europeu da contratação pública limita-se, pois, no essencial, a regular os procedimentos que as entidades públicas administrativas (e entidades equiparadas) devem observar quando pretendam dirigir-se ao mercado para adquirir bens ou serviços ou convocar a colaboração de particulares no desenvolvimento da sua atividade, sem ter, no essencial, por objeto disciplinar os termos em que se processam as relações que entre as partes se desenvolvem, a partir do momento em que os contratos são celebrados[691]. Pelo que, quando se fala num Direito comum europeu dos contratos públicos, é, na realidade, de um *Direito comum europeu dos procedimentos de formação dos contratos públicos* que se fala, na medida em que é nesse domínio que, ao longo das últimas décadas, se tem assistido a um processo de intensa harmonização no espaço europeu – ao contrário do que sucede com o Direito das relações contratuais públicas, em relação ao qual o Direito europeu da contratação pública se mantém persistentemente *neutro* e que, por conseguinte, continua a ser, no essencial, um Direito de fonte nacional, distinto de país para país e, portanto, com uma configuração tendencialmente heterogénea, numa perspetiva de direito comparado, em que o legislador nacional dispõe de grande liberdade de conformação[692].

Por efeito do Direito da União Europeia, o quadro normativo por que se regem os procedimentos de formação dos contratos submetidos ao

for necessário – e apenas na medida do necessário – para garantir o cumprimento da legalidade pré-contratual e a liberalização no espaço europeu". No dizer de José Luís Meilán Gil, "Las prerrogativas de la Administración en los contratos administrativos: propuesta de revisión", *Revista de Administración Pública* nº 191 (2013), p. 27, "a Diretiva europeia sobre contratos públicos não se pronuncia sobre as prerrogativas [do contraente público no âmbito das relações contratuais administrativas]. Presta a sua atenção à seleção do contratante e só entra na execução do contrato quando [esta] possa incidir naquela». Cfr. também Richer/Lichère, *Droit des Contrats Administratifs*, p. 45; Gonod/Melleray/Yolka, *Traité de Droit Administratif*, p. 260.

691 Cfr., v.g., Martin Trybus, "Public contracts in European Union internal market law: foundations and requirements", in Rozen Nogellou/Ulrich Stelkens (eds.), *Droit Comparé des Contrats Publics – Comparative Law on Public Contracts*, Bruxelas, 2010, p. 81; Michel Fromont, *Droit administratif des États européens*, Paris, 2006, p. 303; Xavier Bezançon, "Typologie, contenu et droit comparé des contrats publics", *Revue du marché unique européen* nº 3, 1999, p. 65; Meilán Gil, *Categorias jurídicas en el Derecho Administrativo*, p. 144.

692 Para mais desenvolvimentos, cfr. Mário Aroso de Almeida, *O problema do contrato administrativo*, pp. 58-60.

Direito europeu da contratação pública tem vindo, ao longo do tempo, a tornar-se cada vez mais vasto e complexo. Exige, por isso, um estudo detalhado, de carácter especializado, que, a nosso ver, não deve ser empreendido pela Teoria Geral do Direito Administrativo, mas deve ser desenvolvido no âmbito do ramo especial do Direito Administrativo que, com esse objeto, emergiu, no espaço europeu, ao longo dos últimos anos, ao qual tem sido dado o nome de *Direito dos Contratos Públicos*[693].

Remetemos, pois, para as obras dedicadas ao Direito dos Contratos Públicos o estudo dos regimes procedimentais específicos de formação a que estão submetidos os contratos abrangidos pelo âmbito de aplicação das normas que, em consequência das Diretivas europeias sobre a matéria, constam das Partes I e II do CCP – matéria que, como já foi assinalado, só por conexão diz, em todo o caso, respeito ao Direito Administrativo dos contratos, na medida em que não tem por objeto definir regimes normativos aplicáveis aos contratos propriamente ditos, mas aos procedimentos de formação que precedem a respetiva celebração e, portanto, aos atos administrativos que, no âmbito desses procedimentos, são praticados.

1.4. Contratos de Direito Administrativo e contratos públicos

187. No âmbito do Direito da União Europeia, o conceito de *contrato público* tem sido utilizado para designar os contratos de empreitada de obras públicas e de aquisição de bens e serviços celebrados pelas entidades públicas e por um conjunto de entidades privadas que,

693 Como já fazíamos notar na anterior edição deste livro, pode, na verdade, dizer-se que, ao longo dos últimos anos, se formou e consolidou, designadamente no seio do Direito Administrativo português, um sector normativo autónomo e diferenciado, que deu corpo ao que tem sido qualificado como o *Direito dos Contratos Públicos*, que, sendo constituído por um vasto conjunto de regras e inspirado por um acervo de princípios imbuídos de uma lógica própria que os diferencia dos demais princípios gerais por que se rege a atividade administrativa, pode dizer-se que apresenta uma ideia de sistema: cfr. Miguel Assis Raimundo, *op. cit.*, pp. 33 e nota 26. Para a consolidação deste novo ramo especial do Direito Administrativo, desempenhou papel determinante a publicação do CCP em 2008. O CCP foi, na verdade, a primeira tentativa de disciplinar, de modo estruturado, todo um conjunto de matérias que nunca antes tinham sido objeto de um regime comum de âmbito geral. A sua publicação e a relevante produção doutrinal que, em seu torno, se formou foram da maior importância para a consolidação deste sector normativo.

para esse efeito, são àquelas equiparadas: os contratos que, na terminologia francesa, são, de modo mais preciso, designados por *marchés publics*[694].

No plano do direito interno nacional, o mínimo que se pode dizer é que reina uma certa confusão quanto à questão de saber que sentido atribuir ao conceito.

Numa versão adaptada (corrigida) da definição (incorreta) que resultava da redação primitiva do nº 2 do artigo 1º do CCP (apesar de essa definição ter sido eliminada na revisão de 2017 do Código), a doutrina tende, ainda hoje, a utilizar o conceito de contrato público para designar, por um lado, todos os contratos, indepentemente da sua designação e natureza, que são celebrados pelas entidades públicas (plano em que adota o critério subjetivo da natureza das entidades públicas contratantes), e, por outro lado, os contratos celebrados por entidades privadas, na medida da submissão dessas entidades, no que diz respeito à formação desses contratos, à observância dos regimes de contratação pública da Parte II do CCP (plano em que, parecendo adotar um critério subjetivo, das entida-

[694] Nesse sentido, o artigo 2º, nº 1, alínea 5, da Diretiva 2014/24/UE define "contratos públicos" como os "contratos a título oneroso, celebrados por escrito entre um ou mais operadores económicos e uma ou mais autoridades adjudicantes, que tenham por objeto a execução de obras, o fornecimento de produtos ou a prestação de serviços". Como faz notar MARIO E. COMBA, "Contract execution in Europe: Different legal models with a common core", *European Procurement & Public Private Partnership Law Review* nº 4 (2013), p. 303, é só nos Direitos francês e italiano que, nesse contexto, não é utilizado, no âmbito da União Europeia, o conceito amplo de *contrato público*, mas o conceito mais restrito, mas mais preciso, de *marchés publics* e *appalti pubblici*. Por seu lado, o conceito de *contrato público* também tem sido utilizado nesse sentido estrito na doutrina portuguesa: era nesse sentido que o conceito era utilizado por PEDRO GONÇALVES, *O contrato administrativo – Uma instituição do Direito Administrativo do nosso tempo*, Coimbra, 2003, pp. 53-54, e que também o utilizámos no nosso "Apontamento sobre o contrato administrativo no Código dos Contratos Públicos", *Revista de Contratos Públicos* nº 2, p. 32. No mesmo sentido, cfr. também CARLOS FERNANDES CADILHA, "Contratos Públicos: do Decreto-Lei nº 134/98, de 15 de Maio, à reforma do contencioso administrativo. Uma análise de jurisprudência", *Scientia Ivridica*, tomo LXI, nº 292, pp. 521 segs.; e ainda DIOGO FREITAS DO AMARAL, *Curso de Direito Administrativo*, vol. II, 3ª ed., Coimbra, 2016, p. 442. Repare-se, entretanto, que o título da obra de VILHENA DE FREITAS, *Direito dos Contratos Públicos e Administrativos*, assenta no pressuposto de que os contratos administrativos não são um género da espécie contratos públicos, porque estes últimos se circunscrevem aos contratos submetidos a procedimentos de formação específicos.

des adjudicantes referidas no CCP, na realidade adota o critério do regime de Direito Administrativo aplicável, na medida em que só inclui no conceito de contrato público os contratos que essas entidades celebrem cujo procedimento de formação esteja submetido à observância dos regimes de contratação pública da Parte II do CCP)[695].

Pela nossa parte, não vemos vantagem em incluir no conceito de contrato público todos os contratos celebrados pelas entidades públicas, segundo o critério puramente subjetivo da natureza das entidades públicas contratantes, porque não é possível atribuir um sentido operativo a conceito tão amplo, que permita fazer-lhe corresponder um regime jurídico com contornos minimamente definidos.

Desde que, com a revisão de 2017, o CCP renunciou à pretensão de definir, no artigo 1º, o que entende por contratos públicos, os únicos dados normativos que se afigura possível extrair do Código para o efeito de se procurar atribuir um sentido ao conceito parecem ser os que resultam do facto de ele, chamando-se Código dos Contratos Públicos, assumir, no artigo 280º, que só tem a pretensão de disciplinar (pelo menos, diretamente) os contratos sujeitos à sua Parte II.

A nosso ver, já anteriormente à revisão de 2017, não podia deixar de se entender que, no que diz respeito aos contratos celebrados por outras entidades adjudicantes, que não as entidades públicas, só deviam ser qualificados como contratos públicos os contratos cujo procedimento de formação estivesse submetido à observância dos regimes de contratação pública da Parte II do CCP. Ora, a nosso ver, é esse o alcance que, hoje, deve ser atribuído ao conceito, também no que diz respeito aos contratos celebrados por entidades públicas. Até porque só desse modo se pode atribuir um sentido operativo ao conceito, fazendo-o corresponder a regimes jurídicos com contornos definidos: os regimes da Parte II e da Parte III do CCP.

A nosso ver, deve, pois, entender-se que o sentido em que o conceito de *contrato público* deve ser utilizado, à face do ordenamento jurídico interno português, é aquele que o faz corresponder ao universo dos contratos que estão submetidos às regras de contratação consagradas

[695] Para a apreciação da questão, ainda por referência à redação do CCP anterior à revisão de 2017, cfr. Mário Aroso de Almeida, "Sobre o conceito de *contrato público* no ordenamento jurídico português", in *Liber Amicorum Fausto de Quadros*, vol. II, Coimbra, 2016, p. 404.

na Parte II do CCP, e, por essa via, tanto à Parte II, como à Parte III do Código: no essencial, os *contratos de procura pública*, que correspondem ao conceito francês de *commande publique* e compreendem, por um lado, os *marchés publics*, que têm por objeto os contratos de empreitada de obras públicas e de aquisição de bens e serviços, e, pelo outro, os contratos de concessão de obras e de serviços. E, por conseguinte, entendemos que o objeto do Direito dos Contratos Públicos deve ser doutrinalmente identificado com o regime, tanto procedimental, como de validade, execução, modificação e extinção, que o CCP estabelece para esse universo de contratos.

É por esta razão que optamos, neste livro, por não adotar o conceito de contrato público para designar o objeto de estudo de que se ocupa o presente capítulo. Por uma questão de clareza, assumimos, pois, que o presente capítulo não tem por objeto o estudo do Direito dos Contratos Públicos, nem do regime substantivo aplicável a um universo de contratos identificado por referência ao conceito de contrato público. Do que se trata, como nos parece pertinente numa Teoria Geral do Direito Administrativo, é de, a par do regulamento e do ato administrativo, estudar os contratos de Direito Administrativo: como foi referido no início do capítulo, um conceito que compreende, genericamente, todo o universo dos contratos submetidos a regimes de Direito Administrativo, que, como foi dito, abrange os contratos administrativos e os contratos ditos de direito privado da Administração.

2. Âmbito da figura do contrato administrativo

188. Até à entrada em vigor do CCP, a definição legal de contrato administrativo constava do artigo 178º do CPA, que o definia como "o acordo de vontades pelo qual é constituída, modificada ou extinta uma relação jurídica administrativa".

A existência de uma definição legal de âmbito genérico de contrato administrativo constituía, porém, um dado recente, que não se inscrevia na tradição do ordenamento jurídico-administrativo português. Foi, na verdade, o artigo 9º do ETAF de 1984 que pela primeira vez introduziu uma tal definição. Até aí, pelo contrário, o entendimento dominante era o de que só eram administrativos os contratos que correspondiam ao elenco limitado e taxativo de tipos contratuais que constava do artigo 815º do Código Administrativo[696].

Todos esses contratos correspondiam, entretanto, ao modelo, específico e paradigmático, dos chamados contratos administrativos de colaboração subordinada[697], que, de acordo com a tradição francesa do contrato administrativo, burilada pelo Conselho de Estado desde o século XIX, se caracterizavam por dar origem a uma relação duradoura entre o contraente privado e o contraente público, mediante a qual o primeiro se associava à prossecução das atribuições do segundo, submetendo-se voluntariamente aos respetivos poderes de autoridade, através da assunção de um estatuto de sujeição ou subordinação[698].

A consagração, na ordem jurídica portuguesa, de uma definição genérica de contrato administrativo representou, assim, a superação do critério da sujeição ou subordinação como critério de delimitação da figura, identificada com o modelo do contrato de colaboração subordinada.

Nem outro caminho poderia ter sido seguido. Como, na verdade, em devido tempo explicou *Sérvulo Correia*[699], a voga que, pela mão de *Marcello Caetano*, o critério da sujeição ou subordinação teve em Portugal deveu-se à tentativa de uma síntese das características marcantes do regime aplicável aos tipos de contratos administrativos que, à época, eram consentidos

[696] Cfr. MARCELLO CAETANO, *Manual de Direito Administrativo*, vol. I, pp. 579 segs.

[697] Para o conceito, cfr., por todos, SÉRVULO CORREIA, *Legalidade e autonomia contratual nos contratos administrativos*, Coimbra, 1987, pp. 418-420; DIOGO FREITAS DO AMARAL, *Curso de Direito Administrativo*, vol. II, 3ª ed., Coimbra, 2016, p. 458; PEDRO GONÇALVES, *O contrato administrativo – uma instituição do nosso tempo*, Coimbra, 2003, pp. 64-65.

[698] Para a caraterização do estatuto de sujeição ou subordinação do contraente privado no âmbito das relações emergentes dos contratos administrativos de colaboração subordinada e respetivo enquadramento no contexto mais vasto que, durante o período do Estado Novo, decorria da própria conceção (autoritária) à época prevalecente do Direito Administrativo, como um ramo de Direito cujo traço identitário residia, essencialmente, na instituição de relações de poder e sujeição entre as entidades públicas, enquanto *potentior personae*, e os particulares, cfr., por todos, SÉRVULO CORREIA, *op. cit.*, pp. 363 segs. e 731, onde, nesse sentido, o Autor recorda que é da vinculação da Administração ao interesse público que, nesse tipo de contratos, se entende resultar para o cocontratante uma cláusula de sujeição, mediante a qual ele "se compromete a acatar, como se fora a própria Administração, as leis, regulamentos e atos administrativos que durante a execução do contrato exprimam as exigências do interesse público servido quanto ao objeto nele estipulado".

[699] Cfr. SÉRVULO CORREIA, *op. cit.*, p. 366.

pelo ordenamento jurídico português e que, como foi dito, eram, todos eles, contratos de colaboração subordinada, segundo a tradição francesa do modelo autoritário do contrato administrativo.

Ora, como se afigura evidente, a adopção de tal critério seria, hoje, incompatível com o moderno entendimento das relações jurídico-administrativas e do papel que, nesse quadro, pode e deve desempenhar o recurso à via contratual. Nas palavras de *Sérvulo Correia*[700], "a adoção legislativa da figura do contrato administrativo por natureza veio tornar patente a insuficiência da teoria da sujeição, insuficiência cuja causa é a incapacidade desta concepção para servir de base à caracterização de todas as relações jurídicas administrativas"[701].

189. A introdução na ordem jurídica portuguesa de uma definição normativa genérica de contrato administrativo deu, contudo, origem a vários tipos de dificuldades.

Na verdade, foi só em 1991 que, no capítulo III da sua Parte IV, o CPA consagrou um punhado de regras com pretensão de aplicabilidade geral à figura do contrato administrativo. O regime desse modo introduzido era, contudo, muito incipiente, deixando por regular ou regulando de modo ambíguo muitos aspetos importantes. Até ao surgimento do CCP, pode, por isso, dizer-se que, salvo no que respeita aos contratos administrativos típicos, objeto de regulação especial – que, em grande medida, correspondiam aos tipos contratuais que já se encontravam tipificados no Estado Novo –, o contrato administrativo por natureza era, em Portugal, uma figura à procura do seu regime substantivo.

Por outro lado, a definição introduzida pelo artigo 9º do ETAF de 1984 e, mais tarde, retomada pelo artigo 178º do CPA, ao remeter, pura e simplesmente, para a natureza jurídico-administrativa das relações jurídicas que eram objeto do contrato, não podia deixar de conduzir à multiplicação

[700] Cfr. SÉRVULO CORREIA, *op. cit.*, p. 369.

[701] E acrescentava o mesmo Autor, *op. loc. cits.*: "O critério da sujeição não basta para qualificar os contratos porque o Direito Administrativo não se esgota em relações de sujeição. A insistência na ideia de sujeição como pólo aglutinador representa ainda o uso, porventura inconsciente, de um instrumento do 'arsenal' novecentista, em termos que se não adequam à evolução constitucional entretanto verificada, que alargou não só quantitativa mas também qualitativamente o quadro da função administrativa".

de situações de ambiguidade na delimitação da figura[702], com as inevitáveis consequências: no plano substantivo, insegurança na determinação do regime jurídico a aplicar às relações entre as partes; no plano processual, insegurança na determinação da jurisdição competente para dirimir os eventuais litígios contratuais.

190. Os dados da questão começaram a alterar-se com a entrada em vigor, em 1 de Janeiro de 2004, do novo ETAF, que, por ter natureza processual, não tinha, naturalmente, a pretensão de operar qualquer transformação no plano do direito substantivo, mas assumiu, no plano processual, a necessidade de se abandonar a definição de contrato administrativo que decorria do artigo 178º do CPA para o efeito de delimitar o âmbito da jurisdição administrativa no que respeita à apreciação de litígios emergentes de contratos.

Com efeito, a razão pela qual, no artigo 4º, nº 1, alínea f), do ETAF de 2002, se optou por não remeter, sem mais, para o conceito de contrato administrativo do artigo 178º do CPA assentou no reconhecimento da inadequação desse conceito, em razão da sua demonstrada ambiguidade, para delimitar em termos minimamente precisos o âmbito da jurisdição administrativa em matéria de contratos.

Ora, foi nessa mesma senda que, para efeitos substantivos, também veio, por sua vez, a colocar-se o CCP, ao assumir, no nº 6 do seu artigo 1º, a necessidade de densificar o conceito de contrato administrativo, substituindo a definição genérica que constava do artigo 178º do CPA por uma enumeração das categorias de situações contratuais que se entendeu deverem merecer a qualificação de administrativas. O CCP reconheceu, desse modo, que, também no plano substantivo, da delimitação das espécies contratuais a submeter a um regime de Direito Administrativo, a definição do artigo 178º do CPA não fornecia uma base segura, pelo que a

[702] Na verdade, o CPA consagrava o critério do objeto, de inspiração alemã. Ora, como nota Sérvulo Correia, *op. cit.*, p. 378, também na Alemanha "a teoria do objeto tem sido criticada com razão por constituir uma mera plataforma de remissão para outros critérios. Com efeito, ela não contém em si mesma resposta para a questão de como se qualifica o objeto do contrato. Ao declarar que o contrato administrativo é aquele que constitui, modifica ou extingue uma relação jurídica de direito administrativo, o legislador aponta sem dúvida para o objeto imediato do contrato mas não fornece (nem isso lhe competiria) qualquer chave para a qualificação da relação jurídica de que depende a qualificação do contrato".

delimitação legal da figura do contrato administrativo carecia de ser densificada[703].

O CCP renunciou, entretanto, à pretensão de consagrar um critério do contrato administrativo, e, pelo contrário, reconhecendo a discutibilidade dos diferentes critérios que, ao longo dos tempos, foram sendo propostos, optou por proceder à conjugação de vários critérios, que não se excluem entre si, para delimitar a figura do contrato administrativo, sem consentir a qualquer desses critérios pretensões hegemónicas. Por este motivo, optou por enunciar, nas várias alíneas do nº 6 do artigo 1º, as diferentes categorias de situações contratuais, que, pela conjugação de diferentes critérios, dão, no seu conjunto, corpo à figura do contrato administrativo – devendo o preceito, na nossa perspetiva, ser lido no sentido de se atribuir a cada uma das previsões contidas nas suas diferentes alíneas o alcance que, de modo adequado, melhor permita harmonizá-las com as demais.

Com a revisão de 2017, o preceito do nº 6 do artigo 1º foi transferido, sem alterações, para o artigo 280º, passando a corresponder ao nº 1 deste artigo. É, pois, no nº 1 do artigo 280º que hoje encontramos o enunciado legal dos chamados *critérios de administratividade*, dos quais depende a qualificação, na ordem jurídica portuguesa, de quaisquer contratos como administrativos.

191. São cinco as categorias de situações contratuais a que, nas quatro alíneas do nº 1 do artigo 280º, o CCP faz corresponder a qualificação de contrato administrativo. Essas cinco categorias podem ser reconduzidas a três grandes grupos.

a) O primeiro grupo corresponde aos contratos administrativos por natureza, que não pode deixar de entender-se que estão submetidos a um regime de Direito Administrativo, em razão da natureza pública do seu objeto ou do seu fim. Pode dizer-se que integram este grupo os contratos a que se referem as alíneas b), c) e d) do nº 1 do artigo 280º do CCP.

b) O segundo grupo corresponde aos tipos contratuais que, ainda que não sejam contratos administrativos por natureza, a própria lei dire-

[703] Para mais desenvolvimentos, com outras referências, cfr. Mário Aroso de Almeida, “Contratos administrativos e poderes de conformação do contraente público no novo Código dos Contratos Públicos”, *Cadernos de Justiça Administrativa* nº 66, pp. 3 segs.

tamente qualifica como administrativos, submetendo-os a um regime substantivo de direito público (cfr. artigo 280º, nº 1, alínea a), do CCP). Integram este grupo (*i*) os contratos administrativos típicos previstos no Título II da Parte III do CCP e (*ii*) os demais contratos administrativos típicos ou nominados previstos em legislação avulsa.

c) O terceiro grupo corresponde aos contratos administrativos atípicos que poderiam ser contratos de direito privado (os chamados contratos administrativos com objeto passível de contrato de direito privado): trata-se de contratos que, não sendo administrativos por natureza, a lei também não qualifica como administrativos, mas que são administrativos por qualificação das partes, na medida em que a lei admite que as próprias partes, desde que uma delas seja um contraente público, os qualifiquem como administrativos ou os submetam a um regime substantivo de direito público (cfr. artigo 280º, nº 1, alínea a), e artigos 3º, nº 1, alínea b), e 8º do CCP).

Vejamos, pois, quanto a cada uma das cinco categorias, por referência aos três grupos que acabam de ser identificados.

I) Contratos administrativos por natureza

I.I) Contratos sobre o exercício de poderes públicos

192. Na alínea b), o nº 1 do artigo 280º do CCP qualifica como administrativos os contratos com objeto passível de ato administrativo e demais contratos sobre o exercício de poderes públicos[704].

O Código não explicita de forma clara o sentido com que, em diversos preceitos, emprega a expressão *"contratos com objeto passível de ato administrativo e demais contratos sobre o exercício de poderes públicos"*. Parece, no

[704] Especificamente sobre esta categoria de contratos, na doutrina portuguesa, cfr. MARK BOBELA MOTA KIRKBY, *Contratos administrativos de subordinação (natureza, funções e limites)*, Lisboa, 2002, e *Contratos sobre o exercício de poderes públicos*, Coimbra, 2011; JORGE ALVES CORREIA, *Contrato e poder administrativo*, Coimbra, 2017, e "Entre o reino do ato e o império do contrato: o 'enigma' do contrato sobre exercício de poderes públicos no direito português", in *Comentários à revisão do Código dos Contratos Públicos* (coord. CARLA AMADO GOMES/ RICARDO PEDRO/TIAGO SERRÃO/MARCO CALDEIRA), Lisboa, 2017, pp. 691 segs..

entanto, resultar, tanto do nº 1 do artigo 287º, como do nº 1 do artigo 337º, que, por "contratos com objeto passível de ato administrativo", o Código pretende referir-se aos contratos que sejam celebrados em substituição de atos administrativos, no exercício da permissão genérica que, nesse sentido, resulta do seu artigo 278º[705]. Em nossa opinião, deve, por isso, entender-se que é esse o sentido que, no nosso ordenamento jurídico, corresponde ao conceito, designadamente para o efeito do disposto no nº 1 do artigo 285º do CCP, e, portanto, que, no nosso ordenamento jurídico, o conceito não abrange os contratos de concessão de obras públicas ou de serviços públicos, que não são contratos celebrados em substituição de atos administrativos porque as referidas concessões não correspondem, no nosso ordenamento jurídico, a tipos normativos de atos administrativos, mas a contratos administrativos típicos[706]. Quanto aos "demais contratos sobre o exercício de poderes públicos", parece de entender que correspondem, em primeira linha, aos contratos pelos quais o contraente público se compromete quanto aos termos em que procederá ao exercício futuro dos seus poderes, a que, em parte, se refere o nº 2 do artigo 337º.

A nosso ver, o Código utiliza, pois, a expressão *"contratos com objeto passível de ato administrativo e demais contratos sobre o exercício de poderes públicos"* para designar, no seu conjunto, os contratos públicos de matriz alemã, que são objeto de regulação na lei alemã de procedimento administrativo e que compreendem os contratos atípicos celebrados em substituição de atos administrativos *(contratos substitutivos de atos administrativos)*, e os contratos atípicos mediante os quais a Administração se compromete quanto aos termos em que procederá no futuro ao exercício concreto dos seus poderes *(contratos obrigacionais)*.

É evidente a natureza administrativa destes contratos, decorrente da natureza pública do seu objeto, que necessariamente implica a aplicabilidade de um regime de Direito Administrativo e não de direito privado.

[705] No mesmo sentido, cfr. Rebelo de Sousa/Salgado de Matos, *Direito Administrativo Geral*, tomo III, p. 312.

[706] No mesmo sentido, cfr. Pedro Gonçalves, *Direito dos Contratos Públicos*, pp. 472-473.

I.II) Contratos sobre coisas públicas ou funções públicas

193. Na alínea c), o nº 1 do artigo 280º do CCP qualifica como administrativos os contratos que "confiram ao cocontratante direitos especiais sobre coisas públicas ou o exercício de funções do contraente público". A maior parte dos contratos com este objeto correspondem a contratos típicos, como os contratos de concessão de obras públicas, de serviços públicos e de exploração de bens do domínio público.

A previsão afigura-se, contudo, útil, pois que, através dela, se pretende dar expressão a uma categoria de contratos administrativos por natureza, em razão da natureza pública do seu objecto, que envolve a disposição de bens públicos ou implica a realização, pelo contraente privado, de atividades de natureza pública, por contraposição a contratos como os de empreitada de obras públicas ou de locação e aquisição de bens ou de aquisição de serviços, que se caracterizam por terem por objeto prestações que, à partida, poderiam ser, todas elas, objeto de contratos de direito privado, na medida em que se dirigem à realização, pelo contraente privado, de atividades de natureza privada, ainda que dirigidas à obtenção, pelo contraente público, de utilidades em princípio necessárias à prossecução dos seus fins.

I.III) Contratos que condicionem a realização das atribuições públicas

194. Na alínea d), o nº 1 do artigo 280º do CCP qualifica como administrativos os "contratos que a lei submeta ou que admita que sejam submetidos a um procedimento de formação regulado por normas de direito público e em que a prestação do cocontratante possa condicionar ou substituir, de forma relevante, a realização das atribuições do contraente público".

Pela ambiguidade da sua redação, esta previsão normativa presta-se a importantes reparos[707]. Em nossa opinião, é, em todo o caso, modesto o alcance que, na economia do nº 1 do artigo 280º do CCP, lhe deve ser imputado.

[707] Para a respetiva crítica, com outras referências, cfr. MÁRIO AROSO DE ALMEIDA, *O problema do contrato administrativo*, p. 73.

Com efeito, ela pretende excluir, desde logo, do seu âmbito de aplicação os "chamados negócios auxiliares, que se destinam apenas a satisfazer requisitos materiais de funcionamento dos serviços administrativos, sem reflexo direto na específica prossecução de qualquer das atribuições da pessoa coletiva a que estes pertençam"[708] e, portanto, sem que a prestação do contraente privado interfira com o conteúdo do modo como se processa o exercício, pela entidade pública contratante, das funções públicas que lhe correspondem. E também não parece abranger as situações de delegação formal de funções públicas, em que o contraente privado é formalmente investido em poderes de exploração de bens ou serviços públicos, para o efeito de atuar no lugar da entidade pública na prossecução dos seus fins institucionais, na medida em que esse tipo de situações se encontra já coberto pela previsão da alínea c) do nº 1 do artigo 280º do CCP.

A nosso ver, a previsão da alínea d) do nº 1 do artigo 280º do CCP reconduz-se, por isso, apenas às situações intermédias de *contracting out*, cujo enquadramento tem sido reconhecido como problemático pela doutrina e que se caracterizam por uma certa ambiguidade, que resulta da circunstância de que: (*i*) por um lado, supõem que a responsabilidade pelo exercício das funções públicas, em termos formais, permanece na titularidade da entidade pública, que, portanto, não delega esse exercício no contraente privado, sendo o contraente privado apenas chamado, como mero agente auxiliar, a ajudar a entidade pública no exercício, por si mesma, das suas funções; mas, (*ii*) por outro lado, consubstanciam-se numa delegação fáctica de poderes públicos no contraente privado, na medida em que têm por objeto incumbi-lo de pré-determinar o conteúdo de decisões (como um plano de ordenamento territorial ou a decisão de localização de um aterro sanitário ou de determinação do traçado de uma estrada) que o contraente público se limitará a assumir no exercício das suas funções[709].

A nosso ver, é este o alcance que corresponde ao próprio teor literal do preceito, e, por outro lado, aquele que permite conciliá-lo de modo mais equilibrado com o critério da qualificação pelas partes, consagrado

[708] Cfr. Sérvulo Correia, *op. cit.*, pp. 379 segs.

[709] Para a caracterização das situações em referência, nos termos utilizados no texto, cfr. Pedro Gonçalves, *O contrato administrativo*, pp. 71-72 e 74.

na alínea a), e de que se falará a seguir, assim como com a previsão da alínea c)[710].

Poderia, naturalmente, pensar-se, de harmonia com a tradição anterior, em enquadrar na alínea d) do nº 1 do artigo 280º do CCP os contratos de prestação de serviços para fins de imediata utilidade pública. Mas com que sentido e alcance, se o CCP qualificou, independentemente da intervenção desse critério, todos os contratos de prestação de serviços celebrados por contraentes públicos, em bloco, como contratos administrativos por direta determinação da lei?

Ora, a partir do momento em que o CCP optou, desde logo, por tipificar como administrativos todos os contratos de locação e aquisição de bens móveis e de aquisição de serviços celebrados por contraentes públicos – quando seria (e era, na tradição portuguesa) no domínio da prestação de serviços para fins de imediata utilidade pública que mais sentido poderia fazer a utilização da previsão normativa em análise –, e, por outro lado, admite que, desde que uma das partes seja um contraente público, as próprias partes podem qualificar os contratos que celebram como administrativos ou submetê-los a um regime substantivo de direito público, afigura-se legítimo perguntar se se justifica a previsão introduzida pelo preceito em referência. Pela nossa parte, permitimo-nos duvidar.

II) Contratos administrativos por determinação da lei

195. Na alínea a), na parte em que se refere ao "presente Código" e à "lei", o nº 1 do artigo 280º do CCP qualifica como administrativos os contratos típicos, que determinação legal expressa, contida no Título II da parte III do Código[711] ou em lei avulsa, submeta a um específico regime

[710] Parece estabelecer-se, na verdade, uma certa relação de afinidade entre o critério da alínea d) e o critério da alínea c) do nº 1 do artigo 280º: na verdade, em ambos parecem ter-se em vista, ainda que em graus diferenciados, contratos que implicam a realização, pelo contraente privado, de atividades que o envolvem de modo mais intenso no exercício das tarefas públicas a cargo do contraente público, por contraposição aos contratos meramente auxiliares, que apenas exigem do contraente privado a realização de atividades dirigidas a dotar o contraente público de meios instrumentais à prossecução dos seus fins.

[711] No Título II, o Código qualifica e regula – e, desse modo, tipifica – como administrativos os contratos de obras públicas e de concessão de serviços públicos, assim como, com caráter

substantivo de direito público, assim como os contratos nominados, que lei expressa qualifique como administrativos sem para eles prever um regime específico, desse modo os submetendo ao regime do Título I da Parte III do CCP.

Quanto a este ponto, justifica-se salientar que, independentemente do alcance das previsões contidas nas diferentes alíneas do nº 1 do artigo 280º, o CCP procedeu, no Título II da sua Parte III, a um muito significativo alargamento do âmbito da figura do contrato administrativo, que resulta da qualificação como contratos administrativos de todos os contratos de locação e aquisição de bens móveis e de aquisição de serviços que sejam celebrados por contraentes públicos: na verdade, até ao CCP, estes tipos contratuais correspondiam ao paradigma dos contratos que, em princípio, seriam contratos de direito privado, mesmo quando celebrados pela Administração, de onde resulta um significativo alargamento da figura do contrato administrativo.

III) Contratos administrativos por qualificação das partes

196. Na alínea a), na parte em que se refere à "vontade das partes", o nº 1 do artigo 280º do CCP qualifica ainda como administrativos os contratos atípicos que as partes optem por qualificar, elas próprias, como administrativos ou por submeter a um regime substantivo específico instituído por normas de direito público.

O preceito tem em vista contratos que, em primeiro lugar, não são contratos administrativos por natureza, em razão da natureza pública do seu objeto ou do seu fim, por não corresponderem a nenhum dos três primeiros tipos de situações que atrás foram enunciados; e, por outro lado, também não são administrativos por determinação da lei, por não corresponderem a qualquer tipo específico, legalmente previsto e regulado, de contrato administrativo, nem tão-pouco a um contrato administrativo nominado. Na verdade, a qualificação como administrativos dos contratos administrativos típicos e dos contratos administrativos por natureza não depende da vontade das partes: só a qualificação como administrativos de

inovatório, os contratos de locação e aquisição de bens móveis e de aquisição de serviços que sejam celebrados por contraentes públicos.

contratos com objeto passível de contrato de direito privado pode estar na disponibilidade das partes[712].

O critério da qualificação pelas partes inscreve-se num contexto legislativo que, como vimos, não estabelece diretamente, em termos preceitivos, um critério substantivo geral de qualificação dos contratos administrativos. É nesse contexto que o legislador faz recair sobre o contraente público o ónus de promover junto da outra parte a qualificação como administrativos dos contratos que, não sendo administrativos por natureza, nem por determinação da lei – ou seja, não sejam administrativos por efeito da aplicação das demais previsões contidas nas quatro alíneas do nº 1 do artigo 280º do CPP –, ele ainda assim considere justificado qualificar desse modo, em função do juízo que, em cada caso, formule sobre a necessidade da submissão do contrato em causa a um regime próprio de Direito Administrativo[713].

Na formulação desse juízo, o contraente público há de, naturalmente, orientar-se por critérios como o da maior ou menor intensidade da conexão do objeto do contrato em causa com a prossecução do interesse público, mas tais critérios intervirão, neste contexto, como critérios auxiliares, sendo, desse modo, ao contraente público que cumpre avaliar se se

[712] A este respeito, cfr. SÉRVULO CORREIA, *op. cit.*, p. 404. No mesmo sentido, PEDRO GONÇALVES, *O contrato administrativo*, pp. 59-60, distingue precisamente as situações a que anteriormente nos reportámos no texto, dos "contratos cuja administratividade resulta de «condições externas» ao contrato", em que "a relação jurídica administrativa é, nesse caso, um «dado incontornável», no sentido em que se trata de uma relação regulada por normas de direito administrativo", da situação a que agora nos reportamos, em que "a relação jurídica administrativa é um «dado do contrato», no sentido em que é apenas por força da vontade das partes – e da autonomia pública contratual da Administração – que o contrato se apresenta como constitutivo de efeitos jurídicos de direito administrativo".

[713] Como, na verdade, explica SÉRVULO CORREIA, *op. cit.*, p. 404, nota 119, "as partes só dispõem de opção entre a gestão pública e a gestão privada quando o contrato não é necessariamente administrativo pela natureza da relação jurídica que configura ou pela relevância que a lei confere à prossecução de fins de imediata utilidade pública". Por conseguinte, a pretender erigir-se o critério do fim de imediata utilidade pública em critério do contrato administrativo, consagrar-se-ia um sistema em que "a qualificação pelas partes é irrelevante", porque "a natureza jurídica do contrato é um momento objetivo do contrato. E ou as partes o qualificam corretamente, nada acrescentando, ou o qualificam erroneamente e tal qualificação não prevalece contra a verdadeira natureza do contrato". A nosso ver, um tal sistema é incompatível com a previsão da alínea a) do nº 1 do artigo 280º do CCP.

justifica submeter o contrato ao regime que o CCP faz corresponder ao contrato administrativo ou a qualquer outro regime substantivo de direito público.

197. São várias as questões que se colocam a propósito dos contratos administrativos por qualificação das partes.

A primeira respeita, desde logo, à questão de saber que configuração concreta deve assumir a estipulação das partes para que se deva entender que um contrato é qualificado como administrativo por vontade das partes.

A nosso ver, essa estipulação pode revestir formas diversificadas, mas todas elas devem ter um sentido inequívoco.

Uma das formas através das quais as partes poderão qualificar um contrato como administrativo passa, naturalmente, pela expressa qualificação do contrato como um contrato administrativo, na medida em que tal qualificação equivale a uma remissão para o regime da Parte III do CCP, ou, o que se reconduz ao mesmo, pela estipulação que determine a aplicação ao contrato do regime da Parte III do CCP, ou, pelo menos, de preceitos aí contidos. O mesmo sucede, naturalmente, com a estipulação que determine a aplicação ao contrato, no todo ou em parte, de outro qualquer regime normativo, mediante o qual a lei, dentro ou fora do CCP, regule qualquer contrato administrativo típico.

A remissão para regimes substantivos de Direito Administrativo pode passar pela incorporação no clausulado do contrato de estipulações que necessariamente envolv(eri)am a aplicação de normas de Direito Administrativo[714]. Como tem sido tradicionalmente admitido, é o que, desde logo, sucederá quando, no clausulado do contrato, for reconhecida, de modo expresso e inequívoco, a possibilidade de o contraente público exercer específicos poderes de autoridade no âmbito da relação, através da prática de atos administrativos.

[714] Referimo-nos às "cláusulas que só são concebíveis numa relação jurídica em que pelo menos uma das partes seja a Administração intervindo nessa qualidade", em que seria de Direito Administrativo uma norma de conteúdo correspondente ao da estipulação contratual, porque "os direitos e obrigações que estabeleça só possam, em abstrato, ter por titular uma pessoa coletiva integrada na Administração e agindo nessa qualidade": cfr., por todos, Sérvulo Correia, *op. cit.*, pp. 402 e 403; Pedro Gonçalves, *O contrato administrativo*, p. 59.

Importa, no entanto, sublinhar que o critério da vontade das partes não deve ser confundido com um critério de cláusulas exorbitantes, baseado numa ideia de sujeição do contraente privado ao poder do contraente público, na medida em que o modo pelo qual as partes podem incorporar no contrato a aplicação de regimes substantivos de direito público não tem de passar necessariamente pela estipulação de prerrogativas de autoridade do contraente público[715].

Por outro lado, também importa notar que a mera estipulação num contrato celebrado por uma entidade pública da possibilidade do exercício, por essa entidade, de poderes ou faculdades passíveis de serem estipulados (e exercidos em moldes similares) no âmbito de relações de natureza privada não tem o alcance de tornar administrativo esse contrato. Por conseguinte, deve, por exemplo, entender-se que a mera estipulação de um direito de resolução em favor do contraente público, sem outra referência que especifique que esse direito poderá ser exercido através de ato administrativo, não é suficiente para permitir afirmar que a entidade pública, por essa via, se encontra investida na titularidade de um poder público, pois ela apenas será titular, nesse caso, de um direito potestativo, a exercer nos mesmos moldes em que ele também poderia ser exercido no âmbito de uma relação contratual de direito privado. Na hipótese a que nos estamos a referir, tem, pois, de ser expressamente assumida, de forma inequívoca, a atribuição ao contraente público do poder de praticar atos administrativos no âmbito da relação. De outro modo, é de entender que as partes não pretenderam celebrar um contrato administrativo, mas um contrato de direito privado[716].

[715] Como faz notar SÉRVULO CORREIA, *op. cit.*, p. 369, "o critério de sujeição não basta para qualificar os contratos porque o Direito Administrativo se não esgota em relações de sujeição. A insistência na ideia de sujeição como polo aglutinador representa ainda o uso, porventura, inconsciente, de um instrumento do «arsenal» novecentista, em termos que se não adequam à evolução constitucional entretanto verificada, que alargou não só quantitativa mas também qualitativamente o quadro da função administrativa". A remissão das partes para regimes substantivos de direito público também pode, por isso, passar pela submissão da relação contratual a estipulações que não se consubstanciem na outorga de poderes de autoridade ao contraente público: o que é determinante é que se trate de estipulações insuscetíveis de figurar em contratos privados.

[716] No mesmo sentido, cfr. PEDRO GONÇALVES, *O contrato administrativo*, pp. 59-61.

198. Uma outra questão delicada que se coloca a propósito dos contratos administrativos por vontade das partes é a de saber se o poder de qualificar um contrato como administrativo é de exercício inteiramente livre, ou se se impõem limites à liberdade de qualificação das partes neste domínio.

Quando pelo menos um dos contraentes seja uma entidade pública, pode admitir-se que essa qualificação depende de um elemento finalístico, concretizado na causa-função do contrato, que pode ser genericamente identificado por referência ao quadro das atribuições da entidade em causa e, portanto, que, nesses casos, a qualificação do contrato como administrativo ou de direito privado depende do exercício de um poder de valoração próprio da Administração[717]. Embora seja de reconhecer que, mesmo nesse caso, esse poder deve ser exercido em conformidade com parâmetros definidos pelo Direito Administrativo[718].

O CCP admite, entretanto, que, para que um contrato possa ser qualificado como administrativo por vontade das partes, basta que pelo menos uma das partes seja uma entidade adjudicante, nos termos em que o CCP delimita o conceito, de harmonia com as Directivas da União Europeia (cfr. artigos 280º, nº 1, 2º, 3º, 7º e 8º do CCP)[719]. Significa isto que o CCP não reconhece apenas às pessoas coletivas públicas o poder de opta-

[717] Cfr., a propósito, Sérvulo Correia, "Contrato administrativo" (separata do *Dicionário Jurídico da Administração Pública*), Coimbra, 1972, pp. 28-29, e *Legalidade... cit.*, pp. 562 segs., 618 segs. e 676 segs. Na verdade, a liberdade que é reconhecida às pessoas coletivas de direito público de qualificar os seus contratos como administrativos ou como privados passa por um juízo de compatibilidade entre a causa-função do contrato e a sua sujeição aos princípios gerais do direito dos contratos administrativos, e se, nesse contexto, se admite, na tradição francesa, que as entidades públicas são livres de decidir colocar os contratos que celebram sob a égide do direito público ou do direito privado, é porque se entende que isso resulta da conjugação das normas que conferem aos órgãos administrativos o poder de celebrarem contratos administrativos atípicos com as normas que fixam as atribuições das pessoas coletivas públicas, colocando a seu cargo a satisfação de necessidades de interesse público, cuja eficiente prossecução pode, supostamente, justificar que a entidade pública se assegure a titularidade, no âmbito da relação contratual, das prerrogativas que decorrem da qualificação do contrato como administrativo.

[718] Sobre este ponto, cfr. Mário Aroso de Almeida, *O problema do contrato administrativo*, pp. 77 segs.

[719] Sobre a definição de contraentes públicos no CCP, cfr. Guerra Tavares/Monteiro Dente, *Código dos Contratos Públicos – Âmbito da sua aplicação*, Coimbra, 2008, pp. 99 segs.

rem por qualificar os seus contratos como administrativos, mas também reconhece esse poder a entidades formalmente privadas, desde que abrangidas pelas previsões dos seus artigos 2º, nº 2, ou 7º[720].

Temos dificuldade em compreender esta solução, que, a nosso ver, estabelece um nexo artificial e injustificado entre o âmbito de aplicação das Diretivas da União Europeia sobre os regimes procedimentais de formação dos contratos públicos e a questão da delimitação das entidades que podem ser parte num contrato administrativo e, como tal, ver-se investidas no estatuto de supremacia que corresponde aos contraentes públicos no âmbito desses contratos[721].

Em nossa opinião, a entidades desta natureza só deve ser, por isso, reconhecida a possibilidade de optarem por qualificar como administrativos os contratos que celebrem com outras entidades privadas quando os contratos em causa "visem a prossecução de interesses públicos em termos tais que estes têm necessariamente que prevalecer sobre os interesses privados com eles eventualmente conflituantes"[722]. A nosso ver, deve, pois, entender-se que os artigos 3º, nº 1, alínea b), e 8º do CCP só conferem a entidades privadas o poder de qualificarem como administrativos os contratos que celebrem na medida em que as entidades em causa estejam incumbidas de funções públicas e a celebração do contrato seja direcionada à prossecução dessas funções.

[720] O que, como assinala Pedro Fernández Sánchez, *Os parâmetros de controlo da privatização administrativa*, Coimbra, 2008, p. 67, compreende "entidades formal e materialmente privadas que (por vezes primariamente) prosseguem uma atividade puramente privada e concorrencial e que (por vezes incidentalmente) também prosseguem a satisfação de uma determinada necessidade coletiva". Cfr. também João Amaral e Almeida, "Os «organismos de direito público» e o respetivo regime de contratação: um caso de levantamento do véu", in *Estudos em Homenagem ao Professor Doutor Marcello Caetano*, vol. I, Coimbra, 2006, pp. 642-643.

[721] Para mais desenvolvimentos, cfr. Mário Aroso de Almeida, *O problema do contrato administrativo*, pp. 81 segs.

[722] Para recorrer à formulação proposta por Rebelo de Sousa/Salgado de Matos, *Direito Administrativo Geral*, vol. III, p. 290, para descrever o critério do grau de intensidade do interesse público prosseguido pelo contrato, que estes Autores consideram corresponder à "aplicação do critério geral de distinção entre os atos de gestão pública e de gestão privada ao domínio da contratação administrativa e, como tal, do único critério *prima facie* aceitável à luz da teoria geral da atividade administrativa" de distinção entre contratos administrativos e contratos de direito privado.

3. Principais categorias de contratos administrativos

199. Vamos proceder de seguida à classificação dos contratos administrativos em grandes categorias, em função da identificação de diferenciações fundamentais quanto aos regimes jurídicos a que cada uma dessas categorias se encontra submetida no nosso ordenamento jurídico. Não se pretende proceder a um elenco exaustivo, que cubra todas as espécies possíveis de contratos administrativos, mas apenas identificar as categorias mais significativas, do ponto de vista da determinação do regime jurídico que lhes deve corresponder.

Do nº 1 do artigo 280º do CCP, em que, como acabámos de ver, o Código procede à identificação dos critérios de *administratividade* de que, em primeira linha, depende a qualificação dos contratos públicos como contratos administrativos, já resulta uma primeira categorização dos contratos administrativos. Mas a verdade é que as categorias de contratos administrativos cuja identificação pode ser extraída do referido preceito, nos termos que acabam de ser enunciados, não é suficientes para o efeito aqui pretendido, que, por isso, exige que se lance mão também de outros critérios de classificação.

Como é sabido, são vários os critérios que, na doutrina, têm sido propostos para a classificação dos contratos administrativos[723]. Para o efeito que nos move, que se dirige a associar os critérios classificatórios a diferenciações de regime jurídico, parece-nos que deve ser dada atenção, por um lado, aos critérios de delimitação do âmbito de aplicação dos correspondentes regimes jurídicos que parecem estar subjacentes às opções consagradas na Parte II e na Parte III do CCP e, por outro lado, ao critério da *causa-função*, que, a nosso ver, permite explicar a necessidade de se proceder a diferenciações adicionais de regime, para além das soluções consagradas no CCP.

[723] Para a classificação dos contratos administrativos em geral, cfr., por todos, FREITAS DO AMARAL, *Curso de Direito Administrativo*, vol. II, 3ª ed., pp. 455 segs.; REBELO DE SOUSA/ SALGADO DE MATOS, *Direito Administrativo Geral*, tomo III, pp. 310 segs.; M. J. ESTORNINHO, *Curso de Direito dos Contratos Públicos*, pp. 331 segs.. Para uma enunciação circunstanciada, a partir de uma análise da evolução dos principais tipos de contratos públicos desde as suas raízes históricas, fundadas no Direito Romano, cfr. XAVIER BEZANÇON, "Typologie, contenu et droit comparé des contrats publics», pp. 11 segs..

A aplicação do primeiro critério conduz à autonomização das seguintes categorias de contratos:

a) *Contratos cujo objeto abrange prestações que estão ou são susceptíveis de estar submetidas à concorrência de mercado*, a que se refere o nº 1 do artigo 16º do CCP e que, portanto, preside, antes de mais, à delimitação do âmbito objetivo de aplicação da Parte II do CCP: noutra definição, *contratos de procura pública*, como adiante se verá;

b) *Contratos de colaboração subordinada do cocontratante na prossecução das atribuições do contraente público*, cujo paradigma se encontra subjacente ao essencial do regime do Título I da Parte III do CCP;

c) *Contratos sobre o exercício de poderes públicos*, a que, como vimos, se refere a alínea b) do nº 1 do artigo 280º e, em particular, os artigos 336º e 337º do CCP;

d) *Contratos interadministrativos, celebrados entre contraentes públicos, para prossecução das respetivas atribuições*, a que se refere o artigo 338º do CCP.

A aplicação do segundo critério conduz-nos à identificação das seguintes categorias de contratos:

a) *Contratos de locação ou aquisição de bens móveis e serviços*: esta categoria de contratos, também designados como *contratos de solicitação de bens e serviços ao mercado (procurement contracts for goods and services)*[724], compreende os contratos de empreitada de obras públicas, de locação, de aquisição de bens móveis e de aquisição de serviços, quando celebrados por contraentes públicos, todos eles tipificados como contratos administrativos no Título II da Parte III do CCP;

b) *Contratos de delegação de funções públicas*: são, em primeira linha, os contratos de concessão de obras públicas e de serviços, que são objeto de regulação especial no Título II da Parte III do CCP, mas também outros contratos afins, como os contratos de gestão e de colaboração a que se refere o artigo 2º, nº 4, do Decreto-Lei nº 111/2012, de 23 de maio (que correspondem aos contratos de *gestão interessada* e de *affermage* do Direito francês), que, confiando a gestão de serviços públicos ou infra-estruturas

[724] Contrapondo os contratos de solicitação de produtos e serviços ao mercado aos contratos de delegação de funções ou serviços públicos e aos contratos sobre o exercício de poderes públicos, cfr. M. J. Estorninho, *Curso de Direito dos Contratos Públicos*, p. 334.

a privados, se distinguem da concessão por não envolverem a assunção pelo privado da responsabilidade de financiamento e dos riscos inerentes à gestão do serviço.

c) Contratos de cooperação e de atribuição de situações de vantagem, que, sem prejuízo das figuras atípicas, correspondem a vários contratos típicos que são objeto de regulação própria.

A título complementar, não deixaremos, entretanto, de notar que, embora excluído do âmbito de aplicação do CCP, o contrato de trabalho em funções públicas é um contrato administrativo[725]. Trata-se, no entanto, de um contrato que, pelas suas especificidades, objeto de um regime próprio muito circunstanciado, corresponde, ele próprio, a uma categoria autónoma, cujo estudo não poderia ter lugar no âmbito de uma disciplina como aquela cujo programa nos ocupa, pelo que não o incluimos no objeto da análise subsequente.

É, por outro lado, de referir que, pelo facto de se ter deixado influenciar de modo excessivo pelo âmbito de aplicação das Diretivas europeias da contratação pública na delimitação do seu próprio âmbito de aplicação e, mais do que isso, na delimitação da figura do contrato administrativo, o CCP também não estabelece o regime aplicável aos contratos públicos relativos a bens imóveis, excluindo, no artigo 4º, os contratos de compra e venda, doação, permuta e arrendamento de bens imóveis do âmbito de aplicação do Código. Só por si, daí não resulta, no entanto, que esses contratos não devam ser qualificados como contratos administrativos, na medida em que tal qualificação resulte da aplicação dos critérios do nº 1 do artigo 280º, por tais contratos serem objeto de legislação própria que os submete a um regime substantivo de direito público (artigo 1º, nº 6, alínea a) do CCP). Em termos gerais, a questão coloca-se, pois, em termos de saber se o Decreto-Lei nº 280/2007, de 7 de agosto, que define o regime

[725] A matéria é hoje regulada pela Lei Geral do Trabalho em Funções Públicas, aprovada pela Lei nº 35/2014, de 20 de junho, da qual resulta que o contrato de trabalho em funções públicas dá origem a uma relação laboral específica que só existe no âmbito da Administração e que é disciplinada por um regime de Direito Administrativo, do qual resulta que o pessoal contratado é recrutado através de concurso e está sujeito a um estatuto disciplinar e a um sistema de incompatibilidades e impedimentos próprios, e que a competência para a apreciação dos litígios emergentes do contrato pertence à jurisdição administrativa e fiscal.

jurídico do património imobiliário público, submete a um regime substantivo próprio de direito público os contratos de venda, permuta, cedência de utilização e constituição de direitos de superfície respeitantes a bens imóveis do domínio privado que nele se encontram previstos[726].

I. Contratos cujo objeto abrange prestações que estão ou são susceptíveis de estar submetidas à concorrência de mercado

200. É a esta categoria de contratos que se dirige a regulação decorrente das Diretivas e dos princípios jurídicos fundamentais do Direito da União Europeia em matéria de contratação pública. É por esse motivo que o nº 1 do artigo 16º do CCP lhe faz expressa referência, assumindo – como, por outro lado, resulta do nº 1 do artigo 5º do CCP – que este é o primeiro e mais determinante critério de delimitação do âmbito objetivo de aplicação da Parte II do CCP.

É verdade que a Parte II do CCP não se aplica a todos os contratos que integram esta categoria, na medida em que os artigos 4º e 5º excluem algumas das suas espécies do âmbito de aplicação do CCP ou, pelo menos, da sua Parte II. No entanto, o procedimento de formação da generalidade dessas espécies de contratos é objeto de regulação própria em legislação especial, cujos princípios inspiradores fundamentais são comuns àqueles que presidem ao regime da Parte II do CCP. E, mesmo nos casos em que não seja objeto de regulação própria, deve entender-se que esses princípios devem ser igualmente aplicáveis ao respetivo procedimento de formação.

A nosso ver, pode, portanto, afirmar-se que, no nosso ordenamento jurídico, existe um regime normativo comum aplicável à categoria dos contratos cujo objeto abrange prestações que estão ou são susceptíveis de estar submetidas à concorrência de mercado. O essencial do respetivo regime normativo tem por objeto regular o procedimento de formação

[726] Em sentido afirmativo, cfr. Rebelo de Sousa/Salgado de Matos, *Direito Administrativo Geral*, tomo III, pp. 317 e 326-327. Em sentido negativo, cfr. Vieira de Andrade, *Lições de Direito Administrativo*, 5ª ed., Coimbra, 2017, p. 272, e Pedro Gonçalves, *Direito dos Contratos Públicos*, p. 453. No sentido, entretanto, de que é "inequivocamente administrativo" o contrato de aquisição de bens imóveis por entidades públicas, cfr. Rebelo de Sousa/Salgado de Matos, *Direito Administrativo Geral*, tomo III, pp. 426-427.

dos contratos em causa, embora tenha algumas projeções no plano do respetivo regime de execução.

Coloca-se, entretanto, a questão de saber se esta categoria de contratos abrange contratos de atribuição pelo contraente público de situações de vantagem ao cocontratante, designadamente quando estes têm por objeto a alocação de recursos escassos. Parte da doutrina tem-no defendido[727], mas a solução suscita-nos fundadas dúvidas, parecendo-nos, pelo contrário, que a categoria dos contratos cujo objeto abrange prestações que estão ou são susceptíveis de estar submetidas à concorrência de mercado deve ser identificada com a categoria dos contratos cujo pressuposto determinante é a necessidade das entidades adjudicantes de obterem bens ou serviços de que carecem[728] e, portanto, de se dirigirem ao mercado na qualidade de *clientes*: os chamados *contratos de procura pública (commande publique)*[729], para os quais, como vimos atrás (cfr. *supra*, nº 187), entendemos dever ser reservada a qualificação de *contratos públicos*.

[727] Cfr. VIEIRA DE ANDRADE, *Lições de Direito Administrativo*, pp. 259-260. Não se afigura, entretanto, clara a posição de REBELO DE SOUSA/SALGADO DE MATOS, *Direito Administrativo Geral*, tomo III, que, por um lado, qualificam os contratos para constituição de direitos sobre bens do domínio privado da Administração como "contratos cujo objeto abranja prestações submetidas à concorrência de mercado" (p. 301) e defendem que "recaem na cláusula geral do art. 16º, 1 CCP os contratos em que a administração figure como [...] devedora de uma prestação para a qual possa existir uma pluralidade de interessados», e, portanto, que «os contratos a que se refere o art. 16º, 1 CCP são quer de colaboração, quer de atribuição» (p. 341); mas, por outro lado, acrescentam que «os procedimentos previstos na Parte II do CCP estão funcionalmente direcionados, em particular, para a formação dos contratos de colaboração para a escolha de propostas» (p. 342) e que a Parte II do CCP não se aplica «a contratos de atribuição de bens exclusivos ou escassos [por exemplo, os contratos de atribuição de subsídios ou de alienação ou locação de bens móveis e de prestação de serviços pela administração» excluídos pelo artigo 5º do CCP].

[728] Cfr., a propósito, SÉRVULO CORREIA, *Legalidade e autonomia contratual no contrato administrativo*, pp. 690-691.

[729] Neste sentido, PEDRO GONÇALVES, *Direito dos Contratos Públicos*, pp. 109-110; MIGUEL ASSIS RAIMUNDO, "O *objeto sujeito à concorrência de mercado* no Código dos Contratos Públicos", in *Estudos de Homenagem ao Prof. Doutor Jorge Miranda*, vol. IV, Coimbra, 2012, p. 692, e "As 'excepções' da contratação pública e da concorrência", in CLÁUDIA TRABUCO/VERA EIRÓ (eds.), *Contratação pública e concorrência*, Coimbra, 2013, p. 129. O conceito corresponde ao conceito francês de *commande publique*, compreendendo os tradicionais *marchés publics*, que têm por objeto a aquisição de bens e serviços, e os contratos de delegação de funções públicas, como as concessões: sobre o conceito de *commande publique* no Direito francês, cfr., v.g., GONOD/

Na verdade, o regime aplicável aos procedimentos de contratação pública dirigidos à aquisição de bens móveis e serviços pelas entidades públicas não é apenas determinado pelo valor da *igualdade de oportunidades de acesso aos benefícios públicos* dos interessados em obter as utilidades que dependem da celebração desses contratos, mas também por um valor de *racionalidade e eficiência na gestão dos recursos públicos*, que exige a escolha pelas entidades adjudicantes das propostas mais eficientes, que lhes permitam obter "o melhor negócio possível" (*best value for money*). Ora, são inspiradas por este objetivo específico muitas das soluções consagradas na Parte II do CCP, que não faz, por isso, sentido aplicar a procedimentos que não sejam de *procura pública*. No dizer de *Pedro Gonçalves*, também quanto a nós deve, pois, entender-se que "a aplicação da Parte II do CCP funda-se no critério da *procura pública (que suscite interesse concorrencial)* e não apenas no critério isolado do *interesse concorrencial*"[730].

Isto, naturalmente, sem prejuízo de se reconhecer que também os demais contratos que envolvem a alocação por entidades públicas do acesso de privados a recursos escassos devem ser precedidos de procedimentos de formação de caráter concorrencial, regidos por princípios de publicidade, transparência e garantia de igualdade de oportunidades de acesso.

II. Contratos de colaboração subordinada do cocontratante na prossecução das atribuições do contraente público

201. A razão pela qual autonomizamos esta categoria classificatória decorre do facto de estes contratos constituirem a categoria paradigmática que se encontra subjacente ao essencial do regime do Título I da Parte III do CCP.

Na verdade, a característica comum que, de um modo geral, apresentavam os contratos administrativos que se encontravam tipificados no Código Administrativo de 1936/1940 era a de associarem o contraente

MELLERAY/YOLKA, *Traité de Droit Administratif*, pp. 241-242 e 270-271; RIVERO/WALINE, *Droit Administratif*, 21ª ed., Paris, 2006, p. 379; GABRIEL ECKERT, "Réfléxions sur l'évolution du droit des contrats publics", *Revue Française du Droit Administratif* 2006, pp. 241-243.

[730] Cfr. PEDRO GONÇALVES, *Direito dos Contratos Públicos*, p. 110.

privado ao desempenho regular e contínuo de atribuições administrativas do contraente público, dando, desse modo, origem a um vínculo tendencialmente estável e prolongado no tempo de colaboração do privado no desempenho de atribuições da entidade pública contratante. Foi nesse contexto que, na doutrina portuguesa, foi construída a categoria dos *contratos administrativos de colaboração subordinada*[731].

Como adiante melhor se verá (cfr. *infra*, nº 205), é, entretanto, notório que este regime foi pensado em função do modelo paradigmático dos *contratos de colaboração subordinada*, em termos de, a nosso ver, se poder e dever mesmo sustentar que, em muitos dos seus aspetos, ele não é aplicável a outras categorias de contratos administrativos[732]. Ora, esta circunstância justifica a autonomização, no presente contexto, da categoria dos contratos de colaboração subordinada.

Devem ser, assim, desde logo qualificados como contratos de colaboração subordinada os contratos de empreitada de obras públicas e os contratos de concessão de obras públicas e de serviços públicos, tipificados no Título II da Parte III do CCP, assim como os demais contratos de delegação de funções públicas, que, sem irem ao ponto de atribuir uma concessão, têm por causa-função a associação duradoura do cocontratante à prossecução dos fins do contraente público.

Já se afigura mais problemática a qualificação deste modo dos demais contratos de concessão, em que, mais do que numa dimensão de colaboração do cocontratante com a prossecução dos fins do contraente público, o acento tónico parece residir na atribuição de uma situação de vantagem ao cocontratante: a questão coloca-se, desde logo, no que diz respeito aos contratos de concessão de uso privativo do domínio público, mas também

[731] Cfr. MARCELLO CAETANO, *Manual de Direito Administrativo*, vol. I, pp. 579 segs., e a síntese em SÉRVULO CORREIA, *Legalidade e autonomia contratual no contrato administrativo*, pp. 418-421.

[732] Era, na verdade, a esses contratos que, até ao surgimento do CCP, era defendida a aplicabilidade de regime com tal conteúdo: cfr. SÉRVULO CORREIA, *Legalidade e autonomia contratual no contrato administrativo*, p. 731. O que, aliás, explica que também fosse a esses contratos que o Projeto de Código de Processo Administrativo Gracioso circunscrevia o âmbito de aplicação do regime correspondente: cfr., a propósito, as referências em SÉRVULO CORREIA, *Legalidade e autonomia contratual no contrato administrativo*, pp. 418 e 419, nota 149. E, ainda hoje, é a esses contratos que FREITAS DO AMARAL, *Curso de Direito Administrativo*, vol. II, 3ª ed., p. 458, associa a titularidade, pelo contraente público, dos poderes previstos no artigo 302º do CCP.

aos contratos de concessão de exploração do domínio público e de exploração de jogos de fortuna e azar[733]. Ainda que se entenda, no entanto, qualificar estes contratos como contratos de atribuição, o estatuto de subordinação que deles resulta para o cocontratante é um traço distintivo que os separa dos demais contratos de atribuição e os aproxima dos contratos de colaboração subordinada – aliás, o artigo 408º do CCP submete mesmo os contratos de concessão de exploração de bens do domínio público à aplicação subsidiária do regime das concessões de obras públicas e de serviços públicos[734].

Já no que diz respeito aos *contratos de aquisição e locação de bens móveis e de aquisição de serviços* por contraentes públicos, que o CCP tipifica, em bloco, como contratos administrativos no Título II da sua Parte III, há, a nosso ver, que identificar os aspetos do regime do Título I da Parte III do CCP que se lhes devem considerar aplicáveis e aqueles que são específicos dos contratos de colaboração subordinada. Sendo, a nosso ver, de distinguir, nesse âmbito, tal como se fazia no passado, as simples aquisições avulsas de bens, que são contratos com prestações instantâneas ou de execução

[733] Cfr. Vieira de Andrade, "Princípio da legalidade e autonomia da vontade na contratação pública", in *La contratación pública en el horizonte de la integración europea – V Congreso Luso-Hispano de profesores de Derecho Administrativo,* Madrid, 2004, pp. 69-70, e *Lições de Direito Administrativo,* pp. 271-273, que delimita de modo restritivo os contratos de colaboração subordinada, dentro de uma categoria mais ampla dos *contratos de subordinação,* que define pela finalidade principal da realização do interesse público, de modo a implicar a predominância da entidade administrativa, e na qual integra os contratos de concessão de exploração do domínio público e de concessão de uso privativo do domínio público, que qualifica como contratos de subordinação, mas de atribuição, e não de colaboração. Qualificando, entretanto, os contratos de concessão de uso privativo do domínio público como contratos de atribuição e os contratos de concessão de exploração do domínio público e de exploração de jogos de fortuna e azar como contratos de colaboração, mas sem autonomizar uma categoria de contratos de atribuição subordinada, cfr. Rebelo de Sousa/Salgado de Matos, *Direito Administrativo Geral,* tomo III, p. 315. Já para Pedro Gonçalves, *Direito dos Contratos Públicos,* p. 474, o contrato de concessão do uso privativo do domínio público é um contrato sobre o exercício de poderes públicos, que substitui um ato administrativo.

[734] Para a caracterização dos diferentes tipos de concessões, cfr., por todos, Freitas do Amaral, *Curso de Direito Administrativo,* vol. II, 3ª ed., pp. 463 segs.; Rebelo de Sousa/Salgado de Matos, *Direito Administrativo Geral,* tomo III, pp. 319 segs.. Para o aprofundamento da análise das concessões, cfr. Diogo Freitas do Amaral/Lino Torgal, *Estudos sobre concessões e outros atos da Administração,* Coimbra, 2002; Pedro Gonçalves, *A concessão de serviços públicos,* Coimbra, 1999.

imediata, que pressupõem a sua realização num só momento com a consequente extinção, dos *contratos de fornecimento contínuo*, que, de harmonia com o que atrás foi dito, por serem *contratos constitutivos de relações duradouras*, devem ser, quanto a nós, qualificados como contratos de colaboração subordinada e, em conformidade, submetidos, sem diferenciações, ao regime do Título I da Parte III do CCP[735].

A nosso ver, o traço distintivo dos contratos de colaboração subordinada reside, na verdade, na tendencial *durabilidade* das relações jurídicas de colaboração dos particulares com a Administração a que dão origem[736]. E compreende-se que os contratos que envolvem a associação duradoura do contraente privado à prossecução do interesse público a cargo da Administração sejam objeto de atenção especial, e, na medida em que tal

[735] À face das opções normativas realizadas pelo CCP, já não acompanhamos, entretanto, a posição de VIEIRA DE ANDRADE, *Lições de Direito Administrativo*, pp. 257-258, que sustenta a total inaplicabilidade do regime da Parte III do CCP aos contratos avulsos de locação e de aquisição de bens móveis da Administração, defendendo que só os contratos de fornecimento contínuo sejam qualificados como contratos administrativos, e já não as locações e aquisições avulsas, que, tal como sucedia antes do CCP, continuariam, na sua perspetiva, a ser de qualificar como contratos de direito privado. Assente no entendimento tradicional de que "as exigências especiais do *giro ou tráfico* administrativo, justamente pelo sentido dinâmico deste conceito, se manifestam normalmente só nos contratos de trato sucessivo ou cumprimento prolongado", pelo que, "em geral, os contratos de trato instantâneo (vendas, transações, permutas) não apresentam nunca, por isso, caráter administrativo, segundo precisou a jurisprudência analiticamente" (cfr. EDUARDO GARCÍA DE ENTERRÍA, "La figura del contrato administrativo", *Revista de Administración Pública* nº 41, p. 119), esta posição, a nosso ver, não é compatível com o regime introduzido pelo CCP. Cumpre, no entanto, notar que, pela sua parte, REBELO DE SOUSA/SALGADO DE MATOS, *Direito Administrativo Geral*, tomo III, associam a qualificação como de direito privado a contratos "inexequíveis ou de execução instantânea" (pp. 303-304) e, por outro lado, definem contratos de colaboração como "contratos administrativos de execução continuada», que «visam associar uma das partes ao desempenho regular de atribuições administrativas pertencentes à outra parte» (pp. 311 e 315).

[736] Cfr. MARCELLO CAETANO, "Conceito de contrato administrativo", in MARCELLO CAETANO, *Estudos de Direito Administrativo*, p. 48. Na classificação de REBELO DE SOUSA/SALGADO DE MATOS, *Direito Administrativo Geral*, tomo III, p. 317, enquadram-se, assim, na categoria dos contratos de *execução continuada*, que os Autores ilustram com os exemplos dos contratos de empreitada de obras públicas e dos contratos de concessão. Apontando a associação duradoura do cocontratante à prossecução dos fins do contraente público como o elemento justificativo da sua sujeição à disciplina do interesse público no âmbito do contrato de colaboração subordinada, cfr. SÉRVULO CORREIA, *Legalidade e autonomia contratual no contrato administrativo*, p. 365.

se justifique, de um tratamento normativo próprio. Como assinala *Vieira de Andrade*, os "contratos de *subordinação* que implicam uma relação de *longa duração* – entre eles, alguns dos mais clássicos da atividade administrativa" – são "os mais interessantes do ponto de vista do direito administrativo" porque "é num contexto de *tempo longo* que a execução é mais importante e em que são mais prováveis as vicissitudes impostas pela alteração das circunstâncias e pelas necessidades de adaptação do interesse público"[737].

Aliás, também no âmbito do direito privado é atribuída uma específica relevância à durabilidade na determinação do conteúdo do regime aplicável às relações jurídicas contratuais. Tomando, pois, por referência as categorizações elaboradas nesse domínio, pode, a nosso ver, dizer-se que os contratos de delegação de funções públicas, de que a concessão constitui o paradigma, se inscrevem na categoria dos *contratos constitutivos de relações jurídicas duradouras*, que em direito privado são submetidos a regimes particulares de denúncia e resolução; e que a empreitada de obras públicas se inscreve na categoria dos *contratos com prestação de execução prolongada*, aos quais, em direito privado, se considera serem extensíveis alguns aspetos do regime aplicável à categoria referida em primeiro lugar[738].

Não se deixa, em todo o caso, de notar que, do ponto de vista da respetiva *causa-função*, é profunda a diferença que separa o contrato de empreitada de obras públicas dos contratos de delegação de funções públicas, designadamente dos contratos de concessão – e por esse motivo teremos o cuidado, como foi referido, de, num segundo momento (cfr. *infra*, nº 204), diferenciar claramente os dois tipos de contratos, adotando para o efeito esse outro critério de classificação.

Na verdade, são distintas as raízes de cada um dos dois tipos de contratos, sendo, por isso, muito diferenciada a relevância que cada um deles teve para a formação da teoria francesa do contrato administrativo: com efeito, se o corpo pretensamente unitário dos princípios do contrato

[737] Cfr. VIEIRA DE ANDRADE, "Princípio da legalidade e autonomia da vontade na contratação pública", p. 70. Cfr. também MARK KIRKBY, *Contratos sobre o exercício de poderes públicos*, p. 289, e a referência final de BARBOSA DE MELO, "A ideia de contrato no centro do universo jurídico-público", in *Estudos de Contratação Pública*, vol. I, p. 20, à especificidade dos *contratos administrativos duradouros*.

[738] Para a categorização de direito privado referida no texto, com outros desenvolvimentos e precisões, cfr., por todos, PEDRO ROMANO MARTINEZ, *Da cessação do contrato*, 2ª ed., Coimbra, 2006, pp. 229 segs..

administrativo francês – do qual, entre nós, derivou a teoria da sujeição que foi associada aos contratos de colaboração subordinada – amalgamou no seu seio manifestações típicas de regime, tanto da empreitada de obras públicas, como das concessões, a verdade é que foi por referência à figura paradigmática da concessão de serviço público que ele foi primacialmente edificado[739-740] – como se compreende, atendendo à especificidade jurídico-pública que para a concessão resulta do facto de que, enquanto o empreiteiro se limita a prestar um serviço à Administração, no âmbito de um *marché public*, a concessão tem o próprio serviço público por objeto, assumindo o concessionário do serviço público, em nome próprio, a responsabilidade pela continuidade da própria realização das tarefas públicas a cargo da Administração.

III. Contratos sobre o exercício de poderes públicos

202. Como vimos atrás (cfr. *supra*, nº 192), o nº 1 do artigo 280º do CCP autonomiza esta categoria de contratos e o CCP faz-lhe, depois, referência autónoma em vários artigos do Título I da sua Parte III e, em particular, nos artigos 336º e 337º.

[739] Na verdade, não é, a nosso ver, por acaso que se centra na análise comparativa do regime francês das empreitadas de obras públicas com o correspondente regime da empreitada de direito privado, e não na análise do regime das concessões, a importante e muito referida tese de François Llorens, *Contrat d'entreprise et marché de travaux public – Contribution à la comparaison entre contrat de droit privé et contrat administratif*, Paris, 1981, que põe em causa as especificidades do regime do contrato administrativo na comparação entre os dois tipos referidos de contratos, na senda da qual se podem ver, na doutrina portuguesa, as posições de Maria João Estorninho, *Requiem pelo contrato administrativo*, Coimbra, 1990, pp. 142 segs..

[740] Cfr. Mário Aroso de Almeida, O problema do contrato administrativo, Coimbra, 2018, pp. 9 segs., com ampla indicação de referências. É, na verdade, comum, na doutrina francesa, a repartição dos contratos públicos em duas categorias, entre as quais se reconhece existirem diferenças fundamentais: os contratos que implicam delegação de missões públicas, de que a concessão constitui o arquétipo, e os contratos que não implicam delegação de missões públicas, que incluem os *marchés publics*, em que se enquadra a empreitada de obras públicas: cfr., v.g., Michel Fromont, *Droit administratif des États européens*, pp. 300-301; Xavier Bezançon, "Typologie, contenu et droit comparé des contrats publics", pp. 11 segs., a partir de uma circunstanciada análise dos contratos públicos históricos desde o Direito Romano.

A categoria em referência corresponde, em primeira linha, às duas espécies de contratos que, no Direito alemão, foram consagradas na lei de procedimento de 1976, como correspondendo à figura do *contrato de direito público* – figura de importação recente no nosso ordenamento jurídico e em relação à qual, como adiante se verá, se colocam, por isso, dificuldades quanto à determinação do respetivo regime jurídico (cfr. *infra*, nº 238): os *contratos substitutivos de atos administrativos* e os *contratos através dos quais a Administração se vincula quanto aos termos em que irá proceder ao exercício futuro dos seus poderes*, seja através da prática de atos administrativos, seja da emanação de regulamentos.

a) Em primeiro lugar, estão aqui em causa os contratos que têm por objeto a *substituição de atos administrativos*, determinando a resolução de questões prejudiciais ou o conteúdo da decisão final, no âmbito de procedimentos administrativos dirigidos à emissão de atos administrativos: aquilo que o CCP qualifica como *"contratos com objeto passível de ato administrativo"*, isto é, contratos cujo objeto poderia ser objeto de um ato administrativo.

Estabelece o artigo 278º do CCP – tal como, já antes dele, estabelecia o artigo 179º do CPA, nos mesmos precisos termos – que, "na prossecução das suas atribuições ou dos seus fins, os contraentes públicos podem celebrar quaisquer contratos administrativos, salvo se outra coisa resultar da lei ou da natureza das relações a estabelecer". Desta disposição, tem sido extraída a permissão genérica da substituição de atos administrativos por contratos, quando se afigure que a utilização do instrumento contratual se adequa melhor ao objeto carecido de definição jurídica, como paradigmaticamente sucede em domínios como o do licenciamento de loteamentos urbanos. E, nessa linha, a revisão de 2015 introduziu no CPA um novo artigo 127º, que prevê que, "salvo se outra coisa resultar da lei ou da natureza das relações a estabelecer, o procedimento pode terminar pela prática de um ato administrativo ou pela celebração de um contrato".

A recondução desta categoria de contratos à figura do contrato administrativo evidencia, mais do que qualquer outra, como, na determinação do âmbito desta figura, o moderno Direito Administrativo português se libertou da tradição francesa do contrato administrativo. Com efeito, esta tradição assentava na *administrativização* – isto é, na submissão a um regime próprio de Direito Administrativo – de contratos mediante os quais as entidades públicas iam ao mercado em busca de parceiros privados que se dispusessem a colaborar com elas, prestando-lhes serviços dirigidos à satisfação de necessidades públicas. E esta lógica foi determinante para a configuração, nos precisos termos em que ela ocorreu, do regime do contrato administrativo francês, que foi sendo paulatinamente desenvolvido pelo Conselho de Estado.

Pelo contrário, o *contrato substitutivo de ato administrativo*, completamente alheio à tradição francesa, é uma construção muito mais recente do Direito alemão, que se inscreve num contexto e, por isso, obedece a uma lógica inteiramente diversa. Com efeito, ao contrário do que sucede no âmbito dos contratos administrativos de colaboração subordinada da tradição francesa, em que *é através da celebração do contrato que o contraente privado voluntariamente assume um estatuto de sujeição*, pré-ordenado à criação das condições para que o contrato possa prosseguir da melhor forma a satisfação das necessidades públicas a que se dirige, os contratos a que agora nos referimos têm por objeto o exercício de poderes de autoridade da Administração, paradigmaticamente nos domínios em que a lei submete atividades privadas à necessidade da obtenção de licenças ou autorizações administrativas, e, portanto, inscrevem-se no âmbito de relações de poder em que o estatuto de sujeição do particular perante o poder da Administração pré-existe ao próprio contrato.

Como se verá no capítulo seguinte, esta diferença profunda não pode deixar de projetar importantes consequências quando se trata de determinar o conteúdo do regime normativo a aplicar a estas diferentes categorias de contratos administrativos.

b) A categoria em referência também compreende os chamados *contratos obrigacionais*, através dos quais a Administração se vincula quanto aos termos em que procederá ao exercício futuro dos seus poderes, através da prática, ou não, de um ato administrativo.

Com efeito, existem tipos de situações em que, com vista a acautelar a evolução futura, designadamente quando esteja em causa a realização de investimentos vultuosos, os interessados têm legítimo interesse em saber antecipadamente com o que podem contar, para o efeito de poderem confiar no sentido da decisão que, desde que se preencham e se mantenham preenchidos determinados pressupostos, a Administração tomará em relação às suas pretensões. Nesses casos, pode ser celebrado um contrato mediante o qual a Administração se compromete, dentro de determinados pressupostos, a praticar ou a não praticar um ato administrativo no futuro. Como estabelece o nº 2 do artigo 337º do CCP, estes contratos "extinguem-se por força da alteração ou da impossibilidade superveniente de concretização dos pressupostos que ditariam o exercício da discricionariedade administrativa no sentido convencionado": desde logo, se alteração normativa superveniente tornar ilegal a prática do ato ao qual a Administração se tinha comprometido. O contrato mais não visa, portanto, do que assegurar a auto-vinculação da Administração, dentro de determinados pressupostos, quanto aos termos em que procederá no futuro ao exercício dos seus poderes de valoração próprios.

c) A prática administrativa e o próprio quadro legal permitem ainda identificar, no âmbito da categoria dos contratos sobre o exercício de poderes públicos, os *contratos regulamentares*, que têm por objeto a substituição de um regulamento, para o efeito de editar, com caráter geral e abstrato, regimes normativos aplicáveis a terceiros, que não tomam parte na outorga do contrato[741], e que importa cotejar com figuras próximas, como a dos *contratos com efeitos regulamentares*, que, não sendo substitutivos de regulamentos, contêm "cláusulas contratuais de eficácia normativa" para terceiros, e a dos *contratos regulatórios*, que são celebrados, no âmbito da regulação administrativa, entre entidades reguladoras e entidades reguladas[742]. E também justificam referência os *contratos sobre o exercício futuro do poder regulamentar*, referentes à emanação futura de regulamentos[743].

[741] Sobre a figura do *contrato regulamentar*, cfr. Jorge Alves Correia, "Contrato e poder público administrativo – em especial, os "novos" contratos com objeto passível de regulamento administrativo", in *Estudos em Homenagem ao Prof. Doutor José Joaquim Gomes Canotilho*, vol. IV, Coimbra, 2012, pp. 207-210, com outras referências.

[742] Para a análise comparativa das diferentes figuras em referência no texto, cfr. Ana Raquel Gonçalves Moniz, *Estudos sobre os regulamentos administrativos*, Coimbra, 2013, pp. 145 segs.. Especificamente sobre os *contratos regulatórios*, cfr. Pedro Gonçalves, "Regulação administrativa e contrato", in *Estudos em Homenagem ao Prof. Doutor Sérvulo Correia*, vol. II, Coimbra, 2010, pp. 1012 segs., com outras referências.

[743] Cfr. ainda J. A. Alves Correia, "Contrato e poder público administrativo – em especial, os "novos" contratos com objeto passível de regulamento administrativo", pp. 218-219.

IV. Contratos interadministrativos

203. A autonomização da categoria dos contratos interadministrativos funda-se num critério subjetivo, assente na qualificação das partes que celebram o contrato: *contratos interadministrativos são contratos celebrados entre duas ou entidades que integrem a Administração, para prossecução das respetivas atribuições*. É, por isso, natural que o âmbito da categoria dos contratos interadministrativos se sobreponha ao de outras categorias de contratos administrativos, autonomizadas em função da aplicação de outros critérios, como o da causa-função, com os quais aquela se entrecruza. Na verdade, integram a categoria dos contratos administrativos interadministrativos os contratos que, simultaneamente, reúnam o atributo de serem contratos administrativos, por aplicação dos critérios de qualificação do artigo 1º, nº 6, do CCP, e serem celebrados entre entidades administrativas[744].

Dentro do universo dos contratos que podem ser celebrados entre entidades administrativas, há, assim, que distinguir aqueles que poderiam ser celebrados, nos mesmos termos, entre um contraente público e um cocontratante privado, daqueles que apresentam características que os diferenciem intrinsecamente dos demais, consubstanciando formas de cooperação interadministrativa que só podem ser constituídas entre entidades públicas[745]. Só esta segunda categoria de contratos interessa à classificação que aqui nos ocupa[746].

São várias as espécies de contratos interadministrativos que a doutrina tem identificado como não sendo susceptíveis de serem celebrados entre um contraente público e um cocontratante privado, por possuirem um objeto que os diferencia intrinsecamente dos demais, consubstanciando

[744] Assinalando o ponto, cfr. Pedro Gonçalves, *Direito dos Contratos Públicos*, pp. 454-455.

[745] Cfr. Alexandra Leitão, "Contratos entre entidades adjudicantes", *Revista de Contratos Públicos* nº 2, p. 129; Gimeno Feliú, *El nuevo paquete legislativo comunitário sobre contratación pública. De la burocracia a la estrategia*, Navarra, 2014, p. 79.

[746] Quanto aos demais contratos e ao problema da determinação da extensão com que, à luz do artigo 5º-A do CCP, (não) lhes são aplicáveis os regimes da Parte II do CCP, cfr. Mário Aroso de Almeida, *O problema do contrato administrativo*, pp. 101 segs., e, na doutrina mais recente, Pedro Fernández Sánchez, "A contratação *in house* e interadministrativa após a revisão do CCP", in Carla Amado Gomes/Ricardo Pedro/Tiago Serrão/Marco Caldeira, *Comentários à revisão do Código dos Contratos Públicos*, Lisboa, 2017, pp. 235 segs..

formas de cooperação interadministrativa que só podem ser constituídas entre entidades públicas: contratos de colaboração e auxílio técnico e financeiro, contratos sobre competências, contratos procedimentais, contratos-plano, contratos normativos, contratos institucionais[747]. A análise tipológica de contratos previstos em lei especial permitirá identificar espécimes contratuais passíveis de serem subsumidos a cada uma destas categorias de contratos. Como, no entanto, é notado na doutrina, "a elaboração de uma tipologia de contratos interadministrativos é uma tarefa muito complexa devido à diversidade de figuras existentes, quer na legislação nacional, quer no plano de facto, uma vez que a celebração destes contratos não está sujeita a nenhuma tipicidade legal»[748].

V. Contratos de locação ou aquisição de bens móveis e serviços, de delegação de funções públicas, de cooperação e de atribuição de situações de vantagem

204. No que, por último, diz respeito à classificação dos contratos administrativos por referência à sua *causa-função*, cumpre referir que os *contratos de locação ou aquisição de bens móveis e de serviços* e os *contratos de delegação de funções públicas* são, em grande medida, objeto de previsão típica e de regulação no Título II da Parte III do CCP. A autonomização e delimitação do respetivo regime substantivo resulta, pois, em primeira linha, da conjugação do critério adotado pelo CCP quanto ao modo pelo qual entendeu configurar, no Título I da Parte III, o regime dito geral dos contratos administrativos com as especificidades que, em razão da respetiva *causa-função*, ele faz corresponder, no Título II da mesma Parte III, aos contratos de empreitada de obras públicas, de concessão de bens e de serviços públicos, de aquisição ou locação de bens móveis e de aquisição de serviços, sem prejuízo da legislação especial aplicável.

[747] Cfr. ALEXANDRA LEITÃO, *Contratos interadministrativos,* Coimbra, 2011, pp. 192 segs., e a síntese em "Da natureza vinculativa dos contratos interadministrativos", *Cadernos de Justiça Administrativa* nº 95, pp. 36-37.

[748] Cfr. ALEXANDRA LEITÃO, "Os contratos interadministrativos", in *Estudos de Contratação Pública,* vol. I, Coimbra, 2008, p. 756.

No que especificamente diz respeito aos *contratos de aquisição de bens móveis e de serviços*, cumpre, entretanto, notar que, embora estes contratos, quando celebrados por contraentes públicos, sejam tipificados pelo CCP como contratos administrativos, há, a nosso ver, que identificar, como já atrás foi referido (cfr. *supra*, nº 201), os aspetos do regime do Título I da Parte III do CCP que se lhes devem considerar aplicáveis e aqueles que são específicos dos contratos de colaboração subordinada, pelo que só são aplicáveis aos contratos que devam ser qualificados deste modo.

Reveste-se, assim, para o efeito, da maior importância diferenciar o contrato de empreitada de obras públicas (que não deixa de ser um contrato administrativo típico de aquisição de serviços) dos demais contratos de aquisição de serviços, que o CCP, no Título II da sua Parte III, também tipifica, em separado, como contratos administrativos, quando celebrados por contraentes públicos. Com efeito, sendo o contrato de empreitada de obras públicas um exemplo típico de contrato de colaboração subordinada, não se colocam, em relação a ele, quaisquer dúvidas quanto à sua integral submissão ao regime do Título I da Parte III do CCP.

A questão só se coloca, pois, em relação aos demais contratos administrativos de aquisição de serviços, que, como foi dito, o CCP tipifica em separado – havendo, entretanto, nesse contexto, a nosso ver, que distinguir, como já atrás foi notado, a situação dos contratos avulsos de aquisição de bens móveis, da dos contratos de fornecimento contínuo, que, por também deverem ser qualificados como contratos de colaboração subordinada, deve entender-se que se encontram integralmente submetidos, sem diferenciações, ao regime do Título I da Parte III do CCP.

Quanto aos *contratos de cooperação*, eles caracterizam-se por serem instrumentos através dos quais as partes se articulam entre si de modo a prosseguirem em conjunto fins comuns, que já eram, à partida, partilhados pelas partes ou que resultam da conjugação de fins diferenciados que cada uma delas tinha separadamente a seu cargo. Embora alguns Autores só pareçam admitir a celebração de contratos de cooperação entre contraentes públicos, parece-nos que também devem ser qualificados desse modo contratos entre contraentes públicos e entidades privadas que visem prosseguir fins que ao Estado incumbe prioritariamente garantir, em domínios como os da saúde e da educação, mas que também são assumidos como fins próprios pelas entidades privadas com as quais o Estado contrata.

É, a nosso ver, o que sucede, no domínio da segurança social, com os contratos que são celebrados por contraentes públicos com instituições particulares de solidariedade social ou outras entidades particulares sem fim lucrativo, em que a cooperação entre as partes que resulta da celebração desses contratos não implica que o privado vá colaborar na prossecução de fins alheios, pertencentes ao contraente público, mas prosseguir os seus próprios fins, ainda que de modo contratualmente articulado com a outra parte: neste sentido, os contratos de cooperação são instituídos como um dos instrumentos de institucionalização e disciplina das relações de cooperação entre o Estado e as instituições particulares de solidariedade social[749].

No que, por último, diz respeito aos *contratos de atribuição de situações de vantagem*, eles caracterizam-se pelo facto de a prestação principal que identifica a respetiva causa-função estar a cargo do contraente público, que não contrata para *adquirir* uma prestação ao cocontratante, mas para lhe *atribuir* um benefício. Na generalidade dos casos, o benefício é atribuído no interesse público, no propósito de promover atividades privadas socialmente úteis, cujo desenvolvimento concorre para a prossecução dos fins visados pelo contraente público, e, portanto, de certa forma, no propósito de associar o cocontratante à prossecução desses fins: é o que sucede na generalidade dos contratos-programa (quando esta designação não é dada a contratos de cooperação, segundo o modelo referido na alínea precedente), de investimento e de desenvolvimento, cujo modelo paradigmático corresponde a um instrumento de intervenção pública na atividade económica, mediante o qual o contraente público influencia ou condiciona decisões de operadores económicos através da atribuição de benefícios financeiros.

O que diferencia estes contratos é a circunstância de a execução da prestação principal se concretizar na realização de programas ou projetos privados, mas a que as entidades públicas atribuem apoio financeiro pela utilidade social que lhes reconhecem – e isto, ainda que à atribuição da subvenção pública seja associada a constituição na esfera do contraente privado de vinculações jurídico-públicas quanto a determinados aspe-

[749] Cfr. Licínio Lopes Martins, "Contrato público e organização administrativa", in *Estudos de Contratação Pública*, vol. I, Coimbra, 2008, pp. 684-685.

tos relativos à execução do contrato ou às consequências do seu eventual incumprimento[750].

Resta acrescentar que estas últimas categorias de contratos estão mais próximas umas das outras do que, à primeira vista, se poderia pensar, sendo, por vezes, ténue a fronteira que as separa. Com efeito, não é evidente a fronteira que separa as situações em que uma parte colabora com a outra na prossecução dos fins da segunda e aquelas em que ambas cooperam na prossecução de fins comuns. Como também não é evidente a fronteira que separa os contratos de colaboração dos contratos de atribuição, em que a prestação principal reside na atribuição de um benefício pelo contraente público ao co-contratante.

Alguns exemplos estudados na doutrina permitem ilustrar os pontos de contacto e as linhas de fronteira neste domínio, em termos que, a nosso ver, merecem análise neste ponto do nosso programa. Vejam-se as dificuldades de qualificação que parecem suscitar a concessão da exploração de bens do domínio público, entre os contratos de colaboração e os contratos de atribuição[751], ou os contratos entre entidades públicas e instituições particulares de solidariedade social, nos domínios da prestação de serviços de saúde e da assistência social, entre os contratos de colaboração, de cooperação e de atribuição – sendo que, também neste domínio, existem contratos de delegação de funções públicas, em que a instituição privada assume a gestão de instalações ou equipamentos públicos[752].

[750] Cfr. Vieira de Andrade, *Lições de Direito Administrativo*, p. 268. Sobre os contratos administrativos de atribuição, cfr. Sérvulo Correia, *Legalidade e autonomia contratual no contrato administrativo*, pp. 421 segs.; Rebelo de Sousa/Salgado de Matos, *Direito Administrativo Geral*, tomo III, p. 315, com indicação de exemplos.

[751] No sentido da qualificação como contrato de colaboração, invocando o indicador decorrente do artigo 408º do CCP, cfr. Rebelo de Sousa/Salgado de Matos, *Direito Administrativo Geral*, tomo III, p. 315, e Pedro Gonçalves, *Direito dos Contratos Públicos*, p. 426; e, no sentido da sua qualificação como contrato de atribuição subordinada, Vieira de Andrade, *Lições de Direito Administrativo*, p. 268.

[752] A este último propósito, cfr. a minuciosa análise de Licínio Martins, "Contrato público e organização administrativa", pp. 700 segs..

- II -
Regimes jurídicos substantivos

1. Enquadramento: âmbito de aplicação da Parte III do CCP e indicação de sequência

205. Resulta da exposição desenvolvida no capítulo precedente que o nosso ordenamento jurídico estabelece a distinção entre contratos administrativos e contratos de direito privado da Administração. No presente capítulo, dedicado à determinação do conteúdo dos regimes jurídicos substantivos aplicá no âmbito do Direito Administrativo dos contratos, haverá, pois, que distinguir os regimes aplicáveis aos contratos administrativos, por um lado, e aos contratos de direito privado da Administração, pelo outro.

Por outro lado, no que diz respeito aos contratos administrativos, cumprirá determinar o conteúdo dos regimes, diferenciados entre si, a aplicar às diferentes categorias de contratos.

Com efeito, o CCP configura o contrato administrativo como uma categoria com um âmbito muito alargado e heterogéneo. Desde logo, porque nela faz convergir, como vimos, duas figuras provenientes de tradições muito distintas e que apresentam um perfil muito diferenciado: os contratos administrativos de colaboração subordinada, da tradição francesa, e os contratos sobre o exercício de poderes públicos, de construção alemã; e, por outro lado, porque procedeu a um muito significativo alargamento do âmbito da figura do contrato administrativo, em resultado da opção de tipificar como administrativos todos os contratos de locação e aquisição de bens móveis e de aquisição de serviços celebrados por contraentes públicos.

Estas opções dão origem a dificuldades que não podem ser escamoteadas quando se trata de determinar o conteúdo do regime substantivo a aplicar a tão ampla e heterogénea categoria jurídica, porque tornam indispensável ao intérprete proceder a diferenciações de regimes, em função das diferentes categorias de contratos administrativos, sem que os dados normativos disponíveis forneçam uma base segura de sustentação para tais diferenciações.

Essas dificuldades prendem-se com a questão da delimitação do âmbito de aplicação dos regimes substantivos dos contratos administrativos consagrados na Parte III do CCP. Justifica-se, por isso, que essa questão seja, neste contexto, objeto de atenção, a título preliminar.

206. A revisão do CCP, alterando a designação do Título I da Parte III e modificando substancialmente o conteúdo do regime do artigo 280º do Código, veio, desde logo, introduzir importantes novidades, no que diz respeito à questão da delimitação do âmbito de aplicação dos regimes substantivos dos contratos administrativos consagrados na Parte III do CCP, cuja relevância se impõe começar por avaliar, neste passo da exposição[753].

Com efeito, estabelece o nº 1 do artigo 280º do CCP que o regime da sua Parte III só se aplica aos contratos abrangidos pela Parte II que devam ser qualificados como contratos administrativos, de acordo com os critérios de administratividade que o mesmo preceito estabelece, acrescentando o nº 2 do mesmo artigo que os demais contratos administrativos se regem "pela legislação especialmente aplicável, sem prejuízo da aplicação subsidiária do regime da parte III, quando os tipos dos contratos não afastem as razões justificativas da disciplina em causa»[754].

Duas consequências decorrem, a nosso ver, deste regime.

a) A primeira consequência é a de que, ao contrário do que sucedia anteriormente, só estão diretamente submetidos ao regime do Título I

[753] Para mais desenvolvimentos e o confronto com o quadro normativo anterior à revisão do CCP, cfr. Mário Aroso de Almeida, *O problema do contrato administrativo*, pp. 109 segs.

[754] De onde resulta que, embora o nº 5 do artigo 1º do CCP não tenha sido objeto de revogação expressa, se deve, em todo o caso, considerar que ele foi implicitamente revogado pelo regime dos nºs 1 e 2 do artigo 280º: na verdade, resulta destes preceitos que a Parte III do CCP apenas visa regular uma parte das relações contratuais administrativas, as que emergem dos contratos abrangidos pela Parte II do Código.

da Parte III do CCP os contratos administrativos também submetidos aos regimes de contratação da Parte II do mesmo Código. Esses contratos são os que têm por objeto prestações que estão ou são suscetíveis de estar submetidas à concorrência de mercado: os contratos públicos, no sentido atrás explicitado (cfr. *supra*, nº 187) – desde logo, os contratos enunciados no nº 2 do artigo 16º do CCP: empreitada de obras públicas, concessão de obras públicas, concessão de serviços públicos, locação ou aquisição de bens móveis, aquisição de serviços e sociedade.

Na realidade, a Parte III do CCP possui um duplo objeto de regulação. Com efeito, integram-na o Título I, que estabelece um regime comum, e o Título II, que regula um conjunto de tipos contratuais, que, sem prejuízo da previsão de outros em lei avulsa, correspondem aos contratos administrativos típicos mais importantes, estabelecendo, para cada um deles, um regime específico diferenciado: estes contratos são os contratos que, como foi referido, se encontram enunciados no nº 2 do artigo 16º do CCP, com a única exceção do contrato de sociedade. O que, hoje, portanto, resulta do artigo 280º do CCP é que, no essencial, tanto o Título I, como o Título II, da Parte III do Código se aplicam aos mesmos tipos contratuais, sendo que o Título I estabelece um regime comum aparentemente aplicável a todos eles e o Título II um regime específico diferenciado, quando a determinados aspetos, para cada um deles (com a única exceção, como foi referido, do contrato de sociedade).

b) A segunda consequência é a de que o artigo 280º do CCP exclui do âmbito de aplicação da Parte III do Código, remetendo para legislação própria, a definição do regime aplicável às categorias de contratos que não têm por objeto prestações que estão ou são suscetíveis de estar submetidas à concorrência de mercado – afinal, por não serem contratos públicos, no sentido atrás explicitado (cfr. *supra*, nº 187) –, de entre os quais avultam os contratos sobre o exercício de poderes públicos e os contratos interadministrativos de cooperação.

A solução tem, a nosso ver, o mérito de reconhecer a inadequação do regime do Título I da Parte III do CCP a estas categorias de contratos. Mas tem o inconveniente de suscitar dificuldades de interpretação, na medida em que parece pretender excluir categorias de contratos administrativos do âmbito de aplicação do regime do Título I da Parte III, remetendo-as para legislação própria que, de um modo geral, não existe. Com efeito, tanto os contratos sobre o exercício de poderes públicos como os contratos interadministrativos de cooperação são, por regra, contratos atípicos, que são celebrados sem referência a um regime normativo específico que os regule.

Ora, na ausência de regime alternativo, não se vê como possa ser afastada a aplicação, pelo menos em parte, do regime do Título I da Parte III do CCP aos contratos em causa – aplicação que, nestas circunstâncias, não será "subsidiária", como pretende o nº 2 do artigo 280º do CCP, por inexistência de regime alternativo. Pense-se, desde logo, no regime de invalidade dos artigos 283º a 285º do CCP, em relação ao qual não existe regime alternativo fora do CCP e cujo âmbito de aplicação, de resto, o nº 4 do artigo 280º até estende a contratos que não sejam administrativos: na ausência de qualquer outro regime sobre a matéria fora do Título I da Parte III do CCP, não se vê, na verdade, como possa subtrair-se qualquer contrato administrativo ao âmbito de aplicação desse regime.

A nosso ver, o novo regime do artigo 280º do CCP pressupõe e exigiria, como condição da sua operatividade, a consagração em outro diploma de um regime próprio disciplinador das principais categorias de contratos que o preceito pretende excluir do âmbito de aplicação do regime do Título I da Parte III do Código, como os contratos sobre o exercício de poderes públicos e os contratos interadministrativos de cooperação, com a consequente revogação dos artigos 336º a 338º do CCP[755].

Se ou enquanto esse regime não existir, afigura-se que o nº 2 do artigo 280º deverá ser interpretado no sentido de não impedir que, na ausência de legislação especialmente aplicável, esses contratos se continuem a reger pelo Título I da Parte III do CCP. Mas, ainda assim, como o preceito do nº 2 do artigo 280º tem o cuidado de ressalvar, na medida em que as características específicas dos contratos em causa "não afastem as razões justificativas da disciplina em causa" – de onde resulta que o aspeto mais relevante que, nesta matéria, resultou da revisão de 2017 do CCP foi o reconhecimento de que o regime do Título I da Parte III do CCP, com a configuração que tem, não é adequado para definir o regime a aplicar a

[755] Artigos 336º a 338º que só se poderá compreender, com alguma benevolência, que, em coerência, a revisão do Código não tenha, desde logo, revogado por ter relegado a respetiva revogação para o momento em que venha a ser aprovado, na sede própria, o regime comum a aplicar às categorias de contratos em causa.

todas as categorias de contratos administrativos, designadamente os contratos sobre o exercício de poderes públicos e os contratos interadministrativos de cooperação, pelo que só lhes deve ser aplicado na medida da sua compatibilidade com as especificidades próprias destes contratos. Este é um ponto da maior relevância para a determinação do conteúdo do regime a aplicar a estes contratos, como de seguida se verá.

Não pode deixar, no entanto, de reconhecer-se que uma opção da envergadura daquela que o nº 1 do artigo 280º do CCP parece preconizar haveria necessariamente de pressupor que, fora do Código, viesse a ser pelo menos definido um regime dirigido a disciplinar aspetos comuns a aplicar aos contratos administrativos que ele parece pretender excluir do âmbito de aplicação da Parte III do Código. A nosso ver, o capítulo do CPA dedicado aos contratos da Administração Pública seria a sede adequada para a definição desse regime[756].

208. Resulta do que acaba de ser dito que, do novo regime do nº 2 do artigo 280º do CCP, é pelo menos possível retirar-se, no plano interpretativo, uma clara indicação no sentido, que já anteriormente vínhamos preconizando, de que o regime do Título I da Parte III só é aplicável aos contratos não abrangidos pelo âmbito de aplicação da Parte II do CCP "quando os tipos dos contratos não afastem as razões justificativas da disciplina em causa".

Este é um ponto muito importante, pois dele resulta que a questão da aplicabilidade dos regimes substantivos da Parte III a contratos que não sejam contratos públicos, no sentido estrito atrás enunciado (cfr. *supra*, nº 187), tem de ser analisada caso a caso, cotejando o sentido das concretas soluções normativas cuja aplicação seja equacionada com a específica configuração do contrato em causa.

Cumpre, na verdade, recordar que o regime do Título I da Parte III do CCP é o resultado da mistura de algumas disposições de caráter verdadeiramente geral com uma larga maioria de disposições, provenientes do capítulo do CPA de 1991 sobre os contratos administrativos, do Regime Jurídico das Empreitadas de Obras Públicas e de outros diplomas anteriores ao CCP, que, tendo nascido para conformar relações jurídicas

[756] Para a circunstanciada análise deste ponto, cfr. MÁRIO AROSO DE ALMEIDA, *O problema do contrato administrativo*, pp. 113 segs..

emergentes de contratos administrativos de colaboração subordinada (cfr. *supra*, nº 201), não faz sentido aplicar indiferenciadamente a outras categorias de contratos.

É, desde logo, assim no que diz respeito a disposições como as dos artigos 292º a 301º, que ninguém pode sustentar que possam ser aplicadas a outras categorias de contratos administrativos. Mas também é assim quanto à generalidade das demais disposições que dão corpo ao regime do Título I da Parte III do CCP, na medida em que, consagrando o "corpo de princípios do contrato administrativo", de elaboração jurisprudencial francesa, que foi construído pelo Conselho de Estado francês para conformar as relações emergentes dos contratos administrativos de colaboração subordinada e, de entre eles, muito em particular, dos contratos de concessão[757], nada justifica que se considerem aplicáveis a contratos que não sejam de colaboração subordinada.

É o que, em particular, sucede com o regime dos artigos 288º a 335º, que, colocando especial enfoque nas prerrogativas de autoridade que são conferidas ao contraente público no âmbito da relação contratual, em conformidade com o modelo emblemático dos contratos de colaboração subordinada, têm por objeto consagrar "um regime jurídico que, na sua essência, se caracteriza por conferir à entidade pública uma posição de supremacia jurídica sobre o seu contratante", mediante a qual ela fica investida em prerrogativas que "desigualizam as posições em que as partes estão colocadas", no âmbito de "uma relação de poder público vs. sujeição (e não de direito vs. dever)"[758].

No essencial, o estatuto em que o regime do Título I da Parte III do CCP investe os contraentes públicos é, na verdade, configurado como se todos os contratos que são reconduzidos a esta amplíssima categoria correspondessem necessariamente ao modelo dos contratos de colaboração subordinada.

Ora, como hoje explicitamente resulta do nº 2 do artigo 280º do CCP, não podem deixar, neste domínio, de reconhecer-se as enormes diferenças que separam entre si as diferentes categorias de contratos administrativos, para o efeito de se atribuir a essas diferenças o devido relevo,

[757] Para mais desenvolvimentos, cfr. Mário Aroso de Almeida, *O problema do contrato administrativo*, pp. 29-31 e 48 segs.

[758] Para recorrer à síntese de Pedro Gonçalves, *O contrato administrativo*, pp. 33-34.

quando se trata de determinar o conteúdo dos regimes jurídicos a aplicar às correspondentes relações contratuais: é o que o preceito, desde logo, assume no que diz respeito aos contratos que não são contratos públicos, no sentido estrito que foi enunciado, como os contratos sobre o exercício de poderes públicos e os contratos interadministrativos de cooperação.

209. Cumpre, entretanto, acrescentar que, precisamente pelas razões que acabam de ser expostas, também a contratos públicos, como os contratos de aquisição e locação de bens móveis ou de aquisição de serviços, que não sejam contratos de colaboração subordinada, por não envolverem a constituição de uma relação duradoura entre as partes, deve, em nossa opinião, entender-se que não são aplicáveis os aspetos de regime do Título I da Parte III do CCP que, por terem exclusivamente em vista os contratos de colaboração subordinada, só devem considerar-se aplicáveis a esta categoria de contratos.

Em nossa opinião, cumpre, pois, ao intérprete, na ausência de dados normativos que resolvam a questão em termos gerais e abstratos, identificar os aspetos do regime do Título I da Parte III do CCP que se devem considerar de aplicabilidade geral a todos os contratos de aquisição e locação de bens móveis e de aquisição serviços e aqueles que, por serem específicos dos contratos de colaboração subordinada, só devem ser considerados aplicáveis àqueles contratos na medida em que eles envolvam a constituição de uma relação duradoura entre as partes.

210. Uma última referência é, entretanto, devida à circunstância de que alguns aspetos do regime consagrado no Título I da Parte III do CCP, por referência prioritária à categoria dos contratos administrativos, não são apenas aplicáveis a contratos administrativos, mas também a contratos que não tenham essa natureza.

É assim, desde logo, no que diz respeito ao regime da invalidade dos contratos, previsto nos artigos 283º e 283º-A do CCP, que, em nossa opinião, se deve considerar aplicável a todos os contratos da Administração – o que, portanto, inclui os (poucos) contratos submetidos à Parte II do CCP que não sejam contratos administrativos, como hoje estabelece o nº 3 do artigo 280º, mas, a nosso ver, também deve incluir os contratos que nem sequer se integram no âmbito de aplicação do CCP, na medida em que todos eles devem considerar-se submetidos ao regime de invalidade consequente do artigo 283º.

O principal interesse da aplicabilidade do regime da invalidade do Título I da Parte III do CCP à generalidade dos contratos da Administração reside, na verdade, no regime comum da invalidade consequente, do artigo 283º. Com efeito, se, como vimos atrás (cfr. *supra*, nº 185), toda a atividade administrativa é procedimentalizada, nenhum contrato celebrado pela Administração pode deixar de ser precedido de pelo menos uma decisão unilateral, tomada pelo órgão competente, mediante a qual a entidade em causa assuma a vontade de celebrar esse contrato nesses termos e condições. Por conseguinte, em relação a todos eles se coloca a questão da determinação dos termos em que a sua validade é afetada pela eventual invalidade dos atos praticados no âmbito do respetivo procedimento de formação[759], que deve encontrar resposta num regime homogéneo de invalidade consequente dos contratos da Administração.

Também não é apenas aplicável a contratos administrativos, mas a contratos que não tenham essa natureza, o regime de imposição de limites à modificabilidade do objeto contratual, que consta do artigo 313º do CCP. Com efeito, embora este regime tenha sido primordialmente configurado tendo em vista os contratos abrangidos pelo âmbito de aplicação do Direito europeu da contratação pública – os contratos de empreitada de obras públicas, de concessão de obras e de serviços, de aquisição e locação de bens móveis e de aquisição de serviços, que, a partir do momento em que o CCP os qualifica a todos como administrativos, já se encontram diretamente abrangidos pelo âmbito de aplicação da Parte III do CCP –, deve, em nossa opinião, considerar-se que ele é aplicável a todos os contratos da Administração cuja celebração seja submetida pelo legislador nacional, em legislação especial, à obrigatoriedade da prévia realização de procedimentos de adjudicação específicos, regidos pelos princípios da concorrência, publicidade e transparência– o que, portanto, não só inclui os contratos submetidos à Parte II do CCP que não sejam contratos administrativos, como hoje estabelece o nº 3 do artigo 280º, mas também deve, a nosso ver, incluir os contratos que nem sequer se integram no âmbito

[759] Questionando, no entanto, de modo pertinente, a aplicabilidade do regime do artigo 283º aos contratos sobre o exercício de poderes públicos, cfr. Pedro Gonçalves, *Direito dos Contratos Públicos*, pp. 456 e 489-490.

de aplicação do CCP, designadamente por o respetivo procedimento de formação ser objeto de regulação própria em legislação especial

211. As razões enunciadas justificam que a exposição subsequente obedeça à seguinte sequência:

a) Começaremos por nos referirmos ao *regime da invalidade dos contratos*, que consta dos artigos 283º a 285º do CCP.

b) Referir-nos-emos, depois, ao *regime comum dos contratos administrativos de colaboração subordinada*. Como foi dito, foi primordialmente a pensar nos contratos de colaboração subordinada que o legislador do CCP configurou o conteúdo do regime do Título I da Parte III. A exposição correspondente a este ponto centrar-se-á, por isso, nos aspetos essenciais do regime do Título I da Parte III do CCP.

c) Faremos, por fim, referência ao *regime dos contratos administrativos sobre o exercício de poderes públicos e dos contratos interadministrativos de cooperação*, cujo conteúdo, ainda que em termos dubitativos, importa procurar determinar, pelo menos nos seus aspetos essenciais, apesar das dificuldades que decorrem da indefinição do quadro normativo aplicável a estas categorias de contratos.

2. Regime da invalidade dos contratos

212. O regime da invalidade é regulado nos artigos 283º a 285º do CCP, desdobrando-se em dois planos: o de invalidade consequente, que consta do artigo 283º, e o da invalidade própria e do regime da invalidade, que consta dos artigos 284º e 285º[760].

[760] Sobre o regime da invalidade dos contratos administrativos, cfr. Raquel Carvalho, *As invalidades contratuais nos contratos administrativos de solicitação de bens e serviços*, Coimbra, 2010, pp. 471 segs.; João Pacheco de Amorim, "A invalidade e a (in)eficácia do contrato administrativo no Código dos Contratos Públicos", in *Estudos de Contratação Pública* (coordenação de Pedro Gonçalves), vol. I, Coimbra, 2008, pp. 627 segs.; Freitas do Amaral, *Curso de Direito Administrativo*, vol. II, 3ª ed., pp. 499 segs.; Rebelo de Sousa/Salgado de Matos, *Direito Administrativo Geral*, tomo III, pp. 394 segs.; Raquel Carvalho, "O regime da invalidade derivada nos contratos administrativos. Da alteração operada pela transposição da Diretiva 2007/66", *Revista de Contratos Públicos* nº 3. Já sobre o regime decorrente da revisão do

2.1. Invalidade consequente

213. O CCP estabelece, no artigo 283º, um regime específico para as invalidades que podem resultar de ilegalidades cometidas no âmbito do procedimento pré-contratual, dando, desse modo, atenção às implicações sobre a validade dos contratos públicos que podem resultar de eventuais violações das regras da contratação pública e, em geral, das consequências que, para a validade de um contrato, podem resultar da invalidade do ato administrativo em que tenha assentado a sua celebração: aquilo que, no artigo 283º, o CCP qualifica como *invalidades consequentes* dos contratos.

O CCP mantém-se fiel, nesta matéria, ao critério, já anteriormente consagrado no artigo 185º, nº 1, do CPA, embora, a nosso ver, sem justificação aceitável, do paralelismo das formas de invalidade, do qual resulta que o contrato é nulo ou anulável, consoante seja nulo ou anulável o ato administrativo em que se fundou a sua celebração. A nulidade do ato pré-contratual só releva, no entanto, se for declarada, e recorde-se que, no que respeita aos contratos previstos no artigo 100º do CPTA, o pedido de declaração de nulidade tem de ser deduzido no prazo de um mês, sob pena de preclusão. O nº 1 do artigo 283º consagra, por isso, neste domínio, um regime atípico de nulidade, que em muito se aproxima do da anulabilidade.

Quanto à anulabilidade, o regime dos nºs 2 e 4 do artigo 283º é determinado pelo propósito de limitar os casos de anulação de contratos por razões pré-contratuais. Nesse sentido, o nº 2 passou, com a revisão de 2017, a fazer depender a própria existência de invalidade do contrato da demonstração de que "o vício é causa adequada e suficiente da invalidade do contrato, designadamente por implicar uma modificação subjetiva do contrato celebrado ou uma alteração do seu conteúdo essencial". No confronto com a anterior redação do nº 4, verifica-se que a nova redação do nº 2 é bem mais limitativa do que a anterior, por passar a exigir, pela positiva, a referida demonstração, o que nos parece altamente criticável. Ao que acresce que, mesmo que se consiga fazer a difícil demons-

CCP, cfr. Ana Raquel Moniz, "A invalidade do contrato no Código dos Contratos Públicos", in Carla Amado Gomes/Ricardo Pedro/Tiago Serrão/Marco Caldeira (coords.), *Comentários à Revisão do Código dos Contratos Públicos*, Lisboa, 2017, pp. 815 segs..

tração exigida no nº 2, o nº 4 admite que o efeito anulatório possa ser, ainda assim, afastado por decisão judicial ou arbitral numa nebulosa de situações em que, "ponderados os interesses públicos e privados em presença e a gravidade da ofensa geradora do vício do ato procedimental em causa, a anulação do contrato se revele desproporcionada ou contrária à boa fé".

A nosso ver, o regime do artigo 283º, de tal modo apostado em evitar a todo o custo que os contratos sejam anulados por invalidade consequente, torna praticamente impossível a ocorrência efetiva de anulações de contratos por razões pré-contratuais. Ora, é, para nós, difícil de compreender a racionalidade de um sistema em que tão grande preocupação na imposição de regras pré-contratuais como aquela que é evidenciada na Parte II do CCP, de harmonia com as Diretivas europeias, é acompanhada de tão grande preocupação em evitar que a violação dessas regras tenha consequências no plano da anulabilidade consequente dos contratos.

Por outro lado, a revisão de 2017 do artigo 283º veio acentuar ainda mais o contraste, já difícil de compreender, entre os regimes da nulidade e da anulabilidade consequentes, justificando-se, a esse propósito, pelo menos perguntar por que razão o contrato há de ser inválido, e ainda por cima nulo, em situações em que, embora o ato administrativo em que se fundou a sua celebração tenha sido declarado nulo, se demonstre inequivocamente que o vício não implicaria uma modificação subjetiva no contrato celebrado, nem uma alteração do seu conteúdo essencial.

Em nossa opinião, continua, entretanto, a faltar, no artigo 283º, um último preceito que, reproduzindo aquele que, hoje, consta do nº 8 do artigo 287º, tempere a solução do nº 4 do artigo 283º. Já o intencional esquecimento em que o artigo 283º tinha incorrido desde o início, da previsão do direito dos interessados a serem indemnizados quando o seu direito à anulação do contrato seja sacrificado nos termos do nº 4, foi, entretanto, suprido pela previsão do artigo 45º-A, nº 1, alínea b), do CPTA (para o qual também remete o artigo 102º, nº 6, do CPTA), que veio reconhecer direito a indemnização a quem, tendo "deduzido pedido respeitante à invalidade de contrato por violação das regras relativas ao respetivo procedimento de formação" (= invalidade consequente), veja o tribunal proceder, segundo o disposto no artigo 283º, nº 4, do CCP, "ao afastamento da invalidade do contrato, em resultado da ponderação dos interesses públicos e privados em presença"[761].

Ainda no que diz respeito à invalidade consequente, não podemos deixar, por último, de fazer notar que resultou, a nosso ver, de um equívoco a opção que, na revisão do CCP, foi assumida de se proceder à revogação do artigo 283º-A e deslocar o regime desse artigo para o artigo 287º, passando, assim, a enquadrar a situação nele prevista, não no regime da invalidade, mas no da ineficácia contratual. Com efeito, o artigo 283º-A procedia, a nosso ver, a uma transposição correta para o ordenamento interno nacional do regime das Diretivas recursos sobre a matéria: em ordenamentos jurídicos como o nosso, a situação em causa era corretamente qualificada como uma situação de invalidade. Pelo contrário, afigura-se problemático o novo enquadramento a que ela passou a estar submetida, nos termos dos nºs 5 a 8 do artigo 287º, no regime da ineficácia dos contratos, que, por certo, suscitará dificuldades sérias no plano da sua operacionalização[762].

2.2. Invalidade própria e regime de invalidade

214. No que respeita à invalidade própria dos contratos, resulta dos nºs 1 e 2 do artigo 284º que, independentemente do contrato que esteja em causa, ele sempre será nulo ou anulável se, em relação a ele, ocorrerem circunstâncias que determinariam a nulidade ou a anulabilidade de um ato administrativo: pense-se, v.g., no contrato celebrado por autoridade sem competência para o efeito ou com objeto legalmente proibido. Nesse sentido, parece dever ser, na verdade, interpretada a remissão implícita do nº 1 do artigo 284º para o artigo 163º, nº 1, do CPA e a remissão explícita do nº 2 do mesmo artigo para o artigo 161º do CPA.

Por conseguinte, os contratos podem ser, desde logo, nulos ou anuláveis por vícios próprios, sempre que, em relação a eles, se verifiquem circunstâncias que também determinam a nulidade ou a anulabilidade dos

[761] Sobre o regime do artigo 45º-A do CPTA, cfr. Mário Aroso de Almeida, *Manual de Processo Administrativo*, 4ª ed., Coimbra, 2020, pp. 392 segs..

[762] Para uma apreciação das dificuldades, cfr. Ana Raquel Moniz, "A invalidade do contrato no Código dos Contratos Públicos", pp. 858 segs.

atos administrativos (artigo 284º, nºs 1 e 2), ao que o nº 2 do artigo 284º ainda acrescenta a remissão para eventual previsão de casos de nulidade em lei especial e a previsão, desde logo, de mais dois casos de nulidade. Além disso, os contratos também podem ser anuláveis por falta ou vícios da vontade, por aplicação do correspondente regime dos artigos 240º a 257º do Código Civil, por remissão do artigo 284º, nº 3.

No que diz respeito ao regime de invalidade dos contratos, não suscita dúvidas a remissão implícita que, no nº 1, é feita, no que diz respeito aos contratos sobre o exercício de poderes públicos, para os artigos 162º e 163º do CPA, por um lado, e 177º-A e 177º-B do CPTA, pelo outro. Mas já no que diz respeito à definição do regime aplicável aos demais contratos, o mínimo que se pode dizer é que se trata de matéria em relação à qual se têm sucedido os equívocos.

Como, na verdade, fizemos notar nas anteriores edições deste livro, assentava, na verdade, num equívoco a remissão que, na sua redação primitiva, o nº 2 do artigo 285º fazia para "o regime de invalidade consagrado no direito civil", consagrado nos artigos 285º a 291º do Código Civil. Com efeito, o principal aspeto de regime para o qual, desse modo, se remetia era o do nº 1 do artigo 287º do Código Civil, nos termos do qual "só têm legitimidade para arguir a anulabilidade as pessoas em cujo interesse a lei a estabelece, e só dentro do ano subsequente à cessação do vício que lhe serve de fundamento". Ora, a aplicabilidade deste regime aos contratos visados pelo artigo 285º do CCP estava afastada, por incompatibilidade com o regime próprio que o CPTA para eles estabelece, nos artigos 177º-A e 177º-B, no que respeita à legitimidade e ao prazo da respetiva impugnação perante os tribunais administrativos.

Por esse motivo, quando procedeu à revisão do CPTA, o Decreto-Lei nº 214-G/2015, de 2 de outubro, optou por também alterar a redação do artigo 285º do CCP, no sentido de, desse modo, a harmonizar com o regime do artigo 77º-B do CPTA. A solução parecia satisfatória[763].

Por razões incompreensíveis, o nº 2 do artigo 285º do CCP veio a ser, no entanto, de novo alterado, na revisão do CCP, que lhe conferiu a seguinte

[763] Sobre a solução em referência no texto e o regime dos artigos 77º-A e 77º-B do CPTA, cfr. Mário Aroso de Almeida, *Manual de Processo Administrativo*, 3ª ed., Coimbra, 2017, pp. 238 segs. e 329-330.

redação: "*Aos demais contratos públicos aplica-se o regime de invalidade do presente Código e o previsto na legislação administrativa*".

A nosso ver, são óbvias as dificuldades de interpretação que o preceito suscita, mas, em todo o caso, facilmente ultrapassáveis. Com efeito, a referência ao "regime de invalidade do presente Código" é incompreensível, porque, no sentido rigoroso da expressão, o CCP não consagra qualquer regime de invalidade de contratos fora do próprio artigo 285º, que tem precisamente esse objeto. Mas a referência tem um alcance inócuo, que não suscita quaisquer dificuldades de aplicação, na medida em que, por outro lado, a remissão que, paralelamente, o preceito faz para "o previsto na legislação administrativa" é suficientemente genérica para poder ser interpretada como remetendo para os artigos 77º-A e 77º-B do CPTA – solução, a nosso ver, adequada, na medida em que é nestes artigos que, como foi dito, se encontra definido o essencial do regime de invalidade dos contratos submetidos ao regime dos artigos 283º a 285º do CCP, no que respeita à legitimidade e ao prazo da respetiva impugnação perante os tribunais administrativos.

Uma última nota, para assinalar que, com a revisão do CCP, o nº 4 do artigo 285º passou a estender às situações de invalidade própria dos contratos a previsão – que, até aí, se restringia aos casos de invalidade consequente, nos termos do nº 4 do artigo 283º – da possibilidade de o efeito anulatório ser afastado por decisão judicial ou arbitral quando se revele desproporcionado ou contrário à boa fé, ponderados os interesses públicos e privados em presença e a gravidade do vício.

O CCP revisto não se limita, pois, a procurar evitar a todo o custo que os contratos sejam anulados por invalidade consequente, tornando praticamente impossível a ocorrência de efetivas anulações de contratos por razões pré-contratuais, como vimos resultar do novo regime do artigo 283º: com o novo nº 4 do artigo 285º, também passa a procurar evitar que os contratos sejam anulados por invalidades próprias. Ou seja, o traço mais característico que, a nosso ver, resulta da revisão do CCP em matéria de invalidade dos contratos é a assunção do propósito de evitar a todo o custo que os contratos sejam anulados, seja qual for a causa que determina a respetiva anulabilidade.

Em nossa opinião, esta solução merece ser objeto de crítica severa. Constitui, na verdade, uma manifestação de um fenómeno preocupante: a tendência do próprio legislador para desvalorizar a legalidade estrita, em nome de valores que pretensamente se lhe devem sobrepor, como os interesses dos beneficiários das ilegalidades, cuja má fé tem de ser demonstrada para que não sejam considerados dignos de proteção por aplicação do princípio da boa fé. Se o fenómeno alastrar ao CPA, será, pois, de esperar que também nessa sede venha a ser consagrada a possibilidade de também a anulação dos atos administrativos ilegais ser afastada com base em considerações de proporcionalidade e boa fé, porventura fundadas no interesse dos beneficiários dos atos ilegais cuja má fé não seja demonstrada.[764]

3. Regime dos contratos administrativos de colaboração subordinada

215. Como já sabemos, contratos de colaboração subordinada são contratos em que particulares se associam de modo duradouro ao desempenho das atribuições de entidades públicas (cfr. *supra*, nº 201). Como já atrás foi referido, deve, pois, entender-se que aos contratos de aquisição e locação de bens móveis ou de aquisição de serviços que não sejam contratos de colaboração subordinada, por não envolverem a constituição de uma relação duradoura entre as partes, não são aplicáveis os aspetos de regime do Título I da Parte III do CCP que, por terem exclusivamente em

[764] Precisamente nesse sentido, no entanto, cfr. Pedro Fernández Sánchez, "A restrição dos efeitos das sentenças de invalidade nos Tribunais Administrativos", *Revista de Direito Administrativo* nº 2 (2018), pp. 18 segs., que defende precisamente a extensão ao regime da anulabilidade dos atos administrativos de solução semelhante às consagradas nos nºs 4 dos artigos 283º e 285º do CCP, chegando mesmo a defender que a ausência de tal solução nesse âmbito configura uma lacuna (!). Em defesa dessa tese, o Autor invoca a existência dos regimes do nº 3 do artigo 162º e do nº 5 do artigo 163º do CPA, assim como do artigo 45º do CPTA. O tema justificaria desenvolvimentos que, nesta sede, não são possíveis, mas não podemos deixar de exprimir a nossa viva discordância e, em particular, de notar que, a nosso ver, não existe qualquer paralelismo entre o regime dos nºs 4 do artigos 283º e 285º do CCP e os regimes do nº 3 do artigo 162º do CPA e do artigo 45º do CPTA (cujo âmbito de aplicação se circunscreve a situações de estrita excecionalidade: note-se, aliás, que o artigo 45º do CPTA, fora das situações de impossibilidade absoluta, só permite atender ao interesse público e utiliza mesmo, expressamente, a expressão "excepcional prejuízo"), e muito menos com o regime do nº 5 do artigo 163º do CPA, que só tem em vista o aproveitamento de atos administrativos que sempre teriam sido praticados nos mesmos termos na ausência do vício gerador da anulabilidade, pelo que a sua aplicação não envolve a realização de qualquer tipo de ponderação.

vista os contratos de colaboração subordinada, só se devem considerar aplicáveis a esta categoria de contratos (cfr. *supra*, nº 201).

Na verdade, o regime da execução e extinção contratual previsto no Título I da Parte III do CCP tem primordialmente em vista os contratos em que particulares se associam de modo duradouro ao desempenho das atribuições de entidades públicas.

Esta circunstância explica, desde logo, o regime dos artigos 292º a 298º, respeitante a adiantamentos de preços, à caução prestada pelo contraente privado e à suspensão e recomeço da execução do contrato. Com efeito, é no âmbito de relações duradouras, dirigidas à satisfação das necessidades a cargo da entidade pública, que há lugar a adiantamentos de preço por conta de prestações a realizar pelo contraente privado ao longo do tempo, assim como a prestação de caução por parte deste, para garantir a sua execução e, quando seja caso disso, a suspensão da execução e o respetivo recomeço. Como também é nesse contexto que pode haver lugar à revisão de preços, quando admissível, e ao pagamento de prémios por cumprimento antecipado, segundo previsto nos artigos 300º e 301º.

Por outro lado, a principal particularidade do regime do Título I da Parte III do CCP reside, como adiante se verá, no poder de modificação unilateral que o contraente público pode exercer sobre a relação contratual, segundo o disposto no artigo 302º, alínea c). Ora, a titularidade deste poder é justificada pela necessidade de assegurar a mais adequada prossecução do interesse público em cada momento. A nosso ver, só faz, por isso, sentido que ela seja reconhecida no âmbito das relações contratuais administrativas de colaboração subordinada.

Pelo menos os regimes enunciados foram pensados em função do modelo paradigmático do contrato de colaboração subordinada. Deve, por isso, entender-se que só são aplicáveis aos contratos de colaboração subordinada do cocontratante na prossecução das atribuições do contraente público: os contratos de concessão e de empreitada de obras públicas[765].

Em conformidade com o que já atrás foi assinalado (cfr. *supra*, nº 201), cumpre, assim, começar, para este efeito, por diferenciar o contrato de empreitada de obras públicas (que não deixa de ser um contrato administrativo típico de aquisição de serviços) dos demais contratos de aquisição de

[765] No mesmo sentido, cfr. PEDRO GONÇALVES, *Direito dos Contratos Públicos*, p. 456. Trata-se, no entanto, de entendimento que já vinhamos defendendo nas anteriores edições deste livro.

serviços, que o CCP, no Título II da sua Parte III, também tipifica, em separado, como contratos administrativos, quando celebrados por contraentes públicos. Com efeito, sendo o contrato de empreitada de obras públicas um exemplo típico de contrato de colaboração subordinada, não se colocam, em relação a ele, quaisquer dúvidas quanto à sua integral submissão ao regime do Título I da Parte III do CCP, a par das concessões de obras e de serviços.

A questão só se coloca, pois, em relação aos demais contratos administrativos de aquisição de serviços, que, como foi dito, o CCP tipifica em separado – sendo nesse plano que, a nosso ver, se impõe distinguir, como já atrás foi notado, as simples aquisições avulsas, que são contratos com prestações instantâneas ou de execução imediata, que pressupõem a sua realização num só momento com a consequente extinção, dos contratos de fornecimento contínuo, que, por serem contratos constitutivos de relações duradouras, devem ser qualificados como contratos de colaboração subordinada e, em conformidade, submetidos, sem diferenciações, ao regime do Título I da Parte III do CCP.

3.1. Execução do contrato e poderes do contraente público de conformação da relação contratual

216. Como já foi referido, o regime da execução contratual do Título I da Parte III do CCP investe o contraente público numa posição de supremacia em relação à contraparte, em ordem à melhor prossecução do interesse público que presidiu à constituição da relação contratual, durante todo o tempo em que esta relação se desenvolve.

Com efeito, o aspeto mais marcante do regime do Título I da Parte III do CCP reside nos *poderes de conformação* da relação contratual administrativa que o CCP confere ao contraente público. O elenco desses poderes é enunciado no artigo 302º, e o regime aplicável a cada um deles está consagrado nos artigos 304º a 306º (poderes de direção e de fiscalização), 311º a 314º (poder de modificação unilateral), 329º (poder sancionatório) e 333º e 334º (poder de resolução unilateral).

Os artigos 307º, nº 2, e 309º estabelecem, entretanto, que o exercício destes poderes se processa através da prática de atos administrativos, dotados de força executiva e que constituem o cocontratante, nos termos gerais, no ónus de impugnação tempestiva junto do tribunal administrativo competente.

Com efeito, resulta do nº 1 do artigo 307º que as declarações que o contraente público emita ao longo do desenvolvimento da relação contratual, no propósito de proceder à interpretação de cláusulas do contrato ou de se pronunciar sobre quaisquer questões que se suscitem no âmbito da execução do contrato, são meras declarações negociais, pelo que, na falta de acordo do co-contratante, o contraente público apenas pode obter os efeitos pretendidos através da propositura de uma ação junto dos tribunais administrativos ou, sendo caso disso, do recurso a arbitragem.

O nº 2 do mesmo artigo ressalva, no entanto, o caso das declarações emitidas no exercício dos poderes de definição unilateral previstos no artigo 302º, para o efeito de estabelecer que essas declarações revestem a natureza de atos administrativos. O artigo 309º estabelece, entretanto, que o contraente público não pode proceder à execução coerciva destes atos pelos seus próprios meios.

3.1.1. Poderes de direção e fiscalização

217. Os poderes de direção e fiscalização, previstos nas alíneas a) e b) do artigo 302º e regulados nos artigos 304º a 306º do CPA, consistem no poder do contraente público de dar ordens sobre "o modo de execução das prestações do cocontratante no que respeita a matérias necessárias à execução do contrato carentes de regulamentação ou insuficientemente reguladas de forma a impedir que o contrato seja executado de modo inconveniente ou inoportuno para o interesse público" (artigo 304º, nº 1) e no poder de proceder à verificação "técnica, financeira e jurídica do modo de execução do contrato por forma a poder determinar as necessárias correções e aplicar as devidas sanções" (artigo 305º, nº 1).

Trata-se de poderes típicos do dono da obra, no âmbito do contrato de empreitada de obras públicas. Na verdade, se se comparar o regime dos artigos 304º a 306º do CCP, que disciplina o exercício destes poderes, com a legislação precedente, facilmente se encontra a sua fonte no anterior regime jurídico das empreitadas de obras públicas. E isto explica o modo pelo qual, no Título II, o CCP só indiretamente reflete a existência destes poderes no regime das empreitadas de obras públicas, designadamente nos artigos 344º a 346º.

Embora o artigo 304º não seja suficientemente claro a esse respeito, parecendo sugerir que estes poderes existem sempre, ainda que com limitações, em todos os contratos administrativos, a verdade é que eles não podem existir no âmbito de múltiplas relações contratuais, a começar pelos contratos de prestação de serviços em que a sua existência seria incompatível com a autonomia do prestador. Daí a insofismável amplitude da "reserva de autonomia técnica ou de gestão do co-contratante que se encontre assegurada no contrato ou que decorra do tipo contratual aplicável ou, ainda, dos usos sociais", que é ressalvada na parte final do nº 1 do artigo 304º.

Na realidade, este regime só faz sentido no âmbito da empreitada de obras públicas ou de outros contratos que com este partilhem as características de: *(i)* serem contratos de colaboração subordinada, mediante os quais se constitua uma relação continuada de proximidade entre as partes, que permita o acompanhamento e verificação regular pelo contraente público do modo de execução pela contraparte, e *(ii)* terem por objeto a realização, pelo contraente privado, de prestações de caráter material ou, em todo o caso, de conteúdo indiferenciado, em relação às quais o prestador disponha de um grau reduzido de autonomia quanto à respetiva configuração. Com efeito, só contratos com estas características cumulativas se compadecem com interferências do contraente público, consubstanciadas na emissão de ordens e instruções quanto ao modo pelo qual elas devem ser executadas.

3.1.2. Poder de modificação unilateral

218. Como já foi referido, a principal particularidade do regime do Título I da Parte III do CCP reside no poder de modificação unilateral que o contraente público pode exercer sobre a relação contratual, segundo o disposto no artigo 302º, alínea c). Ao contrário, com efeito, do que sucede no âmbito das relações contratuais de direito privado, jurisprudência e doutrina desde há muito reconhecem a existência de um princípio geral de Direito Administrativo segundo o qual as entidades públicas dispõem do poder de modificar unilateralmente o conteúdo das prestações que a

contraparte se obrigou a realizar no âmbito das suas relações contratuais administrativas, desde que respeitem o objeto do contrato e o seu equilíbrio financeiro[766].

Diz expressamente o nº 2 do artigo 311º que o poder de modificação unilateral é exercido através da prática de um ato administrativo. Trata-se, na verdade, de um poder administrativo, que se concretiza na tomada de uma decisão unilateral, individual e concreta, que configura o exercício da função administrativa. Por conseguinte, se a modificação unilateral do clausulado de um contrato for diretamente introduzida por uma disposição contida num ato legislativo, deve, a nosso ver, entender-se que essa disposição configura um ato administrativo praticado sob forma de lei, que exprime o exercício de uma competência administrativa, especificamente prevista no CCP, e que, como tal, é um ato impugnável nos tribunais administrativos, nos termos do disposto nos nºs 1 e 2 do artigo 52º do Código de Processo nos Tribunais Administrativos.

O poder de modificação unilateral não pode incidir sobre toda e qualquer cláusula do contrato. Só pode incidir sobre as cláusulas que determinam o conteúdo e o modo de execução das prestações que o cocontratante se obrigou a realizar, e não sobre as cláusulas atinentes aos direitos e deveres recíprocos das partes[767]. Não pode, assim, haver modificação unilateral das cláusulas remuneratórias do contrato. Estas cláusulas poderão ter de ser alteradas em consequência da modificação unilateral, para restabelecer o equilíbrio financeiro do contrato, mas não podem ser, elas próprias, objeto do poder de modificação unilateral.

[766] Para a afirmação do poder de modificação unilateral como um princípio geral de Direito Administrativo, cfr., por exemplo, MARCELLO CAETANO, *Princípios fundamentais do Direito Administrativo*, Coimbra, 1996, p. 197; ESTEVES DE OLIVEIRA, *Direito Administrativo*, p. 698; SÉRVULO CORREIA, *Legalidade... cit.*, pp. 731-732; PAULO OTERO, "Estabilidade contratual, modificação unilateral e equilíbrio financeiro em contrato de empreitada de obras públicas", separata da *Revista da Ordem dos Advogados*, Lisboa, 1996, pp. 13 e 27; RENÉ CHAPUS, *Droit Administratif Général*, tomo 1, 15ª ed., Paris, 2001, p. 1209; ANDRÉ DE LAUBADÈRE, "Du pouvoir de l' administration d'imposer unilatéralement des changements aux dispositions des contrats administratifs", in *Revue du Droit Public*, 1954, p. 36. Para a exposição dos fundamentos da construção, cfr., por último, CARLA AMADO GOMES, *Risco e modificação do ato autorizativo concretizador de deveres de proteção do ambiente*, Coimbra, 2007, pp. 674 segs.

[767] Sobre esse aspeto, cfr., por todos, FREITAS DO AMARAL, *Curso de Direito Administrativo*, vol. II, 3ª ed., Coimbra, 2016, pp. 512 segs.; ESTEVES DE OLIVEIRA, *op. cit.*, pp. 699-702.

Concretizando: o contraente público não pode decidir unilateralmente pagar menos ao empreiteiro pela obra que ele se obrigou a executar; ele poderá ter é de lhe pagar mais, para restabelecer o equilíbrio financeiro do contrato, se, no exercício do poder de modificação unilateral, lhe exigir que execute um volume maior de prestações do que aquele que tinha sido acordado ou lhe impuser termos de execução mais onerosos do que aqueles que estavam previstos no contrato.

O poder de modificação unilateral só pode ser exercido com o fundamento previsto na alínea b) do artigo 312º, isto é, por razões de interesse público, que tanto podem decorrer (i) do surgimento de necessidades novas, como (i) de uma nova ponderação das circunstâncias existentes. A modificação unilateral do contrato só pode ser, assim, determinada em dois tipos de situações.

Invertendo a ordem pela qual elas são referidas no preceito, a primeira dessas situações corresponde à modificação determinada por razões apenas decorrentes da nova ponderação, pelo contraente público, de circunstâncias desde o início existentes e que não se alteraram entretanto. A modificação unilateral do contrato pode ser, pois, determinada por razões decorrentes, pura e simplesmente, do facto de o contraente público, em resultado de uma reavaliação discricionária do quadro (inalterado) das circunstâncias existentes e, portanto, de uma nova interpretação do modo como se perfilam as exigências do interesse público no caso concreto, ter alterado o seu entendimento sobre o modo como deve ser prosseguido o interesse público.

Por outro lado, a modificação unilateral do contrato pode ser também determinada por razões de interesse público decorrentes do surgimento de "necessidades novas". Significa isto que a modificação pode ser determinada pela superveniência de circunstâncias novas e, portanto, pela ocorrência de uma alteração de circunstâncias. Ao contrário, no entanto, do que sucede nos casos em que intervém o instituto da alteração anormal e imprevisível de circunstâncias, o exercício do poder de modificação unilateral, quando seja determinado por razões de interesse público decorrentes de uma alteração de circunstâncias, não tem de se fundar numa modificação anormal e imprevisível de circunstâncias, mas pode basear-se na superveniência de circunstâncias normais e desde o início previsíveis.

Há, por isso, que distinguir as situações de exercício do poder de modificação unilateral determinadas por razões de interesse público decorrentes de uma alteração de circunstâncias, daquelas em que qualquer das partes, e, portanto, também o contraente público, pode lançar mão do instituto da alteração anormal e imprevisível das circunstâncias, que, como adiante se verá, o CCP configura, na alínea a) do artigo 312º e no nº 2 do artigo 314º, em termos paralelos àqueles em que ele se encontra consagrado no artigo 437º do Código Civil (cfr. *infra*, nº 228). A autonomização expressa a que o CCP procede dos dois tipos de situações, em cada uma das alíneas do artigo 312º, e os termos precisos em que se encontra redigida a alínea b), impõem esta diferenciação[768].

Por conseguinte, o artigo 312º estabelece uma distinção entre dois tipos diferentes de alterações de circunstâncias: aquelas que, por determinarem "necessidades novas" de interesse público, legitimam o exercício pelo contraente público do poder de modificação unilateral do contrato por razões de interesse público, nos termos da alínea c) do artigo 302º e do nº 2 do artigo 311º, sem terem de ser anormais e imprevisíveis; e aquelas que, por não determinarem "necessidades novas" de interesse público, não permitem sustentar a modificação unilateral do contrato por razões de interesse público, através da emissão de um ato administrativo, mas apenas poderão conduzir a que as partes modifiquem o contrato por acordo ou, na falta de acordo, poderão permitir, desde que sejam anormais e imprevisíveis, a obtenção da modificação do contrato pela via jurisdicional, ao abrigo do instituto da alteração anormal e imprevisível das circunstâncias.

Como já foi referido, a razão que justifica a própria existência do poder de modificação unilateral prende-se com o propósito assumido pelo legislador de dotar o contraente público de um instrumento que lhe permita assegurar a mais adequada prossecução em cada momento do interesse público ao qual é ordenada a execução do contrato. Por conseguinte, só deve, a nosso ver, entender-se que determinam "necessidades novas" de interesse público, passíveis de serem invocadas como fundamento para o exercício do poder de modificação unilateral, as alterações de circunstâncias que contendam com o interesse público diretamente visado pela celebração do contrato, a cuja satisfação se dirige a sua execução. Este é, no

[768] Defendendo já a solução anteriormente ao CCP, cfr. PEDRO GONÇALVES, *O contrato administrativo – Uma instituição do nosso tempo*, Coimbra, 2003, p. 109.

entanto, um ponto ao qual regressaremos adiante, a propósito do instituto da alteração anormal e imprevisível de circunstâncias (cfr. *infra*, nº 229).

Não pode deixar, entretanto, de notar-se que os limites dentro dos quais é hoje admissível o exercício do poder de modificação unilateral são mais apertados do que foram no passado, por efeito da evolução ocorrida, no âmbito dos contratos públicos, no sentido de se limitar a possibilidade de modificação desses contratos, mesmo por acordo entre as partes.

Com efeito, o artigo 313º do CCP impõe hoje, com caráter inovatório, importantes limites à modificabilidade dos contratos administrativos. Esses limites valem, quer no caso de a modificação ser determinada por ato unilateral do contraente público, quer no caso de ela ser determinada por acordo entre as partes. Mas, no que diz respeito ao poder de modificação unilateral a que nos estamos a referir, a consequência mais importante que decorre do regime do artigo 313º é a de que, ao lado dos limites que já tradicionalmente eram impostos ao exercício desse poder, e que se concretizam na afirmação da intangibilidade do objeto do contrato e das cláusulas atinentes aos direitos e deveres recíprocos das partes[769], ele introduz a imposição de novos limites, determinados pelo propósito de impedir que, na vigência do contrato, as partes defraudem as regras que impõem às entidades adjudicantes a adoção de procedimentos concorrenciais na seleção das entidades com quem contratam[770].

Nos casos em que o interesse público exigiria que o contrato fosse modificado para além dos limites estabelecidos no artigo 313º, mais não resta, pois, ao contraente público do que proceder à resolução do contrato por razões de interesse público, nos termos do artigo 334º, e promover a celebração de um novo contrato, destinado a substituir aquele que estava em vigor, precedido do procedimento pré-contratual legalmente exigido (para outros desenvolvimentos sobre os limites impostos pelo artigo 313º, cfr. *infra*, nº 232 segs.).

[769] Sobre esse aspeto, cfr., por todos, Freitas do Amaral, *Curso...*, vol. II, pp. 512 segs.; Esteves de Oliveira, *op. cit.*, pp. 699-702.

[770] Chamando já a atenção para este ponto, ainda antes do CCP, cfr. Freitas do Amaral, *Curso...*, vol. II, 1ª ed., Coimbra, 2001, p. 620. Com referência à jurisprudência do Tribunal de Justiça da União Europeia, cfr., entretanto, Pedro Gonçalves, "Acórdão Pressetext: modificação de contrato existente vs. adjudicação de novo contrato", *Cadernos de Justiça Administrativa* nº 73, pp. 16-17.

219. O exercício do poder de modificação unilateral dá lugar à reposição do equilíbrio financeiro do contrato[771].

É o que resulta do disposto na alínea b) do nº 1 do artigo 314º, pese embora o modo deficiente como, a nosso ver, o preceito se encontra redigido. Parece-nos, na verdade, que o disposto na alínea b) do nº 1 do artigo 314º deve ser lido em conjugação com o disposto no nº 2 do artigo 311º e na alínea b) do artigo 312º. Não cobre, pois, genericamente, qualquer eventual circunstância em que razões de interesse público poderiam hipoteticamente justificar a reposição do equilíbrio financeiro dos contratos, mas reporta-se especificamente às consequências do exercício do poder de modificação unilateral, por razões de interesse público, a que aqueles dois preceitos se referem, para o efeito de estabelecer apenas que, quando haja lugar a tal exercício, assiste ao contraente privado o direito à reposição do equilíbrio financeiro do contrato, nos termos previstos no artigo 282º.

Em nossa opinião, a existência do dever de restabelecer o equilíbrio financeiro entre as prestações correspectivas previstas no contrato, sempre que a modificação imposta ponha em causa esse equilíbrio, assenta na própria força vinculativa do contrato[772].

Com efeito, o poder de modificação unilateral é uma derrogação ao princípio *pacta sunt servanda*. Representa, porém, uma compressão a este princípio, que, de harmonia com o princípio da proporcionalidade, deve ser mantida dentro dos mais estritos limites. Ora, como as obrigações reciprocamente assumidas pelas partes no contrato foram acordadas no pressuposto de um determinado equilíbrio financeiro entre elas, não pode estar na disponibilidade do contraente público alterar esse equi-

[771] Sobre a reposição do equilíbrio financeiro do contrato, regulada no artigo 282º do CCP, cfr., por todos, FREITAS DO AMARAL, *Curso... cit.*, 3ª ed., pp. 516 segs.; ESTEVES DE OLIVEIRA, *op. cit.*, pp. 705 segs..

[772] É, na verdade, o raciocínio exposto no texto que, pesem embora as ambiguidades, se afigura ter estado subjacente, ao longo do tempo, às explicações ensaiadas pela doutrina francesa em torno da chamada teoria do equilíbrio financeiro do contrato administrativo. Cfr, a propósito, PAULO OTERO, *op. cit.*, pp. 27-28; ESTEVES DE OLIVEIRA, *op. cit.*, pp. 699, 705 e 662-664. Para uma interessante análise dessa teoria na doutrina portuguesa, cfr., entretanto, AUGUSTO DE ATHAYDE, "Para a teoria do contrato administrativo: limites e efeitos do exercício do poder de modificação unilateral pela Administração", in *Estudos de Direito Público em Honra do Professor Marcello Caetano*, Lisboa, 1973, pp. 91 segs.

líbrio financeiro. As razões que justificam o reconhecimento do poder de modificação unilateral não legitimariam tal solução, que seria desproporcionada e subverteria a natureza contratual da relação. Impõe-se, portanto, que, quando haja lugar à modificação unilateral do conteúdo do contrato, esse equilíbrio seja restabelecido pelo contraente público.

3.1.3. Poder de aplicar as sanções previstas para a inexecução do contrato

220. Resulta ainda do regime do Título I da Parte III do CCP a atribuição ao contraente público do poder de aplicar à contraparte as sanções previstas para a inexecução do contrato, segundo o disposto no artigo 302º, alínea d).

No âmbito do regime normativo anterior ao CCP, entendia-se que a existência de um poder sancionatório do contraente público dependia de expressa estipulação no clausulado do contrato. De acordo com a teoria francesa do contrato administrativo, o poder sancionatório não era, na verdade, um poder inerente à natureza administrativa do contrato e também era essa a tradição em Portugal. Por conseguinte, o contraente público só podia investir-se no poder de aplicar sanções à contraparte mediante expressa estipulação contratual.

Por esse motivo, a alínea e) do artigo 180º do CPA previa o poder de "aplicar as sanções previstas para a inexecução do contrato". E como, ainda hoje, é do mesmo teor a previsão da alínea d) do artigo 302º, parece dever entender-se que também esta última previsão só pretende referir-se às sanções previstas no contrato.

Cumpre, em todo o caso, notar que, também neste, como noutros pontos, o CCP intensificou os poderes do contraente público. Com efeito, o artigo 325º, para além da possibilidade, que admite no nº 4, da "aplicação pelo contraente público de sanções previstas no contrato para o caso de incumprimento pelo co-contratante, por facto que lhe seja imputável", estabelece, desde logo, nos nºs 1 e 2, que, quando exista incumprimento pelo co-contratante e esse incumprimento se mantenha mesmo após interpelação para cumprir dentro de prazo razoável, "o contraente público pode optar pela efetivação das prestações de natureza fungível em falta, diretamente ou por intermédio de terceiro, ou por resolver o contrato com fundamento em incumprimento definitivo, nos termos do artigo 333º".

A nosso ver, o poder de resolução unilateral, na economia do artigo 302º do CCP, não se enquadra na previsão da alínea d), mas da alínea e), que parece ter sido, precisamente, determinada pelo propósito de abranger, não apenas o tradicional poder de resolução unilateral por razões de interesse público, mas também, com caráter inovatório, um novo poder, de aplicabilidade geral, independentemente de estipulação contratual, de resolução sancionatória. Por esse motivo, entendemos que apenas nos devemos referir a este poder no ponto seguinte da exposição, respeitante ao poder de resolução unilateral do contrato. Fica, no entanto, aqui a referência.

O artigo 329º estabelece, entretanto, que, quando as sanções revistam natureza pecuniária, o respetivo valor acumulado não pode exceder 20% do preço contratual. Quando atinjam esse valor, deve haver resolução do contrato, com fundamento na alínea e) do nº 1 do artigo 333º. Se, no entanto, o contraente público entender não proceder à resolução do contrato, por dela resultar grave dano para o interesse público, o valor acumulado das sanções pecuniárias pode ascender a 30% do preço contratual.

3.1.4. Poder de resolução unilateral

221. Resulta, por último, do regime do Título I da Parte III do CCP a atribuição ao contraente público do poder de resolução unilateral do contrato, segundo o disposto no artigo 302º, alínea e).

No âmbito do regime normativo anterior, o artigo 180º do CPA, cujo regime correspondia ao do artigo 302º do CCP, tinha, quanto a este ponto, um teor bastante diferente daquele que possui a alínea que atualmente lhe corresponde. Com efeito, a alínea c) do artigo 180º do CPA apenas conferia ao contraente público o poder de "rescindir unilateralmente os contratos por imperativo de interesse público devidamente fundamentado, sem prejuízo do pagamento de justa indemnização". Diferentemente, a alínea e) do artigo 302º do CCP confere ao contraente público, de modo mais genérico, o poder de "resolver unilateralmente o contrato".

Não há dúvida de que a nova previsão do CCP compreende no seu âmbito de aplicação o poder a que, anteriormente, se referia a alínea c) do artigo 180º do CPA. Trata-se, aliás, de um dos poderes que, na tradição francesa do contrato administrativo, são associados à natureza administrativa do contrato, em estrito paralelo com o poder de modificação unilateral, que vimos ser o mais característico dos poderes que ao contraente público são reconhecidos nesse âmbito. Assim como podem determinar a necessidade da modificação unilateral do conteúdo das prestações contratuais a realizar pelo co-contratante, mediante a reposição do equilíbrio financeiro do contrato, os imperativos de interesse público também podem exigir a resolução do contrato, mediante o pagamento da justa indemnização.

E, neste preciso sentido, estabelece o artigo 334º do CCP que "o contraente público pode resolver o contrato por razões de interesse público, devidamente fundamentado, e mediante o pagamento ao co-contratante de justa indemnização", acrescentando que "a indemnização a que o co-contratante tem direito corresponde aos danos emergentes e aos lucros cessantes, devendo, quanto a estes, ser deduzido o benefício que resulte da antecipação dos ganhos previstos".

Sucede, porém, que, para além da resolução por razões de interesse público, prevista no artigo 334º, o CCP também prevê, como já foi antecipado, outra modalidade de resolução unilateral pelo contraente público: a resolução sancionatória, prevista no artigo 333º. Ora, à face da redação que foi dada à alínea e) do artigo 302º, parece dever entender-se que também esta modalidade de resolução se encontra compreendida no âmbito da respetiva previsão. Mais do que isso: a nosso ver, a redação mais ampla da previsão contida nesta alínea foi, precisamente, determinada pelo propósito de abranger, não apenas o tradicional poder de resolução unilateral por razões de interesse público, mas também, com caráter inovatório, um novo poder, de aplicabilidade geral, independentemente de estipulação contratual, de resolução sancionatória.

Na economia do artigo 302º, terá havido, desse modo, o propósito de distinguir o tradicional poder sancionatório fundado em estipulação contratual, contemplado na alínea d), do poder de resolução sancionatória, cuja titularidade, em defesa do interesse público envolvido no contrato, o legislador entendeu dever ser assegurada ao contraente público em qualquer caso e, por isso, entendeu dever subtrair à disponibilidade das partes, colocando-o no mesmo plano do tradicional poder de resolução por razões de interesse público.

222. Segundo o disposto no artigo 325º do CCP, para além da possibilidade da "aplicação pelo contraente público de sanções previstas no contrato para o caso de incumprimento pelo co-contratante, por facto que lhe seja imputável", quando exista incumprimento pelo co-contratante e esse incumprimento se mantenha mesmo após interpelação para cumprir dentro de prazo razoável, "o contraente público pode optar pela efetivação das prestações de natureza fungível em falta, diretamente ou por intermédio de terceiro, ou por resolver o contrato com fundamento em incumprimento definitivo, nos termos do artigo 333º".

A remissão para "os termos do artigo 333º" limita até certo ponto o alcance do preceito, na medida em que o nº 1 deste último artigo estabelece que, "sem prejuízo de outras situações de grave violação das obrigações assumidas pelo co-contratante especialmente previstas no contrato, o contraente público pode resolver o contrato a título sancionatório" num extenso elenco de casos.

Ao contrário, portanto, do que parece resultar do nº 2 do artigo 325º, não é qualquer falta de cumprimento pelo co-contratante, "de forma exata e pontual", das "obrigações contratuais ou parte delas por facto que lhe seja imputável" que confere ao contraente público a opção entre a execução subrogatória das prestações de natureza fungível em falta e a resolução sancionatória do contrato. Esta última só pode ter lugar, como não poderia deixar de ser, estando em causa a aplicação de uma sanção, num conjunto, ainda que alargado, de situações tipificadas, ou nas alíneas do nº 1 do artigo 333º, ou em expressa estipulação contratual.

Cumpre, em todo o caso, notar que o regime introduzido pelo CCP admite com grande amplitude a resolução sancionatória, seja porque introduz, no nº 1 do artigo 333º, a previsão de uma série de tipos de situações em que ela pode ter lugar na ausência de estipulação contratual, seja porque pelo menos um desses tipos de situações se encontra previsto em termos demasiado alargados, pelo que não pode deixar de ser objeto de interpretação restritiva, em conformidade com o princípio da proporcionalidade.

Referimo-nos à previsão da alínea b), que confere ao contraente público, de modo indiscriminado, o poder de resolver o contrato a título sancionatório perante toda e qualquer situação de "incumprimento, por parte do co-contratante, de ordens, diretivas ou instruções transmitidas no exercício do poder de direção sobre matéria relativa à execução das prestações contratuais". Como nos parece óbvio, esta previsão deve ser interpretada no sentido de só admitir a resolução unilateral em situações graves, que comprometam a possibilidade da manutenção do vínculo contratual entre as partes, sob pena de invalidade do ato administrativo que determine a resolução, por violação do princípio da proporcionalidade.

223. Segundo o disposto no nº 1 do artigo 335º do CCP, "o contraente público tem o direito de resolver o contrato com fundamento na alteração anormal e imprevisível das circunstâncias, nos termos do disposto na alínea a) do artigo 312º".

Perante esta previsão normativa, é claro que este fundamento de resolução não se confunde com o previsto no artigo 334º, por razões de interesse público, e pode colocar-se a questão de saber se também a resolução do contrato com fundamento na alteração anormal e imprevisível das circunstâncias poderá ser unilateralmente determinada por ato administrativo, no exercício dos poderes de conformação da relação contratual que a lei confere ao contraente público no âmbito dos contratos administrativos de colaboração subordinada.

Em sentido contrário a tal solução militam, em nossa opinião, ponderosas razões de ordem valorativa, que nos levam a excluir que a resolução com fundamento na alteração anormal e imprevisível das circunstâncias possa ser unilateralmente decretada por ato administrativo. Por este motivo, não abordaremos este ponto nesta sede, mas quando, adiante, nos referirmos ao regime de extinção dos contratos administrativos (cfr. *infra*, nº 237).

3.2. Incumprimento contratual

224. Para além da possibilidade do exercício dos poderes de aplicar as sanções contratualmente previstas e de resolução sancionatória, a que já nos referimos, o contraente público dispõe, nas situações de incumprimento por facto imputável ao co-contratante, do poder de promover, nos termos do nº 2 do artigo 325º do CCP, a efetivação das prestações de natureza fungível em falta, diretamente ou por intermédio de terceiro.

A solução constitui uma novidade, no Direito Administrativo nacional e comparado, não podendo deixar, por isso, de suscitar perplexidade.

Na sua origem, poderá ter estado o propósito de consagrar um regime passível de ser comummente aplicável aos contratos administrativos da tradição francesa e aos contratos substitutivos de atos administrativos, de inspiração alemã. Nessa perspetiva, ter-se-ia, pois, pretendido assegurar que, assim como os atos administrativos impositivos são títulos executivos (cfr. *supra*, nº 112), também o sejam os contratos que lhes correspondam.

Cumpre, em todo o caso, notar que o nº 2 do artigo 325º do CCP não se limita a instituir o contrato como um *título executivo*, mas, ao mesmo tempo, confere ao contraente público, de modo genérico, poderes ilimitados de execução forçada das prestações incumpridas pelo co-contratante que tenham natureza fungível. O preceito institui, assim, em matéria de execução forçada, um regime bastante mais permissivo do que aquele que, hoje, o CPA consagra em matéria de execução forçada pela própria Administração das obrigações impostas por atos administrativos impositivos (cfr. *supra*, nº 124).

Mas ainda assim, se a solução tiver sido determinada pelo propósito referido, não podemos deixar de notar que, a nosso ver, ela resulta do equívoco de base em que, como temos vindo a defender, assenta o regime do Título I da Parte III do CCP: o de que, com alguns matizes e muita imaginação, seria possível, sem graves desequilíbrios, submeter a um mesmo unitário regime substantivo os contratos administrativos da tradição francesa e os contratos sobre o exercício de poderes públicos de matriz alemã.

Ora, para nós, não há qualquer dúvida quanto à impossibilidade de se atingir tal escopo – e, de resto, no que respeita ao ponto aqui em análise, quanto à completa vacuidade de tal esforço –, na medida em que não se afigura necessário adulterar até ao limite o regime tradicional do contrato administrativo para se assegurar que aos contratos substitutivos de atos administrativos seja aplicado o regime que corresponderia ao ato administrativo substituído: como adiante melhor se verá, basta, para o efeito, que a lei simplesmente o diga, no âmbito do regime próprio aplicável a esse tipo de contratos.

225. No que respeita ao regime aplicável em situações de incumprimento pelo contraente público das suas obrigações contratuais, o CCP passou a reconhecer, em termos gerais, ao contraente privado, no artigo 327º, o direito de invocar a exceção de não cumprimento, nas situações

de incumprimento imputáveis ao contraente público. Este direito só é, contudo, efetivamente assegurado "quando a realização das prestações contratuais coloque manifestamente em causa a viabilidade económico-financeira" do contraente privado – ou seja, na prática, quando conduza à sua insolvência. Caso contrário, tudo depende de saber se a recusa em cumprir, por parte do contraente privado, implica "grave prejuízo para a realização do interesse público subjacente à relação jurídica contratual". Se implicar, o contraente privado só poderá, ainda assim, recusar o cumprimento se este se revelar excessivamente oneroso, devendo, nesse caso, "ser devidamente ponderados os interesses públicos e privados em presença" – solução que nos parece remeter para uma apreciação jurisdicional, em ação que, para o efeito, o contraente privado terá de propor.

No contexto descrito, o artigo 327º do CCP estabelece, entretanto, que o exercício, por parte do contraente privado, do direito de recusar o cumprimento depende de prévia notificação ao contraente público da correspondente intenção e dos respectivos fundamentos, com a antecedência de 15 dias, se outra não for estipulada no contrato, considerando-se que a invocação da exceção de não cumprimento não implica grave prejuízo para o interesse público, para os efeitos atrás expostos, se o contraente público, no prazo de 15 dias, não assumir o contrário, mediante resolução fundamentada.

Pesem embora as evidentes ressonâncias autoritárias da formulação utilizada, que parece ter ido buscar a sua fonte inspiradora ao artigo 128º do CPTA, parece-nos evidente que a "resolução fundamentada" a que o Código, neste contexto, se refere não reveste a natureza de ato administrativo – a exemplo, aliás, da sua homóloga fonte inspiradora do CPTA, que, por isso, também não é passível de impugnação contenciosa. Com efeito, ela não é expressão de nenhum dos poderes de conformação do contraente público que se encontram previstos no artigo 302º do CCP, pelo que não é objeto, no nº 2 do artigo 307º, de tal qualificação formal (sobre esta matéria, cfr. *supra*, nº 216). Deve, pois, entender-se que, na economia do artigo 327º do CCP, o contraente público não é, em caso algum, admitido a determinar unilateralmente, por ato administrativo, quando pode a contraparte fazer valer a exceção de não cumprimento do contrato.

A nosso ver, a referida "resolução fundamentada" é, pois, uma declaração negocial, que, nos termos da lei, tem o alcance de obstar à imediata efetividade do direito do co-contratante a recusar o cumprimento das prestações a que se obrigou, forçando-o a recorrer à via jurisdicional para que o tribunal competente proceda à "devida ponderação dos interesses públicos e privados em presença" e, em função disso, decida se pode ou não efetivar-se a recusa de cumprir.

Em nossa opinião, é manifesto que o conteúdo deste regime, em que o exercício, pelo co-contratante, do direito de invocar a exceção de não cumprimento só é admitido com importantes restrições, é fortemente influenciado pela doutrina francesa do contrato administrativo, tradicionalmente adversa à respetiva admissibilidade. Subjacente às previsões que, com caráter inovatório, mas restritivo, o CCP se atreveu a introduzir nesta matéria, está, por isso, o pressuposto em que, tipicamente, assenta o regime próprio dos contratos de colaboração subordinada, de que a relevância para o interesse público do objeto dos contratos administrativos não deve permitir o exercício pelo co-contratante do direito em causa, ou, pelo menos, só o deve permitir sob fortes condicionalismos.

A nosso ver, o conteúdo do regime está, em todo o caso, configurado com a flexibilidade suficiente para permitir dar resposta, tanto a situações em que a primordial relevância do interesse público em causa justifique, efetivamente, o afastamento da possibilidade da invocação da exceção de não cumprimento, como a situações em que, por não ser esse o caso, não se justifica que ela não possa ser invocada – o que, em qualquer caso, nunca é decidido unilateralmente pelo contraente público, através da prática de um ato administrativo.

E o mesmo se diga, por maioria de razão, em relação ao regime que o artigo 332º do CCP estabelece a respeito da resolução do contrato por iniciativa do co-contratante. Com efeito, em acentuado paralelismo com o regime do artigo 327º, faz-se aí depender a resolução por alteração anormal e imprevisível das circunstâncias da inexistência de "grave prejuízo para a realização do interesse público subjacente à relação jurídica contratual ou, caso implique tal prejuízo, quando a manutenção do contrato ponha manifestamente em causa a viabilidade económico-financeira do co-contratante ou se revele excessivamente onerosa, devendo, neste último caso, ser devidamente ponderados os interesses públicos e privados em presença".

Como o direito de resolução é, nesse caso, exercido por via judicial ou mediante recurso a arbitragem (cfr. artigo 332º, nº 3), é ao tribunal que compete avaliar o preenchimento dos pressupostos de que depende a possibilidade de o contrato ser resolvido, designadamente a ponderação do risco de inviabilidade económico-financeira do co-contratante ou de excessiva onerosidade para ele da manutenção do contrato.

3.3. Modificações objetivas da relação contratual

226. O capítulo V do Título I da Parte III do CCP estabelece o regime aplicável às modificações objetivas dos contratos administrativos.

Assim, estabelece o artigo 311º do CCP que os contratos podem ser modificados, com os fundamentos previstos no artigo 312º, por acordo entre as partes, que não pode revestir forma menos solene do que a do contrato, por decisão judicial ou arbitral, ou por ato administrativo do contraente público, em caso de exercício do poder de modificação unilateral conferido pela alínea c) do artigo 302º.

A substância do regime consta do artigo 312º (e do artigo 314º), que prevêem os tipos de situações que podem constituir fundamento para a modificação dos contratos e as respetivas consequências; e do artigo 313º, que impõe determinados limites à respetiva modificabilidade.

Referir-nos-emos de seguida a cada um destes dois aspetos de regime – sendo que o primeiro se desdobra em três planos, na medida em que a modificação dos contratos pode ser determinada pelo exercício do poder de modificação unilateral do contraente público, pela alteração objetiva das circunstâncias ou por alteração das circunstâncias imputável ao contraente público.

3.3.1. Modificação unilateral do contrato: remissão

227. A modificação objetiva do contrato pode resultar do exercício do poder de modificação unilateral, que, como vimos, o CCP confere ao contraente público na alínea c) do artigo 302º e reafirma no nº 2 do artigo 311º e na alínea b) do artigo 312º. Como, porém, já atrás nos referimos a este tipo de situação, não se justifica regressar ao tema nesta sede (cfr. *supra*, nºs 218 e 219).

3.3.2. Alteração objetiva das circunstâncias

228. É corrente, na doutrina francesa[773], a afirmação de que, enquanto, no âmbito das relações jurídicas privadas, os contratos seriam sagrados, não podendo a relevância de circunstâncias supervenientes sobrepor-se ao princípio *pacta sunt servanda*, o mesmo não sucederia no âmbito das relações jurídicas administrativas, na medida em que os contratos administrativos, como são celebrados em ordem à prossecução da satisfação de interesses públicos que devem ser, a todo o custo, salvaguardados, devem ter a capacidade de se adaptarem, quando necessário, à eventual evolução das circunstâncias[774]. Isso explica, em todo o caso, os termos restritivos em que, no Direito Administrativo francês, foi configurada a chamada teoria da imprevisão, cujo âmbito de intervenção foi limitado a situações extremas de convulsão, de elevado alcance económico ou social, em que a manutenção do contrato nos termos acordados conduziria à ruína do contraente privado e colocaria em causa o próprio princípio da continuidade dos serviços públicos[775].

A verdade, porém, é que a referida contraposição não corresponde desde há muito tempo à realidade do ordenamento jurídico português[776]. Sendo embora tradicionalmente verdadeira no que respeita ao Direito

[773] Cfr., por todos, René Chapus, *op. cit.*, p. 1209.

[774] Nas palavras de Pedro Gonçalves, *O contrato administrativo*, p. 104, resulta da "lógica da função" que "o interesse público não pode vergar-se diante do interesse particular". Como já atrás foi explicado, o ponto parece-nos, hoje, em todo o caso, discutível, atenta a amplitude da figura do contrato administrativo, tal como o CCP o configura, que vai muito para além da categoria dos clássicos contratos administrativos de colaboração subordinada, em função dos quais se forjou, na tradição francesa, um conjunto de princípios que não se adequam a um universo mais alargado de contratos.

[775] Para a sumária descrição do panorama jurisprudencial francês nesta matéria, cfr., por todos, De Laubadère, Venezia e Gaudemet, *op. cit.*, pp. 838 segs. No mesmo sentido, entre nós, cfr. Freitas do Amaral, *Curso...*, vol. II, 3ª ed., pp. 525-526; Esteves de Oliveira, *op. cit.*, pp. 711 segs. Por último, cfr. Carla Amado Gomes, *Risco e modifcação... cit.*, pp. 688 segs., e a síntese de Menezes Cordeiro, *Subsídios para a dogmática administrativa, com exemplo no princípio do equilíbrio fnanceiro, Cadernos O Direito* nº 2, Coimbra, 2007, pp. 83-85.

[776] Assinalando já este ponto, cfr., de resto, Marcello Caetano, *Princípios de Direito Administrativo*, p. 202.

Civil francês, por razões que lhe são próprias[777], ela não encontra, na verdade, correspondência entre nós, na medida em que o Código Civil de 1966, designadamente no seu artigo 437º, admite, em amplos termos, a relevância de circunstâncias supervenientes no âmbito das relações contratuais privadas[778], com base em pressupostos que, como é hoje é assumido no CCP, são extensíveis ao domínio dos contratos administrativos, sem motivo para especiais limitações, sempre que a base negocial seja posta em causa, por circunstâncias anormais e imprevisíveis não imputáveis a qualquer das partes, em termos suficientemente graves para justificar, de acordo com o princípio da boa fé, a modificação ou a resolução do contrato[779].

O CCP introduziu, com efeito, no nosso ordenamento jurídico, com caráter inovatório, a regulação dos fundamentos e condições em que, tanto o contraente público, como o contraente privado, podem promover, seja a modificação, seja a resolução do contrato, no caso de alteração anormal e imprevisível das circunstâncias, separando, entretanto, esse caso daqueles em que há direito à reposição do equilíbrio financeiro do contrato ou à indemnização do contraente privado, no caso de a alteração ser imputável ao contraente público. Desse modo se estendeu aos contratos administrativos a aplicabilidade de um regime equivalente àquele que o artigo 437º do Código Civil estabelece para os contratos de direito privado, sem deixar, entretanto, de regular de modo próprio as situações específicas de alteração de circunstâncias imputáveis ao contraente público.

[777] Cfr., a propósito, MENEZES CORDEIRO, *Da Boa Fé no Direito Civil* (reimpressão), Coimbra, 1997, *maxime* a p. 964, e *Subsídios... cit.*, pp. 52-53.

[778] Para a desenvolvida análise do tema, cfr., por todos, MENEZES CORDEIRO, *Da Boa Fé... cit.*, pp. 903 segs., *maxime* pp. 1098 segs.

[779] No mesmo sentido, cfr. PEDRO GONÇALVES, *O contrato administrativo*, pp. 126 e 128-129; CARLA AMADO GOMES, *Risco e modifcação... cit.*, p. 706; REBELO DE SOUSA/SALGADO DE MATOS, *Direito Administrativo Geral*, tomo III, p. 420. Note-se, aliás, que, no Direito Administrativo português, a relevância da alteração anormal e imprevisível de circunstâncias é, desde há muito, reconhecida, tanto pela jurisprudência, como pela própria legislação, designadamente no âmbito das empreitadas de obras públicas, sem as limitações que tradicionalmente caracterizam a teoria da imprevisão do Direito Administrativo francês: já nesse sentido, cfr. as referências em SÉRVULO CORREIA, "Contrato Administrativo", p. 38. Para a explicação do fenómeno, devido à influência do Direito alemão, decorrente da evolução nesse sentido ocorrida no nosso Direito Civil, que o distanciou do francês, cfr. MENEZES CORDEIRO, *Subsídios... cit.*, p. 87.

Por conseguinte, quando uma alteração anormal e imprevisível das circunstâncias, não imputável a qualquer das partes, puser em causa a base negocial do contrato, em termos tais que a exigência da execução do contrato, nos moldes em que tinha sido celebrado, se torne contrária ao princípio da boa fé, pode proceder-se à modificação do contrato segundo critérios de equidade.

Ao contrário, porém, do que faz o artigo 437º do Código Civil, o CCP optou por não regular em conjunto, num único artigo (porventura do capítulo I do Título I da Parte III), a matéria da alteração das circunstâncias e respetivas consequências, mas por distribuir a respetiva regulação por diversos preceitos, tanto do capítulo V (respeitante às modificações objetivas do contrato), como do capítulo VIII (respeitante à extinção do contrato) do Título I da Parte III, consoante se trate de modificar ou de resolver o contrato em razão da alteração das circunstâncias, e, por outro lado, também optou por regular separadamente as situações, consoante seja ao contraente público ou ao seu co-contratante que interessa a modificação ou a resolução.

A solução não se apresenta, quanto a nós, isenta de reparos, por dar origem a dificuldades de interpretação que poderiam ter sido de outro modo evitadas – quando do que se trata não é, mesmo, de consagrar regimes diferenciados onde não pareceria haver razão para diferenciar. Foi, em todo o caso, essa a metodologia seguida pelo legislador do CCP, pelo que se afigura mais adequado, por facilitar a compreensão do leitor, observar a mesma metodologia no âmbito da presente exposição. No que respeita ao instituto da alteração objetiva de circunstâncias, começaremos, pois, por nos referirmos, de seguida, ao regime aplicável às hipóteses em que, no caso concreto, a aplicação do referido instituto dê lugar à modificação da relação contratual, para abordarmos mais tarde (cfr. *infra*, nº 237) o regime a aplicar nos casos em que a solução concreta deva passar pela resolução do contrato.

229. Resulta do disposto na alínea a) do artigo 312º e no nº 2 do artigo 314º do CCP que os contratos administrativos podem ser modificados, com fundamento na existência de uma alteração objetiva de circunstâncias, tanto por iniciativa do contraente privado, como do contraente público. No que ao contraente público diz respeito, o CCP introduz, assim, a importante distinção entre alterações de circunstâncias que podem exi-

gir a modificação do contrato por razões de interesse público e alterações de circunstâncias que podem justificar a modificação do contrato por outras razões, não diretamente relacionadas com o interesse público a cuja satisfação o contrato é dirigido: é o que claramente resulta do confronto do nº 1 com o nº 2 do artigo 311º do CCP[780].

A modificação do contrato por alteração anormal e imprevisível de circunstâncias pode ser, naturalmente, pedida pelo contraente privado, quando entenda que há razões que o justifiquem. Mas, a nosso ver, também pode ser pedida, quando seja caso disso, pelo contraente público, sem que o CCP contenha qualquer indicação em sentido contrário. Quando a modificação seja promovida pelo contraente público, parece haver, assim, que distinguir os casos em que ele promova a modificação por razões de interesse público, hipótese na qual ele pode *impor* a modificação no exercício do poder de modificação unilateral (artigos 311º, nº 2, e 312º, al. b)), e aqueles em que ele a promova por outras razões, hipótese na qual a modificação apenas poderá ser obtida mediante o acordo da outra parte ou através de decisão jurisdicional, não podendo ser unilateralmente determinada pelo contraente público, através da emissão de um ato administrativo: é o que resulta da conjugação do nº 1 do artigo 311º com a alínea a) do artigo 312º e do nº 2 do artigo 311º com a alínea b) do artigo 312º do CCP.

A nosso ver, as razões que, neste último caso, o contraente público poderá invocar para promover a modificação do contrato ainda podem ser de interesse público e, em princípio, sê-lo-ão, no sentido de que são próprias da esfera de interesses do contraente público. Não serão, no entanto, razões diretamente relacionadas com o interesse público visado pela celebração do contrato e a cuja satisfação se dirige a sua execução, porque estas são razões de interesse público que podem ser invocadas como fundamento da modificação unilateral do contrato por razões de interesse público. Pense-se, porventura, na hipótese de, num contexto de crise, a alteração das circunstâncias fazer com que se torne demasiado oneroso

[780] Neste sentido, cfr. REBELO DE SOUSA/SALGADO DE MATOS, *Direito Administrativo Geral*, tomo III, pp. 420-421; e, no contexto normativo anterior ao CCP, PEDRO GONÇALVES, *O contrato administrativo*, pp. 109 e 126, que, nesse sentido, distinguia o poder de modificação unilateral, por razões de interesse público, do eventual direito à modificação do contrato, por alteração anormal e imprevisível de circunstâncias, que, na ausência de acordo, qualquer das partes poderia fazer valer pela via judicial.

para o contraente público suportar os encargos financeiros decorrentes da execução do contrato, em termos de se dever reconhecer que a exigência do cumprimento das obrigações por si assumidas no âmbito do contrato afetaria gravemente a boa fé.

Em princípio, a modificação do contrato por alteração anormal e imprevisível de circunstâncias pedida pelo contraente privado não lhe permite obter o reequilíbrio financeiro do contrato: como apenas estão em causa situações em que uma das partes se vê confrontada com graves dificuldades decorrentes de circunstâncias supervenientes que a nenhuma das partes podem ser imputadas, só é, em princípio, admitida a possibilidade da partilha entre as partes, segundo critérios de equidade, do anormal agravamento dos custos envolvidos no cumprimento do contrato por parte do contraente privado[781], de harmonia com o disposto no artigo 437º do Código Civil.

A esta solução não obsta, a nosso ver, a previsão do nº 3 do artigo 314º do CCP[782]. Com efeito, o sentido do preceito não é, em nosso entender, o de estabelecer que o contraente privado terá direito ao reequilíbrio financeiro do contrato sempre que, "tendo em conta a repartição do risco entre as partes", a alteração anormal e imprevisível das circunstâncias prevista na alínea a) do artigo 312º "altere os pressupostos com base nos quais [ele] determinou o valor das prestações a que se obrigou, desde que o contraente público conhecesse ou não devesse ignorar esses pressupostos".

Esta interpretação conduziria ao entendimento de que, tal como aquela que é imputável ao contraente público, nos termos da alínea a) do nº 1 do artigo 314º, também a alteração anormal e imprevisível de circunstâncias objetiva – isto é, não imputável a qualquer das partes – constituiria o cocontratante no direito ao reequilíbrio financeiro do contrato, desde

[781] Neste sentido, para a contraposição entre as situações de alterações de circunstâncias imputáveis ao contraente público, que dão direito ao reequilíbrio financeiro do contrato, e as situações de alteração objetiva de circunstâncias, que não asseguram esse direito, mas apenas a partilha entre as partes dos novos encargos, cfr., por todos, ANDRÉ DE LAUBADÈRE, JEAN-CLAUDE VENEZIA e YVES GAUDEMET, *Traité de Droit Administratif*, tomo 1, 15ª ed., Paris, 1999, pp. 836 e 842; e, entre nós, FREITAS DO AMARAL, *Curso...*, vol. II, 3ª ed., p. 519; ESTEVES DE OLIVEIRA, *op. cit.*, pp. 711-715.

[782] Após melhor reflexão, infletimos, assim, quanto a este ponto, o entendimento assumido na anterior edição deste livro, a pp. 504-505.

que se preenchesse a mesma condição que, para a alteração imputável ao contraente público, já constava do nº 2 do artigo 282º do CCP: a condição de a alteração incidir sobre os pressupostos com base nos quais o contraente privado "determinou o valor das prestações a que se obrigou, desde que o contraente público conhecesse ou não devesse ignorar esses pressupostos".

Nesta perspetiva, a alteração anormal e imprevisível de circunstâncias não imputável ao contraente público permitiria ao cocontrante privado obter a reposição do equilíbrio financeiro do contrato sempre que fosse conhecido e não pudesse ser ignorado pelo contraente público que o pressuposto sobre o qual se projetou a alteração ocorrida era um pressuposto em que o contraente privado se tinha baseado para a determinação do valor das prestações a que se obrigou; pelo contrário, a alteração já só lhe permitiria obter uma compensação segundo critérios de equidade, se tal facto não fosse conhecido e pudesse ser ignorado pelo contraente público.

A nosso ver, o sentido do nº 3 do artigo 314º do CCP não é, no entanto, este, mas outro, de alcance bem mais limitado. Com efeito, o preceito não afirma que o cocontratante tem direito à reposição do equilíbrio financeiro quando se preencha a condição nele prevista: ele limita-se a afirmar que o cocontratante só tem direito a essa reposição na dependência dessa condição. Em nosso entender, o sentido do preceito é, pois, apenas o de, em aditamento ao nº 1, explicitar logo no artigo 314º o que já resultava do nº 2 do artigo 282º do CCP, ou seja, que quando a alteração anormal e imprevisível das circunstâncias prevista na alínea a) do artigo 312º dê lugar à reposição do equilíbrio financeiro do contrato – isto é, no caso previsto na alínea a) do nº 1 do artigo 314º, a que nos referiremos no ponto seguinte da exposição –, o cocontratante só terá o direito à reposição do equilíbrio financeiro que este preceito lhe reconhece desde que se preencha a condição de a alteração incidir sobre os pressupostos com base nos quais o contraente privado "determinou o valor das prestações a que se obrigou, desde que o contraente público conhecesse ou não devesse ignorar esses pressupostos".

A aplicação do instituto da alteração anormal e imprevisível de circunstâncias pressupõe, em termos gerais, que a alteração objetiva de circunstâncias tem de incidir sobre pressupostos cuja existência ou manutenção é necessária para a salvaguarda do sentido contratual e do seu escopo e, portanto, cuja alteração imprevista conduz à perturbação da equivalência das prestações (= relação de valor existente entre prestação e contraprestação) para além do risco próprio do contrato[783]. A aplicação, em termos gerais, deste instituto, nos termos da alínea a) do artigo 312º e do nº 2 do artigo 314º do CCP, não exige o preenchimento da condição prevista no nº 3 do artigo 314º, mas também não dá lugar à reposição do equilíbrio financeiro do contrato. Como já resultava do nº 2 do artigo 282º, a condição prevista no nº 3 do artigo 314º é, entretanto, uma condição específica de que o CCP entendeu fazer depender o direito à reposição do equilíbrio financeiro do contrato, cujo preenchimento é exigido quando se preencham os demais pressupostos de que depende a constituição na esfera jurídica do contraente privado do direito àquela reposição, nos termos a que nos iremos referir de seguida.

3.3.3. Alteração de circunstâncias imputável ao contraente público

230. O CCP estabelece, na alínea a) do nº 1 do artigo 314º, que a alteração anormal e imprevisível de circunstâncias, quando não seja objetiva, mas imputável ao contraente público, permite ao seu cocontratante obter a reposição do equilíbrio financeiro do contrato, e não apenas uma mera compensação segundo critérios de equidade.

Este regime afasta-se daquele que, em direito privado, o artigo 437º do Código Civil estabelece para as situações de alteração objetiva de circunstâncias, na medida em que, no tipo de situação em vista, não estão em causa alterações *objetivas* de circunstâncias, que não possam ser imputadas a qualquer das partes, mas alterações imputáveis a uma das partes no contrato, o contraente público, na prossecução de interesses que lhe são próprios, recaindo, assim, na sua *esfera de risco administrativo*. Este facto justifica que sobre o contraente público recaia o dever de suportar por inteiro a maior onerosidade que da alteração de circunstâncias resulte para a contraparte, repondo o equilíbrio financeiro do contrato, nos termos previstos no nº 1 do artigo 314º e no artigo 282º do CCP.

[783] Para a terminologia utilizada, cfr. a referência à construção de *Larenz* em MENEZES CORDEIRO, *Da Boa Fé no Direito Civil*, Coimbra, 1983, pp. 1046-1047.

Cumpre notar, a este propósito, que a redação do nº 1 do artigo 314º do CCP não se afigura feliz, podendo suscitar dificuldades de interpretação[784]. Em nossa opinião, da interpretação do preceito é, no entanto, possível extrair que, só por si, qualquer alteração anormal e imprevisível de circunstâncias imputável ao contraente público deve dar lugar à reposição do equilíbrio financeiro do contrato, independentemente da questão de saber se a alteração em causa implica ou não a alteração do clausulado do contrato[785].

Em nosso entender, o artigo 314º do CCP, no seu conjunto, visa, pois, dar resposta a dois grupos distintos de situações de alteração do equilíbrio

784 Com efeito, o nº 1 do artigo 314º mistura indevidamente a hipótese em que a modificação do contrato perturba o seu equilíbrio financeiro – caso do exercício do poder de modificação unilateral por razões de interesse público, a que se refere a alínea b), em que há lugar a uma dupla modificação, na medida em que à modificação unilateralmente imposta pelo contraente público se vai ter de seguir a modificação das cláusulas financeiras do contrato, em ordem à reposição do equilíbrio financeiro desse modo perturbado – e aquela em que a modificação do contrato se limita a restabelecer o seu equilíbrio financeiro – caso da alteração de circunstâncias por facto imputável ao contraente público, a que se refere a alínea a), na medida em que, embora este último tipo de alteração afete as circunstâncias envolventes do contrato, não se consubstancia numa modificação do seu clausulado, precisamente porque não tem o texto do contrato diretamente em vista: como, portanto, neste caso, é apenas eventual qualquer modificação do clausulado do contrato dirigida a dar corpo à alteração de circunstâncias, a única modificação que tem necessariamente de ocorrer é aquela que se dirige a repor o equilíbrio financeiro perturbado pelo facto do príncipe. Já sobre este ponto, cfr. Pedro Gonçalves, "A relação jurídica fundada em contrato administrativo", *Cadernos de Justiça Administrativa* nº 64, p. 41; Vieira de Andrade, "A propósito do regime do contrato administrativo no Código dos Contratos Públicos", *in Estudos comemorativos dos 10 anos da Faculdade de Direito da Universidade Nova de Lisboa*, vol. I, Coimbra, 2008, pp. 357-358.

785 A observação compagina-se com o entendimento de que a imposição ao contraente público do dever de repor o equilíbrio financeiro não deve depender de saber se ele promoveu a modificação do contrato. Na verdade, o contraente público pode ter de promover a modificação do contrato fora do exercício do poder de modificação unilateral, só para dar corpo a ato de autoridade imputável a entidade terceira, e, portanto sem que lhe seja imputável a causa que determina a introdução dessa modificação; e também pode, a nosso ver, dar causa a uma alteração de circunstâncias exteriores relevantes para a manutenção do equilíbrio do contrato sem, por esse motivo, promover, nem ter de promover, a introdução de qualquer modificação no clausulado do contrato. No primeiro caso, o contraente público não deve ser onerado com o dever de repor o equilíbrio financeiro do contrato, mas já o deve ser no segundo caso.

financeiro do contrato. Resulta do nº 1 do artigo que, quando a alteração do equilíbrio financeiro do contrato resulte, ou de alteração das circunstâncias imputável ao contraente público, a que se refere a alínea a), ou da modificação unilateral do contrato imposta pelo contraente público por razões de interesse público, a que se refere a alínea b), há lugar à reposição do respectivo equilíbrio financeiro. Em contraponto, estabelece, entretanto, o nº 2 do artigo 314º que os demais casos de alteração anormal e imprevisível das circunstâncias, porque não são imputáveis ao contraente público, não dão lugar à reposição do equilíbrio financeiro do contrato, mas apenas, como vimos, à sua modificação segundo critérios de equidade ou a uma compensação financeira da parte onerada pela alteração ocorrida.

Por conseguinte, quando esteja em causa uma alteração objetiva das circunstâncias, só é admitida a possibilidade da partilha entre as partes, segundo critérios de equidade, do anormal agravamento dos custos envolvidos no cumprimento do contrato por parte do contraente privado (artigo 314º, nº 2). Pelo contrário, quando esteja em causa uma alteração imputável ao contraente público, ela constitui o contraente privado no direito à reposição do equilíbrio financeiro do contrato (artigo 314, nº 1, alínea a)).

Como, entretanto, vimos no ponto precedente, para que a alteração imputável ao contraente público dê lugar à reposição do equilíbrio financeiro do contrato é, por outro lado, necessário que, adicionalmente, se preencha a condição prevista no nº 3 do artigo 314º, que estabelece que "o cocontratante só tem direito à reposição do equilíbrio financeiro quando, tendo em conta a repartição do risco entre as partes, o facto invocado como fundamento desse direito altere os pressupostos com base nos quais determinou o valor das prestações a que se obrigou, desde que o contraente público conhecesse ou não devesse ignorar esses pressupostos". Este é, como vimos, um pressuposto específico de que o CCP entendeu fazer depender o direito à reposição do equilíbrio financeiro do contrato, que não é comum à aplicação em geral do instituto da alteração anormal e imprevisível de circunstâncias, por alteração objetiva de circunstâncias, que apenas se rege pelo disposto nos artigos 312º, alínea a), e 314º, nº 2.

231. A alteração das circunstâncias imputável ao contraente público pode resultar, como sucede com maior frequência, da adoção de uma medida de caráter geral[786], mas também pode resultar da adoção de medidas concretas, hipótese na qual o nexo específico entre a medida e a situação contratual do contraente privado é mais fácil de estabelecer[787]. Tem, em qualquer dos casos, de se projetar de modo específico na posição que o cocontratante ocupa no contrato, sem, portanto, o atingir apenas enquanto membro indiferenciado da comunidade[788]. A alteração das circunstâncias não se confunde, entretanto, com a modificação do contrato, na medida em que não modifica, em si mesma, qualquer cláusula do contrato, mas apenas pode conduzir à modificação do seu clausulado, no sentido de o adequar às novas circunstâncias.

Para que o contraente privado tenha direito à reposição do equilíbrio financeiro, é necessário que a alteração seja anormal e imprevisível. Neste ponto, o regime do CCP filia-se, pois, na matriz do instituto da alteração anormal e imprevisível de circunstâncias, como claramente resulta do teor literal da alínea a) do nº 1 do artigo 314º.

No que diz respeito aos pressupostos da modificação do contrato com fundamento em alteração das circunstâncias, pode, assim, dizer-se que o artigo 314º do CCP tanto exige que a alteração das circunstâncias seja anormal e imprevisível quando esteja em causa uma alteração objetiva das circunstâncias (artigos 312º, alínea a), e 314º, nº 2), como quando esteja em causa uma alteração imputável ao contraente público (artigo 314º, nº 1, alínea a)).

Cumpre, entretanto, notar que a existência do dever de repor o equilíbrio financeiro do contrato era, entre nós, tradicionalmente assumida por referência, genericamente, a alterações decorrentes da atuação de quais-

786 Cfr. Rebelo de Sousa/Salgado de Matos, *Direito Administrativo Geral*, tomo III, 2ª ed., p. 421.

787 Neste sentido, cfr. De Laubadère/Venezia/Gaudemet, *op. cit.*, p. 837, que escrevem: "Quando se trata de medidas de alcance particular, intervém a teoria [do facto do príncipe] e o cocontratante tem direito à indemnização: será por exemplo o caso de uma prescrição individual ou de uma operação material tornando mais onerosa a situação do cocontratante (*Conseil d'État*, 28 de abril de 1948, caso *Ville d'Ajaccio*, in *Revue du Droit Public* de 1948, p. 603)".

788 Cfr., por todos, Freitas do Amaral, *Curso de Direito Administrativo*, vol. II, 1ª ed., Coimbra, 2001, p. 627; Esteves de Oliveira, *op. cit.*, pp. 699-700.

quer poderes públicos, independentemente da questão de saber se a atuação pública causadora da alteração era imputável ao próprio contraente público ou a outra entidade[789].

Ora, isto não se afigura razoável, no contexto da moderna Administração descentralizada dos nossos dias, em que não parece, por exemplo, fazer sentido onerar uma autarquia local com os encargos inerentes à reposição do equilíbrio financeiro perturbado por alterações impostas pela Administração central ou pelo próprio legislador. Por esse motivo, a alínea a) do nº 1 do artigo 312º do CCP circunscreve, hoje, o dever de reposição do equilíbrio financeiro do contrato às situações em que a quebra desse equilíbrio resulte de uma alteração de circunstâncias imputável ao próprio contraente público. Só, na verdade, nesse caso, tal como sucede no do exercício do poder de modificação unilateral, ao qual é, deste modo, equiparado para o efeito[790], se justifica onerar o contraente público com o dever de repor o equilíbrio financeiro do contrato[791].

Assim, por exemplo, alterações de circunstâncias introduzidas pelo Estado-legislador só poderão dar lugar à reposição do equilíbrio financeiro de contratos em que o Estado seja parte. De harmonia com o que

[789] Neste sentido, cfr., em particular, a circunstanciada explicação de MARCELLO CAETANO, *Manual de Direito Administrativo*, vol. I, 10ª ed. (reimpressão), Coimbra, 1983, pp. 620-622. Cfr. também ESTEVES DE OLIVEIRA, *op. cit.*, pp. 706 segs.; MARCELO REBELO DE SOUSA/ ANDRÉ SALGADO DE MATOS, *Direito Administrativo Geral*, tomo III, 1ª ed., Coimbra, 2007, p. 359; SÉRVULO CORREIA, "Contrato Administrativo" (separata do *Dicionário Jurídico da Administração Pública*), Coimbra, 1972, pp. 34-35.

[790] Neste sentido, REBELO DE SOUSA/SALGADO DE MATOS, *Direito Administrativo Geral*, tomo III, 2ª ed., p. 422.

[791] Neste sentido, infletindo posição anterior, em conformidade com o que hoje dispõe o CCP, cfr. REBELO DE SOUSA/SALGADO DE MATOS, *Direito Administrativo Geral*, tomo III, 2ª ed., pp. 422-423. Como sugere CARLA AMADO GOMES, "A conformação da relação contratual no Código dos Contratos Públicos", in *Estudos de Contratação Pública* (coord. de Pedro Gonçalves), vol. I, Coimbra, 2008, p. 549, excluímos, portanto, que o contraente público seja onerado com o dever de reposição do equilíbrio financeiro do contrato no caso de o contrato ter de ser eventualmente modificado para se ajustar a alterações decorrentes de medidas imputáveis a outras entidades administrativas. Na verdade, determinante, para este efeito, não é, quanto a nós, que seja o contraente público eventualmente a promover a modificação do contrato, quando a alteração do contexto envolvente porventura exija a modificação do próprio clausulado do contrato, mas a quem é imputável a causa que determina essa eventual modificação do contrato.

já atrás foi dito, referimo-nos a superveniências legislativas que apenas se projetem sobre a âmbiência envolvente ao contrato, alterando as circunstâncias do contrato, sem procederem diretamente à modificação de alguma das suas cláusulas, pois é só nesse caso que, nos termos expostos, há lugar à aplicação da alínea a) do nº 1 do artigo 314º do CCP. Com efeito, se, pelo contrário, o ato legislativo modificar diretamente o clausulado do contrato, a situação enquadra-se, a nosso ver, na previsão dos artigos 311º, nº 2, 312º, alínea b), e 314º, alínea b), devendo entender-se que, na parte em que modifica o contrato, o ato legislativo em causa contém – legítima ou ilegitimamente – um ato materialmente administrativo de modificação unilateral do contrato, com as consequências que daí advêm.

Pelo contrário, alterações de circunstâncias introduzidas pelo Estado-legislador em relação a contratos em que o Estado não seja parte devem ser, a nosso ver, enquadradas tal como, em direito privado, são enquadradas as determinações de autoridades públicas que se projetam sobre os contratos: como factos de terceiro, pelos quais o contraente público não é responsável e que, por conseguinte, não têm por que o constituir no dever de proceder à reposição do equilíbrio financeiro do contrato.

E, como já foi atrás notado, ainda que uma superveniência legislativa torne imperativa a modificação do clausulado de um contrato celebrado por uma entidade pública que não seja o Estado, se o contraente público tiver de promover a modificação do contrato, fora do exercício do poder de modificação unilateral, só para dar corpo a ato de autoridade imputável a entidade terceira, e, portanto, sem que lhe seja imputável a causa que determina a introdução dessa modificação, ele também não deve ser, quanto a nós, onerado com o dever de repor o equilíbrio financeiro do contrato. Este enquadramento não exclui, mas antes implica, a possibilidade de, se se preencherem os pressupostos para o efeito, o Estado poder ser, ele sim, responsabilizado pelos danos especiais e anormais que, no contexto em causa, possa ter causado, no exercício da função legislativa.

231-A. Por influência francesa, a doutrina faz, tradicionalmente, apelo, no contexto aqui em análise, ao conceito de *fait du prince, factum principis* ou *facto do príncipe*, e, a nosso ver, é de admitir que, por amor à tradição, ainda hoje se faça apelo, à face do CCP, a esse conceito, para designar a "decisão do contraente público, adotada fora do exercício dos seus poderes de conformação da relação contratual, que se repercuta de modo específico na situação contratual do co-contratante", a que se refere a previsão da alínea a) do nº 1 do artigo 314º (tal como a do nº 2 do artigo 335º, no plano da resolução do contrato).

Cumpre, porém, notar que o instituto do *facto do príncipe*, enquanto tal, não encontra consagração de âmbito geral no direito positivo português. O que bem se compreende, na medida em que se trata de um instituto assente em bases frágeis de sustentação, construídas num tempo em que ainda não havia condições para se proceder a diferenciações que, nos nossos dias, se impõem ou, pelo menos, se afigura justificado introduzir.

Sucede, com efeito, que, no sentido amplo originário, de construção francesa, o conceito era aplicado a todo e qualquer ato de poder público gerador de uma situação de modificação ou extinção do contrato ou de alteração das circunstâncias específicas da sua execução, abrangendo, assim, uma multiplicidade de situações claramente diferenciadas entre si.

Ora, cumpre, hoje, reconhecer que não há vantagem na adoção de conceito tão amplo, próprio, como foi dito, de outros tempos, na medida em que, como já vimos atrás, se impõe, hoje, distinguir, à face da lei, as situações de exercício pelo contraente público do poder de modificação unilateral do contrato, que, por definição, se projetam, necessariamente e de modo imediato, sobre o clausulado do contrato e, por isso, são objeto, no CCP, de um regime próprio com uma configuração específica, das demais condutas imputáveis ao contraente público que, sem configurarem o exercício desse poder, se repercutam na relação contratual; como distinguir também as condutas imputáveis ao contraente público das condutas imputáveis a outras entidades públicas que se repercutam sobre a relação contratual, na medida em que, como vimos, é só às primeiras que, quando seja caso disso, o CCP associa um regime de constituição do contraente privado no direito à reposição do equilíbrio financeiro do contrato ou à justa compensação pela extinção da relação contratual; e distinguir ainda as situações de exercício dos poderes de modificação e resolução unilateral do contraente público ou em que, fora do âmbito do exercício desses poderes, a conduta deste determina uma alteração anormal e imprevisível de circunstâncias que modifica as condições em que o contrato é executado – situações que são objeto no CCP de regulações próprias e entre si diferenciadas – de outras situações, em relação às quais o CCP é omisso, como as de impossibilidade absoluta de execução contratual imputáveis à atuação do contraente público no exercício dos seus poderes de autoridade.

Ora, neste contexto, entendemos que, a ser utilizado, o conceito de *facto do príncipe* deve ser reservado para designar as manifestações de poder do contraente público, com exclusão das eventuais manifestações de outras entidades públicas, que se caracterizem por se limitarem a alterar as circunstâncias que o contrato pressupõe, com exclusão daquelas que traduzem o exercício expecífico dos poderes de modificação e de resolução unilateral por parte do contraente público: trata-se, aliás, de opção com crescente expressão na doutrina nacional e comparada[792].

Nesta perspetiva, as previsões do CCP que, no plano doutrinal, poderão ser, pois, reconduzidas ao conceito de *facto do príncipe* encontram-se na alínea a) do nº 1 do artigo 314º, no que diz respeito à modificação objetiva dos contratos, e no nº 2 do artigo 335º, no que diz respeito à sua resolução, que se concretizam na consagração, em qualquer destes preceitos, de um regime particular do instituto da alteração anormal e imprevisível das circunstâncias.

Ao contrário, porém, do que tem sido sugerido por alguma doutrina[793], parece-nos, em todo o caso, evidente que o conceito de *facto do príncipe* não pode ser invocado, no plano doutrinal, para, *contra legem*, se sustentarem

[792] No mesmo sentido, cfr. Rebelo de Sousa/Salgado de Matos, *op. cit.*, p. 421; Pedro Gonçalves, *O contrato administrativo*, p. 109. Também no direito espanhol, a doutrina circunscreve o instituto do *factum principis* às situações que não se enquadram no exercício do poder de modificação unilateral propriamente dito: cfr., por todos, Garcia de Enterría/Rámon Fernandez, *op. cit.*, pp. 723 segs.; Cosculluela Montaner, *op. cit.*, pp. 429 segs. A tradição, entre nós, não era, em todo o caso, essa, mas antes, na senda da jurisprudência e doutrina francesas, da adopção de um conceito amplo de *facto do príncipe*, que compreendia o próprio exercício do poder de modificação unilateral dos contratos: cfr., por todos, Marcello Caetano, *Manual de Direito Administrativo*, vol. I, p. 197; M. Esteves de Oliveira, *op. cit.*, p. 707; Sérvulo Correia, "Contrato Administrativo" p. 34.

[793] Cfr. Cláudia Saavedra Pinto, O facto do príncipe e os contratos administrativos, Coimbra, 2012; Rodrigo Esteves de Oliveira, Estabilidade e instabilidade no contrato

interpretações derrogatórias ou abrogatórias dos regimes que o CCP consagra nestes preceitos de modo inequívoco.

No que diz respeito ao tema que, de momento, nos ocupa, da modificação objetiva dos contratos, parece-nos, assim, resultar claro da alínea a) do nº 1 do artigo 314º que é necessária uma alteração anormal e imprevisível das circunstâncias – que, como tal, preencha a previsão da alínea a) do artigo 312º – imputável a uma "decisão do contraente público, adotada fora do exercício dos seus poderes de conformação da relação contratual, que se repercuta de modo específico na situação contratual do co-contratante", para que possa ser reconhecido ao contraente privado o direito à reposição do equilíbrio financeiro do contrato.

3.3.4. Limites à modificabilidade dos contratos

232. O artigo 313º do CCP impõe um importante conjunto de limites à possibilidade da modificação objetiva dos contratos. Esses limites valem, quer para o caso de a modificação ser determinada por ato unilateral do contraente público, quer para o caso de a modificação ser determinada por acordo entre as partes. E, como já tivemos oportunidade de referir (cfr. *supra*, nº 210), deve, em nossa opinião, entender-se que valem, não apenas para os contratos abrangidos pelo âmbito de aplicação das Diretivas da União Europeia em matéria de contratação pública, mas para todos os contratos da Administração cuja celebração seja submetida pelo legislador nacional, em legislação especial, à obrigatoriedade da prévia realização de procedimentos de adjudicação específicos, regidos pelos princípios da concorrência, publicidade e transparência – o que não só inclui, como já foi dito, os contratos submetidos à Parte II do CCP que não sejam contratos administrativos, como hoje estabelece o nº 3 do artigo 280º, mas também deve, a nosso ver, incluir os contratos que nem sequer se integram no âmbito de aplicação do CCP, designadamente por o respetivo procedimento de formação ser objeto de regulação própria em legislação especial.

administrativo: as vicissitudes contratuais imputáveis ao contraente público, tese de doutoramento inédita, policop., Coimbra, 2016.

A nosso ver, existe uma evidente conexão entre o regime do artigo 313º e o dos limites que o artigo 99º do CCP impõe aos próprios ajustamentos que podem ser introduzidos no clausulado dos contratos públicos ainda na fase de aprovação da respetiva minuta. Mas, ao contrário do que, naturalmente, sucede naquele outro contexto, não há, nesta sede, que atender apenas ao interesse dos concorrentes que, em tempos, participaram no procedimento adjudicatório do contrato que se pretende modificar, mas também ao interesse dos potenciais interessados em participar num novo procedimento, dirigido à adjudicação de um novo contrato, que podem, naturalmente, não ter participado do procedimento precedente. Este interesse releva, desde logo, no exemplo paradigmático da concessão por trinta anos que se pretenda renovar por mais dez, vinte ou trinta anos com o mesmo cocontratante, sem a realização do necessário procedimento de contratação pública.

Indissociável do regime do artigo 313º, é o do artigo 315º, que se destina a possibilitar o controlo da conformidade com os limites impostos das modificações contratuais que sejam eventualmente introduzidas. E também aqui é evidente o paralelismo funcional existente entre o regime do artigo 315º e as regras de publicitação dos contratos celebrados por ajuste direto, que constam do artigo 127º, na medida em que uma eventual modificação do contrato em violação dos limites do artigo 313º equivale à celebração de um novo contrato por ajuste direto com convite a uma única entidade[794]. Como dispõe o artigo 77º-A, nº 1, alínea c), do CPTA, o novo contrato daí resultante é passível de impugnação direta por quem seja lesado pelo facto de, na sua celebração, ter sido totalmente preterido o procedimento pré-contratual legalmente exigido[795].

233. No que respeita ao conteúdo do regime do artigo 313º do CCP, o pressuposto de que ele parte é o de que, assim como se exige que a cele-

[794] Acrescente-se que, no âmbito dos contratos de empreitada de obras públicas, o CCP também estabelece limites quanto à realização de trabalhos a mais, no artigo 370º, assim como no artigo 454º, para os serviços a mais nos contratos administrativos de aquisição de serviços.

[795] A propósito, cfr. MÁRIO AROSO DE ALMEIDA, *Manual de Processo Administrativo*, 4ª ed., Coimbra, 2020, pp. 240-241.

bração de certos contratos pela Administração (e entidades equiparadas) seja precedida da realização de procedimentos transparentes de seleção do cocontratante, também se devem impor limites quanto aos poderes de disposição de que gozam as partes nos contratos que venham a ser celebrados na sequência desses procedimentos, de modo a impedir que, durante a vigência dos contratos, as partes os modifiquem no sentido de defraudar as regras de contratação que impõem às entidades adjudicantes a adopção de procedimentos concorrenciais na seleção daqueles com quem contratam[796].

Já na sua redação originária, logo em 2008, e, portanto, antes ainda que a questão tivesse sido objeto de atenção das Diretivas europeias, o artigo 313º do CCP já consagrava, de modo precursor, um regime inovatório, ainda que incipiente, nesta matéria.

Entretanto, expandiu-se o reconhecimento, no espaço europeu, de que os contratos públicos não podem ser livremente modificados durante o seu período de execução, seja pelo contraente público, seja por acordo das partes, porque as mesmas razões que exigem que a celebração desses contratos seja precedida da realização de procedimentos concorrenciais públicos e transparentes também determinam a necessidade da imposição de limites aos poderes de modificação de que gozam as partes nos contratos celebrados na sequência desses procedimentos.

O tema mereceu a atenção do Tribunal de Justiça da União Europeia, que sobre ele formou importante jurisprudência[797], e veio a ser objeto das Diretivas de 2014 em matéria de contratação pública, que procederam,

[796] Chamando já a atenção para este ponto, ainda antes do CCP, cfr. Freitas do Amaral, *Curso... cit.*, vol. II, 1ª ed., p. 620.

[797] Sobre o tema e a evolução da jurisprudência do Tribunal de Justiça da União Europeia sobre a matéria, cfr., por exemplo, Jan Hebly/Paul Heijnsbroek, "When amending leads to ending: a teorectical and practical insight into the retendering of contracts after a material change", in Gustavo Piga/Steen Treumer (eds.), *The applied law and economics of public procurement*, Oxford, 2013, pp. 163 segs.; Mario E. Comba, "Principles of EU law relevant to the performance of public contracts", in Martin Trybus/Roberto Caranta/Gunilla Edelstam, *EU Public Contract Law – Public procurement and beyond*, Bruxelas, 2013, pp. 322 segs.; Gimeno Feliú, *El nuevo paquete legislativo comunitário sobre contratación pública. De la burocracia a la estrategia*, Navarra, 2014, pp. 169 segs.; Francisco Vázquez Matilla, *La modificación de los contratos públicos*, Pamplona, 2015.

pela primeira vez, no espaço europeu, à fixação normativa de limites à modificação dos contratos públicos durante o seu período de vigência, consagrando formalmente um regime que, dando expressão desenvolvida e aperfeiçoada àquela jurisprudência, veio enriquecer muito claramente o conteúdo do Direito da União Europeia sobre a matéria, introduzindo um maior grau de clareza e ponderação em domínio tão sensível (cfr. artigos 43º da Diretiva nº 2014/23, 72º da Diretiva nº 2014/24 e 89º da Diretiva nº 2014/25)[798].

O CCP disciplina a matéria no artigo 313º, cuja atual redação resultou da revisão de 2017. A nosso ver, não se pode, no entanto, dizer que o referido artigo procedeu à transposição para o ordenamento interno nacional das Diretivas, na medida em que, do ponto de vista da estrutura e dos conceitos utilizados, o regime do artigo 313º, na redação introduzida pela revisão do CCP, é, no essencial, tributário daquele que já anteriormente constava do mesmo artigo, na sua redação originária, sem dar expressão aos conceitos e formulações introduzidas, de modo inovatório, pelas Diretivas, e, do ponto de vista do conteúdo, afasta-se, em aspetos substanciais, das soluções consagradas nas Diretivas, consagrando, aliás, desse modo, um regime que se presta a críticas importantes, sobretudo por ser bastante mais restritivo do que as Diretivas na determinação das situações em que admite a possibilidade da introdução de modificações contratuais.

[798] Sobre o regime das Diretivas de 2014 nesta matéria, cfr., por exemplo, STEEN TREUMER, "Contract changes and the duty to retender under the new EU public procurement directive", *Public Procurement Law Review* 2014, pp. 148 segs., e "Regulation of contract changes in the new procurement directive", in FRANÇOIS LICHÈRE/ROBERTO CARANTA/STEEN TREUMER (eds.), *Modernising Public Procurement: The New Directive*, Copenhaga, 2014, pp. 281 segs.; SUE ARROWSMITH, *The Law of Public and Utilities Procurement*, pp. 577 segs.; GIMENO FELIÚ, *El nuevo paquete legislativo comunitário sobre contratación pública*, pp. 179 segs., e "Las nuevas Directivas – cuarta generación – en matéria de contratación pública. Hacia una estrategia eficiente en compras públicas", *Revista Española de Derecho Administrativo* nº 159, pp. 74 segs.. Na doutrina portuguesa, cfr. ISABEL CELESTE FONSECA, "Pressupostos e limites da modificação do contrato público existente: um velho tema, novas dificuldades", in MARIA JOÃO ESTORNINHO (ed.), *A transposição das Diretivas Europeias de 2014 e o Código dos Contratos Públicos, e-book*, ICJP, Lisboa, 2016; PEDRO GONÇALVES, *Direito dos Contratos Públicos*, pp. 569 segs.; PEDRO MATIAS PEREIRA/CARLA MACHADO, "Modificação e rescisão do contrato", *Revista de Contratos Públicos* nº 12, pp. 80 segs..

234. Procurando sistematizar as soluções que nos parecem resultar do artigo 313º do CCP, na interpretação hábil que dele se nos afigura necessário fazer, pode, do nosso ponto de vista, dizer-se que o conteúdo do regime dos limites que se impõem à modificação objetiva dos contratos é o que se passa a enunciar[799].

1º – A única restrição que se impõe a toda e qualquer modificação contratual é a de que elas não podem envolver uma verdadeira mudança *de* contrato, consubstanciada numa alteração das prestações principais, identificativas do seu objeto, que configure uma *alteração da natureza global do contrato*, no sentido em que este conceito é utilizado pelas Diretivas.

A nosso ver, é este limite que o CCP pretende impor ao estabelecer, no artigo 313º, nº 1, alínea a), que as modificações contratuais não podem conduzir à *alteração substancial do objeto do contrato*. Com efeito, parece de entender que, com a utilização desta expressão, o preceito não pretende proibir todas as *modificações substanciais*, no sentido em que as Diretivas utilizam o conceito, mas apenas as modificações mais profundas, que vão ao ponto de envolver uma verdadeira mudança de contrato, consubstanciada na alteração das prestações principais, identificativas do objeto do contrato, a que já anteriormente à revisão de 2017 se referia o nº 1 do artigo 313º. Trata-se, assim, de proibir, em termos gerais e absolutos, modificações que impliquem a transformação do contrato num contrato de natureza diferente, de modo que o núcleo essencial do objeto do contrato mude, o tipo contratual seja alterado e as novas prestações contratuais tenham natureza diferente daquelas que tinham sido inicialmente estipuladas.

2º – Com o único limite referido, do respeito pela natureza global do contrato, é possível introduzir em qualquer contrato modificações fundadas em condições previstas no próprio contrato, em conformidade com o caderno de encargos, em cláusulas claras, precisas e inequívocas, nos termos do artigo 96º, nº 1, alínea j), do CCP: reveste-se, assim, hoje da maior importância, no âmbito da elaboração do caderno de encargos, um esforço

[799] Para mais desenvolvimentos, cfr. MÁRIO AROSO DE ALMEIDA, "Sobre os limites à modificação objetiva dos contratos administrativos", *Revista de contratos públicos* nº 19, pp. 26 segs..

de previsão, tanto quanto possível, das modificações de que os contratos deverão poder ser objeto ao longo do seu período de execução.

No plano literal, afigura-se, na verdade, que o sentido do corpo do artigo 312º é o de estabelecer que os contratos tanto podem ser modificados com os fundamentos previstos nas duas alíneas desse artigo, como com fundamento nas condições que neles próprios sejam previstas e que, portanto, não estão previstas no próprio artigo 312º, e, por conseguinte, que o sentido literal do nº 1 do artigo 313º é o de apenas impor limites às modificações que se fundem nas situações previstas nas duas alíneas do artigo 312º, e não àquelas que se fundem em condições previstas nos próprios contratos, a que o artigo 312º apenas faz referência, mas que não estão nele previstas.

E no plano teleológico, a solução da inaplicabilidade dos limites previstos no artigo 313º às modificações fundadas em condições previstas no próprio contrato, em conformidade com o caderno de encargos, é a que resulta das Diretivas e compreende-se à luz da racionalidade que está subjacente à imposição dos limites em causa. Com efeito, tal imposição visa impedir que, durante a vigência dos contratos, as partes os modifiquem de modo a defraudar as regras de contratação pública, que impõem às entidades adjudicantes a adoção de procedimentos concorrenciais transparentes na seleção daqueles com quem contratam. Ora, a submissão à concorrência, de modo transparente, das modificações de um contrato é assegurada desde que a possibilidade da introdução das modificações em causa seja prevista, desde o início, no caderno de encargos, em termos claros, precisos e inequívocos, podendo, nesse caso, dizer-se que se trata de modificações às quais os concorrentes também concorreram e que, portanto, também foram submetidas à concorrência, no âmbito do procedimento de formação do contrato em causa.

3º – As modificações não podem originar um aumento total de preço superior a 25% do preço contratual inicial, no caso de serem impostas por alteração anormal e imprevisível das circunstâncias, nos termos previstos no artigo 312º, alínea a), ou a 10%, no caso de serem impostas por razões de interesse público decorrentes de necessidades novas ou de uma nova ponderação das circunstâncias existentes, nos termos previstos no artigo 312º, alínea b) (artigo 313º, nº 1, alínea d)).

Estes limites só não se aplicam à modificação dos contratos especiais regulados no Título II da Parte III do CCP (contratos de empreitada de obras públicas, concessão de bens e serviços públicos, aquisição e locação de bens móveis e aquisição de serviços), no que diga respeito à realização de prestações complementares, que são objeto, quanto a esse ponto, dos regimes especiais constantes dos artigos 370º, 420º-A, 438º e 454º.

Pese embora a ambiguidade do disposto no nº 3 do artigo 313º, a relação que, em nossa opinião, se estabelece entre o regime do artigo 313º e os regimes dos artigos 370º, 420º-A, 438º e 454º é, pois, a normal relação que se estabelece entre regimes comuns e regimes especiais: como resulta do corpo do respetivo nº 1, o artigo 313º estabelece o regime comum aplicável à "modificação de qualquer contrato público" e, portanto, também dos contratos especiais regulados no Título II da Parte III; mas isto não prejudica a aplicabilidade a estes contratos dos regimes especiais dos artigos 370º, 420º-A, 438º e 454º, quando a modificação contratual tenha por objeto a realização de prestações que, por não poderem ser técnica ou economicamente separáveis do objeto do contrato sem inconvenientes graves e implicarem um aumento considerável de custos, são qualificadas como *prestações complementares* e, por esse facto, submetidas a um regime mais flexível.

Significa isto que o regime que é, em geral, aplicável à modificação dos contratos públicos, incluindo os contratos especiais regulados no Título II da Parte III do CCP, é o que consta do artigo 313º: por regra, também os contratos especiais regulados no Título II da Parte III do CCP só podem ser, pois, modificados dentro dos limites impostos pelo artigo 313º, designadamente dos limites de valor fixados na alínea d) do nº 1 do artigo 313º. No entanto, esses contratos podem ser modificados sem sujeição a esses limites de valor, quando estejam em causa modificações que tenham por objeto a realização de prestações complementares, hipótese na qual se aplicam, em vez daqueles, os limites de valor específicos que constam dos regimes especiais dos artigos 370º, 420º-A, 438º e 454º.

4º – Ainda que sejam respeitados os limites de valor referidos e o limite que desde logo decorre da natureza global do contrato, não são permitidas modificações passíveis de impedir, restringir ou falsear a concorrência. Na interpretação que fazemos do artigo 313º do CCP, de harmonia com o regime das Diretivas, isso sucederá quando as modificações pretendidas:

i) se fizessem parte do caderno de encargos, teriam ocasionado, de forma objetivamente demonstrável, a alteração da ordenação das propostas avaliadas ou a admissão de outras propostas (artigo 313º, nº 1, alínea c)), ou teriam atraído mais participações no concurso (cfr. artigo 72º, nº 4, alínea a) da Diretiva 2014/24);

ii) alterem o equilíbrio económico do contrato, de modo a colocar o cocontratante em posição mais favorável do que aquela que resultava do equilíbrio inicialmente estabelecido (artigo 313º, nº 1, alínea e));

iii) alarguem consideravelmente o âmbito ou o período de duração do contrato (sentido útil que, de harmonia com as Diretivas, nos parece dever ser imputado à previsão do artigo 313º, nº 1, alínea b)).

Cumpre, a este propósito, notar que o legislador da revisão do CCP optou por não utilizar, no nº 1 do artigo 313º, o conceito de *modificações substanciais do contrato*, com o sentido que as Diretivas lhe atribuem. A verdade, porém, é que as previsões das alíneas c) e e) do nº 1 do artigo 313º parecem encontrar correspondência na previsão que, por referência a esse conceito, consta das alíneas a) e b) do nº 4 do artigo 72º da Diretiva 2014/24 – o que, a nosso ver, determina que se atribua à previsão da alínea c) do nº 1 do artigo 313º um alcance mais amplo do que aquele que resulta da letra do preceito, em conformidade com a alínea a) do nº 4 do artigo 72º da Diretiva 2014/24.

Por conseguinte, a alínea b) do nº 1 do artigo 313º parece dever ser lida, à luz da previsão da alínea c) do nº 4 do artigo 72º da Diretiva 2014/24, como pretendendo proibir os demais casos de modificações substanciais do contrato – no sentido em que as Diretivas utilizam o conceito e que é aquele a que a alínea genericamente se refere –, isto é, os casos de modificações que tornem os contratos materialmente diferentes, por alargarem consideravelmente o respetivo âmbito ou o respetivo período de duração, mas sem irem ao ponto de proceder à alteração da natureza global do contrato, que, como vimos, já está proibida pela alínea a) do nº 1 do artigo 313º.

5º – No âmbito de contratos que impliquem a constituição de vínculos contratuais de natureza duradoura, é, entretanto, admitida a possibilidade da introdução de modificações justificadas pelo decurso do tempo (artigo 313º, nº 2), desde que, numa interpretação em conformidade com as Diretivas, se possa afirmar que essas modificações foram determinadas por uma evolução das circunstâncias, determinada pelo decurso do tempo, que uma entidade adjudicante diligente não podia ter previsto: a nosso ver, o nº 2 do artigo 313º do CCP desempenha, com efeito, função equivalente àquela que, na economia do artigo 72º da Diretiva 2014/24, desempenha a alínea c) do nº 1, pelo que deve ser interpretado em conformidade com esta disposição, que apenas admite modificações substanciais decorrentes de circunstâncias que uma entidade diligente não podia ter previsto.

Ainda neste caso se impõem, entretanto, os limites quanto ao valor das modificações a introduzir, impostos pela alínea d) do nº 1 do artigo 313º, e o limite decorrente da alínea e), que proíbe modificações que alterem o equilíbrio económico do contrato, de modo a colocar o cocontratante em posição mais favorável do que aquela que resultava do equilíbrio inicialmente estabelecido.

235. Num plano de apreciação crítica, afigura-se-nos que o modo pelo qual o legislador da revisão de 2017 do CCP procedeu, no artigo 313º, à definição do regime geral em matéria de limites à modificação dos contratos não assegura a mais adequada ponderação dos interesses envolvidos e que lhe cumpria colocar em equação.

Na verdade, a questão (complexa) que, na matéria aqui em análise, se coloca, é a da necessidade da ponderação dos valores conflituantes que nela estão envolvidos, na busca das soluções mais adequadas para alcançar um ponto de equilíbrio. É, com efeito, reconhecido que a imposição de limites à possibilidade de modificação dos contratos públicos por razões fundadas no Direito da contratação pública, ao impor um maior grau de estabilidade aos contratos públicos, sob pena da necessidade do regresso ao mercado para promover um novo procedimento adjudicatório, se coloca numa relação de tensão com a tradicional preocupação de assegurar a adaptabilidade dos contratos administrativos de longa duração à evolução do interesse público – num contexto em que a necessidade de promover procedimentos concorrenciais consome tempo e implica custos, sobretudo quando, para o efeito, haja que resolver o contrato existente, indemnizando o cocontratante.

O problema que neste plano se coloca é, portanto, o do tendencial conflito entre a estabilidade e a adequação à mudança. Como o evidencia a evolução ocorrida no Direito europeu da contratação pública, desde os primeiros acórdãos do Tribunal de Justiça sobre a matéria até ao regime consagrado nas Diretivas de 2014, a questão, neste como nos outros domínios, centra-se, pois, na determinação da justa medida, do grau adequado de equilíbrio, na identificação de soluções que, não absolutizando os valores da contratação pública, permitam harmonizá-los com os valores da adequabilidade dos contratos administrativos à evolução do interesse público e da racionalidade e eficiência no dispêndio dos recursos públicos. Ora, a nosso ver, o legislador da revisão do CCP não procedeu, como foi dito, à mais adequada ponderação dos interesses que, nesta matéria, estão envolvidos e que lhe cumpria colocar em equação, atribuindo um peso desmesurado à estabilidade em relação à mudança.

Na verdade, o regime do nº 1 do artigo 313º vai além das Diretivas na restrição da possibilidade da modificação dos contratos, na medida em que, ao contrário do que sucede com as Diretivas, não estabelece um limiar, em função do valor dos contratos, abaixo do qual sejam livremente admitidas quaisquer modificações, desde que não conduzam à alteração substancial do objeto do contrato: com efeito, o preenchimento da previsão da alínea d) não afasta a aplicação das demais alíneas do nº 1 do artigo 313º, como a alínea e). E, por outro lado, na medida em que a alínea d) do nº 1 do artigo 313º impõe um limite absoluto à possibilidade da introdução de modificações, fixado em termos percentuais, por referência ao valor dos contratos, no que representa a mais drástica das limitações impostas pelo legislador nacional neste domínio, sem que as Diretivas o impusessem.

Ora, da previsão, em particular, deste limite, que se aplica mesmo às situações previstas no nº 2 do artigo 313º, resulta uma forte restrição à possibilidade da adequação dos contratos públicos à evolução das exigências ditadas pelo interesse público, que, a nosso ver, terá graves consequências, que se concretizarão, ou no sacrifício do interesse público que resultará da impossibilidade de modificar o contrato, ou no sacrifício do erário público que, quando não seja possível proceder-se à modificação dos contratos, decorrerá da necessidade de os resolver para celebrar outros em sua substituição, com a necessária indemnização do cocontratante originário[800].

3.4. Extinção do contrato

236. No que respeita ao regime do Capítulo VIII do Título I da Parte III do CCP, atinente à extinção das relações contratuais, os aspetos mais relevantes têm que ver com as situações em que pode haver resolução do contrato, por iniciativa do co-contratante ou do contraente público.

No caso do co-contratante, estabelece o artigo 332º que, "sem prejuízo de outras situações de grave violação das obrigações assumidas pelo contraente público especialmente previstas no contrato", ele tem o direito de resolver o contrato nos casos enunciados nas cinco alíneas do nº 1.

A primeira dessas situações, prevista na alínea a), é a de "alteração anormal e imprevisível das circunstâncias", que, no entanto, nos termos do disposto no nº 2, só releva quando a resolução "não implique grave prejuízo para a realização do interesse público subjacente à relação contratual ou, caso implique tal prejuízo, quando a manutenção do contrato ponha manifestamente em causa a viabilidade económico-financeira do co-contratante ou se revele excessivamente onerosa, devendo, neste último caso, ser devidamente ponderados os interesses públicos e privados em presença".

Os pressupostos correspondem àqueles de que, como vimos (cfr. *supra*, nº 225), também depende a invocabilidade da exceção de não cumprimento, nos termos do artigo 327º. No entanto, no caso do direito de resolução, o nº 3 do artigo 332º estabelece que ele é de necessário exercício por via judicial ou mediante recurso a arbitragem, o que, desde logo,

[800] A questão já se tinha colocado na vigência do quadro normativo anterior à revisão do CCP: cfr, a propósito, o Acórdão do Tribunal de Contas nº 20/10, Proc. 108/2010 e o comentário de Tiago Duarte, "Os eléctricos de Marselha não chegaram a Sintra: o Tribunal de Contas e os limites à modificação dos contratos", in *Revista de Contratos Públicos* nº 3.

determina que seja o tribunal a verificar o preenchimento dos pressupostos.

O regime já é diferente no caso previsto na alínea c) do nº 1 do mesmo artigo, de "incumprimento de obrigações pecuniárias pelo contraente público por período superior a seis meses ou quando o montante em dívida exceda 25% do preço contratual, excluindo juros", hipótese na qual, nos termos do nº 4, "o direito de resolução pode ser exercido mediante declaração ao contraente público, produzindo efeitos 30 dias após receção dessa declaração, salvo se o contraente público cumprir as obrigações em atraso nesse prazo, acrescidas dos juros de mora a que houver lugar".

No que respeita às consequências da eventual resolução judicial do contrato por alteração anormal e imprevisível das circunstâncias invocada pelo co-contratante, ao abrigo das previsões da alínea a) do nº 1 e dos nºs 2 e 3 do artigo 332º, há, neste domínio, que distinguir – a exemplo do que, como vimos (cfr. *supra*, nºs 228 segs.), também sucede no âmbito do regime da modificação objetiva dos contratos – as situações de alteração *objetiva* das circunstâncias, em que a alteração não é imputável a qualquer das partes, das situações em que "a resolução do contrato por alteração anormal e imprevisível das circunstâncias seja imputável a decisão do contraente público fora do exercício dos seus poderes de conformação da relação contratual".

Com efeito, no primeiro tipo de situação, caso se preencham os pressupostos do nº 2 do artigo 332º, o co-contratante apenas tem direito à resolução do contrato. Pelo contrário, no segundo tipo de situação, para além da resolução do contrato, ele também tem direito ao pagamento de justa indemnização, como se a resolução tivesse sido determinada no exercício do poder de resolução unilateral do contraente público por razões de interesse público. É o que estabelece o nº 2 do artigo 335º, em perfeita coerência com o que, paralelamente, sucede nas situações em que, por determinar consequências de menor gravidade, o facto imputável ao contraente público não implica a resolução do contrato, mas a sua modificação, e em que também é reconhecido ao co-contratante o direito à reposição do equilíbrio financeiro do contrato (cfr. artigo 314º, nº 1, alínea a), e *supra*, nºs 230 e 231).

O princípio é, na verdade, o de que, quando a alteração de circunstâncias imputável ao contraente público vá ao ponto de impedir a própria manutenção do contrato, conduzindo à sua resolução, não assiste ao contraente privado o direito à reposição do equilíbrio financeiro – que, nesse contexto, não faz sentido, pois o contrato não pode subsistir –, mas o seu sucedâneo, que, neste contexto, só pode ser o direito à justa indemnização devida pelo facto da extinção do contrato.

Como estabelece o artigo 334º, este direito existe quando o contraente público resolve o contrato por razões de interesse público[801]. Faz sentido que ele também exista quando a alteração de circunstâncias que conduz à resolução seja imputável ao contraente público – e isto, faça-se notar, quer quando a resolução seja desencadeada com esse fundamento pelo co-contratante, como será mais natural, quer quando ela seja desencadeada pelo contraente público, hipótese que o nº 2 do artigo 335º parece ter, pela sua inserção sistemática, mais diretamente em vista[802]. Só a resolução determinada por alteração objetiva de circunstâncias, não imputável a qualquer das partes, não dá, portanto, direito ao pagamento de qualquer indemnização, tal como também não o dá, naturalmente, a resolução sancionatória.

A partir dos regimes consagrados na alínea a) do nº 1 do artigo 314º e no nº 2 do artigo 335º do CCP e do espírito que lhes está subjacente, afigura-se-nos, entretanto, possível invocar, no vigente ordenamento jurídico português, a *ratio* inspiradora do instituto do *fait du prince, factum principis* ou *facto do príncipe* para dar resposta a uma situação em relação à qual se afigura que existe uma lacuna de regulação no CCP que deve ser integrada por essa via, por se tratar de uma situação decorrente de uma "decisão do contraente público, adotada fora do exercício dos seus poderes de conformação da relação contratual, que se repercute de modo específico na situação contratual do co-contratante", que, como aquelas previstas nos referidos preceitos, de igual modo justifica a imposição ao contraente público do dever de proceder à justa indemnização do seu cocontratante.

Referimo-nos às situações em que, mais do que limitar-se a alterar em termos adversos as circunstâncias que envolvem a execução do contrato, a atuação do contraente público no exercício dos seus poderes de autoridade fora do âmbito da relação contratual determina a impossibilidade

[801] Já nesse sentido, tradicional e pacífico antes do CCP, cfr., por todos, Freitas do Amaral, *Curso...*, vol. II, 1ª ed., p. 650; Pedro Gonçalves, *O contrato administrativo*, p. 134.

[802] No mesmo sentido, cfr. Rebelo de Sousa/Salgado de Matos, *Direito Administrativo Geral*, vol. III, p. 422.

de execução do contrato: pense-se na hipótese da superveniência de um ato legislativo que, impossibilitando a execução de um contrato celebrado pelo Estado, seja geradora de uma situação de impossibilidade definitiva absoluta da subsistência da relação contratual.

A impossibilidade de execução do contrato devida a facto não imputável ao contraente público não tem por que o constituir no dever de indemnizar o seu cocontratante. Mas afigura-se de admitir que o CCP é omisso quanto às consequências que decorrem da impossibilidade da subsistência da relação contratual imputável ao contraente público. A nosso ver, a hipótese não pode ser diretamente subsumida na previsão do nº 2 do artigo 335º, porque a situação de impossibilidade de execução do contrato imputável ao contraente público não se confunde com a de mera alteração de circunstâncias que onere a execução, ainda que esta possa, por aplicação de critérios de boa fé, conduzir à resolução do contrato. A nosso ver, a situação de impossibilidade de execução do contrato imputável ao contraente público também deve, no entanto, constituir o contraente público no dever de proceder à justa indemnização do seu cocontratante, de harmonia com a *ratio* inspiradora do regime do nº 2 do artigo 335º do CCP.

237. De acordo com o nº 1 do artigo 335º do CCP, "o contraente público tem o direito de resolver o contrato com fundamento na alteração anormal e imprevisível das circunstâncias, nos termos do disposto na alínea a) do artigo 312º".

Este preceito coloca a delicada questão da caracterização da situação em que se encontra colocado o contraente público, quando pretenda fazer valer a alteração anormal e imprevisível das circunstâncias para resolver um contrato.

Como tivemos oportunidade de ver (cfr. *supra*, nº 218 e nº 219), o contraente público só pode exercer o poder de modificação unilateral do contrato, a que se referem a alínea c) do artigo 302º e a alínea b) do nº 2 do artigo 307º do CCP, com fundamento em razões de interesse público, como estabelecem o nº 2 do artigo 311º e a alínea b) do artigo 312º, e não com fundamento na alteração anormal e imprevisível de circunstâncias (que não determine razões de interesse público), a que se refere a alínea a) do artigo 312º. O mesmo não resulta, porém, com igual clareza, no que respeita à resolução do contrato por alteração anormal e imprevisível de circunstâncias.

Com efeito, o artigo 334º reconhece ao contraente público o poder de resolver o contrato por razões de interesse público. Este poder apresenta um claro paralelismo com o poder de modificação unilateral por razões de interesse público, a que se referem o artigo 311º, nº 2, e o artigo 312º, alínea b). Em separado, o artigo 335º reconhece, entretanto, ao contraente público o direito à resolução do contrato com fundamento na alteração anormal e imprevisível das circunstâncias, remetendo para o disposto na alínea a) do artigo 312º quanto aos termos em que este direito pode ser exercido.

O nº 1 do artigo 335º estabelece, pois, um paralelismo entre este direito e o direito à modificação do contrato por alteração anormal e imprevisível das circunstâncias, a que se refere a alínea a) do artigo 312º, o que parece sugerir que o artigo 335º é um segmento do regime da alteração anormal e imprevisível de circunstâncias, que o legislador do CCP separou, no plano sistemático, dos restantes aspectos daquele regime, mas que, apesar disso, se rege pelos mesmos princípios, nesse sentido apontando a remissão do artigo 335º para a alínea a) do artigo 312º.

Daí resulta o nosso entendimento de que, tal como sucede com o disposto na alínea c) do artigo 302º e na alínea b) do nº 2 do artigo 307º, dos quais decorre que o contraente público só pode exercer o poder de modificação unilateral do contrato com o fundamento previsto na alínea b) e não com o fundamento previsto na alínea a) do artigo 312º, também se deve entender que, tanto a previsão da alínea e) do artigo 302º, como a previsão da alínea d) do nº 2 do artigo 307º, apenas se referem ao poder de resolução unilateral por razões de interesse público, que o artigo 334º confere ao contraente público.

E, por conseguinte, o entendimento de que o contraente público só pode exercer o poder de resolução unilateral do contrato com o fundamento previsto no artigo 334º, em evidente paralelismo com o poder de modificação unilateral da alínea b) do artigo 312º, por razões de interesse público; e de que o contraente público não dispõe, pelo contrário, desse poder na situação prevista no artigo 335º, como resulta do paralelismo com a hipótese de modificação do contrato a que se refere a alínea a) do artigo 312º, que resulta da remissão do artigo 335º para este último preceito.

Em sentido contrário a este entendimento, não pode deixar de notar-se que, tanto a alínea e) do artigo 302º, como a alínea d) do nº 2 do artigo

307º, se referem genericamente a um poder do contraente público de resolução unilateral do contrato, sem especificar que esse poder só pode fundar-se em razões de interesse público; e, por outro lado, que a alínea c) do artigo 330º, ao referir-se às hipóteses em que a resolução do contrato pode resultar de decisão do contraente público, não remete apenas para os artigos 333º e 334º, mas também para o artigo 335º.

Estes últimos dados não nos parecem, porém, só por si, suficientes para permitir sustentar a conclusão de que o CCP pretendeu, de modo tão inovador quanto imprevisível, conferir aos contraentes públicos o poder de, por ato unilateral de autoridade, dotado de força executiva, resolverem os contratos administrativos com fundamento em alteração anormal e imprevisível de circunstâncias, ao abrigo do nº 1 do artigo 335º, em circunstâncias que não permitam sustentar uma resolução fundada em razões de interesse público, ao abrigo do artigo 334º.

Com efeito, esta solução seria contrária àquela que, na doutrina, era proposta antes do CCP, no sentido da distinção entre o poder do contraente público de resolução unilateral por razões de interesse público, passível de ser exercido através da prática de ato administrativo, e o direito à resolução do contrato por alteração anormal e imprevisível de circunstâncias, que, na ausência de acordo, qualquer das partes só poderia fazer valer pela via judicial[803] – distinção que, do ponto de vista literal, encontra, aliás, expressão na letra do artigo 334º, que fala de um *poder*, e do nº 1 do artigo 335º, que, diferentemente, fala de um "direito de resolver", em termos paralelos àqueles em que, com as mesmas palavras, o artigo 332º fala de um "direito de resolver" do co-contratante, que "é exercido por via judicial ou mediante recurso a arbitragem".

Ora, sucede que a referida distinção *faz todo o sentido*, porque seria a completa subversão do instituto da alteração anormal das circunstâncias, *que assenta no princípio da boa-fé e numa lógica de equidade*, admitir-se que, no domínio da resolução do contrato – e ao contrário do que, claramente, sucede no domínio da modificação do contrato, sem que nada justifique tal disrupção sistémica –, ele pudesse ser objeto do exercício de um poder de definição unilateral, mediante o qual uma das partes no contrato pudesse impor a sua vontade à outra, através da prática de um ato administrativo – ato administrativo cuja legitimidade, por outro lado, não se vislumbra, na

[803] Cfr. Pedro Gonçalves, *O contrato administrativo*, pp. 126 e 136.

medida em que, não sendo praticado ao abrigo do artigo 334º, tal ato não se fundaria em razões de interesse público aptas a fornecer-lhe a necessária base de sustentação. Em última análise, e a entender-se tal expediente necessário, este argumento justifica, a nosso ver, uma interpretação restritiva da alínea d) do nº 2 do artigo 302º, que favoreça a aplicabilidade, no contexto em análise, do nº 1 do mesmo artigo[804].

4. Regime dos contratos sobre o exercício de poderes públicos

238. Em nossa opinião, não há qualquer dúvida de que o legislador português ainda não definiu de modo adequado aspetos essenciais do regime a aplicar aos contratos sobre o exercício de poderes públicos – o que, aliás, não surpreende, na medida em que se trata de uma categoria de contratos que, como vimos, foi introduzida há relativamente pouco tempo no ordenamento jurídico português e sobre a qual, por isso, se encontra ainda pouco sedimentada entre nós a construção doutrinal e, ainda menos, a prática jurisprudencial.

Na ausência de dados normativos adequados, o conteúdo essencial do regime a aplicar aos contratos sobre o exercício de poderes públicos tem de ser, entretanto, apreendido, por interpretação, a partir dos dados normativos resultantes do CCP, tal como ele hoje se apresenta. É o que procuraremos fazer de seguida[805].

A nosso ver, colocam-se em dois planos diferentes as questões que suscita a determinação do conteúdo do regime jurídico aplicável, na nossa ordem jurídica, aos contratos sobre o exercício de poderes públicos. O primeiro desses planos prende-se com as dificuldades de interpretação

[804] No sentido de que, à face do CCP, o contraente público não pode proceder, através de ato administrativo, à resolução unilateral do contrato por alteração anormal e imprevisível das circunstâncias, cfr. Rebelo de Sousa/Salgado de Matos, *Direito Administrativo Geral*, vol. III, pp. 420-421.

[805] Para mais desenvolvimentos, cfr. Mário Aroso de Almeida, *O problema do contrato administrativo*, pp. 120 segs.. Sobre o tema na mais recente doutrina portuguesa, cfr., entretanto, Jorge Alves Correia, *Contrato e poder administrativo*, Coimbra, 2017, e "Entre o reino do ato e o império do contrato: o 'enigma' do contrato sobre exercício de poderes públicos no direito português", in *Comentários à revisão do Código dos Contratos Públicos* (coord. Carla Amado Gomes/Ricardo Pedro/Tiago Serrão/Marco Caldeira), Lisboa, 2017, pp. 691 segs..

que colocam os artigos 336º e 337º do CCP, que consagram regimes especificamente dirigidos a disciplinar esta categoria de contratos. Coloca-se, entretanto, no segundo plano a questão de saber se e em que medida o regime dos demais preceitos do Título I da Parte III do CCP é aplicável aos contratos sobre o exercício de poderes públicos.

A questão da determinação do conteúdo do regime jurídico aplicável aos contratos sobre o exercício de poderes públicos não se coloca, entretanto, do mesmo modo em relação aos contratos substitutivos de atos administrativos e aos contratos obrigacionais, através dos quais a Administração se vincula quanto aos termos em que procederá ao exercício futuro dos seus poderes (para a distinção, cfr. *supra*, nº 202). Justifica-se, por isso, diferenciar em conformidade.

239. Como já foi referido, o CCP, nos artigos 336º e 337º, submete os contratos sobre o exercício de poderes públicos a "regras especiais". O regime resultante destes artigos é, no entanto, lacunoso, só sendo possível dele extrair a definição de escassos aspetos do regime substantivo aplicável a esta categoria de contratos.

Um ponto deve ser, em todo o caso, assumido como pressuposto, quando se trata de determinar os aspetos essenciais do regime a aplicar aos contratos sobre o exercício de poderes públicos. Estes contratos caracterizam-se por substituírem atos administrativos, determinando a produção dos mesmos efeitos que um ato administrativo determinaria em seu lugar, ou por envolverem a assunção pelo órgão competente da obrigação de, em dadas circunstâncias, proceder, ou não proceder, no futuro à emissão de um ato administrativo com um determinado conteúdo. Pela sua estreita conexão com a figura do ato administrativo, que substituem ou assumem a obrigação de emitir, não pode deixar, assim, de existir uma estreita conexão entre o regime a aplicar aos contratos sobre o exercício de poderes públicos e aquele que é aplicável aos atos administrativos que eles substituem ou a cuja emissão eles se referem.

Este ponto está, aliás, subjacente às soluções normativas consagradas no artigo 337º do CCP.

Com efeito, o nº 1 deste artigo refere-se aos contratos substitutivos de atos administrativos, que o preceito qualifica como *"contratos com objeto passível de ato administrativo"*, para o efeito de estabelecer que estes contratos caducam sempre que se verifiquem factos que determinariam a caducidade dos atos administrativos que eles substituem. O preceito consagra, assim, um rigoroso paralelismo entre o regime a aplicar ao contrato e o regime aplicável ao ato administrativo que aquele substitui. E, em nossa opinião, deve, na verdade, entender-se que a regra, no que aos contratos substitutivos de atos administrativos diz respeito, é a de que eles se devem pautar pelo regime aplicável aos atos administrativos aos quais se substituem.

Já no que, por sua vez, respeita ao nº 2 do artigo 337º do CCP, ele refere-se aos contratos pelos quais um órgão administrativo se obriga a praticar, ou não praticar, no futuro um ato administrativo com determinado conteúdo, para o efeito de estbelecer que, quando um órgão administrativo tenha assumido contratualmente a obrigação de vir no futuro a exercer os seus poderes de valoração próprios de determinada maneira, essa obrigação cessa se se alterarem os pressupostos em que se tinha baseado a assunção dessa obrigação ou se comprovar que esses pressupostos já não poderão preencher-se.

Mais uma vez, trata-se de aplicar aos contratos sobre o exercício de poderes públicos o regime dos atos administrativos, no propósito de evitar que a obrigação contratualmente assumida impeça o órgão de exercer os seus poderes de decisão concreta nos termos em que a lei pretende que ele os exerça, forçando-o a atuar de modo ilegal. Com efeito, se, em função de determinados pressupostos, o órgão entendeu dever exercer os seus poderes de valoração próprios de determinada forma e, por isso, se obrigou contratualmente nesses termos, a alteração ou impossibilidade superveniente do preenchimento desses pressupostos obriga-o, face à lei, a reequacionar a questão, sem que a obrigação contratualmente assumida em função de pressupostos diferentes o possa impedir de o fazer.

Embora o CCP não tenha tido a clareza de o assumir de modo explícito, resulta, pois, a nosso ver, do seu artigo 337º que os contratos sobre o exercício de poderes públicos se regem pelo regime aplicável aos atos administrativos que substituem ou a cuja emissão se referem, sendo, por isso, inválidos quando infrinjam as vinculações que desse regime resultam.

E, em nossa opinião, essa deve ser, na verdade, a ideia-chave da qual se deve partir para a operação de determinação do conteúdo dos regimes jurídicos a aplicar aos contratos sobre o exercício de poderes públicos – partindo, de harmonia com o que atrás foi dito, da fundamental distinção entre *contratos substitutivos de atos administrativos* e *contratos obrigacionais* (cfr. *supra*, nº 202).

a) No que diz respeito ao regime dos contratos substitutivos de atos administrativos, o primeiro aspeto em que parece dever assentar-se é o de que, embora o artigo 278º do CCP confira à Administração a possibilidade de optar, em situações concretas, pela utilização da forma do contrato em substituição da forma do ato administrativo, essa opção não tem o alcance de subtrair a Administração ao dever de observar o princípio da legalidade, pelo qual se rege todo o exercício de poderes administrativos[806].

Não se questiona, naturalmente, que a substituição de um ato administrativo por um contrato tem implicações que não deixam de se traduzir numa escolha de regimes jurídicos, na medida em que a Administração não pode praticar em relação aos contratos que celebre os atos administrativos interpretativos, de declaração de nulidade e de anulação administrativa que pode praticar em relação aos atos administrativos que tenha emitido[807]. Mas nesse plano se esgota, a nosso ver, o alcance em que a opção pela substituição do ato administrativo pelo contrato implica uma escolha de regimes, na medida em que tal opção não pode ser determinada pelo propósito de contornar a lei, introduzindo no contrato conteúdos inadmissíveis no ato substituído ou evitando a aplicação ao contrato de regimes normativos aplicáveis ao ato substituído[808].

Com a ressalva enunciada, deve, assim, entender-se que a utilidade da substituição do ato administrativo pelo contrato não passa pela escolha de regimes jurídicos distintos daquele que resulta do quadro normativo aplicável ao ato substituído, mas apenas reside no facto de a forma contratual ser aquela que melhor se adequa a moldar conteúdos jurídicos concerta-

[806] Para mais desenvolvimentos, cfr. MÁRIO AROSO DE ALMEIDA, *O problema do contrato administrativo*, pp. 122 segs.

[807] Cfr. PAULO OTERO, *Legalidade...*, p. 837; PEDRO GONÇALVES, *Direito dos Contratos Públicos*, pp. 480 e 491.

[808] Neste sentido, cfr. MARK KIRKBY, *Contratos administrativos de subordinação*, p. 338, que cita *Walter Krebs* quando este afirma que "o contrato não pode ser nenhum atrativo para a Administração como via de evasão para assim evitar a vinculação à lei, já que esta saída é juridicamente irrealizável. O seu maior atrativo reside no aumento das possibilidades de configuração que este instrumento lhe proporciona". Pelo que o Autor conclui que, "nesta perspetiva, contratos e cláusulas acessórias de ato têm a mesma função e limites. As vantagens do contrato em relação ao ato hão-de encontrar-se noutros elementos que não neste".

dos entre entidades públicas e particulares, sobretudo nos domínios que impliquem ou, pelo menos, consintam que a produção dos efeitos jurídicos típicos do ato substituído seja acompanhada da assunção, pelo particular interessado, da obrigação da realização de prestações com eles conexas. Deve, assim, entender-se que o contrato substitutivo de ato administrativo se encontra submetido ao mesmo regime de legalidade material aplicável ao ato administrativo com o mesmo objeto que introduza idêntica regulamentação da situação concreta.

A nosso ver, é, na verdade, de lamentar que postulado tão importante como este não seja hoje expressamente assumido no artigo 336º do CCP, cujo conteúdo, a abrir a secção dedicada aos contratos sobre o exercício de poderes públicos, nos parece, pelo contrário, transmitir uma mensagem ambígua, senão mesmo errada, em matéria tão sensível.

De harmonia com este postulado, há, por outro lado, que assumir também que a substituição do ato por contrato não pode ser determinada pelo propósito de impor ao particular, através do contrato, obrigações, ónus ou sujeições que não lhe pudessem ser impostas através da inserção de cláusulas particulares ou acessórias no conteúdo do ato substituído, pelo que a eventual imposição acessória ao cocontratante da realização de contrapartidas para o interesse público só é admissível quando seja determinante para justificar, como mais favorável para o interesse público, o exercício do poder de valoração próprio da Administração em sentido favorável ao interessado que é objeto principal do contrato.

b) No que, por sua vez, diz respeito ao regime dos contratos obrigacionais, mediante os quais a Administração se vincula quanto aos termos em que procederá no futuro ao exercício concreto dos seus poderes, parece dever entender-se que, para que a Administração possa vincular-se antecipadamente quanto aos termos do exercício futuro dos seus poderes, é necessário que, no momento em que se vincula, ela já esteja na posse de todos os elementos relevantes para a tomada da decisão e verifique que, não só se encontram preenchidos os pressupostos legalmente exigidos para que ela possa ou deva ser tomada nesse sentido, mas também, não estando em causa o exercício de um poder vinculado, que existem *motivos* que identifica como determinantes para o exercício do poder no sentido convencionado. Este é o postulado em que, a nosso ver, se funda, e à luz do qual deve ser, por isso, interpretado, o regime do nº 2 do artigo 337º do

CCP, na parte em que se refere aos "pressupostos que ditariam o exercício da discricionariedade administrativa no sentido convencionado", mas que, precisamente por isso, haveria, quanto a nós, toda a vantagem em ser assumido de forma mais clara pelo legislador.

Cumpre, com efeito, notar que os contratos mediante os quais a Administração se vincula quanto à prática ou omissão futura de um ato administrativo com determinado conteúdo podem ser celebrados no decurso do procedimento dirigido à prática do ato em causa. Nesse caso, são *acordos endoprocedimentais,* correspondendo a uma das modalidades desta figura, que, hoje, se encontra prevista no nº 3 do artigo 57º do CPA. Mas também podem ser celebrados em momento anterior à própria iniciativa do procedimento. Ora, em ambos os casos, mas sobretudo neste último, a legitimidade da vinculação contratual prévia da Administração tem de ser articulada com o papel que, nos termos da lei, o procedimento não pode deixar de desempenhar no contexto da formação da decisão administrativa. Na verdade, não é admissível a vinculação prévia da Administração quanto ao resultado do procedimento, representando esta, a nosso ver, uma forte limitação à legitimidade dos vínculos que a Administração pode assumir quanto ao exercício dos seus poderes.

Numa leitura hábil, afigura-se possível reconduzir à previsão do nº 2 do artigo 337º do CCP as situações em que a instrução do procedimento permita verificar que o cumprimento do contrato seria lesivo do interesse público, pelo que não deve ser honrado o compromisso assumido de praticar ou omitir o ato administrativo em causa. Mas está longe de ser evidente que tal hipótese configure uma alteração superveniente de pressupostos. Não nos parece, por isso, que o legislador do CCP tenha tomado em devida consideração, no nº 2 do artigo 337º, um problema que, a nosso ver, exigiria uma resposta mais clara e adequada, que poderia passar pela expressa submissão legal dos contratos em referência à condição da compatibilidade do seu cumprimento com o resultado do procedimento.

De outro modo, a entender-se que a hipótese em análise não se enquadra na previsão do nº 2 do artigo 337º do CCP, só restará sustentar a invalidade do contrato, com fundamento no facto de a Administração se ter vinculado sem estar na posse de todos os elementos relevantes para a tomada da decisão: requisito legal que, mesmo não sendo expressamente imposto por qualquer norma do CCP, decorre do ordenamento jurídico no seu conjunto, que proscreve a possibilidade de vinculação prévia do resultado do procedimento, da qual resultaria que a Administração tivesse de indemnizar o cocontratante pelo incumprimento do contrato para poder cumprir o dever que para ela desde logo decorre do princípio da imparcialidade de tomar as suas decisões tendo em devida consideração os elementos pertinentes que surjam no decurso do respetivo procedimento de formação. Na verdade, não é admissível a vinculação prévia da Administração quanto ao resultado de procedimentos ainda não instruídos, representando esta, a nosso ver, uma forte limitação à legitimidade dos vínculos que a Administração pode assumir quanto ao exercício futuro dos seus poderes.

240. Em nossa opinião, o aspeto em relação ao qual se afigura mais problemática a determinação do regime aplicável aos contratos sobre o exercício de poderes públicos diz respeito ao regime da modificação e resolução dos contratos.

Com relevância nessa matéria, estabelece o artigo 336º do CCP que as partes nos contratos sobre o exercício de poderes públicos podem fixar livremente "os pressupostos da sua modificação, caducidade, revogação ou resolução, salvo quando se trate de direitos ou interesses legalmente protegidos indisponíveis, ou quando outra coisa resultar da lei ou da natureza do poder exercido através do contrato".

Não podemos deixar de assumir com clareza que, independentemente das operações a que, em sede de interpretação, este preceito possa e deva ser submetido, o seu conteúdo se afigura altamente criticável, na medida em que constitui exemplo de um perigoso exercício de experimentalismo legislativo, que, no aparente propósito de promover a todo o custo a flexibilização do regime aplicável aos contratos sobre o exercício de poderes públicos, como se tal resultado fosse, por definição, um bem em si mesmo, consagrou um regime sem paralelo no direito comparado e que não dispunha, na doutrina pátria que o precedeu, de alicerces aptos a fornecer-lhe uma base sedimentada de sustentação.

Em sede de interpretação, cumpre, em todo o caso, assinalar que, se o artigo 336º do CCP se preocupa em instituir um regime específico a respeito da modificação e extinção dos contratos sobre o exercício de poderes públicos, fazendo depender a titularidade, pelo contraente público, de eventuais poderes de modificação ou resolução unilateral da prévia concordância do contraente privado, a assumir formalmente através da estipulação no contrato dos pressupostos de que dependerá a respetiva modificação ou resolução, é porque reconhece que não deve ser aplicado e assume que não é aplicável a esta categoria de contratos o regime que, no Título I da Parte III do CCP, confere ao contraente público poderes de modificação e de resolução unilateral por razões de interesse público, sem dependência de qualquer estipulação no próprio clausulado do contrato.

Pode, assim, dizer-se que o princípio que decorre do artigo 336º do CCP é o de que, nos contratos sobre o exercício de poderes públicos, os poderes de modificação e resolução unilateral só existirão se forem estipulados no contrato e só poderão ser legitimamente exercidos em conformidade com os pressupostos desse modo estipulados.

A isto acresce, entretanto, a ressalva consagrada no final do preceito, que submete os poderes de disposição das partes neste domínio à condição de outra coisa não "resultar da lei ou da natureza do poder exercido através do contrato".

Em nossa opinião, esta ressalva é determinada pelo facto de o direito positivo vigente submeter a possibilidade da modificação e revogação dos atos administrativos constitutivos de direitos a condicionalismos que, desde logo, resultam do regime geral do artigo 167º do CPA, sem prejuízo da legislação concretamente aplicável a cada tipo concreto de ato administrativo.

a) No que diz respeito aos contratos substitutivos de atos administrativos constitutivos de direitos para os destinatários, deve, pois, a nosso ver, entender-se que eles só podem ser modificados ou resolvidos por supervenientes razões de interesse público dentro dos condicionalismos que a lei estabelece para a revogação dos atos administrativos de conteúdo correspondente, pelo que é só dentro desses limites que poderá ser validamente estipulada a previsão da respetiva modificação ou resolução no clausulado do contrato, nos termos do artigo 336º do CCP.

A solução resulta, a nosso ver, do específico enquadramento normativo a que, na nossa ordem jurídica, estão submetidos os atos administrativos constitutivos de direitos (cfr. *supra*, nºs 164 segs.), à luz do pressuposto, de que atrás partimos, de que, para a determinação do regime a aplicar aos contratos sobre o exercício de poderes públicos, deve partir-se da regra de que estes contratos se regem pelo regime aplicável aos atos administrativos que substituem ou a cuja emissão se referem, sendo, por isso, inválidos quando infrinjam as vinculações que desse regime resultam; e, portanto, de que a opção pela substituição de um ato administrativo por um contrato não pode ser determinada pelo propósito de afastar a aplicabilidade ao contrato do regime normativo legalmente consagrado para o correspondente ato administrativo, designadamente no que respeita às normas dirigidas a salvaguardar a estabilidade das situações jurídicas favoráveis decorrentes de atos administrativos constitutivos de direitos[809].

Por conseguinte, o contraente público não pode, a nosso ver, introduzir modificações num contrato administrativo que tenha celebrado em substituição de um ato administrativo, nem resolvê-lo, por razões de interesse público, em circunstâncias que não seriam conformes à lei se o ato administrativo não tivesse sido substituído por um contrato e, por conseguinte, se os efeitos jurídicos resultantes do contrato tivessem sido introduzidos por um ato administrativo constitutivo de direitos para os respetivos beneficiários.

A nosso ver, num contrato substitutivo de ato administrativo só deve ser, pois, possível introduzir as mesmas cláusulas que seriam legalmente admissíveis no correspondente ato administrativo. Por conseguinte, a opção pela celebração de um contrato em substituição da prática de um ato administrativo não pode investir o contraente público em poderes acrescidos em relação àqueles que seriam legalmente admissíveis no correspondente ato administrativo, através da introdução de cláusulas acessórias ao conteúdo do ato[810].

Ora, como vimos atrás (cfr. nºs 164 segs.), os artigos 167º e 168º do CPA estabelecem os condicionalismos dentro dos quais os atos administrativos constitutivos de direitos podem ser objeto de revogação ou de anulação administrativa. Fora desses condicionalismos, a Administração só pode

[809] Cfr. Sérvulo Correia, *Legalidade... cit.*, pp. 715-719, onde se faz notar que o consentimento do particular não é relevante para o efeito de dispensar a Administração do dever de observar as vinculações legais decorrentes do quadro normativo conformador do ato administrativo substituído.

[810] Cfr., por exemplo, Mark Kirkby, *op. cit.*, p. 100; Mário Esteves de Oliveira/Pedro Gonçalves/João Pacheco de Amorim, *Código do Procedimento Administrativo comentado*, 2ª ed., Coimbra, 1997, p. 819; Pedro Gonçalves, *O contrato administrativo*, pp. 97-98; Filipa Urbano Calvão, "Contratos sobre o exercício de poderes públicos", in *Estudos de Contratação Pública – I* (organização de Pedro Gonçalves), Coimbra, 2008, pp. 356-357, com outras referências.

privar os beneficiários de atos administrativos válidos dos efeitos constituídos em seu benefício desde que estes exprimam a sua concordância e apenas na medida em que os correspondentes direitos não estejam subtraídos à sua disponibilidade. É, pois, apenas nestas condições que se pode processar a modificação ou a extinção dos contratos substitutivos de atos administrativos constitutivos de direitos.

A nosso ver, os contratos substitutivos de atos administrativos constitutivos de direitos não podem ser, pois, submetidos a regimes de modificação ou extinção mais permissivos do que aquele que, nos termos da legislação especificamente aplicável ou, em última análise, do regime geral do artigo 167º do CPA, valeria para o ato administrativo substituído. O regime do artigo 167º do CPA constitui, portanto, a *ultima ratio*, a barreira que, por força da ressalva final do artigo 336º do CCP, não permite que este preceito possa ser invocado como fundamento normativo para precarizar as situações subjetivas de vantagem a constituir na esfera do contraente privado para além dos estritos condicionalismos em que essa precarização é admitida pelo CPA[811].

Recorde-se (cfr. *supra*, nº 165), entretanto, que, em nossa opinião, a possibilidade prevista na alínea b) do nº 2 do artigo 167º do CPA, de o ato constitutivo de direitos ser revogado com a concordância dos beneficiários, não cobre a hipótese de essa concordância ser dada logo por ocasião da própria emissão do ato administrativo. Com efeito, entendemos que o preceito assenta no pressuposto de que a eventual necessidade de revogar um ato administrativo, determinada pela evolução do interesse público, não se coloca logo no momento em que ele é praticado, mas só poderá vir eventualmente a colocar-se em momento ulterior.

Seria, assim, abusivo extrair da previsão da alínea b) do nº 2 do artigo 167º do CPA a cobertura para um poder completamente distinto, que seria o poder de a Administração, num momento em que ainda não praticou o ato administrativo e, portanto, em que os beneficiários do ato ainda não foram constituídos na situação de vantagem a que aspiram, extorquir deles a concordância com uma cláusula que viesse precarizar a situação jurídica a constituir

[811] Aparentemente neste sentido, cfr. REBELO DE SOUSA/SALGADO DE MATOS, *Direito Administrativo Geral*, vol. III, p. 425, e JORGE ANDRADE DA SILVA, *op. cit.*, p. 785.

em seu benefício, submetendo o ato a poderes de revogação que, na ausência da cláusula, não poderiam ser exercidos.

Por conseguinte, deve, a nosso ver, entender-se que o contrato celebrado em substituição de um ato administrativo constitutivo de direitos só deve poder ser precarizado dentro dos estritos limites em que o artigo 167º do CPA admite a possibilidade da introdução de reservas de revogação em atos desse tipo (cfr. *supra*, nº 167).

Nas palavras de *Diogo Freitas do Amaral*, "um contrato substitutivo de ato administrativo não pode ser utilizado para pressionar o particular a aceitar contratualmente encargos que não lhe podiam ser demandados sequer por intermédio de um ato administrativo"[812]. Só porque, nesse contexto, se passou a admitir a possibilidade da utilização do instrumento contratual, não se pode, na verdade, ignorar a radical desigualdade que separa a posição das partes no âmbito das clássicas relações de poder que se estabelecem entre os particulares e a Administração, da qual decorre, também neste domínio, a necessidade do instrumentário que o Direito Administrativo construiu para assegurar a proteção dos particulares no plano da estabilização das situações jurídicas cuja constituição na respectiva esfera jurídica depende do exercício dos poderes da Administração.

A entender-se de outro modo, estaria, aliás, na prática, a admitir-se que o princípio "*volenti non fit iniuria*" pudesse prevalecer sobre o princípio da legalidade administrativa, reconhecendo-se legitimidade aos particulares para deferirem à Administração poderes que a lei não lhe confere, através da manifestação da sua concordância em submeterem-se a esses poderes. A nosso ver, não pode, no entanto, reconhecer-se à concordância dos interessados virtualidade substitutiva da legalidade administrativa, para mais num domínio em que "a desproporção real entre as partes cria riscos de coerção numa celebração aparentemente livre"[813].

Como, na verdade, ensina *Sérvulo Correia*, no moderno Estado Social de Direito, a legalidade administrativa não pode ser vista como um bem colocado na disponibilidade dos particulares, de acordo com uma perspetiva estritamente garantística das normas que ignore a dimensão de legalidade objetiva

[812] Cfr. Freitas do Amaral, *Curso... cit.*, vol. II, 1ª ed., p. 562.

[813] Cfr. Sérvulo Correia, *Legalidade... cit.*, p. 565. No mesmo sentido, reconhecendo que "a circunstância de a Administração se apresentar "à mesa" de negociações no exercício dos seus poderes administrativos acarreta uma particular fragilidade do administrado no processo negocial", cfr. Mark Kirkby, *Contratos administrativos de subordinação*, p. 99.

que lhes é inerente, enquanto "garantes de que a actividade administrativa prossegue racionalmente o interesse e respeita a igualdade dos cidadãos"[814]. Por isso, conclui o insigne Autor, a aplicação das normas jurídico-administrativas só pode ser substituída por preceitos contratuais de conteúdo diferente quando elas possam ser qualificadas como dispositivas[815]. Ora, não vemos que o preceito da alínea b) do nº 2 do artigo 167º do CPA possa, em si mesmo, ser interpretado no sentido de colocar na disponibilidade das partes num eventual contrato substitutivo de ato administrativo a estipulação, em benefício do contraente público, de poderes de modificação ou resolução do contrato que a Administração não poderia exercer sobre o ato administrativo substituído.

b) No que, entretanto, diz respeito aos contratos obrigacionais, pelos quais a Administração se vincula quanto aos termos em que procederá ao exercício futuro dos seus poderes, já sabemos que o nº 2 do artigo 337º do CCP prevê a ocorrência de alterações objetivas das circunstâncias, embora optando – de modo, a nosso ver, discutível – por lhes fazer corresponder uma solução automática de caducidade do contrato. Mas também pode haver lugar à aplicação propriamente dita, neste domínio, do instituto da alteração objetiva de circunstâncias, para o efeito de qualquer das partes poder obter a modificação ou a resolução do contrato. E deve ser reconhecida à Administração a possibilidade de proceder à modificação ou à resolução unilateral do contrato, nas condições em que, nos termos dos artigos 164º e 167º do CPA, ela poderia proceder à reforma ou à revogação do ato administrativo a cuja prática o contrato se refere.

Na verdade, parece-nos de entender que a própria função que os contratos obrigacionais sobre o exercício de poderes públicos visam prosseguir seria defraudada, em prejuízo da confiança por eles gerada, se eles pudessem ser livremente modificados ou resolvidos pelo contraente público por razões de interesse público. A nosso ver, deve, por isso, entender-se que, no momento em que, desde que esteja na posse de todos os elementos relevantes para a tomada da decisão, a Administração conclua que existem *motivos* que identifica como determinantes para o exercício

[814] Cfr., a propósito, a circunstanciada exposição de Sérvulo Correia, *Legalidade... cit.*, pp. 715 segs.

[815] Cfr. Sérvulo Correia, *Legalidade... cit.*, p. 719. No mesmo sentido, a propósito do poder de a Administração impor contrapartidas aos particulares nos contratos substitutivos de atos administrativos, cfr. Mark Kirkby, *Contratos administrativos de subordinação*, p. 126.

do poder em determinado sentido e, em função disso, ela validamente se vincule quanto aos termos do exercício futuro do seu poder, o exercício do seu poder de valoração próprio fica consumido pela pré-determinação dos termos do seu exercício, de modo que tudo deve passar-se como se a decisão já tivesse sido tomada e, portanto, como se já tivesse sido praticado um ato constitutivo de direitos, que só dentro de determinados pressupostos pode ser modificado ou revogado. Por conseguinte, parece de entender que, nessa circunstância, os contratos em referência só poderão ser modificados ou resolvidos nos termos em que os artigos 164º e 167º do CPA admitem a reforma e a revogação dos atos administrativos.

241. No que diz respeito à questão de saber se e em que medida o regime dos demais preceitos do Título I da Parte III do CCP é aplicável aos contratos sobre o exercício de poderes públicos, já atrás demos conta de que, em nossa opinião, o regime do artigo 280º que foi introduzido pela revisão do CCP deve ser interpretado no sentido de não impedir que, na ausência de legislação especialmente aplicável, esses contratos sejam submetidos ao regime do Título I da Parte III do CCP, na medida em que as respetivas características específicas "não afastem as razões justificativas da disciplina em causa".

Daí resulta, como foi dito, que, a nosso ver, a introdução, com a revisão do CCP, do regime do artigo 280º representou o reconhecimento de que o regime do Título I da Parte III do CCP, com a configuração que tem, não é adequado para definir o regime a aplicar a todas as categorias de contratos administrativos, designadamente aos contratos sobre o exercício de poderes públicos.

Com efeito, do regime do nº 2 do artigo 280º do CCP, é pelo menos possível retirar-se, no plano interpretativo, uma clara indicação no sentido, que já anteriormente vínhamos preconizando, de que o regime do Título I da Parte III só é aplicável aos contratos não abrangidos pelo âmbito de aplicação da Parte II do CCP "quando os tipos dos contratos não afastem as razões justificativas da disciplina em causa". Ora, este é um ponto muito importante, pois dele resulta que a questão da aplicabilidade dos regimes substantivos da Parte III a contratos como os contratos sobre o exercício de poderes públicos tem de ser analisada caso a caso, cotejando o sentido das concretas soluções normativas cuja aplicação seja equacionada com a específica configuração dos contratos em causa.

Cumpre, na verdade, recordar que o regime do Título I da Parte III do CCP é o resultado da conjugação de algumas disposições de caráter verdadeiramente geral com uma larga maioria de disposições, provenientes do capítulo do CPA de 1991 sobre os contratos administrativos, do Regime Jurídico das Empreitadas de Obras Públicas e de outros diplomas anteriores ao CCP, que, tendo nascido para conformar relações jurídicas emergentes de contratos administrativos de colaboração subordinada (cfr. *supra*, nº 201), não faz sentido aplicar a contratos de outro tipo.

Com efeito, a generalidade das disposições que dão corpo ao regime do Título I da Parte III do CCP consagram soluções moldadas sobre a tradição francesa dos contratos administrativos de colaboração subordinada, em cuja elaboração doutrinal e jurisprudencial radica o elenco dos poderes de conformação que o artigo 302º do CCP reconhece aos contraentes públicos no âmbito das relações contratuais administrativas. Ora, os contratos sobre o exercício de poderes públicos não se inscrevem nessa tradição, mas numa outra, completamente diferente sob todos os pontos de vista e à qual, por isso, só por muito extraordinária coincidência poderia adequar-se o mesmo regime. Deve, por isso, entender-se que os contratos sobre o exercício de poderes públicos não estão, e nada justificaria que estivessem, submetidos aos regimes forjados, na tradição francesa, para os contratos de colaboração subordinada, que se encontram consagrados no Título I da Parte III do CCP.

É o que, em particular, sucede no que diz respeito aos poderes de conformação do contraente público, previstos no artigo 302º. Com efeito, como a teoria do contrato administrativo francês não foi construída para os contratos sobre o exercício de poderes públicos (nem se aplica a estes contratos), mas para os contratos de colaboração subordinada, que o regime do artigo 302º tem, pois, primacialmente em vista, está, para nós, afastada a aplicabilidade do regime do artigo 302º àquela categoria de contratos.

Para mais, quando é o próprio artigo 302º que expressamente ressalva que o regime por si consagrado não é de aplicabilidade geral a todos os contratos administrativos, podendo a sua aplicabilidade ser afastada pela lei ou pela natureza do contrato. Com efeito, a ressalva inicial do artigo 302º do CCP pode e deve ser, em nossa opinião, lida no sentido de afastar a aplicabilidade aos contratos sobre o exercício de poderes públicos do regime dos poderes de conformação previstos no artigo 302º, cuja titularidade na esfera jurídica do contraente público não se ajusta às relações jurídicas emergentes destes contratos.

Na verdade, o tipo paradigmático do contrato sobre o exercício de poderes públicos corresponde ao contrato substitutivo de um ato administrativo de licença ou autorização, que tem por objeto a constituição de direitos (no sentido amplo que, hoje, resulta do nº 3 do artigo 167º do CPA) na esfera jurídica de particulares. Ora, é evidente que da própria natureza deste contrato resulta, desde logo, a sua incompatibilidade com a titularidade, na esfera jurídica do contraente público, dos poderes de direção, de fiscalização e sancionatório que se encontram previstos nas alíneas a), b) e d) do artigo 302º do CCP.

Como, na verdade, já atrás foi explicado, estes são poderes que são conferidos aos contraentes públicos no âmbito dos contratos administrativos de colaboração subordinada, que as entidades públicas celebram para fins de imediata prossecução do interesse público e em que o contraente privado voluntariamente se associa ao desempenho regular das atribuições dos entes públicos contratantes; e que, por isso, lhes são conferidos no pressuposto de que a titularidade desses poderes é necessária para assegurar que os contratos desse tipo são executados em adequada conformidade com as exigências impostas pelo interesse público que visam satisfazer.

Ora, é evidente que esta lógica não vale para contratos celebrados em substituição de atos administrativos que os particulares são legalmente obrigados a obter para poderem exercer atividades de natureza privada, que apenas a eles interessam e cuja execução, não é, por isso, de interesse público. Não faz, por isso, sentido reconhecer-se ao contraente público a titularidade de poderes de direção, de fiscalização ou sancionatório no âmbito das relações jurídicas emergentes destes contratos. Com efeito, em relação ao modo como o particular proceda ao exercício dos direitos constituídos pelo contrato, a Administração só dispõe – e só deve dispor – dos poderes, designadamente de polícia, que a lei geral lhe confere e que lhe cumprirá exercer nos termos em que o faz em relação às situações que, por não ter havido substituição de ato administrativo por contrato, tenham sido constituídas por autorização ou licença.

No que, por sua vez, diz respeito aos poderes de modificação e de resolução, é, como vimos (cfr. *supra*, nº 240), o próprio artigo 336º que afasta a aplicabilidade aos contratos sobre o exercício de poderes públicos do regime que, no Título I da Parte III do CCP, confere ao contraente público poderes de modificação e de resolução unilateral por razões de interesse público, sem dependência de qualquer estipulação no clausulado do contrato.

5. Regime dos contratos interadministrativos de cooperação

242. No que diz respeito ao regime aplicável às relações jurídicas emergentes dos *contratos interadministrativos*, vimos atrás que, dentro do universo dos contratos que podem ser celebrados entre entidades administrativas, há que distinguir aqueles que poderiam ser celebrados, nos mesmos termos, entre um contraente público e um cocontratante privado, daqueles que apresentam características que os diferenciam intrinsecamente dos demais, consubstanciando formas de cooperação interadministrativa que só podem ser constituídas entre entidades públicas.

Com efeito, uma entidade pública pode adquirir bens ou serviços a outra entidade pública em termos substancialmente idênticos àqueles em que o pode fazer a um privado. Muitas categorias de contratos podem, pois, ser celebradas entre entidades públicas. Encontramo-nos, nesse caso, perante contratos que, à luz do critério subjetivo, são contratos interadministrativos, mas que, por aplicação do critério da causa-função, são vulgares contratos de procura pública. Ora, não há razões que justifiquem a submissão de contratos interadministrativos dessa natureza a um regime próprio, diferente daquele que é aplicado aos contratos da mesma natureza que são celebrados entre contraentes públicos e cocontratantes privados. Da circunstância de serem celebrados entre entidades públicas não advêm, pois, consequências quanto ao regime substantivo a aplicar a tais contratos. Esses contratos estarão, assim, submetidos, em maior ou menor medida, ao regime do Título I da Parte III do CCP, consoante sejam ou não contratos de colaboração subordinada, nos termos que já atrás foram expostos (cfr. *supra*, nº 201).

Cumpre, pois, centrar a atenção, nesta sede, nos contratos de *cooperação interadministrativa*.

Pode, entretanto, dizer-se que, sem prejuízo dos valiosos contributos da doutrina mais recente[816], estes contratos, por não se enquadrarem nas categorias que, ainda hoje, o CCP assume como os contratos administrativos por excelência – como vimos, os contratos de procura pública e, em particular, os contratos de colaboração subordinada –, não foram, até tempos recentes, objeto da construção teórica necessária para suportar a sua adequada caracterização e a identificação dos traços gerais do regime normativo que lhes deve ser aplicado.

Isto é evidenciado pelo regime do CCP sobre a matéria. Com efeito, o CCP dedica atenção específica a esta categoria de contratos numa secção própria do Título I da sua Parte III, a secção II do capítulo IX, constituída apenas pelo artigo 338º. São, no entanto, óbvias as dificuldades que decorrem da incipiência do regime consagrado neste artigo.

Com efeito, o artigo 338º do CCP, na sua redação primitiva, limitava-se a estabelecer a diferenciação, dentro do universo dos contratos interadministrativos, de duas categorias, a dos *contratos de coordenação*, celebrados «num plano de igualdade jurídica» entre as partes, «segundo uma óptica de harmonização do desempenho das respetivas atribuições», e a dos *contratos de subordinação*, pelos quais um dos contraentes públicos "se submeta ao exercício de poderes de autoridade pelo outro", para o efeito de estabelecer que o regime do Título I da Parte III só era diretamente aplicável, "com as adaptações necessárias", aos contratos da segunda categoria, e não da primeira[817].

[816] Cfr., em particular, os textos já citados de ALEXANDRA LEITÃO, a culiminar na sua dissertação de doutoramento sobre o tema, intitulada *Contratos interadministrativos*, Coimbra, 2011.

[817] Como já atrás fizemos notar, a nosso ver, subjacente ao modo como o CCP colocava a questão, nos termos descritos no texto, estava uma visão clássica marcadamente autoritária do contrato administrativo (evidenciada em diversos pontos do regime da Parte III do Código, a que já atrás fizemos referência), à época cristalizada, na recente doutrina nacional, na obra de PEDRO GONÇALVES, *O contrato administrativo*, pp. 33-36, que, defendendo que a autonomia do contrato administrativo assentava num "*regime substantivo de direito público* (...) que, na sua essência, se caracteriza por conferir à entidade pública uma posição de *supremacia jurídica* sobre o seu contratante", sustentava que, nos "designados *contratos paritários*", "a autonomia substantiva não é de facto visível, sendo por isso nulos ou reduzidos os traços de regime substantivo que os distinguem do contrato de direito privado". Nesta perspectiva se compreendia, pois, a solução do artigo 338º do CCP, de afastar a aplicabilidade do regime do Título I da Parte III, pensado para relações contratuais de supremacia e sujeição, aos contratos interadministrativos paritários.

Do artigo 338º do CCP, na sua redação primitiva, resultava, pois, que os contratos interadministrativos estavam submetidos a regimes normativos diferenciados, dependendo da respetiva causa-função, e que, quando envolvessem a constituição de relações jurídicas de subordinação entre as partes, eles ficavam submetidos ao regime do Título I da Parte III do Código, ainda que «com as adaptações necessárias». Quanto ao mais, o artigo era omisso na definição do regime aplicável aos contratos interadministrativos de coordenação.

A nosso ver, era compreensível a contenção do CCP na definição do regime aplicável a estes contratos. Compreendia-se, na verdade, que o legislador, tendo tido como preocupação primacial, no Título I da Parte III do CCP, consagrar um regime de supremacia do contraente público no âmbito dos contratos de colaboração subordinada dos particulares com a Administração, tivesse tido o cuidado de excluir do âmbito de aplicação desse regime contratos que, por terem primacialmente por objeto promover a cooperação paritária entre entidades públicas, ele terá assumido que poderiam ser, no essencial, conformadas pelas partes. E, a nosso ver, este é, na verdade, um domínio em que aos Códigos não se recomendam ambições excessivas de regulação, por não ser exequível a pretensão de neles se estabelecerem regimes de aplicabilidade alargada, pelo que devem ater-se apenas a grandes categorias, sem prejuízo das espécies avulsas, cujo regime deve ser objeto de lei especial e/ou da própria estipulação no instrumento contratual[818].

Mas como, no Título I da Parte III, não se procede à necessária separação entre o que efetivamente corresponde a um regime geral dos contratos administrativos e o que já corresponde ao regime comum dos contratos de colaboração subordinada, a subtração, em bloco, pelo artigo 338º, na sua redação primitiva, dos contratos interadministrativos de cooperação ao respetivo âmbito de aplicação deu origem a lacunas de regulação quanto a aspetos de regime como o das invalidades contratuais, matéria em que, como vimos (cfr. *supra*, nºs 212 segs.), se deve entender que o regime dos artigos 283º a 285º é de aplicabilidade comum a todos os contratos da Administração.

[818] Na mesma linha, cfr. Rebelo de Sousa/Salgado Matos, *Direito Administrativo Geral*, tomo III, p. 380.

Para dar resposta ao problema, foi, por isso, defendido na doutrina que o CCP devia impor a aplicabilidade do regime do Título I da Parte III do CCP, ainda que com adaptações, aos contratos interadministrativos de coordenação[819]. E, na verdade, veio a orientar-se nesse sentido o legislador da revisão do CCP, na nova redação dada ao artigo 338º.

Em nossa opinião, a solução não é, no entanto, satisfatória, na medida em que veio retirar às partes nos contratos interadministrativos de cooperação a ampla liberdade de conformação de que dispunham e que, a nosso ver, lhes devia ser reconhecida, para consagrar uma regra de aplicabilidade geral aos contratos interadministrativos de um regime – o regime do Título I da Parte III do CCP – que, na generalidade dos seus aspetos, não se adequa às características específicas deste tipo de con-tratos.

Na ausência, neste domínio, tal como vimos suceder no que diz respeito aos contratos sobre o exercício de poderes públicos, de um enquadramento normativo minimamente estruturado, o intérprete vê-se, assim, mais uma vez confrontado, perante o disposto no artigo 338º, com a necessidade de analisar caso a caso a questão da aplicabilidade a cada contrato interadministrativo de cada aspeto do regime do Título I da Parte III do CCP, cotejando o sentido das concretas soluções normativas cuja aplicação seja equacionada com a específica configuração do contrato em causa.

A nosso ver, a nova redação dada ao artigo 338º do CCP continua, por isso, a ser a demonstração da incipiência da construção teórica que entre nós tem sido desenvolvida sobre os contratos interadministrativos, num domínio em que, no estádio de evolução em que nos encontramos, teria sido, quanto a nós, mais sensato submeterem-se estes contratos apenas ao regime comum de invalidade dos artigos 283º a 285º e, quanto ao mais, preservar-se a liberdade das partes de conformação das suas relações contratuais, mesmo quando estas não se constituam num plano de igualdade jurídica entre elas.

Para se poder ir, entretanto, mais longe na determinação do possível conteúdo de um regime jurídico comum a fixar para os contratos interadministrativos de cooperação, haveria, a nosso ver, que proceder-se

[819] Cfr. ALEXANDRA LEITÃO, "Os contratos interadministrativos", in *Estudos de Contratação Pública*, vol. I, Coimbra, 2008, pp. 772-773, e *Contratos interadministrativos*, pp. 394-395; REBELO DE SOUSA/SALGADO MATOS, *Direito Administrativo Geral*, tomo III, p. 426.

ao levantamento de regimes especiais previstos em legislação avulsa e à identificação de espécimes contratuais atípicos. Na verdade, a análise dos tipos contratuais previstos em lei especial, assim como dos espécimes atípicos que possam ser identificados, poderia permitir proceder à sua categorização e, a partir dela, a uma primeira caracterização, nos seus traços essenciais, dos regimes jurídicos mais adequados para conformar as relações jurídicas que deles emergem, em ordem a dar corpo a um regime comum dos contratos interadministrativos de cooperação[820].

6. Direito Administrativo aplicável aos contratos de direito privado da Administração

243. Como foi referido no início do presente capítulo (cfr. *supra*, nº 184), o nosso ordenamento jurídico distingue os contratos administrativos dos contratos de direito privado da Administração: o nº 1 do artigo 200º do CPA dá expressão, no vigente ordenamento jurídico português, à contraposição entre as duas figuras, sendo de recordar que o conceito de Administração é, neste contexto, utilizado no sentido estrito tradicional, que o CPA consagra no nº 4 do seu artigo 2º e, por isso, aqui assume como pressuposto, que circunscreve a Administração Pública ao universo das pessoas coletivas de direito público. A Administração não celebra, pois, apenas contratos administrativos, mas também contratos de direito privado.

Na ausência, entretanto, de legislação especial sobre a matéria, vimos que a qualificação dos contratos como administrativos depende da aplicação dos *critérios de administratividade* previstos no nº 1 do artigo 280º do CCP (cfr. *supra*, nº 191 segs.). Ao determinar desse modo, por enumeração, os critérios de que depende a qualificação dos contratos como adminis-

[820] No sentido do texto, preconizando que, dentro do Título I da Parte III do CCP, se distinguissem "aqueles aspetos que, sendo específicos dos contratos de colaboração subordinada, não se podem aplicar a contratos interadministrativos paritários, daqueles outros cuja aplicação faz sentido em qualquer tipo de contrato interadministrativo», e identificando também um conjunto de especificidades que, em seu entender, também devem diferenciar o regime dos contratos interadministrativos de subordinação do regime aplicável aos contratos de colaboração subordinada celebrados entre a Administração e os particulares, cfr. Alexandra Leitão, *Lições de Direito Administrativo*, pp. 299 segs..

trativos, o CCP também assume, pois, pelo seu lado, que, na ausência do preenchimento de qualquer dos critérios de administratividade previstos no nº 1 do seu artigo 280º, os contratos da Administração são contratos de direito privado[821].

244. Os *contratos de direito privado da Administração* são, como o nome indica, contratos privados, que não são qualificados como administrativos, nem, por isso, submetidos aos regimes que o Direito Administrativo faz corresponder a estes contratos, mas a um regime que é primordialmente de direito privado.

Como, no entanto, já tinha sido oportunamente assinalado (cfr. *supra*, nº 184), a circunstância de, no nosso ordenamento jurídico, se proceder à diferenciação entre contratos administrativos e contratos de direito privado da Administração não resulta que o Direito Administrativo não se aplique a ambas as categorias de contratos. Na verdade, o nosso ordenamento jurídico submete, hoje, tanto os contratos administrativos, como os contratos de direito privado da Administração, a regimes de Direito Administrativo, fazendo, portanto, com que, tanto uns, como outros, devam ser qualificados como contratos de Direito Administrativo, para o efeito de deverem ser, todos eles, objeto de estudo no âmbito da nossa disciplina.

Como tem sido assinalado na doutrina, *todos os contratos celebrados pela Administração estão, de um modo ou de outro, e em maior ou menor medida, submetidos a regimes de Direito Administrativo*[822]. Esse é um traço comum que todos

[821] A nosso ver, é, desse ponto de vista, paradigmática a consagração, na alínea a) do nº 1 do artigo 280º do CCP, do critério da vontade das partes como critério de administratividade dos contratos: na verdade, ele é a expressão do critério francês da possibilidade de escolha pela Administração entre a celebração de um contrato administrativo ou de um contrato de direito privado, consoante a inclusão ou não no respetivo clausulado de cláusulas exorbitantes do direito comum. Para a colocação da questão nesses termos, por referência ao Direito francês, cfr. Sérvulo Correia, *Legalidade e autonomia contratual no contrato administrativo*, designadamente a pp. 360-362, nota 34, e 398; na doutrina francesa, Jean Rivero/Marcel Waline, pp. 384-385; e, numa perspectiva de direito comparado, Spyridon Flogaïtis, *Les contrats administratifs*, pp. 231-232. Para mais desenvolvimentos, cfr. Mário Aroso de Almeida, *O problema do contrato administrativo*, pp. 38 segs..

[822] Cfr., por todos, Maria João Estorninho, *Curso de Direito dos Contratos Públicos*, pp. 54-55, e *Requiem pelo contrato administrativo*, pp. 168-169; Rebelo de Sousa/Salgado de Matos, *Direito Administrativo Geral*, tomo III, pp. 296 segs..

eles têm entre si e que, a nosso ver, permite reuni-los a todos sob a qualificação de contratos de Direito Administrativo. Pela simples razão, que já conhecemos (cfr. *supra*, nº 7), de que, mesmo quando atua ao abrigo do direito privado, a Administração não se rege exclusivamente pelo direito privado (cfr. artigo 2º, nº 3, do CPA).

Subjacente à diferenciação entre contratos administrativos e contratos de Direito privado da Administração, está, em todo o caso, a assunção de que os contratos da Administração não estão todos submetidos ao Direito Administrativo *da mesma maneira, com a mesma extensão e intensidade*. Com efeito, os *contratos administrativos* são contratos com um estatuto próprio de Direito Administrativo, que com este ramo do Direito estabelecem uma relação de maior intensidade. As relações jurídicas emergentes destes contratos encontram, assim, o seu regime primordial no Direito Administrativo, e não no direito privado. Ao passo que os *contratos de direito privado da Administração* são contratos que, embora não deixem de estar sujeitos à aplicação de normas de Direito Administrativo, estão primordialmente submetidos a regimes de direito privado.

Cumpre, entretanto, acrescentar que o regime aplicável aos contratos de direito privado da Administração, entendida no sentido estrito tradicional, também é extensivo aos contratos de direito privado que sejam celebrados por entidades privadas para a satisfação imediata de necessidades públicas no exercício da função administrativa, que, como foi oportunamente explicado, se devem considerar abrangidos pelo âmbito de aplicação do disposto no nº 3 do artigo 2º do CPA e, nesses termos, também submetidos a regimes de Direito Administrativo (cfr. *supra*, nº 9). Nesta medida, deve, assim, entender-se que o regime de Direito Administrativo aplicável aos contratos de direito privado da Administração não é apenas aplicável aos contratos de direito privado das entidades públicas, mas também a contratos celebrados por entidades privadas: é o que sucede quando da lei resulte a qualificação como contratos de direito privado de contratos mediante os quais entidades formalmente privatizadas realizem prestações que satisfaçam necessidades públicas, no exercício de funções materialmente administrativas.[823]

[823] Sobre o regime aplicável às entidades públicas empresariais e, em geral, aos contratos de prestação de serviços públicos pela Administração aos cidadãos, no exercício de atividades materialmente administrativas de prestação de caráter industrial ou comercial, cfr.,

245. No que diz respeito ao conteúdo do regime de Direito Administrativo aplicável aos contratos de direito privado da Administração, importa referir, antes de mais, o disposto no nº 3 do artigo 2º do CPA, que determina a aplicabilidade a toda e qualquer atuação da Administração, ainda que de gestão privada, dos preceitos que concretizam preceitos constitucionais e dos princípios gerais da atividade administrativa. Com efeito, decorre deste preceito que as atuações de gestão privada da Administração também estão submetidas ao Direito Administrativo, mas não nos mesmos moldes que as suas atuações de gestão pública, pois enquanto o Direito Administrativo se aplica por inteiro a estas, que nele encontram o seu regime próprio, já no que respeita àquelas, ele só se lhes aplica com uma extensão limitada.

É neste contexto que se inscreve o disposto no nº 2 do artigo 202º do CPA, que estabelece que aos contratos de direito privado da Administração são aplicáveis as normas de Direito Administrativo que concretizam preceitos constitucionais e os princípios gerais da atividade administrativa. Resulta, na verdade, deste preceito que os contratos em causa estão primordialmente submetidos a normas de direito privado, embora não deixando de estar submetidos a normas de Direito Administrativo. Ou seja, que os referidos contratos se regem por um *Direito privado administrativizado* ou *publicizado*[824].

Os contratos de direito privado da Administração estão, deste modo, submetidos, no nosso ordenamento jurídico, a um regime da mesma natureza daquele que também na Alemanha se entende valer para os contratos de direito privado da Administração: regime que, de acordo com a originária construção alemã do *Direito privado administrativo*, apenas se entendia aplicar aos contratos privados através dos quais a Administração exercesse diretamente a função administrativa, mas que, com o tempo, veio a ser

por todos, PAULO OTERO, *Vinculação e liberdade de conformação jurídica do sector empresarial do Estado*, Coimbra, 1998, pp. 264-265, e *Legalidade e Administração Pública*, pp. 796 segs. e 824; REBELO DE SOUSA/SALGADO DE MATOS, *Direito Administrativo Geral*, tomo III, p. 304; PEDRO GONÇALVES, *Direito dos Contratos Públicos*, p. 412.

[824] Cfr., agora por todos, PAULO OTERO, *Legalidade e Administração Pública*, p. 311, e *Direito do Procedimento Administrativo*, vol. I, Coimbra, 2016, pp. 349, 350 e 352.

também estendido às relações jurídicas constituídas por contratos ditos auxiliares (*Hilfgeschäfte*)[825].

A solução não retira, no entanto, interesse, no plano teórico, à distinção entre os contratos de direito privado que a Administração celebra no exercício direto da função administrativa – hipótese que ocorrerá quando a lei administrativa determine que esses contratos sejam celebrados utilizando o Direito privado – e aqueles que costumam ser qualificados como «meramente auxiliares ou de capacidade privada»[826]. E, pela nossa parte, afigura-se-nos mesmo que o ensejo para a aplicação do dito Direito privado administrativo tenderá a colocar-se com maior grau de probabilidade em relação aos contratos do primeiro tipo do que do segundo.

[825] Sobre a construção doutrinal alemã do *Direito privado da Administração (Verwaltungsprivatrecht)* e a evolução referida no texto, cfr., por todos, ULRICH STELKENS, *Verwaltungsprivatrecht*, Berlim, 2005, designadamente a pp. 912 segs.; DIRK EHLERS, "Verwaltung und Verwaltungsrecht im demokratischen und sozialen Rechtsstaat", in HANS-UWE ERICHSEN/DIRK EHLERS (eds.), *Allgemeines Verwaltungsrecht*, 14ª ed., Berlim, 2010, pp. 172 segs.; DIRK EHLERS, *Verwaltung in Privatrechtsform*, Berlim, 1984. Na doutrina portuguesa, cfr., por todos, MARIA JOÃO ESTORNINHO, *A Fuga para o Direito Privado*, Coimbra, 2009, pp. 121 segs., e *Requiem pelo contrato administrativo*, pp. 174 segs..

[826] Cfr., por exemplo, VIEIRA DE ANDRADE, "Princípio da legalidade e autonomia da vontade na contratação pública", p. 70.

Responsabilidade Civil Extracontratual da Administração Pública

246. A responsabilidade civil extracontratual da Administração Pública por danos resultantes do exercício da função administrativa é, hoje, disciplinada pelo RREEP, que foi aprovado pela Lei nº 67/2007, de 31 de Dezembro. Este Regime veio substituir o Decreto-Lei nº 48 051, de 21 de Novembro de 1967, cuja revogação expressamente determinou e que era o ato legislativo que, anteriormente, regulava a matéria. A matéria específica da responsabilidade pelo exercício da função administrativa é, porém, apenas objeto do Capítulo II do RREEP (cfr. arts. 7º a 11º). No Capítulo III, é, entretanto, regulada a responsabilidade por danos decorrentes do exercício da função jurisdicional (cfr. arts. 12º a 14º), e no Capítulo IV, a responsabilidade por danos decorrentes do exercício da função legislativa (cfr. art. 15º). A isto acrescem o Capítulo I (arts. 1º a 6º) e o Capítulo V (art. 16º), que introduzem regimes de aplicabilidade comum, dentro do respetivo âmbito de aplicação, a todas as funções mencionadas.

Como refere o nº 1 do respetivo artigo 1º, o RREEP tem, assim, por objeto estabelecer o regime da responsabilidade civil extracontratual do Estado e das demais pessoas coletivas de direito público, por danos resultantes do exercício das funções legislativa, jurisdicional e administrativa – isto, sem prejuízo do previsto em lei especial, que prevalece sobre o RREEP. Trata-se, pois, do primeiro ato legislativo que, no ordenamento jurídico português, define, não apenas o regime da responsabilidade civil extracontratual por danos resultantes do exercício da função administrativa, mas também o regime da responsabilidade emergente do exercício das demais funções do Estado. Com o que dá concretização ao preceito do artigo 22º da CRP, do qual a jurisprudência e a doutrina maioritária vinham extraindo a consagração do princípio de que o Estado e as demais entidades públicas devem responder pelos danos que causem no exercício de cada uma das suas funções.

No presente capítulo, vamos apenas referir-nos ao regime da responsabilidade civil extracontratual por danos resultantes do exercício da função administrativa[827].

1. Estrutura dualista do regime da responsabilidade da Administração

247. O nº 2 do artigo 1º do RREEP estabelece que "correspondem ao exercício da função administrativa as ações e omissões adotadas no exercício de prerrogativas de poder público ou reguladas por disposições ou princípios de direito administrativo".

A fórmula é utilizada para delimitar as situações de responsabilidade emergente de condutas de *gestão pública* da Administração, daquelas em que a responsabilidade emerge de condutas de *gestão privada*. Como vimos oportunamente (cfr. *supra*, nº 6), estabelece-se, na verdade, no ordenamento jurídico português, a distinção, dentro do universo das condutas da Administração, entre as condutas de *gestão pública*, que exprimem o exercício da função administrativa, se encontram submetidas à aplicação de regras de Direito Administrativo e, por isso, são submetidas a um regime de responsabilidade civil extracontratual próprio de Direito Administrativo, que hoje consta do RREEP, quando sejam causadoras de danos, e as condutas de *gestão privada*, em que a Administração atua ao abrigo de regras de direito privado e que, por isso, em caso de danos, são submetidas a um regime de responsabilidade civil também ele de Direito privado, que consta do artigo 500º do Código Civil, e que, no essencial, se recon-

[827] Em geral sobre o tema, cfr. CARLOS FERNANDES CADILHA, *Regime da Responsabilidade Civil Extracontratual do Estado e demais entidades públicas anotado*, 2ª ed., Coimbra, 2011; *Comentário ao Regime da Responsabilidade Civil Extracontratual do Estado e demais entidades públicas*, Universidade Católica Editora, Lisboa, 2013; CARLA AMADO GOMES, *Textos dispersos sobre responsabilidade civil extracontratual das entidades públicas*, Lisboa, 2010; CARLA AMADO GOMES/ MIGUEL ASSIS RAIMUNDO (coord.), *Novos temas da responsabilidade civil extracontratual das entidades públicas, e-book ICJP*, Lisboa, 2013; LUIS CABRAL DE MONCADA, *Responsabilidade civil extra-contratual do Estado*, Lisboa, 2008.

duz ao regime da responsabilidade dos comitentes pela conduta dos seus comissários.

Existe, assim, na ordem jurídica portuguesa, um regime dualista de responsabilidade civil extracontratual da Administração Pública. No presente capítulo, vamos referir-nos apenas ao regime de Direito Administrativo, que consta do RREEP e que, como foi dito, corresponde às situações lesivas emergentes de condutas de *gestão pública*, que configuram o exercício da *função administrativa*, com exclusão das condutas de *gestão privada*.

248. O nº 5 do artigo 1º do RREEP estabelece que o regime da responsabilidade do Estado e demais entidades públicas, bem como dos seus titulares de órgãos, funcionários e agentes, por danos decorrentes do exercício da função administrativa, também é aplicável às pessoas coletivas de direito privado e aos respetivos trabalhadores, titulares de órgãos sociais, representantes legais ou auxiliares, na medida em que umas e outros atuem "no exercício de prerrogativas de poder público ou sob a égide de disposições ou princípios de direito administrativo".

Têm-se aqui em vista as pessoas coletivas de direito privado que exercem a função administrativa, seja porque foram desde logo instituídas por entidades públicas com essa incumbência, ou porque, sendo embora entidades puramente privadas, a lei nelas delegou o exercício de poderes públicos ou a Administração, recorrendo ao instituto da concessão, as incumbiu da exploração de bens, obras ou serviços públicos.

Este ponto é relevante, na medida em que, para além do Estado e das demais pessoas coletivas de direito público (Regiões Autónomas, autarquias locais, associações públicas, institutos públicos e entidades públicas empresariais), muitas outras entidades existem, hoje, no ordenamento jurídico português, que, possuindo embora o estatuto de pessoas coletivas de direito privado (por regra, de sociedades comerciais), são criadas pelo Estado ou por outras pessoas coletivas de direito público (ainda que, por vezes, em associação com entidades privadas), possuem capital total ou maioritariamente público, são dotadas de órgãos cujos titulares são total ou maioritariamente designados por entidades públicas e existem para, em exclusivo ou, pelo menos, a título primacial, prosseguirem a satisfação de necessidades públicas; e, por outro lado, existem muitas pessoas coletivas de direito privado que o Estado ou outras pessoas coletivas de direito público incumbem de realizar tarefas públicas em regime de concessão ou de formas similares de delegação, que envolvem o exercício de poderes de autoridade ou a assunção de responsabilidades que implicam a submissão dessas entidades a um regime normativo de Direito Administrativo.

Mais do que nunca no passado, no ordenamento jurídico português, o exercício da função administrativa não está, pois, reservado, nos nossos dias, ao Estado e às pessoas coletivas de direito público. Por conseguinte, o regime da responsabilidade civil extracontratual por danos resultantes do exercício da função administrativa não pode dizer apenas respeito a estas entidades. Esta realidade é assumida no nº 5 do artigo 1º do RREEP, que, por isso, estende a entidades privadas e aos seus servidores o âmbito de aplicação do regime da responsabilidade civil extracontratual por danos decorrentes do exercício da função administrativa.

Como já atrás foi dito, o RREEP em matéria de responsabilidade por danos decorrentes do exercício da função administrativa só se aplica a situações em que a conduta das pessoas coletivas de direito público (e dos seus servidores) é de *gestão pública,* consubstanciando, assim, o exercício da função administrativa, com exclusão, portanto, daquelas em que a referida conduta corresponda ao exercício de outras funções do Estado, mas também daquelas em que essa conduta é de *gestão privada.*

A questão coloca-se em termos similares a propósito da aplicabilidade do referido regime às pessoas coletivas de direito privado, embora com uma diferença importante: a de que, enquanto as pessoas coletivas de direito público, por regra, se regem por normas de Direito público, sendo-lhes o Direito privado apenas aplicável a título residual, relativamente a condutas de gestão privada de âmbito relativamente circunscrito, o inverso sucede com as pessoas coletivas de direito privado, que, por regra, atuam ao abrigo do Direito privado. Por conseguinte, enquanto, em relação a uma pessoa coletiva de direito público, a questão, perante uma situação concreta de responsabilidade, reside em saber se, não obstante o estatuto público da entidade em causa, lhe será aplicável o regime de responsabilidade do Código Civil, a questão, em relação a uma pessoa coletiva de direito privado, é, pelo contrário, a de saber se, não obstante o seu estatuto de Direito privado, lhe será excecionalmente de aplicar o RREEP.

Compreende-se, por isso, que o nº 5 deste artigo 1º faça depender a resposta a esta última questão do preenchimento de uma fórmula que, como não podia deixar de ser, remete para a ideia de exercício da função administrativa, mediante o apelo indireto ao conceito de Direito Administrativo. De acordo com o preceito, o RREEP por danos decorrentes do exercício da função administrativa é, com efeito, aplicável à responsabilidade das pessoas coletivas de direito privado e respetivos trabalhadores, titulares de órgãos sociais, representantes legais ou auxiliares, "*por ações ou omissões que adotem no exercício de prerrogativas de poder público ou que sejam reguladas por disposições ou princípios de direito administrativo*". É a mesma fórmula utilizada no nº 2, para a definição da função administrativa.

Trata-se de uma fórmula deduzida do conceito de Direito Administrativo, que, como vimos oportunamente (cfr. *supra*, nº 5), mais do que um ramo estatutário de entidades – as tradicionais pessoas coletivas de direito público –, é o ramo que disciplina uma função, a função administrativa, pelo qual se regem todas as entidades, com estatuto público ou privado, que de algum modo se relacionem com o exercício dessa função, a começar, naturalmente, pelas pessoas coletivas de direito privado que são formalmente incumbidas desse exercício.

Note-se, a propósito, que, a nosso ver, a fórmula utilizada deve ser objeto de uma interpretação que, excluindo as situações em que qualquer particular esteja sob a alçada da aplicação de normas ou princípios de Direito Administrativo (basta pensar no exemplo do particular que construa a sua casa em violação de condições impostas pela licença de construção), circunscreva a aplicação do preceito às hipóteses em que condutas lesivas adotadas por entidades privadas tenham sido adotadas ao abrigo de disposições ou princípios de Direito Administrativo impositivos de deveres ou restrições especiais, de natureza especificamente administrativa, que não se aplicam à atuação das entidades privadas: na verdade, só nesse caso faz sentido submeter entidades privadas a um regime de responsabilidade civil extracontratual de Direito Administrativo.

Estão, pois, abrangidas pelo âmbito de aplicação do regime do RREEP, em matéria de responsabilidade por danos decorrentes do exercício da função administrativa, as pessoas coletivas de direito privado que exerçam a função administrativa, na estrita medida em que o façam, isto é, no que diz respeito à responsabilidade civil extracontratual emergente dos atos que adotem e das omissões em que incorram no concreto exercício dessa função. Em relação a essas entidades, haverá, pois, que averiguar, em cada caso, se a conduta adotada se encontrava submetida a um enquadramento normativo de Direito Administrativo sobretudo em relação às condutas materiais das pessoas coletivas de direito público, também em relação às pessoas coletivas de direito privado haverá, pois, que averiguar, em cada caso, se a conduta adotada pela entidade em causa se encontrava submetida a um enquadramento normativo de Direito Administrativo, impositivo de deveres ou restrições especiais por razões de interesse público, em termos que permitam afirmar que tal conduta não foi adotada num contexto institucional idêntico àquele em que o seria por qualquer outra pessoa coletiva de direito privado, mas no exercício da função administrativa.

2. Repartição de responsabilidades entre a Administração Pública e os seus agentes

249. Nos termos dos nºs 3 e 4 do seu artigo 1º, o RREEP não estabelece apenas o regime da responsabilidade civil extracontratual do Estado e demais entidades públicas, mas também o regime da responsabilidade civil extracontratual "dos titulares de órgãos, funcionários e agentes públicos, por danos decorrentes de ações ou omissões adotadas no exercício das funções administrativa e jurisdicional e por causa desse exercício" (nº 3), assim como "dos demais trabalhadores ao serviço das entidades abrangidas, considerando-se extensivas a estes as referências feitas aos titulares de órgãos, funcionários e agentes" (nº 4) – universo de pessoas que, para abreviar, designaremos, em termos genéricos, por *servidores públicos*.

É no artigo 8º que o RREEP estabelece as condições de que depende a constituição em responsabilidade dos servidores públicos pelo exercício da função administrativa. Desde logo resulta, em todo o caso, do nº 3 do artigo 1º que o RREEP só regula a responsabilidade civil extracontratual dos servidores públicos *por danos decorrentes de ações ou omissões adotadas no exercício das suas funções e por causa desse exercício*, nesse pressuposto devendo ser, portanto, lido o disposto no artigo 8º, nº 1, quanto aos servidores da Administração Pública. Por eventuais danos por si causados, ainda que por ocasião do exercício das funções, mas fora do âmbito desse exercício ou sem ser por causa dele, os servidores públicos respondem a título exclusivo, nos termos do regime geral do Código Civil, sem que a questão diga respeito à entidade pública no âmbito da qual exercem funções. É o que resulta do nº 3 do artigo 1º e, *a contrario*, do artigo 8º, nº 2.

Os artigos 7º e 8º ocupam-se, primacialmente, da questão da repartição de responsabilidades entre as entidades públicas e os seus servidores, determinando em que casos a responsabilidade: (*i*) é exclusiva das entidades públicas (art. 7º); (*ii*) é solidária entre as entidades públicas e os seus servidores (art. 8º, nºs 1 e 2); ou (*iii*) é exclusiva dos servidores públicos (art. 8º, nº 1 e 2, *a contrario*).

Na vigência do Decreto-Lei nº 48 051, a responsabilidade civil extracontratual resultante de factos ilícitos e culposos praticados por servidores públicos podia concretizar-se nos seguintes planos[828]:

a) Podia ser responsabilidade exclusiva do servidor público, quando o facto danoso fosse praticado por este fora do exercício das suas funções, ou durante o exercício delas, mas não por causa desse exercício;

b) Podia ser responsabilidade solidária do servidor público e da entidade pública, quando o facto danoso fosse praticado no exercício das funções e por causa dele, mas com dolo;

c) Podia ser responsabilidade exclusiva da entidade pública perante o lesado, quando o facto fosse praticado no exercício das funções e por causa dele, mas com mera negligência por parte do servidor público – isto, sem prejuízo do eventual direito de regresso da entidade pública contra este, quando ele tivesse procedido "com diligência e zelo manifestamente inferiores àqueles a que se achava obrigado em razão do cargo".

No confronto com este quadro normativo, o RREEP introduziu duas inovações importantes:

1ª – A responsabilidade solidária deixou de existir apenas quando o facto danoso tenha sido praticado com dolo, para passar a existir também quando ele tenha sido praticado "com diligência e zelo manifestamente inferiores àqueles a que [o servidor público] se encontrava obrigado em razão do cargo" (art. 8º, nº 2), ou seja, nos casos em que tenha havido *culpa* (*negligência*) *grave* ou *grosseira*; por conseguinte, a responsabilidade exclusiva da entidade pública passa a existir apenas quando o facto tenha sido praticado com *culpa* (*negligência*) *leve* (art. 7º, nº 1);

[828] Cfr. artigos 2º e 3º do DL 48051 e, por exemplo, Acórdãos do Supremo Tribunal Administrativo de 22 de Maio de 1990, Processo nº 28120, e de 29 de Junho de 2005, Processo nº 1299/04.

2ª – Nas situações de responsabilidade solidária, porque o servidor público agiu com dolo ou com diligência e zelo manifestamente inferiores àqueles a que se encontrava obrigado em razão do cargo, é obrigatório o exercício do direito de regresso da entidade pública contra o seu servidor (arts. 8º, nº 3, e 6º).

À face do RREEP, continua a poder, pois, afirmar-se, que, "em caso de *ilícito funcional*, existe *sempre responsabilidade da Administração no plano das relações externas*" e que "a responsabilidade do ente público é diferente, consoante a *modalidade da culpa* dos titulares dos órgãos ou agentes"[829]: na verdade, a responsabilidade das entidades públicas continua a ser *própria e exclusiva*, em caso de culpa leve destes; passando a ser *solidária* com a dos titulares dos órgãos ou agentes, quando estes tenham procedido com *dolo* ou *culpa grave*.

Na economia do RREEP, a responsabilidade civil extracontratual resultante de ações ou omissões ilícitas e culposas praticadas por servidores públicos passou, assim, a concretizar-se nos seguintes planos:

a) Continua a existir a responsabilidade exclusiva do servidor público, sempre que o facto danoso tenha sido por ele cometido fora do exercício das suas funções, ou durante o exercício delas, mas não por causa desse exercício (art. 8º, nº 2, *a contrario*);

b) Existe responsabilidade solidária do servidor público e da entidade pública, quando o facto danoso tenha sido praticado no exercício das funções e por causa dele, mas com dolo ou culpa (negligência) grave ou grosseira (art. 8º, nº 2), incumbindo à entidade pública o dever legal de proceder ao exercício do direito de regresso (arts. 8º, nº 3, e 6º).

c) A responsabilidade é exclusiva da entidade pública quando o facto danoso tenha sido praticado no exercício das funções e por causa dele, mas com culpa leve (mera negligência) por parte do servidor público (art. 7º, nº 1).

O nº 1 do artigo 7º consagra, assim, a solução da responsabilidade exclusiva das entidades públicas pelos danos causados *com culpa leve* pelos

[829] Cfr. Vieira de Andrade, "Panorama geral do direito da responsabilidade civil da Administração Pública em Portugal", in *La responsabilidad patrimonial de los poderes públicos – III Colóquio Hispano-Luso de Derecho Administrativo*, Madrid/Barcelona, 1999, p. 48.

titulares dos seus órgãos, funcionários ou agentes, no exercício da função administrativa e por causa desse exercício. Neste, como em todos os outros domínios, o preceito não se refere apenas a uma responsabilidade resultante de atos, de ações, mas contempla também a responsabilidade por omissões.

A solução do nº 1 permanece fiel à matriz em que, já no âmbito do Decreto-Lei nº 48 051, assentava a responsabilidade das entidades públicas por danos ilicitamente causados no exercício da função administrativa: a responsabilidade é diretamente imputada à entidade pública, que é, de resto, o único sujeito que, na situação aí prevista, pode ser demandado pelo lesado, mas o fundamento dessa responsabilidade reside na culpa do servidor público que, em concreto, causou o dano. Vigora, pois, o "princípio da imputação direta às entidades públicas dos ilícitos cometidos pelos seus órgãos ou agentes"[830].

Como estabelece o nº 1 do artigo 7º, para que as entidades públicas respondam a título exclusivo por ações ou omissões ilícitas cometidas pelos seus servidores no exercício da função administrativa e por causa desse exercício, sem que os servidores envolvidos possam ser chamados, eles próprios, a responder, seja diretamente perante o lesado, seja, pelo menos, perante a própria entidade pública, em via de regresso, é, entretanto, necessário que a conduta funcional em causa tenha sido adotada com *culpa leve*. Se, pelo contrário, a conduta funcional tiver sido adotada "com dolo ou com diligência e zelo manifestamente inferiores àqueles a que se encontrava obrigado em razão do cargo", o próprio servidor público já incorre, ele próprio, em responsabilidade, sendo a entidade pública responsável, de forma solidária, com ele, mas com o dever de sobre ele exercer o correspondente direito de regresso. É o que resulta dos nºs 1, 2 e 3 do artigo 8º, em conjugação com o disposto no artigo 6º. No primeiro caso, a responsabilidade é própria e exclusiva da entidade pública; no segundo, pelo contrário, ela figura apenas em posição de garante.

250. Estabelece o artigo 22º da CRP: "O Estado e as demais entidades públicas são civilmente responsáveis, em forma solidária com os titulares dos seus órgãos, funcionários ou agentes, por ações ou omissões praticadas

[830] Cfr. Carlos Fernandes Cadilha, *op. cit.*, p. 169.

no exercício das suas funções e por causa desse exercício, de que resulte violação dos direitos, liberdades e garantias ou prejuízo para outrem".

Ao longo dos trinta anos decorridos entre a data da entrada em vigor da CRP e a da entrada em vigor do RREEP, doutrina e jurisprudência debateram-se com a seguinte questão: a partir do momento em que a CRP, no artigo 22º, se refere, sem distinguir, a uma responsabilidade solidária do Estado e demais entidades públicas com os titulares dos seus órgãos, funcionários ou agentes, não se terá tornado inconstitucional a solução tradicional de eximir os titulares de órgãos, funcionários ou agentes administrativos de responderem diretamente perante os lesados, em regime de solidariedade com a entidade pública a que pertencem, nos casos em que tenham agido sem dolo no desempenho das suas funções e por causa delas?

A esta questão, duas decisões judiciais e parte significativa da doutrina entenderam dar resposta positiva[831]. Com o tempo, porém, foi-se tornando claro na jurisprudência que a resposta devia ser negativa. Foi, com efeito, esse, ao longo do tempo, o entendimento praticamente uniforme do Supremo Tribunal Administrativo, que não recusou a aplicação do artigo 3º do Decreto-Lei nº 48 051 com fundamento em inconstitucionalidade superveniente[832].

A questão demorou a chegar ao Tribunal Constitucional. Mas acabou por ser submetida à sua apreciação, no Acórdão nº 236/2004, proferido no Processo nº 92/03[833]. Este Acórdão confirmou o entendimento da jurisprudência administrativa, no sentido de não julgar supervenientemente

[831] Veja-se, a propósito, o documentado repertório inventariado no Acórdão nº 236/2004 do Tribunal Constitucional, a que de seguida se faz referência no texto. E em geral sobre o tema, Carla Amado Gomes, *Textos dispersos..., cit.*, pp. 65 segs.

[832] Vejam-se, entre tantos, os Acórdãos de 22 de Maio de 1990 (Proc. nº 28120), de 29 de Outubro de 1992 (Proc. nº 29994), de 29 de Abril de 1999 (Proc. nº 40503), de 28 de Fevereiro de 2002 (Proc. nº 48178), de 3 de Junho de 2004 (Proc. nº 47722) e de 29 de Junho de 2005 (Proc. nº 1299/04).

[833] O facto mereceu do Acórdão o seguinte comentário: "É a primeira vez que o Tribunal Constitucional se confronta, diretamente, com a questão [...] o que não pode deixar de significar – considerando a obrigatoriedade de recurso para o Tribunal Constitucional, por parte do Ministério Público, em caso de recusa de aplicação de norma com fundamento na sua inconstitucionalidade – que ou os autores não têm demandado, nas pertinentes ações, os funcionários e agentes, ou os nossos tribunais não têm geralmente julgado contrário à Constituição o regime instituído pelo Decreto-Lei nº 48051". Para logo acrescentar: "E, com efeito, da

inconstitucionais as normas do artigo 3º do Decreto-Lei nº 48051. E, pela nossa parte, afigura-se-nos inteiramente convincente a argumentação que, neste sentido, foi sendo desenvolvida pelos referidos tribunais superiores.

Com efeito, objeto do artigo 22º da CRP não é definir o regime da responsabilidade dos titulares de órgãos, funcionários ou agentes, mas das *entidades públicas*. Isso mesmo resulta da epígrafe do preceito. O que determinou a consagração constitucional do preceito, na parte em que ele se refere à responsabilidade solidária, não pode ter sido, portanto, o propósito de regular os pressupostos de que depende a constituição dos servidores públicos em responsabilidade, ampliando em relação ao Direito até então vigente o âmbito das situações em que eles devem responder diretamente perante os eventuais lesados e, portanto, agravando automaticamente a posição em que eles se encontravam colocados no plano das relações externas – mas antes o propósito de garantir a posição dos eventuais lesados, conferindo dignidade constitucional ao princípio da imputação direta às entidades públicas dos ilícitos cometidos pelos seus órgãos ou agentes, através da consagração do postulado de que em caso algum os servidores públicos poderão responder sozinhos por danos resultantes do exercício das suas funções[834].

Como expressamente foi assumido no mencionado Acórdão nº 236/2004 do Tribunal Constitucional, o que o artigo 22º da CRP impõe é apenas "que *o Estado e demais entidades públicas respondam sempre ao lado dos titulares dos órgãos, funcionários e agentes, por atos funcionais, quando a lei impuser a responsabilidade direta destes*" (itálico no original).

Ora, isto não exige nem justifica a imposição aos titulares de órgãos, funcionários ou agentes de uma responsabilidade direta perante os lesados, sempre e em todos os casos em que as respetivas entidades públicas devam responder pelos danos causados. As entidades públicas serão civilmente responsáveis, em forma solidária com os seus titulares de órgãos, funcionários ou agentes, mas apenas, naturalmente, no pressuposto de que – e, portanto, nos casos em que, de acordo com a lei substantiva apli-

jurisprudência conhecida dos nossos tribunais superiores, dá-se apenas nota de dois arestos que, no aspeto em causa, julgaram inconstitucional o referido regime".

834 No mesmo sentido, na doutrina, cfr. MARGARIDA CORTEZ, "Contributo para uma reforma da lei da responsabilidade civil da Administração", *in Responsabilidade civil extracontratual do Estado – Trabalhos preparatórios da reforma*, Coimbra, 2002, p. 259.

cável – haja responsabilidade da parte destes. E como o artigo 22º da CRP é omisso quanto a este ponto, é à legislação ordinária que compete determinar em que condições os titulares de órgãos, funcionários ou agentes devem responder diretamente perante os lesados. Será, pois, nesses casos que a CRP impõe o regime da solidariedade[835].

Por outro lado, cumpre recordar que o artigo que, na CRP, se refere à responsabilidade dos funcionários e agentes administrativos, é o artigo 271º. E a verdade é que o nº 4 deste artigo prevê que "o Estado e as demais entidades públicas têm direito de regresso contra os titulares dos seus órgãos, funcionários e agentes", remetendo para a lei a regulação dos termos em que existirá esse direito de regresso. Ora, como foi assinalado no Acórdão nº 236/2004 do Tribunal Constitucional, a própria referência, no contexto em que é feita, a este direito de regresso já à partida "se compatibiliza mal com um regime-regra de responsabilidade direta dos agentes, só fazendo plenamente sentido num sistema de condenação prévia do Estado". Por outro lado, a remissão aberta que, no preceito ora em análise, é feita para os termos da lei parece confirmar o que foi dito a propósito do artigo 22º da CRP.

Como em devido tempo tinha advertido a Comissão Constitucional, no seu Parecer nº 22/79, relatado por *Jorge de Figueiredo Dias*, quando, no artigo 22º da CRP, se fala em responsabilidade solidária das pessoas coletivas com os titulares dos seus órgãos, funcionários ou agentes, não se tem necessariamente em vista a aplicação, nos seus exatos termos, do estrito esquema que a lei civil prevê para as obrigações solidárias, sendo antes "possível entender que a responsabilidade, sem deixar de ser solidária, pode depender de diferentes pressupostos, consoante ela se afira em relação ao Estado ou aos seus agentes"[836]. Com efeito, se o artigo 271º, nº 4, admite que (por hipótese, em situações de mera negligência) a lei reguladora do direito de regresso pode reconhecer aos titulares de órgãos, funcionários ou agentes o direito ao integral ressarcimento, em via de regresso, das indemnizações que eles porventura tenham sido obrigados a pagar directamente aos lesados, isto vale por dizer que a CRP admite que a lei os pode isentar (por hipótese, nesse tipo de situações) de responsabili-

[835] Neste preciso sentido, com apoio em *Sinde Monteiro*, veja-se a argumentação expendida no Acórdão nº 236/2004 do Tribunal Constitucional.

[836] Cfr. *Pareceres da Comissão Constitucional*, vol. 9º, p. 52.

dade. Mas então, que sentido faria exigir (porventura, nesses casos) que os titulares de órgãos, funcionários ou agentes possam ser demandados pelos lesados e, portanto, proscrever soluções normativas que, eximindo-os de responsabilidade em situações de mera negligência, também os eximam do ónus de serem demandados em tribunal pelos lesados?

Afigura-se, por isso, fundado o entendimento de que o legislador dispõe, neste domínio, de um poder de conformação que lhe permite isentar os servidores públicos de qualquer responsabilidade em situações de mera negligência. É o que, no RREEP, é feito no artigo 7º, nº 1. Em situações desse tipo, não há, pois, responsabilidade solidária, para os efeitos do artigo 22º da CRP, porque a responsabilidade é exclusiva da entidade pública.

As soluções consagradas no artigo 8º dão, entretanto, plena concretização ao propósito que parece ter inspirado o artigo 22º da CRP, e que é, como foi dito, o de assegurar que a responsabilidade das entidades públicas acompanhe necessariamente a dos titulares dos respetivos órgãos, funcionários ou agentes, assegurando que elas respondam de forma solidária com eles (art. 8º, nº 2) sempre que eles se vejam constituídos em responsabilidade em consequência do exercício das suas funções públicas (art. 8º, nº 1)[837].

Acrescente-se que, quando o titular de órgão, funcionário ou agente tenha atuado com dolo ou culpa grave, embora a responsabilidade seja solidária, se a entidade pública responder perante o lesado, o seu direito de regresso sobre o autor material da conduta lesiva tem por objeto o reembolso total da quantia em que ela tenha sido condenada perante o lesado. Como explica *Carlos Fernandes Cadilha*, significa isto que, nesse caso, o dever de indemnizar "compete ao titular do órgão, funcionário ou agente que tenha sido o autor material do facto ilícito, implicando que se torne integralmente responsável pelos danos decorrentes da lesão. A responsabilidade solidária da entidade pública tem apenas em vista assegurar a solvabilidade da dívida e, nesse sentido, apenas tem como finalidade permitir que o lesado possa interpelar apenas (ou também) a Administração"[838].

[837] No sentido da solução, cfr. MARGARIDA CORTEZ, *op. loc. cits.*. Cfr. também CARLOS FERNANDES CADILHA, *op. cit.*, pp. 143-144.

[838] Cfr. CARLOS FERNANDES CADILHA, *op. cit.*, p. 171.

3. Responsabilidade da Administração Pública por falta do serviço (*faute du service*)

251. Como já foi referido, o regime da responsabilidade civil extracontratual do Estado e demais entidades públicas pelo exercício da função administrativa assenta, primacialmente, no princípio da imputação direta às entidades públicas dos ilícitos cometidos pelos seus órgãos ou agentes, pelo que pressupõe a imputação de um concreto facto lesivo à conduta, ativa ou omissiva, de um titular de órgão, funcionário ou agente determinado.

Desde os anos sessenta do século passado, a jurisprudência administrativa portuguesa procedeu, no entanto, à importação do Direito francês do instituto da responsabilidade por *faute du service*[839], construção jurisprudencial do Conselho de Estado francês que assenta na imputação a entidades públicas da responsabilidade civil extracontratual por danos resultantes de um *funcionamento anormal do serviço,* que, nas circunstâncias do caso, não possa ser imputado à conduta concreta de um determinado agente[840].

Essa modalidade de responsabilidade, de importação jurisprudencial, encontra hoje consagração nos nºs 3 e 4 do artigo 7º do RREEP, cuja previsão assenta, pois, numa lógica inovadora, de responsabilização da Administração enquanto tal, pela sua própria conduta lesiva, sem necessidade da demonstração de que um determinado agente atuou com culpa, mas apenas de que o serviço no seu conjunto funcionou de modo anormal, seja porque não funcionou em absoluto, seja porque funcionou tardiamente ou, em todo o caso, porque não observou os padrões mínimos de resultado que se lhe impunham.

A consagração, no artigo 7º, nºs 3 e 4, de um regime de responsabilidade da Administração por *funcionamento anormal do serviço* tem um alcance inovador que não pode deixar de ser devidamente assinalado. Com efeito,

[839] Para a caracterização da figura, por referência à origem, entre nós, dessa jurisprudência, cfr. DIOGO FREITAS DO AMARAL, *A responsabilidade civil da Administração no Direito Administrativo português,* Lisboa, 1973, pp. 33 segs.; para uma ampla inventariação de ulteriores espécimes jurisprudenciais, cfr., entretanto, CARLA AMADO GOMES, *Contributo para o estudo das operações materiais da Administração Pública e do seu controlo jurisdicional,* Coimbra, 1999, pp. 409 segs..

[840] Cfr., por todos, ANDRÉ DE LAUBADÈRE/JEAN-CLAUDE VENEZIA/YVES GAUDEMET, *Traité de Droit Administratif,* tomo 1, 15ª ed., Paris, 1999, pp. 983-984.

ela é expressão de um novo entendimento, segundo o qual a Administração não é a "entidade que *garante* o pagamento da indemnização na condição e na medida da culpa do agente", mas é, ela própria, objeto de uma responsabilidade *direta,* que não tem por que ser indiretamente determinada através do apuramento da responsabilidade de titulares de órgãos ou agentes determinados[841].

Por outro lado, com a introdução do instituto em análise, assegura-se que a Administração não responde apenas pelos danos que resultem de específicas condutas ilícitas e culposas de agentes determinados, mas, de um modo geral, pelos danos resultantes do seu funcionamento que o lesado não tenha obrigação de suportar, porque não seriam causados por um serviço que funcionasse normalmente, isto é, de acordo com *padrões médios de resultado,* como afirma o nº 4.

Subjacente a esta solução está uma lógica de *"ampliação do conceito de ilicitude"* e de *"predomínio da ideia de ilicitude sobre a da culpa* ou de *objetivização da culpa".* Como, na verdade, bem nota *Vieira de Andrade,* movemo-nos, neste domínio, num contexto em que "se desvaloriza a ideia de culpa como censura ético-comportamental, subordinando-a à ideia de ilicitude ou conferindo-lhe contornos objetivos, no sentido de garantir a indemnização dos danos causados aos direitos e interesses legalmente protegidos, desde que se detete um 'funcionamento anormal' da atividade administrativa que se projete nas relações com os particulares, independentemente da demonstração de culpa pessoal, subjetiva ou 'psicológica' do agente"[842].

E, bem vistas as coisas, movemo-nos aqui num domínio em que a antijuridicidade tende a não ser perspetivada como um elemento subjetivo da conduta lesiva adotada, mas como um elemento objetivo caracterizador do dano indemnizável. Neste sentido, sustenta *Luís Cabral de Moncada* que, neste âmbito, a ilicitude se transfere do plano da conduta, para o do dano[843]. E, na verdade, o que aqui acontece é que a ilicitude não é (necessariamente) reportada a uma *conduta,* e, portanto, ao desvalor subjetivo da ação, mas a um *resultado,* ao dano injusto sofrido pelo lesado. Com a

[841] Cfr. VIEIRA DE ANDRADE, *op. cit.*, p. 44.

[842] Cfr. VIEIRA DE ANDRADE, *op. cit.*, p. 45; e, numa perspetiva de âmbito geral, referida às pessoas coletivas em geral, MENEZES CORDEIRO, "A responsabilidade civil do Estado", in *Em Homenagem a Diogo Freitas do Amaral,* Coimbra, 2010, pp. 905 segs..

[843] Cfr. LUIS CABRAL DE MONCADA, *op. cit.*, pp. 74 e 76.

consagração do instituto da responsabilidade por funcionamento anormal do serviço, o sistema português da responsabilidade civil das entidades públicas evoluiu, pois, em convergência com outros ordenamentos jurídicos próximos do nosso, no sentido da objetivação e da acentuação da função reparadora do instituto da responsabilidade civil, promovendo a proteção da vítima.

252. Resulta dos nºs 3 e 4 do artigo 7º do RREEP que, mesmo quando os danos não tenham resultado do comportamento concreto de determinada pessoa ou, em todo o caso, não seja possível comprovar a autoria pessoal da ação ou omissão ocorrida, existe responsabilização da entidade pública desde que a produção dos danos possa ser imputada a um funcionamento anormal do serviço.

Têm-se, assim, em vista dois tipos de situações, ditas de *falta coletiva* e de *falta anónima*[844].

A *falta coletiva* abrange os casos em que os danos não podem ser diretamente imputados ao comportamento concreto de alguém, pois resultam de uma atuação global, que envolve uma responsabilidade dispersa por diversos sectores ou intervenientes, porventura prolongada ao longo do tempo, sendo, por isso, imputável a um deficiente funcionamento do serviço, na medida em que se pode afirmar que os danos não seriam causados por um serviço que funcionasse normalmente, isto é, de acordo com *padrões médios de resultado*.

Em certos casos, deve ser, neste domínio, objetivado o estabelecimento do próprio nexo de causalidade entre o facto lesivo e o dano, quando nem sequer se mostre possível identificar um comportamento concreto como causa adequada à qual imputar a produção do efeito lesivo[845].

Na doutrina francesa, é apontado como exemplo paradigmático o caso jurisprudencial do internado num hospital por uma afeção benigna ou para sofrer uma intervenção banal e que é vítima de sequelas graves, sem

[844] Cfr. Carlos Fernandes Cadilha, *op. cit.*, pp. 163-164.

[845] Assinalando o ponto, cfr. Marcelo Rebelo de Sousa, "Responsabilidade dos estabelecimentos públicos de saúde: culpa do agente ou culpa da organização?", in *Direito da Saúde e Bioética*, Lisboa, 1996, p. 475, e Marcelo Rebelo de Sousa/André Salgado de Matos, *Responsabilidade Civil Administrativa*, Lisboa, 2008, p. 27.

que se possa apurar que conduta ilícita e culposa poderá ter causado essas sequelas[846-847].

A *falta anónima*, por seu turno, existe nas situações em que a lesão não pode deixar de ser imputável ao concreto comportamento de um determinado agente, mas não é possível determinar a identidade desse agente e, portanto, apurar a autoria pessoal do facto lesivo. Ainda neste caso, a produção dos danos evidencia a existência de um funcionamento anormal do serviço, na medida em que se possa afirmar que, se o serviço, através desse agente indeterminado, tivesse funcionado como deveria, os danos não se teriam produzido.

É sobretudo no domínio das omissões de condutas devidas que tendem a ocorrer situações de *funcionamento anormal do serviço*, por ser primordialmente nesse domínio que mais difícil se torna estabelecer a conexão entre o dano e a concreta conduta de um agente passível de ser individualizado[848]. É o que, desde logo, sucede nos casos de omissão da sinalização de trabalhos, obstáculos ou defeitos na via pública, de omissão da manutenção e conservação de árvores, ou da omissão da limpeza de esgotos e da guarda e conservação de coletores públicos – domínios, aliás, em grande medida abrangidos pela previsão, no artigo 10º, nº 3, do RREEP,

[846] Cfr. ANDRÉ DE LAUBADÈRE/JEAN-CLAUDE VENEZIA/YVES GAUDEMET, *op. cit.*, p. 984.

[847] Na jurisprudência portuguesa, vejam-se, por exemplo, os Acórdãos do STA de 22.02.2006, Proc. nº 137/05, de 14.04.2010, Proc. nº 751/07, e de 12.04.2012, Proc. nº 798/11. A este propósito, escreveu-se, designadamente, no segundo destes acórdãos: "Na situação, como sustenta o recorrente, não foi apurada a causa da sépsis que determinou a morte da doente, nem a causa direta da morte do feto, nem no caso existe uma certeza de que a doente e respetivo feto teriam sido salvos se os serviços do hospital tivessem agido nos moldes em que deviam. Só que, o que se espera de um hospital ou dos respetivos serviços numa situação como a que ora nos ocupa, como ficou consignado no Ac. de 22.02.2006, proc. 137/05, "*é que mantenha sobre o doente que internou para observação uma verdadeira vigilância, que permita detetar e valorizar os sintomas que se vão ao longo do tempo apresentando*". [...] Face ao que anteriormente se referiu os danos ou prejuízos sofridos e peticionados na ação todos eles se apresentam como uma consequência provável do evento donde emerge o direito de indemnizar – deficiente prestação de serviços médicos por parte dos agentes do R. e subsequente morte da doente e feto – devendo por conseguinte os AA. serem indemnizados pelas lesões sofridas. Deve, pois, concluir-se no sentido da verificação do nexo de causalidade".

[848] Cfr. REBELO DE SOUSA/SALGADO DE MATOS, *op. cit.*, p. 27; LUIS CABRAL DE MONCADA, *op. cit.*, p. 49 e nota 42.

da existência de presunção de culpa por incumprimento de deveres de vigilância[849].

Como resulta do nº 4, a falta do serviço deve ser apreciada em abstrato, atendendo a padrões de rendimento médio que seria exigível observar nas circunstâncias do caso concreto. A ilicitude da conduta não se avalia, portanto, em função de um padrão normativo de conduta, mas de um padrão objetivo de funcionamento[850].

Como sugere *Carlos Fernandes Cadilha*, "para definir o padrão de comportamento exigível poderão considerar-se as normas internas do serviço, os relatórios relativos a índices de produtividade e quaisquer outros elementos de aferição, não sendo de excluir que se atendam a dados comparativos com serviços congéneres"[851]. Parece, assim, de entender que não haverá responsabilidade quando os danos possam ser atribuídos a falta de recursos humanos, materiais ou financeiros – mas isto, a nosso ver, apenas na medida em que o serviço disponha dos recursos mínimos que seja razoável exigir para que ele possa funcionar nas condições necessárias para evitar os danos produzidos.

4. Pressupostos da responsabilidade por facto ilícito e culposo

253. As disposições que integram a Secção I do Capítulo II do RREEP têm por objeto regular a responsabilidade por danos decorrentes de factos ilícitos cometidos no exercício da função administrativa. Por conseguinte, tanto o artigo 7º, nº 1, como o artigo 8º, nº 1, fazem referência aos pressupostos de que depende a constituição em responsabilidade nesse domínio: por um lado, às "ações ou omissões ilícitas" *(facto ilícito)*, "cometidas com culpa leve" (art. 7º, nº 1) ou "com dolo ou com diligência e zelo manifestamente inferiores" aos exigíveis (art. 8º, nº 1) *(culpa)*; por outro lado, aos "danos que resultem" dessas ações *(danos* e *nexo de causalidade entre o facto e os danos)*.

[849] Cfr. Carla Amado Gomes, *Contributo..., cit.*, pp. 410-414; Carlos Fernandes Cadilha, *op. cit.*, p. 199, nota 332.

[850] Cfr. Vieira de Andrade, "A responsabilidade por danos decorrentes do exercício da função administrativa na nova lei sobre responsabilidade civil extracontratual do Estado e demais entidades públicas", *Revista de Legislação e de Jurisprudência* nº 3951, p. 366.

[851] Cfr. Carlos Fernandes Cadilha, *op. cit.*, p. 165.

Diversos aspetos resultam, porém, ainda definidos de modo impreciso do teor, intencionalmente genérico, destes preceitos, na medida em que é depois, nos artigos 9º e 10º, que se procede à determinação dos parâmetros pelos quais deve ser aferido o preenchimento dos pressupostos da *ilicitude* e da *culpa*. Os artigos 9º e 10º complementam, assim, os referidos preceitos, densificando as referências genéricas que neles são feitas aos conceitos de ilicitude e culpa. Quanto aos pressupostos do dano e do nexo de causalidade, não existe um regime próprio no RREEP, sendo aplicável o regime do Código Civil. Por esse motivo, apenas faremos referência de seguida aos pressupostos da ilicitude e da culpa.

O nº 1 do artigo 9º do RREEP estabelece o seguinte: "Consideram-se ilícitas as ações ou omissões dos titulares de órgãos, funcionários e agentes que violem disposições ou princípios constitucionais, legais ou regulamentares ou infrinjam regras de ordem técnica ou deveres objetivos de cuidado e de que resulte a ofensa de direitos ou interesses legalmente protegidos".

Em nossa opinião, este preceito, por influência francesa, adota um entendimento amplo de *ilicitude*, no sentido francês de *faute*, que também compreende a *culpa*.

Cumpre, na verdade, notar que, a exemplo do que já sucedia com o artigo 6º do Decreto-Lei nº 48 051, que o precedeu, o preceito em análise começa por definir a ilicitude das condutas administrativas por referência à violação das regras e padrões objetivos pelos quais a Administração se deve pautar na sua atuação, com o que, na definição da *ilicitude* da atuação administrativa, atribui às regras de conduta que, para a Administração, resultam de norma estrita um relevo superior àquele que a esse tipo de regras é reconhecido no âmbito das relações jurídico-privadas – o que bem se compreende, atendendo à relevância de que, por força do princípio da legalidade, se reveste a regulação normativa dos atos jurídicos unilaterais (regulamentos e atos administrativos) que exprimem o exercício de poderes de autoridade da Administração.

Com efeito, na generalidade dos casos, a responsabilidade civil das entidades públicas pelo exercício da função administrativa resulta da violação das regras que, para elas, resultam da CRP, das leis e dos regulamentos que disciplinam os termos da respetiva atuação jurídica. Compreende-se, por isso, que, na definição da ilicitude da atuação administrativa, a lei atribua às regras que, para a Administração, resultam de norma estrita um relevo superior àquele que a esse tipo de regras é reconhecido no âmbito das relações jurídico-privadas.

Mas, tal como também já anteriormente sucedia com o artigo 6º do Decreto-Lei nº 48 051, o preceito não deixa de reconhecer que, por vezes – em princípio, em situações decorrentes de ações ou omissões materiais da Administração, que não da emissão ou recusa de atos jurídicos de autoridade –, a lesão dos direitos de outrem pode não resultar da específica violação de normas ou princípios constitucionais, legais ou regulamentares ou de regras técnicas devidamente formalizadas.

Ora, para fazer referência a esses casos, em que a lesão do direito resulta da inobservância, por parte do lesante, dos deveres de cuidado que se lhe impunham, o legislador, a nosso ver, coloca-se num plano que, nos quadros tradicionais do Direito Civil, já pertence à *culpa*. Com efeito, quando qualifica como ilícitas as condutas que envolvam violação de deveres de cuidado, o que o preceito faz é esclarecer que, para que haja responsabilidade, as consequências da ilicitude, consubstanciada na lesão de um direito de outrem sem causa justificativa, devem ser (subjetivamente) imputadas ao autor do facto, por este não ter observado os deveres de cuidado que se lhe impunham para evitar a ocorrência da lesão. Ora, quando seja de reconhecer que a lesão de um direito resulta da inobservância de um dever de cuidado, é porque as concretas circunstâncias do caso impunham ao agente a observância desse dever, em termos de se poder e dever formular um juízo de censura, do ponto de vista da culpabilidade, pelo facto de não o ter observado.

E o mesmo pode ser dito da remissão que, no nº 2 do mesmo artigo 9º é feita para o artigo 7º, nº 3, no qual se procede à definição do que se entende por *funcionamento anormal dos serviços*. Na verdade, para se poder afirmar que a lesão de um direito resulta da não adoção, por parte de um serviço administrativo, da atuação exigível para evitar essa lesão, também é forçoso concluir que as concretas circunstâncias do caso impunham ao serviço a adoção de tal atuação, em termos de se poder e dever formular um juízo de censura, do ponto de vista da culpabilidade, pelo facto de não a ter adotado.

Em qualquer dos casos, os preceitos em causa adicionam, pois, nesta parte, à *ilicitude*, que, nestes casos, em bom rigor, se concretiza na pura e simples lesão de uma situação subjetiva sem causa justificativa, um ingrediente que, nos quadros tradicionais do Direito Civil, pertence à *culpa* e que se consubstancia na inobservância do dever de cuidado exigível.

Tal como já anteriormente sucedia, à face do artigo 6º do Decreto-Lei nº 48 051[852], também no âmbito do nº 1 do artigo 9º do RREEP é, assim, possível identificar duas modalidades de ilicitude, distinguindo ilicitudes por ilegalidade e ilicitudes por inobservância de deveres objetivos de cuidado. A estas duas modalidades, o nº 2 do artigo 9º veio, entretanto, acrescentar uma terceira, que corresponde às situações de funcionamento anormal do serviço, tal como previstas nos nºs 3 e 4 do artigo 7º. Nas três notas subsequentes procederemos à circunstanciada análise de cada uma destas modalidades de ilicitude.

4.1. Primeira modalidade de ilicitude: ilegalidade

254. Na primeira das duas modalidades em que, como vimos, se desdobram as formas que podem assumir as situações de ilicitude previstas no nº 1 do artigo 9º, o preceito tem em vista os casos de *violação de normas*, dimensão da maior importância, atenta a especial relevância de que, por força do princípio da legalidade, se reveste a regulação normativa dos atos jurídicos unilaterais que exprimem o exercício de poderes de autoridade da Administração, na medida em que, na generalidade dos casos, a responsabilidade civil das entidades públicas pelo exercício da função administrativa resulta da violação das normas que, para elas, resultam da CRP, das leis e dos regulamentos que disciplinam os termos da sua atuação jurídica. Inscrevem-se neste domínio tanto as situações de ofensa de direitos subjetivos, como de interesses legalmente protegidos, por violação de disposições legais dirigidas a proteger interesses alheios: as chamadas normas de proteção[853].

Cumpre, porém, notar que, no Direito francês, nas situações de pura e simples violação de regras objetivas de conduta, não se considera necessá-

[852] Cfr., por todos, Maria da Glória Garcia, *A responsabilidade civil do Estado e demais pessoas coletivas públicas*, Lisboa, 1997, pp. 38-39.

[853] Reconhecendo que, no universo das normas de proteção, predominam, precisamente, as regras de Direito público, cfr. Menezes Cordeiro, *Tratado de Direito Civil Português, II – Direito das Obrigações*, tomo III, Coimbra, 2010, p. 453.

rio o preenchimento de qualquer outro requisito para que se reconheça a existência de *faute* – conceito que, naquele ordenamento jurídico, corresponde, simultaneamente, à existência de ilicitude e culpa[854]. O que bem se compreende, na medida em que também em Direito Civil se reconhece que, "na presença de ilicitude por violação de normas de proteção, a culpa assume uma forma mais aderente à própria ilicitude e a causalidade é moldada sobre o escopo da norma violada"[855].

Ora, até ao surgimento do regime jurídico vigente, também entre nós a jurisprudência administrativa, à face do anterior regime do Decreto-Lei nº 48 051, tendia a orientar-se no mesmo sentido, assumindo o entendimento de que a prática de qualquer ato administrativo ilegal envolvia uma presunção judicial de culpa, que praticamente nunca era elidida, pelo que configurava, *in re ipsa*, a comissão de um facto não só ilícito, mas também culposo[856].

Hoje, o legislador prevê expressamente, no nº 2 do artigo 10º, uma presunção de culpa associada à emissão de atos jurídicos ilegais. A solução afigura-se justificada, na medida em que, como o primeiro dever da Administração é conhecer e respeitar o Direito, é compreensível que o legislador entenda associar um especial juízo de censura às situações de ilegalidade administrativa. A isto acresce a circunstância objetiva de que, por via de regra, existe efetivamente culpa na emissão de atos administrativos ilegais, já que o primeiro dever da Administração é conhecer e respeitar o Direito, pelo que se afigura inteiramente justificada a consagração formal de uma presunção de culpa no domínio da responsabilidade da Administração por danos resultantes da prática de atos administrativos ilegais. Com efeito,

[854] Cfr. René Chapus, *Droit administratif général*, tomo 1, 15ª ed., Paris, 2001, pp. 1295-1296; o mesmo sucede, aliás, no Direito italiano: cfr., por todos, Margarida Cortez, *Responsabilidade civil da Administração por actos administrativos ilegais e concurso de omissão culposa do lesado*, Coimbra, 2000, p. 100, com outras referências.

[855] Cfr. Menezes Cordeiro, *op. loc. últs. cits.*.

[856] No sentido de que, "quando é violado o dever de boa administração pela prática de um ato administrativo ilegal, o elemento culpa dilui-se na ilicitude, assumindo a culpa o aspeto subjetivo da ilicitude", cfr., entre tantos, os Acórdãos do Supremo Tribunal Administrativo de 12.12.1989, in *Revista de Legislação e de Jurisprudência*, nº 3816, p. 80, de 7.3.1989, in *Acórdãos Doutrinais* nº 344-345, p. 1049, de 19.7.1992, Proc. nº 30 582, in *Apêndice ao Diário da República*, de 17.4.1996, pp. 4242-4244, de 21.03.1996, Proc. nº 35 909, de 24.4.1996, Proc. nº 28 189-A, de 03.12.1996, Proc. nº 39 020; e, por último, de 9.10.2012, Proc. nº 565/12.

também neste domínio parecem preencher-se os pressupostos que terão estado na base da consagração, no Direito das Obrigações, de uma presunção de culpa no âmbito da responsabilidade contratual: "a consideração, tirada da experiência comum, de que o inadimplemento da obrigação é, em regra, *culposo* (devido a negligência) e a ideia de que o devedor está em melhores condições para alegar e provar os factos que tornam inimputável o não cumprimento do que o credor para provar o contrário"[857].

Mas a verdade é que, ao introduzir tal presunção em sede de definição de um regime autónomo de culpa nesta matéria, o legislador assumiu, quanto a este ponto, o afastamento do regime francês da *faute*, separando o regime da ilicitude do da culpa. Com efeito, o regime de presunção de culpa separa a questão da ilicitude da questão da culpa, na medida em que coloca em planos distintos a verificação objetiva da ocorrência da violação de normas e a valoração que cumpra realizar sobre se, nas concretas circunstâncias do caso, a observância de tais normas era exigível ao agente, em termos de se poder e dever formular um juízo de censura, do ponto de vista da sua culpabilidade, pelo facto de ele não as ter observado. Ora, fazendo isto, o legislador abre explicitamente a porta à possibilidade de, em situações concretas, se demonstrar que, agindo embora ilegalmente, o autor do ato ilegal adotou a conduta que, em função das circunstâncias concretas, era "exigível e esperada de um funcionário zeloso e cumpridor", com a diligência que, nessas circunstâncias, seria "exigível a um funcionário ou agente típico, respeitador da lei e dos regulamentos e das *leges artis* aplicáveis" ao caso[858]. A nosso ver, deve ser, em todo o caso, recusado alcance *desculpabilizante* a circunstâncias imputáveis à entidade pública que produziu o ato ilegal, como a indevida falta, impreparação ou desorganização dos meios técnicos e humanos de que se deveria diligentemente ter dotado, por serem objetivamente necessários ao correto exercício das funções de que estava incumbida.

857 Antunes Varela, *Das Obrigações em Geral*, vol. II, 7ª ed., Coimbra, 1997, p. 101, em nota.

858 Para as fórmulas utilizadas no texto, que hoje correspondem, no essencial, ao disposto no nº 1 do artigo 10º do RREEP, cfr., por exemplo, os Acórdãos do Supremo Tribunal Administrativo de 20.1.1987, *Acórdãos Doutrinais* nº 310, p. 1243; de 7.3.1989, *Acórdãos Doutrinais* nº 344-345, p. 1048; e de 19.7.1992, Proc. nº 30 582, *Apêndice ao Diário da República*, de 17.4.1996, p. 4248, este último com referência a outros, publicados no *Boletim do Ministério da Justiça*, nº 307, p. 192, e nº 320, p. 412.

4.2. Segunda modalidade de ilicitude: inobservância de deveres objetivos de cuidado

255. A nosso ver, é na segunda das modalidades em que, como vimos, se desdobram as formas que podem assumir as situações de ilicitude previstas no nº 1 do artigo 9º que mais se evidencia a já mencionada influência do Direito francês quanto ao modo como, no preceito em análise, é configurado o pressuposto da *ilicitude*.

Com efeito, ao fazer corresponder as situações de ilicitude das condutas administrativas, não só aos casos de violação das normas pelas quais a Administração se deva pautar na sua atuação, mas também às situações de inobservância dos deveres objetivos de cuidado que se lhe impunham, o preceito assume, a nosso ver, um entendimento amplo de *ilicitude*, no sentido francês de *faute*, que nele integra um componente que, nos quadros tradicionais do nosso Direito Civil, corresponde à culpa, que é, precisamente, entendida como a inobservância de deveres objetivos de cuidado[859].

Na verdade, é frequente que, em situações decorrentes de ações materiais ou omissões da Administração, que não de emissão ou recusa de atos jurídicos, a lesão dos direitos de outrem não resulte da violação de normas. Ora, ao assumir que, nesse tipo de situação, são ilícitas as condutas que envolvam violação de deveres objetivos de cuidado, o preceito assume que, para que exista ilicitude, as consequências da lesão do direito de outrem sem causa justificativa têm de ser imputadas à inobservância dos deveres objetivos de cuidado que ao agente se impunham para evitar a ocorrência da lesão. De outro modo, não haverá ilicitude.

Em nossa opinião, o preceito em análise integra, deste modo, no pressuposto da ilicitude – que, na hipótese em referência, se concretizaria, à partida, na pura e simples lesão de uma situação subjetiva sem causa justificativa[860] –, um componente que, nos quadros tradicionais do nosso

[859] Cfr. Menezes Cordeiro, *Tratado... cit.*, p. 472; também no sentido de que a culpa consiste na preterição da diligência pela qual a lei exigia que o autor do facto voluntário e ilícito tivesse pautado a sua conduta e que a negligência pressupõe a violação, consciente ou inconsciente, de deveres objetivos de cuidado, cfr. Rebelo de Sousa/Salgado de Matos, *Responsabilidade Civil Administrativa*, pp. 25 e 26.

[860] Neste sentido, cfr. Menezes Cordeiro, *Tratado... cit.*, pp. 443 segs.

Direito Civil, corresponde à culpa[861]. O preceito assume, desse modo, que sempre que a Administração lese um direito sem violar uma norma nem um dever objetivo de cuidado, não só não há culpa, como nem sequer existe ilicitude.

Não há, naturalmente, culpa. É o que resulta do nº 1 do artigo 10º, que, ao estabelecer que a culpa dos titulares dos servidores públicos deve ser apreciada em função da "diligência e aptidão que seja razoável exigir, em função das circunstâncias de cada caso, de um titular de órgão, funcionário ou agente zeloso e cumpridor", associa a culpa à ausência da aptidão e à inobservância da diligência – e, portanto, do dever objetivo de cuidado – exigível a um servidor público zeloso e cumpridor. Mas, à face do que dispõe o nº 1 do artigo 9º, não só não há culpa, como nem sequer há ilicitude.

Em sentido crítico em relação a esta solução, pronunciou-se *Menezes Cordeiro*, para quem a originalidade do regime aqui em análise conduziria a que pudesse haver violações lícitas de direitos subjetivos ou de normas de proteção, independentemente de causas de justificação, o que seria absurdo[862]. A nosso ver, a questão não se coloca nas situações de violação de normas, na medida em que tais violações, desde que sejam lesivas de direitos ou interesses por elas protegidas, são, *ipso facto*, ilícitas, mas nas situações em que não exista violação de uma norma, na medida em que, nesses casos, apenas poderá afirmar-se que existe violação de um direito na medida em que tenha havido inobservância de um dever objetivo de cuidado por parte do lesante. Neste último caso, o regime em análise parece, na verdade, estabelecer que a observância dos deveres objetivos de cuidado exigíveis constitui um fundamento de exclusão da ilicitude, perfeitamente equiparado às causas de justificação do facto.

Segundo a lição de *Antunes Varela*, com referência ao pensamento de *Esser* e *Wolff*, que parece poder ser transposto para o domínio aqui em análise, subjacente a esta solução estará o entendimento "de que não existe verdadeira violação objetiva do Direito nos casos em que, havendo

[861] Reconhecendo que, ao incluir a violação de regras técnicas ou de prudência comum, a ilicitude prevista no regime da responsabilidade das entidades públicas implica "um juízo em que se misturam elementos de culpa", cfr. VIEIRA DE ANDRADE, "Panorama geral do direito da responsabilidade 'civil' da Administração Pública em Portugal", p. 50, nota 15.

[862] Cfr. MENEZES CORDEIRO, "A responsabilidade civil do Estado", in *Em Homenagem a Diogo Freitas do Amaral*, Coimbra, 2010, p. 913.

embora um *resultado danoso* causado pela ação ou omissão de uma pessoa, esta usou de todas as precauções exigidas pelas normas regulamentares aplicáveis ou pelas regras do comércio jurídico". E isto, porque não seria de "supor que a ordem jurídica exige que as pessoas atuem por forma a que tais resultados, apesar de considerados em princípio como *ilícitos,* jamais se verifiquem. Desde que, não obstante o prejuízo causado pelo facto, o agente tenha observado o cuidado exigido pelos usos do comércio jurídico, a sua responsabilidade deve ser afastada *in limine,* por se reconhecer que não agiu *ilicitamente,* que fez tudo quanto a ordem jurídica pode razoavelmente (ou racionalmente: *vermünftigerweise)* exigir dele"[863].

4.3. Terceira modalidade de ilicitude: funcionamento anormal do serviço

256. Uma terceira modalidade de ilicitude pode ser extraída do regime do artigo 9º. Corresponde às situações de responsabilidade por danos resultantes de um *funcionamento anormal do serviço,* a que se refere o nº 2 e cuja previsão consta dos nºs 3 e 4 do artigo 7º.

Como vimos atrás (cfr. nºs 251 e 252), a responsabilidade por danos resultantes de um funcionamento anormal do serviço prescinde do apuramento da imputabilidade do facto lesivo a um determinado titular de órgão ou agente, como pressuposto da responsabilidade das entidades públicas. Mesmo quando os danos não tenham resultado de um comportamento concreto de determinada pessoa, ou, em todo o caso, não seja possível comprovar a autoria pessoal de uma ação ou omissão efetivamente ocorrida, existe responsabilidade da entidade pública desde que a produção dos danos possa ser imputada a um funcionamento anormal do serviço – ou seja, desde que, atendendo às circunstâncias e por referência a padrões médios de resultado, fosse razoavelmente exigível ao serviço a adoção de uma conduta suscetível de não ter causado ou ter evitado os danos produzidos.

O traço distintivo do regime da responsabilidade por funcionamento anormal do serviço reside, assim, no facto de assentar num juízo de censura que não se reporta à conduta de um agente determinado da Adminis-

[863] Cfr. ANTUNES VARELA, *Das Obrigações em Geral,* vol. I, 9ª ed., Coimbra, 1998, pp. 605-606.

tração, mas diretamente ao próprio funcionamento dos serviços. E nessa perspetiva se compreende a previsão do nº 2 do artigo 9º, que, para o efeito de as qualificar como ilícitas, no amplo sentido de *faute*, tem o alcance de equiparar as situações de funcionamento anormal do serviço àquelas em que, nos termos do nº 1, a responsabilidade das entidades públicas pressupõe a imputação de um concreto facto lesivo à conduta ilícita, no sentido, como vimos, de *faute*, de um agente determinado, violadora de deveres objetivos de cuidado. Por conseguinte, o legislador dirige ao serviço que funciona mal, no nº 2 do artigo 9º, um juízo de censura da mesma natureza daquele que, no nº 1 do mesmo artigo, formula sobre o agente concreto que infringe os deveres objetivos de cuidado pelos quais devia pautar a sua atuação.

Este regime não se confunde, pois, com os regimes de responsabilidade objetiva, como o da responsabilidade pelo risco, em que o que está em causa não é a reparação de danos resultantes do funcionamento anormal dos serviços, mas a reparação dos danos inerentes ao seu próprio funcionamento normal, na medida em que decorre da objetiva perigosidade social das coisas que utilizam ou das atividades que desempenham que o seu funcionamento normal, mesmo sem eventuais disfunções ilícitas, é fonte potencial de danos.

A previsão do nº 2 do artigo 9º envolve, com efeito, a formulação de um juízo de censura em relação ao serviço. Esse juízo de censura é, naturalmente, *objetivado*, na medida em que não se reporta ao comportamento específico de um determinado agente administrativo, mas ao funcionamento do serviço globalmente considerado e, portanto, à própria entidade pública, enquanto pessoa jurídica[864]. Mas não deixa de ser um juízo de censura, reportado à entidade pública enquanto tal. Com efeito, ao assumir que, nas circunstâncias do caso, *era exigível a um serviço que funcionasse bem* (ou seja, que funcionasse segundo adequados padrões de resultado) *que não tivesse causado os danos produzidos*, o preceito pressupõe que as concretas circunstâncias do caso impunham ao serviço a adoção de uma

[864] Como, a propósito das pessoas coletivas em geral, defende Menezes Cordeiro, "A responsabilidade civil do Estado", p. 909, "a pessoa coletiva é uma pessoa. Logo, ela pode integrar, de modo direto, "aquele que com dolo ou mera culpa...", referido no artigo 483º do Código Civil. A culpa – um juízo de censura! – é-lhe diretamente aplicável: nada tem a ver, na aceção atual, com situações de índole psicológica".

conduta diferente daquela que foi adotada, em termos de poder e dever ser formulado um juízo de censura pelo facto de não ter sido adotada uma conduta que não causasse os danos ou impedisse que eles se produzissem.

Para o efeito da previsão, no nº 1 do artigo 9º, das situações de ilicitude (no sentido amplo, como vimos, de *faute*) por violação de deveres objetivos de cuidado por parte de agentes concretos, o padrão de comportamento por referência ao qual cumpre apurar se houve violação de tais deveres é o do nº 1 do artigo 10º: por conseguinte, a entidade pública responde quando seja de reconhecer que o agente, mesmo sem violar qualquer norma, não se comportou com a diligência e aptidão que era razoável exigir, nas circunstâncias do caso, de um agente zeloso e cumpridor.

Nos casos de responsabilidade por funcionamento anormal do serviço, por seu turno, o critério do nº 1 do artigo 10º é substituído pelo critério do nº 4 do artigo 7º. Como, na verdade, os danos não são imputados à conduta de um agente determinado, é por referên-cia aos padrões médios de resultado, a que se reporta o nº 4 do artigo 7º, que cumpre apurar se o serviço funcionou como devia, ou seja, com a diligência que lhe era devida, ou se atuou de modo censurável, por não ter observado a diligência devida. Note-se, entretanto, que ao reportar-se a "padrões médios de resultado", o preceito não reporta a ilicitude à *conduta,* e, portanto, ao desvalor subjetivo da ação, mas ao *resultado,* ao dano sofrido pelo lesado, que é antijurídico na medida em que não encontre numa causa de justificação expressa que o legitime o título jurídico que imponha ao lesado o dever de o suportar[865].

Pode, assim, dizer-se que, enquanto o nº 1 do artigo 9º assenta numa perspetiva que reporta a ilicitude à conduta do lesante e, portanto, à formulação de um juízo de desvalor sobre a sua ação ou omissão – consagrando, assim, uma *ilicitude da conduta* –, o nº 2 do artigo 9º, ao remeter para os nºs 3 e 4 do artigo 7º, tem o sentido e o alcance de configurar uma modalidade autónoma de ilicitude, de diferente natureza, que se reporta ao resultado, à lesão antijurídica do direito ou interesse, consagrando uma *ilicitude do resultado.* A solução é, desse modo, expressão de uma orientação que centra na proteção do lesado o instituto da responsabilidade civil da

[865] Cfr. Margarida Cortez, *Responsabilidade civil... cit.*, p. 62.

Administração, acentuando a sua função essencialmente reparadora de danos e não sancionadora de condutas[866].

4.4. Dimensão subjetiva da ilicitude: ofensa de direitos ou interesses legalmente protegidos

257. Como já foi referido, o teor do nº 1 do artigo 9º do RREEP corresponde, no essencial, ao do artigo 6º do Decreto-Lei nº 48 051, mas afasta-se dele na medida em que, enquanto o artigo 6º do Decreto-Lei nº 48051 definia a ilicitude apenas por referência à violação de normas ou deveres objetivos de cuidado, o preceito em análise acrescenta a exigência de que daí "resulte a ofensa de direitos ou interesses legalmente protegidos". O preceito clarifica, assim, que a mera violação, por parte da Administração, de normas ou deveres objetivos de cuidado não constitui, só por si, um ilícito civil. Para que isso suceda, é ainda necessário que dessa violação resulte a ofensa dos direitos ou interesses de outrem[867].

Este aspecto aproxima o regime de ilicitude em análise dos quadros do Direito Civil. Com efeito, resulta do preceito em análise que é elemento decisivo, neste domínio, tal como sucede em Direito Civil, a ofensa de direitos ou interesses legalmente protegidos. E é, na verdade, este o elemento agregador do heterogéneo conjunto de situações de violação de deveres, que, como vimos, se encontra previsto, tanto na primeira parte do nº 1, como no nº 2 do artigo 9º (aqui, com remissão para os nºs 3 e 4 do artigo 7º). Parecem poder ser, por isso, aplicados nesta sede os ensinamentos provenientes da doutrina civilista.

É assim, desde logo, no universo das condutas da Administração que não se concretizem na emissão de atos jurídicos, o que compreende a adoção das chamadas operações materiais, assim como a omissão de condutas devidas do mesmo tipo. Com efeito, a averiguação da existência de um facto ilícito há-de depender, nesses domínios, de saber se a acção material

[866] Sobre o tema, veja-se a imprescindível síntese de MARGARIDA CORTEZ, *Responsabilidade civil... cit.*, pp. 51 segs..

[867] Cfr. Acórdãos do Supremo Tribunal Administrativo de 26.09.2007, Proc. nº 596/06, de 28.11.2007, Proc. nº 808/07, e de 23.09.2009, Proc. nº 1119/08. Na doutrina, cfr. MARGARIDA CORTEZ, *Responsabilidade civil... cit.*, pp. 70-72.

realizada ou a omissão cometida ofendeu um direito subjetivo, ou, quando não seja esse o caso, de determinar – tal como, em hipóteses correspondentes, sucede em Direito Civil – se as regras violadas se destinavam a proteger os interesses do lesado, em termos de se poder afirmar que houve violação de norma destinada a proteger esses interesses[868]. E também é assim no que diz respeito às situações de responsabilidade que resultem da emissão de atos jurídicos, designadamente de atos administrativos ilegais. É, assim, designadamente aplicável, neste domínio, a teorização que, em Direito Civil, tem sido construída em torno da *violação de leis que protegem interesses alheios*[869].

5. Responsabilidade por atos administrativos ilegais

258. Questão que justifica e exige uma abordagem específica é a da responsabilidade por atos administrativos ilegais. São vários os planos em que a questão se coloca e complexos os problemas que a sua apreciação convoca. Não se trata, por isso, de tema que possa ser objeto, nesta sede, de estudo aprofundado. Procuraremos, em todo o caso, traçar as coordenadas em função das quais, na nossa perspetiva, a análise deve ser conduzida.

Questão central que, no domínio em análise, se coloca é a da relevância, em sede de responsabilidade civil extracontratual, dos atos administrativos ilegais, que, sendo anulados pelos tribunais administrativos, podem ser substituídos por outros atos com o mesmo conteúdo *(renovados)*, mas sem reincidência na causa de invalidade que tinha determinado a anulação. Pense-se no exemplo do ato que, tendo sido anulado por vício de forma ou de procedimento, pode ser renovado sem reincidência no mesmo vício.

Tem sido sustentado na doutrina que, salvo em casos de poder vinculado, só há, neste domínio, que indemnizar o interessado se o ato for substituído e não for renovado, pois só nesse caso fica demonstrado que, se não tivesse sido cometida a ilegalidade, a decisão teria sido tomada em sentido diferente[870]. E neste sentido parece orientar-se a nossa juris-

[868] Cfr. Rebelo de Sousa/Salgado de Matos, *op. cit.*, p. 21.

[869] Cfr., por todos, Antunes Varela, *op. cit.*, vol. I, pp. 554 segs..

[870] Cfr. Margarida Cortez, *Responsabilidade civil... cit.*, pp. 130-131.

prudência, embora com algumas variações quanto ao fundamento teórico da posição adotada. Como, na verdade, é afirmado no Acórdão do STA de 4.11.1998, Proc. nº 40165, as divergências jurisprudenciais neste domínio não se reportam à solução adotada, que é "sempre em termos de rejeitar a responsabilidade da Administração por atos administrativos ilegais quando estes atos sejam repetíveis, com o mesmo conteúdo decisório, e desta vez sem incorrerem em qualquer ilegalidade, mas antes ao enquadramento dogmático da causa de exclusão da responsabilidade, pois enquanto alguns acórdãos a situam na própria ilicitude, outros deslocam-na para a sede do nexo de causalidade e outros ainda para a determinação do dano indemnizável"[871].

A nosso ver, a questão, à face do disposto no nº 1 do artigo 9º do RREEP, não deve ser, porém, colocada nestes termos.

Com efeito, da circunstância de um ato administrativo anulado não vir a ser renovado não resulta, desde logo, a nosso ver, a constituição automática da Administração no dever de indemnizar o impugnante que obteve a anulação. Na verdade, há, para o efeito, que apurar se ele sustentou a impugnação na invocação da ofensa de um direito subjetivo ou de um interesse legalmente protegido, ou apenas na invocação de um mero interesse de facto, direto e pessoal, pois se tiver sido este último o caso, ainda que a anulação se tenha fundado em causas de invalidade substantivas, que não meramente formais ou procedimentais, e, em qualquer caso, ainda que o ato não seja renovado, o interessado não terá direito à reparação de quaisquer danos[872].

[871] De entre a vasta jurisprudência no sentido referido, com qualquer das fundamentações teóricas enunciadas, cfr., por exemplo, Acórdãos do STA de 16.2.1995, Proc. nº 36023, in *Apêndice ao Diário da República* de 18.7.97, p. 1761, de 1.7.1997, Proc. nº 41588, in *Boletim do Ministério da Justiça* nº 469, p. 236, de 4-11-1998, Proc. nº 40165, in *Apêndice ao Diário da República* de 6-6-2002, p. 6826, de 24.03.2004, Proc. nº 1690/02, de 14.07.2008, Proc. nº 970/07, de 27.01.2010, Proc. nº 513/09 e de 23.2.2012, Proc. nº 1107/11.

[872] Neste sentido, cfr. Gomes Canotilho, Anotação ao Acórdão do STA de 12.12.1989, in *Revista de Legislação e de Jurisprudência* nº 3816, p. 84; Vieira de Andrade, "A responsabilidade por danos decorrentes do exercício da função administrativa na nova lei sobre responsabilidade civil extracontratual do Estado e demais entidades públicas", p. 366; Margarida Cortez, *Responsabilidade civil... cit.*, pp. 79-80, que defende a necessidade de "uma conexão de ilicitude com posições jurídicas substantivas concretas dos particulares afetados"; cfr. também Acórdãos do STA de 26.09.2007, Proc. nº 569/06, de 15.03.2012, Proc. nº 215/10, e de 26.04.2012, Proc. nº 94/12.

Por outro lado, também da circunstância de um ato administrativo anulado vir a ser renovado não resulta, para nós, só por si, o afastamento do dever de a Administração indemnizar o impugnante que obteve a anulação. Na verdade, há que apurar se o impugnante fez valer a violação de uma norma de proteção, ditada (também) no propósito de proteger os seus interesses, pois se tiver sido esse o caso haverá ofensa indemnizável de um interesse legalmente protegido[873].

Pense-se, com efeito, no exemplo de um ato administrativo de conteúdo expropriativo inválido por violação das normas que impõem os deveres de fundamentação ou de audiência do interessado – normas, a nosso ver, indiscutivelmente ditadas (também) no propósito de proteger o interessado na decisão, que, na hipótese considerada, é o proprietário do bem expropriado. Ainda que, após a anulação do acto, este venha a ser substituído por outro com o mesmo conteúdo, uma vez cumprido o dever de fundamentar ou o trâmite da audiência, nem por isso a Administração deixou de ter praticado um ato ilegal, com ofensa de uma norma ditada (também) no propósito de proteger o interessado e, portanto, em violação do seu interesse legalmente protegido. Deve ser-lhe, por isso, reconhecido o direito à reparação do dano que, para ele, resultou dessa ofensa ilegal. Desde logo, em casos como os de invalidade por vícios de fundamentação ou falta de audiência, parece-nos, pois, claro que, independentemente de o ato vir ou não a ser renovado após a anulação, ele é ilícito porque violou uma norma dirigida a proteger interesses do lesado e, por isso, é passível de constituir a Administração em responsabilidade civil.

Por outro lado, deve, a nosso ver, entender-se que, neste tipo de situações, a ofensa do interesse constitui, em si mesma, um dano passível de ser ressarcido: dano de natureza não patrimonial, cuja quantificação deve, por isso, ser feita segundo um critério de equidade. Recorrendo à distinção entre dano e prejuízo[874], trata-se, assim, de reconhecer a existência de um *dano*, consubstanciado na própria ofensa, em si mesma, do direito à audiência ou à fundamentação, independentemente da questão

[873] Aparentemente na mesma linha, cfr. Luis Cabral de Moncada, *op. cit.*, p. 67.

[874] Proposta por Eduardo Garcia de Enterría, "La responsabilidad del Estado por comportamento ilegal de sus organos en derecho español", in *Perspectivas del Derecho Público en la segunda mitad del siglo XX – Homenaje a Enrique Sayagues-Laso*, Madrid, 1969, p. 887, a que, entre nós, faz apelo Margarida Cortez, *Responsabilidade civil... cit.*, p. 68.

de saber se dessa ofensa resultaram *prejuízos* para o património do interessado[875].

Em sentido contrário ao reconhecimento, nas hipóteses consideradas, da constituição da Administração em responsabilidade, não é, entretanto, invocável a *teoria do comportamento lícito alternativo*, de acordo com a qual é de excluir o dever de indemnizar quando, apesar da ilegalidade que determinou a anulação do ato praticado, existir um comportamento lícito alternativo do qual adviriam para o interessado na anulação as mesmas consequências causadas pelo ato anulado, que seria a prática de um ato com o mesmo conteúdo, mas sem os vícios formais ou de procedimento que afetaram o ato praticado[876]. Com efeito, essa teoria recusa a indemnização pelos prejuízos causados por um ato inválido por razões formais ou procedimentais quando, uma vez anulado o ato e renovado sem as anteriores causas de invalidade, se verifique que os mesmos efeitos poderiam ter sido, desde o início, licitamente introduzidos por um ato válido. Pelo contrário, o dano cuja reparação estamos a considerar é um dano autónomo, que resulta da violação, em si mesma, das normas de forma ou de procedimento, e, por isso, não se reporta aos prejuízos que o interessado possa ter sofrido na sua situação substantiva em consequência do ato inválido, que poderiam ter sido determinadas por um ato válido.

259. Não custa reconhecer que a situação substantiva do interessado não deve ser objeto de reparação quando se demonstre que, se o ato anulado tivesse sido praticado sem a ilegalidade cometida, a decisão teria sido

[875] Como adiante melhor se dirá, é de algum modo este o entendimento que, a nosso ver, alguma jurisprudência administrativa tem vindo a assumir – no domínio da contratação pública, em que se afigura, precisamente, de entender que todas as normas disciplinadoras dos procedimentos de formação de contratos são ditadas (também) no interesse dos participantes no procedimento –, no sentido de reconhecer a existência de um direito de indemnização, a fixar segundo critérios de equidade, a concorrentes que, tendo impugnado atos administrativos ilegais praticados em procedimentos de formação de contratos, não demonstrem que teriam ganho o concurso se a ilegalidade não tivesse sido cometida: cfr., por exemplo, Acórdãos do STA de 1.10.2008, Proc. nº 42003-A, de 25.02.2009, Proc. nº 47472-A, de 20.01.2010, Proc. nº 47578, e de 08.02.2011, Proc. nº 891/10.

[876] Cfr., por todos, Rebelo de Sousa/Salgado de Matos, *op. cit.*, pp. 32-33.

tomada com o mesmo conteúdo[877]. Podendo, depois, discutir-se se, nesse caso, não há responsabilidade porque se quebra o nexo de causalidade entre o facto e o dano – nesse sentido se pronunciando os que propõem, neste domínio, a aplicação da mencionada teoria do comportamento lícito alternativo – ou porque nem sequer existe ilicitude, por ausência de verdadeira ofensa da situação substantiva do interessado.

A nosso ver, é, no entanto, essencial, para este efeito, que, nas circunstâncias do caso, seja demonstrado que, se o ato anulado tivesse sido praticado sem a ilegalidade cometida, a decisão teria sido efetivamente tomada com o mesmo conteúdo. Isto implica que, no caso dos atos administrativos ilegais renováveis, o interessado só não deverá ser indemnizado se o ato puder vir a ser e for efetivamente renovado, pois só nesse caso ficará efetivamente demonstrado que, se não tivesse sido cometida a ilegalidade, a decisão teria sido tomada no mesmo sentido.

Ora, sucede, muitas vezes, que, quando o ato é anulado, ele já não pode ser substituído por outro, por se ter, entretanto, constituído uma situação de facto consumado que provocou a extinção superveniente do pressuposto de facto em função do qual a Administração tinha atuado. Nestas situações de dúvida insanável, torna-se impossível demonstrar que, mesmo que o ato anulado tivesse sido validamente praticado, a decisão teria sido tomada com o mesmo conteúdo, pelo que não parece haver outro caminho senão o de entender que o lesado terá, não apenas o direito a ser indemnizado, segundo um critério de equidade, pelo dano autónomo que, para ele, constituiu, em si mesma, a violação da norma formal ou de procedimento ditada (também) no seu interesse, como também pelos danos causados pelo ato ilegal na sua situação substantiva.

De resolução mais complexa são, entretanto, as situações de interesse pretensivo, em que o interessado não se viu privado de uma situação da qual já era titular, mas, pelo contrário, pretendia ver constituída na sua esfera jurídica, *ex novo*, através do ato administrativo pretendido, uma situação jurídica de vantagem de que não era e não é titular. Também neste caso é, para nós, indiscutível que o lesado terá o direito a ser indemni-

[877] Note-se que é neste sentido que, no Direito francês, se assume de modo generalizado que a ilegalidade dos atos administrativos não constitui necessariamente a Administração em responsabilidade: cfr., por todos, René Chapus, *op. cit.*, p. 1295, e André de Laubadère/Jean-Claude Venezia/Yves Gaudemet, *op. cit.*, pp. 984-985.

zado, segundo um critério de equidade, pelo dano autónomo que, para ele, constituiu, em si mesma, a violação da norma ditada (também) no seu interesse, nos termos a que atrás fizemos referência. Coloca-se, no entanto, a questão de saber se, nesse domínio, se pode e deve ir mais longe, designadamente no âmbito do contencioso pré-contratual, atribuindo indemnizações por *perda de chance*[878].

O tipo de situação, aliás frequente, que, na prática, tem suscitado maiores dificuldades neste plano, é o que ocorre no âmbito dos procedimentos de formação de contratos, quando um dos concorrentes, interessado em ver adjudicada a sua proposta, impugna o acto de adjudicação, mas, ainda na própria pendência da acção ou já em execução da sentença anulatória, se verifica já não ser possível dar satisfação aos interesses do impugnante, porque o contrato foi entretanto celebrado e executado.

À face do quadro normativo concretamente aplicável – que decorre, na pendência da ação, dos artigos 45º e 102º, e, em execução da sentença anulatória, dos artigos 166º, nº 1, e 178º, nº 1, do CPTA –, não suscita, hoje, qualquer dúvida que, no tipo de situação descrito, o interessado se moveu no propósito de obter uma utilidade, que essa utilidade se perdeu a partir do momento em que foi reconhecido que não era possível obter a anulação pretendida ou que não era possível extrair da sentença anulatória as devidas consequências, e que, por esse facto, assiste ao interessado o direito a obter a indemnização que lhe é devida pelo facto de não poder obter a utilidade pretendida.

O dever de indemnizar é, assim, um dever de caráter objetivo, em que, no contexto em análise, a Administração fica diretamente constituída por efeito dos preceitos mencionados, pelo que o problema resume-se, exclusivamente, à determinação do montante da indemnização a que o interessado tem direito, sem que, a montante da questão da determinação do montante da indemnização devida, se coloquem dificuldades decorrentes

[878] Sobre o tema, no âmbito específico das relações pré-contratuais, cfr. Rui Cardona Ferreira, *Indemnização do interesse contratual positivo e perda de chance*, Coimbra, 2011; Vera Eiró, "Quanto vale uma sentença? Notas sobre a aplicação do artigo 102º, nº 5, do Código de Processo nos Tribunais Administrativos", in *Estudos comemorativos dos 10 anos da Faculdade de Direito da Universidade Nova de Lisboa*, vol. II, Coimbra, 2008, pp. 803 segs.; Esperança Mealha, "Responsabilidade civil nos procedimentos de adjudicação de contratos públicos", in *Julgar* nº 5 (2008), pp. 99 segs., com referências jurisprudenciais.

da aplicação do regime da responsabilidade civil extracontratual das entidades públicas por facto ilícito e culposo[879].

Ora, uma vez colocada a questão nos seus devidos termos, ela, a nosso ver, não suscita dificuldades sérias na hipótese de o interessado conseguir demonstrar que era a ele que deveria ter sido atribuída a adjudicação, pelo que era ele quem deveria ter celebrado e executado o contrato. Neste caso, é, para nós, líquido que a indemnização devida pelo facto de o interessado não ter podido obter a utilidade pretendida deve reparar o dano que para ele resulta da circunstância de já não poder ser adjudicatário e, por conseguinte, já não poder celebrar e executar o contrato. Assiste-lhe, pois, o direito a ser indemnizado pelo interesse contratual positivo, pelo facto de não ter podido celebrar e executar o contrato.

Ao contrário do que tem entendido alguma jurisprudência[880], não há, pois, neste caso, apenas uma indemnização pelo interesse contratual negativo. Na verdade, se, no caso concreto, não houve fundamento que justificasse a não adjudicação e a não celebração do contrato, pelo que houve adjudicação e celebração do contrato, e, nos termos da legislação aplicável, é possível afirmar que era ao interessado que, quando adjudicou, a entidade adjudicante deveria ter adjudicado, e que era com ele que, quando celebrou o contrato, a entidade adjudicante o deveria ter celebrado, não há qualquer dúvida de que a acção intentada deveria ter conduzido à designação do interessado como adjudicatário, para o efeito de celebrar o correspondente contrato[881]. É essa a utilidade a que ele aspira no processo de impugnação do acto de adjudicação e que não lhe é proporcionada na hipótese em presença. A indemnização devida não pode

[879] Para mais desenvolvimentos sobre este ponto, cfr. MÁRIO AROSO DE ALMEIDA, "Ilegalidades pré-contratuais, impossibilidade de satisfazer a pretensão do autor e indemnização devida", in *Estudos em Homenagem a António Barbosa de Melo*, Coimbra, 2013, pp. 663 segs.

[880] Neste sentido, cfr. Acórdãos do Supremo Tribunal Administrativo de 31 de Outubro de 2006, Proc. nº 875/05, de 7 de Outubro de 2010, Proc. nº 823/08, e de 22 de Outubro de 2009, Proc. nº 557/08 (*Acórdão* nº 1/2010, in *Diário da República*, 1ª série, de 20 de Janeiro de 2010).

[881] A nosso ver, o preenchimento dos pressupostos referidos no texto demonstra que, *in casu*, a entidade adjudicante estava vinculada a adjudicar ao interessado e a celebrar o contrato com ele, requisitos de que depende a indemnização pelo interesse contratual positivo. Aliás, até a mais restritiva das doutrinas se orienta neste sentido: cfr. PAULO MOTA PINTO, "Responsabilidade por violação de regras de concurso para a celebração de um contrato (em especial, o cálculo da indemnização)", in *Estudos de Contratação Pública – II*, Coimbra, 2010, pp. 288-289.

deixar, portanto, de lhe proporcionar o equivalente pecuniário dessa utilidade, ou seja, o que ele perdeu por não ser adjudicatário e não ter celebrado e executado o contrato[882].

Em sentido contrário a esta solução, não é, entretanto, a nosso ver, invocável a previsão normativa do nº 3 do artigo 105º do CCP, que apenas reconhece ao adjudicatário uma indemnização pelo interesse contratual negativo no caso de a entidade adjudicante não outorgar o contrato por facto a ela imputável, na medida em que o nº 4 do mesmo artigo reconhece ao adjudicatário, em alternativa a essa indemnização, a possibilidade de exigir judicialmente a celebração do contrato. O artigo pressupõe, portanto, que a outorga do contrato ainda é possível e pode ser judicialmente exigida e, portanto, que é na hipótese de o adjudicatário renunciar a exigir judicialmente a celebração do contrato que ele pode exigir a indemnização pelo interesse contratual negativo. A indemnização prevista no nº 3 do artigo 105º do CCP é, pois, aquela que é devida ao adjudicatário na hipótese de ele renunciar ao direito, que em alternativa lhe assiste, nos termos do nº 4, de exigir a celebração do contrato, e não aquela que lhe deve caber na hipótese de a celebração do contrato se ter tornado impossível por facto imputável à entidade adjudicante: indemnização que, nesse caso, não pode deixar de ser pelo interesse contratual positivo[883].

[882] Neste sentido, cfr. Acórdãos do Supremo Tribunal Administrativo de 20 de Janeiro de 2010, Proc. nº 47578-A, e aquele que, até ao momento, continua a ser, em nossa opinião, o mais esclarecido e consistente Acórdão que a nossa jurisprudência administrativa produziu nesta matéria: o Acórdão do Tribunal Central Administrativo Norte de 4 de Novembro de 2011, Proc. nº 213/06, que, por justas razões, voltaremos mais vezes a citar ao longo da exposição subsequente. Em sentido contrário, não releva, para nós, Acórdão do Supremo Tribunal Administrativo de 14 de janeiro de 2016, Proc. nº 1403/12, que, a nosso ver, incorre em erro ao não atribuir relevância ao facto de, no caso concreto, a Administração estar impedida de renovar o ato anulado e, quanto ao mais, se limitar, de modo inconsistente, a afirmar a existência na jurisprudência de "uma tendência no sentido de associar a responsabilidade pré-contratual ao ressarcimento dos danos correspondentes ao interesse contratual negativo".

[883] Discordamos, pois, do entendimento assumido pelo Pleno do Supremo Tribunal Administrativo, no Acórdão de uniformização de jurisprudência nº 1/2010, de 22 de outubro de 2009, Proc. nº 557/08, na medida em que não me parece que fosse de aplicar o regime do nº 3 do artigo 105º do CCP ao caso em apreço, em que a conduta da entidade adjudicante tinha tornado impossível a celebração do contrato.

260. A questão reveste-se de maior complexidade na hipótese mais frequente, em que o interessado obtém – ou se conclui que teria direito a obter – a anulação do acto de adjudicação num momento em que o contrato já foi celebrado e executado, mas em circunstâncias que não lhe permitem demonstrar que era a ele que deveria ter sido atribuída a adjudicação. Isto acontece, por exemplo, na hipótese de o participante num concurso obter – ou se concluir que teria direito a obter – a anulação do acto de adjudicação por razões procedimentais, mas sem que da observância das regras violadas resultasse, só por si, o seu direito a ser o adjudicatário.

A nosso ver, cumpre, perante este tipo de situação, estabelecer uma importante diferenciação, colocando a questão nos dois planos que se passam a enunciar.

a) Por serem titulares de interesses legalmente protegidos constituídos no concurso, os concorrentes são titulares de um conjunto de direitos procedimentais, de carácter instrumental, que se dirigem à observância das regras disciplinadoras do concurso, das quais depende a regularidade da escolha do adjudicatário. É por isso que eles são admitidos a impugnar o ato de adjudicação, com fundamento na inobservância de qualquer dessas regras.

Pode, por isso, dizer-se que, no processo de impugnação de um ato de adjudicação ilegal, ainda que por preterição de regras formais ou procedimentais, o concorrente faz valer o seu direito (instrumental) à observância das regras disciplinadoras do concurso e, portanto, à emissão de um ato válido, que, ainda que, porventura, não o venha a designar a ele como adjudicatário, não reincida nas ilegalidades procedimentais anteriormente cometidas[884]. Ora, a partir do momento em que se torne impossível obter um ato válido que substitua o ato invalidamente praticado, o interessado deixa de poder obter a satisfação desse direito. Deve, pois, ser pelo menos indemnizado por esse facto. É o que, à face do Direito positivo vigente, resulta do disposto no CPTA, nos já mencionados artigos 45º e 102º, por um lado, e 166º, nº 1, e 178º, nº 1, pelo outro.

[884] Para mais desenvolvimentos, cfr. MÁRIO AROSO DE ALMEIDA, *Anulação de atos administrativos e relações jurídicas emergentes*, Coimbra, 2002, pp. 171 segs..

Note-se que a atribuição desta indemnização não depende da demonstração de que o interessado deveria ter sido escolhido como adjudicatário, hipótese na qual, como vimos, ele deve ser indemnizado pelo interesse contratual positivo. Mais precisamente: esta indemnização deve ser assegurada ainda que se verifique que, mesmo que a legalidade tivesse sido observada, o interessado não teria hipótese de ganhar o concurso. Com efeito, do que se trata é de assumir que a lesão que para o interessado resulta da inobservância das regras do concurso e do facto de elas já não poderem ser observadas configura, em si mesma, um dano autónomo, a que corresponde um dever de indemnizar. Ou seja, que, na circunstância descrita, o interessado beneficia da garantia de um *mínimo indemnizatório*, dirigido à reintegração do seu direito à observância da legalidade disciplinadora do procedimento de formação do contrato.

Como é evidente, não é fácil determinar o montante da indemnização a atribuir a este título. A nosso ver, a observância da legalidade do concurso é um bem imaterial, pelo que também não tem conteúdo patrimonial o direito à observância da legalidade que assiste aos concorrentes. Por conseguinte, a fixação da indemnização devida pela perda deste direito deve pautar-se pelo mesmo tipo de critério abstrato, segundo a equidade, que preside à atribuição de indemnizações por danos não patrimoniais, devendo, entretanto, dar-se por adquirida, como já atrás foi defendido em termos gerais, a existência de dano, inerente à ofensa da situação subjetiva do interessado, dirigida à observância da legalidade do concurso[885].

[885] Nesta perspetiva, veja-se a interessante posição de SÉRVULO CORREIA, "A jurisprudência constitucional portuguesa e o direito administrativo", in *XXV Anos de Jurisprudência Constitucional Portuguesa*, Coimbra, 2009, pp. 102-105. O enquadramento proposto vai, entretanto, ao encontro de sugestão pertinentemente formulada pelo *Juiz Conselheiro Rosendo Dias José*, em declaração de voto ao citado Acórdão do STA de 29 de Novembro de 2005, Proc. nº 41321-A, ao admitir «que se fixe uma indemnização pela perda do direito à execução da decisão anulatória como perda de um valor autónomo comparável ao atraso desrazoável na apreciação de uma causa pelo tribunal. Isolado este dano, em relação a ele a causalidade ancorada na falta de execução é evidente. Admitida esta indemnização, o direito a ela existirá independentemente de outros danos e de "olhar" às situações substanciais prejudicadas. Tal indemnização, pelas suas características, designadamente pela causa neutra que está na sua origem, seria determinada por critérios puramente abstratos, semelhantes aos usados para a indemnização por dano moral e neste tipo de casos independentemente de juízos de culpa». A sugestão afigura-se tanto mais pertinente quando articulada com a orientação seguida pelo STA nos Acórdãos de 28 de Novembro de 2007, Proc. nº 308/07, e de 17 de Dezembro de 2008, Proc.

b) A indemnização devida neste contexto não tem, porém, de assumir necessariamente apenas este conteúdo. Com efeito, nas situações intermédias, em que não se demonstre, nem que, na ausência da ilegalidade, era o interessado que deveria ter sido escolhido como adjudicatário, nem que, mesmo que a legalidade tivesse sido observada, o interessado não teria hipótese de ganhar o concurso, a indemnização devida não deve, a nosso ver, limitar-se a reparar o dano da inobservância, em si mesma, das regras do concurso e do facto de elas já não poderem ser observadas, mas deve ir além disso, atendendo à titularidade pelo lesado de uma "possibilidade real" de obter a adjudicação do contrato, de acordo com um critério de indemnização por perda de *chance*[886].

209. Em resumo e conclusão: em nossa opinião, quando, no âmbito de relações pré-contratuais, um interessado na adjudicação de um contrato impugne o ato de adjudicação, mas, na pendência da ação, se verifique já não ser possível dar satisfação aos interesses do impugnante, porque o contrato foi entretanto celebrado e executado (cfr. artigo 45º do CPTA), ou obtenha a anulação do ato de adjudicação, mas venha a verificar-se depois, em sede de execução da sentença de anulação (cfr. artigos 173º segs. do CPTA), que o contrato foi entretanto celebrado e executado, pelo que existe causa legítima de inexecução da sentença de anulação, por impossibilidade, o montante da indemnização devida nos termos dos artigos 45º e 102º, nº 5, 166º e 178º do CPTA deve ser, pois, graduado entre um máximo e um mínimo, atendendo ao grau de probabilidade de êxito do interessado no concurso.

nº 973/08, no que respeita à reparação dos danos morais resultantes da ofensa do direito a obter uma decisão jurisdicional em prazo razoável, no sentido de que, embora a ofensa de tal direito não implique o direito automático a uma indemnização, independentemente da existência de danos, a existência de dano é a consequência normal que dela decorre, pelo que se presume como existente, sem necessidade de dele fazer prova, sempre que a violação tenha sido objetivamente comprovada.

[886] Sobre o instituto da perda de *chance*, na doutrina portuguesa, cfr., em geral, Júlio Vieira Gomes, "Sobre o dano da perda de *chance*", *Direito e Justiça*, vol. XIX (2005), tomo II, pp. 9 segs.; Paulo Mota Pinto, *Interesse contratual negativo e interesse contratual positivo*, vol. II, Coimbra, 2008, pp. 1088 segs.; e, em Direito público, Rui Cardona Ferreira, *Indemnização do interesse contratual positivo e perda de* chance *na contratação pública*, Coimbra, 2011.

A referida indemnização poderá, assim, assumir um dos seguintes conteúdos, dependendo da situação concreta:

1º – Quando seja reconhecido que o interessado deveria ter sido escolhido como adjudicatário, assiste-lhe o direito a ser indemnizado pelo interesse contratual positivo, pelo que é nesses termos que deve ser fixada a correspondente indemnização[887].

2º – Quando, pelo contrário, se verifique que o interessado não tinha hipótese de ser escolhido como adjudicatário, deve ser-lhe reconhecido o direito a um *mínimo indemnizatório*, nos moldes atrás expostos, a fixar segundo critérios de equidade, pelo facto de não ter sido possível reintegrar o seu direito à observância da legalidade disciplinadora do procedimento de formação do contrato. Na fixação da indemnização neste caso poderá ser porventura adotado como referência o montante das despesas em que o interessado incorreu com o processo ou processos jurisdicionais que se viu forçado a utilizar para demonstrar as ilegalidades cometidas pela Administração, incluindo os honorários dos advogados e as taxas de justiça que tenham sido pagas.

3º – Nas situações intermédias, em que não se verifique que o interessado deveria ter sido escolhido como adjudicatário, mas também não se verifique que ele não tinha qualquer hipótese de ser objeto de tal escolha, o interessado deve ser indemnizado pela perda de *chance* – isto é, pela frustração da pretensão que para ele decorria da titularidade de uma "possibilidade real" *(chance sérieuse)* de vitória no concurso, frustração que resultou da perda da possibilidade de ver determinado se, uma vez observadas as regras anteriormente violadas, o resultado do concurso teria sido diferente.

É a indemnização deste último tipo de dano que o Direito europeu da contratação pública tem especificamente em vista, no nº 7 do artigo 2º da Diretiva 92/13/CEE – a cujo regime parece adequado recorrer para densificar o conteúdo do nº 2 do artigo 7º do RREEP –, quando, no propósito de evitar que ela seja meramente simbólica, de montante irrisório, reconhece aos concorrentes que tivessem "uma possibilidade real" de obter a adjudicação do contrato o direito a serem indemnizados pelos

887 Neste sentido, cfr., por exemplo, o Acórdão do TCA Norte de 4 de Novembro de 2011, Proc. nº 213/06.

custos incorridos com a preparação da proposta ou a participação no concurso[888].

Não pode deixar de reconhecer-se que os custos referidos são encargos que o interessado sempre teria de suportar, ainda que a ilegalidade não tivesse sido cometida, pelo que não são imputáveis a essa ilegalidade[889], e, por outro lado, que o montante dos referidos custos não é uma variável que dependa da determinação do valor da *chance* perdida. Como, no entanto, a proposta foi preparada para ser apreciada de acordo com as regras legais, afigura-se pertinente admitir que quando, na sequência das ilegalidades cometidas, se torne impossível proceder à reapreciação da proposta em conformidade com a lei, as ilegalidades cometidas conduziram à frustração do fim em ordem ao qual foram realizadas as despesas com a preparação da proposta, na medida em que esta acabou por se perder, sem ter sido apreciada como devia, por facto objetivamente imputável à conduta ilegal adotada pela entidade adjudicante. Ora, esta circunstância parece justificar que se faça correr o risco da frustração da proposta por conta da entidade adjudicante, responsabilizando-a, no mínimo, pelos custos envolvidos na respetiva preparação[890].

[888] Como é evidente, ao exigir a verificação da existência de uma "possibilidade real", o preceito em referência não exige que o interessado demonstre que seria o efetivo selecionado pelo ato de adjudicação e outorgaria o contrato. O referido preceito tem, assim, em vista as situações intermédias em que se coloca a questão da indemnização por perda de *chance*, que, como foi explicado, têm lugar quando, nem se conclua que o interessado deveria ter sido escolhido como adjudicatário, nem se verifique que ele não tinha qualquer hipótese de ser objeto de tal escolha. Para um enquadramento correto e circunstanciado desta matéria, cfr., por todos, o já citado Acórdão do TCA Norte de 4 de Novembro de 2011, Proc. nº 213/06.

[889] No dizer de Paulo Mota Pinto, *op. cit.*, pp. 292-293, "a violação de deveres *não é causal* em relação a custos e despesas de participação no concurso que se teriam igualmente verificado sem ela".

[890] Neste sentido, veja-se a já citada declaração de voto do *Juiz Conselheiro Rosendo Dias José* ao Acórdão do STA de 29 de Novembro de 2005, Proc. nº 41321-A. Preconizando, no propósito de promover a segurança jurídica no domínio aqui em análise, que a indemnização a atribuir seja objetivamente determinada em função dos custos e despesas referidos no texto, cfr. Vera Eiró, *op. cit.*, pp. 836-837, para quem, na fixação do montante da indemnização do concorrente, o tribunal deveria ter em consideração o montante dos custos envolvidos na sua participação no concurso, assim como das despesas em que o interessado incorreu com o processo ou processos jurisdicionais que se viu forçado a utilizar para demonstrar as ilega-

262. Olhando, entretanto, para o panorama que, na matéria em análise, nos é oferecido pela jurisprudência, seja-nos ainda permitido acrescentar apenas, para concluir este ponto, que concordamos com os pressupostos em que assenta o entendimento jurisprudencial que, no contexto em análise, tem adotado critérios equitativos para a fixação do montante da indemnização devida ao abrigo dos artigos 45º, 102º, nº 5, 166º e 178º do CPTA, nos casos em que não é reconhecido que o interessado deveria ter sido escolhido como adjudicatário[891]. Com efeito, esta jurisprudência parte do entendimento, que nos parece correto, de que a referida indemnização deve compensar o interessado pela *perda do direito à execução da sentença de anulação* e, por conseguinte, pela perda da utilidade que dessa execução adviria para ele: a oportunidade de, em execução do julgado anulatório, ver retomado o concurso e praticado novo ato, em conformidade com o quadro normativo aplicável.

Sucede, porém, que, como resulta do que anteriormente foi dito, a nosso ver, a utilidade que, para o interessado, resultaria da execução da sentença de anulação e cuja perda cumpre, portanto, reparar no contexto descrito pode assumir uma de duas configurações, dependendo do tipo de situação em presença.

Com efeito, nos casos em que o interessado não tinha hipótese de ser escolhido como adjudicatário, por não ser titular de uma "possibilidade real" *(chance sérieuse)* de alcançar a vitória no concurso, essa utilidade concretizar-se-ia na pura satisfação do direito à observância da legalidade disciplinadora do procedimento de formação do contrato anteriormente ofendida, em defesa do qual o interessado se bateu no âmbito do processo impugnatório: é, portanto, a perda dessa utilidade que deve ser indemnizada.

lidades cometidas pela Administração, incluindo os honorários dos advogados e as taxas de justiça que tenham sido pagas.

[891] Pode dizer-se que a jurisprudência referida no texto radica no Acórdão do STA de 29 de Novembro de 2005, Proc. nº 41321-A, e que, desde então, o STA a tem reiterado em Acórdãos como os de 1 de Outubro de 2008, Proc. nº 42003-A, de 25 de Fevereiro de 2009, Proc. nº 47472-A, e de 30 de Setembro de 2009, Proc. nº 634/09. No mesmo sentido, vejam-se também o Acórdão do TCA Norte de 5 de Novembro de 2009, Proc. nº 978/04, e o Acórdão do STA de 20 de Janeiro de 2010, Proc. nº 47578-A.

Pelo contrário, nos casos em que o interessado tinha hipótese de ser escolhido como adjudicatário, por ser titular de uma "possibilidade real" *(chance sérieuse)* de alcançar a vitória no concurso, essa utilidade concretizar-se-ia na satisfação da sua pretensão de, uma vez retomado o concurso, em execução do julgado anulatório, e praticado novo ato, ver determinado se, uma vez observadas as regras anteriormente violadas, o resultado do concurso teria sido diferente: é, portanto, a perda desta utilidade *(perda de chance)* que deve ser indemnizada.

Em nossa opinião, esta diferenciação deveria ser, portanto, assumida no conteúdo das sentenças que dão corpo à referida jurisprudência.

Sucede, porém, que, partindo da distinção entre indemnizações pelo facto da inexecução e indemnizações pelos danos causados pelo ato ilegal, a jurisprudência parece vir entendendo que as indemnizações do segundo tipo enunciado – a que chamámos indemnizações por perda de *chance* – não são devidas pelo facto da inexecução, mas pelos danos causados pelo ato ilegal, pelo que não devem ser atribuídas ao abrigo dos artigos 45º, 102º, nº 5, 166º e 178º do CPTA, mas no âmbito de ação autónoma de responsabilidade civil por facto ilícito e culposo, dirigida a apurar o efetivo prejuízo, economicamente verificável, sofrido em resultado da prática daquele ato[892].

Pela nossa parte, não podemos deixar, contudo, de exprimir a nossa discordância em relação a este entendimento[893].

Afigura-se, com efeito, indiscutível que, no tipo de situação a que nos reportamos, a impossibilidade da substituição da decisão inválida por outra que não reincida nas mesmas ilegalidades, do mesmo passo que impede a satisfação do direito do interessado à observância das regras preteridas, também torna impossível determinar se, uma vez observadas essas regras, o resultado do concurso teria sido diferente e, portanto, *tem o efeito* de tornar impossível determinar se, na observância da legalidade, algum dos concorrentes que tinha uma "possibilidade real" *(chance sérieuse)* de vitória no concurso teria sido o seu efetivo vencedor – nisto se traduzindo

[892] Cfr., por todos, os Acórdãos do STA de 2 de Junho de 2010, Proc. nº 1541-A/03, e do TCA Norte de 4 de Novembro de 2011, Proc. nº 213/06.

[893] Que não pode deixar de dar causa às justificadas perplexidades evidenciadas por RUI CARDONA FERREIRA, "A responsabilidade das entidades adjudicantes", *Cadernos de Justiça Administrativa* nº 97, pp. 23-25.

a *perda de chance*. Por conseguinte, pode dizer-se que é a impossibilidade da substituição da decisão inválida por outra que não reincida nas mesmas ilegalidades que provoca a perda de *chance*. E, portanto, que a perda de *chance* é um efeito que não ocorreria se ainda fosse possível executar a sentença, pelo que deve ser qualificada como um dano que resulta do facto da inexecução da sentença.

Com efeito, é nas situações em que é impossível esclarecer como teria sido decidido o concurso se a legalidade tivesse sido observada que se coloca a questão da indemnização por perda de *chance*, que, de outro modo, não se colocaria. Não pode deixar, por isso, de reconhecer-se que a indemnização por perda de *chance* não visa reparar um dano que sempre ficaria por reparar, mesmo que não se tivesse tornado impossível reconstituir a situação que deveria existir se não tivessem sido cometidas ilegalidades no âmbito do concurso e ele tivesse sido validamente decidido, mas, pelo contrário, visa reparar um dano que para o concorrente resulta do facto da inexecução da sentença – isto é, do facto de se ter tornado impossível reconstituir a situação em conformidade com a legalidade, praticando um novo ato, que, desta vez validamente, viesse determinar a posição em que a proposta apresentada pelo interessado teria ficado graduada no concurso.

A nosso ver, a fixação desta indemnização deve ser, por isso, enquadrada na previsão dos artigos 45º e 102º, nº 5, 166º e 178º do CPTA[894]. O que, naturalmente, não significa que a pretensão dirigida à atribuição desta indemnização não possa ser jurisdicionalmente deduzida, porventura em conjunto com a pretensão dirigida à reparação dos demais danos que possam ter resultado da atuação ilegítima da Administração, em ação autónoma de responsabilidade por danos – a propor, em todo o caso, dentro dos condicionalismos do artigo 38º do CPTA[895].

[894] Em sentido contrário, cfr. VERA EIRÓ, *op. cit.*, p. 837, que, a nosso ver, embora por razões louváveis, preconiza um entendimento que se nos afigura demasiado restritivo do âmbito da indemnização prevista nos artigos 45º e 102º, nº 5, e 166º e 178º, traçando uma linha de fronteira que nos parece artificiosa entre duas categorias de danos que, a nosso ver, não deixam de decorrer do facto de já não ser possível obter a reconstituição da situação em conformidade com o quadro normativo aplicável.

[895] Cfr., a propósito, o Acórdão do TCA Norte de 4 de Novembro de 2011, Proc. nº 213/06.

6. Responsabilidade pelo risco e presunção de culpa no incumprimento de deveres de vigilância

263. Na sequência do que, por influência do Direito francês, já anteriormente dispunha o artigo 8º do Decreto-Lei nº 48 051, que o precedeu, o artigo 11º do RREEP estabelece que "o Estado e as demais pessoas coletivas de direito público respondem pelos danos decorrentes de atividades, coisas ou serviços administrativos especialmente perigosos, salvo quando, nos termos gerais, se prove que houve força maior ou concorrência de culpa do lesado, podendo o tribunal, neste último caso, tendo em conta todas as circunstâncias, reduzir ou excluir a indemnização".

O preceito consagra, deste modo, um regime de responsabilidade objetiva da Administração – isto é, de responsabilidade independente de culpa e, portanto, da formulação de qualquer juízo de censura sobre a conduta do agente – fundada no risco que decorre da objetiva perigosidade social de atividades, coisas ou serviços cuja utilização ou funcionamento normal – isto é, mesmo sem disfunções imputáveis à violação de deveres de cuidado – seja fonte potencial de danos. São apontados como exemplos de atividades, coisas ou serviços especialmente perigosos: utilização de armas e explosivos em manobras e exercícios militares e operações policiais de repressão de tumultos e perseguição de criminosos, vigilância de delinquentes e inimputáveis perigosos em estabelecimentos prisionais e de saúde mental, transfusões sanguíneas em hospitais e outros serviços de saúde, operações de demolição de imóveis e corte de árvores, depósitos de combustíveis e de produtos tóxicos, equipamentos automáticos de sinalização, como semáforos, diques, barragens e condutas de gás, etc.[896].

A verdade, porém, é que, paralelamente, o RREEP veio dar expressão, no nº 3 do artigo 10º, a uma orientação jurisprudencial que, entretanto, se tinha formado, no sentido de que "se presume a existência de culpa, por aplicação dos princípios gerais da responsabilidade civil, sempre que tenha havido incumprimento de deveres de vigilância"[897].

[896] Cfr., com amplas referências, Carla Amado Gomes, *Contributo...*, *cit.*, pp. 418-419; Carlos Fernandes Cadilha, *op. cit.*, pp. 227-229. Para a circunstanciada apreciação crítica do regime do artigo 11º do RREEP, centrada no facto de ele não se referir apenas a atividades, coisas ou serviços excecionalmente perigosas e não cobrir apenas a reparação de danos especiais e anormais, cfr. Carla Amado Gomes, *Textos dispersos...*, *cit.*, pp. 77 e 90 segs.

[897] Cfr. Carlos Fernandes Cadilha, *op. cit.*, p. 204, com amplas referências na nota 342.

Parece evidente a necessidade de se proceder à delimitação do âmbito de aplicação do nº 3 do artigo 10º em relação ao artigo 11º, que consagra o regime da responsabilidade pelo risco, na medida em que muitas das coisas e atividades passíveis de serem qualificadas como perigosas, para os efeitos do disposto no artigo 11º, são coisas e atividades em relação às quais à Administração se impõe um específico dever de vigilância. E o modo que, à partida, se afiguraria mais lógico de delimitar o âmbito de aplicação dos dois regimes seria o de reconhecer prioridade à aplicação do regime da responsabilidade pelo risco, prevista no artigo 11º. Com efeito, o regime da responsabilidade pelo risco consagra uma responsabilidade objetiva, que, à partida, prescinde da questão da culpa: trata-se, pois, de um regime mais generoso do que o da responsabilidade por facto ilícito e culposo, que atribui, só por si, o direito a uma reparação com base num critério objetivo, sem dependência de uma presunção de culpa, que sempre pode ser afastada mediante prova em contrário. Por conseguinte, seria, à partida, de entender que a presunção de culpa *in vigilando*, prevista no nº 3 do artigo 10º, apenas seria de aplicar em situações em relação às quais, por não se preencherem os pressupostos do artigo 11º, não se pudesse prescindir do pressuposto da culpa para a constituição em responsabilidade da entidade pública[898].

A verdade, porém, é que, desde que, ainda na ausência da base legal que hoje lhe confere o artigo 10º, nº 3, do RREEP, a jurisprudência, por iniciativa própria e direta importação do Código Civil, introduziu a aplicação à Administração de um regime de presunção de culpa *in vigilando*, ela tem vindo a deixar de aplicar o regime da responsabilidade objetiva pelo risco nos domínios de sobreposição, dando preferência a esse regime de presunção de culpa. Evidencia-o, na verdade, a casuística inventariada pela doutrina, no que, por exemplo, respeita a danos causados pela existência de obstáculos na via pública, rutura de condutas de água ou gás, queda de árvores, etc.[899].

[898] Parece orientar-se nesse sentido CARLOS FERNANDES CADILHA, *op. cit.*, p. 205.

[899] Cfr. CARLOS FERNANDES CADILHA, *op. cit.*, p. 204, nota 342. Com CARLA AMADO GOMES, *Textos dispersos...*, *cit.*, p. 111, será, assim, de concluir que para a responsabilidade pelo risco ficam "os casos de atuações materiais comissivas, no âmbito dos quais não há presunções de culpa, bem assim como os casos em que a Administração consiga inverter a presunção de culpa (leve) e o legislador considere estarmos num domínio de atividade especialmente perigosa (domínio de subsidiariedade)".

ÍNDICE

III – LEGALIDADE ADMINISTRATIVA:
A SUBORDINAÇÃO DA ADMINISTRAÇÃO À LEI E AO DIREITO

IV – PROCEDIMENTO ADMINISTRATIVO

SEGUNDA PARTE
INSTRUMENTOS JURÍDICOS DE ATUAÇÃO ADMINISTRATIVA

REGULAMENTOS

ATO ADMINISTRATIVO

I – ÂMBITO DO CONCEITO E CATEGORIAS DE ATOS ADMINISTRATIVOS

II – FORÇA JURÍDICA E EXECUÇÃO DO ATO ADMINISTRATIVO

III – INVALIDADE DOS ATOS ADMINISTRATIVOS

IV – REVOGAÇÃO E ANULAÇÃO PELA ADMINISTRAÇÃO DOS ATOS ADMINISTRATIVOS

V – RECLAMAÇÃO E RECURSOS ADMINISTRATIVOS

CONTRATOS

I – ÂMBITO E CATEGORIAS

II – REGIMES JURÍDICOS SUBSTANTIVOS

RESPONSABILIDADE CIVIL EXTRACONTRATUAL DA ADMINISTRAÇÃO PÚBLICA